HISTOIRE ET PATRIMOINE DES COMMUNES DE BELGIQUE

LA RÉGION DE BRUXELLES-CAPITALE

LA RÉGION
DE BRUXELLES-CAPITALE

HISTOIRE ET PATRIMOINE DES COMMUNES DE BELGIQUE

Direction générale
Serge Jaumain

Photographie
Bastin&Evrard – Patrick Van Nieuwlandt

ÉDITIONS Racine | DEXIA

Ce livre, édité par Dexia Banque avec la collaboration des éditions Racine, fait partie de la collection *Histoire et patrimoine des communes de Belgique*. Il se compose de deux parties distinctes.
La première, rédigée par l'équipe du Centre interdisciplinaire de recherche sur l'histoire de Bruxelles (CIRHIBRU) placée sous la direction de Serge Jaumain, s'attache plus particulièrement à l'histoire des communes et à la formation de la Région de Bruxelles-Capitale.
La deuxième partie est consacrée au patrimoine des dix-neuf communes bruxelloises. Les textes publiés ici en français ont été édités pour la première fois en néerlandais, par les éditions Lannoo, dans un volume intitulé *Gids van Vlaanderen* (2006).

PREMIÈRE PARTIE
Coordination générale
Serge Jaumain, pour l'Université libre de Bruxelles
Renaud Gahide et Dirk Vandemeulebroecke, pour Dexia Banque

Direction scientifique
Serge Jaumain, avec la collaboration d'Anne Bauwelinckx, Paulo Charruadas et Christian Vandermotten

Cartographie
Christian Dessouroux, Benjamin Wayens et Christian Vandermotten

Recherche iconographique
Emmanuel Collet et Anne Bauwelinckx

Photographie
AirPrint, Evrard&Bastin, Hugo Maertens, Marie-Françoise Plissart, Olivier Polet, Jean-Jacques Rousseau, Luc Schrobiltgen, Patrick Van Nieuwlandt (Dexia Banque)

DEUXIÈME PARTIE
Coordination générale
Renaud Gahide, Dirk Vandemeulebroecke et Patrick Van Nieuwlandt, Dexia Banque

Rédaction
Stefan Van Camp

Rewriting
Renaud Gahide et Patrick Van Nieuwlandt

Traduction
Philotrans, Braine-le-Château

Photographie
Johan De Meester, Patrick Van Nieuwlandt (Dexia Banque)

PREMIÈRE ET DEUXIÈME PARTIES
Coordination technique
Service Publications de Dexia Banque

Photogravure, mise en page et traitement de l'image
Fabien Deflorenne pour Histoires d'Images, Court-Saint-Étienne

Deuxième tirage, Lannoo Éditions sa, 2011
D/2008/348/6
ISBN Éditions Racine 978-2-87386-585-6

TABLE DES MATIÈRES

INTRODUCTION GÉNÉRALE

INTRODUCTION À L'ÉDITION REVUE ET CORRIGÉE (2011)

Entre 2007 et 2009 parut aux Éditions Lannoo et Racine, sous le parrainage de la banque Dexia, une série de volumes consacrés à l'histoire et au patrimoine des communes de Belgique. Chacun de ces livres imposants comprenait la description des curiosités connues et moins connues des dix provinces belges et de la Région de Bruxelles-Capitale. Malheureusement, les ouvrages consacrés aux provinces wallonnes n'étaient rédigés qu'en français et ceux consacrés aux provinces flamandes ne l'étaient qu'en néerlandais. Seul le volume sur Bruxelles était écrit dans les deux langues. Grâce à cette nouvelle édition, entièrement revue, qui a vu le jour grâce à l'aide appréciée de Readers's Digest Benelux et de Touring, la série entière des dix provinces belges et de Bruxelles est maintenant disponible dans les deux langues.

Les éditeurs

Voici près de 30 ans, le Crédit Communal de Belgique publiait *Les Communes de Belgique. Dictionnaire d'histoire et de géographie administrative*, un bel ouvrage divisé en quatre volumes et comprenant une courte notice sur chacune des 2 663 communes belges qui existaient en 1961. Dans l'introduction, son directeur scientifique, Hervé Hasquin, notait « pour des raisons d'équilibre et d'harmonie qui s'expliquent aisément, il n'était pas judicieux de réserver un volume à l'agglomération bruxelloise ».

À la suggestion de Dexia, une petite équipe de chercheurs issus de l'ULB a choisi de relever le défi en insérant cette fois dans la nouvelle collection de douze volumes sur l'histoire et le patrimoine des communes de Belgique (lancée en collaboration avec les éditions Racine et Lannoo) un volume spécifique consacré exclusivement à la Région de Bruxelles-Capitale et publié en même temps en français et en néerlandais.

Outre cet aspect linguistique, ce volume se distingue des autres par son contenu. D'abord parce que l'histoire prend ici le pas sur le patrimoine, ensuite parce que Dexia a choisi de confier la réalisation de cette partie historique à une équipe d'historiens, de cartographes et de géographes du Centre interdisciplinaire de recherche sur l'histoire de Bruxelles de l'Université libre de Bruxelles (CIRHIBRU). L'équipe d'universitaires réunis ici propose le résultat de plusieurs années de recherche relatives à l'histoire des dix-neuf communes bruxelloises et aux liens qui cimentent, en une Région, les intérêts de chacune d'entre elles aux autres. Enfin, dernière grande particularité de cet ouvrage : il est le fruit d'un vrai travail d'équipe entre des géographes et des historiens de diverses périodes et chaque notice est donc signée par plusieurs auteurs.

La première partie de l'ouvrage présente l'histoire des dix-neuf communes depuis leurs origines les plus anciennes jusqu'à aujourd'hui. Pour réaliser cette première grande synthèse, nous avons bénéficié des dix-neuf notices rédigées en 1980 par Léon Zylbergeld, Andrée et Georges Despy pour *Les communes de Belgique* qui offraient un premier aperçu fort centré sur l'Ancien Régime. Les membres du CIRHIBRU ont remis ces notices sur le métier pour y intégrer le fruit des dernières recherches et découvertes scientifiques, pour y développer la partie relative à l'histoire contemporaine et enrichir le tout par une nouvelle approche très attentive à la géographie physique et administrative.

Soucieux de bien replacer l'évolution de chaque entité dans un cadre général, nous avons choisi d'ouvrir le volume par une notice globale sur l'histoire de l'ensemble des territoires qui constituent l'actuelle Région de Bruxelles-Capitale. Cette introduction était indispensable pour appréhender les éléments qui dépassent le simple cadre communal, soit parce que celui-ci est anachronique (les découvertes archéologiques avant l'apparition de Bruxelles) soit parce que ces éléments s'appliquent à plusieurs communes, voire débordent du territoire même de la Région. C'est le cas par exemple des relations qui, durant l'Ancien Régime, ont uni Bruxelles à ses villages environnants ou, pour la période contemporaine, de la progressive soudure entre le front bâti de Bruxelles et celui des communes environnantes, qui a donné naissance à l'agglomération urbaine que nous connaissons aujourd'hui. Ce n'est que dans la deuxième moitié du XXe siècle que les péripéties linguistiques, politiques et administratives ont abouti à la structuration des dix-neuf communes actuelles en une agglomération bruxelloise d'abord, en une Région de Bruxelles-Capitale ensuite. Cette introduction permet aussi de présenter les relations comme les oppositions entre les différentes communes et de replacer le tout dans un cadre régional cohérent.

Elle est suivie de dix-neuf notices qui suivent un même canevas :

- **La topographie**
- **L'histoire de la localité des origines jusqu'à la fin de l'Ancien Régime**
- **La formation du territoire communal**
- **L'évolution de la commune du XIXe au XXIe siècle**

  Ce dernier point, le plus fourni, se divise lui-même en six sous-thèmes :
  Les activités économiques
  La population
  La vie politique
  Les aménagements urbains
  Les activités religieuses
  Les activités culturelles, artistiques, scientifiques et sportives

Cette structuration et la forte attention portée à la période contemporaine reflètent notre volonté de permettre aux Bruxellois de mieux comprendre la physionomie et les caractéristiques de leurs communes actuelles en les replaçant dans une histoire de la longue durée.

C'est aussi dans cette perspective que nous avons choisi de laisser une large place aux géographes. L'ouvrage doit beaucoup aux talents de Christian Vandermotten qui s'est chargé de présenter une première description détaillée de la topographie de chaque entité ainsi que la formation progressive de son territoire. Il a en outre rédigé une partie des textes de base relatifs aux aménagements urbains intervenus depuis le XIXe siècle et préparé les graphiques comprenant les courbes démographiques. Son propos est renforcé et illustré par la présence d'une série de cartes qui permettent de mieux comprendre la géographie actuelle de chaque commune. Le remarquable travail cartographique d'une équipe de géographes composée de Christian Dessouroux, Christian Vandermotten et Benjamin Wayens a permis de reporter sur les célèbres cartes de Ferraris (XVIIIe siècle), les limites actuelles des communes bruxelloises. Un travail unique en son genre ! Toutes les cartes publiées dans cet ouvrage ont été ramenées à une même échelle (1:25 000), sauf indication contraire.

Les historiens ont pour leur part reconstitué l'évolution de chaque entité depuis l'époque la plus reculée en tenant compte des dernières découvertes archéologiques, mais aussi des travaux réalisés ces vingt dernières années. Afin d'assurer l'unité de l'ensemble, Paulo Charruadas a veillé à la cohérence entre tous les textes portant sur la période antérieure à 1830. On constatera toutefois que ces chapitres accordent une attention soutenue aux Xe-XIIIe siècles. Cet accent n'est pas fantaisie d'auteur: il correspond à une phase, marquée par une expansion économique et sociale sans précédent dans l'histoire de l'Ancien Régime occidental, qui donna à nos villages la forme et l'allure générales qu'ils conservèrent jusqu'aux bouleversements industriels et urbanistiques du XIXe siècle. Ceci explique pourquoi la période moderne est souvent beaucoup plus rapidement traitée.

Nous consacrons ensuite une partie significative de chaque notice à l'évolution de la commune du XIXe au XXIe siècle. Ceci permet d'offrir une première synthèse historique et systématique des transformations de chaque localité depuis 1830 même si l'état des recherches sur l'histoire contemporaine des communes bruxelloises est de nature très variable. Étonnamment, l'histoire récente de plusieurs entités comprend encore d'importantes lacunes et de nombreux champs de recherche inexploités.

Pour systématiser au mieux la présentation de l'histoire contemporaine, nous avons choisi de l'ouvrir par un aperçu des transformations des activités économiques de chaque commune suivi d'une analyse de son évolution démographique, illustrée par un graphique. La vie politique des entités est ensuite examinée en étant notamment attentif aux évolutions des majorités communales. Elle est complétée par une liste des bourgmestres. L'analyse des aménagements urbains permet quant à elle de mieux comprendre la structuration progressive de l'espace des communes et les grands enjeux des politiques urbanistiques menées par leurs élus. Un aperçu des principales activités religieuses, culturelles, artistiques, scientifiques et sportives permet enfin de toucher un peu plus à la vie quotidienne de la population à travers, notamment, les différentes infrastructures mises à sa disposition.

Cette première grande partie consacrée à l'histoire des communes se termine par une bibliographie sélective qui offre une orientation au lecteur qui souhaiterait approfondir ses connaissances.

La seconde grande partie de l'ouvrage est nettement plus succincte et d'un type très différent. Rédigée par Stefan Van Camp pour un volume intitulé *Gids van Vlaanderen* (publié en 2006 par les éditions Lannoo), elle met spécifiquement l'accent sur le patrimoine bruxellois et ce qu'il faut voir, découvrir ou redécouvrir dans les dix-neuf communes de l'agglomération. Il s'agit là d'une sorte de visite guidée, de commune en commune, de quartier en quartier, parfois même de maison en maison.

Point commun aux deux parties : l'ordre de présentation des communes. Malgré notre souhait de présenter cet ouvrage sous forme de dictionnaire alphabétique, il a fallu pour des raisons techniques (traduction) renoncer à ce classement au profit d'un parcours hélicoïdal centré sur la commune de Bruxelles. Ce choix permet toutefois de mettre plus directement en relation des communes qui sont en contact sur le terrain, dans leur histoire mais aussi dans leur quotidien.

On l'aura compris, cet ouvrage est le fruit d'un remarquable travail d'équipe que j'ai pris beaucoup de plaisir à coordonner. Outre tous les membres du CIRHIBRU qui se sont investis pendant plusieurs années dans ce vaste projet, je tiens tout particulièrement à remercier Michèle Scohy qui a assuré une grande partie du travail de relecture de la partie historique ainsi que Christian Vandermotten, Anne Bauwelinckx et Paulo Charruadas qui en ont assumé avec moi la coordination et la réalisation finale. Ce travail est aussi le fruit d'une belle collaboration entre Dexia et une équipe de chercheurs de l'ULB. Au sein de cette entreprise bancaire, ce fut pour moi une grande chance de pouvoir compter sur la collaboration de deux historiens aussi efficaces et expérimentés que Renaud Gahide et Dirk Vandemeulebroecke. Leur aide et leurs conseils multiformes furent des plus précieux.

Serge Jaumain
Directeur du CIRHIBRU

PREMIÈRE PARTIE

BRUXELLES ET SES COMMUNES. UNE RÉGION, UNE HISTOIRE...

Direction générale

Serge Jaumain

avec la collaboration de

Anne Bauwelinckx, Paulo Charruadas et Christian Vandermotten

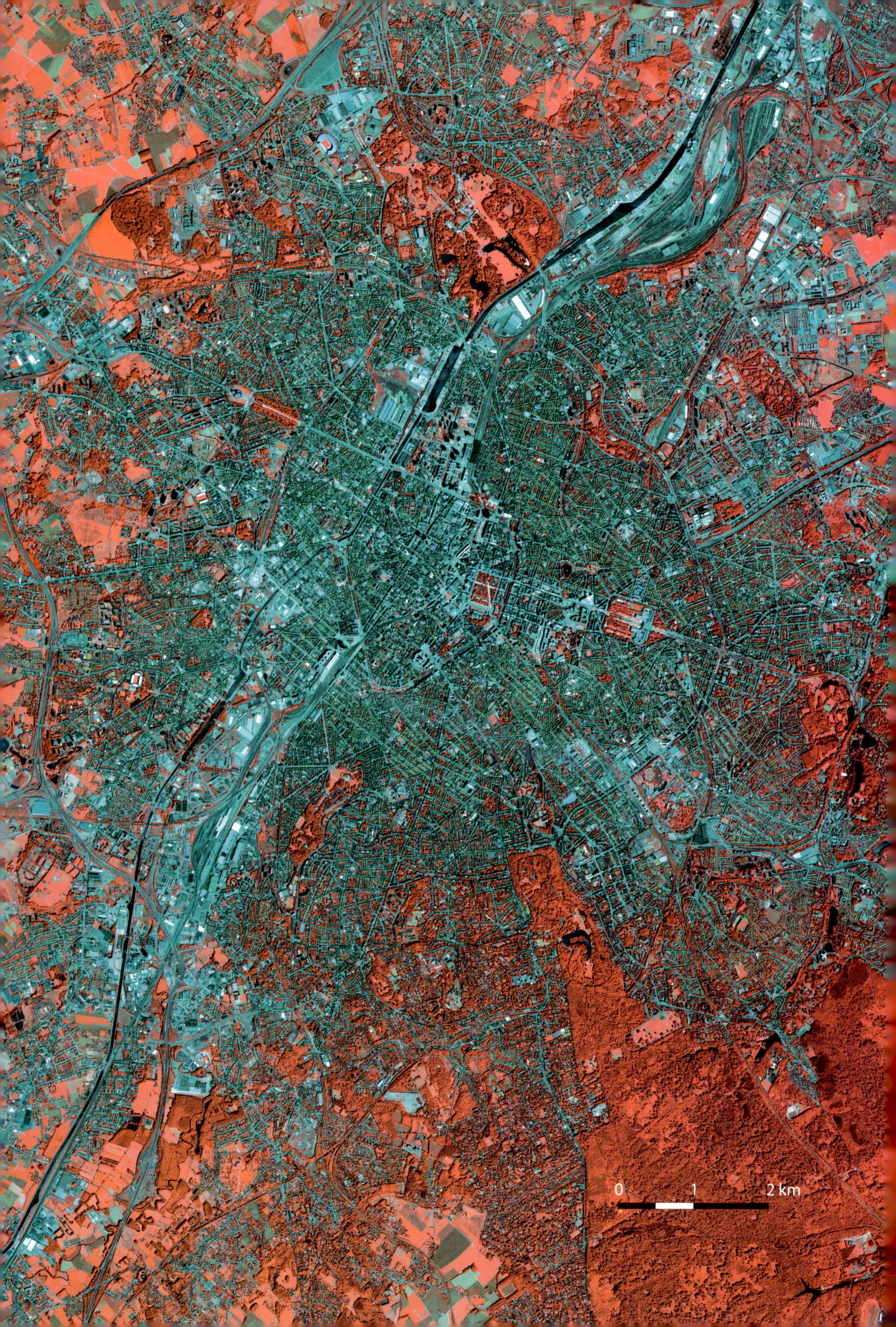
0
1
2 km

BRUXELLES ET SES COMMUNES. UNE RÉGION, UNE HISTOIRE...

Paulo Charruadas

Dix-neuf communes, une Région

Cette Région comprend aujourd'hui Bruxelles-Ville et les communes périphériques d'Anderlecht, Auderghem, Berchem-Sainte-Agathe, Etterbeek, Evere, Forest, Ganshoren, Ixelles, Jette, Koekelberg, Molenbeek-Saint-Jean, Saint-Gilles, Saint-Josse-ten-Noode, Schaerbeek, Uccle, Watermael-Boitsfort, Woluwe-Saint-Lambert et Woluwe-Saint-Pierre.

La commune de Bruxelles-Ville a vu son territoire se modifier par rapport à celui de la ville d'Ancien Régime, tant par une série d'adaptations « restreintes » des limites avec d'autres communes que par l'annexion de différentes portions de territoire (au XIXe siècle, le Quartier Léopold, l'avenue Louise et le quartier du Bois de la Cambre ; en 1921, dans le cadre du projet d'implantation du nouveau port de Bruxelles, trois communes du nord de l'agglomération : Laeken, Neder-over-Heembeek et Haren).

La région de Bruxelles avant l'an mil

Les découvertes archéologiques

Pour le paléolithique (entre 2 millions d'années et 11 000 ans avant J.-C.), quelques découvertes significatives méritent d'être soulignées. La plus importante fut sans conteste celle effectuée en 1912, avenue de Tervueren, à proximité du rond-point Montgomery. À 2,45 m de profondeur, dans le bas d'une couche loessique, on a mis au jour les restes osseux d'un rhinocéros laineux, associés à un biface de petite taille, attribuable au moustérien (entre 70 000 et 35 000 ans avant J.-C.). Il s'agit de la pièce paléolithique la plus caractéristique trouvée dans la région. En parallèle, quelques autres outils paléolithiques ont été signalés à Uccle Verrewinkel (racloir moustérien) et une petite série moustérienne à Rhode-Saint-Genèse.

Le passage du mésolithique (entre 11 000 et 8 000 ans avant J.-C.) au néolithique (entre 6 000 et 3 000 ans avant J.-C.) demeure difficile à cerner dans la région. Les gisements mésolithiques s'y mélangent à des traces néolithiques. Aucun des sites bruxellois de cette période n'offre véritablement d'homogénéité. Il faut donc les considérer avec beaucoup de prudence. C'est le cas du Neckersgat à Uccle ou encore des sites des crêtes sablonneuses de la Woluwe, du côté de Val Duchesse et en aval.

Si les premières traces de présence humaine dans la région se traduisent par des campements de chasseurs moustériens (paléolithique moyen, entre 70 000 et 35 000 ans avant J.-C.), il faut réellement

Moulage en plâtre d'une molaire de mammouth découverte en 1908 au Kattepoel (paléolithique), à Schaerbeek

La Région bruxelloise, image satellitaire Quickbird du 13 juillet 2003

attendre l'arrivée des implantations sédentaires néolithiques pour voir le milieu subir les premières pressions significatives. C'est la formation d'un premier terroir agricole. La situation reste très floue, même si les indices archéologiques sont ici plus nombreux. On sait que nos régions sont marquées, vers la deuxième moitié du cinquième millénaire, par l'arrivée de populations néolithiques identifiées comme celles dites « aux vases à décor rubané ». Apportant vraisemblablement un nouveau mode de vie fondé sur l'agriculture et l'élevage, marqué par une forte sédentarisation et une augmentation significative des effectifs humains, cette civilisation, provenant de Rhénanie, est très mal attestée en région bruxelloise. Pour des signes plus tangibles, il faut attendre 3 400 ans avant J.-C. et l'arrivée des populations néolithiques dites de « Michelsberg », venues vraisemblablement du nord de la France. Cet ensemble culturel marque le néolithique moyen. En région de Bruxelles, les populations Michelsberg sont attestées sur le site des étangs de Boitsfort, où l'on peut toujours observer une importante fortification de cette époque. Ces fortifications sont exceptionnelles en Europe, puisque trop souvent nivelées. La forêt a ici joué un extraordinaire rôle de conservatoire archéologique.

En bref, si la néolithisation de la région de Bruxelles se fait tardivement, elle s'installe définitivement au néolithique moyen, aux environs de 3 000 avant J.-C. Seule l'acquisition progressive de la métallurgie modifiera la situation dans les derniers siècles du troisième millénaire.

Hache polie en silex découverte à Schaerbeek, place Princesse Élisabeth (néolithique)

Les âges du bronze et du fer sont assez peu attestés en région bruxelloise. Les témoins archéologiques sont rares et isolés, ne permettant en aucun cas une vue d'ensemble valable. Citons la découverte en 1921 d'un puits, rue de l'Escaut, à Molenbeek-Saint-Jean. Cette structure a livré du matériel qui atteste peut-être d'un habitat de la fin du IIe siècle. avant notre ère. Un autre site qui mérite une attention particulière est celui de « La Lampe », à Drogenbos, qui a mis au jour une fibule laténienne avec pied ajouré et arc aplati bordé de deux traits gravés. Stylistiquement, elle pourrait dater du Ier siècle avant J.-C., mais le contexte archéologique où elle fut découverte renvoie plutôt à une période chronologique plus tardive (entre le Ier et le IIIe siècle de notre ère). Enfin, il faut noter la mise au jour d'une grande crémaillère en fer à Anderlecht, au lieu-dit du Champ Sainte-Anne.

La période romaine semble n'avoir laissé que des traces éparses en région bruxelloise, ce qui traduit une occupation assez fluide. L'occupation rurale romaine est traditionnellement le fait de *villae*, c'est-à-dire d'un habitat rural dispersé prenant la forme d'exploitations foncières (*villae*) tournées vers les bourgs (*vici*) importants et proches d'Elewijt, d'Asse et de Velzeke. Les *villae* de Jette et d'Anderlecht (Champ Sainte-Anne) en sont les exemples les plus célèbres. Ces grosses exploitations domaniales regroupaient non seulement le personnel d'exploitation agricole, mais sans doute aussi des activités artisanales. Elles formaient ainsi des noyaux de population non négligeables. Les exploitations gallo-romaines semblent surtout s'implanter fermement sur les terres fertiles des plateaux limoneux, les terres à blé, les terres lourdes, que l'outillage métallique, les attelages puissants et les techniques de fumures et de marnages adéquats permettaient de travailler valablement. Essentiellement présentes à l'ouest de Bruxelles, elles sont probablement à mettre en relation avec l'existence d'une chaussée romaine (appelée plus tard le *Schapenweg*), voie secondaire reliant les vici d'Elewijt, d'Asse et de Velzeke, et parcourant d'ouest en est la ligne de crête de partage des eaux entre les bassins du Molenbeek (Jette) et du Landbeek-Maelbeek (Wemmel), ainsi que la grand-route reliant Bavai au nord, en passant par les *vici* de Castre (Kester) et d'Asse. Les maîtres de ces exploitations pourraient avoir aménagé, leurs sépultures sous des tumulus monumentaux, édifiés de préférence sur des hauteurs, à la

Vue des fouilles de l'hypocauste de la villa romaine d'Anderlecht en 1894

limite de leurs terres, souvent le long des chemins et des routes, pour mettre en évidence et rendre visible leur souvenir. Véritable marqueur du paysage médiéval, ces tumulus laissent parfois, outre d'éventuelles traces topographiques, des indices dans les lieux-dits, incluant le toponyme germanique, mais d'origine latine, de *tomb* (ce toponyme est attesté au XIVe siècle à Neerpede, sous Anderlecht).

La recherche combinée d'habitations et de sépultures permet de repérer, en région bruxelloise, plusieurs groupes. Sur la rive droite, au nord, deux anciens *tumuli* sont supposés, d'abord au lieu-dit Tomveld (avenues de Gribaumont et des Sorbiers), ensuite au Tombergveld (rues du Tomberg et de la Cambre). À Woluwe-Saint-Lambert, ces deux sites sont séparés l'un de l'autre d'à peine 750 m. Plus à l'ouest, dans la vallée du Maelbeek, on a découvert les vestiges d'un habitat romain établi sur la pente dévalant vers le Kattepoel (boulevard Lambermont), à Schaerbeek. À 500 m de là, à la limite d'Evere, le lieu-dit De Tompt indique une sépulture. À proximité, ont été découvertes en 1861, à un mètre de distance, deux tombes très riches le long de la chaussée de Haecht, entre les rues Lefrancq et Van de Weyer (tracé suivant la ligne de crête séparant les vallées de la Senne et du Maelbeek). À 100 m de là, dans un déblai, on a découvert de nombreux fragments de *tegulae* (tuiles), suggérant un bâtiment à proximité. Plus au nord, dans le cours inférieur de la Woluwe, à Diegem, on a découvert deux sépultures plus modestes, combinées peut-être avec un dépôt de monnaies dans un vase trouvé sur la rive opposée, plus en amont. Au nord, il faut mentionner le Tomberg du Tomveld, grand tumulus édifié sur le plateau de Zaventem, dont le nivellement entre 1516 et 1519 nous est relaté et illustré dans un document que l'on peut considérer comme le plus ancien rapport archéologique connu pour le Brabant. Plus au nord encore, vers Machelen et Melsbroek, des vestiges d'habitats plus consistants ont été découverts, révélant la présence de *villae* qu'il faut sans doute mettre en relation avec le *vicus* proche d'Elewijt. Les découvertes de la rive gauche sont archéologiquement mieux connues. En 1889, la Société royale d'Archéologie de Bruxelles entama des fouilles à Anderlecht, au lieu-dit du Champ Sainte-Anne, d'une nécropole mérovingienne menacée de destruction par une exploitation de terre à briques. Au milieu de la nécropole apparurent les traces très disloquées d'une villa gallo-romaine. Installée au sommet d'un coteau descendant vers la Senne, la villa était dotée de deux fours à vocation de tuilerie (50-175 après J.-C.). La villa offre un certain luxe architectural et décoratif, ce qui souligne l'importance du bâtiment. Une autre villa fut découverte à Jette (IIe-IIIe siècle après J.-C.). C'est sans aucun doute la structure la mieux connue par l'archéologie. Parmi le matériel recueilli, des éléments de vaisselle sigillée, du Ier au IIIe siècle, provenant des grands centres de production du Midi, du centre et de l'est de la Gaule ainsi que de Rheinzabern en Rhénanie, attestent de relations économiques lointaines plus ou moins directes. Trouvée dans une couche d'incendie couvrant le fond de la cave, une pièce de monnaie à l'effigie de Valérien date la destruction de 254 ou après, sans doute lors des troubles de la deuxième moitié du IIIe siècle. Deux autres *villae* ont été identifiées à Laeken, l'une près de la fontaine Sainte-Anne, l'autre à un kilomètre au nord-est (angle des avenues Van Praet et du Frêne, de l'autre côté du Parc Royal). Une dernière villa a été découverte à Wemmel, Rasselstraat. Enfin, déjà mentionné plus haut, le site « La Lampe », à Drogenbos, sur la rive droite de la Senne, a révélé en 1968, à 2 m ou 2,50 m dans les alluvions, les vestiges d'une tuilerie (aires de combustion, abondance de charbon de bois et fosse avec rebuts de cuisson), peut-être même les traces d'un habitat. Cette installation remonte à la fin de l'époque celtique pour se poursuivre jusqu'au IIIe siècle de notre ère. D'autres tuileries ont été repérées dans la région, l'une à Buizingen, l'autre près de la villa gallo-romaine d'Anderlecht.

A. De Loë, peigne et gaine en os (époque mérovingienne) retrouvés à Anderlecht, au Champ Sainte-Anne

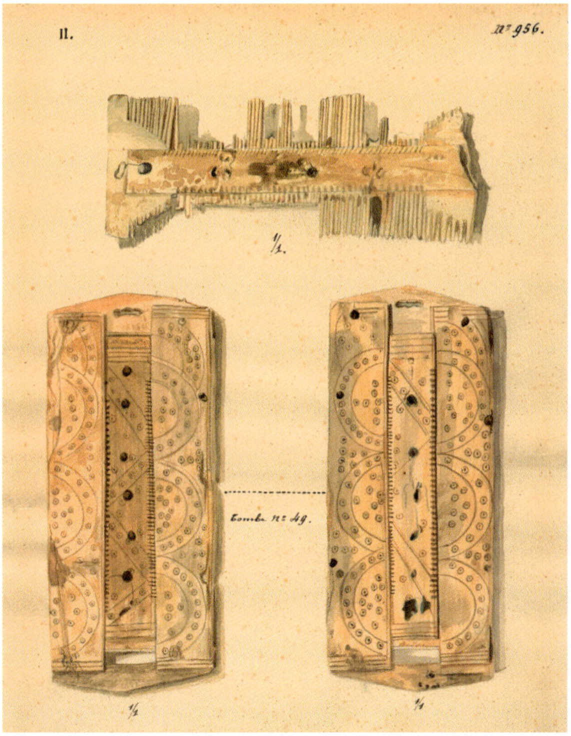

Le haut Moyen Âge n'est pas davantage une période connue en région de Bruxelles. À la rareté des sources textuelles se combine, ici encore, le manque considérable de données archéologiques. Entre le IIIe siècle et la période dite mérovingienne, seules deux découvertes s'avèrent significatives. D'une part, un trésor monétaire des environs de 275 mis au jour à Anderlecht, au lieu-dit Aaveld. D'autre part, du matériel daté de la seconde moitié du IVe siècle pour certains, des environs de 400 pour d'autres, a été découvert à Molenbeek-Saint-Jean, au Laekenveld, dans un puits plus ancien, de la fin du second âge du fer. Le mobilier s'accompagnait de deux squelettes gisant à un niveau un peu plus élevé. Pour certains, le matériel archéologique s'interprète comme étant le matériel funéraire, et donc contemporain, des deux gisants, vraisemblablement les corps de deux auxiliaires barbares romains. Pour d'autres, la relecture des rapports de fouilles incite plutôt à dissocier les deux éléments. Dans ce cas, les squelettes pourraient suggérer non pas le passage occasionnel d'un contingent militaire, mais bien une occupation humaine plus significative. Le matériel découvert dans le puits de la villa gallo-romaine de Wemmel, à l'Ouder Kerkhofsveld, pose les mêmes problèmes. Le puits contenait des débris de démolition de bâtiments, trois squelettes, des ossements animaux ainsi que divers objets, essentiellement deux entraves prudemment datées du IIIe siècle et une fibule à tutulus d'un type caractéristique de la seconde moitié du IVe siècle. Du point de vue matériel, l'époque dite mérovingienne (vers 500-750) est surtout connue par un important site archéologique : la nécropole d'Anderlecht, au Champ Sainte-Anne, incomplètement fouillée, a livré près de trois cents tombes recouvrant les ruines de la villa gallo-romaine. Un mobilier extrêmement riche atteste une utilisation du cimetière depuis les environs de 500 jusque vers 700, ce qui pourrait impliquer, mais avec prudence, l'existence d'une concentration humaine.

Malheureusement, les conditions de fouilles sont loin d'avoir été optimales, la connaissance de la nécropole reste donc incomplète. Le matériel a livré notamment deux angons (lance franque caractéristique), ce qui renvoie à un niveau de vie et de pouvoir assez significatif. Certains archéologues ont même voulu voir dans leurs propriétaires deux chefs ayant porté la dignité comtale. Il a toutefois été démontré que le mobilier funéraire ne permettait pas de déduire un statut juridique ou un titre officiel. L'époque mérovingienne est également connue par d'autres découvertes, mais plus éparses, cette fois. Il faut mentionner trois sépultures sans mobilier, mises au jour en 1895 à Ixelles, à l'angle de la chaussée de Wavre et de la rue du Viaduc, ainsi que deux groupes de tombes découvertes au début du XXe siècle à Uccle, près du Zeekrabbeweg. On doit encore citer un cimetière mérovingien fouillé à Haren, mais dont on ne possède plus qu'un court récit parlant d'un matériel important et, surtout, d'une tombe de cheval. Si le caractère contemporain de la nécropole mérovingienne et de la tombe de cheval était établi, on aurait là une indication forte de la richesse du défunt. On peut encore mentionner le matériel mérovingien provenant des nécropoles de Machelen (Schetsveld) et Melsbroek (près du Hof ten As). Signalons également la découverte d'une céramique et d'une hache mérovingienne rue du Moulin à Saint-Josse-ten-Noode.

En ce qui concerne l'époque dite carolingienne et post-carolingienne, les données textuelles et matérielles sont encore plus réduites. Un peigne à tisser en os a été mis au jour lors des travaux de canalisations de la Grand-Place. Sa typologie n'est toutefois pas exclusivement carolingienne, mais pourrait remonter au XIe-XIIe siècle. Une seule implantation carolingienne a été identifiée dans la région : il s'agit du site du « Groeselenberg » à Uccle, où trois monnaies, dont un denier de Charles le Chauve, et un matériel assez homogène ont été révélés et indiquent une occupation de faible durée, fin IXe-Xe siècle.

En bref, les données archéologiques révèlent peu d'éléments probants. Avant le néolithique et la période romaine, il est très difficile de se faire une idée claire de la présence humaine autour de Bruxelles. Mais ce constat est également valable pour les autres périodes archéologiques. La rareté des découvertes en est la cause principale. Le peu de traces n'est toutefois pas forcément le reflet fidèle du peuplement. Cette situation peut également être imputée à la carence avérée des prospections méthodiques, que l'urbanisation rend aujourd'hui très difficile à pallier. L'archéologie bruxelloise, un parent pauvre ? Sans aucun doute. Mais la situation change, notamment depuis la mise en place de la Région de Bruxelles-Capitale (1989) et la mise sur pied d'un service dédié au patrimoine et aux fouilles.

Squelettes de l'ancien cimetière mis au jour durant les fouilles de la place Flagey en 2003

La situation paroissiale aux origines

On définit aujourd'hui la paroisse comme étant une circonscription territoriale ecclésiastique à l'intérieur de laquelle habite une population soumise à l'autorité d'un prêtre. Constituée à la fin du VIIIe siècle par le pouvoir carolingien soucieux de contrôler plus efficacement la vie religieuse, la paroisse est dotée d'une église – unique ou principale – qui détient le monopole des différents droits religieux et dans le ressort de laquelle est prélevée, à son avantage, la dîme. Ces premières structures territoriales, que les historiens qualifient de paroisses « primitives », semblent avoir été calquées sur des limites existantes, celles des domaines fonciers (comme au IVe siècle, les limites d'évêché et d'archevêché s'étaient surimposées aux limites administratives romaines). Si cette équivalence entre domaine ancien et paroisse primitive n'est pas une règle absolue, elle s'est néanmoins vérifiée à de nombreuses reprises. À la fin du XIe siècle au plus tard, on peut considérer que la carte paroissiale est constituée sur l'ensemble du territoire de nos régions. Une étude de fond doit encore être menée afin de vérifier la pertinence de ce modèle pour la région de Bruxelles. En attendant, que peut-on dire de la situation domaniale et paroissiale dans la région ?

À la lumière des quelques sondages qui ont été menés sur le sujet, la région présente une situation extrêmement complexe, dans laquelle l'indigence documentaire se mêle à des délimitations territoriales tourmentées, difficiles à saisir et souvent contradictoires. L'historien est réduit à poser de nombreuses hypothèses sans réellement pouvoir présenter de solution solide. Les limites actuelles des territoires communaux, surtout en Région bruxelloise, sont donc le résultat d'une longue évolution, qui ne s'est achevée parfois qu'au XXe siècle. Le constat est particulièrement frappant pour des communes comme Saint-Josse, Etterbeek ou encore Ixelles. Ces différents éléments rendent le travail de mise au point extrêmement difficile.

Pour un accès plus aisé à cette matière, le lecteur se reportera donc à la liste qui suit : elle présente de manière claire et succincte une concordance des communes actuelles avec les paroisses et villages d'Ancien Régime.

Les jalons chronologiques y sont donnés, de même que les principales hypothèses émises.

Anderlecht – Mentionnée pour la première fois vers le milieu du XIe siècle, la paroisse d'Anderlecht, avec sa filiale de Dilbeek (environ 3 000 ha), apparaît comme une entité relativement ancienne, fort probablement une paroisse primitive. Une hypothèse récente propose même d'en faire la paroisse mère de l'ensemble Forest-Saint-Gilles à la place de celle d'Uccle. Une autre hypothèse, s'appuyant en partie sur le découpage complexe des frontières entre Anderlecht et Leeuw-Saint-Pierre (notamment l'avancée septentrionale d'Itterbeek, dont l'église relève clairement de Leeuw), ferait d'Anderlecht une entité démembrée de la seconde.

Auderghem – Cf. Watermael-Boitsfort.

Berchem-Sainte-Agathe – L'église de Berchem est mentionnée pour la première fois en 1132 comme une dépendance de la paroisse de Wemmel. Sur la base de ce même texte, plusieurs interprétations ont été élaborées. Soit Wemmel est une vaste paroisse primitive englobant les entités de Berchem, de Relegem, de Ramsdonck (explicitement mentionnées dans l'acte de 1132), ainsi que de Jette-Ganshoren et une partie de Zellik et de Grand-Bigard (non mentionnées, mais que la logique géographique pousse à rattacher à Wemmel). Soit, l'ensemble Jette-Ganshoren n'étant pas explicitement mentionné comme filiale de Wemmel en 1132, on le considère comme une entité indépendante. En conséquence, le territoire de Berchem n'étant plus limitrophe de celui de Wemmel, le lien attesté en 1132 doit être envisagé comme le fruit d'une évolution paroissiale ultérieure. Se pose alors la question de l'ancienneté de Berchem, voire de son éventuelle paroisse mère. Avec bien plus de certitude, on peut affirmer que la dépendance de Koekelberg vis-à-vis de Berchem est clairement ultérieure. En fait, tout indique que Koekelberg est un démembrement de la paroisse de Molenbeek, rattaché à un moment indéterminé (mais postérieur au XIIIe siècle) à celle de Berchem. Cette passation s'explique essentiellement par des raisons de gestion ecclésiastique (cf. Molenbeek-Saint-Jean).

Bruxelles – Le problème des origines paroissiales de Bruxelles a déjà fait couler beaucoup d'encre. Jusqu'à aujourd'hui, le débat a vu essentiellement l'affrontement de deux écoles. D'une part, les tenants d'une paroisse primitive de Bruxelles centrée autour de l'église Saint-Michel au Treurenberg, remontant peut-être à l'époque mérovingienne. L'arrivée à Bruxelles de Charles de France à la fin du Xe siècle se serait effectuée dans ce cadre domanial et paroissial, avec l'installation dans le fond de la vallée de la Senne de son *castrum* et de sa chapelle domaniale dédiée à saint Géry. D'autre part, les partisans de l'église Saint-Géry (filiale d'une paroisse primitive de Molenbeek), qui aurait été la première église paroissiale de Bruxelles. Dans ce contexte, la paroisse primitive de Bruxelles ne serait autre que celle de Saint-Jean-Baptiste de Molenbeek, dont le ressort initial se serait étendu sur un territoire d'environ 3 500 ha comprenant les vallées de la Senne et du Maelbeek (grosso modo les territoires de Bruxelles-Ville, Molenbeek, Ixelles-haut, Etterbeek, Saint-Josse, Schaerbeek et Laeken). Enfin, les travaux de Chloé Deligne ont apporté un certain vent de fraîcheur. Pour l'historienne, il n'est pas impossible de rattacher le hameau naissant de Bruxelles au domaine et à la paroisse ancienne d'Anderlecht-Dilbeek, surtout lorsque l'on songe aux liens familiaux importants qui ont uni le lignage anderlechtois des Anderlecht-Aa et celui des châtelains de Bruxelles (famille de Bruxella).

Actuellement, les deux premières hypothèses ont été écartées de manière convaincante, bien que l'idée d'une paroisse ancienne dédiée à saint Géry, dans le ressort de laquelle serait née l'agglomération de Bruxelles, ne soit pas indéfendable. En fait, le problème principal de ce dossier réside dans le brouillage des cartes paroissiales consécutif à l'avènement du chapitre ducal des Saints Michel et Gudule, dans la deuxième moitié du XIe siècle. De sa fondation à la fin de l'Ancien Régime, le chapitre, fort du prestige propre à toutes les fondations princières, ne cessera d'affirmer son statut d'église mère de Bruxelles (sans pour autant avoir été le centre d'une paroisse primitive) et sa suprématie sur tous les oratoires existant dans la région. Au-delà du caractère symbolique de cette primauté, ce titre conférait aux chanoines de nombreux revenus. En 1174, l'acte papal de confirmation des biens du chapitre reconnaissait ce statut, en indiquant explicitement la primauté baptismale et sépulcrale de Sainte-Gudule. Le reste du réseau ecclésial (églises et chapelle desservant Bruxelles au Moyen Âge) sera ainsi soumis à l'autorité de la collégiale du Treurenberg. La recherche historique réclame de nouvelles données. On attend beaucoup de l'archéologie, bien sûr, de même qu'une étude d'ensemble portant sur l'ensemble de la région de Bruxelles devrait permettre d'apporter des éclairages intéressants.

Etterbeek – La paroisse d'Etterbeek apparaît clairement comme le démembrement d'une paroisse plus ancienne : son statut de demi-église, mentionné dans un acte de 1127, constitue un élément très probant. Malheureusement, la relative solidité de ce statut d'ordre économique et fiscal se confronte au manque total de données quant à cette église mère qui demeure inconnue dans l'état actuel des recherches. Plusieurs hypothèses ont été formulées. Etterbeek pourrait être une paroisse née au XIIe siècle à l'intérieur d'un domaine ancien s'étirant dans la vallée du Maelbeek. Son centre pourrait se situer à Schaerbeek (le territoire de Saint-Josse, relevant de la paroisse de Sainte-Gudule, apparaît en effet comme une appropriation ultérieure des chanoines), à Ixelles ou bien à Watermael. Cette dernière possibilité pourrait s'accorder avec le fait qu'au bas Moyen Âge, Etterbeek était soumis à la juridiction des échevins de Watermael. Une dernière hypothèse, loin d'être improbable et qui peut se combiner à la précédente, réside dans un domaine dit d'Eggevoorde (du nom d'un lieu-dit situé à l'emplacement de l'actuelle place Jourdan), relevant des châtelains de Bruxelles et qui aurait englobé un vaste ensemble reprenant Saint-Josse, Etterbeek et les possessions du châtelain au Borgendael (sur le Coudenberg). À cela, il n'est pas impossible d'ajouter un éventuel ensemble Schaerbeek-Heembeek-Evere, où la présence du châtelain de Bruxelles est difficile à différentier et à caractériser vis-à-vis du pouvoir ducal (possessions allodiales ou fiefs de fonction ?).

Evere – La tradition retient qu'Evere fut le siège d'un vaste domaine primitif englobant, outre Evere, les territoires de Melsbroek et de Ransbeek (ce hameau est situé actuellement sous Neder-over-Heembeek, sur la rive gauche de la Senne). Ce domaine, qui avait été donné vers 670 à saint Vincent, abbé du monastère de Soignies, aurait alors été pourvu d'une première église paroissiale. Une autre tradition explique qu'Evere fut donné par un personnage indéterminé au chapitre de Sainte-Gudule avant 1113.

Ces deux historiographies ne résistent pas à l'analyse documentaire. Le premier document écrit concernant Evere remonte à 1120. Il relate la donation de l'église d'Evere par un seigneur laïc, non mentionné, au chapitre de Soignies. Il faut noter que cette nouvelle possession est confirmée par un passage des *Miracles de saint Vincent* datant du XIIe siècle. Ceci élimine non seulement la détention de la paroisse d'Evere par le monastère depuis la fin du VIIe siècle (pourquoi lui donner en 1120 ce que le monastère détiendrait depuis 670 ?), mais aussi la détention de l'église par le chapitre de Bruxelles. À ce stade, l'origine de la paroisse d'Evere demeure sans réponse claire. Une forte présence du châtelain de Bruxelles (indépendamment des terres de fonction concédées par le duc), si elle se confirmait par une étude approfondie, permettrait peut-être de relier Evere à un vaste ensemble domanial détenu par les châtelains et englobant Schaerbeek-Heembeek-Saint-Josse-Etterbeek et le secteur d'Eggevoorde.

Forest – Cf. Anderlecht et Uccle.

Ganshoren – Cf. Jette.

Haren – Haren, mentionné pour la première fois peu après 1050 comme étant une villa, pourrait être le siège d'un domaine et d'une paroisse ancienne. La forte présence ducale imposerait de ne pas rattacher l'entité à Evere ou Schaerbeek. Dans l'état actuel des recherches, il est délicat d'aller plus loin.

Ixelles – Les limites actuelles de la commune d'Ixelles sont le résultat d'un assemblage de territoires qui n'étaient pas directement liés entre eux durant l'Ancien Régime. Ixelles-bas et le hameau de Boondael relevaient de la paroisse d'Uccle, tandis que la partie dite Ixelles-haut était un faubourg formé à la fin du XIVe siècle devant la porte de Namur et dont le ressort paroissial n'a plus rien d'orignal. Traditionnellement, l'historiographie le rattache à Bruxelles, sans plus de précision.

Jette – La paroisse de Jette (avec son appendice de Ganshoren cité en 1112) apparaît comme un démembrement de la paroisse primitive de Wemmel. Celle-ci comprenait en effet Relegem, une partie de Zellik et de Grand-Bigard, ainsi que Berchem-Sainte-Agathe. Sans aucun fondement textuel, seule la continuité géographique (Jette-Ganshoren se trouve enserré par ces entités) imposerait la filiation. Malheureusement, de cette grande paroisse primitive de Wemmel à l'émergence et au démembrement de Jette, on ne possède aucune source. Cela a permis à certains historiens de remettre en doute la filiation Jette-Wemmel, sans pour autant offrir une alternative. À l'instar d'autres entités de la région, Jette demeure dans le flou quant à ses origines domaniales et paroissiales.

Koekelberg – Cf. Molenbeek-Saint-Jean et Berchem-Sainte-Agathe.

Laeken – Laeken apparaît vraisemblablement comme une paroisse primitive, dont Molenbeek pourrait être un démembrement. C'est en tout cas ce que sous-entend l'importance du lieu-dit Laekenveld dans la mise en valeur du sol molenbeekois. Toutefois, une contradiction demeure. Si l'étude de la propriété foncière à Molenbeek a mis en évidence une très forte présence ducale, les sondages effectués pour Laeken (de même que l'interprétation de la *Vita Guidonis*) indiquent en revanche une présence des Bruxella.

Molenbeek-Saint-Jean – L'étendue originelle de la paroisse de Molenbeek-Saint-Jean est difficile à déterminer. Les textes mentionnent clairement qu'elle englobait le quartier de Sainte-Catherine, future paroisse urbaine de Bruxelles. Les dénombrements de la fin du Moyen Âge et du début des Temps modernes distinguent d'ailleurs clairement la paroisse de Molenbeek hors les murs de celle intra-muros (quartier Sainte-Catherine). Il apparaît également clair que la paroisse ancienne de Molenbeek comprenait l'entité de Koekelberg, qui en sera détachée au plus tôt au XIIIe siècle pour être rattachée à la paroisse de Berchem. Enfin, l'étude de la mise en valeur du sol molenbeekois au XIIe et au XIIIe siècle a permis de souligner l'importance du lieu-dit Laekenveld dans la chronologie de ce mouvement, ce qui pose la question de l'existence d'un éventuel grand ensemble paroissial primitif réunissant Molenbeek et Laeken.

Neder-over-Heembeek – Une série d'indices permettent de supposer que les seigneurs fonciers initiaux du village, les Heembeek, constituent une branche locale de la puissante mouvance familiale des Aa et des châtelains de Bruxelles. Malgré l'absence de données textuelles plus éclairantes, on est toutefois tenté de relier les paroisses de Neder et d'Over-Heembeek (à partir de quand et dans quelles conditions furent-elles scindées ?) à un éventuel ensemble des châtelains de Bruxelles allant de Heembeek-Schaerbeek-Evere à Etterbeek-Eggevoorde.

Saint-Gilles (Obbrussel) – Paroisse démembrée de celle de Forest. Cf. Anderlecht et Uccle.

Saint-Josse-ten-Noode – S'appuyant sur les premières données textuelles qui apparaissent au milieu du XIIIe siècle, l'historiographie traditionnelle a fait de Saint-Josse-ten-Noode le fruit d'un peuplement tardif de la partie nord-orientale de la paroisse de Sainte-Gudule. Si cette réalité correspond bel et bien à la situation du XIIIe siècle, elle ne correspond pas nécessairement à la situation paroissiale antérieure. La recherche récente a plutôt souligné que la forte présence du duc et du châtelain a sans doute facilité la pénétration du chapitre de Sainte-Gudule, ce dernier brouillant la carte des ressorts paroissiaux anciens. Peut-être peut-on rattacher le territoire de Saint-Josse aux paroisses anciennes de Schaerbeek ou d'Etterbeek, mais dont le peuplement résulte de l'influence urbaine.

Schaerbeek – À l'heure actuelle, le problème de Schaerbeek ne présente pas de réponse claire. Soit Schaerbeek est une paroisse primitive indépendante, soit, si la présence du châtelain se confirme (indépendamment des terres de fonction concédées par le duc) par une étude approfondie, l'entité peut être liée au vaste ensemble foncier du châtelain englobant Heembeek-Evere-Saint-Josse-Etterbeek-Eggevoorde.

Uccle – L'entité d'Uccle apparaît dans l'historiographie traditionnelle comme une paroisse primitive et un important domaine foncier parmi les plus anciens de la région. Mentionné tardivement, au début du XIIe siècle, il comprenait initialement Drogenbos et une partie d'Ixelles (les secteurs actuels de la place Flagey et de l'abbaye de la Cambre [Ixelles-bas], ainsi que le hameau de Boondael). Pour certains, tenant de l'historiographie traditionnelle, l'étendue de la paroisse d'Uccle devait comprendre les entités de Forest et de Saint-Gilles, ce qui en faisait une paroisse primitive d'environ 4 000 ha. Des liens paroissiaux sont en effet textuellement établis entre Uccle et le quartier de la Chapelle à Bruxelles (Saint-Gilles). La logique géographique imposerait donc que Forest et son hameau de Saint-Gilles (détaché au début du XIIIe siècle) soient un démembrement du vaste domaine primitif d'Uccle. D'autres historiens mettent en avant une interprétation divergente, faisant de Forest-Saint-Gilles un démembrement de la paroisse d'Anderlecht.

Watermael-Boitsfort – Aux confins de la Forêt de Soignes, le domaine de Watermael, mentionné au début du Xe siècle, est un ensemble d'environ 2 200 ha, avec ses dépendances d'Auderghem et de Boitsfort.

Woluwe-Saint-Lambert – L'historiographie traditionnelle considère que Woluwe-Saint-Lambert constitua une vaste paroisse primitive de 2 500 ha, avec ses dépendances de Woluwe-Saint-Pierre et de Woluwe-Saint-Étienne (y compris évidemment le territoire des hameaux de Crainhem et de Stockel). Cette hypothèse, qui n'a pas véritablement été remise en doute, a toutefois été nuancée récemment. En effet, des indices convaincants semblent plutôt indiquer que les paroisses Saint-Lambert et Saint-Pierre ont constitué originellement une seule paroisse. Le rapport entre l'ensemble Saint-Lambert/Saint-Pierre et la paroisse Saint-Étienne reste toutefois difficile à déterminer.

Woluwe-Saint-Pierre – Cf. Woluwe-Saint-Lambert.

L'Ancien Régime

Introduction

Depuis la renaissance des agglomérations urbaines, aux IXe-XIe siècles, des liens permanents et indissolubles se sont tissés avec force entre les villes et leurs proches campagnes. Ces liens furent de natures très diverses ; ils ont pris des formes très variées, à la fois simples et complexes, visibles et invisibles, extraordinaires et insignifiantes au quotidien. Les plus anodins ne se laissent d'ailleurs pas percevoir facilement. Ils prennent la forme de relations aussi simples que celles qui unissent aujourd'hui, en certains endroits, les ruraux aux citadins : la « montée » des villageois en ville pour y remplir quelques formalités, pour y visiter un familier, un ami, pour y assister à des festivités, pour faire du commerce et y écouler des produits agricoles, pour s'y faire soigner, etc. Les liens les plus tangibles, ceux que l'historien affectionne parce qu'ils ont laissé des traces explicites et claires dans les textes, relèvent autant de la sphère économique que juridique.

Il faut avant tout souligner les nécessités vitales d'une ville en matière d'approvisionnement de sa population. Les secteurs secondaire et tertiaire prenant de l'importance, les campagnes environnantes deviennent rapidement un objectif essentiel aux yeux de la ville, devenant une périphérie qu'il convient de protéger (avec des ressources qu'il convient de s'assurer) et d'aménager à cet effet selon des besoins déterminés. Au-delà, on se doit même de parler d'impérialisme urbain dans la mesure où la ville, dépendante de ses campagnes, mettra tout en œuvre pour s'accaparer ou du moins favoriser l'appropriation des richesses rurales ; il faut « fidéliser » les campagnes au marché urbain, faire en sorte que la ville devienne le marché habituel et l'étape obligée des denrées issues des alentours.

On assiste ainsi le plus souvent à un processus d'ordre juridique, mais avec des fondements économiques sous-jacents, qui vise à annexer à la ville la périphérie rurale nécessaire à son approvisionnement et au bon fonctionnement de ses institutions. Dans le même ordre d'idées, il convient également de souligner le vaste mouvement d'appropriation foncière des bourgeois dans les campagnes environnantes. À une époque où la richesse demeure essentiellement foncière, les investissements sont inéluctablement amenés à se diriger vers les campagnes.

Ces phénomènes constituent autant de rapports bilatéraux qui permettent d'identifier autour de Bruxelles *stricto sensu* une région bruxelloise rurale et « solidaire » de l'agglomération urbaine. Outre la volonté d'identifier ces phénomènes, il s'agit aussi de combattre une idée reçue encore trop présente qui fait de la ville un organisme radicalement opposé à la campagne : si de nombreux points opposent la ville à sa campagne, les liens et les rapports étroits qu'entretiennent les deux milieux sont bien plus fondamentaux.

Aux origines

On sait aujourd'hui combien la naissance des villes doit au dynamisme des campagnes. Dans cette optique, la ville est envisagée comme le point central vers où convergent les productions environnantes. Au stade même qui préside à la naissance des villes, celles-ci ne peuvent donc être envisagées sans leur « région ». Bruxelles n'échappe évidemment pas à ce constat.

La première mention sûre de Bruxelles date de 1015-1020. Alors en pleine gestation, la localité est qualifiée de *portus*, c'est-à-dire qu'elle constitue une étape, en l'occurrence ici une étape sur la Senne, qui polarise les denrées produites dans les domaines environnants pour les redistribuer ensuite (vers Anvers, vers la mer du Nord ?). Un bel exemple de cette polarité de Bruxelles se déroule vers 1050-1100, lorsque les paysans du domaine rural de Sint-Pieters-Leeuw sont contraints par leur seigneur de transporter des grains à Bruxelles.

Avant l'attestation du *portus*, il faut imaginer la région dominée par un paysage rural relativement peu peuplé et un habitat éparpillé. La Forêt de Soignes étire sa couverture arborée jusqu'aux hauteurs de l'actuel parc de Bruxelles, tandis que la Senne s'écoule dans le fond de la vallée, vers le nord. Les territoires de l'ouest de la région apparaissent comme les plus habités : plus fertiles que ceux situés sur la rive est de la Senne, ils ont connu un début de mise en valeur dès l'époque romaine : les *villae* d'Anderlecht et de Jette (Ier-IIIe siècle après J.-C.) et celle imparfaitement fouillée au XIXe siècle à Laeken, attestent de cette présence humaine précoce, tandis que le cimetière mérovingien du Champ Saint-Anne à Anderlecht (VIe siècle après J.-C.), installé sur les ruines de la villa, pourrait indiquer une relative continuité topographique.

Toute une série de domaines existent à l'entour du territoire qui deviendra plus tard Bruxelles : Tervueren est cité vers le milieu du VIIIe siècle ; Vilvorde, possession de l'abbaye liégeoise de Chèvremont, est cité régulièrement à partir de la fin du VIIIe siècle ; Lennik est mentionné à partir de la fin du IXe siècle entre les mains de l'abbaye de Nivelles ; les domaines de Zellik, à l'ouest, et de Crainhem, à l'est, apparaissent dans les textes aux environs de l'an mil.

La période des grands défrichements (Xe-XIIIe siècle) va bientôt débuter. Elle donnera à la région l'apparence qu'elle conservera jusqu'à la révolution industrielle. Au sud de Bruxelles, Uccle apparaît comme un espace agricole appartenant aux futurs ducs de Brabant. Encore très partiellement mis en valeur, ce présumé « vaste ensemble » verra bientôt l'émergence aux XIe, XIIe et XIIIe siècles des villages de Drogenbos, de Forest, d'Obbrussel (ancien nom de Saint-Gilles) et d'Ixelles. La partie est de la région apparaît comme la moins développée. Néanmoins, des villages vont connaître un développement précoce en raison de la proximité de la forêt : c'est le cas du domaine de Watermael, connu par les textes depuis le début du Xe siècle (d'ou émergera au XIe siècle le village d'Auderghem et au XIIIe siècle celui de Boitsfort). À l'est du *portus*, il faut encore probablement imaginer une série de villages nés au XIIe siècle, voire à la fin du XIe siècle : Evere, Schaerbeek et Haren en font certainement partie. À ce moment-là donc, Bruxelles est surtout un point de transit, dont la mise en place doit énormément à la croissance agricole des environs, phénomène bien connu des historiens.

L'approvisionnement de la ville de Bruxelles

L'approvisionnement urbain, s'il peut provenir de lieux éloignés, s'effectue aussi et surtout depuis les villages des environs de la ville. D'abord et avant tout, les relations économiques qui unissent Bruxelles à sa campagne sont des rapports qui unissent un lieu de consommation à une périphérie de production. L'inverse est également valable, la ville produisant pour les campagnes. Mais les flux ne portent pas sur les mêmes produits, ni avec la même ampleur. Pour schématiser, il faut simplement imaginer que la campagne produit des denrées agricoles à destination de la ville, tandis que la ville produit ou distribue des artefacts artisanaux, ainsi que des services (au sens relativement actuel du terme).

La campagne fournit à la ville toute une série de produits dont celle-ci a grandement besoin. D'abord et surtout, il faut mentionner les denrées alimentaires : essentiellement des grains, des légumes, des fruits et de la viande.

Les grains représentent une part fondamentale, sinon essentielle, de l'alimentation médiévale ; ils font donc l'objet d'une attention particulière des autorités urbaines en matière d'approvisionnement. Des ordonnances et des règlements préviennent les monopoles et les tentatives de spéculation afin de maintenir des prix raisonnables. Les villages de l'ouest de la région (Anderlecht, Molenbeek, Berchem, Jette, etc.) offrent des sols céréaliers extrêmement performants.

Les fruits et les légumes assurent également une part importante de l'alimentation quotidienne. Les villes ont vu se former autour d'elles de véritables ceintures maraîchères étroitement tournées vers les besoins de la population urbaine. Ce cadre voit le développement important du courtil, petite exploitation alliant culture maraîchère et élevage, dans une optique de travail intensif du sol et d'une grande rentabilité.

La viande, enfin, constitue le dernier élément essentiel de cette trilogie alimentaire. Les bouchers sont d'ailleurs des artisans parmi les plus puissants, notamment à Anderlecht, Molenbeek et Laeken. De manière récurrente, ce sont leurs troupeaux qui paissent dans la campagne environnante. Des dynasties aux noms révélateurs (Trippaert, Leder, Dierkens, etc.) se retrouvent régulièrement dans les textes, faisant pâturer leurs bêtes autour de la ville, jusque dans la plaine de Vilvorde.

Le gibier issu de la Forêt de Soignes, comme le poisson des étangs de la vallée de la Woluwe, garnissent également la table des Bruxellois.

Quant à la bière et au vin, si une partie provient des importations, le reste est issu de la périphérie. Le vin, surtout, est issu de vignobles intra-muros

Septentrio
Opbrussel

mais aussi de ceux situés dans les villages de Saint-Josse-ten-Noode, Schaerbeek, Saint-Gilles, Uccle et Forest.

Les matériaux de construction comme la pierre ou la chaux proviennent également des campagnes environnantes. Le sous-sol des environs de Bruxelles recèle en effet d'excellentes carrières de pierres de taille. Les carrières les plus importantes se situent sur le Ketelberg, près de la chaussée de Wavre, mais aussi à Uccle, Forest, Anderlecht, Ixelles, Haren, Diegem, etc. On sait, par exemple, que les fours à chaux établis au nord de Bruxelles, près du béguinage et de la porte de Laeken, étaient approvisionnés en pierres calcaires venant de la région de Diegem, via le cours de la Senne.

Le bois, qu'il soit à construire ou à brûler, était coupé en grande quantité dans la Forêt de Soignes. Au XVIIe siècle, les habitants du village forestier de Boitsfort sont connus pour la confection et la vente de balais. Après le bombardement de 1695, et l'anéantissement de près de 4 000 immeubles, les diverses ordonnances qui interdisaient la construction en matériaux inflammables depuis quatre à cinq siècles seront enfin mises à exécution et respectées : la multiplication des briqueteries autour de la ville en découlera.

La proximité n'est pas le seul élément qui explique pourquoi on vend préférentiellement en direction du marché bruxellois : une série d'ordonnances sont promulguées dans le but précis de faire de Bruxelles le marché le plus avantageux à l'écoulement des denrées produites dans les environs.

BRUXELLES ET SES MARAIS : UNE REMISE AU POINT

La ville de Bruxelles est géographiquement implantée dans le fond de la vallée de la Senne. Son étymologie Broek-zele, c'est-à-dire « l'habitat du marais », illustre cette situation qui place la ville dans un environnement naturel constitué en grande partie de sols humides et marécageux. Un des points forts de l'histoire traditionnelle de Bruxelles résida d'ailleurs longtemps dans ces fameux marais qui auraient vu naître une agglomération urbaine contre toute attente. Or, il faut bien prendre conscience que ces marais, au-delà de leur caractère « présumé » insalubre et inconstructible, furent d'abord et avant tout un formidable atout pour la ville. Il convient de considérer ces zones humides comme un potentiel agricole et pastoral extraordinaire que Bruxelles aménagera très vite à sa convenance.

Dans le vaste mouvement d'animation des campagnes et de valorisation des terres, entre le Xe et le XIIIe siècle, le processus de mise en exploitation des sols humides et marécageux des vallées doit être pointé. Ce mouvement de valorisation va entraîner à Bruxelles (mais on peut observer le même processus dans bien d'autres villes européennes) la mise en place d'une véritable couronne maraîchère en charge d'approvisionner Bruxelles en produits légumiers et fruitiers. Avec le courtil comme unité d'exploitation de base, ce type d'activité va être amplement influencé – commercialisation assurée et spéculation – par la demande urbaine.

Les sols de vallée seront aussi intrinsèquement liés au développement d'une autre activité essentielle pour la ville de Bruxelles : l'élevage. Depuis le XIIIe siècle, Bruxelles est devenue une ville drapière de grande renommée. Les vastes prairies naturelles de la vallée de la Senne, jusqu'à Vilvorde, vont permettre une intensification de l'élevage, ovins surtout, ce qui permettra, outre l'approvisionnement de la ville en laine, de fournir au marché urbain des produits carnés. On perçoit mieux aujourd'hui l'importance de la laine locale, dont le rôle fut longtemps négligé, voire occulté au profit des laines anglaises importées dans nos régions.

Enfin, il a été récemment mis en lumière toute l'importance de ces zones humides dans la structuration des étangs qui vont prendre position autour de Bruxelles à partir du XIIe siècle. Ces étangs seront les principaux pourvoyeurs de poissons des tables bruxelloises.

Jacques de Deventer, carte manuscrite de Bruxelles et de ses environs, milieu du XVIe siècle (échelle approximative 1:25 000)

La domination politique de Bruxelles sur ses environs : quelques cadres territoriaux

Bruxelles et son ammanie

Le mot « ammanie » vient du nom de l'officier ducal qui gérait cette circonscription territoriale judiciaire : l'amman, ou aman (néerlandais : *amptman,* signifiant officier). Cet officier était une sorte de « bailli », de représentant du duc dans le territoire de l'ammanie dont Bruxelles était le centre. Cette circonscription semble avoir été primitivement une « châtellenie », c'est-à-dire une circonscription territoriale administrée par un châtelain, officier représentant le souverain et, c'est là l'origine du nom, habitant le château en l'absence de ce dernier. Elle fut l'une des grandes circonscriptions administratives et judiciaires du Brabant.

Bruxelles apparaît de la sorte, tant dans le cas de la châtellenie primitive que dans celui de l'ammanie, comme le centre administratif d'un vaste ensemble territorial. Celle-ci se composait de six mairies en 1356 : les mairies de Vilvorde, Kampenhout, Rhode-Saint-Genèse, Asse, Merchtem et Kapelle-op-den-Bos. La circonscription s'étendait au nord jusqu'à Ruisbroek (près d'Anvers), au sud jusqu'à Rhode-Saint-Genèse et Alsemberg, à l'ouest jusqu'à Meerbeek et à l'est jusqu'à Leefdael. Bruxelles exercera une influence non négligeable sur ces localités.

Découverte des substructions d'une tour de la première enceinte lors de la construction de l'athénée Léon Lepage en 1911

Bruxelles répartissait, par exemple, la levée des « aides et subsides » dans ce cadre administratif. Il ne faut donc pas s'étonner de voir la ville défendre avec acharnement l'intégrité territoriale de son ammanie. En 1392, après la tentative de prise de contrôle de certains de ses abords par le seigneur de Gaasbeek, elle se fait solennellement promettre par la duchesse Jeanne (1355-1406) de ne jamais disjoindre de l'ammanie une des mairies qui la constituaient.

Bruxelles et sa franchise : un contrôle politique de proximité

La franchise, ou *libertas* ou *vriheyt,* désigne le territoire régi par le droit urbain, et donc soumis à l'autorité de la ville. Limitée d'abord au territoire strictement urbain, la franchise s'agrandira, par l'annexion d'un certain nombre de villages environnant Bruxelles. Ces incorporations successives devaient permettre à la ville d'exercer un contrôle politique et juridique sur ses campagnes.

À l'origine, l'étendue de la franchise (dite plus tard la ou les cuves) bruxelloise est difficile à déterminer avec précision. Elle englobait, en tout cas, outre évidemment le territoire urbain lui-même, le village de Saint-Josse-ten-Noode et une partie d'Ixelles (actuellement Ixelles sans le secteur de la place Flagey, ni l'actuel quartier de Boondael).

Une autre franchise côtoyait alors celle de Bruxelles : la franchise de Saint-Gilles, que le duc avait concédée aux habitants vers 1215. On trouve d'ailleurs mention des échevins de cette franchise saint-gilloise, dont le ressort territorial s'étendait jusqu'à la léproserie Saint-Pierre (sur l'actuelle rue Haute, un peu plus au nord de l'actuel hôpital Saint-Pierre). Mais cette franchise sera rapidement englobée par la ville, qui obtiendra du duc l'annexion de Saint-Gilles le 14 février 1296.

La ville demandera et obtiendra aussi l'annexion d'autres villages de ses environs : Schaerbeek en 1301, Molenbeek entre 1286 et le premier quart du XIVe siècle, Laeken en 1331. Les deux dernières incorporations concernent les villages d'Anderlecht et de Forest ; elles eurent lieu à un mois d'intervalle durant l'année 1394. Pour des raisons que l'on n'est pas encore parvenu à expliquer de manière satisfaisante, le village d'Etterbeek ne sera jamais inclus dans la franchise. L'année 1394 voit donc la configuration de la franchise se fixer définitivement. Celle-ci ne bougera plus jusqu'à la fin de l'Ancien Régime. Les habitants de ces huit villages – Saint-Josse-ten-Noode, Ixelles, Saint-Gilles, Schaerbeek, Molenbeek-Saint-Jean, Laeken, Forest et Anderlecht – seront soumis à la même juridiction que les Bruxellois.

Les différents épisodes d'annexions semblent bien indiquer que les extensions de la franchise se firent à la demande du Magistrat bruxellois, avec contrepartie financière (la chose est certaine pour Forest et Anderlecht).

Les raisons qui ont motivé ces extensions sont multiples. Le ressort territorial des échevins de Bruxelles est étendu. L'habitant de la franchise devient, juridiquement, un Bruxellois au même titre que celui vivant à l'ombre des remparts. S'il acquiert le statut de bourgeoisie (l'achète en fait), il sera bourgeois de Bruxelles au même titre que celui qui réside intra-muros. Le pouvoir législatif des échevins bruxellois s'étend naturellement à la ville, mais évidemment aussi à sa franchise. Toutefois, certaines dispositions s'appliqueront plus particulièrement à l'agglomération urbaine, et non à ces contours ruraux, ou marqueront une différence dans le traitement des fautes selon que l'on se trouve dans ou en dehors des remparts.

Enfin, en termes d'expansion économique de la ville, cela signifie aussi que les biens éventuellement acquis par les Bruxellois dans la franchise dépendront dorénavant de la juridiction foncière des échevins de Bruxelles. Ce constat est de taille, nous en reparlerons plus loin. Bref, par ces extensions, la ville accroît son pouvoir politique au détriment des nombreuses petites seigneuries qui parsèment les campagnes.

Clôturons enfin en disant que, par la suite, la franchise deviendra également une circonscription de nature fiscale : en effet, un certain nombre d'ordonnances de nature fiscale prendront les limites de la franchise comme cadre d'application. C'est, par exemple, l'obligation à tous les artisans de la franchise de s'affilier obligatoirement au métier urbain (dès 1386, et de plus en plus souvent après 1419).

En contrepartie, l'habitant de la zone rurale bénéficiait de certains « services » que la ville lui offrait : la « cautsijde » ou administration de la chaussée, premier service communal de la voirie, entretenait les routes jusqu'à un certain point dans la franchise ; la « vondelinghersse », s'occupant, comme son nom l'indique, des enfants trouvés : il

La porte du Coudenberg, les tours de l'hôtel de ville et de la collégiale Sainte-Gudule, miniature de l'Inventaire des chartes du Brabant d'Adrien vander Ee, deuxième moitié du XVe siècle

s'agit en fait d'une femme choisie, nommée, assermentée et payée par la ville, afin d'élever comme une mère les enfants trouvés dans tout le territoire de la franchise ; les « meerers » ou emborneurs intervenaient dans toute la ville et dans la franchise en tant que géomètres experts assermentés et à la demande des autorités urbaines.

Au niveau administratif, chaque village de la cuve était géré par un « regeerder », sous la tutelle de Bruxelles. D'ailleurs, le fait de parler parfois de huit cuves au lieu de la cuve de Bruxelles, à partir des XVIIe et XVIIIe siècles, est sans doute déjà un début de prise d'indépendance des villages de la franchise.

Quoi qu'il en soit, Bruxelles et ses villages formaient alors une unité fiscale que le Magistrat de Bruxelles surveillait avec attention. Cette unité de la ville avec les villages de la franchise permettait en effet de soulager la pression fiscale exercée sur les citadins.

Bruxelles, ses banlieues et les diverses ordonnances économiques

La banlieue médiévale, au sens strict du terme, désigne un territoire autour de la ville, à l'intérieur duquel celle-ci exerce un contrôle de caractère économique et fiscal, notamment en levant des taxes et en promulguant des ordonnances y ayant cours. La banlieue prend le plus souvent la forme d'un rayon d'une lieue (= 5,5 km) ou de plusieurs lieues à partir de la ville.

H. van Wel, vue de la ville de Bruxelles telle qu'elle était avant le bombardement de 1695, ca. 1700

Indépendamment de la franchise qui implique un contrôle davantage politique, comment peut-on expliquer cette expansion de la ville sur ses proches campagnes ?

Ces actions s'inscrivent essentiellement dans la nécessité d'assurer à la communauté urbaine un ravitaillement constant, permanent et à bon prix. Au-delà de la nécessité de préserver de la faim une population nombreuse et laborieuse, il s'agit surtout d'assurer l'ordre social des masses dont la docilité et le calme sont indispensables au bon fonctionnement du commerce et des institutions urbaines et de protéger les intérêts financiers en jeu au sein de la cité.

Ce contrôle économique s'exerça surtout par le biais d'ordonnances (assise sur la bière, sur le vin, ordonnances régissant la filière du pain, etc.) ainsi que par l'acquisition, par la ville, de routes extra-muros.

On ne trouve pas de banlieue *stricto sensu* à Bruxelles, dans le sens des banlieues traditionnelles des villes françaises d'Ancien Régime. On ne peut toutefois pas nier que Bruxelles parvînt à soumettre fiscalement et économiquement des zones environnantes, ce que l'on peut assimiler à la formation de banlieues.

Un premier jalon est posé en 1291, date à laquelle le duc de Brabant Jean II (1290-1312) s'engage à ne placer aucun tonlieu dans un périmètre d'une lieue autour de la ville : cette mesure garantit aux vendeurs et aux acheteurs la possibilité de venir commercer à Bruxelles en ne payant dorénavant plus de taxe ducale aux portes de la ville. Cette mesure constitue la première étape d'un phénomène d'attraction économique des campagnes environnantes vers Bruxelles, dont le but est évidemment de faciliter autant le ravitaillement de Bruxelles que la fréquentation de ses marchés par les populations rurales.

L'étape suivante survient en 1295, avec la constitution de la première banlieue économique que l'on peut identifier à Bruxelles : celle concernant la production et la vente de la bière. Le 13 décembre 1295, le duc autorise en effet les échevins de Bruxelles à lever l'assise sur la bière (taxation directe à la

Ruines de la rue des Longs chariots, gravure extraite des *Perspectives des ruines de la ville de Bruxelles, dessinées au naturel par Augustin Coppens 1695*

consommation) dans un périmètre délimité par les villages de Berchem, Jette, Molenbeek, Laeken, Evere, Schaerbeek, Woluwe, Boondael, Ixelles, Uccle, Forest et Anderlecht. Cette mesure fiscale est clairement à vocation économique. Elle imposait ainsi à toutes les brasseries villageoises comprises dans cette banlieue de la bière de payer une taxe que seules les brasseries urbaines payaient auparavant. D'un point de vue concurrentiel et fiscal, il faut imaginer la satisfaction des brasseurs urbains et des autorités de la ville. Les premiers se voyaient débarrassés partiellement d'une concurrence gênante et avantagée, puisqu'elle ne payait pas la taxe, les seconds voyaient leur assiette fiscale considérablement agrandie et, par là même, leurs rentrées financières augmentées.

La satisfaction des brasseurs bruxellois sera toutefois relative et de courte durée puisque l'implantation de brasseries sur le pourtour de ce périmètre, hors de la zone de taxation, sera un phénomène récurrent par la suite. Une ordonnance de 1503 nous informe ainsi que les Bruxellois se rendaient le dimanche et les jours fériés pour boire à bon compte dans ces débits extérieurs à la banlieue. Jusqu'à la fin du XVIIIe siècle, nous allons voir ainsi périodiquement le Magistrat et les brasseurs tenter d'élargir ce cercle. Après le bombardement de Bruxelles, en 1695, les brasseurs bruxellois iront jusqu'à adresser au souverain une requête ne demandant pas moins que la destruction de tous les débits de boisson dans un rayon de deux heures de marche de la ville. Cette requête, on s'en doute, ne sera pas acceptée.

La bière ne sera pas le seul produit concerné par les préoccupations bruxelloises. Entre 1360 et 1471, diverses ordonnances vont interdire les achats, par des intermédiaires, de volailles, de fruits, de beurre, d'œufs ou de fromages dans un rayon fixé à deux lieues à partir de la ville. Ce rayon sera porté par la suite à quatre, puis à cinq lieues.

Ces mesures constituent la clé de voûte de l'approvisionnement urbain en denrées alimentaires, qui consiste à annihiler les hausses de prix qui pouvaient découler de l'achat en gros de denrées aux abords de la ville pour être revendues plus cher sur le marché urbain.

Ce type de contrôle sera grandement facilité lors de l'acquisition par la ville de tronçons de routes hors les murs.

La garantie bruxelloise (Bruessels waerschap)

La garantie bruxelloise, comme son nom l'indique, consistait en une clause, présente dans les chartes émanant des échevins de Bruxelles, permettant un recours rapide et efficace en cas de non-respect des engagements d'une des parties contractantes dans une transaction foncière. On sait que cette *Bruessels waerschap* est attestée dès le XIIIe siècle et qu'elle fut extrêmement performante.

Elle semble avoir été mise en pratique dès le courant du XIIIe siècle dans les villages environnant Bruxelles (attestée en tous cas pour Anderlecht et Molenbeek-Saint-Jean). Mais il faut attendre 1291 pour voir le duc entériner officiellement et accorder aux échevins bruxellois le droit de faire respecter leur garantie en dehors des limites des remparts, où que soit le lieu de résidence du débiteur d'une rente foncière ou d'une hypothèque.

Outre son caractère juridiquement expansionniste, cet acte dut faciliter grandement la pénétration des Bruxellois dans les campagnes proches de Bruxelles, autant que dans les plus lointaines, puisqu'elle simplifiait grandement les procédures de résolution de conflit en matière foncière.

Pénétration foncière des Bruxellois dans les proches campagnes

La pénétration des citadins dans la propriété foncière de la campagne, plus ou moins proche, constitue un phénomène général en Europe occidentale à partir du XIIIe siècle. Dans une société où la terre est la principale forme de richesse, la grande majorité des placements financiers et des investissements se faisait à destination du secteur immobilier (terres, maisons, moulins, viviers, etc.).

Cette pénétration constitue un phénomène essentiel dans les relations entre la ville et sa campagne car elle est une des premières formes d'urbanité à la campagne. La ville, partie de la campagne, revient progressivement investir la campagne.

Les alleux, fiefs et censives les plus importants des campagnes entourant Bruxelles se retrouvent entre les mains de puissants Bruxellois. Ces possessions, avant tout des placements financiers sûrs, étaient exploitées par des ouvriers agricoles ou des fermiers au profit des Bruxellois.

Depuis 1383, il faut contraindre les échevins en fonction d'habiter la ville, indication très claire que l'habitude d'aller résider à la campagne était déjà un phénomène bien en place. Cette ordonnance sera encore rappelée au début du XVe siècle et même étendue aux receveurs de la ville chargés de la gestion des finances et aux doyens de la gilde de la draperie. D'autres textes attestent encore de cet engouement pour la villégiature, qui voit de nombreux Bruxellois partir à la belle saison pour leur résidence secondaire à la campagne. Au début du XVIe siècle, les réunions du grand conseil de la ville doivent être précédées de l'envoi, dans les environs, de messagers porteurs des convocations. Ainsi, pour la réunion du 3 mars 1505, la ville a dû envoyer un messager à cheval à Woluwe, un autre à Laeken, un troisième à Asse et Merchtem, etc., afin de convoquer les différents membres.

À partir du XVIIe siècle, peut-être même plus qu'au Moyen Âge, la haute bourgeoisie bruxelloise a investi une part importante de ses revenus du commerce dans les biens immobiliers de la campagne. De la sorte, les bourgeois citadins se portent souvent acquéreurs de seigneuries dans le plat pays, achètent ou prennent à cens de vastes pans de campagnes et achètent des maisons de plaisance, des fermes, des moulins dans la périphérie de Bruxelles. Cette politique, qu'ils mènent sans doute aussi dans le centre-ville en acquérant des maisons et des terrains qu'ils lotissent, est importante parce qu'elle prolonge, jusqu'à la fin de l'Ancien Régime, un lien fort entre la ville et sa campagne.

Les lieux de promenades appréciés par l'aristocratie sont également situés hors de la ville. Le long du canal de Willebroek, par exemple, au départ ce que nous nommons aujourd'hui la place Sainctelette, l'Allée Verte devient peu à peu le rendez-vous des promeneurs du dimanche. Mais d'autres lieux ont attiré les loisirs des Bruxellois fortunés : les courses de chevaux dans la plaine du Monplaisir (Schaerbeek, au-delà de l'Allée Verte), le patinage sur les étangs de Saint-Josse-ten-Noode et d'Ixelles, les courses de traîneaux près de Tervueren.

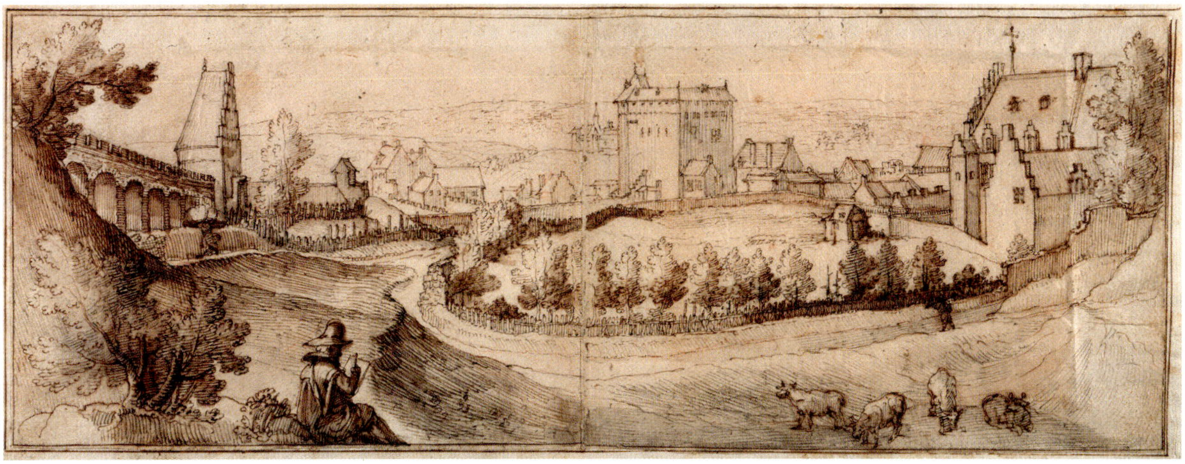

Remigio Cantagallina, intérieur de la seconde enceinte aux abords de la porte de Hal, 1612-1613

Les artères de communication entre Bruxelles et sa campagne

L'entretien et le contrôle de certaines routes ont constitué une nécessité importante pour les villes médiévales, nécessité qu'elles ne perdirent jamais de vue. Il s'agit en effet des infrastructures qui servaient de cadre à l'acheminement et au transport des produits, qu'il s'agisse de commerce à longue ou à courte distance. Au niveau plus restreint du commerce local, la surveillance de ces routes devait permettre de contrôler les flux commerciaux et les péages, le tout dans l'optique générale de la stratégie de ravitaillement de la ville.

Pour Bruxelles, les historiens ont pu constater que les autorités urbaines se préoccupèrent très tôt des infrastructures routières dans la ville, mais aussi au-delà de l'enceinte urbaine. Ainsi, en 1265, la ville faisait paver le chemin qui menait au village de Forest.

Le Steenwech, axe routier est-ouest reliant la Flandre et la Rhénanie, a été l'objet d'une attention

L.A. Dupuis, *Plan topographique de la ville de Bruxelles*, 1777

toute particulière dès le début du XIIIe siècle. Dès 1222, nous savons que cette chaussée était revêtue de pierre, au moins sur son tronçon intra-muros. À la fin du siècle, son revêtement fut prolongé hors les murs, vers l'ouest, pour atteindre le chemin d'accès à la ferme de Ransfort (actuelle rue Ransfort, à Molenbeek).

Mais le Steenwech n'est pas la seule chaussée qui intéressa les autorités urbaines. Avant 1395, la ville est entrée en possession du chemin pavé conduisant à Laeken. Le Lakenwech et le Steenwech étaient entretenus par un organisme nommé la « chaussée » ou « cautsijde », sorte de premier service public de voirie, dont les prérogatives s'étendaient sur les chemins détenus dans et au-delà des murailles de la ville, dans les limites de la franchise.

Bien d'autres tronçons de routes ont été acquis par les autorités urbaines. Un document dressé le 6 septembre 1459 énumère la liste de toutes les routes qui étaient gérées et entretenues par l'administration de la « chaussée » : au nombre de douze, ces chemins partaient des portes de la ville et des bornes indiquaient jusqu'où les services de la ville devaient les entretenir.

Au départ de la porte de Flandre, on trouve la fameuse chaussée flamande (dite plus couramment le Steenwech) en direction de Berchem-Sainte-Agathe et de Merchtem. À hauteur de l'actuelle rue des Quatre-Vents, un embranchement vers le nord et vers le sud menait l'un vers Jette et le site de l'abbaye de Dieleghem, l'autre vers Dilbeek.

Le chemin vers Laeken (le Lakenwech), débute à la porte du même nom.

Au départ de la porte de Cologne, on trouve le chemin conduisant vers Diegem (actuelle chaussée de Haecht), via Schaerbeek, ainsi que la route se dirigeant vers les étangs des Roseaux (dits aussi Ralenbeek ou Rallebeek), sous Saint-Josse-ten-Noode (en contrebas de la porte de Louvain, dans la vallée du Maelbeek).

La route vers Louvain (actuellement chaussée de Louvain), démarre à la porte du même nom, via le village de Saint-Josse et le bois de Linthout (il ne s'agit pas du tracé de l'actuelle chaussée de Louvain, rectiligne, mais de l'ancien).

La route d'Ixelles débute à la porte de Coudenberg.

Au départ de la porte d'Obbrussel (aujourd'hui porte de Hal), trois chemins s'élancent : l'un vers Uccle (qui correspond en partie à l'actuelle chaussée d'Alsemberg) ; l'autre en direction de Forest (actuellement chaussée de Forest), via la ferme de Bethléem ; un dernier, enfin, prenait la direction de Ruisbroek, via le Nieuwmolen.

Au départ de la porte d'Anderlecht, un chemin (actuellement chaussée de Mons) atteignait ter Vleest (un peu au-delà du complexe du CERIA) via Cureghem, ter Biest (secteur de la même chaussée, entre le square Vandervelde et le square E. Frison) et Veeweyde.

Au début du XVIIIe siècle, le pouvoir central manifesta la volonté de relier les principales villes des Pays-Bas entre elles par des chaussées pavées. Bruxelles, place de commerce déjà largement favorisée par les voies de communication plus anciennes, vit sa situation privilégiée s'accentuer.

Dès 1704, le bref gouvernement de Philippe V (1700-1714) fit aménager, pour des raisons militaires surtout, des routes pavées reliant Bruxelles aux villes de Mons, Gand, Louvain et Malines (ainsi que de Malines à Kontich, au sud d'Anvers).

Sous le régime autrichien, deux nouveaux itinéraires complètent ce réseau : l'un, vers le milieu du siècle, reliait Bruxelles à Charleroi (itinéraire très important permettant de conforter les relations commerciales de Bruxelles avec les milieux préindustriels de la métallurgie, de la verrerie et la production charbonnière) ; l'autre, en 1772, ralliait le Luxembourg et devait ainsi se prolonger en direction de la capitale impériale, Vienne.

À la fin du XVIIIe siècle, le réseau étoilé rayonnant autour de Bruxelles relie toutes les villes importantes entre elles. Bruxelles est ainsi équipé de chaussées la reliant à Anvers via Malines ; à Louvain et Liège via Tirlemont ; à Wavre ; à Alsemberg ; à Namur et Charleroi via Genappe ; à Nivelles via Braine-l'Alleud ; à Mons et Tournai via Hal ; à Gand et Termonde via Asse.

Le XVIIIe siècle : des fabriques à la campagne et les débuts de l'industrialisation

Ce qui marqua l'atmosphère économique à Bruxelles, dans la deuxième moitié du XVIIIe siècle, c'est, outre un retour de la prospérité, l'apparition et le développement conséquent de fabriques de plus en

Michel Simons, *Vue perspective de la fabrique de voitures de Jean Simons le Jeune à Bruxelles*, 1776

plus étendues ; elles concentrent les ouvriers suivant le système capitaliste qui aura cours à partir du XIXe siècle. Ce processus sera activement soutenu par le gouvernement autrichien, à grands coups d'octrois et de subsides.

Nous sommes ici à l'aube du démarrage industriel à Bruxelles. Les chiffres du recensement économique de 1762-1764 nous apprennent d'ailleurs que la région de Bruxelles est devenue l'une des plus industrialisées des Pays-Bas.

Comme nouveautés au sein de ces industries manufacturières, il faut signaler le développement de l'industrie du tabac, des raffineries de sucre, des fonderies de caractères, des imprimeries de cartes à jouer, l'apparition d'une manufacture de papier peint, d'une faïencerie, d'une soufflerie de verre et d'une fabrique de potasse. La fabrication de carrosses connut également un développement important. Bruxelles devint d'ailleurs un pôle d'exportation de voitures à travers toute l'Europe : en 1769, le maître-carrossier Jean Simons indiquait, sur dix ans, 600 carrosses exportés. De 1770 à 1790, cette fabrique occupa des centaines d'ouvriers et d'artisans, devenant le fournisseur principal des cours et de l'aristocratie européennes. Une autre forme d'industrie proliférera dans la région de Bruxelles : la manufacture de coton, équipée de filatures mécaniques. C'est l'origine d'une véritable industrialisation manufacturière, dans et hors les murs de la ville.

Soulignons toutefois que, parallèlement, le processus de sclérose du système corporatif s'opposa vigoureusement à la croissance de ces industries. Cette opposition se manifesta essentiellement par une résistance farouche des corporations et des métiers à l'installation de manufactures sur le territoire intra-muros. De nombreuses industries furent contraintes d'aller coloniser les villages de l'hinterland bruxellois, au point que l'on a pu dire parfois, pour Bruxelles comme pour d'autres régions, que c'est l'absence de régime corporatif qui a favorisé le succès de ce nouveau type d'industrialisation. Avec l'avènement du régime français et le démantèlement de ce carcan, le départ est donné pour un développement rapide de l'entreprise industrielle dont Bruxelles, mais surtout sa périphérie, vont bénéficier largement.

On voit ainsi s'établir hors les murs des papeteries (Uccle, Zaventem, Crainhem), une verrerie (Laeken, sur le Lakenwech), une usine de produits chimiques (Vilvorde), une fonderie de fer (Koekelberg), des fours à chaux et des carrières (Forest), des manufactures de porcelaine et de terre cuite (Etterbeek et Schaerbeek).

Fabrique de produits chimiques à Laeken, extrait de *La Belgique Industrielle, vues des établissements industriels de la Belgique*, vers 1860

L'époque contemporaine

La période française

La période française constitua pour l'histoire de Bruxelles une époque charnière. La République, fidèle à ses modèles de gestion, s'empressa de réformer les cadres administratifs des nouveaux territoires conquis. C'est ainsi que Bruxelles passa du statut de capitale des Pays-Bas au rang de modeste préfecture du nouveau département de la Dyle.

Le 14 fructidor an III (31 août 1795), un décret du Comité de Salut public de la Convention nationale divisait les anciens Pays-Bas autrichiens en neuf départements, eux-mêmes divisés en cantons administratifs, dont certains étaient issus du regroupement de localités de moins de 5 000 habitants. Dans ces circonscriptions, les localités étaient dotées d'une administration municipale propre. Bruxelles devenait ainsi, outre son statut de chef-lieu du département de la Dyle, un canton à part entière et les anciens villages de la cuve étaient réorganisés en trois cantons : celui de Woluwe-Saint-Lambert (comprenant Saint-Josse et Schaerbeek), celui d'Uccle (comprenant Ixelles, Saint-Gilles et Forest) et celui d'Anderlecht (comprenant Molenbeek et Laeken).

Par cette réforme, les autorités de Bruxelles voyaient abolir les droits et prérogatives dont la ville jouissait depuis le Moyen Âge. Bruxelles perdait sa cuve !

La ville de Bruxelles fut réduite ainsi aux seules ressources fiscales produites dans le périmètre de sa deuxième enceinte (actuel Pentagone). La ville protesta vivement, mais en vain. À partir de ce moment, et pour longtemps, les caisses bruxelloises connaîtront de graves difficultés. Bruxelles cherchera en permanence à renouer avec un périmètre plus étendu, capable d'approvisionner plus valablement ses finances.

En 1800, le département de la Dyle fit l'objet d'un dernier remaniement, avec la création de trois arrondissements (dits arrondissements communaux) opérant un trait d'union entre le département et les cantons : les arrondissements de Bruxelles, de Louvain et de Nivelles étaient créés. La loi du 27 ventôse an VIII (18 mars 1800) établit dans chacun de ces arrondissements un tribunal de première instance. Bruxelles devint chef-lieu d'un de ces arrondissements. Ce dernier groupa 14 cantons, eux-mêmes divisés en municipalités (loi du 28 pluviôse an VIII, soit le 17 février 1800). Ce fut la date de naissance d'un certain nombre de communes comptant moins de 2 500 âmes et gérées par un maire, un adjoint et un conseil municipal, tous nommés par le préfet de la Dyle.

Les projets d'incorporation des faubourgs

Bruxelles perd sa cuve

Bruxelles est détachée de sa « cuve » dès les premières réformes engagées par le nouveau régime français. Pour les finances communales, cette perte signifia un manque à gagner lourd de conséquences puisque la zone fiscale de Bruxelles fut réduite au Pentagone. Rien d'étonnant à ce que les autorités bruxelloises aient combattu avec acharnement cet état de fait et réclamé la réintégration des territoires perdus. Se pose ici toute la problématique du rattachement à Bruxelles des communes environnantes.

Dans cette optique, les autorités urbaines considèrent tout au long des XIXe et XXe siècles, comme profondément injuste que les habitants des faubourgs puissent jouir des avantages de la ville intra-muros (on pense aux écoles, aux hôpitaux, aux services divers, etc.) sans en supporter les charges. Sur ce plan, le cas de l'hôpital Brugmann, érigé aux frais de la ville sur le territoire de Jette (intégré à Bruxelles en 1921), est remarquable. En outre, et l'élément est de poids, la hausse démographique, résultant de l'attraction de la ville de Bruxelles au XIXe siècle, se fit au détriment de la ville elle-même puisque le surplus démographique bruxellois, les nouveaux arrivants, mais aussi et surtout les couches aisées de la population, s'en allèrent coloniser les faubourgs. Avec l'argument fiscal en toile de fond, les autorités bruxelloises entamèrent une lutte sans relâche en vue de l'annexion des faubourgs. Seul un octroi, taxe levée sur les marchandises passant entre Bruxelles et ses faubourgs, compensa en partie la suppression de la solidarité fiscale entre la ville et sa périphérie. L'octroi fut supprimé en 1860.

Si les raisons fiscales et démographiques se révèlent fondamentales, il faut y ajouter des préoccupations d'aménagement et de développement

Xavier Mellery, *Abolition des octrois en 1860*, 1890

urbanistiques. Au début du XIXe siècle, en effet, Bruxelles-Pentagone est encerclé par des villages à la tête desquels se trouvent essentiellement des notables locaux dont les intérêts divergent fondamentalement de ceux de la ville, précisément en terme d'urbanisme et d'infrastructures de mobilité.

Les différents projets du Grand-Bruxelles

Dès le départ donc, face aux autorités françaises, la ville tâcha d'obtenir la réintégration de son ancienne cuve, voire d'un territoire équivalent (ou presque) lui permettant de renflouer ses caisses et d'assurer son développement. Après des doléances auprès du préfet de la Dyle, Doulcet de Pontécoulant, la ville saisit sa chance en 1809, lors du passage de l'empereur Napoléon à Bruxelles, à l'occasion de son mariage. Au premier plan des préoccupations à exposer à l'empereur, Bruxelles fit figurer le remembrement de son ancienne cuve. Après un plaidoyer convaincant, l'empereur parut accéder à la requête de la ville : un décret impérial donnait en effet raison aux Bruxellois en autorisant que la ligne d'octroi de la ville soit placée au-delà des faubourgs. Mais finalement, l'espoir se révéla vain, le nouveau préfet de la Dyle, de La Tour du Pin, s'opposant au déplacement de cette ligne, fit échouer le projet. On a produit de nombreuses explications pour tenter de saisir les raisons qui firent échouer le projet, notamment la crainte du préfet de La Tour du Pin de voir Bruxelles s'agrandir de manière excessive et être dotée d'un commissaire général de police (en contact direct et officiel avec Paris) capable de lui faire de l'ombre.

Si le refus de 1811 mit une sourdine aux revendications bruxelloises, l'avènement du royaume uni des Pays-Bas fut l'occasion d'une reprise de l'offensive expansionniste bruxelloise. Les autorités de la ville développèrent alors les mêmes arguments historiques et économiques. La ville de Bruxelles étant l'une des capitales du Royaume – et la résidence préférée du souverain –, les autorités comptèrent beaucoup sur la bienveillance de Guillaume d'Orange.

Les espoirs furent à nouveau déçus. L'administration centrale répondit presque toujours par la négative aux demandes circonstanciées et répétées de la ville. En 1826, une commission spéciale fut chargée par la ville d'élaborer un projet pertinent et convaincant sur la question. La commission, remettant son rapport le 10 avril de la même année, évoquait la nécessité d'intégrer au territoire de Bruxelles « des parties de territoire des communes d'Anderlecht, de Molenbeek, de Koekelberg, de Berchem, de Ganshoren, de Laeken, de Schaerbeek, de Saint-Josse-ten-Noode, d'Etterbeek, d'Ixelles et de Saint-Gilles ». Encore une fois, la tentative n'aboutit pas.

Dans l'optique de faciliter le développement conjoint de Bruxelles et de ses faubourgs, Bruxelles proposa aux communes environnantes, en 1827, un règlement sur les bâtisses et un plan général d'aménagement. Les différentes communes repoussèrent l'initiative, la jugeant inutile au regard de leurs besoins.

Après 1830, l'affaire du Grand-Bruxelles reprit de plus belle selon une double périodisation. D'abord, de 1830 à 1840, l'administration communale bruxelloise continua à faire pression pour réclamer l'incorporation de tous les faubourgs. Les différents projets d'extension soumis à l'autorité de tutelle furent surtout étayés par des arguments d'ordre économique et administratif : on insista nettement moins sur les liens historiques rattachant Bruxelles aux villages de la cuve.

Ensuite, de 1840 à 1853, ce fut le gouvernement lui-même qui proposa l'extension territoriale de la capitale, pour des raisons d'ordre administratif, politique et économique. Cette fois, les modalités concrètes de l'organisation et de la procédure de l'incorporation poussèrent la ville et/ou certaines autorités communales à rejeter les tentatives de constitution d'un Grand-Bruxelles. La ville craignait d'y perdre.

Cette deuxième phase débuta lorsque, en 1840, le gouvernement chargea l'inspecteur voyer des faubourgs de Bruxelles, Charles Vanderstraeten, de définir les nouvelles limites du Grand-Bruxelles : ce dernier traça une grande circonférence avec pour centre l'hôtel de ville, faisant ainsi passer Bruxelles de 449 à 2 827 ha. Ces limites devaient être matérialisées par un boulevard large de 30 m, une grille et un chemin de ronde, permettant d'éviter toute fraude à l'octroi. Le projet de Vanderstraeten, assez arbitraire dans sa délimitation, ne contenta au final ni la ville, ni les faubourgs. La ville, craignant surtout le poids des dépenses pour la réalisation du projet, à

Monument Cockerill (W. Rau et A. Cattier, 1872) devant la gare de Bruxelles-Luxembourg, œuvre de l'architecte Tilman-François Suys (1854)

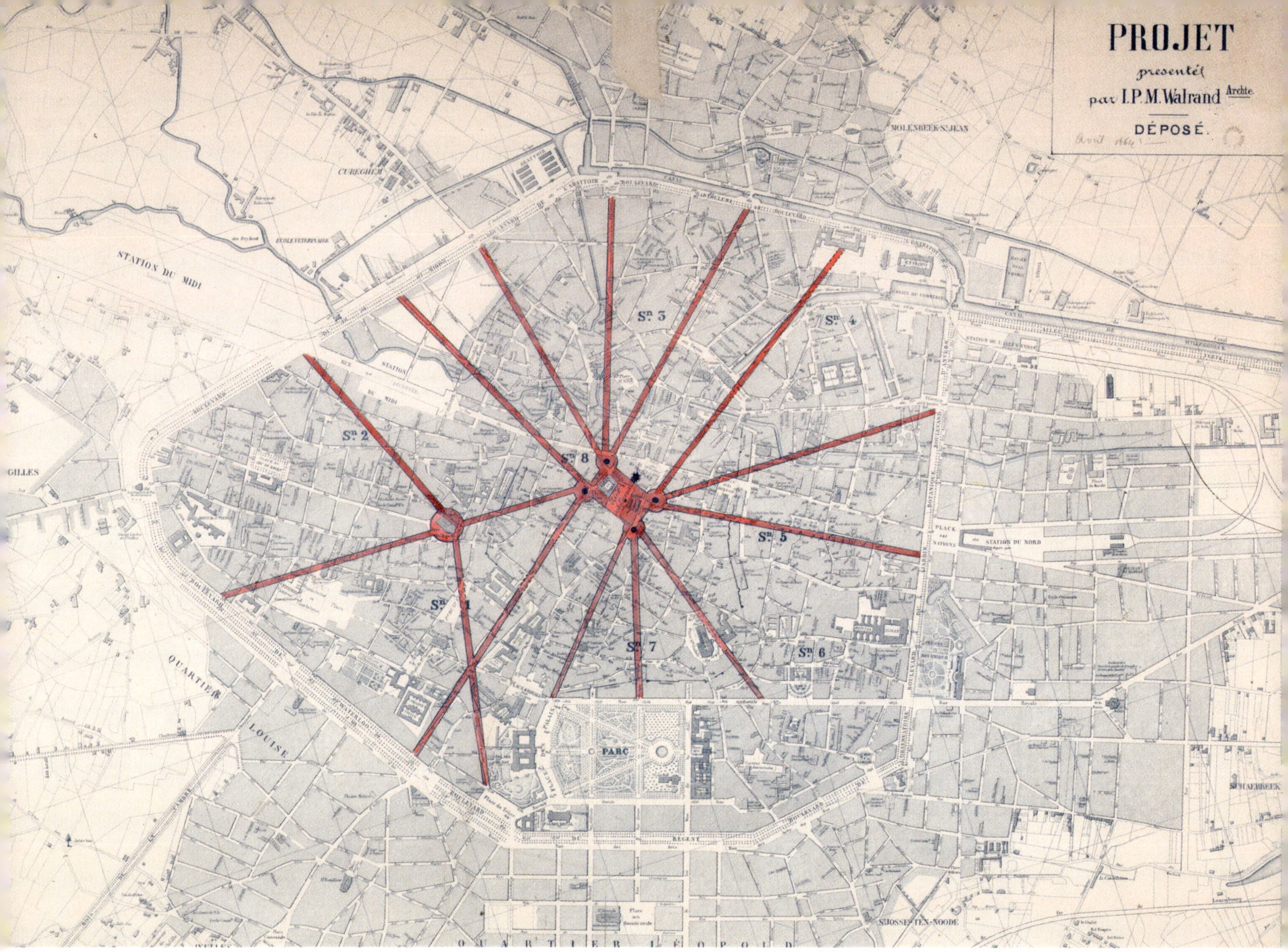

I.P.M. Warland, projet de percement de boulevards centraux à Bruxelles, 1864

un moment où ses caisses étaient particulièrement fragiles, rejeta le projet, à l'étonnement général des autorités de tutelle. Une deuxième tentative fut opérée en 1843, mais la ville rejeta encore une fois, pour des raisons fiscales, les propositions du gouvernement et du conseil provincial de Brabant.

Un nouvel épisode survint avec le débat relatif à l'incorporation du Quartier Léopold, à la fin de la première moitié du XIXe siècle. Ce nouveau quartier, aménagé par l'aristocratie et la très haute bourgeoisie, fut immédiatement conçu dans l'optique d'être rattaché à Bruxelles. Il était sis en majeure partie sur le territoire de la petite commune rurale de Saint-Josse-ten-Noode et il était bien clair que les dirigeants communaux n'étaient pas en mesure de satisfaire les besoins des futurs habitants du quartier qui se structurait sur leur espace. La ville fut, dans un premier temps, relativement réticente. En réalité, si l'administration accepta le projet, c'est parce qu'elle envisageait l'absorption du quartier comme l'un des prémices d'une incorporation plus vaste, peut-être les communes de Schaerbeek, d'Ixelles, de Saint-Josse-ten-Noode, et éventuellement même d'autres faubourgs. Elle s'empressera d'ailleurs de faire la demande d'une incorporation complète des faubourgs dès l'année suivante, en 1853. Les chances de réussite de l'annexion des faubourgs semblaient d'autant plus importantes que l'opinion publique et les milieux politiques en place au gouvernement apparaissaient alors fortement favorables. On prenait conscience de l'injustice faite aux Bruxellois en termes administratifs, mais aussi du manque de vision à long terme sur l'avenir de la capitale au cas où celle-ci ne pourrait prendre en charge un certain nombre de domaines liés à son développement, tels que l'organisation de la police ou l'aménagement du territoire.

Le 7 mars 1854, le gouvernement déposait au Parlement le projet de loi dit Piercot, concernant l'annexion, pour lequel il s'attendait logiquement à être soutenu par sa majorité. Une fois encore, l'échec fut retentissant, la loi ayant été rejetée par une écrasante majorité des parlementaires. Cette fois l'explication du rejet résidait essentiellement dans la partie du projet de loi relatif à l'exercice de contrôle du gouvernement sur la vaste entité territoriale issue de la fusion de la ville et des faubourgs. Considérant la grande influence et surtout l'énorme pouvoir qu'aurait alors eus le bourgmestre de Bruxelles – vu ses attributions et l'étendue de sa juridiction –, le gouvernement avait détaillé avec précision les conditions de nomination et de fonction de celui-ci : nommé par le Roi, au sein du conseil communal ou en dehors, ce bourgmestre ne pouvait être membre ni du conseil communal, ni du Parlement. En outre, ses compétences devaient être étendues, notamment en termes de pouvoirs exécutif et policier. Le souvenir des évènements de 1848 étant encore très frais, le bourgmestre de Bruxelles devenait de la sorte un gouverneur de province, agent direct au service du gouvernement. On imagine bien les réticences et les jalousies engrangées par une telle situation « d'exception », non seulement de la part des autres villes du pays et des édiles environnants ce Grand-Bruxelles, mais aussi de la part des partisans du Grand-Bruxelles, eux-mêmes peu enclins à sacrifier leur autonomie. Certains redoutèrent sans doute aussi la puissance d'une entité communale regroupant un seizième de la population du pays. La peur de ce poids, de ces poids, l'emporta et le projet échoua.

Travaux de voûtement de la Senne à hauteur de la place de la Bourse en 1869

Affiche d'enquête publique pour la construction de l'avenue Louise, 1848

PROVINCE DE BRABANT.

PROJET D'UNE COMMUNICATION DIRECTE A ÉTABLIR PAR VOIE DE CONCESSION DE PÉAGES ENTRE LA PORTE LOUISE, A BRUXELLES, ET LE BOIS DE LA CAMBRE.

ENQUÊTE.

Le Gouverneur de la province de Brabant informe que conformément à l'arrêté royal du 29 novembre 1836, les pièces concernant le projet d'une communication directe à établir par voie de concession de péages, entre la Porte Louise, à Bruxelles, et le Bois de la Cambre, seront déposées, depuis le 28 août jusqu'au 27 septembre 1848, à l'hôtel du Gouvernement provincial à Bruxelles, et qu'un registre y sera ouvert, pendant ce temps, pour recevoir les observations auxquelles ce projet pourrait donner lieu.

Bruxelles, le 25 Août 1848.

Le Gouverneur,
LIEDTS.

PROVINCIE BRABAND.

ONTWERP VAN EEN REGTSTREEKSCH GEMEENSCHAP OPTEREGTEN BY MIDDEL VAN CONCESSIE VAN TOLREGTEN TUSSCHEN DE LOUISA-POORT, TE BRUSSEL, EN DEN BOSCH VAN TERKAMEREN.

ONDERZOEK.

De Gouverneur der provincie Braband maekt kenbaer dat, overeenkomstig het koninklyk besluit van 29 november 1836, de stukken betrekkelyk het ontwerp van een rechtstreeksch gemeenschap opteregten by middel van concessie van tolregten, tusschen de Louisa-Poort, te Brussel, en den Bosch van Terkameren, van den 28 augustus tot den 27 september 1848, in het hotel van het provinciael bestuer te Brussel, zullen berustende zyn, en dat er een register gedurende dezen tyd, zal geopend worden, om de aenmerkingen te ontvangen waer aen dit ontwerp zou kunnen plaets geven.

Brussel, den 25 Augustus 1848.

De Gouverneur,
LIEDTS.

Des revendications par morceaux

Les péripéties du Grand-Bruxelles s'achevaient provisoirement dans l'hémicycle du Parlement. À partir de là, Bruxelles négociera le rattachement par parties. Particulièrement à l'occasion des grandes opérations de travaux publics intéressant toute l'agglomération. En effet, même si les autorités communales bruxelloises se donnaient corps et âme à la rénovation et la restructuration du tissu ancien de la ville, afin d'assainir et d'épurer les quartiers, de multiplier les perspectives et de fluidifier les circulations – politique de grands travaux qui est d'ailleurs à l'origine de la transformation et de la disparition de parties entières du vieux centre –, elles ne parvinrent jamais à retenir, encore moins à attirer les populations fortunées, qui privilégieront les quartiers plus aérés situés dans les communes voisines (essentiellement à l'est de la ville, Schaerbeek, Saint-Josse, Ixelles, Saint-Gilles, etc.). Face à ce constat d'échec répété et en partie subi par la ville, celle-ci va très tôt exporter ses aspirations hors de ses murs, participant activement à des opérations d'urbanisation des faubourgs, exigeant au passage l'annexion de certains territoires. L'exemple le plus connu est le Quartier Léopold (annexé à la ville par une loi du 7 avril 1853), mais d'autres épisodes illustrent aussi cette volonté.

Le cas de l'avenue Louise est un exemple assez similaire. La création de cette artère s'amorce officiel-

Paul Merwart, vue de l'avenue Louise depuis le rond-point, vers 1898

lement le 31 août 1841, date à laquelle un arrêté royal autorise deux Bruxellois, Jourdan et de Joncker, à percer une rue sur leurs propriétés foncières au départ de la porte de Charleroi (par la suite seulement, rebaptisée place Louise). En 1847, le tronçon compris aujourd'hui entre la place Louise et la place Stéphanie (le goulet) était achevé et les deux propriétaires projetèrent alors de le relier à la Forêt de Soignes. Il faut en effet rappeler

LES EXPOSITIONS UNIVERSELLES : PRÉLUDE AU DÉVELOPPEMENT DE LA PÉRIPHÉRIE

À la fin du XIXe siècle, le rayonnement international de Bruxelles s'affirme largement avec l'organisation de foires internationales dédiées aux sciences, aux techniques et à l'industrie. C'est ainsi que Bruxelles accueillera, de 1888 à 1958, un Grand Concours international des Sciences et de l'Industrie et quatre expositions universelles. Prise en charge essentiellement par la commune de Bruxelles-Ville, l'organisation de ces grandes cérémonies sera à chaque fois l'occasion d'un déploiement important d'infrastructures dans la périphérie. Une annexion de territoire – l'assiette de l'avenue des Nations, future avenue Franklin Roosevelt – sera opérée par la ville dans le cadre de l'Exposition universelle de 1910.

« En 1897, l'exposition internationale et coloniale, pour laquelle on perce l'avenue de Tervueren, prépare l'extension du bâti urbain vers l'est, aux limites d'Etterbeek et de Woluwe-Saint-Pierre. En 1910, l'aménagement du plateau du Solbosch, en bordure du Bois de la Cambre, prélude à la mise en place dans les années 1920 d'un quartier élégant autour de l'avenue des Nations, dans la continuité de l'avenue Louise. Le déménagement de l'Université libre (de Bruxelles) dans ce secteur, de 1922 à 1928, en précipite l'urbanisation. Du côté opposé, au nord-ouest, les Expositions de 1935 et de 1958 valorisent le plateau du Heysel, acquis par Léopold II à proximité de la résidence royale de Laeken et cédé par l'État à la Ville en 1926. L'ample parc des halles qui s'y développe alors contribue toujours aujourd'hui à faire de Bruxelles une place majeure du tourisme commercial et d'affaire » (Billen & Duvosquel, 2000, p. 127).

Henri Jacobs, école communale rue Josaphat à Schaerbeek, 1907

que la Forêt de Soignes constituait déjà un important lieu de promenades pour les Bruxellois. C'est d'ailleurs dans ce sens que l'on aménagera, en 1865, le Bois de la Cambre, vaste avancée de la forêt sur le territoire d'Ixelles, en un parc paysager à l'anglaise. Pour se rendre dans la Forêt de Soignes, les Bruxellois empruntaient essentiellement la chaussée d'Ixelles, puis longeaient les étangs avant de remonter le long de l'abbaye de la Cambre. Ce trajet présentait le désavantage de couper perpendiculairement des vallons et des coteaux, ce qui ne facilitait pas la promenade. Le projet de Jourdan et de Joncker était donc d'ouvrir au départ du goulet (tronçon déjà existant) une avenue monumentale effaçant sur son passage les dénivellations naturelles et rendant l'accès plus aisé à l'un des principaux lieux de plaisance des habitants de Bruxelles. Face à la lenteur des deux promoteurs, la ville leur retira la concession en 1856 et reprit les travaux à son compte, avec l'appui du duc de Brabant, futur Léopold II. L'entreprise, autorisée par arrêté royal du 11 janvier 1859, fut achevée en 1862. L'histoire de la création de l'avenue Louise s'achève le 21 avril 1864 avec l'annexion non seulement de l'assiette de l'avenue et des deux bandes latérales (de 40 à 100 m de profondeur), mais aussi du Bois de la Cambre (massif de 185 ha). D'autres points d'éclatement de la ville sur ses faubourgs se produiront par la suit, notamment avec les expositions universelles (voir l'encadré p. 39).

Les Conférences des Bourgmestres

En l'absence d'unification des faubourgs à la capitale, une mesure importante de rationalisation sera prise en mai 1874 avec l'organisation de la première « Conférence des Bourgmestres de l'agglomération ». À l'initiative du bourgmestre de Bruxelles, Jules Anspach (1863-1879), une réunion est organisée à l'hôtel de ville de Bruxelles avec les bourgmestres des sept communes de la première couronne (Schaerbeek, Saint-Josse-ten-Noode, Etterbeek, Ixelles, Saint-Gilles, Anderlecht, Molenbeek-Saint-Jean) en vue de résoudre une série de questions d'intérêt commun. L'un des points à discuter portait, par exemple, sur la création dans les faubourgs d'une série de succursales de l'athénée de Bruxelles afin d'en faciliter la fréquentation par les enfants de l'agglomération. Ces réunions de concertation se tiendront mensuellement jusqu'à la mort d'Anspach (1879), puis de manière plus sporadique. Les cent quinze réunions qui se tinrent jusqu'à la veille de la Première Guerre mondiale aboutirent essentiellement à des dispositions en matière de salubrité publique et de lutte contre les incendies. L'intérêt de ces concertations sera d'ailleurs vite remarqué par les autres communes, même non contiguës. Si au début, en 1874, la conférence réunissait huit communes, elle en comptera le double en 1914, pour atteindre en 1932 les dix-neuf communes de la future Région de Bruxelles-Capitale.

Ce phénomène de concertation, bénéfique sur bien des plans, ne parvint toutefois jamais à apporter de solution aux problèmes financiers de la capitale. C'est encore et toujours la ville de Bruxelles qui érigea des hôpitaux et des écoles (bien que certaines communes comme Saint-Gilles, Schaerbeek ou Anderlecht mirent sur pied des réseaux d'écoles du même type), qui encouragea et entretint une université, qui développa et administra un corps de pompiers et des services de police. De tout cela, les faubourgs ont profité sans en assumer les charges. Si l'idée d'une annexion des communes environnantes n'était plus vraiment à l'ordre du jour, les autorités provinciales ne pouvaient que constater l'injustice financière faite à Bruxelles d'assumer seule les coûts du développement urbain. Il fallait en outre qu'une coordination se fasse car, sans aucune vision d'ensemble, il y avait risque de multiplier les entreprises. L'idée d'une fédération communale, sorte de district métropolitain en matière de services publics (police, hygiène, bienfaisance, instruction, travaux publics, transport en commun, services gaz-eau-électricité, etc.), fut alors suggérée par la commune de Saint-Gilles. L'idée en fait n'était pas neuve, et semblait même contenter nombre d'entités, y compris Bruxelles. Bourgmestre de Bruxelles de 1881 à 1899, Charles Buls évoquera cette fédération d'intérêts à l'occasion d'un débat sur l'extension de la distribution d'eau aux faubourgs, en 1878. Les débats devenant rapidement houleux, Bruxelles prêchera la solution de la fusion pure et simple. Après interventions du gouvernement et du Parlement, en 1892, les positions de Bruxelles et de ses faubourgs étant inconciliables, l'affaire fut jugée sans solution.

François Gailliard, *Carnaval sur les boulevards centraux*, 1886

UN PALLIATIF FONCTIONNEL DU PROBLÈME DU GRAND-BRUXELLES : LES INTERCOMMUNALES BRUXELLOISES

Face aux difficultés de faire aboutir un projet valable de Grand-Bruxelles et face à la nécessité de coordonner valablement les services offerts à la population, nombre d'acteurs politiques choisirent de se tourner vers la solution offerte par les intercommunales.

C'est à Jules Anspach, bourgmestre de Bruxelles, que revient l'idée de constituer, aux environs de 1870, une intercommunale pour la construction d'habitations sociales ainsi qu'une autre pour gérer un fonds de secours mutuel ouvert non seulement aux chômeurs de la capitale, mais aussi à ceux des faubourgs (notons que ce type de société n'obtiendra de statut juridique que par une loi de 1922). En 1889, la ville de Bruxelles crée la première bourse du Travail pour toute l'agglomération, ainsi qu'un comité de patronage des institutions de prévoyance et un autre pour les habitations ouvrières, préfigurant la Société anonyme des habitations à bon marché de l'agglomération bruxelloise, fondée en 1900. Enfin, un fonds intercommunal de chômage est créé en 1893. La première intercommunale des eaux de l'agglomération bruxelloise est constituée en 1891 par cinq communes de la périphérie, sans la participation de Bruxelles qui possédait son réseau de distribution depuis 1857. Cette intercommunale fusionnera en 1933 avec les services de la ville pour donner naissance à l'actuelle Compagnie intercommunale bruxelloise des eaux (CIBE). Dans le domaine de l'hygiène et de la santé publique, un accord est signé en 1875 entre plusieurs communes. Enfin, un fonds intercommunal de chômage est créé en 1893 par plusieurs communes pour la transmission d'informations sur les maladies contagieuses. En 1897, une loi relative à l'organisation d'établissements hospitaliers intercommunaux entraîne immédiatement la création d'un dispensaire intercommunal antivénérien (il ne sera dissout qu'en 1947). On peut encore citer les exemples du laboratoire intercommunal de bactériologie et de chimie. Terminons, enfin, en signalant l'unification des concessions de la Société des Tramways bruxellois, remontant à 1900.

Adolphe Max dans son bureau de l'hôtel de ville de Bruxelles, vers 1930

Sous le mayorat d'Émile de Mot (1899-1909), en 1901, une nouvelle tentative de fusion fut entamée, en faisant appel au bon sens des parlementaires bruxellois. Le groupement officieux mis sur pied tenta vainement de persuader les édiles communaux des faubourgs. Une nouvelle étape fut franchie le 20 mars 1911 lorsque les mandataires de onze communes de la périphérie se réunirent pour la première fois en commission intercommunale d'étude pour l'unification des divers services publics. Malheureusement, tout comme la Conférence des Bourgmestres, cette commission demeurait consultative et manquait concrètement de poids. À la veille de la Première Guerre mondiale, la situation complexe de Bruxelles et de ses faubourgs était source d'inconvénients sans cesse plus graves.

Le réaménagement du port de Bruxelles

Toute la problématique du Grand-Bruxelles se cristallisera à nouveau autour d'un problème important taraudant les autorités de la ville de Bruxelles : la nécessité d'agrandissement du port de Bruxelles et la mise à grande section du canal maritime. Le problème essentiel résidait alors dans le refus catégorique de la ville d'être la seule administration communale à intervenir financièrement si les installations dépassaient son territoire pour empiéter sur celui d'autres communes (ce qui était le cas pour les communes de Laeken, Neder-over-Heembeek et Haren). Précisons que ce secteur avait déjà accueilli en 1830 le Grand Bassin, première infrastructure de l'avant-port de Bruxelles, préfigurant, près d'un siècle à l'avance, les épisodes des années 1910-1920. Le problème fut essentiellement résolu par le procédé de l'annexion, même si, financièrement, neuf communes voisines et non voisines du canal (Molenbeek, Schaerbeek, Ixelles, Koekelberg, Saint-Gilles, Anderlecht, Saint-Josse et Etterbeek) s'étaient jointes à la ville pour en partager les charges avec l'État et la province de Brabant au sein d'une société à capitaux publics. La Société du Canal et des Installations maritimes de Bruxelles, organe chargé de la gestion des infrastructures portuaires et de ses dépendances, fut ainsi créée en 1896. Elle sera remplacée en 1993 par l'actuelle Société régionale du Port de Bruxelles.

En 1911 et 1913, le sénateur Prosper Hanrez déposa une proposition de loi visant l'annexion des parties riveraines du canal, sur les territoires de Laeken, Neder-over-Heembeek, Haren, Schaerbeek et Machelen. Une autre proposition visait à annexer purement et simplement la totalité des faubourgs de Bruxelles. C'est au conseil provincial du Brabant que revint la tâche, en janvier 1914, de délibérer sur ces deux propositions. À nouveau, la deuxième proposition fut rejetée au profit d'une annexion partielle mise en pratique après la guerre. La loi du 30 mars 1921 régla l'incorporation au territoire de Bruxelles des communes de Laeken, Neder-over-Heembeek et Haren, ainsi qu'une petite portion des communes de Schaerbeek et de Molenbeek (celle appelée faubourg d'Anvers). Ceci tripla du coup la superficie initiale de la ville.

La problématique du maintien de l'ordre

Un grand point restait à résoudre de manière concertée entre la ville et les faubourgs, à défaut de pouvoir être résolu par la constitution d'un Grand-Bruxelles : le maintien de l'ordre et, plus particulièrement, la coordination des différents services communaux de police. Dès 1830, la Belgique avait accordé une importance considérable à l'autonomie communale, chaque bourgmestre étant responsable du maintien de l'ordre sur le territoire qu'il administrait. L'absence de coordination dans ce secteur apparut au grand jour lors des manifestations d'avril 1893 en faveur du suffrage universel. Le gouvernement, lui-même fort inquiet de voir la capitale s'embraser, imposa par décision ministérielle la centralisation des services de police : le commandement de la garde civique fut confié à un seul et même responsable. Parallèlement, on invita les différents bourgmestres à se concerter et à prendre en commun des mesures d'ordre préventif au niveau de toute l'agglomération. La voie était tracée pour une coordination efficace des services policiers.

Le survol de la problématique du Grand-Bruxelles passe évidemment par les événements de la Première et de la Seconde Guerre mondiale. Sous l'occupation allemande, les différents responsables bruxellois furent amenés à prendre des décisions et à poser des actes de manière concertée : la gravité des problèmes à résoudre imposait le dépassement des particularismes communaux, du moins pour un temps. Différents éléments doivent être évoqués pour bien percevoir toute la complexité du problème. D'abord, rappelons qu'en 1914, à la veille de l'entrée des troupes allemandes à Bruxelles, l'agglomération bruxelloise regroupait seize communes. C'est pourtant Adolphe Max, bourgmestre de Bruxelles, qui accueille l'avant-garde des troupes allemandes à la caserne de la place Dailly, à Schaerbeek, le 20 août 1914. Et c'est aussi avec lui (et avec ses successeurs) que l'occupant entendit traiter des problèmes de l'agglomération tout entière. Cette prééminence du bourgmestre de Bruxelles était essentiellement due à son statut de président de la Conférence des Bourgmestres. En outre, face aux énormes difficultés de gestion et d'administration dues à l'arrivée des Allemands, essentiellement des problèmes de

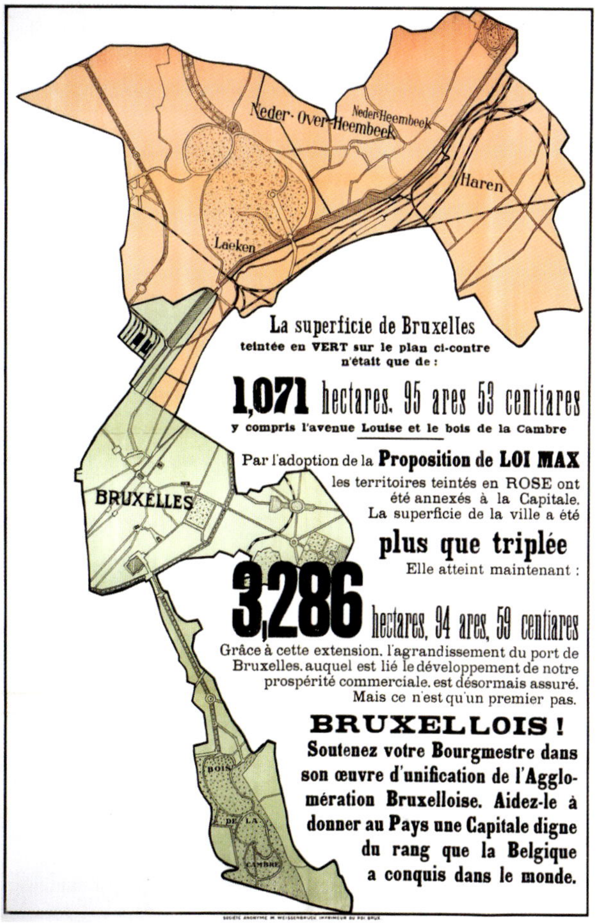

Affiche pour appeler les Bruxellois à soutenir l'unification de l'agglomération bruxelloise, 1921

Jean Grauls, bourgmestre du Grand-Bruxelles de 1942 à 1944, passant en revue un escadron de l'école de police de Bruxelles

LA PÉRIPHÉRIE BRUXELLOISE : UN RÔLE RÉSIDENTIEL GRANDISSANT

Nous avons déjà eu l'occasion de souligner l'importante migration des couches fortunées de la population vers les quartiers aérés de la périphérie. Ce phénomène, que l'on constate très tôt à Bruxelles, dès la structuration du Quartier Léopold, va se poursuivre dans le courant des XIXe et XXe siècles. Aux alentours de 1900, Schaerbeek connaît un développement résidentiel fulgurant qui la propulse en tête des communes les plus peuplées du Royaume. Schaerbeek mais aussi Saint-Josse, Ixelles et Saint-Gilles accueillent les populations aisées que le centre-ville ne contente plus. Dès cette époque, à l'instar des grandes villes de l'Europe de l'Ouest, la migration des classes aisées se fait déjà vers les secteurs plus verts et plus aérés de la région, c'est-à-dire les communes de la deuxième ceinture (Woluwe-Saint-Lambert, Woluwe-Saint-Pierre, Auderghem, Watermael-Boitsfort, Uccle, etc.), voire en dehors du territoire de l'agglomération, à partir des années 1960.

Le fait que Bruxelles soit un pôle d'emploi considérable associé au développement des moyens de transport publics et individuels permet d'excentrer considérablement les secteurs résidentiels de la zone économique.

ravitaillement, les bourgmestres de l'agglomération ressentirent la nécessité de coordonner leurs efforts en vue d'une meilleure efficacité. Un témoin de l'époque alla jusqu'à parler de « fusion administrative accidentelle ». Et c'est à travers la Conférence des Bourgmestres que cette collaboration « transcommunale » et une ébauche (du moins en pratique) du Grand-Bruxelles purent s'effectuer.

La libération de 1918 et l'entre-deux-guerres ne virent pas pour autant l'extinction des revendications bruxelloises. Dès le 13 janvier 1919, le conseil communal demandait à l'unanimité que l'on vote d'urgence l'incorporation des faubourgs à la ville de Bruxelles. Le projet, élaboré par Adolphe Max, entendait une fusion pure et simple des seize communes de l'époque en une seule, mais prévoyait toutefois, pour ménager la susceptibilité des ardents défenseurs des libertés communales, un système interne au Grand-Bruxelles maintenant une certaine décentralisation. Après une période difficile d'occupation pendant laquelle les avantages de la collaboration transcommunale avaient été clairement mis en lumière, le bourgmestre Max entendait profiter de la situation pour légiférer et officialiser le Grand-Bruxelles. Néanmoins, des clans se formèrent, les uns favorables, les autres opposés, et finalement rien ne bougea, si ce n'est l'incorporation, en 1921, des communes du nord de Bruxelles : Laeken, Neder-over-Heembeek et Haren.

C'est sous l'occupation nazie qu'est franchie la dernière grande étape de l'histoire du Grand-Bruxelles. Sont alors créées en Belgique, sous la houlette du secrétaire général de l'intérieur Gérard Romsée, les grandes agglomérations. Il s'agit là d'une vaste opération de rationalisation administrative. Appuyées par l'occupant et certains dirigeants belges locaux, les grandes agglomérations sont mises sur pied entre 1941 et 1942 : le Grand-Anvers (septembre 1941), le Grand-Gand (mai 1942), le Grand-La Louvière (juin 1942) et le Grand-Charleroi (juillet 1942), le Grand-Bruges et le Grand-Liège (août 1942). Le Grand-Bruxelles est institué le 27 septembre 1942. Jean Grauls, gouverneur de la province d'Anvers, fut nommé bourgmestre des dix-neuf communes bruxelloises. Si l'opération est présentée sous le couvert d'une réforme administrative, il faut souligner combien ces incorporations favorisèrent le système répressif de l'occupant, lui permettant d'assurer plus efficacement le maintien de l'ordre. À la Libération, la situation antérieure fut rétablie avec empressement : le 30 août 1944, un arrêté du conseil des ministres belges déclarait la loi sur les grandes agglomérations nulle et non avenue, de même que toutes ses conséquences. Une lourde réforme de dé-fusion sera inévitable, nécessitant la création d'un organe particulier : le comité provisoire de l'agglomération bruxelloise, chargé de procéder au retour à la normale.

L'expérience du Grand-Bruxelles, entamée durant la Seconde Guerre mondiale, jeta définitivement le discrédit sur tout projet d'annexion ou d'incorporation. À ce titre, il est symptomatique de constater que la Conférence des Bourgmestres aura bien du mal à récupérer son élan d'avant-guerre.

Après la Seconde Guerre mondiale, on verra naître d'autres enjeux recouvrant et éludant partiellement le problème du Grand-Bruxelles, notamment avec les lois de 1962-1963, l'émergence de la notion de « Bruxelles-Capitale ». La route vers la régionalisation était en marche.

L'agglomération morphologique de Bruxelles

Comme on vient de le voir, les autorités communales bruxelloises élargirent très tôt leur champ de manœuvre aux environs de la ville. Dans une agglomération en pleine explosion démographique, la ville entendait profiter de cette croissance. S'étant vu refuser l'annexion globale des faubourgs, elle exigea au passage l'annexion de certains territoires. Progressivement se forme autour de Bruxelles-Pentagone une agglomération urbaine physique constituée qui transcende les frontières communales. À ce processus d'agglomération qui va peu à peu unir Bruxelles et les communes environnantes, il est impératif d'épingler le rôle fondamental de Léopold II qui, avec l'aide de ses capitaux coloniaux, va travailler intensément à l'aménagement d'une périphérie résidentielle pour le plus grand bonheur des Bruxellois aisés. Il est l'artisan d'un Bruxelles résidentiel et bourgeois marqué par le schéma spatial de base que l'on connaît aujourd'hui.

Cette urbanisation élégante à l'est doit être mise en parallèle avec l'expansion organique de la zone industrielle à l'ouest de la ville, selon l'axe nord-sud du canal, depuis Neder-over-Heembeek et Laeken jusqu'à Anderlecht et Forest, en passant par la commune industrielle par excellence, Molenbeek-Saint-Jean, sur le territoire de laquelle fut creusé en 1832 le nouveau canal de Charleroi, prolongeant l'ancien canal de Willebroek et offrant à Bruxelles une liaison fluviale directe avec le bassin houiller et industriel du Hainaut.

Ces deux processus vont aboutir à l'agglomération de Bruxelles avec sa périphérie. À l'heure actuelle, au-delà des frontières strictement administratives, la Région bruxelloise peut être déterminée selon d'autres critères pertinents, comme les limites du front bâti et de celles qui définissent le bassin industriel bruxellois.

L'agglomération morphologique consiste en la zone réellement urbanisée de manière continue. Une carte, publiée en 1973, permettait déjà de bien visualiser cette région. Cette carte, si elle excluait certaines parties rurales – l'ouest d'Anderlecht et les parties boisées (mordant la Forêt de Soignes) d'Uccle, Watermael et Auderghem – intégrait en revanche l'extension du bâti en dehors des limites régionales. La zone urbanisée s'étendait, au nord, de la commune de Vilvorde à la zone Braine-l'Alleud - Waterloo, au sud. D'est en ouest, le front bâti s'étirait du centre d'Anderlecht et de Grand-Bigard à la commune de Tervueren. En 1991, cette agglomération morphologique de Bruxelles présentait toujours la même configuration et comptait 1 353 000 habitants sur 520 km².

« Dans la partie élevée où résident la cour et la noblesse dominent la langue et les manières françaises » selon le correspondant bruxellois de cette carte postale expédiée à Paris et représentant la fontaine monumentale de la barrière de Saint-Gilles, 1905

LE RECENSEMENT DE 1930 ET SES RÉPERCUSSIONS : LES DIX-NEUF COMMUNES ENFIN RÉUNIES

Si le recensement de 1930 consacre une agglomération de seize communes, il est important de noter que les trois communes manquantes – Berchem-Sainte-Agathe, Ganshoren et Evere – affichaient alors un taux de francophones atteignant respectivement 45,31 %, 29,37 % et 34,20 %. C'est pour cette raison notamment que le bourgmestre de Bruxelles, Adolphe Max, présenta à la Chambre, en mai 1933, un projet d'intégration de ces trois entités dans l'agglomération de Bruxelles.

Protestant avec vigueur contre cette proposition, le député Borginon fit naître la fameuse métaphore de la « tache d'huile » francophone. Le projet de Max fut rejeté, mais une loi du 15 juin 1935 sur l'organisation judiciaire intégrait les trois communes dans l'agglomération de Bruxelles. Mégarde, erreur ou manipulation ? À partir de ce moment-là, on se mit bel et bien à parler officieusement des « dix-neuf » communes. Et elles furent d'ailleurs toutes reprises dans le « Groß-Brüssel » nazi durant l'occupation, avant de l'être définitivement en 1954, sur la base des résultats du recensement de 1947.

La construction institutionnelle de la Région de Bruxelles-Capitale

Cette construction régionale est indissociable du problème communautaire et linguistique belge dont Bruxelles apparaît souvent comme la principale pierre d'achoppement.

Ce que l'on a appelé et que l'on continue d'appeler aujourd'hui « le problème de Bruxelles » prend ses racines au XVIIIe siècle, lorsque l'on observe dans nos régions une expansion considérable du français comme langue d'usage. À l'instar de toutes les villes européennes de cour, jusqu'à Saint-Pétersbourg en Russie, le français devient la langue privilégiée des gouvernements et des milieux d'affaires durant le Siècle des lumières. À Bruxelles, cette imposition par le haut se fait au détriment de la langue traditionnelle, le flamand. La situation change relativement peu sous les régimes français et hollandais.

Avec les événements de 1830, même si la liberté des langues est inscrite dans la Constitution belge, le français, pratiqué largement par la bourgeoisie censitaire du Nord comme du Sud, n'en demeure pas moins la langue officielle du jeune État. La franci-

Évolution des langues utilisées dans les 19 communes

	1846	1880	1910	1930	1947
	% d'habitants ayant déclaré parler le français ou le wallon – le flamand ou le hollandais	% d'habitants ayant déclaré parler uniquement le français – le néerlandais	% d'habitants ayant déclaré parler seulement ou le plus fréquemment (pour les bilingues) le français – le néerlandais	% d'habitants parlant uniquement ou le plus fréquemment le français – le néerlandais	% d'habitants parlant uniquement ou le plus fréquemment le français – le néerlandais
Anderlecht	10-90	13-60	34-60	40-55	54-39
Auderghem	—	3-77	23-72	54-42	68-26
Berchem	2-98	1-88	21-72	45-52	54-43
Bruxelles	38-60	25-36	41-36	62-35	72-24
Etterbeek	3-96	22-40	54-41	74-23	78-14
Evere	0-99	1-76	14-81	29-67	48-48
Forest	7-92	9-64	57-37	68-28	79-17
Ganshoren	0-100	2-84	18-78	34-63	54-42
Ixelles	45-53	48-21	73-20	86-11	87-10
Jette	13-87	7-78	22-73	41-56	57-40
Koekelberg	2-97	1-70	29-66	41-56	58-39
Molenbeek	15-84	11-61	36-59	43-54	52-41
Saint-Gilles	16-82	35-32	70-26	78-18	82-11
Saint-Josse	49-49	27-26	68-28	78-19	74-18
Schaerbeek	27-71	23-35	51-44	70-26	75-20
Uccle	5-95	6-76	37-58	60-34	73-19
Watermael-Boitsfort	2-98	11-67	41-54	63,33	74-22
Woluwe-St-Lambert	0-99	1-84	33-61	57-39	71-25
Woluwe-St-Pierre	1-98	0-91	32-63	56-39	67-30

Remarques :

1) Pour 1846, le total n'atteint pas les 100 % car les habitants ayant déclaré parler l'allemand, l'anglais ou d'autres langues n'ont pas été repris dans ce tableau.

2) Pour 1880, le total n'atteint pas les 100 % car les habitants ayant déclaré parler l'allemand ou aucune des trois langues nationales ne sont pas repris dans ce tableau. Sont également exclus des calculs, les enfants de moins de deux ans, considérés comme ne parlant aucune langue, ainsi que les habitants ayant déclaré parler le français et le néerlandais. En effet, le recensement de 1880 ne détaille pas qui, parmi les bilingues, déclare utiliser le plus fréquemment l'une ou l'autre langue.

Sources : Statistique de la Belgique. Population. Recensements généraux (1846, 1880, 1910, 1930, 1947), publ. ministre de l'Intérieur.

sation va d'ailleurs s'accentuer encore, puisque la pratique du français est indispensable à quiconque espère une ascension sociale : ceci incite une part importante de la population flamande à se présenter comme bilingue, voire francophone. Si les différents recensements nationaux opérés depuis 1830 indiquent très clairement une progression du français à Bruxelles, ils n'impliquent pas nécessairement une régression proportionnelle de l'usage courant du flamand.

C'est dans ce cadre que le mouvement flamand se structure, agissant dans un premier temps sur le plan culturel, avant d'étendre ensuite son rayon d'action à la revendication politique. Une des premières victoires obtenues par le mouvement fut la loi du 18 avril 1898, dite « loi d'égalité », qui établissait le bilinguisme dans la promulgation des textes juridiques. Au lendemain de la Grande Guerre, le mouvement flamand s'intensifie. Aussi, sous la pression des milieux flamands, une série de lois reconnaissent peu à peu l'existence de régions linguistiques. Dans ce cadre, l'agglomération de Bruxelles, qui comporte alors seize communes où le français est parlé par plus de 50 % de la population, est décrétée bilingue en matière administrative et scolaire par une loi du 28 juin 1932. La loi précise en outre que dans les communes où le dernier recensement aurait révélé une minorité de 30 %, les avis et communications au public devaient se faire automatiquement dans les deux langues nationales. Le 14 juillet suivant, une loi sur les langues dans l'enseignement complète ces dispositions : unilinguisme en Wallonie et en Flandre, bilinguisme dans l'agglomération bruxelloise délimitée alors par les seize communes de 1932. L'application de ce bilinguisme reconnu se fera néanmoins avec une relative lenteur, provoquant l'impatience et la colère des militants flamands. Il est en outre important de noter que la configuration de la région linguistique de Bruxelles pouvait évoluer puisque le volet linguistique des recensements avait une influence directe sur le régime linguistique des communes.

Ces recensements montrent d'ailleurs une progression spectaculaire de la pratique du français au-delà des seize communes. En 1947, le dernier recensement comportant un volet sur l'emploi des langues témoigne d'une francisation considérable de trois nouvelles communes : Berchem-Sainte-Agathe, Ganshoren et Evere, tandis qu'une entité comme Crainhem présente une forte proportion d'habitants se considérant comme francophones (47 %). Les résultats de ce recensement furent d'ailleurs tellement embarrassants pour les milieux flamands qu'ils en retardèrent la publication jusqu'en 1954. Ils souhaitaient stopper au plus vite cette progression, la fameuse « tache d'huile » francophone. Si l'on ne dispose plus aujourd'hui des données officielles du recensement pour évaluer la proportion de francophones et de néerlandophones à Bruxelles, l'analyse des données liées à la langue utilisée pour les actes de mariage, de décès ou pour les dossiers des bénéficiaires d'une pension payée par l'Office national des pensions montre que la proportion de francophones à Bruxelles a encore augmenté depuis le milieu du XXe siècle.

Parlement de la Région de Bruxelles-Capitale, 2007

Une fois les résultats connus, en 1954, la loi du 2 juillet de la même année mit en application les lois de 1932, faisant passer les communes de Berchem-Sainte-Agathe, Evere et Ganshoren dans l'agglomération bruxelloise à régime linguistique bilingue. Sous la pression flamande, on supprimera toutefois le volet linguistique des recensements à partir de 1961. Par la force des choses, mais officieusement, cette suppression entraîna la fixation définitive des limites de l'agglomération bilingue. Ce sont déjà les limites régionales que nous connaissons aujourd'hui.

Par la suite, une série de lois dites linguistiques furent promulguées en 1962-1963, entérinant officiellement cette situation de fait. Essentiellement, elles fixèrent le tracé actuel de la frontière linguistique et délimitèrent quatre régions linguistiques (région de langue flamande, région de langue française, région de langue allemande, région bilingue de Bruxelles) :

- loi du 8 novembre 1962 délimitant de manière définitive la frontière linguistique entre Flandre et Wallonie ainsi que les limites de l'agglomération bruxelloise ;

Quelques indicateurs pour les années 2000

	% des actes de mariages rédigés en français - néerlandais pour l'année 2002 (1)	% des actes de décès rédigés en français - néerlandais pour l'année 2002 (1)	Répartition linguistique de tous les bénéficiaires d'une pension payée par l'Office national des pensions (% dossiers FR - dossiers NL) (2)
Anderlecht	96-4	81-19	82-18
Auderghem	100	95-5	90-10
Berchem	—	—	72-28
Bruxelles	91-9	92-8	84-16
Etterbeek	95-5	96-4	93-7
Evere	95-5	78-22	83-17
Forest	97-3	97-3	95-5
Ganshoren	90-10	84-16	80-20
Ixelles	98-2	100	95-5
Jette	94-6	48-52	81-19
Koekelberg	88-12	97-3	84-16
Molenbeek	79-21	97-3	86-14
Saint-Gilles	99-1	96-4	96-4
Saint-Josse	98-2	96-4	93-7
Schaerbeek	95-5	91-9	91-9
Uccle	99-1	88-12	94-6
Watermael-Boitsfort	100	88-12	93-7
Woluwe-St-Lambert	96-4	92-8	90-10
Woluwe-St-Pierre	96-4	90-10	89-11

Sources :
(1) Réponse de la vice-première ministre et ministre de la Justice à la question n° 717 ; *Chambre des représentants, questions et réponses écrites,* 3e session de la 51e législature, 25-07-2005, pp. 15 446-15 448 ; pour les actes de l'état civil. La commune de Berchem n'a pas répondu.
(2) Réponse du ministre de l'Environnement et des Pensions à la question n° 107, *Chambre des représentants, questions et réponses écrites,* 4e session de la 51e législature, 31-10-2005, pp. 17 826-17 829.

- loi du 30 juillet 1963 concernant le régime linguistique dans l'enseignement ;
- loi du 2 août 1963 déterminant l'emploi des langues en matière administrative.

En fixant les limites de l'agglomération bruxelloise, la loi du 8 novembre 1962 confirma également une couronne de six communes dites « à facilités » (Drogenbos, Crainhem, Linkebeek, Rhode-Saint-Genèse, Wemmel et Wezembeek-Oppem), appliquant l'unilinguisme interne et le bilinguisme externe dans les rapports aux administrés. La loi du 2 août 1963 institua également un arrondissement de « Bruxelles-Capitale », comprenant les dix-neuf communes de l'agglomération, au contenu déterminé par la publication du recensement de 1954. L'arrondissement voisin de Hal-Vilvorde constitua un autre arrondissement, rattaché néanmoins à celui de Bruxelles sur le plan électoral. À noter que la loi de 1963 institua également un arrondissement spécial pour les six communes à facilités, qui sera rattaché à celui d'Hal-Vilvorde en 1970.

Le périmètre du nouvel arrondissement va se populariser dans les milieux flamands comme le *gordel* (mot néerlandais signifiant « ceinture ») sur le tracé duquel les militants flamands organisent chaque année une promenade aussi symbolique que sportive. Ce train de lois entérinait les limites héritées du recensement de 1947, consacrant définitivement la fin de la prise en compte des « minorités » francophones hors de la zone à facilités.

À la fin des années 1960 et au début des années 1970, le « problème de Bruxelles », en partie maîtrisé en 1962-1963, est venu s'inscrire dans le contexte plus large de la réforme de l'État en vue de la régionalisation du pays.

En 1970, une première grande révision constitutionnelle entame cette régionalisation, les dispositions de 1963 sont confirmées et précisées. La révision de 1970 déclare officiellement l'existence de communautés culturelles et de régions. Le désormais célèbre article 107*quater* confirme l'existence de trois régions : la Région wallonne, la Région flamande et la Région de Bruxelles-Capitale. L'article 108*ter* dote la Région bruxelloise ou « agglomération de Bruxelles » d'institutions particulières. La loi du 26 juillet 1971, mettant en application l'article 108*ter*, met sur pied les institutions de l'agglomération bruxelloise – en premier lieu un « Conseil de l'agglomération bruxelloise » –, tout en délimitant l'agglomération aux dix-neuf communes de 1963. Ce Conseil, appliquant une parité entre les deux groupes linguistiques, dispose dorénavant de compétences, pas uniquement culturelles comme on l'a trop souvent affirmé, mais également en matière d'aménagement du territoire, de transport, de sécurité, de santé et propreté publique, d'expansion économique, etc. L'agglomération bruxelloise est également dotée de deux commissions de la culture, l'une néerlandaise, l'autre française, composées de membres élus par le groupe linguistique correspondant au Conseil.

La loi du 1er août 1974 donna un début d'application aux dispositions de l'article 107*quater* en amorçant la création d'institutions régionales provisoires. Il s'agissait en quelque sorte d'une législation préparatoire à la régionalisation qui demeurait alors un objectif politique. En outre, étaient créés des exécutifs régionaux provisoires faisant partie du gouvernement national. Un accord politique sur la réforme des institutions et, notamment, sur la création des régions fut conclu en 1977 (pacte d'Egmont) et précisé en 1978 (accords du Stuyvenberg). Le 5 juillet 1979, une loi créait des institutions communautaires et régionales provisoires, dont les exécutifs étaient constitués par des ministres du gouvernement national.

Ces étapes furent traduites en 1980 par de nouvelles réformes institutionnelles qui prévoyaient la création de trois régions semblables, avec droits et compétences similaires, où les compétences des communautés étaient étendues et les compétences des régions redéfinies. Avec la loi spéciale du 8 août 1980, des organes législatifs et exécutifs furent créés pour chacune des trois communautés, ainsi que pour les Régions flamande et wallonne.

Néanmoins, les dissensions communautaires ont rendu les négociations sur Bruxelles plus délicates et ont imposé en 1980 la « mise au frigo » des réformes concernant la Région convoitée. Les institutions provisoires issues de la loi de 1979 furent remplacées en 1980 en Régions flamande et wallonne par des exécutifs distincts du gouvernement central et responsables devant un parlement régional propre, mais elles demeurèrent plus longtemps en Région bruxelloise. Jusqu'en 1989, la Région bruxelloise fut ainsi dirigée par un comité ministériel de trois membres, un ministre et deux secrétaires d'État, qui n'étaient responsables que devant le Parlement national.

LA RÉGION DE BRUXELLES-CAPITALE : RAYONNEMENT, ATTRACTIVITÉ ET POIDS DES CHARGES

« Le rayonnement et l'attractivité de Bruxelles sur les autres Régions se manifestent essentiellement par le pôle d'emploi qu'elle représente et par l'importance de sa signification internationale. Il convient cependant aussi de pointer le rôle de Bruxelles en matière de service de haut niveau offert à l'ensemble des habitants de la fédération Belgique : siège de deux universités complètes, l'une francophone et l'autre flamande, ainsi que de quatre centres universitaires ou parties d'université, lieu de la plus grande concentration d'écoles, de tous niveaux, de plusieurs langues et de plusieurs confessions, site des hôpitaux académiques de trois universités et d'une infrastructure de soins de santé extrêmement dense et diversifiée, la Région de Bruxelles-Capitale rencontre les besoins d'une population largement plus étendue que la sienne propre. La reconnaissance des charges qui pèsent lourdement sur elle en raison de cette situation se trouve au cœur du dialogue qu'elle entretient avec l'État fédéral et avec les deux autres Régions. »

Ainsi s'exprime Claire Billen dans sa récente synthèse consacrée à Bruxelles. Les ressources régionales dépendent en effet largement des ressources fiscales des populations résidentes (impôt des personnes physiques). Or la faiblesse de celles-ci se combine très mal aux charges exceptionnelles qu'ont dû assumer la ville, puis la Région : outre les services offerts énumérés ci-dessus, il faut citer les charges considérables dues à son rôle de ville capitale et internationale, siège des institutions européennes et de l'OTAN, autant qu'un réseau de transports en commun employé essentiellement par des navetteurs résidant hors de la Région. Ce paradoxe est bien l'enjeu principal au cœur de l'avenir de la Région bruxelloise.

En fait, durant cette période, Bruxelles apparut dans un flou politique des plus néfastes, notamment dans des matières comme l'urbanisme et l'aménagement du territoire. L'opposition entre les partis flamands et francophones sembla s'accentuer et Bruxelles resta bloquée pendant une décennie, alors que les institutions des deux régions unilingues étaient déjà en fonction.

Dès les années 1980, plusieurs propositions de loi visant à appliquer l'article 107*quater* furent déposées, mais aucun consensus ne put être obtenu. Celui-ci fut dégagé enfin, en juillet 1988, à l'occasion d'une nouvelle révision institutionnelle. L'article 108*ter*, adopté en 1970, fut modifié, disposant que l'agglomération s'effacerait au profit de la Région, lui transmettant au passage les compétences qu'elle détenait jusqu'alors.

La nouvelle loi fut également chargée de mettre en place les organes propres à la Région de Bruxelles-Capitale. La loi du 12 janvier 1989 enfin, en application du nouvel article 108*ter*, détermina ce que seraient désormais les institutions bruxelloises : un conseil (ou Parlement) et un exécutif bruxellois. La nouvelle Région devenait compétente pour les matières d'environnement, d'aménagement du territoire, de logement, de transport, d'emploi, d'économie et de politique sociale. Les matières culturelles et d'aides aux personnes étaient prises en charge par deux commissions regroupant des élus de chaque communauté linguistique.

En 1993, une nouvelle révision de la Constitution et de nouvelles lois de réformes institutionnelles ont transformé l'État belge en un État fédéral. Les compétences des Régions et des Communautés ont été étendues. Au même moment, il fut décidé de scinder la province du Brabant en une entité flamande et une entité wallonne. La décision devint effective le 1er janvier 1995, faisant du territoire de la Région de Bruxelles-Capitale une entité se situant désormais en dehors de toute province.

En 2001, une dernière réforme institutionnelle (accords du Lambermont ou de la Saint-Polycarpe) a encore élargi les compétences des Régions et réformé le financement des Communautés.

François Gailliard, *Le Parc de Bruxelles*

Page suivante : Julien Dillens, *T'Serclaes mourant*, 1902. Bruxelles, Grand-Place

BRUXELLES

Jean Puissant, Paulo Charruadas, Benoît Majerus, Christian Dessouroux, Christian Vandermotten

Topographie

La topographie du territoire couvert par la ville de Bruxelles est complexe, à la mesure des annexions successives qui ont progressivement agrandi son territoire jusqu'à 33,4 km^2. La commune originelle, la ville intra-muros, en couvrait 4,5. Nous considérerons donc séparément ces diverses portions du territoire communal.

La ville intra-muros

Si Bruxelles est née sur la Senne (plaine alluviale : environ 15 m d'altitude), son développement a été très tôt caractérisé par une dissymétrie, s'étendant de manière privilégiée vers l'est. Déjà la Grand-Place (le marché principal) profite d'une basse terrasse à l'abri des inondations. La ville gravit le versant de rive droite, qui doit sa raideur aux sables surmontant les terrains argileux, jusqu'au plateau situé vers 60 m d'altitude, au niveau de la place Royale et du parc de Bruxelles et atteint même les 80 m à la porte de Namur. À l'inverse, la muraille du XIVe siècle n'atteignait même pas le bas du versant de rive gauche, à l'emplacement actuel du canal de Bruxelles à Charleroi. Le versant de rive droite était, pour sa part, recoupé par quelques vallons descendant vers la Senne et alimentés par la ligne de source de la nappe aquifère des sables : la topographie de ces vallons a été fortement modifiée par les travaux de voirie, au point de littéralement disparaître, mais ils ont joué un rôle important dans la formation urbaine. La dissymétrie topographique et la dissymétrie sociale bruxelloises sont rapidement allées de pair.

Les extensions résidentielles du XIXe siècle

Dans les années 1840, le Quartier Léopold a poursuivi l'extension résidentielle la plus aristocratique

Adrien Canelle, panorama de Bruxelles depuis le sud-est, vers 1850

de la ville vers l'est sur le plateau d'interfluve entre la Senne et le Maelbeek, dont le relief monotone vers 60 m s'est bien accommodé du plan viaire en damier. Les choses furent moins aisées plus à l'est, lorsqu'il s'est agi de franchir l'échancrure de la vallée du Maelbeek, située vers 45 m : ce fut fait soit au prix d'une forte descente, suivie d'une remontée vers le plateau du Cinquantenaire (rue Belliard), soit moyennant la construction d'un viaduc (rue de la Loi). Au-delà de cet obstacle, les quartiers Schuman et Nord-Est s'élèvent en pente douce jusqu'à 80 m environ, sur l'ancien plateau de Linthout.

L'avenue Louise, créée pour atteindre le Bois de la Cambre, s'est développée sur le plateau ixellois annexé. Elle s'élève insensiblement, d'une altitude de 65 m environ à la place Louise jusqu'à 90 m à l'entrée du bois, certes au prix de quelques remblaiements qui ont fait disparaître le creux du vallon de Vleurgat. Au Jardin du Roi et au carrefour de l'avenue De Mot, elle domine par l'ouest d'une vingtaine de mètres les étangs d'Ixelles et l'abbaye de la Cambre, où le Maelbeek prend sa source. Le plateau de l'avenue Louise se prolonge par celui du Bois de la Cambre, qui atteint 110 m à la limite méridionale du territoire de la ville, au début de la drève de Lorraine. L'étang du Bois de la Cambre, certes une création paysagère due à l'architecte Keilig, a néanmoins été logé dans une tête de vallon qui se prolonge vers l'est, en direction de Boondael, sur le territoire d'Ixelles, et de la vallée du Veeweydebeek (ou Watermaelbeek). De même, le ravin du Bois de la Cambre est l'aménagement, par le même paysagiste, de la tête de vallon descendant vers l'abbaye de la Cambre.

Laeken

Le site historique de Laeken occupe, entre 30 et 40 m d'altitude, les pentes douces du bas éperon d'interfluve entre la vallée de la Senne et son affluent de rive gauche, le Molenbeek, qui a traversé la commune de Jette avant de se jeter dans la Senne à hauteur du domaine royal, dont il alimente les étangs. À l'est, la limite historique de Laeken longeait le cours de la Senne, dans une large plaine alluviale vers 15 m d'altitude. Au nord du Molenbeek, le territoire de l'ancienne commune de Laeken se prolonge par des pentes plus fortes, en particulier à l'ouest du Stuyvenberg, où un large vallon entaille le versant. Ce dernier se raccorde au plateau du Heysel, qui culmine aux alentours de 80 m sur la ligne de crête de la chaussée Romaine, d'où s'abaisse une pente douce, sur le territoire de Wemmel et de l'ancienne commune de Strombeek-Bever, vers le bassin d'un autre Maelbeek, affluent plus septentrional de la Senne, s'écoulant en direction de Grimbergen.

Neder-over-Heembeek

L'ancienne commune de Neder-over-Heembeek était limitée à l'est par le cours de la Senne. Elle couvrait successivement, vers 15 m d'altitude, une portion assez étroite de la plaine alluviale de celle-ci (la rivière coulant ici assez près de son versant de rive gauche), le versant de la vallée (plus raide ici qu'en général sur la rive gauche et où les anciens sites villageois de Neder-Heembeek, au nord, et d'Over-Heembeek, au sud – ce dernier à la limite d'un vallon affluent – surmontaient les terres inondables) et enfin le plateau s'élevant jusqu'aux alentours de 70 m d'altitude, à la limite du finage de Koningslo (Vilvorde) et au Mutsaard.

Haren

Si le versant de rive droite de la Senne n'était pas ici, exceptionnellement, en pente plus douce que celui de rive gauche, la topographie de Haren serait similaire, en miroir, à celle de Neder-Heembeek, qui lui fait face : limite occidentale historique sur la Senne ; partie basse s'étendant dans la plaine alluviale de la Senne et d'un drain affluent (le Bemptgracht), plus large ici qu'en rive gauche ; site villageois historique sur le bas du versant, vers 35 m d'altitude ; élévation en pente douce du plateau jusqu'à des altitudes d'environ 55 m sur les terrains occupés aujourd'hui par le siège de l'OTAN. Au nord-est de l'ancien village, la limite communale atteint la base du versant de la basse vallée de la Woluwe, qui se raccorde à la vallée de la Senne, après qu'un coude à hauteur de Zaventem ait infléchi son cours d'un tracé sud-nord à un tracé plutôt orienté est-ouest.

SCHAEREBEECK
ST JOOS TEN NOODE
ETTERBEKE
IXELLES
GILLIS
TENBOSCH

WEMMEL
STROMBEK
JETTE
LAKEN
GANSHOREN
KOECKELBERGH
OSSEGEM
MEULEBEECK

Carte de Cabinet des Pays-Bas Autrichiens levée à l'initiative du comte de Ferraris, 1775-1777

Pour les extensions de territoire relatives au Bois de la Cambre et à l'avenue Louise, voir p. 186.

Source : Bibliothèque Royale de Belgique, © Bibliothèque Royale de Belgique

Limites communales actuelles

Limites communales en 1860

Limite communale de la ville de Bruxelles avant l'annexion du Quartier Léopold et Nord-Est (1853)

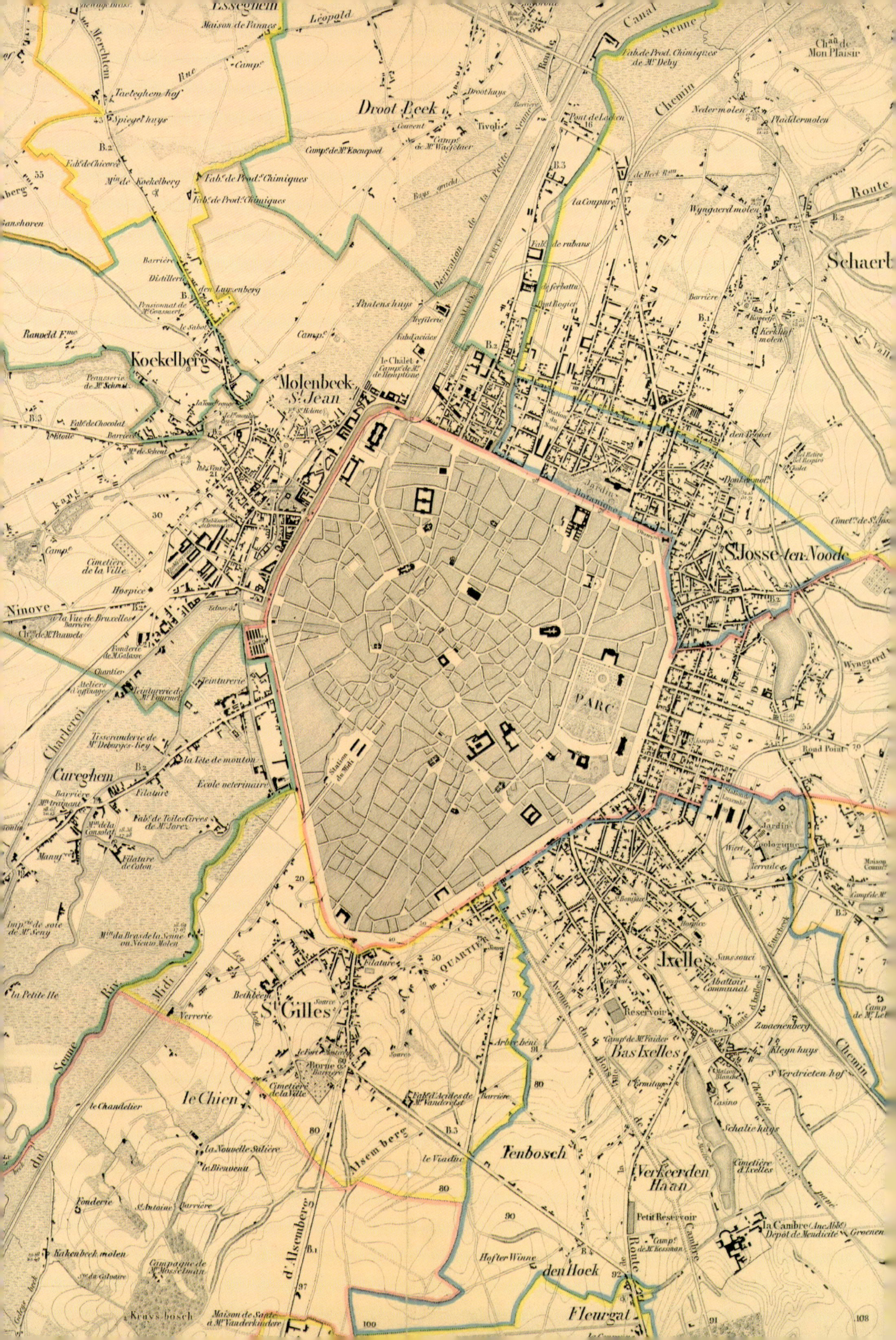

Droot Beek
Kockelberg
Molenbeek St Jean
Jardin Botanique
S.Josse-ten-Noode
PARC
Station du Midi
Cureghem
Ninove
Charleroi
Ixelles
St Gilles
Bas Ixelles
le Chien
Tenbosch
Verkeerden Haan
den Hoek
Fleurgat
Jardin Zoologique
Schaert
Ganshoren
Cimetière de la Ville
Cimetière d'Ixelles
Ecole veterinaire
Abattoir Communal
La Cambre
Canal
Senne

Réduction des plans cadastraux, Dépôt de la Guerre, 1847
Diverses annotations et surimpressions ont été effectuées au cours des XIXe et XXe siècles, renseignant notamment sur le changement de limites communales ou le tracé d'une ligne de chemin de fer.
Source: Institut Géographique National, © IGN

Page précédente : *Bruxelles-Pentagone, 1858*
Carte topographique et hypsométrique de Bruxelles et ses environs dressée par Joseph Huvenne sur base de plans et documents de l'Établissement géographique de Philippe Vander Maelen, 1858.
Source: Société Royale Belge de Géographie

Réduction des plans cadastraux, Dépôt de la Guerre, 1847

Réduction des plans cadastraux, Dépôt de la Guerre, 1847

Ston de Tour et Taxis (marchandises)
Bassin Vergote
Schaerbeek
Ston du Nord
Saint-Josse-ten-Noode
BRUXELLES
Parc du Cinquantenaire
Parc Léopold
Ston du Quartier Léopold
Etterbeek
Station du Midi
Ixelles
Saint-Gilles
Enclave d'Ixelles
Bas-Ixelles
La Chasse
Ston d'Etterbeek
La Cambre
Parc public

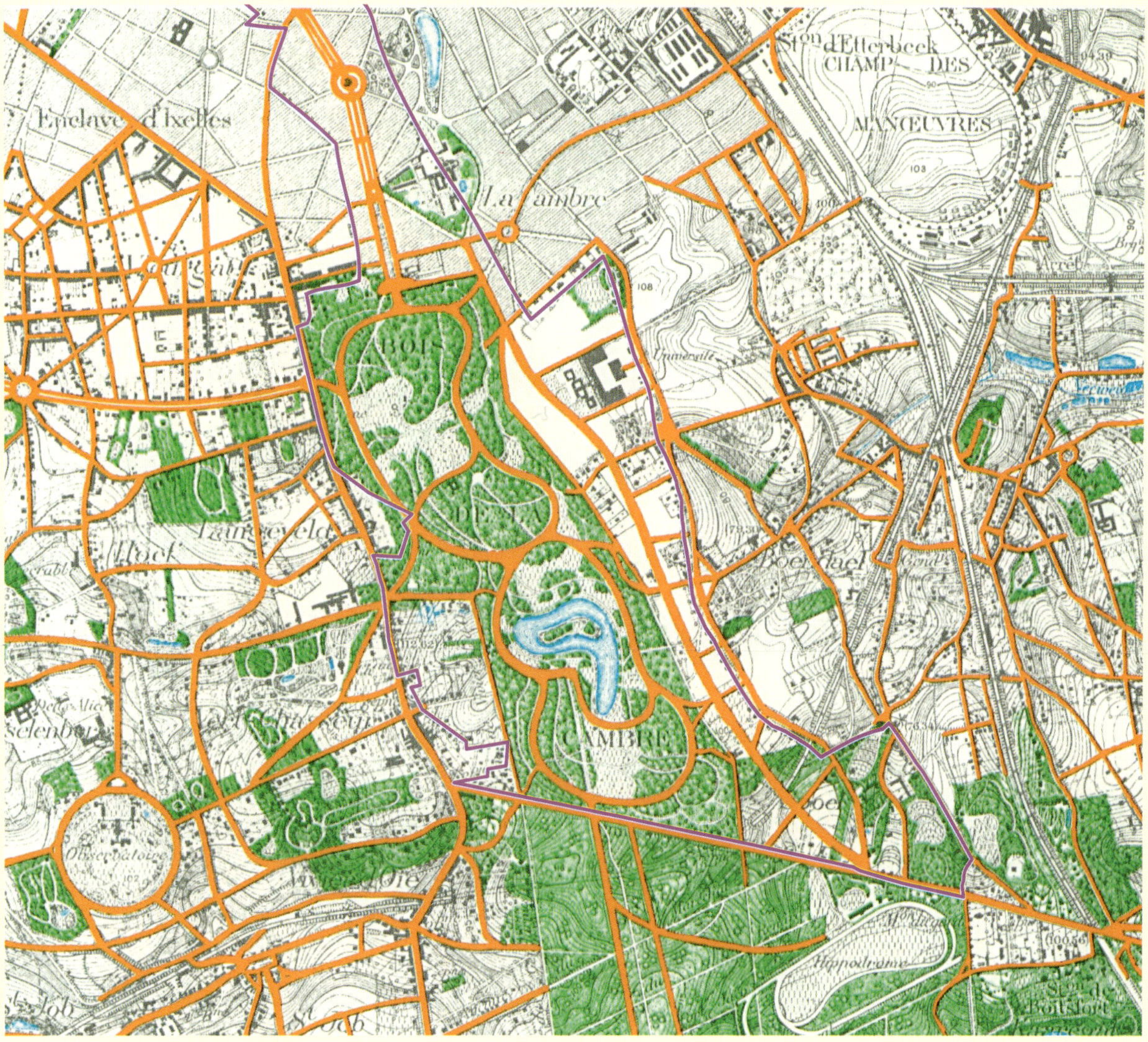

Pages 62 à 65 :
Carte topographique de Belgique, Institut Cartographique Militaire, vers 1930
Source: Institut Géographique National, © Institut Géographique National

——— Limites communales actuelles
- - - - Limites communales en 1930

Strombeek-Bever
Mutsaard
Heysel
Laeken
Lacken
Jette
Eihof
Koekelberg
Molenbeek-Saint-Jean
Bassin Vergote
Ston de Tour et Taxis (marchandises)
St du Nord
Vergadering

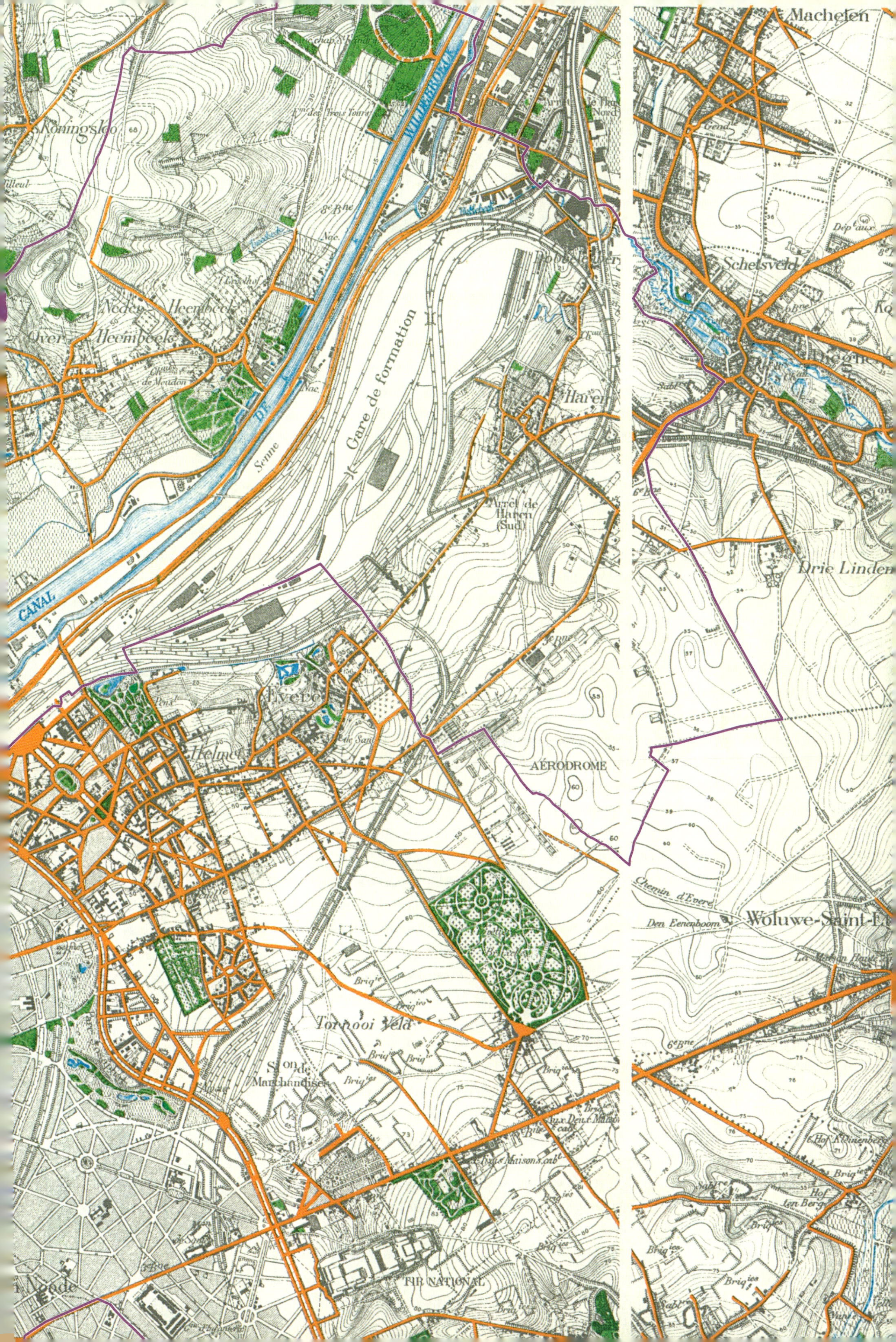

Koningsloo
Neder Heembeek
Over Heembeek
CANAL
Senne
Gare de formation
Haren
Arrêt de Haren (Sud)
Machelen
Schetsveld
Drie Linden
Evere
Helmet
AÉRODROME
Chemin d'Evere
Den Eenenboom
Tornooi Veld
Marchandises
TIR NATIONAL
Hof ten Berg

Mon Plaisir
Helmet
SCHAERBEEK
SCHAARBEEK
Parc Josaphat
Josaphatpark
Tertelt
Fontaine d'Amour
Minnebron
Tour et Taxis
Thurn en Taxis
Douane
Tol
Bassin Vergote
Vergotedok
Havenwijk
Quartier Maritime
W.T.C.
Allée Verte
Groendreef
Ston (Noord)
(Nord)
(Gare du Nord)
(Noordstation)
Antwerpse Poort
Porte d'Anvers
SAINT-JOSSE-TEN-NOODE
SINT-JOOST-TEN-NODE
Le Botanique
City 2
Dailly
(Rogier)
MOLENBEEK
ENBEEK-
SAINT-JEAN
Porte de Flandre
Vlaamse Poort
Pachéco
Béguinage
Begijnhof
Porte de Ninove
Ninoofse Poort
BRUSSEL
BRUXELLES
La Monnaie
Munt
Mont des Arts
Kunstberg
Parlement
Warande
Parc de Bruxelles
Palais royal
Koninklijk Paleis
Palais des Académies
Paleis der Academiën
(Trône)
(Troon)
Sq. Ambiorix
Berlaymont
(Maelbeek)
Stn (Schuman)
(Schuman)
Parc du Cinquantenaire
Jubelpark
Koninklijke Militaire School
École Royale Militaire
Manneken Pis
Porte d'Anderlecht
Brogniez
Tour du Midi
Zuidertoren
Stn (Midi)
(Zuid)
Marollen
Marolles
Palais de Justice
Justitiepaleis
(Louise)
(Porte de Namur)
(Naamse Poort)
Egmontpaleis
Palais d'Egmont
Parc Léopold
Léopold Park
Jourdan
ETTERBEEK
IXELLES
ELSENE
Hallepoort
Porte de Hal
SINT-GILLIS
SAINT-GILLES
La Barrière
Bareel
Parc de Forest
Park van Vorst
Flagey
Travaux en cours
Werken in uitvoering
Rijkswacht
Gendarmerie
V.U.B.
Étangs d'Ixelles
Vijvers van Elsene
Parc Tenbosch
Tenbosch Park
Tenbos
Vleurgat
La Bascule
Berkendael
Abbaye de La Cambre
Abdij ter Kameren
Université Libre
Solbos
St-Adrien
St-Adriaan
St-Antoine
St-Antonius
La Chasse
Jacht
Prisons
Gevangenissen
Altitude Cent

Pages 66 à 69 :
Carte topographique de Belgique, Institut Géographique National, 1994.
Source: Institut Géographique National, © Institut Géographique National

Limites communales actuelles

Hof te Bever
Strombeek-Bever
Hof Kam
Overbos
Hof ten Obbergen
Dijk
Ronkelhof
Heide
Verregat
Parc des Expositions
Tentoonstellingspark
Trade Mart
Mutsaard
Centenaire
Eeuwfeestwijk
(Heysel)
Atomium
Ossegempark
Bruparck
Heizel
Parc d'Ossegem
B.R.T.N.
Pavillon Chinois
Chinees Paviljoen
Japanse Toren
Tour Japonaise
Villa Belvédère
Koninklijk Park
Dorekesveld
Modelwijk
Cité Modèle
Planetarium
Heimbos
Academisch Ziekenhuis
V.U.B.-Jette
Hop. Univ. Brugmann
U.L.B.
Bois de Dielegem, bos
Koning Boudewijnpark
Chât. de Dielegem
Kast. van Dielegem
(Titeca)
Chât. Stuyvenberg,Kast.
Parc royal
St. Anna, Kap.
Ste-Anne, Chap.
Château royal
Koninklijk Kasteel
(Stuyvenbergh)
Hof ten Berg
Ecole des Cadets
Kadettenschool
Poelbos
Sacré-Cœur
Parc Roi Baudouin
Koninklijk Domein
Domaine royal
Parc Albert I. Park
Molenbeek
Essegem
(Bockstael)
Laken
Ston (Bockstael)
Groothandelsm.
Rivieren, Kast.
Chât.
JETTE
St. Pieterscoll.
Heideken
Spiegel
Le Miroir
(Pannenhuis)
Tol
Douane
Tour et Taxis
Thurn en Taxis
N.D. de la Sagesse
Plateau
Cité Moderne
Bas.
Bas. du Sacré Cœur
H. Hartbasiliek
Elisabethpark
Parc Elisabeth
(Belgica)
Bassin Vergote
Thurn en Taxis
Tour et Taxis
Douane
Havenwijk
Quartier Maritime
(Simonis)
K.U.B.
(Ribaucourt)
W.T.C.
Allée Verte
Groendreef
Ston (Nord)
(Noord)
(Gare du Nord)
(Noordstation)
Neep
KOEKELBERG
Karreveld, Kast.
Chât.
Zwarte vijvers
(Etangs Noirs)
(Ossegem)
SINT-JANS-MOLENBEEK
MOLENBEEK-SAINT-JEAN
Klein Kasteeltje
Petit Château
(Comte de Flandre)
(Graaf van Vlaanderen)
Vlaamse Poort
Porte de Flandre
(Yser)
(IJzer)
Antwerpse Poort
Porte d'Anvers
(Rogier)
Pacheco
Begijnhof
Béguinage
(Ste-Catherine)
(St.-Katelijne)
(de Brouckère)
City 2
Le Botanique
Ston (Congrès)
(Congres)
Cité Adm.
Centrum
Ossegem
Ston (Ouest)
(West)
(Beekkant)
Parc Marie-José Park
A la Queue de Vache
Porte de Ninove
(Weststation)
Munt
BRUSSELS CHARLEROI

Koningslo
Militair hosp.
Hôp. Militaire
BRUSSEL
Linde
Marly
Neder-Over-Heembeek
St-Niklaaskerk
Eglise St-Nicolas
WILLEBROEKSE VAART
CANAL DE WILLEBROEK
ZENNE
SENNE
Pont de Buda
Brug
Buda
Kast. Beaulieu
Dobbelenberg
Haren
Diegem
Kast. Marga
Vormingsstation
Gare de formation
S.T.I.B.
M.I.V.B.
Drie Linden
Moeraske, Nat.res.
Parc Bon Pasteur
Park
EVERE
O.T.A.N.
N.A.V.O.
Harenheideveld
Sluist
Mon Plaisir
Helmet
Germinal
Inst. Techn. de la Comm. Fr.
Boske
Harenheide
Tuinbouw
Parc Josaphat
Josaphatpark
Minneborre
Fontaine d'Amour
Bloemenwijk
Site Fleuri
Home Familial du Brabant
Brabants Tehuis
Hortensia
Hockey
Berreveld
Gulledelle
Val d'Or
Parc Schuman
Schumanpark
Andromeda
Andromède
B.R.T.N.
R.T.B.F.
Cité des Constellations
Sterrebeeldenwijk
Meiser
Dailly
SINT-LAMBRECHTS-WOLU
WOLUWE-SAINT-LAMBERT

Remigio Cantagallina, *Vue panoramique de Bruxelles*, 1612-1613

Des origines à la fin de l'Ancien Régime (et jusque 1921 pour Laeken, Neder-over-Heembeek et Haren)

La tradition a longtemps soutenu que Bruxelles était née à la suite de l'installation par le duc de Basse-Lotharingie, Charles de France, d'un *castrum* sur l'île Saint-Géry, au terminus de la navigation sur la Senne. Son arrivée, justifiée par des impératifs militaires et stratégiques, aurait donné à la bourgade, existante depuis l'époque mérovingienne, une importance politique qui, combinée à une renaissance du commerce, aurait conféré à l'entité une dimension propre à en faire un centre urbain. Basée sur des textes historiques tardifs, cette interprétation est à nuancer. Une mise au point récente impose de considérer avec beaucoup de précautions les quelques mentions antérieures à l'an mil, que les historiens bruxellois avaient auparavant acceptées sans réserve. Dans l'état actuel des connaissances, Bruxelles apparaît comme une agglomération née de l'essor agricole des Xe-XIIIe siècles. Elle est citée pour la première fois dans un texte sûr daté des années 1015-1020: la ville en gestation y est qualifiée de *portus*, c'est-à-dire un embarcadère-débarcadère sur les rives de la Senne. Peu de temps après, il semble qu'un pouvoir princier (les comtes de Louvain) s'y soit installé. Pourquoi ? Les raisons exactes nous échappent, mais le dynamisme et la vitalité du *portus* y sont sans doute pour quelque chose. La donation du domaine de Leeuw-Saint-Pierre, datée malaisément de la période 1050-1100, illustre en tout cas le rôle d'attraction exercé par Bruxelles sur ses environs, puisque le texte indique que les paysans de ce domaine étaient astreints par leur seigneur à acheminer des grains jusqu'à Bruxelles, où un pont (ou un ponton ?) sur la Senne, doté d'un tablier aux planches amovibles, permettait de charger des bateaux. À la fin du XIe siècle et au début du XIIe siècle, le site est complété par l'installation par les comtes de Louvain, devenus entre-temps ducs de Brabant, de cinq moulins à eau en amont du *portus*, exigeant des travaux de canalisation de la rivière en certains endroits. Au-delà du déterminisme géographique, ces travaux ont fort probablement fixé artificiellement le terminus de navigabilité. Le rôle des courants d'échanges et des routes commerciales dans l'émergence de la ville demeure problématique dans le cas de Bruxelles. Un axe nord-sud (voie routière, mais aussi fluviale, avec la Senne) peut apparaître comme relativement ancien. Il mettait Bruxelles en connexion avec les riches terroirs céréaliers du Brabant méridional et du Hainaut (l'actuelle rue Haute en serait peut-être un vestige). Quoi qu'il en soit, à la suite de l'émergence du *portus* et du dynamisme grandissant de la région, Bruxelles est intégrée à un courant commercial est-ouest. Il s'agit du fameux axe routier reliant deux contrées commercialement précoces, la Flandre et la Rhénanie. Intra-muros, on a pu identifier cet itinéraire au futur *Steenwech*, dont le nom indique bien qu'il fut l'un des premiers chemins pavés de la ville (les actuelles rues de Namur, de la Madeleine, du Marché-aux-Herbes, du Marché-aux-Poulets, Sainte-Catherine et de Flandre, et, extra-muros, la chaussée de Gand).

Si la première fonction de Bruxelles fut d'être un *portus*, rapidement des signes très nets indiquent l'évolution progressive vers le stade urbain. Vers 1060, les moines de Lobbes, passant par Bruxelles avec les reliques de saint Ursmer, racontent avoir été accueillis par une foule nombreuse. À partir du XIIe siècle, différents groupements d'habitats sont signalés dans les textes, témoignant du fait que Bruxelles est en train de se former progressivement en une agglomération physique dense : au noyau préurbain du *portus*, connu au début du XIe siècle, s'ajoute l'installation d'un habitat princier sur le Coudenberg. Ce noyau s'est accompagné, presque simultanément, de la fondation vers le milieu du XIe siècle, par le même pouvoir, d'un chapitre de chanoines séculiers (dédié à saint Michel, bientôt rejoint par sainte Gudule) sur la colline voisine du Treurenberg. Sans précision chronologique, un point de peuplement semble également s'être formé à l'emplacement connu aujourd'hui sous le nom de place de la Vieille Halle aux Blés, au débouché de l'actuelle rue Haute. Au sud de ce noyau, un quartier artisanal, essentiellement textile, apparaît au début du XIIe siècle, autour de la chapelle de Notre-Dame, fondée par le duc de Brabant. C'est également à ce moment que l'on devine la structuration d'un quartier commerçant autour de l'église Saint-Nicolas (patron des marchands), un hospice et un lieu de marché (actuelle Grand-Place). Enfin, un dernier et modeste noyau d'habitat émerge à la fin du XIIe siècle à proximité du *portus* autour de la chapelle Sainte-Catherine, partie de la paroisse de Molenbeek-Saint-Jean, qui s'établit sur le versant occidental de la vallée de la Senne, le long du *Steenwech*. On voit ainsi comment la ville s'est structurée, d'emblée, selon une dichotomie connue encore de nos jours : liées au pouvoir communal, les implantations commerciales et marchandes dans le bas de la ville et les lieux du pouvoir princier et de ses agents dans le haut. Parallèlement à cette agglomération progressive, une série de traits caractéristiques apparaissent dans la documentation : en 1134, la ville apparaît comme un *oppidum*, c'est-à-dire comme un territoire délimité et régi par un droit particulier (différent de celui de la campagne). Des échevins sont nommés par le duc pour l'application de ce droit. Bruxelles se différencie également sur le plan économique en devenant un centre de commerce, de production et de transformation. Au début du XIIe siècle, la vie de saint Guidon nous révèle l'existence d'une activité commerçante tandis qu'un tonlieu (1130) indique qu'une douane taxe, à l'entrée comme à la sortie, les flux de marchandises. Différentes catégories d'artisans sont également citées, parmi eux des orfèvres, tandis qu'un marchand nommé Renier de Brosle est mentionné à la foire de Magdebourg en 1179. Cette évolution va culminer au XIIIe siècle avec les premiers indices d'une production et d'un commerce liés aux draps. À partir de la deuxième moitié du XIIIe siècle, Bruxelles est devenue une ville puissante sur le plan économique, dotée d'une industrie drapière florissante. Cette croissance économique ne se fait pas sans mal : des conflits entre groupes sociaux, témoins d'une profonde inégalité dans la répartition des richesses, vont nécessiter de la part du duc (fort probablement aussi à la demande des couches sociales les plus riches de la ville) la promulgation d'une charte-loi (« keure ») en 1229, avec pour objectif de réguler les rapports sociaux et de remédier au climat d'insécurité.

On sait peu de choses sur l'arrivée des comtes de Louvain à Bruxelles dans le courant du XIe siècle. Quoi qu'il en soit, on pense aujourd'hui de plus en plus que le prince dut s'intégrer au sein d'un paysage seigneurial qui ne lui était pas acquis au départ. Il dut composer et, sans doute, partager une part de son pouvoir avec les potentats locaux pour s'insinuer dans Bruxelles. Les rapports entre le prince et la famille de Bruxella, investie héréditairement de la charge de châtelain, longtemps appréhendés selon le schéma traditionnel dominant/dominé, constituent sans doute sur ce point une clé pour comprendre la situation politico-seigneuriale de Bruxelles aux origines. Les rapports entre le duc et la ville sont en revanche mieux connus. Au départ, le duc contrôlait la nomination des échevins et leurs prérogatives. Dans le courant du XIIIe siècle, on voit même le pouvoir ducal s'appuyer systématiquement sur les villes pour contrecarrer les appétits de la noblesse brabançonne. À Bruxelles notamment, cela va se traduire par la concession par le duc d'un certain nombre de prérogatives au Magistrat urbain. Dès la fin du XIIIe siècle, la politique d'expansion territoriale du prince le rend extrêmement dépendant des cités, lieux d'accumulation du capital dont il a grandement besoin. Cette situation permet aux villes, dont Bruxelles, de se procurer par achat une série de droits et de compétences (prélude à une certaine autonomie financière), et même de s'arroger le pouvoir d'intervenir dans la politique du prince. Ce partage du pouvoir et le rapport de forces qu'il sous-tend resteront durant tout l'Ancien Régime au cœur des relations qui unissent le pouvoir central aux autorités urbaines brabançonnes, celles de Bruxelles en particulier. La composition du Magistrat urbain peut être caractérisée, tout au

Remigio Cantagallina, *Vue de l'écluse de Willebroeck sur le canal Bruxelles-Rupel*, 1612-1613

long de l'Ancien Régime, par une forte présence des familles patriciennes de la ville, regroupées en sept lignages. Les sept échevins émanant des sept lignages gouvernaient alors la ville avec l'amman, représentant du duc. Rapidement toutefois, les métiers s'organisent en vue d'obtenir voix au chapitre : ce sont en partie eux qui prennent le pouvoir en 1302, avec l'aide du commun, mais cette tentative est écrasée en 1306 par le duc de Brabant, Jean II, allié aux familles lignagères. Ce n'est qu'avec les événements insurrectionnels de 1421 que les autorités urbaines furent contraintes de céder une part du pouvoir et d'accorder des mandats représentatifs aux corporations de métiers, les neuf nations. Ce partage du pouvoir entre les membres du patriciat et les gens des métiers, s'il laissait la part belle aux premiers, allait se maintenir tant bien que mal jusqu'à la fin de l'Ancien Régime.

Malgré sa renommée internationale, l'industrie drapière connaît un important déclin à partir de la fin du XIVe siècle. Dans un contexte économique général marqué par la crise, la ville parvient néanmoins à atténuer ces difficultés par la reconversion de sa structure manufacturière vers la tapisserie. Cette nouvelle production trouve, elle aussi, une place de choix dans les plus grandes cours d'Europe. L'axe commercial nord, la Senne, essentiel pour les débouchés de la ville depuis des siècles, posait des problèmes de plus en plus insolubles. La ville de Malines percevait un droit d'étape au passage sur la Senne à Heffen, imposant lourdement les flux commerciaux en provenance de et allant vers Bruxelles. La ville projeta alors la réalisation d'un canal long de plus de 28 km jusqu'au Rupel, créant ainsi une communication nouvelle avec Anvers et la mer du Nord. Entre 1477, date à laquelle Marie de Bourgogne concède aux Bruxellois l'autorisation de creuser un canal, et l'octroi impérial du 7 novembre 1531, qui décide le creusement du canal rejoignant Willebroek, il fallut près d'un demi-siècle de tractations entre Bruxelles, d'une part, Malines et Vilvorde d'autre part, tant leurs intérêts étaient contradictoires. Le canal fut finalement ouvert à la navigation le 12 octobre 1561.

Si la ville parvint à obtenir gain de cause dans le dossier du canal, c'est qu'elle était alors au sommet de son rayonnement politique. Du moins les édiles avaient-ils conscience de leur pouvoir, capable d'imposer la réalisation d'un canal bien au-delà de leur cité, sur des territoires qui ne dépendaient pas d'elle et qui étaient en position de concurrence vis-à-vis d'elle. Bruxelles connaît une nouvelle ère de prospérité économique grâce à cette nouvelle voie. Elle constituera l'un des facteurs clés de l'industrialisation des communes proches du canal à la fin du XVIIIe siècle et au XIXe siècle. Bruxelles s'imposait comme la capitale politique et administrative du Brabant, bientôt des Pays-Bas, après l'unification bourguignonne.

Depuis le Moyen Âge, la ville était en concurrence avec Louvain (au XVe siècle, avec Malines) dans la course au statut de résidence préférée des souverains et lieu d'accueil des institutions centrales. Cette concurrence se perpétue aujourd'hui à travers des événements folkloriques ou la rivalité des étudiants des universités respectives. Mais en 1531, c'est à Bruxelles que Charles Quint fixa les conseils collatéraux (conseil d'État, conseil privé et conseil des Finances) chargés d'assurer la gestion des Pays-Bas, en association avec la personne du gouverneur général, représentant personnel du souverain dans les provinces. Charles Quint, en dehors de ses déplacements, passa deux fois plus de temps à Bruxelles, où il fut couronné et abdiqua, qu'à Valladolid ou Augsbourg (ses trois résidences principales). Ce fait conféra également à la ville un rôle de carrefour des hautes instances internationales. Les besoins de savoirs et les postes de hauts responsables exigés par la présence de ces élites dirigeantes entraînent d'ailleurs le développement d'importantes infrastructures pédagogiques, même si l'université voulue par Jean IV à Bruxelles fut rejetée par le Magistrat urbain (l'institution fut finalement ouverte à Louvain en 1425).

Attribué à Rogier van der Weyden, *Le Scupstoel*, dessin d'un motif décoratif d'un chapiteau de l'hôtel de ville, 1444-1450

Bruxelles devint aussi un foyer culturel et artistique bouillonnant. Un artiste comme Roger de la Pasture (Rogier Van der Weyden) pratiqua son activité à Bruxelles de 1435 à sa mort en 1464. La production de retables peints ou sculptés en bois, puis celle de la tapisserie lui assurent une réputation internationale aux XVe et XVIe siècles. Van der Weyden n'eut-il pas comme élève un Italien envoyé spécialement par la duchesse de Milan pour se former aux techniques innovantes des peintres flamands ? Pierre Bruegel entama sa carrière de dessinateur à Anvers, mais gagne Bruxelles pour y devenir le magnifique peintre que l'on sait, à l'origine d'une active descendance, les Bruegel et les Teniers. Le peintre Bernard Van Orley s'illustre aussi dans les cartons de tapisserie dont les produits font fureur dans l'Europe du XVIe siècle.

Conséquence de son statut de capitale, Bruxelles devint, dans le cadre de la Contre-Réforme et des guerres de religion qui vont ponctuer le XVIe siècle, un cadre privilégié pour les démonstrations de force du pouvoir central. Le premier bûcher de l'Inquisition catholique est allumé sur la Grand-Place en 1523. La tension s'accentue sous le règne de

Theodoor van Heil, *Le bombardement de Bruxelles en 1695*, vers 1695

Antoine J. Equennez, *Fête à la porte du Rivage à Bruxelles le 18 juillet 1769*

Philippe II, avec le fameux épisode de la décapitation des comtes d'Egmont et de Hornes en 1568, au même endroit. Les guerres de religion aboutiront à la sécession des provinces septentrionales, les Provinces-Unies (les Pays-Bas actuels), tandis que les Pays-Bas méridionaux et sa capitale, Bruxelles, restent soumis au pouvoir des Habsbourg et à l'orthodoxie catholique. La situation ne rentre véritablement dans l'ordre qu'avec le règne des archiducs Albert et Isabelle (1598-1621). Ceux-ci mènent à Bruxelles une politique de pacification, de restauration du catholicisme et de réaffirmation du pouvoir central à travers une propagande intense s'appuyant sur un mécénat artistique et littéraire de très haut vol. Ils s'attachent les services de peintres comme Denis van Alsloot, Pierre-Paul Rubens ou Wenceslas Cobergher, ou celui d'humanistes comme Juste Lipse. Pour assurer le succès de la Contre-Réforme, l'archiduchesse soutient un réseau de cultes, de pèlerinages et de processions, par exemple, la relance du pèlerinage à l'église Notre-Dame de Laeken.

Au XVIIe siècle, à l'image de l'ensemble des Pays-Bas méridionaux, Bruxelles subit de plein fouet les luttes armées opposant la France de Louis XIV à ses concurrents européens. Cela n'empêche toutefois pas la ville de récupérer la primauté économique que lui avait ravie Anvers au siècle précédent. Sa production majeure est alors celle de la dentelle, dont on estime la main-d'œuvre à plusieurs milliers de travailleuses. Ce produit de luxe fut exporté massivement vers l'Angleterre et la France. La prospérité dont jouissait alors Bruxelles justifie en partie le bombardement que la ville subit en 1695. Les troupes de Louis XIV, commandées par le maréchal de Villeroy, n'avaient pas pour but de conquérir la ville, mais de terrifier les esprits en Europe en dévastant l'opulente capitale des Pays-Bas : entre le 13 et le 15 août 1695, l'armée française bombarde le bas de la ville depuis les hauteurs d'Anderlecht et de Molenbeek. Avec près de 4 000 bombes et 50 000 boulets embrasés, un gigantesque incendie ravage près de 4 000 édifices, soit un bâtiment sur trois. La reconstruction s'effectua rapidement – moins de dix ans – et fut caractérisée par un respect assez peu marqué des prescriptions du pouvoir central qui réclamait une rationalisation et une régularisation du tissu urbain. Si des rues furent redressées, élargies et des perspectives créées, l'essentiel de la reconstruction se fit dans le respect des anciens parcellaires.

Bruxelles connaît une période de calme relatif dans le courant du XVIIIe siècle. Elle connaît une certaine prospérité économique, marquée notamment par l'implantation d'entreprises de commerce international. Néanmoins, la sclérose des cadres corporatifs avait commencé et une intense agitation, parfois violente, secoue le groupe des gens des métiers, dont la situation économique et la modeste participation au pouvoir étaient alors perçues comme problématiques. Le pouvoir ne parvient à calmer le jeu qu'avec la décapitation, pour l'exemple, du doyen des couvreurs d'ardoises, François Anneessens, en 1719.

L'avènement de Joseph II en 1781 marque le début de la période de transition qui mène progressivement au changement de régime. Joseph II, despote éclairé, imprégné des idées humanistes, ambitionne de rationaliser les différents niveaux de fonctionnement de la société : justice, commerce, industrie, gouvernement. Lieu de concentration de ces activités et des acteurs sociaux, Bruxelles ne peut rester inactive devant tant de réformes bouleversant ses structures. On l'aura compris, la politique de Joseph II aboutit à une réaction forte de la part des élites. Partie de Bruxelles, la révolution brabançonne (1789), mélange de mécontents et d'opportunistes, aboutit, après l'union avec d'autres oppositions à Joseph II, aux éphémères États-Belgiques-Unis (janvier 1790). Si le pouvoir autrichien parvint à reprendre le pouvoir à la fin de l'année 1790, les Pays-Bas autrichiens furent rapidement menacés et envahis par les armées de la République française. Le 1er octobre 1795, les Pays-Bas étaient finalement incorporés à la France par le Directoire, faisant de Bruxelles une modeste ville de province, chef-lieu du département de la Dyle et de l'arrondissement de Bruxelles.

En matière de démographie, les sources demeurent incomplètes et inégales. Il convient donc de rester prudent quant aux chiffres avancés. Le premier relevé de la population bruxelloise remonte à 1374 : il s'agit d'une comptabilité des foyers fiscaux aptes à participer aux aides et subsides. Ce premier dénombrement compte 4 250 foyers fiscaux, soit une population d'environ 19 125 habitants. En 1480, on atteint les 44 484 habitants, alors que la population des environs est restée relativement stable. Ces chiffres permettent de supposer que la ville a été, au XVe siècle, le réceptacle d'un exode rural important. En 1525, à la suite des conflits de Maximilien d'Autriche, la population a subi une ponction importante : 32 742 habitants. Ce nombre semble s'être stabilisé dans le courant du XVIe siècle : des hypothèses permettent prudemment d'évaluer la population entre 40 000 et 50 000 habitants, soit à peu près son niveau de 1480. Dans le courant du XVIIe siècle, la démographie semble connaître une nette augmentation : on estime à 69 000 le nombre d'habitants en 1665, à 80 000 en 1686. On ne possède toutefois une image fiable de la population bruxelloise qu'à partir des premiers recensements périodiques précis (1709). La ville connaît un certain dépeuplement à la fin du XVIIe et dans la première moitié du XVIIIe siècle : en 1709, on comptabilise 78 000 habitants ; en 1755, 57 854. En 1784, ce chiffre s'est quelque peu redressé pour

Remigio Cantagallina, *Vue de Bruxelles et de la collégiale Saints-Michel-et-Gudule*, 1612-1613

atteindre 74 427, tandis que celui de 1796 révèle une diminution : 66 297 habitants. Cette évolution en dents de scie souligne la variabilité de la population urbaine durant l'Ancien Régime.

La ville agglomérée physiquement dès le XIIIe siècle va affirmer sa puissance et sa prospérité sur les campagnes environnantes, autant à travers la monumentalité de son paysage bâti qu'à travers la structuration et l'aménagement de son hinterland. Les pouvoirs qui se partagent la ville, le pouvoir princier et le Magistrat urbain, vont mener des politiques d'urbanisme propres à magnifier leur puissance et celle de la cité. Longue de 4 km, une première muraille, appartenant au modèle des enceintes sur arcades, est érigée par le duc de Brabant dans la première moitié du XIIIe siècle (des vestiges épars sont encore visibles : la Tour Noire, celle du boulevard de l'Empereur et surtout l'importante séquence de l'école Sint-Joris, rue des Alexiens, visible rue de Villers). Elle sera démilitarisée au XIVe siècle, à la suite de la construction de la deuxième muraille de la ville (1357-1383). Cette seconde fortification, dont ne subsiste plus aujourd'hui que la porte de Hal, profondément transformée au XIXe siècle, a définitivement marqué la topographie urbaine, puisque c'est son tracé qui lui a donné cette forme si caractéristique de Pentagone. À la suite des progrès de l'artillerie, les fortifications médiévales seront renforcées par des bastions et des systèmes de fossés dans le courant des XVIe et XVIIe siècles, avant d'être démantelées progressivement entre la fin de la période autrichienne et le début du royaume de Belgique.

La Maison du roi sur la Grand-Place de Bruxelles

La ville intérieure s'est également hérissée d'un certain nombre d'infrastructures prestigieuses et monumentales, selon la dichotomie que nous avons déjà signalée plus haut. Le noyau commercial et marchand installé dans le bas de la ville a manifesté sa richesse et sa réussite avec l'érection d'une imposante halle aux draps, entre 1353 et 1359, à l'arrière de la Grand-Place. Son architecture, aussi fonctionnelle que prestigieuse, en faisait l'un des bâtiments les plus marquants de la ville. La volonté de prestige des élites urbaines s'est également exprimée par l'érection d'un bâtiment flambant neuf pour leur réunion : c'est l'impressionnant hôtel de ville, érigé entre 1401 et 1455, et sa flèche-beffroi culminant à 113 m. Dans le haut de la ville, à la même époque, le pouvoir ducal entreprend avec le soutien financier de la ville soucieuse d'y fixer la cour du prince, la modernisation et l'agrandissement de la résidence du Coudenberg, transformant peu à peu le château médiéval en un vaste et luxueux complexe palatial. Le palais et ses jardins seront l'objet de travaux presque sans discontinuer jusqu'à l'incendie accidentel qui le détruisit en 1731. Au nord, la colline du Treurenberg, qui accueillait la collégiale depuis le XIe siècle, est le lieu d'un important chantier : aux XIVe et XVe siècles, on reconstruisit la prestigieuse église des Saints-Michel-et-Gudule dans le style gothique, avec la façade harmonieuse qu'on lui connaît aujourd'hui. Au sud, à la suite d'une dynamique opérée au départ du Coudenberg et à l'institution d'une procession vers l'église du Sablon qui deviendra un cortège d'apparat (le fameux *Ommegang*), le quartier du Sablon s'urbanise à la fin du XVe et durant le XVIe siècle. Cette zone se structure alors comme un quartier cossu et aéré destiné aux élites gravitant autour du pouvoir. Au XVIIe siècle, il faut noter l'ambitieux projet de lotissement du quartier du Marais. Lancé par un certain Jérôme De Meester et d'autres investisseurs, le projet prévoyait de lotir des zones dévolues aux maraîchers et aux blanchisseurs pour y créer un quartier élégant structuré par une voie pavée principale, la rue Neuve. Le projet fut une formidable réussite, au point qu'il fallut agrandir le petit oratoire primitif du quartier. Ainsi fut érigée l'église Notre-Dame du Finistère. Vers 1650, toutes les rues étaient entièrement bordées de maisons. Parallèlement à ce lotissement, on aménagea le site du pré aux Foulons, près de la porte d'Anderlecht (actuelle place Anneessens), afin d'y accueillir et d'y regrouper une grande partie des pauvres qui vivaient alors près de la rue Neuve, en situation de trop grande proximité par rapport aux milieux aisés.

La fin du XVIIIe siècle se caractérise par une véritable révolution en matière d'aménagements urbains sous l'administration du gouverneur Charles de Lorraine. Avec la place Saint-Michel, future place des Martyrs (édifiée entre 1774 et 1776) et l'ensemble de la place Royale et du quartier du Parc (édifié entre 1775 et 1780 sur les ruines arasées du palais ducal), et l'aménagement du quartier du Nouveau Marché aux Grains, entamé en 1787 à l'emplacement de l'ancien couvent de Jéricho, on assiste aux premières réalisations néoclassiques à la française.

Laeken (des origines à 1921)

Ce territoire a fait l'objet d'une mise en valeur dès l'époque romaine. Comme à Anderlecht et à Jette, la découverte d'une villa au lieu-dit Stuyvenberg-Fontaine Sainte-Anne et d'autres plus éparses, atteste de cette animation. Néanmoins, des premiers siècles de notre ère au XIIe siècle, aucune source, même archéologique, ne permet d'éclairer une quelconque continuité de l'implantation humaine. Une source narrative majeure pour l'histoire de toute la région bruxelloise, le récit de la vie de saint Guidon (*Vita Guidonis*), décrit Laeken vers le milieu du XIe siècle comme une petite localité dotée, paradoxalement, d'une église paroissiale importante et fréquentée, dédiée à Notre-Dame. Malheureusement, cette source n'est pas datée avec précision (peut-être début du XIIe siècle), de même qu'on ignore si le texte est homogène ou bien s'il fut constitué de plusieurs parties rédigées à différentes époques. En 1076-1085, Gislebert dit *de Laka* est mentionné comme témoin dans une charte de la famille seigneuriale d'Anderlecht. En 1086, le même Gislebert apparaît lors de la fondation comtale de l'abbaye d'Affligem. Plusieurs autres mentions suivent et indiquent que la famille jouit d'une certaine assise dans la région à la charnière des XIe-XIIe siècles. Par ailleurs, au vu des mentions du village qui surgissent dès le début du XIIe siècle, le lien entre l'existence de la famille et celle du village peut être considéré comme pertinent. Cette première mention a en effet lieu en 1117, lorsque l'évêque de Cambrai Burchard cède les droits concernant l'église Notre-Dame à l'abbaye de Nivelles. Ce document est intéressant car il s'inscrit dans le mouvement dit de réforme grégorienne, qui voit notamment la passation à l'Église des droits et revenus ecclésiastiques détenus par des laïcs. En 1117, l'évêque intervient comme intermédiaire entre le propriétaire seigneurial de l'église de Laeken, non mentionné, et l'acquéreur ecclésiastique, l'abbaye de Nivelles. Tout cela prouve que l'église est une *Eigenkirche* créée bien avant le début du XIIe siècle. Par ailleurs, un document de ce siècle montre des laïcs revendiquer des droits sur elle, ce qui confirme son statut d'ancienne église domaniale. En 1159, un acte mentionne pour la première fois l'église de Laeken et son église fille située à Osseghem, qui apparaît alors comme un hameau peuplé.

On peut donc supposer que le village naquit dans le courant du XIe siècle, sur le haut du versant nord-ouest de la vallée de la Senne, entre les vallons de deux affluents de celle-ci, le Drootbeek au sud et le Pontbeek (ou Dilbeek) au nord. Ce site primitif est proche de l'actuelle église Notre-Dame (XIXe-XXe siècle). De l'ancienne église, il ne subsiste plus aujourd'hui que le chœur (fin du XIIIe siècle), reconverti en chapelle dans l'actuel cimetière. Dans la première moitié du XIIe siècle, peut-être dès la fin du XIe siècle, une mise en valeur du secteur nord-ouest, autour d'Osseghem, entraîna la création d'un oratoire pour le nouveau noyau d'habitat. Ce toponyme, signifiant en français « bouverie », indique une exploitation orientée vers le bétail bovin. On connaît par ailleurs l'existence de prés communaux le long des cours d'eau, le Drootbeek, le Molenbeek et la Senne.

Carte figurative de la paroisse de Laeken, extraite de l'Atlas terrier de l'hôpital Saint-Jean, 1709-1713

Les premières mentions nous renseignent sur les propriétaires fonciers initiaux du village, dont l'importante famille des châtelains de Bruxelles. Ce puissant lignage dit « de Bruxelles » et apparenté aux seigneurs d'Anderlecht, est peut-être la famille seigneuriale du lieu, fondatrice de l'église. En 1152, on voit en effet les enfants de Ménard de Bruxelles vendre à l'abbaye d'Affligem un alleu important à Osseghem. La vente se fait en contrepartie du versement de 70 marcs, ce qui constitue à l'époque une somme importante. Des membres de cette famille, y compris dans la mouvance anderlechtoise, interviendront régulièrement par la suite. Si l'abbaye de Nivelles semble avoir été initialement la principale institution ecclésiastique, l'abbaye d'Affligem s'imposa rapidement comme un concurrent important. Les deux abbayes se partagèrent une partie des revenus de la dîme. Mais Affligem prend le dessus, en constituant, à partir du milieu du XIIe siècle, un vaste domaine foncier. À la fin de l'Ancien Régime, elle est l'institution la plus importante, avec une grosse ferme située à Osseghem forte de 89 bonniers (environ 70 ha) et d'un moulin. On ignore totalement quand se structura la fameuse « heptarchie de Laeken », cour censale composée de sept échevins représentant chacun un propriétaire foncier du village, de même que les raisons de leur association. Y a-t-il volonté de faire écho aux mythiques sept lignages de la ville de Bruxelles ? Du moins, ces sept seigneuries n'ont jamais constitué les sept principaux domaines de Laeken, voire les sept domaines primitifs, contrairement à ce que certains ont affirmé. La première mention a lieu en 1302, lorsque ces sept magistrats se qualifient d'échevins des seigneurs fonciers de Laeken (*scepenen der erfheeren van Laken*). Tout au long de l'Ancien Régime, les « sept » ont varié au gré des mutations. L'abbaye de Grand-Bigard, par exemple, a fait initialement partie de l'heptarchie, tandis qu'elle en a disparu au XVIIe siècle. Il s'agissait alors du curé, du comte de Gamerages (seigneur de Drootbeek, occupant en ce lieu le manoir du même nom), de la famille des Della Faille (propriétaires du château de Coensborg), des Blit-

Alphonse Asselbergs, *La porte du Rivage et l'Allée verte à Bruxelles*, 1877

terswyck (dont le bien se trouvait au centre du village), des Cattenbroeck ou Roeloffs (installés près du hameau de Leest) et des Van Achelen (propriétaires du manoir dit *hof ter-Plast*, près du lieu-dit *Ter-Plast*). En 1525, on dénombrait 127 foyers, soit entre 600 et 700 habitants. En 1786, un dénombrement signale 1 060 habitants.

Le creusement du canal de Willebroek, au XVIe siècle, provoque un important bouleversement du paysage de toute la région du nord de Bruxelles. Le nouveau quartier portuaire devient rapidement un des lieux de rendez-vous privilégiés de la haute société bruxelloise. Les digues du canal, jusqu'à Laeken, furent ainsi bordées d'arbres et rebaptisées Allée Verte (« Groenen Dijck »). Cet attrait perdure jusqu'au XIXe siècle. Après la mort de son époux Albert, en 1623, l'archiduchesse Isabelle effectua un pèlerinage de Bruxelles jusqu'à l'église Notre-Dame de Laeken et entreprit une série de travaux d'aménagements. Sur le tracé de l'Allée Verte et de la chaussée menant à Laeken, entre le canal et le cours de la Senne, l'archiduchesse fit ériger une série de chapelles évoquant des épisodes de la vie du Christ et de la Vierge. Elle fit également ouvrir vers 1625 un chemin reliant l'église Notre-Dame à la chapelle et à la fontaine Sainte-Anne (dont l'eau possédait, dit-on, des vertus miraculeuses). Le chemin prit alors le nom de drève Sainte-Anne. Ces éléments allaient faire de Laeken l'un des lieux de villégiature les plus appréciés des Bruxellois. C'est ainsi que les archiducs Marie-Christine et Albert de Saxe-Teschen, gouverneurs généraux de nos provinces (1780-1792), achetèrent le domaine de Schoonenberg à la famille de Wautier en 1782. La vaste propriété consistait en un domaine d'environ 80 ha, comprenant

Arrivage de foudres de vin à Tour et Taxis, 1928

un château carré, une ferme, un étang et un jardin, auquel les nouveaux acquéreurs ajoutèrent encore certains terrains attenants. Réaménageant le site entre 1782 et 1784, les archiducs firent élever, par les soins des architectes Montoyer et Payen, un palais de style néoclassique sur les hauteurs du domaine. Ces mutations annoncent les développements spécifiques de la commune après la chute de l'Ancien Régime.

Laeken subit un important développement industriel dans les parties proches du canal (à partir de la deuxième moitié du XIXe siècle). La présence du canal et du chemin de fer constitua le principal point d'ancrage de ces activités. Le problème de la cohabitation entre ces industries, souvent incommodantes, et le palais mentionné plus haut (future résidence royale) se posa d'ailleurs d'emblée. En 1904, la commune accueillait un impressionnant lot d'industries : six brasseries (161 ouvriers) ; une visserie (260 ouvriers) ; un atelier de construction de machines-outils (120 ouvriers) ; une fabrique de petit matériel de chemin de fer (110 ouvriers) ; quatre briqueteries ; une fabrique de corsets (133 ouvriers) ; une fonderie typographique (45 ouvriers) ; trois chantiers de bois de construction ; deux chocolateries (198 ouvriers) ; quatre manufactures de glaces (105 ouvriers) ; sept ateliers de tailleurs de pierre, marbriers et statuaires ; une usine à gaz, dépendance de l'usine de Saint-Josse-ten-Noode (52 ouvriers) ; quinze établissements d'horticulture ; enfin, environ 150 blanchisseries. Par ailleurs, trois établissements de superficie importante se trouvaient sur le bord oriental du canal, au-delà du chemin de fer : l'usine à gaz de la ville de Bruxelles, la fabrique de poêles Godin et la fabrique de produits chimiques Cappellemans (fondée en 1824).

Les camions de livraison de l'usine Godin à Bruxelles, 1930

Charles Dehoy, *Le canal*, 1917

De la même manière, les aménagements du canal en vue de créer un port maritime eurent des répercussions considérables. Le 19 août 1897, la ville de Bruxelles obtint l'annexion des parties de territoire molenbeekois et laekenois nécessaires à la réalisation de ces travaux, essentiellement les plaines de Tour et Taxis (au total, 113 ha) où allaient être érigés à partir de 1900 les bâtiments de la douane, la gare de marchandises et le bassin Vergote. Finalement, en mars 1921, la Chambre, puis le Sénat votèrent la loi d'annexion permettant à Bruxelles d'englober Laeken, Neder-over-Heembeek, Haren et des parcelles de Molenbeek et Schaerbeek permettant la création des installations de l'avant-port.

Le territoire communal de Laeken était parcouru par deux lignes de chemin de fer se rejoignant à hauteur du cimetière : la ligne Bruxelles-Gand et la ligne du chemin de fer de ceinture (1871). Cette dernière rejoignait vers le sud la gare de l'Ouest (commune de Molenbeek) avant d'obliquer à hauteur de la future place Bockstael vers l'est, franchissant le canal à la droite du domaine royal où est construite une gare réservée au souverain et rejoignant ainsi par une bifurcation les gares de Schaerbeek et du Nord. La première gare de Laeken fut inaugurée en 1864, à côté du passage à niveau de l'avenue de la Reine. Elle fut remplacée en 1880 par un bâtiment plus grand. En 1907, la gare de marchandises de Tour et Taxis s'imbriqua dans ce réseau déjà en place.

En termes de logements sociaux, on notera que Laeken fut dotée de l'un des très rares exemples de logement ouvrier d'initiative patronale connu en Région de Bruxelles : le familistère de l'industriel français Jean-Baptiste-André Godin, quai des Usines (classé en 1988). Ayant transféré en 1858 son usine de Forest au bord du canal de Willebroek, Godin entreprit la construction, en 1887-1888, de 72 logements organisés autour d'une cour centrale couverte. Équipé de toutes les infrastructures nécessaires à la vie communautaire (une école primaire, des magasins coopératifs, une buanderie, une buvette, des lieux de réunion et de sociabilité), le bâtiment était directement inspiré des phalanstères du socialisme utopique de Charles Fourier qu'il suit à la lettre en s'établissant dans la vallée de la Senne. Mis à part cet exemple spectaculaire, c'est le développement des impasses qui caractérise surtout au XIXe siècle le logement ouvrier dans la zone proche du canal. Les premières initiatives publiques n'ont démarré véritablement qu'en 1893-1894, lorsque le bureau de bienfaisance de la commune y fit ériger un groupe de 19 maisons ouvrières.

Avec l'industrialisation, Laeken reçut un important flux de provinciaux, bientôt suivi par le flux de population chassée de Bruxelles par les travaux d'assainissement. Parallèlement, phénomène propre aux faubourgs bruxellois, on assiste dans le courant du XIXe siècle à une progressive francisation. À la veille de l'annexion, la commune présente toutefois encore une majorité d'habitants parlant le flamand.

Durant tout le XIXe siècle, Laeken demeure un lieu de promenade et de villégiature apprécié des Bruxellois. L'arrivée des souverains, à partir de 1831, n'y est certainement pas étrangère. Des bals populaires en été et des guinguettes (par exemple, le fameux « Tivoli », dont la rue du même nom rappelle le souvenir) drainent également les couches plus modestes recherchant quelque amusement. Il n'est guère étonnant de trouver à Laeken l'un des cimetières les plus huppés du pays, surnommé le « Père-Lachaise », avec de nombreuses sépultures de personnalités du XVIIIe et surtout du XIXe siècle (princes, ministres, généraux, industriels ou grands bourgeois). Ce n'est qu'à la fin du XIXe siècle, avec le développement industriel et l'accroissement de la population ouvrière, que cette situation se modifie.

Les documents communaux reflètent, jusque dans le dernier tiers du XIXe siècle, des activités encore essentiellement rurales. Les premiers bourgmestres furent d'ailleurs des notables locaux. Le mayorat à souligner est indéniablement celui d'Émile Bockstael (1877-1920). La commune connaît à cette époque un essor considérable, en termes de croissance démographique et d'extension urbaine. La population passe ainsi de 17 856 habitants en 1880 à 40 681 en 1920. Son travail s'inscrit dans une perspective de développement résidentiel et urbanistique (notamment le quartier Nord-Ouest), mais aussi dans celle du développement du réseau scolaire public.

Les finances de la commune furent déficitaires de manière récurrente. Le domaine royal, exonéré

Vue panoramique sur Bruxelles-Laeken, vers 1910

Premières maisons du square Clémentine à Laeken, vers 1910

de toute imposition fiscale, en est une des causes principales. À plusieurs reprises, Laeken réclama un soutien financier à l'État, surtout face aux appétits fonciers de Léopold II, qui porta l'étendue du domaine de 90 à 270 ha, soit un tiers du territoire communal. Le problème s'accentua avec l'industrialisation et la présence d'une importante population pauvre dans le bas de la commune, proche du canal et de la chaussée d'Anvers ; une zone qui sera d'ailleurs fortement touchée par l'épidémie de choléra en 1866.

La partie rive gauche du canal (jusqu'au domaine royal) ne prit son essor qu'à partir de la fin du XIXe siècle. À la suite d'une convention passée avec la Compagnie immobilière de Belgique, les rues Marie-Christine et Stéphanie furent percées et des rues perpendiculaires aménagées. Le quartier demeurait toutefois très embryonnaire. Les premiers développements urbains de Laeken conduisirent à de gros embarras de circulation liés aux véritables saignées que constituaient le canal et les lignes de chemin de fer. Depuis 1866, le passage à niveau de la ligne de ceinture brisait la perspective de l'avenue de la Reine, juste devant le parvis Notre-Dame (il ne sera supprimé qu'à l'occasion de l'exposition de 1935 avec la réalisation d'un tunnel). Le franchissement du canal par des ponts posait également des problèmes difficiles à résoudre. Le territoire communal ne comptait pas moins de 16 ponts et viaducs. Pour les autorités locales, ces entraves représentaient le frein principal au développement résidentiel de la commune, nonobstant la présence du domaine royal.

L'aménagement de Laeken s'accéléra véritablement au début du XXe siècle, en relation directe avec l'aménagement des plaines de Tour et Taxis. Le quartier compris entre la gare de marchandises, le domaine royal et la gare du Pannenhuis devint aux yeux des autorités un véritable enjeu pour le développement communal. Émile Bockstael souhaitait profiter au maximum des retombées de Tour et Taxis en créant un nouveau quartier résidentiel (appelé alors quartier Nord-Ouest) capable d'attirer une population aisée et surtout imposable. Dans cette optique, il était essentiel de bien relier le nouveau quartier à Bruxelles et aux faubourgs voisins. On aménagea des voies existantes et on perça quatre nouveaux grands axes. On établit en 1905 une liaison avec le boulevard Léopold II en ouvrant le boulevard du Jubilé et l'avenue Émile Bockstael. La place Bockstael (appelée d'abord place de l'Hôtel communal) fut formée en 1906 avec l'érection de la maison communale (1907) et le recouvrement du chemin de fer passant à proximité. Cet édifice impressionnant remplaçait la première maison communale, construite en 1864 au coin de la rue des Palais-Outre-Ponts et de la rue Hubert Stiernet. On aménagea le boulevard de Smet de Naeyer (section déjà réalisée du boulevard de grande ceinture), reliant le parc de Laeken au parc Élisabeth. On établit également une connexion à vocation commerciale entre la gare du Pannenhuis et le boulevard de Smet de Naeyer par l'intermédiaire des rues Delva et J. Heymans. Une dernière voirie destinée à rejoindre le centre de Jette ne fut jamais réalisée.

Le secteur d'Osseghem (qui allait accueillir les Expos 1935 et 1958) demeura exclusivement rural durant tout le XIXe siècle. À partir de 1889, Léopold II y acquit progressivement l'ensemble des terrains en vue d'y créer un nouveau quartier résidentiel. Projet non concrétisé, il fallut attendre l'incorporation de 1921 et les aménagements de l'exposition de 1935 pour voir s'amorcer une urbanisation.

Laeken a subi les effets à la fois positifs et négatifs de la présence de la résidence royale. Le domaine du Schoonenberg, après avoir servi de résidence en 1803 à Napoléon, alors Premier Consul, fut compris dans la dotation du roi Guillaume d'Orange des Pays-Bas. C'est à ce titre que ce dernier l'agrandit notablement entre 1815 et 1830. Après l'indépendance, le jeune État belge mit le domaine à la disposition de Léopold Ier, qui s'y installa presque immédiatement. Rapidement, une caserne de Grenadiers fut érigée en vue d'abriter les contingents chargés de la surveillance du palais royal. Disparue sous l'expansion

Amédée Lynen, vue du village de Neder-over-Heembeek, vers 1900

du domaine royal, l'ancienne caserne située sur l'ancienne chaussée de Meise fut reconstruite entre 1899 et 1902 au coin de l'avenue des Robiniers, de la rue Médori et de la drève Sainte-Anne. Pour commémorer le décès de son épouse, la reine Louise-Marie d'Orléans (1850), et pour répondre à son vœu d'être inhumée à Laeken, Léopold Ier projeta de bâtir une basilique en remplacement de l'ancienne église du village. Il fut également décidé de relier cette nouvelle église au quartier royal de Bruxelles. Entamée en 1854, l'église de style néogothique, complétée d'une chapelle et d'une crypte royale, ne fut finalement consacrée qu'en 1872 et définitivement achevée en 1907, sous le règne de Léopold II.

La construction de l'avenue de la Reine débuta en 1851, mais c'est à nouveau sous Léopold II que les aménagements se concrétisèrent. Les travaux de liaison des palais de Laeken et de Bruxelles, confiés à l'inspecteur voyer des faubourgs de Bruxelles, Victor Besme, homme de confiance du roi, furent parachevés en 1870. L'avenue de la Reine rejoignait les voiries déjà existantes de la place Liedts, de la rue des Palais, de la rue Royale Sainte-Marie (Schaerbeek) et de la rue Royale (Saint-Josse-ten-Noode, puis Bruxelles) qui forment le « tracé royal ».

L'aménagement du parc de Laeken s'est également effectué sous la houlette du roi bâtisseur, dans le contexte de l'érection d'un monument à la mémoire de Léopold Ier (mort en 1865) et de la dynastie. Ce mémorial fut réalisé dans la perspective du parvis du palais royal, au sommet du Donderberg, au centre d'un parc public dont les plans furent confiés à l'architecte Frédéric-Édouard Keilig. Le parc (42 ha) et le monument furent officiellement inaugurés en 1880 à l'occasion des cérémonies du Cinquantenaire. C'est également à Besme que Léopold II confia le tracé des avenues Jules Van Praet et du Parc Royal, de part et d'autre du domaine royal, ainsi que de l'avenue de Meise. L'avenue du Parc Royal avait un rôle de séparation entre le parc privé du domaine et le parc public. L'avenue Van Praet (1876), reliant le canal au Gros Tilleul, fut tracée sur un quartier pauvre et insalubre, que l'on assainit en construisant des maisons de maître avec jardin. Au-delà du Gros Tilleul, l'avenue de Meise prend le relais, mettant en connexion Laeken avec le château de Bouchout, résidence de l'impératrice Charlotte. La volonté de Léopold II de poursuivre l'effort d'assainissement des abords du domaine

Alphonse Balat, les serres royales de Laeken, 1874-1876

royal fut également à l'origine du projet de voûtement du Molenbeek, de réaménagement des environs de la rue de la Vigne et de la construction de logements sociaux. Le projet se terminera avec l'aménagement du square du Vingt-et-un-Juillet en 1908.

Au sein même du domaine royal, l'œuvre de Léopold II fut considérable. Outre l'augmentation de la superficie du site, il entreprit d'importants réaménagements et agrandissements des bâtiments palatiaux (adjonction d'un palais de la Nation, 1902-1913). Il fit construire les serres royales (1874-1902), véritable ville de verre et d'acier s'étalant sur près d'un hectare et demi, comprenant une église en forme de croix byzantine (1895) érigée dans les mêmes matériaux, et dont les plans furent confiés aux architectes Alphonse Balat et Henri Macquet. On notera enfin son ambitieux projet de créer en bordure du domaine un parcours pédagogique en plein air présentant l'architecture des différentes civilisations du monde. Admiratif d'une réalisation de ce type à l'Exposition internationale de Paris en 1900, il ne met en œuvre qu'une infime partie du programme à Laeken : la Tour japonaise (1901-1904) et le Pavillon chinois (1901-1910), érigés par l'architecte Alexandre Marcel, et la Fontaine de Neptune (1902), copie de celle créée par Giambologna sur la piazza Maggiore à Bologne. Placée en 1904 au Gros Tilleul, elle se trouve aujourd'hui dans le parc de Laeken.

Pour en revenir au reste de la commune, il faut noter que le réseau scolaire se constitua presque entièrement avant l'annexion de 1921. À une première école mixte qui existait depuis l'érection de la commune, succède une deuxième en 1869 dans le secteur du Heysel, une troisième en 1872, rue de la Senne, puis une quatrième, rue Marie-Christine en 1878. Cette dernière fut remplacée par l'école communale ouverte en 1882 rue Claessens. Les bâtiments libérés seront occupés par une école installée précédemment avenue de la Reine. Deux dernières écoles seront créées, respectivement en 1887 (rue Louise) et 1897 (rue Steyls). En 1902, ces écoles accueillaient 2 623 élèves. La commune possédait en outre un réseau d'écoles gardiennes capable d'accueillir près de mille enfants. En parallèle au réseau communal, il y avait vers 1900 trois écoles libres fréquentées par environ 400 élèves. On notera enfin la création d'une école industrielle en 1900.

En 1904, on signale une importante activité associative et culturelle. Des sociétés très diverses sont représentées, allant du domaine philanthropique à l'activité artistique (des fanfares, des sociétés chorales, etc.), en passant par l'horticulture ou les activités de loisirs comme le jeu de quilles, de boules ou encore le tir.

Neder-over-Heembeek (des origines à 1921)

L'actuelle commune s'est structurée sur la base de deux noyaux villageois proches, mais distincts l'un de l'autre : Over-Heembeek et son église dédiée à saint Nicolas, au sud, et Neder-Heembeek et son église dédiée à saint Pierre, au nord, tous deux situés vers le haut du versant, à la limite de la zone inondable de la vallée de la Senne.

L'ancienne église Saint-Pierre (dont il ne subsiste plus aujourd'hui que la tour érigée dans le courant des XIIe-XIIIe siècles) est le vestige le plus ancien de la localité. Les fouilles menées en mars 1959 ont permis d'identifier plusieurs phases chronologiques, dont la première est caractérisée par un modeste oratoire en bois (attesté par des trous de poteaux et plusieurs tombes) remontant à une période difficile à situer, sans doute avant le XIe siècle.

Un diplôme douteux relate l'existence de l'église d'Heembeek vers 673 (*Haimbecha*). Celle-ci est alors énumérée dans la liste des églises dont la possession est confirmée au monastère de Saint-Vaast d'Arras par le roi de Neustrie, Théodoric. Il s'agit manifestement d'un document faux, rédigé par l'abbaye. La première mention avérée est un acte plus tardif. En 1057, Folcard d'Anderlecht assignait en douaire à son épouse une série de biens, dont la moitié du village et de l'église d'Heembeek. Il est difficile de savoir à quel noyau villageois doit correspondre cette mention. On est toutefois tenté de proposer Over-Heembeek. Tout indique, en effet, que le droit de patronat (droit de nommer le curé) de l'église de Neder-Heembeek fut détenu initialement par l'abbaye rhénane de Cornelimünster (qui le transmit ensuite à l'abbaye de Dieleghem, avant 1155) et non pas par la famille de Folcard. En revanche, on ignore qui donna à l'abbaye jettoise le patronat d'Over-Heembeek, passation qui eut lieu avant 1145. La distinction entre les deux oratoires ne devint claire qu'à partir de la deuxième moitié du XIIe siècle. Dans un texte de 1155, le hameau de Neder-Heembeek est mentionné sous la forme de *Hembeche minor*, tandis que le village *superior* apparaît en 1161. La première citation de 1057 est fort intéressante car elle donne à penser que l'importante famille seigneuriale d'Anderlecht pourrait être le maître du lieu. La famille de Heembeek apparaît d'ailleurs comme une branche issue de ce puissant lignage. C'est ainsi que Césaire de Heembeek, contestant en 1175 la donation de terres situées à Heembeek faites par son père, en 1173, aux abbayes d'Affligem et de Grimbergen, dut se rétracter lors d'une assemblée présidée par le seigneur d'Aa, Walter, fils de Léon de Bruxelles. En outre, on sait que les Aa y possédèrent de nombreux fiefs.

D'importantes abbayes s'y implantent également. L'abbaye Saint-Vaast d'Arras détenait des biens et des droits dans le village d'Over-Heembeek. En 1161, elle en accense l'ensemble à l'abbaye de Grimbergen contre une redevance annuelle de trois marcs.

La prestigieuse abbaye de Cornelimünster détint un domaine à Neder-Heembeek, notamment l'église et les droits attenants, qu'elle céda à Dieleghem-Jette avant 1155. Elle possède par ailleurs d'autres biens dans la région du nord de Bruxelles, relevant d'une cour échevinale installée dans le village voisin de Diegem. Le chapitre de Soignies possède aussi des biens au nord-est de Neder-Heembeek, près du hameau de Ransbeek. Outre les biens déjà mentionnés à Over-Heembeek, l'abbaye de Grimbergen posséda un tiers de la dîme de Neder-Heembeek. Sa présence dans le village est consolidée par l'installation d'une ferme importante, l'*hof van Wolumont*, située non loin de l'ancienne confluence de la Woluwe et de la Senne. L'abbaye de Dieleghem-Jette, outre la détention du patronat des deux églises d'Heembeek (Over-Heembeek avant 1145 et Neder-Heembeek avant 1155), détient également d'importantes propriétés. À la fin de l'Ancien Régime, elle concentre un ensemble territorial de trente-sept bonniers de terres et cinq de prés (environ 30 ha), ainsi qu'une ferme. Enfin, dans une moindre mesure, l'abbaye d'Affligem possède à Over-Heembeek, vers 1190, une série de biens, dont un moulin.

Au milieu du XIIe siècle, le curé desservant l'oratoire de Neder-Heembeek, un certain Jonas ou Jean envoyé par l'abbaye de Cornelimünster, serait entré en conflit avec le nouveau patron de son église, le prieuré de Dieleghem. Durant cette discorde, il aurait été reconnu cathare par Dieleghem et condamné par l'évêque de Cambrai entre 1164 et 1167. La recherche historique apporte aujourd'hui une interprétation plus nuancée de l'épisode, faisant de cette condamnation un moyen opportun pour Dieleghem d'écarter un desservant qu'elle n'avait pas désigné.

Cortège de la *Gildenfeest* à Neder-over-Heembeek, 1960

Le *Kluis*, hospice des Cinq plaies du Christ, et l'église paroissiale à Neder-over-Heembeek

Notons également que la cure des deux églises sera fusionnée en 1632, le curé Bartholomé Van der Perre devenant le desservant des deux Heembeek (*pastor utriusque Heembecke*).

Durant l'Ancien Régime, l'activité agricole domine évidemment le secteur économique. La ferme Den Bels, sise rue de Beyseghem 56, est l'un des derniers témoins de l'architecture rurale de la région bruxelloise. Dans le domaine préindustriel, signalons l'existence de bancs de pierre blanche, que des fours à chaux exploitaient près de l'aqueduc des Trois-Trous. À certains endroits, on trouvait également de la terre glaise (ou terre à potier) et, à l'est de l'église d'Over-Heembeek, de la terre à foulon.

La fin du XVe siècle et les troubles religieux du XVIe siècle entraînèrent leur lot de dommages pour le village. Mais ce qui marque durablement son paysage est sans contexte les nombreux ouvrages d'art (des écluses notamment) qu'on y construisit sur la Senne d'abord, sur le canal ensuite. Après la

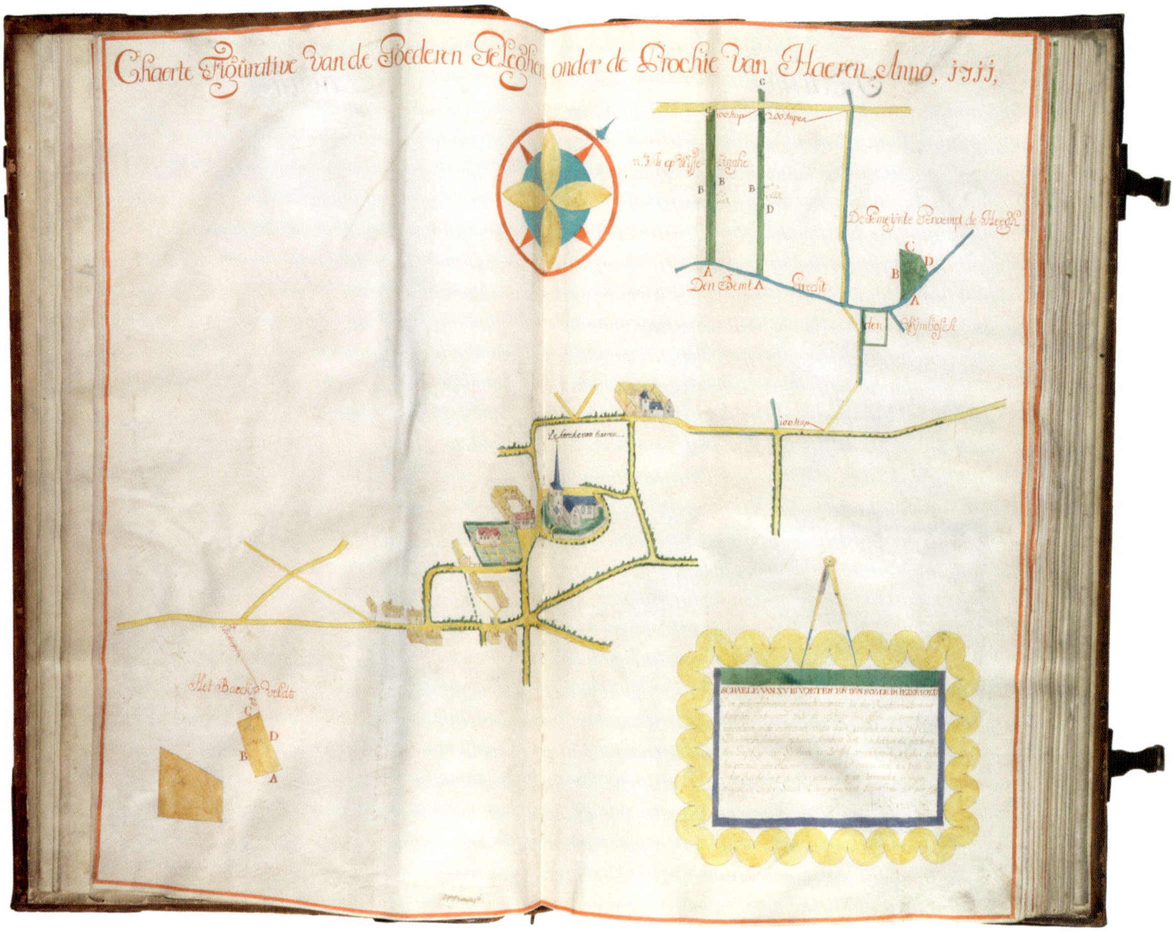

Carte figurative de la paroisse de Haren, extraite de l'Atlas terrier de l'hôpital Saint-Jean, 1709-1713

réalisation de ce dernier, au XVIe siècle, les autorités bruxelloises font creuser tout le long du canal, depuis Bruxelles jusqu'à hauteur de Neder-Heembeek, une dérivation destinée à accueillir les affluents de la rive gauche de la Senne. Les eaux sont ainsi dérivées jusqu'à l'aqueduc des Trois-Trous qui leur permet de rejoindre la Senne en passant sous le canal.

On possède à Neder-over-Heembeek l'un des très rares exemples d'architecture civile brabançonne du XVe siècle : l'hospice des Cinq plaies du Christ ou « Kluis ». Ce bâtiment, réunissant cinq pièces d'habitation sous un même toit, permettait d'accueillir cinq vieillards indigents choisis en concertation par les autorités bruxelloises et heembeekoises. Le bâtiment, situé aujourd'hui rue des Faines 1, a été restauré dans les années 1960.

Sur le plan de la démographie, Neder-Heembeek apparaît plus important qu'Over-Heembeek : une quarantaine d'habitations en moyenne, durant les XVe-XVIe siècles, laisse supposer un peu plus de 200 habitants pour le village du bas, tandis que celui du haut ne comptait en moyenne que 17 maisons, soit un peu moins d'une centaine d'habitants. À la fin du XVIIIe siècle, les villages s'étaient rejoints : 266 habitants à Neder-Heembeek contre 236 pour Over-Heembeek.

La commune de Neder-over-Heembeek, érigée officiellement en 1814 par la réunion des deux Heembeek, va demeurer une entité profondément rurale jusqu'à l'annexion de 1921. En 1920, la commune, d'une superficie de 540 ha, compte une population de 4 299 habitants, dont une grande majorité d'agriculteurs maraîchers et d'horticulteurs dont la production alimente les marchés de Vilvorde et de Bruxelles. La culture du chicon, propre à la région nord-est de Bruxelles, apparaît vers le milieu du XIXe siècle : la brasserie de l'Alliance, implantée chaussée de Vilvorde 146 en 1890, annonce le développement des activités industrielles consécutives à l'établissement de l'avant-port. Neder-over-Heembeek érigea une modeste maison communale en 1864, rue François Vekemans (actuellement, le bâtiment est devenu le Centre pédagogique du Vlaesendaele). C'est surtout au lendemain de la Première Guerre mondiale, à la veille de l'annexion, que démarre véritablement son urbanisation.

La cure paroissiale, qui desservait les deux oratoires, fut démantelée lors du Concordat de 1801. La paroisse d'Over-Heembeek fut supprimée : elle ne comportait que 174 paroissiens, tandis que celle de Neder-Heembeek en comptait 303. À la suite des protestations des habitants d'Over-Heembeek, leur oratoire fut à nouveau érigé en paroisse en 1824. Neder-over-Heembeek peut se vanter de posséder encore aujourd'hui une très ancienne confrérie : la « Keiserlijke en koninklijke St. Sebastiaansgilde », confrérie d'archers dont l'ancêtre est mentionné pour la première fois en 1401. Cette gilde connaît un nouvel essor au lendemain de la Seconde Guerre mondiale, en liaison avec des manifestations internationales réunissant des gildes de toute l'Europe.

Haren (des origines à 1921)

Haren apparaît pour la première fois dans le livre second des miracles de saint Trond. Rédigé après 1050 par un certain Stepelinus, moine de l'abbaye trudonnaire, ce texte hagiographique mentionne Haren comme étant une *villa*. La première mention plus précisément datée se situe en 1138, dans un acte qui relate la fondation et la dotation de l'hôpital du chapitre de Sainte-Gudule. Un certain Everwin de Schaerbeek y donnait à l'institution une série de biens qu'il possédait à Haren, dont une partie de la dîme.

Le noyau villageois s'est implanté sur les pentes occidentales du Harenberg, dominant la vallée de la Senne, autour de son église dédiée initialement à saint Jean-Baptiste. Sainte-Élisabeth n'apparaîtra qu'après le XIIIe siècle. L'église, conservée de nos jours, est un bâtiment composite. Si la tour occidentale apparaît comme la structure la plus ancienne, elle reste difficile à dater avec précision (XIIe-XIIIe siècle).

Les ducs de Brabant ont fort probablement été les seigneurs du lieu. Ils y percevaient un cens important et y détenaient une surface étendue de prairie. En 1240, une partie de ces prés sera d'ailleurs concédée aux habitants comme prés communaux, à charge de payer au domaine ducal un cens annuel.

L.-H. De Koninck, projet pour un nouveau bâtiment d'accueil pour l'aéroport de Haren, 1922

Des familles bruxelloises importantes sont propriétaires à Haren : essentiellement les Clutinc, les Pipenpoy et les de Hertoghe. La famille de Haeren est assez mal connue par des textes du XIIIe siècle. Elle semble s'être éteinte au début du siècle suivant.

En contrebas du sommet villageois, adossé aux infrastructures actuelles de la gare de formation de Schaerbeek, on peut encore admirer ce qui fut l'un des plus importants complexes seigneuriaux du village : la ferme du *castrum*, dont la première mention connue remonte à 1322. Située rue Pré-aux-Oies 239-241, le bâtiment se présentait au début du XVIIIe siècle comme un quadrilatère fermé. Aujourd'hui, il ne subsiste plus que le donjon-porche (tournant XIIIe-XIVe siècle), qui n'est pas sans rappeler la première enceinte de Bruxelles, le corps de logis (XVe-XVIe siècle) ainsi que l'aile nord (XVIe-XVIIe siècle). Appartenant peut-être initialement à l'une de ces familles bruxelloises, le *castrum* est passé au XVIe siècle dans le patrimoine de la famille de Cortenbach.

Le chapitre de Sainte-Gudule de Bruxelles fut le plus important propriétaire ecclésiastique du

Vue de l'aéroport de Haren en 1936

village. Nous avons vu que son hôpital possédait une série de biens dès le début du XIIe siècle. Au XIIIe siècle, le chapitre reçut du duc Henri Ier et de l'échevin de Bruxelles Guillaume Pipenpoy, respectivement en 1224 et 1230, les dîmes que ces derniers y détenaient. L'institution possédait en outre le patronat (droit de nommer le curé). Une autre partie de la dîme appartenait au chapitre de Saint-Vincent de Soignies. Une série de biens appartiennent également à l'abbaye d'Affligem. Elle les administre en installant à Haren une cour censale. Enfin, l'abbaye de Grimbergen détint quelques biens au nord du village, à l'ancienne confluence de la Woluwe et de la Senne, en face de sa ferme de Wolumont, à Neder-Heembeek. À l'initiative du pouvoir ducal, l'abbaye aurait même projeté d'y transférer son siège vers 1228.

Il est important de noter que les prés permanents semblent avoir été l'un des atouts majeurs du village. Cette importance est par ailleurs décelable dans l'acte de restitution de la dîme par le duc, en 1224, qui mentionne en premier lieu la dîme des prés. Des documents postérieurs renseignent en outre l'existence de prés communaux, ainsi que de grandes zones de pâture appartenant à de riches Bruxellois. On peut citer, par exemple, un pré dit des Clutinc (*Clutincxbemden*). En termes d'activité préindustrielle, on possède des mentions intéressantes d'exploitation de carrières de pierres dès le XVIe siècle. Le 12 juin 1546, le Magistrat de Vilvorde demande à l'empereur Charles Quint l'autorisation d'ouvrir un chemin, depuis le sommet du Harenberg jusqu'à un débarcadère qu'il possède sur la Senne, afin de faciliter le transport des pierres. Le creusement du canal de Willebroek semble avoir entraîné des déséquilibres néfastes sur l'hydrographie, des inondations frappant plus fréquemment les basses terres. On résolut partiellement le problème par le creusement d'écluses et de fossés de drainage.

Vue des usines à Haren, vers 1930

Sur le plan démographique, le village compte 30 maisons en 1435, soit approximativement 150 habitants (une moyenne de cinq personnes/habitation). Ce chiffre fluctue assez peu jusqu'au XVIIIe siècle (42 maisons en 1525, 34 en 1686). On comptait 482 habitants en 1786.

Dans les trois premiers quarts du XIXe siècle, Haren est demeuré en grande partie un village à vocation agricole. Une brasserie et quelques carrières de pierres (exploitées dès l'Ancien Régime) en constituaient les seules industries. Dès 1835, la première ligne ferroviaire continentale reliant Bruxelles à Malines fut mise en service. Le développement ferroviaire allait se poursuivre (ligne Bruxelles-Louvain en 1867, nouvelle ligne Bruxelles-Anvers en 1907, etc.), tandis que la construction de la gare de formation et de triage de Schaerbeek (à partir de 1880) englobait un tiers de la superficie communale.

Effets conjugués de la proximité du canal et du chemin de fer, la commune s'industrialise dans la deuxième moitié du XIXe siècle. Dans sa partie occidentale, elle se dote d'industries importantes comme la fabrique de couleurs et de vernis De Keyn, l'une des plus anciennes, installée en 1850 rue du Dobbelenberg ; la fonderie De Cuyper, installée en 1880 rue du Bruel 77, et qui produit des ressorts pour wagons de chemin de fer ; la fabrique De Vestel et frères, rue du Bruel 55, fondée en 1884 et reprise par Louis Destrée en 1910 et qui produit du bleu outremer ; ou encore les usines de papiers peints Peters-Lacroix, installées vers 1880-1885 rue du Dobbelenberg, employant à un moment près de 1 200 ouvriers (ce qui en faisait la plus importante fabrique de papiers peints au monde). Le développement des installations maritimes entraîne l'érection des Meuneries bruxelloises (à l'époque, une des plus grandes d'Europe; elle est toujours en activité sous le nom de CERES), dont les bâtiments de belle qualité sont installés en 1907 avenue de Vilvorde 300, et la centrale électrique de Schaerbeek, avenue de Vilvorde 124 (1906).

Le développement du chemin de fer offre à la commune un système de navettes permettant aux ouvriers de venir travailler à Haren sans nécessairement y résider. Plusieurs stations furent construites : Haren-Nord qui dessert la partie industrielle de la commune ; Haren-Sud, créée en 1887 au croisement des rues de Verdun et Harenberg ; Haren-Tilleul, ouverte vers 1918, près de la rue Harenheyde.

Un aérodrome civil et militaire fut également établi à cheval sur Haren (dans sa partie nord) et Evere (dans sa partie sud). En février 1915, l'occupant allemand implantait près de la chaussée de Haecht un port de dirigeables avec hangars de stationnement et ateliers mécaniques. L'aérodrome fut rapidement détruit par l'aviation britannique. Après la guerre, il fut réinvesti par l'aviation militaire belge qui réhabilita les infrastructures, y installa une école pour officiers et y transféra les ateliers techniques de l'armée. Ce développement allait bientôt profiter aux activités aéronautiques civiles : la SNETA (Syndicat national pour l'étude des transports aériens) fut fondée le 31 mars 1919. Cette compagnie aérienne, ancêtre de la SABENA (Société anonyme belge d'exploitation de la navigation aérienne), allait développer, en marge des activités militaires prédominantes, une série de lignes commerciales, notamment vers Paris et Londres. C'est de cet aérodrome que décolla, en 1920, le premier « vol charter » belge reliant Bruxelles au Bourget. En 1920 toujours, c'est au tour de la SABCA (Société anonyme belge de construction aéronautique) d'y être fondée. Durant l'entre-deux-guerres, l'aérodrome devient officiellement l'aéroport national. Il sera ensuite supplanté par celui de Melsbroek. Actuellement, la zone a été réaménagée par la SDRB (Société de développement pour la Région de Bruxelles-Capitale) et est devenue le parc d'activités industrielles Da Vinci.

Marqué par une industrialisation lourde et incommodante, le village perd peu à peu ses dernières maisons de campagne. En 1912, le propriétaire du château de Haren, le comte Van der Noot, marquis d'Asse, vendit son domaine de 9 ha et son château, trop exposés aux nuisances industrielles. Le château sera rasé peu de temps après.

Malgré l'activité industrielle et aéronautique, la pratique agricole s'est maintenue et s'est même développée : le maraîchage se complète à partir du milieu du XIXe siècle de l'importante culture du chicon, typique de la région nord-est de Bruxelles. Cette production va d'ailleurs annoncer, au tournant du siècle, un développement extraordinaire des superficies exploitées. Cette double vocation, contradictoire en apparence, a permis à la commune de Haren de préserver de vastes pans de son paysage rural. Celui-ci se concentre surtout dans le haut de la commune, noyau historique du village, où l'activité agricole a longtemps perduré. Ces exploitations familiales modestes (moins de 3 ha) sont à l'origine d'une architecture originale (notamment rue de Verdun et chaussée de Haecht), caractérisée par des petites maisons mitoyennes en briques, peintes ou cimentées, avec deux travées sur un étage avec attique, mais aussi parfois par des maisons plus importantes dotées d'une porte cochère.

La partie nord de Haren, au contact du canal et de la commune voisine de Machelen, s'est urbanisée dans le sillage de l'activité usinière. Le développement des voies ferrées a nécessité la construction de plusieurs ponts routiers : vers 1910, quatre ouvrages furent ainsi érigés au croisement du chemin de fer et des rues de Verdun, du Pré-aux-Oies et du Dobbelenberg. On notera enfin le remarquable complexe scolaire édifié rue de la Paroisse 34 par l'architecte schaerbeekois Henri Jacobs en 1896. Cette école pour filles constitue l'une des premières œuvres de Jacobs, connu par la suite pour ses bâtiments de style Art nouveau. En 1913, il érigera l'école des garçons à l'angle des rues de Verdun et Flodorp.

Publicité pour la fonderie Fobrux à Haren, 1941

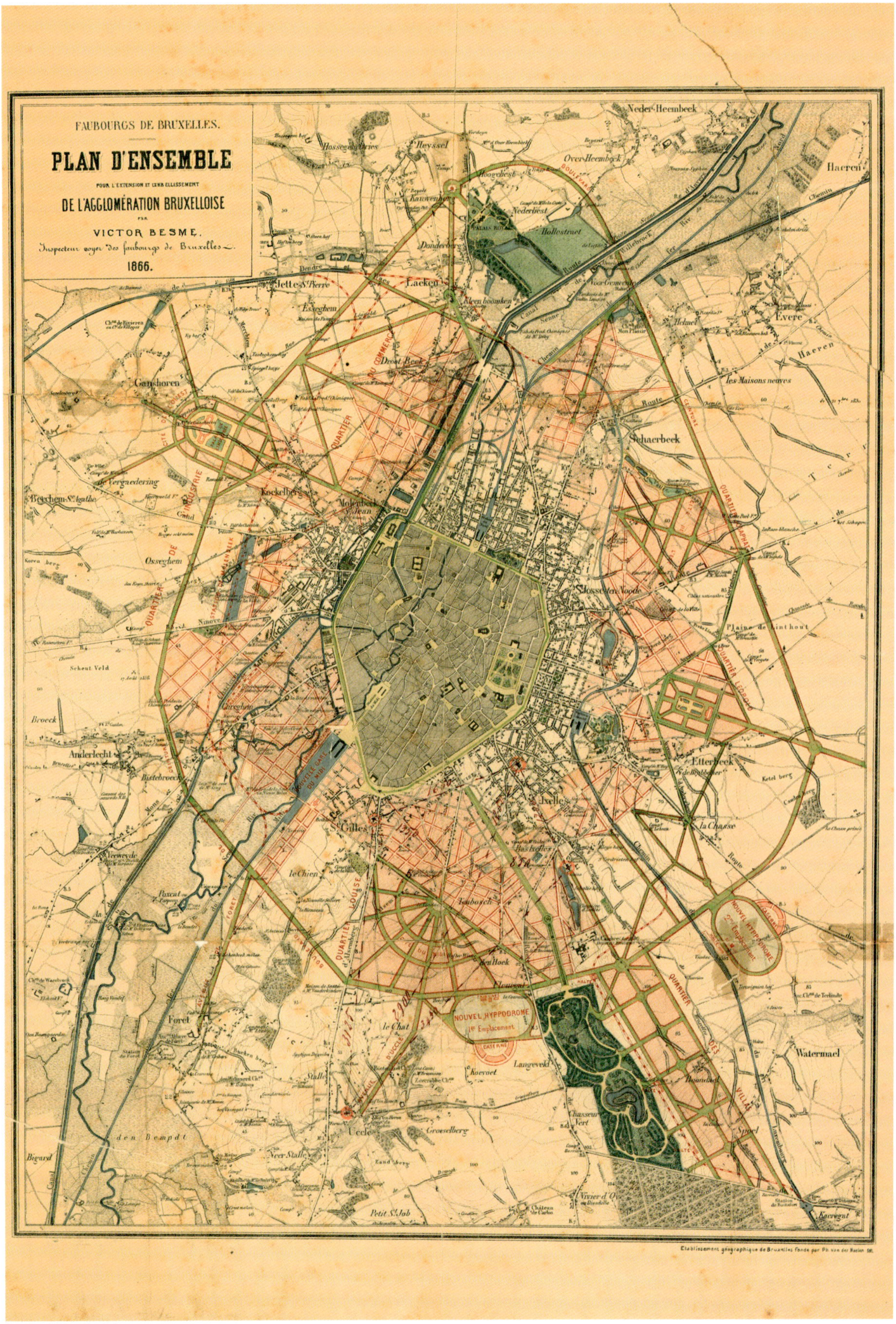
FAUBOURGS DE BRUXELLES.
PLAN D'ENSEMBLE
POUR L'EXTENSION ET L'EMBELLISSEMENT
DE L'AGGLOMÉRATION BRUXELLOISE
PAR
VICTOR BESME,
Inspecteur voyer des faubourgs de Bruxelles.
1866.
NOUVEL HYPPODROME
1er Emplacement

Formation du territoire communal

Les limites historiques de la ville intra-muros ont été fixées sur l'extérieur des boulevards de ceinture qui ont succédé aux fortifications, sauf à l'ouest, où la limite avec Molenbeek est formée par l'axe du canal de Bruxelles à Charleroi et où elle dépasse le boulevard Poincaré pour inclure les anciens abattoirs, (emplacement actuellement occupé par le stade Vanderputten et l'institut des Arts et Métiers).

À l'est, les Quartiers Léopold et Nord-Est sont limités par Saint-Josse-ten-Noode au nord, Schaerbeek et Etterbeek à l'est, Etterbeek et Ixelles au sud.

L'essentiel des annexions des Quartiers Léopold et Nord-Est ont eu lieu en 1853 (gain de 2,0 km²), surtout aux dépens de Saint-Josse-ten-Noode et d'Etterbeek, avec en outre quelques ajustements de voirie avec Schaerbeek (rue du Noyer) et Ixelles (ajustement de la limite sur les rues Montoyer, d'Arlon, du Luxembourg, de l'Industrie, de Paris et du Champ de Mars). Une correction mineure de la limite avec Etterbeek interviendra encore en 1880, avenue des Nerviens et avenue de la Cavalerie. L'annexion du Quartier Léopold sera complétée en 1913 par l'acquisition de 0,1 km² aux dépens d'Ixelles pour l'essentiel et d'Etterbeek pour le reste : le parc Léopold fera alors partie du territoire de la ville. On projetait alors d'y implanter l'Université libre de Bruxelles et une Cité scientifique.

L'annexion de la bande de l'avenue du Bois de la Cambre (future avenue Louise) et du bois lui-même, aux dépens d'Ixelles, fait gagner 2,3 km² au territoire de la ville en 1864. Il sera complété en 1875 par quelques terrains ixellois à hauteur de l'abbaye de la Cambre et, surtout, en 1907, en vue de la préparation de l'Exposition de 1910, de la bande de terrains de 0,6 km² située à l'est du bois, sur laquelle sera réalisée après la guerre, l'avenue des Nations, future avenue Franklin Roosevelt.

Ainsi, l'appendice des avenues Louise et Roosevelt et du Bois de la Cambre est limité par Ixelles, sauf au long de la chaussée de La Hulpe et sur la limite méridionale et occidentale du Bois de la Cambre, où la frontière avec Watermael-Boitsfort et Uccle correspond aux anciennes limites entre ces communes et Ixelles, et sur un court tronçon entre la place Louise et la rue Blanche, où il borde Saint-Gilles. C'est ici que l'ajustement de limite de 1877 a rattaché au territoire de la ville une petite enclave saint-gilloise qui subsistait à l'est de l'avenue après le rattachement de l'assiette du goulet de l'avenue Louise (angle sud-est de la place Louise).

Au nord des frontières historiques de la ville, la bande de territoire annexée en 1897 et 1921 est limitée, à l'est, par l'ancien cours de la Senne, mitoyen à Saint-Josse et Schaerbeek, jusqu'à hauteur de la rue des Palais. À l'ouest, la limite avec Molenbeek suit l'avenue du Port et enserre le site de Tour et Taxis et le tracé de sa voie d'accès ferroviaire jusqu'au chemin de fer de l'ouest. En effet, en 1897, le territoire bruxellois s'agrandit de 1,1 km² par l'annexion, aux dépens de Molenbeek et de Laeken, des terrains de l'Allée Verte, des futurs bassin Vergote et gare de Tour et Taxis. À la suite de cette annexion, des corrections mineures avec Molenbeek interviennent en 1903, mais surtout cette dernière perd, en 1921, l'enclave qu'elle conservait entre l'Allée Verte et la Senne : le faubourg de Laeken.

La plus grande annexion de territoire faite par la ville est celle de 1921 : un gain de 22,2 km², visant à incorporer l'ensemble du territoire sur lequel devaient s'étendre les installations du Canal maritime, y compris l'avant-port, les installations ferroviaires voisines et la gare de Schaerbeek-formation sur Haren. Les annexions dépasseront cet objectif fonctionnel, puisqu'elles porteront sur la totalité des territoires des communes de Laeken, Neder-over-Heembeek et Haren, plus des portions de Schaerbeek.

Le territoire de l'ancienne commune de **Laeken** couvrait 9,3 km² au moment de son annexion en 1921. Elle comprenait à l'origine l'ensemble des biens qui relevait de l'ancienne paroisse Notre-Dame, mais avait déjà connu des ajustements importants de son territoire en 1897 et en 1903, ainsi que des corrections mineures de ses limites avec Jette-Ganshoren en 1811. En 1897, Laeken, qui s'étendait à l'est du canal jusqu'à la Senne (qui faisait la frontière communale jusqu'à Neder-over-Heembeek), avait déjà perdu 0,6 km² au profit de Bruxelles et 0,2 km² au profit de Schaerbeek (pour l'annexion de la rive droite du canal, du bassin Vergote et d'une partie du site de Tour et Taxis). Elle avait en échange reçu 0,7 km², annexé aux dépens de Neder-over-Heembeek. En 1903, des rectifications de limites avec Molenbeek et Jette lui avaient fait gagner 0,5 km².

Victor Besme, *Plan d'ensemble pour l'extension et l'embellissement de l'agglomération bruxelloise*, 1866

Laeken est limité à l'ouest par Jette et au nord par la chaussée Romaine jusqu'à la place du Mutsaard. À partir de celle-ci, l'ancienne limite entre Laeken et Neder-over-Heembeek suivait, vers le sud, le tracé de l'ancien chemin de Strombeek-Bever, l'actuelle rue de Wand, puis un chemin dont l'actuelle avenue des Croix du Feu reproduit approximativement le tracé jusqu'à hauteur de la rue de Heembeek. Il se prolongeait ensuite, plus ou moins en ligne droite, jusqu'au canal, englobant l'ancien cabaret « À l'Amour », à hauteur de l'actuel quai de Heembeek, puis traversait le canal pour rejoindre la Senne.

Une superficie de 0,1 km^2 sera encore gagnée par la ville en 1925, à l'occasion de l'adaptation du territoire avec Jette, notamment pour incorporer l'ensemble du site du nouvel hôpital Brugmann, et des adaptations mineures interviendront en 1937 à la limite de Wemmel et de Strombeek-Bever, suite à la rectification du tracé de la chaussée Romaine.

Le territoire de l'ancienne commune de **Neder-over-Heembeek** couvrait initialement 6,2 km^2 et regroupait l'ensemble des deux paroisses, réunies en une seule commune en 1814. Outre la cession de 0,7 km^2 à Laeken, elle cède aussi 0,1 km^2 à Schaerbeek en 1897 qui le rétrocède en 1921 à la ville par souci d'homogénéité. La commune est donc limitée à une superficie de 5,4 km^2 au moment de son annexion. Au nord, la limite historique de Neder-over-Heembeek, maintenant frontière entre la ville de Bruxelles et Vilvorde, suit, depuis la chapelle du Mutsaard, le vieux chemin rural des Moutons (*Schapenweg*) et du Laskouter, puis remonte vers le nord, à travers champs. Elle atteint ainsi le canal au nord des anciennes cokeries du Marly, immédiatement au sud du grand viaduc du ring autoroutier surplombant la vallée de la Senne. La limite originelle franchissait le canal jusqu'à la Senne et suivait le cours de celle-ci vers le sud, jusqu'à la limite de Laeken.

Sur l'autre rive de la Senne (d'un pont sur la Senne, à hauteur des anciens cabarets « Au Bateau » et « Buda », jusqu'à la limite d'Evere), Neder-over-Heembeek jouxtait **Haren**, la troisième des communes annexées. Haren couvrait 5,8 km^2 et correspondait au territoire de la paroisse d'Ancien Régime. Sa limite nord suivait un ancien chemin rural, l'actuelle chaussée de Buda, et passait à travers champs (aujourd'hui à travers des bâtiments industriels), et au nord d'un ancien étang sis à hauteur de l'actuelle rue du Witloof pour rejoindre la vallée de la Woluwe (que la limite suit sur un court tronçon).

Manufacture et magasin d'indiennes Story Van Waes, vers 1860

Lith. de G. Jacqmain, à Gand.

Elle suit, après cela, le chemin de bas de versant de rive gauche de la Woluwe (la Curegemstraat), puis monte sur le plateau le long de l'ancien tracé de la chaussée de Haecht, très près du centre du village de Diegem. Elle rejoint ainsi l'ancien chemin de Haren à Woluwe-Saint-Étienne, qu'elle longe jusqu'à la limite de l'ancienne commune, à hauteur de l'actuelle autoroute qui mène de Bruxelles à l'aéroport. La limite de Bruxelles-Haren suit plus ou moins le tracé de cette autoroute puis dessine une pointe vers le sud jusqu'à la limite d'Evere, qui englobe la plus grande partie du site de l'OTAN. La limite occidentale de Haren est la commune d'Evere.

Du XIXe au XXIe siècle

Les activités économiques

Le développement économique de Bruxelles au XIXe siècle est lié à de nombreux facteurs. Siège des pouvoirs et des institutions, la ville devient également le principal centre des voies de communication nationales : modernisation, au XIXe siècle, des routes pavées datant du régime autrichien et menant aux principales villes du pays, complétées par les premières autoroutes dans la deuxième moitié du XXe ; ouverture en 1832 du canal charbonnier de Charleroi à Bruxelles, branché sur le vieux canal de Willebroek ; création d'un réseau ferroviaire (1835) pour désenclaver le pays, qui devait avoir Malines pour centre mais qui s'est très vite organisé autour de Bruxelles. Les gares s'implantent à l'extérieur de la ville (y compris celle du Midi, qui quitte les Bogards en 1869), ce qui explique que Bruxelles, dès le milieu du siècle, revendique une jonction Nord-Midi. Une gare centrale lui permettrait de retrouver les bénéfices escomptés de ce type d'implantation. Il existe bien, dès 1841, une liaison ferroviaire par les boulevards extérieurs ouest vers l'Allée Verte (mais elle handicape les relations avec les faubourgs), ainsi que la gare du Quartier Léopold; elle ne sera reliée à la gare du Nord qu'en 1865. Il en ira différemment des installations maritimes, revendiquées elles aussi depuis la même période. Elles seront érigées sur un territoire annexé en deux temps à la ville, y compris le site de la douane, des entrepôts et de la gare de marchandise de Tour et Taxis (1904-1910), et l'avant-port (1921-1930).

Grâce aux ressources wallonnes en énergie primaire, la Belgique devient la deuxième puissance industrielle du monde (jusqu'au milieu du XIXe siècle) et sa capitale en bénéficie directement. L'industrie traditionnelle se modernise, tandis que d'autres industries apparaissent. Les photographies anciennes montrent un nombre inattendu de cheminées d'usine dans le paysage. L'industrie urbaine très diversifiée répond avant tout aux besoins primaires (habitat, nourriture et vêtements) d'une population qui augmente rapidement (multipliée par 2,7 en un siècle pour le centre, par 9 pour l'agglomération) et dont le niveau de vie s'accroît. Les industries qui s'adressent au marché national et, bientôt, international ont tendance à quitter le Pentagone et à s'installer dans les faubourgs industriels dans l'axe de la vallée et des moyens de communication. La suppression de l'octroi (1860) sur les marchandises entrant en ville, qui finançait le budget communal mais imposait des contraintes de circulation et de mobilité handicapantes, ouvre les perspectives. Désormais, les relations entre la ville et les faubourgs se resserrent encore. Quelques « aubettes » de l'octroi subsistent aujourd'hui porte d'Anderlecht, de Ninove ou ont été déplacées à l'orée du Bois de la Cambre, témoignage du passé originel des relations ville/région.

Les industries du textile, du vêtement et du cuir dominent le tissu industriel depuis le Moyen Âge. La chapellerie et surtout la ganterie, absente jusqu'alors, connaissent un développement lié à celui de la consommation bourgeoise. La ganterie bruxelloise, à l'instar de la grenobloise, exporte dans le monde entier à la fin du siècle. Le malletier Delvaux (rue de l'Empereur) existe toujours. Couturières,

Brasserie St-Michel, J. B. Vandenheuvel & Cie, vers 1860

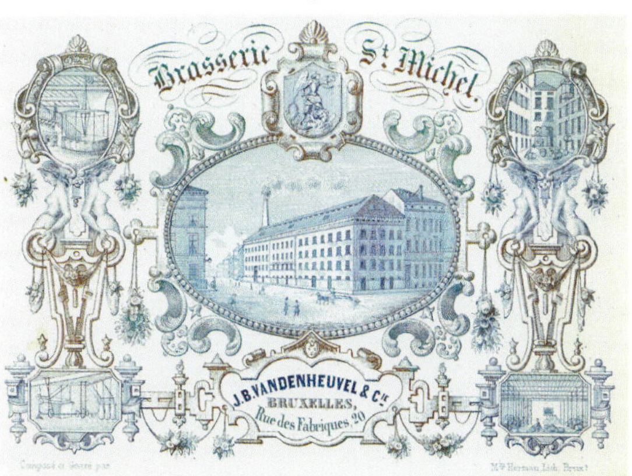

modistes et fleuristes se multiplient tandis que le prêt-à-porter fait son apparition dans la deuxième moitié du siècle (J.-N. Collard, rue de La Madeleine), plus tardivement dans les grands magasins. Pendant tout le XIXe siècle, ce secteur reste dominant même si, sur le long terme, son importance décline, en particulier les fabrications de base (filature et tissage, spécialités de Gand, coton et laine à Verviers,).

Le deuxième secteur d'importance, celui de la transformation alimentaire, est lui aussi lié à l'augmentation de la population et surtout de ses

Au Petit Louis, libraire de luxe, au rabais, galerie Bortier, vers 1860

revenus : la boulangerie, la boucherie et, bien sûr, la brasserie qui développe la production de pils, bière à fermentation basse, au détriment des brassins traditionnels. Les brasseries quittent peu à peu le centre-ville, soit en raison des grands travaux, comme Wielemans-Ceuppens, rue Terre-Neuve (vers Forest), soit à la recherche de terrains plus vastes pour se déployer, comme la brasserie Vanden Heuvel (rue de la Senne) déplacée vers Molenbeek-Saint-Jean. Des « pharmaciens » marquent aussi la ville de leur empreinte : le Suisse Neuhaus (galerie de la Reine) et le Français Delacre (Montagne de la Cour) qui, à partir de confiserie « bonne pour la santé », développeront la chocolaterie (pralines) et la biscuiterie fine. Ils sont suivis plus tard par le Grec ottoman Kestékides qui, rue Rempart des Moines, industrialise la fameuse praline (Léonidas) ainsi que par le chocolatier Senez-Sturbelle et ses chromos (rue Neuve).

Au milieu du XIXe siècle, la seule ville de Bruxelles regroupe 20 % de l'emploi dans le secteur de l'édition, une proportion qui grimpe à 40 % un siècle plus tard. Guillaume Ier avait déjà favorisé ce secteur dans sa deuxième capitale, mais la révolution de 1830 (née du combat de la presse) et surtout la suppression du droit de timbre après les événements de 1848 favorisent la multiplication des journaux. En 1856, 20 des 29 quotidiens existants paraissent à Bruxelles, notamment tous ceux qui disposent d'une influence nationale, voire internationale, comme *L'Indépendance belge*. Le quartier de la presse est situé en contrebas du Parlement d'où, chaque jour, s'égaillent les vendeurs à la criée. Des journaux à capitaux étrangers profitent également de cette liberté constitutionnelle, exceptionnelle dans l'Europe de cette époque. Les nouvelles institutions tenues au devoir de publicité sont aussi à l'origine de très nombreuses publications. Les imprimeries de labeur se multiplient : Hayez, Guyot, Bruylant… Le secteur dynamique de la contrefaçon d'ouvrages étrangers, français en particulier (jusqu'à l'accord franco-belge de 1852), permet d'inonder le marché européen de livres à bon marché, parfois même avant leur parution à Paris. Bruxelles verra également paraître de nombreux ouvrages licencieux ou qui sont soustraits à la censure dans leur pays et dont les éditeurs sont devenus renommés (Lacroix édite Victor Hugo, Lautréamont…).

La carrosserie bruxelloise jouit pour sa part d'une réputation européenne dès le XVIIIe siècle. Un nouveau venu originaire de Hollande, d'Ieteren, installé rue du Marais (1805), puis rue Neuve, est promis à un bel avenir. Mais aussi Snutsel (Vieille Halle aux Blés) et Vandenplas (rue des Drapiers). Tous trois s'installeront dans les faubourgs pour développer leurs activités. Un autre carrossier, Robert Jones (rue de Laeken), jouera un rôle éminent dans le monde patronal. Toutes activités confondues, il subsiste, en 1910, 17 ateliers de carrosserie comptant 233 ouvriers. L'essentiel de l'activité se déroule désormais dans les faubourgs. La carrosserie incarne l'évolution vers la modernité, de l'usage du bois et du cuir à celui du métal et du caoutchouc, de la traction animale à la motorisation.

La ville, hormis des activités traditionnelles de forge, bijouterie et orfèvrerie, n'a pas de secteur métallurgique important avant la mise en activité du canal charbonnier. La Société Générale tente alors de créer une usine de fabrication de machines (« Le Renard »), qui fermera rapidement ses portes, mais dont le site désaffecté permet la réalisation de la place du Jeu de Balle (*Vossenplein*). Un orfèvre allemand, Wolfers, développe une importante usine rue des Longs Chariots, puis un luxueux magasin rue de Loxum, qui emploient tous deux plus de 160 personnes. Ils sont expropriés à l'occasion de l'assainissement du vieux quartier de La Putterie, au début du XXe siècle, et se réorganisent dans des bâtiments construits par Victor Horta rue d'Arenberg, devenus ensuite le siège de la Kredietbank. Si la firme a disparu, la marque subsiste. La Compagnie des Bronzes (rue d'Assaut), qui fabrique du matériel d'éclairage (au gaz d'abord, puis à l'électricité), crée une usine à Molenbeek qui coulera les bronzes monumentaux qui parsèment la ville (les statues d'Egmont et Hornes érigées d'abord sur la Grand-Place, les statues du Petit Sablon, entre autres).

En 1898, Bruxelles est devenue la principale région industrielle du pays en termes d'emplois dans le secteur secondaire. C'est toujours le centre-ville qui en compte le plus grand nombre : plus de 13 000 (52 % des emplois et 70 % des entreprises). Cette caractéristique a certainement joué un rôle non négligeable dans le départ de la population aisée du centre-ville. Si les grands travaux (voûtement de la Senne, Notre-Dame-aux-Neiges, Jonction) ont provoqué la disparition ou la délocalisation de nombreux ateliers, l'assainissement du quartier Sud-Ouest, le quartier des fabriques, a permis d'en établir de nouveaux. L'industrie ne disparaîtra définitivement du centre qu'avec le processus de désindustrialisation généralisée des grandes métropoles qui marque le dernier quart du XXe siècle.

L'industrie urbaine bruxelloise était surtout caractérisée par la suprématie de très petites unités de production (ateliers domestiques, artisans indépendants, entreprises occupant moins de cinq salariés), ce qui la distinguait de celle des communes voisines ou des autres grands centres industriels.

Dès le XIXe siècle, le dynamisme économique de la ville est principalement porté par la croissance du secteur tertiaire. Le registre des patentables montre que le nombre des patentes relatives à ce secteur a augmenté de 94 % entre 1847 et 1892 ; dans le même temps, les patentes payées pour l'industrie et l'artisanat ont diminué de près de 13 %. Le petit commerce de détail spécialisé (de bouche, vêtement, décoration) caractérise la ville. En 1892, il existe 3 821 débits de boissons dans l'agglomération, principalement dans le centre. Sur les boulevards, les cafés deviennent de vastes brasseries lumineuses (comme le café Métropole de Wielemans, en 1891, sur la place De Brouckère) qui accueillent la foule endimanchée et où l'on trouve les journaux du jour. Les femmes les fréquentent également, ce qui ne manque pas de susciter l'étonnement de visiteurs étrangers.

Défilé de sociétés de gymnastique sur le boulevard Anspach, à proximité de la Bourse, 1905

Jean-Pierre Cluysenaer, la Galerie de la Reine, 1847

Les équipements commerciaux collectifs et les grands magasins caractérisent la grande ville. On peut citer à Bruxelles les galeries Saint-Hubert, construites en 1846-1847 et qui abritent des magasins de luxe, ou encore la galerie Bortier et le passage du Nord. Les préoccupations hygiénistes et de mobilité plaidant en faveur du retrait des marchands ambulants de la rue, on assiste à la création de marchés couverts : marchés Saint-Géry, halles centrales à proximité du marché aux poissons présentant une formule mixte (étals en plein air, mais bénéficiant d'un toit), marché de la Madeleine sur le site de l'ancien hôpital Saint-Jean, marché du Parc en contrebas de la colonne du Congrès. Notons encore la création du Palais du Midi qui se spécialise dans d'autres domaines que l'alimentation, les livres notamment (1850-1880). C'est encore à Bruxelles, rue Rempart des Moines, que débute l'expansion nationale des établissements Delhaize Le Lion, grossiste aux succursales multiples, tandis qu'Adolphe Delhaize établira un entrepôt à l'Allée Verte.

A. Vanderheggen, les Halles Saint-Géry (1882) et la fontaine pyramidale (1767)
Armand Massonet, *La foire du Midi*, 1923

Sur le modèle du *Vooruit* de Gand, des ouvriers créent en 1882 la Maison du Peuple, boulangerie coopérative qui développe une chaîne de magasins diversifiés dans toute l'agglomération, mais qui, surtout, fait édifier un vaste « palais du peuple » par Victor Horta (1899), centre de la vie socialiste régionale, nationale et internationale pendant deux tiers de siècle. Sa destruction sans état d'âme, en 1965, sera à l'origine d'un intérêt renouvelé pour l'Art nouveau et le patrimoine immobilier. Des ouvriers aussi, parfois les mêmes, fédèrent les sociétés de secours mutuels de l'agglomération et créent, au service de leurs membres, la coopérative « les Pharmacies populaires », qui ouvre plusieurs officines dans la ville.

D'abord installés dans des maisons de ville, les grands magasins rivalisent bientôt dans la construction de vastes bâtiments, modernes et lumineux : Le Bon Marché (rue Neuve, rue de la Blanchisserie et boulevard du Jardin Botanique), l'Innovation (reconstruite rue Neuve en 1902, par Victor Horta), les Grands Magasins de la Bourse et le Grand Bazar (construit en 1905, par Victor Horta, puis rénové en 1927 par Polak). Ces deux derniers, établis sur le boulevard Anspach, diversifient les produits offerts à la convoitise des visiteurs. D'autres enseignes, comme Hirsch, Tietz et Old England (Montagne de la Cour) attirent l'attention d'une clientèle qui n'est plus seulement locale, mais qui vient du pays entier.

Centre du réseau ferroviaire, Bruxelles est traversée par le trafic de correspondance. Les hôtels de ses boulevards incitent à prolonger la halte tandis que l'éclairage public rend le centre-ville plus attractif encore. Bruxelles a bénéficié de la première usine à gaz du continent qui, dès 1819, éclaira le théâtre de la Monnaie. Sa propre usine (1875), quai des Usines, fonctionne jusqu'en 1960, puis laisse la place au nouveau marché de gros. En 1911, 7 185 lanternes sont allumées chaque soir par les allumeurs de réverbères. L'usage de l'électricité (la première centrale, rue Melsens, date de 1880) amplifie le caractère de « ville lumière » attirant un chaland qui, ailleurs, attendra parfois longtemps avant de bénéficier de cette modernité. Également établie quai des Usines, la nouvelle centrale (1909) alimentera la ville pendant un demi-siècle.

La fonction publique de l'État, minimaliste au XIXe siècle, croît régulièrement, en particulier dans des institutions comme le Crédit Communal (1860), la Caisse générale d'épargne et de retraite (1865, place De Brouckère, puis rue Fossé-aux-Loups), les chemins de fer de l'État (1890, bâtiment central dû à Beyaert, rue de Louvain), les télégraphes (1850) et téléphones (1886) rachetés par l'État, la grand-poste (place de la Monnaie). Les entreprises privées gagnent également en importance. À côté de la Société Générale se créent la Banque de Belgique, puis la Banque de Bruxelles et de nombreuses banques familiales, des sociétés d'assurances, comme La Royale Belge, qui cherchent également à inscrire leur dynamisme et leur réussite dans le paysage urbain. À côté du commerce et de l'administration, c'est la domesticité au service des classes moyennes et supérieures qui renforce le secteur tertiaire de l'économie urbaine. Ce phénomène procède également d'un souci de distinction sociale qui en multiplie les effets. Les domestiques, au nombre de 17 000 en 1910 (dont 2 250 hommes), représentent 6,5 % de la population totale. Un habitant sur quinze est donc domestique. En majorité des femmes, ce qui donne une tonalité féminine à la rue d'avant-guerre.

Victor Horta, la Maison du Peuple à Bruxelles, 1896-1898

La tertiarisation de l'économie ne succède pas à son industrialisation, mais l'accompagne, la dépasse en termes d'effectifs employés, en particulier dans une ville capitale (en 1910, 37,1 % des Bruxellois

A. J. Keymolen, détail du *Plan général des Installations Maritimes de Bruxelles*, avec les bassins intérieurs Beco et Vergote et l'avant-port, vers 1910

travaillent dans l'industrie et les métiers, 24,5 % dans le commerce, 11 % dans la domesticité et 5,8 % dans les bureaux, soit plus de 40 % dans le tertiaire).

Ce dynamisme général est évidemment favorisé par la mobilité croissante. Aux services de voitures omnibus, qui se multiplient, succèdent les premières sociétés de « railways » (entre la porte de Schaerbeek et le Bois de la Cambre, le long des boulevards et de l'avenue Louise en 1869), puis la Société des tramways bruxellois qui fédère peu à peu toutes les concessions existantes. L'électrification de la traction (1896) renforce sensiblement la mobilité en permettant désormais d'affronter plus aisément des différences de niveau plus importantes. En 1913, 165 millions de voyageurs utilisent les 145 km de lignes qui permettent aux habitants des faubourgs de gagner facilement le centre-ville pour y travailler ou y faire leurs courses, même quotidiennement.

Grâce aux annexions de 1921, Bruxelles reste en 1947 la première commune industrielle de l'agglomération (29 % des emplois du secteur secondaire). Les secteurs de l'imprimerie (où Bruxelles compte plus de 50 % des emplois de l'agglomération), du papier et des cartons (44 % des emplois) et de la confection (40 % des emplois) rappellent sa position dominante au XIXe siècle, bien qu'affaiblie à cause des expropriations liées aux travaux de la Jonction Nord-Midi : les entreprises se sont délocalisées dans et, surtout, à l'extérieur de l'agglomération (excepté la partie sud-ouest qui gardera son caractère industriel jusqu'aux années 1970). Par exemple, la grande imprimerie de labeur et de presse quitte progressivement le Pentagone. En revanche, les installations portuaires ont entraîné de nouvelles activités d'entreposage et de transformation : des dépôts de bois, de sel et de ferraille, des citernes d'hydrocarbures, les moulins Ricquier, la brasserie de la Marine, les Cokeries du Marly (1927-1993). Le tout récent zoning Galilée, à Neder-over-Heembeek, accueille de nouvelles entreprises (Scania, Securitas, centre de fractionnement de la Croix-Rouge), en attendant la réaffectation du site de l'ancienne cokerie en voie de dépollution. La centrale d'épuration des eaux du Nord de Bruxelles qui vient d'entrer en fonction sur l'autre rive du canal met fin au long scandale de l'agglomération la plus polluante de la mer du Nord. Bruxelles est la commune de la Région qui confère le plus de surface à ce type d'activités.

Hugo Van Kuyck, la Cité administrative de l'État, 1958

Des steamers ont assuré la liaison avec les grands ports voisins. Si le trafic fluvial total a dépassé plusieurs fois les 10 millions de tonnes annuelles (entre 1960 et 1980), le trafic maritime n'a fait qu'effleurer par trois fois le million de tonnes. Il s'agit néanmoins d'un atout historiquement important pour le développement économique et le fonctionnement de la ville. Le port développe actuellement une nouvelle plate-forme multimodale et parie sur la croissance du trafic intérieur par containers, en espérant rétablir une relation forte : eau, rail, route. En revanche, l'utilisation plus festive et ludique du bassin Béco, entamée ces dernières années, suscite l'inquiétude des entreprises qui y sont actives et des gestionnaires du port, qui a un statut de société régionale.

Au niveau des transports, on notera aussi qu'en plus de l'aéroport de Haren évoqué plus haut, un héliport fut créé en 1958 aux abords de l'Allée Verte pour tenter de répondre momentanément aux problèmes de mobilité rapide au sein du centre ouest-européen. La mise en service de la Jonction Nord-Midi, en 1952, permet désormais la traversée de l'Europe sans rupture de charge à Bruxelles. La gare centrale est en outre équipée d'une voie directe vers l'aéroport, accessible également depuis l'immeuble voisin de la SABENA : une première mondiale !

Les lignes de tramways, de trolleybus, bientôt de bus, irriguent la ville et l'ensemble des faubourgs. Creusé partiellement en sous-sol, en utilisant des techniques multiples pour ne pas dénaturer le patrimoine, un prémétro est également mis en service entre Schuman et De Brouckère; il deviendra métro en 1976 et sera prolongé vers Sainte-Catherine puis Molenbeek, d'une part, vers l'est de la Région, d'autre part.

L'évolution marquante de cette dernière partie du XXe siècle est indubitablement le basculement décisif vers la tertiarisation bureaucratique. En 1981, Bruxelles compte 55,16 % de ces emplois dans l'agglomération. Elle accueille sur son territoire un grand nombre d'institutions publiques belges (fédérales, communautaires, régionales) et internationales (Union européenne), d'importants établissements privés de crédit et d'assurances (Fortis, Dexia...) ou de services (comme Belgacom). Le commerce de détail doit pour sa part s'adapter au développement de la mobilité individuelle et à la création de centres commerciaux intégrés en périphérie. La rue Neuve (l'artère commerçante aux loyers les plus chers du pays), l'avenue Louise et le boulevard de Waterloo préservent tant bien que mal leurs positions. L'hôtellerie et la restauration bénéficient de l'internationalisation des activités, de l'élévation du niveau de vie et du développement du tourisme. Le commerce traditionnel se transforme à l'image de la rue Dansaert, qui se spécialise dans les vêtements « branchés », des quartiers Saint-Géry et Marché-au-Charbon, où se multiplient les établissements qui étanchent la soif du chaland, de la place Sainte-Catherine et du marché aux poissons, voués aux restaurants de qualité. L'Îlot Sacré et les environs de la Grand-Place se consacrent plutôt à la « restauration touristique », pour les visiteurs occasionnels qui se pressent sur l'axe Petite rue des Bouchers, Grand-Place, rue de l'Étuve. Les établissements changent de nature : le café « Aux Armes des Brasseurs » (brasserie Wielemans, 1939, boulevard Anspach, dû à Blomme) s'est mué en un fast-food, tandis que la brasserie Express-Caulier du boulevard du Midi (1934) est devenue un salon de thé marocain fort prisé, l'« Avenida ».

Spectateurs lors d'un concert de fanfares au Grand Sablon en 1904

Illuminations des boulevards, vers 1935

La population

L'évolution économique s'accompagne d'une évolution de la population que l'on peut diviser en deux temps forts : une forte hausse pendant les cinquante premières années qui suivent l'indépendance, puis un net ralentissement.

La population du territoire historique de la ville de Bruxelles, à l'intérieur de l'ancienne enceinte puis des boulevards qui l'ont remplacée, augmente rapidement à partir des années 1820, avant même l'indépendance du pays, en confortant ainsi son statut de capitale (elle partageait déjà ce titre avec La Haye dans le cadre du Royaume-Uni des Pays-Bas). La population passe de 78 000 habitants en 1820 à 139 000 en 1856. Cette croissance se fait tant par l'urbanisation des espaces qui restaient encore libres à la fin du XVIIIe siècle (les prairies de la Senne au sud-ouest de la ville, où sera établie la gare des Bogards ; les jardins en direction de Molenbeek ou de la porte de Schaerbeek) que par la densification du tissu urbain existant, avec création de nombreuses impasses permettant la construction à l'intérieur d'îlots.

En 1830, la ville présente encore des parties non bâties, mais ce n'est plus le cas dans la deuxième moitié du XIXe siècle. Au manque de place pour de nouveaux logements s'ajoute au même moment une politique d'assainissement qui en supprime beaucoup, ainsi qu'un changement d'occupation qui va s'accélérer au XXe siècle : les habitants désirent des unités de logements plus grandes, réduisant également l'espace disponible. La densité du réseau des moyens de transport fait croître considérablement le nombre de navetteurs dès le dernier quart du XIXe siècle.

À partir de la fin des années 1850, la saturation est proche alors que la croissance est encore ralentie par les expulsions d'habitants liées aux expropriations entreprises pour les travaux de voûtement de la Senne et de tracé des boulevards nord-sud. Les aménagements hydrauliques réalisés à cette occasion évitent désormais les inondations et permettent l'urbanisation complète du quart sud-ouest du Pentagone. Cette circonstance, plus que les nouveaux immeubles construits dans les quartiers centraux, explique sans doute en partie le petit regain de croissance durant les années 1880. On enregistre le maximum de population au recensement de 1890, soit environ 159 000 habitants.

À partir de ce moment, la tendance s'inverse et la population diminue. Le phénomène se poursuit jusqu'à la fin du XXe siècle. Certes, en 1921, la population connaît une forte hausse, mais celle-ci résulte de l'incorporation des communes de Laeken, de Neder-over-Heembeek et de Haren, ainsi que de parties de Molenbeek et Schaerbeek (200 433 habitants en 1930). Cette incorporation induit une baisse sensi-

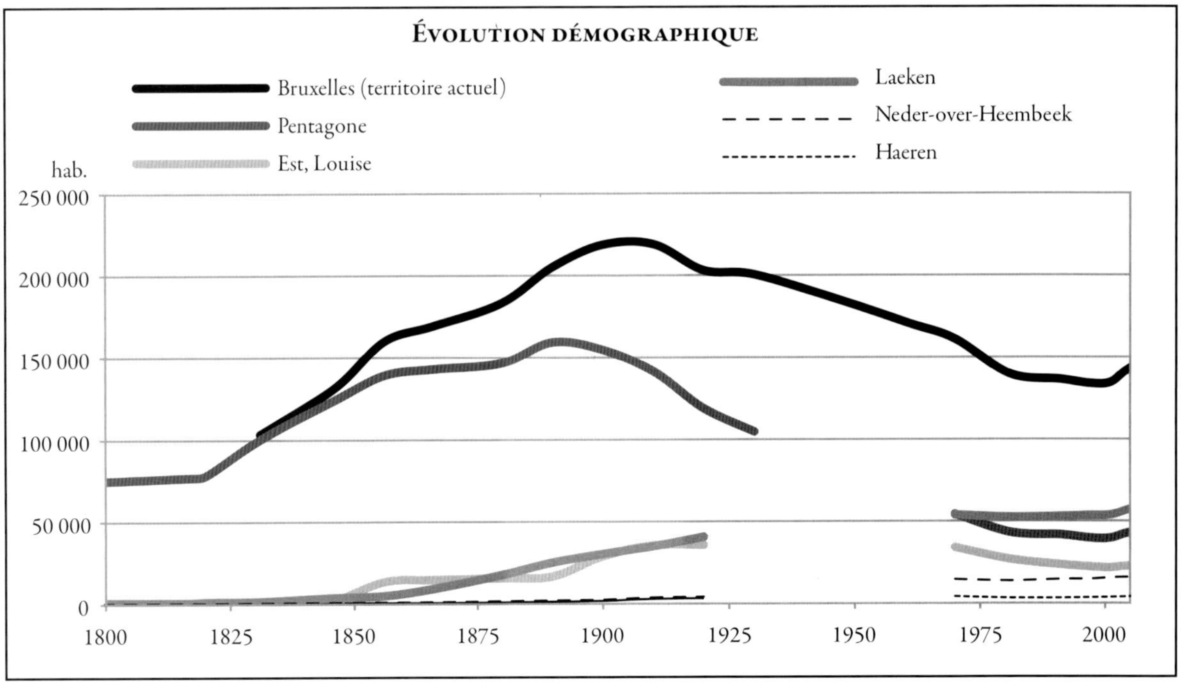

ble de la densité de la population : de 143 habitants à l'ha en 1920, elle passe à 61 habitants en 1930.

En caractérisant l'évolution de la composition de cette population sur 110 années (1830-1940), on peut parler de l'échec de Bruxelles à maintenir la bourgeoisie fortunée à l'intérieur de ses limites. Sur le long terme, sa population s'appauvrit (relativement), les classes aisées quittant le centre pour élire domicile dans les faubourgs résidentiels. L'échec des projets immobiliers le long des boulevards centraux en est un des exemples les plus parlants. Au lieu de fixer la bourgeoisie urbaine dans les immeubles de rapport de type « parisien », la faillite des promoteurs conduit la ville à racheter nombre d'immeubles. Ce sont des commerçants et des locataires qui y vivent, c'est-à-dire des classes moyennes, tandis que de nombreux habitants plus modestes, ouvriers et artisans, ont quitté les lieux. Par sa force économique et son statut politique libéral, Bruxelles attire, tout au long du XIXe siècle, de nombreux étrangers, des réfugiés politiques. À côté de quelques célébrités comme Karl Marx, Joachim Lelewel ou Victor Hugo, des exilés de la Commune de Paris en 1871, etc., la ville accueille surtout un large éventail de personnes qui y séjournent pour des raisons économiques. Ils sont chanteurs, musiciens, comédiens, journalistes, industriels, ouvriers, Français, en particulier sur les chantiers des grands boulevards et de la Bourse (le sculpteur Rodin y fait ses premières armes de tailleur-sculpteur de pierre). S'y retrouvent aussi des rentiers anglais attirés par le faible coût de la vie, des gouvernantes anglaises, françaises et allemandes, des bonnes luxembourgeoises, des musiciens de rue, des stucateurs et des marchands de glace italiens... Ils sont 19 000 étrangers en 1910, soit 11 % de la population bruxelloise et une proportion triple de celle du pays. Pendant le XIXe siècle, la communauté française est la plus importante (1/3), suivie par les Allemands (1/4) et les Néerlandais. Si cette présence étrangère n'engendre aucune tension particulière jusqu'en 1914, l'entrée en guerre provoque l'expulsion, en quelques jours, d'au moins 9 100 Allemands.

La tendance lourde dans l'évolution démographique de la ville de Bruxelles est indubitablement à la baisse. De 187 039 en 1946, la population est tombée à 133 808 en 1999. Cette baisse de presque 30 % est d'autant plus spectaculaire que, pendant la même période, la population belge a augmenté et que celle de

Maquette de la Cité modèle à Laeken, présentée à l'Exposition universelle de Bruxelles de 1958

l'agglomération bruxelloise est restée plus ou moins stable. Cette tendance connaît des accélérations et des ralentissements. Après une première stabilisation qui suivit la Seconde Guerre mondiale, le début des années 1950 correspond à une première contraction, la ville perdant 10 000 habitants entre 1950 et 1955. Puis, à la fin des années 1960, elle diminue à nouveau spectaculairement. En 15 ans, la ville compte 30 000 habitants de moins. Les raisons sont multiples. Après 1950, on observe le déclin généralisé des centres urbains en Europe et en Amérique du Nord. La forte amélioration des transports en commun permet de plus en plus de séparer lieu d'habitation et lieu de travail. Les villes ne parviennent pas à offrir la même qualité de vie que les espaces semi-urbains qui entourent les métropoles : le prix du logement, la pollution, le manque d'espaces verts... constituent autant d'obstacles. En favorisant l'accès aux voitures (par ex. les tunnels) et en misant sur une extension des tâches administratives (par ex. le projet Manhattan), la politique de Bruxelles fait fuir une population aisée. Comme le territoire bruxellois est complètement urbanisé en 1945, il n'offre plus l'espace nécessaire pour accroître les constructions. Or, le XXe siècle est marqué par une augmentation considérable de la surface occupée par individu. La population belge quitte donc massivement la ville de Bruxelles : elle est presque divisée par deux entre 1947 et 1991. Ces départs sont partiellement compensés par l'arrivée de populations étrangères. Cette tendance est parallèle à un appauvrissement durable des Bruxellois jusqu'en 2005.

L'évolution démographique récente semble indiquer un nouveau tournant. Pour la première fois depuis plus de 100 ans, Bruxelles a connu une croissance démographique importante pendant un peu plus de cinq années consécutives (de 133 808 habitants en 1999 à 144 853 en 2006). Divers facteurs peuvent l'expliquer. D'une part, il s'agit d'un phénomène occidental, également observable dans d'autres villes européennes. D'autre part, un changement dans la politique urbaine est en cours (contrats de quartier, commissions consultatives...) : la préoccupation de l'amélioration de la qualité de vie est devenue centrale.

Comme tous les centres urbains occidentaux, Bruxelles héberge un nombre important et diversifié d'étrangers. De 1945 au début des années 1960, la part de la population étrangère est restée relativement stable (8,50 % en 1947, 7,88 % en 1961). Ensuite, elle a connu une croissance importante : 20,21 % en 1970, 30,04 % en 1981, 36,23 % en 1991. Dans un premier temps, cette hausse est portée par une multitude de nationalités : le nombre d'Espagnols (multiplié par cinq entre 1961 et 1975), de Grecs et d'Italiens augmente fortement. Dans le dernier quart du XXe siècle, ce sont surtout les communautés marocaine et, dans une plus faible mesure, turque qui continuent de croître. D'abord due à une immigration organisée de travailleurs, l'immigration marocaine est caractérisée depuis 1974 par le mariage et le regroupement familial.

Depuis le début des années 1990, la part des étrangers dans la population bruxelloise a commencé à baisser : elle représentait 36,24 % en 1993 et 28,91 % en 2003. La diminution s'explique notamment par la politique nationale de naturalisation.

Une des spécificités de Bruxelles provient sans aucun doute de son rôle de siège des institutions européennes. Même si la commune n'abrite pas les quartiers les plus recherchés par les fonctionnaires européens (à l'exception du quartier des squares), chacun des pays membres de l'Union européenne dispose néanmoins de communautés nationales non négligeables, comprenant notamment les personnes travaillant pour les nombreuses organisations qui gravitent autour des institutions européennes.

La ville n'est pas très étendue, mais de fortes différences géographiques existent dans la répartition de la population étrangère. Deux quartiers, le Pentagone (45 % d'étrangers) et la chaussée d'Anvers (49 % d'étrangers), présentent une image particulièrement mélangée. Dans d'autres parties de la ville, les Belges représentent plus de 80 % de la population totale : Laeken (82 %), Neder-over-Heembeek (87 %) et Haren (91 %). Il faut toutefois préciser que la gentrification récente du Pentagone a attiré des étrangers aux revenus élevés tandis que la politique de naturalisation a favorisé l'augmentation du pourcentage de Belges dans d'autres parties de la commune.

Une certaine ségrégation par nationalité, qui épouse une ségrégation socioéconomique, existe bel et bien : les étrangers et les classes moyennes inférieures habitent plutôt le centre et le nord-est de la ville tandis que les cadres, les employeurs et les professions libérales choisissent davantage le haut de Bruxelles. On constate toutefois aujourd'hui que certaines parties du Pentagone sont de plus en plus recherchées par des personnes gravitant autour des institutions européennes. Contrairement à d'autres villes européennes, la commune de Bruxelles a donc pu éviter la « ghettoïsation », les quartiers complètement homogènes sont assez rares.

La situation politique

Les régimes français et hollandais ont constitué des périodes contrastées pour la ville. Si Bruxelles n'est qu'une simple préfecture impériale, Napoléon y fait engager des travaux d'embellissement et suscite des commandes à l'industrie. Devenue capitale à mi-temps du Royaume-Uni des Pays-Bas, la ville accueille le gouvernement et le roi, qui la trouve pleine d'agréments par rapport à l'austère La Haye.

En août-septembre 1830, ce sont les populations bruxelloise surtout (80 % des victimes des combats) et brabançonne qui jouent le rôle principal dans les événements révolutionnaires (et le retrait de l'armée hollandaise) qui se déroulent d'ailleurs essentiellement sur le territoire de Bruxelles. La ville, centre de l'insurrection, sera tout naturellement le lieu où seront mises en place les institutions de la Belgique indépendante. Elle devient capitale à part entière.

Bruxelles offre donc dès le début une topographie mémorielle qui soutiendra la construction de l'identité nationale tout au long du XIXe siècle. La place Saint-Michel devient la place des Martyrs et un cénotaphe y accueille les dépouilles des « héros » morts au combat. Pour fêter les 25 ans de l'indépendance, un monument national, la colonne du Congrès, surmontée de la statue du roi, est érigé, surplombant la ville et constituant une première réa-

Montius, *Le Palais des Représentants de la Nation à Bruxelles*, vers 1828

lisation d'assainissement de quartiers populaires qualifiés de « bas-fonds ». Les places publiques s'ornent de bronzes monumentaux à la gloire d'un passé national systématiquement reconstruit. Les bâtiments et les arcades du Cinquantenaire commémorent les 50e et 75e anniversaires du pays. La toponymie de la ville rend hommage aux fondateurs de la Nation.

Devenue capitale à part entière d'un pays centralisé et en voie de développement économique rapide, Bruxelles est un point central dans tous les domaines. Elle est le siège des institutions parlementaires, la Chambre et le Sénat, qui se voient construire de splendides hémicycles, et du pouvoir exécutif symbolisé par le palais du Roi qui acquiert son caractère monumental actuel par la volonté de Léopold II. Si le grandiose Palais de Justice construit par Poelaert sert de siège aux institutions judiciaires de l'arrondissement de Bruxelles et de la principale cour d'assises du pays, il est également le siège de la plus haute d'entre elles, la cour de cassation. Surtout, il est l'expression de la valeur primordiale de la bourgeoisie urbaine libérale qui prend le pouvoir à Bruxelles : la justice. Les trois bâtiments qui se répondent dans un espace restreint, autour et dans la perspective d'un parc, lieu des combats acharnés de 1830, réalisé selon un ordonnancement néoclassique plein de majesté, concrétisent la modernité du nouvel État. Dans le même espace s'était installé, Montagne du Parc, face au parc, le siège de la Société Générale, moins imposant sans doute, mais centre d'une influence déterminante pour l'avenir du pays. Suivant une dichotomie spatiale ancienne, le haut de la ville concentre les principaux pouvoirs sur les collines du Treurenberg, du Coudenberg et du Galgenberg.

Le libéralisme domine tout au long du XIXe siècle dans la capitale belge. Contrairement à d'autres villes, l'orangisme (la fidélité au roi des Pays-Bas déchu) ne présente à aucun moment d'alternative crédible au patriotisme ambiant. La domination du libéralisme est favorisée par plusieurs éléments : l'importance de la bourgeoisie éclairée d'affaires et de robe, l'influence des loges maçonniques, la création de l'Université libre de Bruxelles (1834) et la présence d'une classe ouvrière qualifiée pouvant bénéficier d'une ascension sociale aisée et précocement hostile à l'Église et à la religion (sociétés d'enterrements civils dès 1854).

« L'alliance », première société libérale, date de 1841. C'est à l'hôtel de ville qu'est créé le parti libéral, premier parti politique belge, en 1846.

L'unité du parti libéral, nourrie de l'opposition à la prééminence de l'Église dans le fonctionnement du pays et de l'État, s'efface dans toutes les autres questions. La vie politique bruxelloise est caractérisée par la lutte farouche entre « doctrinaires » dominants et progressistes plus ou moins « radicaux » qui trouvent à l'université un vivier constamment renouvelé d'avocats, de médecins et d'enseignants combatifs sur le terrain politique, prêts à soutenir les mouvements sociaux nouveaux, flamand, ouvrier, féministe. Ces « jeunes libéraux», quand ils vieillissent, renouvellent souvent les cadres « doctrinaires » qui détiennent le pouvoir. L'unité anticléricale explique la vigoureuse politique scolaire menée inlassablement dans le cadre des libertés constitutionnelles et qui conduit à multiplier les établissements primaires et secondaires de qualité destinés à former une main-d'œuvre et des cadres qualifiés, indépendants et créatifs, détachés du conservatisme moral et intellectuel de l'Église. La Ligue de l'Enseignement (1864) radicalise le propos, innove en matière pédagogique, prépare le programme scolaire du libéralisme gouvernemental (1879). L'enseignement en flamand est amorcé ; l'enseignement pour filles à tous les niveaux est développé par Isabelle Gatti de Gamond qui forme des générations d'enseignantes et les premières étudiantes universitaires. Sur tous les autres points, la lutte est sévère. La politique poursuivie par le collège échevinal se définit par un libéralisme affirmé, que ce soit par son absence de politique sociale (laissée aux associations), une politique de modernisation de la ville favorisant la liberté commerciale et le mouvement des affaires (construction des installations maritimes). Le mouvement syndical s'est rallié à la lutte politique (élections communales de 1884), à l'origine de la formation du POB, ancêtre du parti socialiste (1885). Celui-ci, troisième parti de la ville, renforcé par l'adhésion d'une fraction du libéralisme progressiste, profondément anticlérical, n'envisage en aucune manière de soutenir ou de s'allier à un autre parti que le parti libéral, surtout pour défendre l'école publique neutre. Dès 1899, ce parti ouvrier entre au collège et obtient des mesures sociales pour le personnel communal, comme des actions dans la ville, favorables à son électorat ouvrier.

Manifestation sur les boulevards centraux pour l'obtention du suffrage universel, 1893

Ce n'est qu'avec l'introduction du suffrage communal universel, masculin et féminin (1921), et l'extension de la ville que l'électorat catholique révèle son véritable poids politique. Le scrutin majoritaire ne permettait pas l'élection de conseillers de ce parti au XIXe siècle. En 1895, au suffrage généralisé pour les hommes avec scrutin en partie proportionnel, 15 libéraux, 12 socialistes et 12 catholiques sont élus. En 1921, les catholiques étant devenus majoritaires (avec 17 élus pour 14 libéraux et 12 socialistes), les libéraux décident de s'allier avec eux en gardant le poste de bourgmestre et l'échevinat de l'instruction publique, d'autant que le POB est mené à la ville par l'architecte Brunfaut républicain et soviétophile. À part en 1938, où l'extrême droite, Rex, lui ravit beaucoup de voix, le parti de droite est majoritaire jusqu'en 1952. Mais il ne réussit pas à s'emparer du mayorat qui demeure la chasse gardée des libéraux. Contrairement à d'autres villes belges, notamment Gand et Anvers, l'élite du monde politique bruxellois ne se renouvelle guère au cours des années 1920 et 1930. Cette stabilité est symboliquement illustrée par le règne du journaliste Adolphe Max, bourgmestre de 1909 jusqu'à sa mort, en 1939. Son successeur, le médecin Joseph Van de Meulebroeck, était conseiller communal depuis 1907 et sera bourgmestre (premier Laekenois) jusqu'à sa mort, en 1956. Tous deux ont gagné popularité et respect en raison de leur fermeté face à l'occupant lors des deux guerres.

La vie politique bruxelloise dépasse les étroites frontières de la commune. L'arrondissement électoral de Bruxelles est le plus important du pays. La majorité libérale s'opposera aux gouvernements catholiques de 1870 à 1914 (excepté en 1878-1884, où les libéraux sont au pouvoir). D'autre part, en raison de son rôle symbolique de capitale, les décisions prises au conseil communal ont parfois des répercussions nationales. Les compétences élargies du bourgmestre en matière de police rendent sa position parfois déterminante vis-à-vis des nombreuses manifestations qui se déroulent à Bruxelles. L'opposition du bourgmestre Charles Buls au ministre de l'Intérieur catholique, en 1884, est légendaire. Le monde catholique a organisé une vaste manifestation de soutien à la politique scolaire du gouvernement, politique contestée par les grandes villes dominées par les libéraux, Bruxelles en particulier. Les manifestants, en grande majorité venus de la Flandre rurale, sont attaqués et dispersés par la jeunesse étudiante, sont recouverts ironiquement de bleu (couleur libérale) de lessive par les habitants des boulevards et les grosses caisses de leurs fanfares sont crevées (« la Saint-Barthélemy des grosses caisses »). Outre la rivalité séculaire avec Louvain et Malines, il s'agit là d'un événement fondateur du désamour des Flamands pour la capitale. Face aux manifestations socialistes en faveur du suffrage universel, Charles Buls fera preuve d'une tout autre autorité, au point d'être affublé du surnom de « cosaque ».

Bruxelles joue un rôle culturel paradoxal, à la fois central et particulier. Ville originellement flamande, elle connaît une très forte francisation, entamée au XVIe siècle en raison de la présence de la cour princière et renforcée au XIXe siècle, essentiellement pour des raisons socioéconomiques et culturelles. Le français apparaît comme la langue du pouvoir et de l'ascension sociale. Dans la deuxième moitié du XIXe siècle, la répartition des langues oscille entre 20 à 25 % de « francophones », 20 à 39 % « de Flamands » et 30 à 50 % de « bilingues », catégorie difficile à cerner. En 1949, 24,4 % de la population se dit linguistiquement flamande, mais seulement 15,6 % des actes de naissance et 9,80 % des actes de décès sont rédigés en néerlandais, soulignant les paradoxes au sein de cette population. Le mouvement flamand s'est pourtant précocement et fortement manifesté, réunissant une pléiade de littérateurs et d'artistes productifs et talentueux, souvent fonctionnaires, subventionnés par les autorités nationales dans leur démarche culturelle de rendre vivante la langue flamande. Des universitaires francophones (ULB) les ont soutenus, dans une perspective démocratique, au sein du mouvement des *Vlamingen Vooruit* (1859). C'est dans ce contexte que naît pour la première fois, dans les années 1850, l'idée du fédéralisme destiné à régler la dualité de langue, sinon de race, du pays. Mais ces « flaminganten » épris d'une langue épurée et normalisée se heurtent à l'indifférence des classes populaires, qui parlent les dialectes bruxellois (flamands), ou des immigrés de Flandre, plus préoccupés du pain quotidien ou d'ascension sociale que d'identité linguistique. En revanche, ils sont vivement combattus sur le plan politique par une bourgeoisie francophone, peu désireuse de voir émerger une seconde langue nationale. Sur le plan bruxellois, ils éprouvent toutes les difficultés du monde à obtenir un théâtre flamand permanent, pourtant magnifiquement et dynamiquement défendu par des Jacob Kats, Félix Van de Sande, pendant des décennies. Ce théâtre s'installera finalement au Cirque, puis à l'entrepôt du port intérieur de Bruxelles, réaménagé par l'architecte J. Baes (1887) sous le nom de Koninklijke Vlaamse Schouwburg (KVS) et récemment restauré.

Jan Baes, le Koninklijke Vlaamse Schouwburg, 1887

Réfectoire Élisabeth ouvert dans les Établissements Delhaize Frères et Cie Le Lion pour les nécessiteux à la fin de la Première Guerre mondiale, 1917

Quelques améliorations du régime linguistique sont réalisées à l'initiative de Charles Buls, bilingue et sensible à l'identité flamande : enseignement du flamand dans les premières années de l'enseignement primaire en 1879, bilinguisme des plaques de rues et des inscriptions publiques. Cette dernière décision a des effets parfois cocasses car des traductions françaises maladroites de la toponymie flamande traditionnelle sont retraduites erronément en flamand ! La pression sociale du français (seule langue officielle jusqu'en 1898) est telle que la francisation s'accentue toujours, sous la pression notamment de familles flamandes peu soucieuses de voir leurs enfants apprendre à l'école une langue qui ne leur servira pas à une éventuelle ascension sociale. De même, les nombreux mariages entre ouvriers flamands et domestiques francophones conduisent à la francisation familiale.

Le court XXe siècle est profondément marqué par le phénomène de la guerre, une guerre qui, par son caractère total, efface les frontières entre la vie militaire et la vie civile. Le cas de la Belgique en général et de Bruxelles en particulier est unique en Europe de l'Ouest. En 25 ans, la ville est occupée à deux reprises et offre un concentré des expériences belges d'occupation ; elle se différencie du reste du pays par des éléments spécifiques liés à son caractère très urbain et à son statut de capitale, constituant pour l'occupant un espace particulièrement important. La présence massive d'appareils administratifs et de soldats allemands en transit explique une « germanisation » partielle de la capitale via la signalisation et la vie artistique par exemple. Des journaux paraissent en allemand qui devient la troisième langue parlée à Bruxelles. Par les appareils de répression mis en place pendant les deux conflits, l'occupant dispose d'outils de violence extrême. Par leurs effectifs réduits, ces organes ne peuvent pas contrôler toute la population et se concentrent donc sur des catégories de population très précises (prostituées, mouvements patriotiques et de résistance, Juifs...).

Dégâts avenue de la Couronne, suite au bombardement allié du 7 septembre 1943

Par son importance symbolique centrale, Bruxelles constitue aussi un espace très disputé par les différents groupes qui tentent d'établir leur légitimité auprès de la population. En 1914-1918, les habitants de la ville manifestent leur opposition à l'occupation lors des « jours de mémoire » (fête nationale, anniversaire de l'invasion...) : ils le font par le dépôt de fleurs, le port d'habits de dimanche, de la cocarde tricolore. Le mouvement activiste flamand reste trop faible pour pouvoir s'imposer dans les rues bruxelloises. Même lors de ses grandes réunions à l'Alhambra, son impact sur la ville reste limité. En 1917, Bruxelles devient capitale de la Flandre et le siège du Raad van Vlaanderen.

La situation en 1940-1945 est totalement différente. Rex, de Léon Degrelle, et les mouvements de collaboration flamands (surtout le Vlaams Nationaal Verbond) ont la volonté de conquérir la ville. Par leurs fêtes, leurs réunions, leurs défilés, leurs affiches, leurs unités paramilitaires, le départ en fanfare des volontaires pour le front de l'Est, ils marquent et contrôlent l'espace public. Si le temps des grands rassemblements, fréquents pendant la Grande Guerre, semble révolu (excepté le 11 novembre 1940), l'opposition à l'occupant et aux collaborateurs repose cette fois sur des mouvements de résistance plus organisés. La violence constitue un élément caractéristique de ce conflit pour le contrôle (symbolique) de la capitale. Plus de 37 % de tous les attentats politiques en Belgique se déroulent à Bruxelles.

Pendant les deux guerres, l'occupant impose une centralisation de l'agglomération autour de la ville de Bruxelles. Cette dernière acquiert une position dominante dans le tissu administratif du Grand-Bruxelles. Pendant le premier conflit, ces réformes n'aboutissent pas complètement. Bruxelles devient néanmoins le nœud central du flux d'informations. Cela lui permet de contrôler, au moins partiellement, les communes avoisinantes. Vingt-cinq ans plus tard, la centralisation s'institutionnalise.

Si l'élite politique de la capitale refuse cette fois de participer à ce processus, son élite administrative est l'une des principales gagnantes de la centralisation. Elle occupe la plupart des postes dirigeants

Salle du Conseil communal de l'hôtel de ville de Bruxelles

du Grand-Bruxelles (police, chef de cabinet, direction générale des finances...). Les problèmes de ravitaillement s'avèrent particulièrement cruciaux. La population manque de tout. En 1914, le Conseil de Secours et d'Alimentation chapeautait quantité d'associations d'aide, d'ateliers, de restaurants populaires, provoquant une socialisation forte au sein de la population, tandis que le second conflit, marqué par le marché noir (la fameuse rue des Radis dans les Marolles), apparaît plus individualiste.

Même si Bruxelles a relativement peu souffert, en comparaison d'autres villes comme Dinant ou Louvain (1914), Anvers ou Liège (1944), elle a néanmoins subi des tirs de V1 en 1944-1945 et devient un des hauts lieux du patriotisme belge. Celui-ci se définit largement en fonction de la Grande Guerre, autour de la place des Martyrs, de la colonne du Congrès – où est inhumé le Soldat inconnu – ou du 21 juillet, date de la fête nationale, de la place de Bavière rebaptisée place de Dinant, de la statue de Gabrielle Petit qui s'élève à la place Saint-Jean, etc.

La mémoire, les représentations qui se construisent autour de ces deux périodes, les monuments, les commémorations et les noms de rues ne marquent pas seulement symboliquement l'espace urbain, ils influencent également de manière profonde la pratique politique par le refus de centraliser les dix-neuf communes, qui se traduit par la dissolution du Grand-Bruxelles dès la libération et le conflit communautaire.

Bourgmestres de Bruxelles

1830 : Nicolas-Jean Rouppe
1838 : Guillaume H. Van Volxem
1841 : François-Jean Wijns de Raucourt
1848 : Charles H. de Brouckère
1860 : André Napoléon Fontainas
1863 : Jules-Victor Anspach
1879 : Fernand Vanderstraeten
1881 : Charles Buls
1899 : Émile de Mot
1909 : Adolphe Max
1939 : Joseph Vande Meulebroeck
1956 : Lucien Cooremans
1975 : Pierre Van Halteren
1983 : Hervé Brouhon
(puis Michel Demaret, puis Freddy Thielemans f.f.)
1994 : François-Xavier de Donnea
2001 : Freddy Thielemans

Bourgmestres de Laeken

1830 : Benjamin Story Van Waes
1834 : Marc-Julien Deby
1849 : Charles-Joseph Herry
1872 : Jules Van Volxem
1877 : Émile Bockstael

Bourgmestres de Neder-Over-Heembeek

1840 : H. Cammaerts
1851 : J.J. Vanderhaegen
1869 : J.F. De Cottignies
1873 : C. Peeters
1883 : C. Cammaert
1889 : P. Vanderelst
1905 : G. de Ro
1910 : V. Brion

Bourgmestres de Haren

1840 : Jean-Baptiste Vanderelst
1871 : F. Van Pevenage
1874 : A.A. Jabobs
1879 : P. Vanderelst
1901 : J.B. Van Holsbeeck
1905 : L.M.A. Maes

En 1946, le succès du parti communiste (14 % des voix, 5 sièges), auréolé de son rôle dans la résistance et la part prise par l'URSS dans la défaite du nazisme (l'avenue du Midi devient avenue de Stalingrad) et aidé par la disparition des partis d'extrême droite, trouble un moment le jeu politique des trois partis nationaux. D'autant plus que Bruxelles joue un rôle sensible dans la question royale en s'opposant majoritairement au retour de Léopold III sur le trône. La guerre froide aura raison de l'influence communiste (3,2 % en 1958). Les trois grands partis préservent leurs positions, relativement proches, et deviennent à tour de rôle le premier parti, de 1946 à 1958, tandis que la coalition libérale-catholique reste au pouvoir. En 1964, les libéraux, à ce moment dans l'opposition au niveau national, obtiennent une victoire historique à Bruxelles. Devenus PLP (après le pacte qui clôture le contentieux scolaire), ils séduisent désormais une fraction de l'électorat catholique en défendant les indépendants, nombreux dans la ville. Avec 18 des 39 sièges en jeu, ils ratent de peu la majorité absolue. Sous la direction de Lucien Cooremans, devenu bourgmestre en 1956, ils poursuivent leur coalition avec le PSC. Ces élections voient également apparaître des partis qui se définissent par leur positionnement exclusivement linguistique : aussi bien Unité francophone que Brusselse Belangen (un siège chacun). Après le succès exceptionnel de l'Exposition universelle de 1958, dont la ville a profité pleinement tant d'un point de vue urbanistique qu'économique, les conflits linguistiques dominent les années 1960.

Édouard Elle, *La rue de la Régence sous la pluie*, vers 1900

Les élections de 1970 sont marquées par le succès exceptionnel du Front démocratique des francophones (FDF, 12 sièges), annoncé par les scrutins nationaux. Il est précédé de justesse par l'UAB-UTB (Union pour l'Avenir de Bruxelles – Unie voor de Toekomst van Brussel) de l'ancien Premier ministre social-chrétien Paul Vanden Boeynants (12 sièges également). Malgré une défaite cuisante (-7 sièges), les libéraux gardent le mayorat au sein d'une coalition tripartite (PLP-PVV, UAB-UTB, PSB-BSP). En août 1975, après la démission de Lucien Cooremans, le notaire libéral Pierre Van Halteren devient bourgmestre. Il défend le bilan de la tripartite aux élections suivantes qui voient cette majorité reconduite (malgré le succès du FDF qui devient le parti le plus important). C'est lui qui mènera les célébrations du « millénaire de Bruxelles » en 1979. Avec 9 élus flamands sur 43 (21 %), Bruxelles se situe au-dessus de la moyenne de l'agglomération (13 %), constat valable pour toute la deuxième moitié du XXe siècle. Après un siècle et demi de stabilité relative, dominée par les libéraux qui dirigent la ville avec les catholiques depuis 1921 (avec les socialistes à partir de 1970), la tendance tourne à l'instabilité chronique. Les partis traditionnels se scindent linguistiquement (en 1982 pour les socialistes, 1988 pour les libéraux, 1994 pour les catholiques). Le parti Écolo, favorable à une nouvelle citoyenneté participative urbaine, obtient des résultats croissants (17 % en 2000), le FDF s'effondre avant de s'allier avec le parti réformateur libéral (PRL), tandis que le Front National et le Vlaams Blok, partis d'extrême droite xénophobe, obtiennent plus de 7 % en 1994 et 3,4 % en 2000. Les suffrages se dispersent, de manière irrégulière, sur un nombre croissant de listes (11 listes ont obtenu des élus en 2000, 8 en 2006). En 1988, le rétablissement du PS lui permet de s'allier avec le PSC et de mettre fin à plus de 150 ans de pouvoir libéral dans la capitale. À la tête d'une coalition fragile (22 des 43 sièges), l'ancien syndicaliste Hervé Brouhon (PS) devient bourgmestre. À son décès, en 1993, il est d'abord remplacé par Michel Demaret (PSC), ancien portier de cabaret très populaire dans le bas de la ville, puis par l'enseignant en langues germaniques, Freddy Thielemans (PS). La mise à l'écart de Demaret, par ailleurs mis en cause pour sa gestion, relève d'un double mouvement. Pour la première fois, la ville n'était plus dirigée par un « bourgeois » (phénomène social), ni par un « laïque » (phénomène politique). Au-delà de la majorité existante renaissait le réflexe « anticlérical », de défense du réseau d'enseignement de la ville, très important et de qualité.

En 1994, une coalition PRL-PS-Écolo-CVP-VLD, dirigée par François-Xavier de Donnea, se noue rapidement afin d'écarter la liste PSC, conduite par le controversé Michel Demaret et défendue par Paul Vanden Boeynants, ancien Premier ministre.

En 2000, Freddy Thielemans, fort du succès du PS, qui capitalise le premier le vote des citoyens d'origine étrangère (lois sur la naturalisation), et d'Écolo, devient bourgmestre avec une coalition réunissant socialistes, sociaux-chrétiens et écologistes des deux régimes linguistiques. En 2006, le PS, mené par le bourgmestre, se renforce et renoue avec la bipartite PS-cdH. L'échec, en 2000, du chevalier de Donnea à la tête de la liste libérale, ressenti comme le représentant des « beaux quartiers », puis de ses successeurs (2006), illustre les mutations économiques et sociales intervenues à Bruxelles depuis la guerre : les commerçants et artisans indépendants, traditionnellement libéraux, ont cessé leurs affaires ou n'habitent désormais plus en ville. Bruxelles, qui avait entamé un lourd et coûteux programme de rénovation de son important patrimoine immobilier (6 000 immeubles) sous la houlette de l'échevin M.-A. Pierson, doit faire face à un triple défi : urbain (perte d'une partie de sa population aisée), socioéconomique (désindustrialisation et montée du chômage) et institutionnel (désintérêt de plus en plus marqué d'une partie des Flamands et des Wallons pour la capitale).

Jean-Jacques Gailliard, *Blanchisserie à Bruxelles*, vers 1950

Jean-Baptiste Van Moer, *La Senne à hauteur du moulin de la Barbe*, 1870

Les aménagements urbains

Si le Bruxelles de 1830 présente encore, par de nombreux aspects, le visage homogène d'une ville d'Ancien Régime, celle-ci a une image beaucoup plus éclatée et hétérogène à la veille de la Seconde Guerre mondiale.

Les nouveaux grands ensembles urbanistiques prennent naissance dès la fin du XVIIIe siècle, mais ce n'est qu'au XIXe siècle que ce mouvement prend véritablement son envol. Après la réalisation de la rue Neuve, et son prolongement jusqu'au boulevard, et de nouvelles portes et places avec voiries attenantes (portes de la Loi, du Rivage, de Ninove, Louise), le développement des transports joue un rôle important dans le remodelage des axes de la ville. Si Bruxelles était caractérisée par une circulation est-ouest, l'installation de la gare du Nord (1846) et de la station des Bogards (1840), ainsi que l'aménagement de la place Rouppe, furent l'occasion de redessiner le tissu urbain. Le percement de la rue du Midi (1840-1862) et la prolongation de la rue Royale amorcent une nouvelle logique nord-sud. Dans l'ensemble, la période qui s'étend jusqu'en 1860 se caractérise davantage par l'extension et la densification de l'habitat que par un remodelage profond.

Émile Hellemans, ensemble de logements sociaux, dit *cité Hellemans*, dans le quartier des Marolles, 1912-1915

Le quartier des squares, vers 1900

La période suivante, qui se prolonge jusqu'au début des années 1960, est par contre marquée par le développement de chantiers considérables qui bouleversent le paysage urbain. Thierry Demey le souligne en intitulant son ouvrage bien connu *Une capitale en chantier*. Prenant en exemple les travaux d'aménagement réalisés par le *Metropolitan Board of Works*, à Londres, afin d'y éradiquer les quartiers les plus sordides, et ceux menés par le préfet Haussmann à Paris, Bruxelles entame une phase d'intense modernisation. Assainissement et embellissement caractérisent l'esprit du temps : en 1865, il existe, dans le Pentagone, près de 300 impasses où s'entasse une population de plus en plus dense à la recherche de loyers accessibles (main-d'œuvre souvent peu qualifiée, « immigrants » nouveaux aux revenus précaires). L'aménagement des boulevards centraux (1866-1875), sous l'impulsion du bourgmestre Jules Anspach, en est la parfaite illustration. La rivière qui traverse le centre-ville constitue un véritable égout à ciel ouvert, un cloaque, qui cumule les pollutions d'origine industrielle et humaine (elle contamine la nappe phréatique et donc les nombreux puits utilisés) et entraîne des épidémies. Il s'agit de créer un environnement urbain digne de la capitale, en menant les travaux hydrauliques qui évitent les inondations régulières, en réalisant un égouttage moderne, en voûtant la Senne et en aménageant les grands boulevards. L'épidémie de choléra de 1866 confirme l'urgence des travaux : ils sont réalisés de 1867 à 1871. Rendus possibles par la loi de 1867 sur l'expropriation par zone pour cause d'utilité publique, ils entraînent la démolition de plus de mille maisons, ateliers et entrepôts, et la canalisation des nombreux bras de la rivière dans un pertuis unique. L'espace aménagé en surface est utilisé pour plusieurs constructions monumentales (Bourse, Palais du Midi, Poste centrale) et immeubles résidentiels et commerciaux haut de gamme. Mais le réaménagement qui conduit à la réalisation de la place De Brouckère, sur laquelle est érigé un monument à la gloire d'Anspach, maître des eaux, est limité en largeur. Il est donc possible de traverser perpendiculairement, sur cent mètres de profondeur, le XVIIe, le XIXe et à nouveau le XVIIe siècle. Le déplacement de la gare du Midi (1869)

ouvre la future avenue de Stalingrad et les rues perpendiculaires. Si les boulevards centraux contribuent sans aucun doute à influencer les flux de circulation en imposant l'orientation nord-sud (déjà annoncée avec les constructions ferroviaires), celle-ci sera un échec partiel dans ses aspirations immobilières et financières. La bourgeoise bruxelloise fréquente assidûment les lieux caractérisés par la modernité commerciale (les grands magasins, les grands cafés) et par la centralité des échanges (la Bourse des valeurs, de même que les Bourses aux matières premières qui se tiennent dans les cafés des environs), mais elle ne réinvestit pas les lieux pour son habitat.

D'autres projets importants marquèrent cette époque. La construction du palais de Justice (1866-1883) et la réalisation de la vaste place Poelaert, où aboutit la rue de la Régence prolongée, relèvent d'une décision de l'État, inspirée par le roi Léopold II, mais soutenue et financée par la ville et la province. Ces travaux provoquent des destructions massives dans les quartiers populaires et le déplacement important de populations. C'est le cas également de l'assainissement du quartier Notre-Dame-aux-Neiges (1875-1884). Il est remodelé sur l'axe de la rue du Congrès, dans la perspective du monument national réalisé pour le 25e anniversaire du pays, et autour de la place de la Liberté et des voiries nouvelles en étoile qui portent le nom des libertés constitutionnelles. C'est encore le cas du percement de la rue Blaes, destinée à doubler la vieille rue Haute et à « aérer » le quartier des Marolles avec la réalisation de la place du Jeu de Balle (siège du « vieux marché » qui existe toujours), ainsi que de la nouvelle caserne des pompiers et de l'assainissement du quartier central de la Putterie, envisagé dans le cadre des travaux de la jonction ferroviaire Nord-Midi. La transformation du quartier de la Montagne de la Cour, qui lui est également associée, voit s'opposer les perspectives monumentales envisagées par Léopold II et la préservation de la ville ancienne défendue par le bourgmestre Buls. Après les premières destructions, et en raison de l'absence de décision de fond, le Mont des Arts, plein de charmes, qui relie en cascades la place Royale et les nouvelles voiries prévues en contrebas (boulevard de l'Impératrice), est rapidement réalisé en vue de l'Exposition internationale de 1910. Compromis transitoire, à la belge, qui ravira les visiteurs et les Bruxellois au point que les aménagements définitifs des années 1960 ont été largement critiqués. Pour sa part, Charles Buls, orfèvre de formation, préoccupé d'esthétique des villes, s'applique plus à rénover la ville ancienne et à en souligner les attraits. Il est responsable ainsi de la préservation et de la rénovation de la Grand-Place.

Il faut, enfin, signaler le comblement progressif des bassins intérieurs : d'abord celui des Marchands (1853) qui permet la construction de la nouvelle église Sainte-Catherine, puis celui du marché aux poissons (1884) ; les derniers sont comblés en 1911, en prévision de l'aménagement du nouveau port et de la création des boulevards de Dixmude et d'Ypres, quartier qui accueillera le marché matinal. Le Mestback, « la ferme des boues » malodorante, à proximité du Petit Château nouvellement construit, est déplacé en 1865 à l'Allée Verte où un incinérateur fonctionne dès 1902, avant de gagner Evere, le long du canal, à l'extérieur de la ville.

L'avenue des Nations, aujourd'hui avenue Franklin Roosevelt, et l'Université libre de Bruxelles, vers 1925

Construction du rond-point Schumann dans le nouveau quartier européen, 1965

La loi de 1867 sur le logement ouvrier a conduit à des initiatives privées qui se révèlent totalement insuffisantes pour pallier le manque de logements peu onéreux et de qualité. Par ailleurs, les importants travaux d'assainissement réalisés ont tendance à favoriser la montée des prix.

La loi de 1889 ouvre la voie à l'accès à la propriété et au financement, par la CGER, de la construction de logements à bon marché. Mais il faudra attendre l'entrée des socialistes au collège échevinal et les résultats d'une enquête menée par l'architecte Hellemans, qui met en lumière une situation catastrophique (1905), pour que la commune décide d'entreprendre un programme de construction de logement sociaux. La cité Hellemans, dans les Marolles (1912-1915), en est l'exemple le plus impressionnant. En lieu et place de plusieurs impasses insalubres (rues des Vers et de la Rasière), habitées par 2 164 personnes, sont construits 272 logements modernes, dont les loyers sont relativement moins élevés que les précédents et réservés aux anciens habitants..., mais qui n'abritent plus que 1 100 personnes ! Le programme de logements sociaux se développe après guerre avec la création du Foyer bruxellois qui bénéficie de la loi de 1919.

À côté de ces importants réaménagements dans le Pentagone, les nouveaux quartiers progressent : le Quartier Léopold, le quartier Nord-Est et les avenues Louise et Roosevelt. Ces extensions successives du territoire communal correspondent, chaque fois, à des projets d'urbanisation exécutés sur des terrains pratiquement vierges d'habitations. Il en résulte donc que les annexions successives seront suivies d'une brusque croissance de population, suivie d'un palier : dans les années 1850, à la suite de la création du Quartier Léopold ; entre 1890 et 1910, pour le quartier Nord-Est où sont aménagés rapidement les squares Marie-Louise, Ambiorix et Marguerite ; dans le dernier tiers du XIXe siècle, le long de l'avenue Louise, et dans les années 1930 et 1950, le long de l'avenue Roosevelt.

Le Parlement européen

Le Quartier Léopold est créé par une société immobilière, la Société Civile, filiale de la Société Générale, à partir du début des années 1840, entre les limites de la ville et le chemin de fer du Luxembourg. Il est conçu selon un plan rigide en damier, dont l'axe initial était la rue Guimard, aboutissant au square Frère-Orban, où l'église Saint-Joseph fut édifiée en style Renaissance italienne. L'obstacle de la vallée du Maelbeek sera franchi par la rue de la Loi grâce à la construction d'un viaduc en 1857. Dès lors, la rue de la Loi est prolongée jusqu'au rond-point d'où partiront les avenues rectilignes d'Auderghem et de Cortenbergh, et jusqu'au champ de manœuvres qui deviendra le site du parc du Cinquantenaire à l'occasion de l'Exposition internationale de 1880. De ces constructions, il subsiste les deux ailes courbes en colonnade (l'aile sud ayant toutefois été reconstruite après un incendie) et les deux immenses halles métalliques. L'arcade qui relie les deux ailes courbes ne date que de 1905 et remplace l'arcade originelle plus petite et à une seule arche. Elle est érigée à l'occasion du 75e anniversaire du pays sur la cassette personnelle de Léopold II, enrichi grâce aux affaires florissantes du Congo. De l'Exposition universelle organisée en 1897 sur le même site, il reste le bâtiment devenu aujourd'hui la Grande mosquée de Bruxelles et qui était destiné à abriter la fresque monumentale du panorama du Caire. Un jardin zoologique est édifié en bordure du Maelbeek ; il sera transformé en 1880 par la ville pour devenir le parc Léopold. La transformation du Quartier Léopold en quartier de bureaux après la Seconde Guerre mondiale respectera la trame viaire et le plan cadastral anciens, se contentant de regrouper des parcelles pour y édifier des immeubles de bureaux à l'emplacement des anciens hôtels de maître. Seul l'immeuble du Berlaymont (1967) rompt radicalement avec ce type d'implantation. Au nord du rond-point Schuman, sur le versant oriental de la vallée du Maelbeek, l'urbanisation du quartier Nord-Est adoptera un plan symétrique organisé sur l'axe des squares qui descendent selon la ligne de plus grande pente vers l'étang du square Marie-Louise.

Le Quartier Léopold, destiné à la haute bourgeoisie et à l'aristocratie, constitue l'exemple le plus significatif de l'urbanisme néoclassique bruxellois. Il est prolongé par l'urbanisation fin de siècle du quartier Nord-Est, dit des squares, due à Bordiau, dans la perspective de l'étang créé dans la vallée du Maelbeek. Ce quartier est caractérisé par une architecture éclectique et individualiste, parsemé de quelques immeubles Art nouveau, qui fait tout son charme. Il est dévolu à une classe moyenne élevée.

L'avenue Louise a été créée au départ du quartier Louise pour relier la ville au Bois de la Cambre, portion de la Forêt de Soignes aménagée en parc public à l'anglaise par Keilig en 1864. Concession accordée à l'origine à deux propriétaires fonciers, Jourdan et De Joncker, bientôt défaillants, les travaux ont été achevés par la ville en 1864. Vers 1880, les abords de l'avenue restaient encore pour l'essentiel vierges de construction au-delà de la rue Lesbroussart. Surmontant les jardins de l'abbaye de la Cambre, l'avenue Émile De Mot est ouverte pour relier l'avenue Louise au site de l'Exposition universelle de 1910, situé sur le

Percement de la jonction Nord-Midi, à hauteur du Mont des Arts, vers 1930

plateau du Solbosch. Après la Première Guerre mondiale, ce site sera occupé par les nouveaux bâtiments de l'Université libre de Bruxelles et la large avenue des Nations (bientôt avenue Franklin Roosevelt) qui s'allonge à l'est du Bois de la Cambre, rejoignant la chaussée de La Hulpe à hauteur de l'hippodrome de Boitsfort.

Le quartier de l'avenue Louise et des Jardins du Roi se construit progressivement, reflétant les styles qui se succèdent jusqu'à l'Art nouveau, au bénéfice des classes supérieures. Dans le dernier quart du XIXe

Construction de la flèche du Génie civil sur le site de l'Exposition universelle, 1957

siècle, ce tissu urbain transformé est peu à peu rendu accessible grâce au développement des transports en commun qui permettent aux gens travaillant au centre de ne plus devoir y habiter. C'est le début de la transformation du centre-ville en centre d'affaires et de commerce alors que les périphéries deviennent des zones résidentielles.

Depuis les années 1950, ces quartiers connaissent un déclin sensible de leur population, principalement le Quartier Léopold-Schuman, devenu un « Central Business District » désert en soirée. Le long des avenues Louise et Roosevelt, les bureaux sont souvent de plus petite taille ou dévolus à des représentations diplomatiques.

La reprise économique, la tertiarisation des activités, la disparition des industries, la généralisation de la voiture individuelle et la croissance démographique périurbaine de l'après-guerre vont se traduire par de profondes mutations du tissu urbain bruxellois, tant au niveau de l'habitat que des activités économiques.

Le chantier le plus éprouvant de cette période a probablement été celui de la jonction ferroviaire Nord-Midi car il domine l'aménagement du centre de Bruxelles dès le début du XXe siècle. Au lendemain de la Première Guerre mondiale et à la suite des premières démolitions effectuées dans les quartiers Isabelle, Ter Arken, de la Putterie et Princesse Élisabeth, le gouvernement belge signale son intention d'arrêter définitivement les travaux. Les autorités communales se voient, en revanche, dans l'obligation de procéder à certains aménagements afin de satisfaire aux besoins de circulation et de procurer à cette zone éventrée un aspect plus décent, d'autant plus que les fêtes du centenaire de l'indépendance et de l'Exposition universelle et internationale de 1935 approchent. Moyennant une convention avec l'État, signée en 1928, la ville de Bruxelles est autorisée à procéder à un certain nombre de travaux d'aménagement de rues et à disposer des terrains vagues longeant ces voies. Ce n'est toutefois qu'en 1935 que les tergiversations au sujet de la Jonction prennent définitivement fin. Elles donnent lieu, en juillet 1935, à l'institution de l'Office national pour l'achèvement de la Jonction Nord-Midi, dans le cadre de la politique de relance économique face à la grande crise. Les travaux reprennent en 1936, se poursuivent durant la guerre, mais sont arrêtés par les besoins de guerre allemands. C'est seulement le 4 octobre 1952 qu'on peut procéder à l'inauguration de la Jonction Nord-Midi, soit une centaine d'années après le lancement des premiers projets et une cinquantaine d'années après les premières démolitions. Trois nouvelles gares – Chapelle, Centrale et Congrès – facilitent la mobilité, mais 1 650 immeubles ainsi que 20 impasses ont disparu, et 12 000 habitants ont été déplacés.

Jardins de René Pechère sur l'esplanade du Mont des Arts

L'aménagement des rues, l'Exposition de 1935 et le choix définitif de l'emplacement de la nouvelle gare centrale constituent les principales dynamiques du lotissement progressif de cette partie de la ville, exclusivement réservée aux activités de bureau. C'est à l'angle de la rue Cantersteen et de la rue Ravenstein que sera érigé, en 1931-1934, le premier bâtiment administratif moderne qui préfigure le style dominant des lieux : le siège central de Shell Belgique. Dans les pourtours immédiats de la gare, on construira successivement le terminus de la SABENA (1952-1954) et l'immeuble de la Régie des Télégraphes et Téléphones (1959). Le Palais des Beaux-Arts de Victor Horta s'inscrit également dans ce vaste plan en reliant le haut de la ville et le centre par une subtile utilisation de la déclivité qui se poursuit par la galerie Ravenstein (1954-1958).

L'Office national pour l'achèvement de la Jonction Nord-Midi est chargé de l'aménagement des boulevards Saint-Lazare, Pachéco, de Berlaimont, de l'Impératrice et de l'Empereur, formant un long ruban asphalté reliant directement les gares du Nord et de la Chapelle. Les abords de ces boulevards sont plus ou moins rapidement occupés par des bâtiments administratifs publics et privés, entre autres la Banque nationale (1948-1959) et surtout l'immense Cité

Le quartier «Manhattan» et la Dexia Tower place Rogier

administrative de l'État (1958-1983), provoquant à son tour la démolition du marché couvert de Jean-Pierre Cluysenaar et du quartier des Bas-Fonds, situé en contrebas de la rue Royale. Le développement des fonctions étatiques (triplement du nombre des fonctionnaires centraux entre 1885 et 1950) dispersées dans 300 bâtiments entraîne en 1954 la décision centralisatrice symbolisée par la « Tour des Finances ». Cinquante ans plus tard, la fédéralisation du pays a entraîné la décentralisation des fonctions étatiques, à nouveau dispersées dans la ville ou externalisées, la vente de la Cité administrative, prématurément vieillie, et sa rénovation avant réaffectation. Signalons, pour terminer, le réaménagement complet du Mont des Arts. Implanté en lieu et place de l'ancien jardin en terrasses aménagé au début du siècle par Vacherot, pour masquer les destructions, et de ses deux artères latérales intégralement rasées, le nouveau Mont des Arts abrite la Bibliothèque royale Albert Ier et le Palais des Congrès (1965-1980).

L'un des problèmes les plus regrettables liés à la construction de la Jonction est celui du hiatus créé entre le haut et le bas de la ville. Dépourvu de caractère communicatif et de tout attrait piétonnier, cette zone constitue toujours aujourd'hui une rupture dans le paysage urbain.

L'extension de l'emprise des surfaces de bureaux ne se limite pas aux abords des nouveaux boulevards qui surmontent le tracé souterrain du chemin de fer. Des zones compactes de bureaux s'étendent hors de la partie orientale du Pentagone et colonisent le Quartier Léopold. Ce dernier fera lui aussi l'objet de transformations radicales, particulièrement depuis que la vocation européenne et internationale de Bruxelles ait été clairement mise en avant dans les années 1950. Tout le tissu urbain situé entre les boulevards extérieurs et l'actuel rond-point Schuman se mue progressivement en centre administratif et d'affaires, faisant disparaître la plupart des hôtels de maître qui faisaient la spécificité du quartier. La zone située entre le rond-point Schuman et la gare de Bruxelles-Luxembourg constitue aujourd'hui le lieu de concentration de la plupart des institutions européennes présentes à Bruxelles (Commission européenne : le Berlaymont, 1967 ; Conseil des ministres : la Joyeuse Entrée, 1976 ; Parlement européen à l'em-

Le vieux marché au cœur des Marolles

placement de la brasserie Léopold et dalle qui couvre les voies de la gare du Luxembourg, 1992). Le développement des bureaux dans ce quartier et l'importance du trafic rue de la Loi ont déterminé en 1969 la première mise en souterrain des tramways (et au-delà vers la gare Centrale et la place De Brouckère), préfigurant ainsi le développement du métro bruxellois (1976).

Au rôle directeur que Bruxelles joue de longue date dans la vie économique du pays se sont donc ajoutées de nombreuses fonctions internationales privées et publiques. Elles ont entraîné à leur tour l'arrivée d'hôtels de classe internationale (une majorité de 4 et 5 étoiles qui drainent le chaland d'affaires, mais restent dramatiquement sous-utilisés, malgré les ristournes, les fins de semaines...), de représentations diplomatiques et d'organismes publics, parapublics et privés divers, nécessitant d'importantes surfaces de bureaux. L'afflux de bureaux de sociétés étrangères, européennes puis américaines, stimulé par le rôle international grandissant de Bruxelles, provoque une pression supplémentaire sur la ville. Pression d'autant plus grande que les promoteurs choisissent encore préférentiellement des emplacements centraux.

La fièvre constructive engendrée par cette concentration croissante d'activités tertiaires sur le territoire de la ville se manifesta principalement dans l'est du Pentagone et dans les quartiers les plus anciennement annexés: les boulevards de petite ceinture, l'avenue Louise et le Quartier Léopold. Les immeubles d'habitation y devinrent plus rares d'année en année, à l'exception des axes prestigieux comme l'avenue Louise où se multipliaient les immeubles d'appartements construits en hauteur. Le laxisme persistant en matière de régulation urbanistique et l'ampleur de la spéculation immobilière menèrent au délabrement, souvent volontaire, des quartiers voisins de ces zones de bureau et fragilisèrent le maintien de toute autre activité. Les habitants désertèrent progressivement les quartiers concernés, accentuant à leur tour le caractère monofonctionnel des zones. Le mouvement de périurbanisation, qui s'accentua dès les années 1960, concerna d'ailleurs principalement les classes moyennes attirées par les banlieues résidentielles aisées, organisées autour de la voiture et de la maison individuelle, et créa un vide sur le marché du logement locatif central qui sera comblé par les personnes aux plus faibles revenus et les familles de travailleurs immigrés. Les quartiers centraux anciens s'enfoncèrent de la sorte dans une phase de dégradation et d'appauvrissement importante.

Deux autres faits majeurs marquent le développement urbanistique de la ville de Bruxelles jusqu'aux années 1970: la modernisation des infrastructures routières et la rénovation urbaine consistant à démolir les habitations vétustes pour faire place à des ensembles de logements construits en hauteur.

L'Exposition universelle de 1958 fut à cet égard un événement déclencheur important en provoquant le réaménagement du plateau du Heysel créé 23 ans plus tôt pour l'Exposition de 1935. Si la plupart des bâtiments réalisés à cette occasion ont disparu, en particulier l'extraordinaire flèche du génie civil, l'Atomium, symbole de la modernité, fut préservé; il vient d'être complètement rénové, ce qui en fait à nouveau un monument phare très visité. La « Belgique joyeuse » a fait place à un ensemble récréatif, Bruparck, qui comprend désormais des établissements horeca, des complexes de cinémas (Kinepolis) et de loisirs aquatiques (Océadium) ainsi que le parc « Mini Europe ». Un Trade Mart est venu compléter l'équipement du site. Ce dernier accueille de grands événements commerciaux, comme le salon de l'auto, par exemple. L'Expo 58 fut également l'occasion de nouer de nouveaux rapports économiques et de faire confluer vers Bruxelles des visiteurs et investisseurs du monde entier. Enfin, elle permit de mettre en scène les nouvelles performances architecturales et les nouveaux acquis en termes de technique de construction. La modernisation des voies de pénétration et de contournement de la ville eut pour but d'y accroître le débit et la fluidité automobile et d'améliorer l'accès au site de l'exposition. Elle s'inscrivit dans un vaste programme de l'administration nationale des routes qui visait à faire du centre de l'agglomération (quartier Nord) le nœud autoroutier sur les axes européens nord-sud et ouest-est. Le carrefour du Gros Tilleul (Laeken) devient ainsi un échangeur routier et l'avenue de Meise, une autoroute de deux fois trois bandes (1957). Le réaménagement d'une partie des boulevards de petite ceinture, élargis et dotés de tunnels à chaque carrefour important, la construction du viaduc routier au-dessus des boulevards d'Anvers et Léopold II (démoli en 1984) et la multiplication des espaces de stationnement dans le centre-ville par le Consortium des parkings (Parkings 58, Écuyer, Deux Portes, Botanique, Industrie, Carrefour de l'Europe, soit 7 050 places en 1967) témoignent de la volonté évidente d'adapter la ville aux exigences de l'automobile.

L'effort modernisateur gagna aussi rapidement le secteur du logement social. Afin d'encourager la démolition des taudis subsistant dans les zones centrales et d'améliorer les conditions de vie des habitants concernés, l'État fut habilité, dès 1953, à intervenir financièrement dans les acquisitions ou les expropriations d'immeubles insalubres et à octroyer une allocation de déménagement aux ménages occupant lesdits logements. Les sociétés de logements communales, les Foyers bruxellois et laekenois, optèrent pour des solutions modernisatrices radicales, qui se soldèrent par la démolition des pâtés de maisons déclarés insalubres et la construction d'immeubles sociaux modernistes (du type de la Cité modèle à Laeken). Rejetant l'intégration dans les alignements de voiries, ces nouveaux ensembles résidentiels, construits en hauteur, marquent encore de nos jours la silhouette de la ville de Bruxelles. Les complexes formés par les rues des Potiers, du Rempart des Moines, des Brigittines, d'Anvers ainsi que celui du quartier de la Querelle sont les témoignages les plus emblématiques de cette phase de rénovation lourde et peu réfléchie des quartiers défavorisés.

L'empreinte la plus significative laissée par les grands projets de rénovation urbaine se situe assurément dans le quartier Nord, soit 53 ha de terrain bâti compris entre le quai de Willebroek et la rue du Progrès, à cheval sur les communes de Bruxelles (33 ha), de Saint-Josse-ten-Noode et de Schaerbeek. L'objectif essentiel du « plan Manhattan » de rénovation, présenté en 1967, était de concentrer de nouvelles surfaces commerciales, résidentielles et de bureaux autour des tours d'un *World Trade Center,* à l'image de ce qui était entrepris à New York, à proximité immédiate d'excellentes liaisons ferroviaires (le Centre de communication Nord, CCN), routières et aériennes. Imaginé par le promoteur Charly De Pauw avec l'appui de Paul Vanden Boeynants, devenu échevin de l'Urbanisme, mais aussi du bourgmestre de Saint-Josse-ten-

Vue aérienne de l'hôpital Brugmann, 1928

La rue Antoine Dansaert

Noode, il suscita autant d'espoirs, largement partagés (seuls les deux conseillers communistes s'abstinrent), que de critiques acerbes. Le projet de nœud autoroutier, contesté, fut abandonné au profit d'un ring extérieur. Des milliers de personnes furent expropriées et expulsées. Les logements sociaux prévus sur l'ancien Héliport pour accueillir une partie des familles concernées furent construits avec retard et la tour de logements à loyers moyens, construite à proximité de la gare, ne pouvaient suffire à les reloger. Le programme se solde par un échec cuisant, notamment en raison du renversement de la conjoncture économique nationale et internationale. Rebaptisé Espace Nord, le quartier bénéficie d'un net regain d'intérêt depuis la fin des années 1980. Il est investi aujourd'hui par des organismes publics (ministères flamands, Belgacom...) qui ont soutenu l'opération et par des sociétés privées encouragées par la reprise économique (Barclays...). Le dernier terrain vient d'être vendu, de nouvelles tours rejoindront les huit existantes pour finaliser un projet de 40 ans, structuré par les nouveaux boulevards Albert II et Bolivar et tangent au moignon de la chaussée d'Anvers qui a échappé à la restructuration.

Jean Faulte, la chapelle protestante, ancienne chapelle privée du palais de Charles de Lorraine

Les atteintes à la qualité du cadre de vie et la menace pesant sur l'héritage architectural du passé (concrétisée par la démolition des halles centrales et du bâtiment de la Poste centrale, par la construction de la tour Philips et du centre administratif de la ville et, surtout, par la disparition de la Maison du Peuple de Victor Horta en 1965, au profit d'une tour) provoquent dès la fin des années 1960 des manifestations de désarroi. Elles réagissent à la désintégration urbaine provoquée par les grands travaux d'infrastructure, au désinvestissement des quartiers résidentiels centraux et au développement de quartiers d'affaires. La mobilisation de citoyens, réunis dans des comités d'habitants pour lutter contre la poursuite des grands projets d'aménagement, aboutit, en 1969, à un premier succès retentissant rue Montserrat, dans le quartier des Marolles, qui devait être rasée pour permettre l'extension du Palais de Justice. Sauvé de la démolition, le quartier fait, dès 1973, l'objet d'une opération pilote de réhabilitation urbaine, menée en collaboration avec les habitants de ce quartier défavorisé. Jacques Van der Biest, le curé de la paroisse des Minimes qui a mené le combat, est, avec le sociologue René Schoonbroodt et l'architecte Maurice Culot (initiateur des Archives d'architecture moderne), à l'origine de l'ARAU (Atelier de recherche et d'action urbaines). Ils ont aussi participé avec l'a.s.b.l. Quartier des Arts (qui réunit cette fois des représentants des élites) à la contestation de projets modifiant les abords du Sablon. Cette contestation conduit à la rénovation du quartier Sainte-Anne et à l'aménagement de la transition entre le petit Sablon et les nouveaux locaux du ministère des Affaires étrangères (rénovation du palais d'Egmont). Avec Albert Martens (quartier Nord), ces comités illustrent l'émergence d'un débat démocratique sur l'avenir de la ville, basé sur la dénonciation de l'urbanisme fonctionnaliste qui segmente les espaces et provoque la disparition de la population du centre-ville. Défendant la nécessaire mixité de la ville, leur vision suscite des rénovations intéressantes de la ville ancienne, mais leur nostalgie parfois anhistorique

La place Royale

conduit à des compromis boiteux, comme la reconstruction du carrefour de l'Europe, respectueuse des gabarits du quartier proche, mais dans une parodie stylistique historiciste peu convaincante.

Les années 1970 et 1980 marquent ainsi le passage d'une urbanisation de transformation et d'extension à une urbanisation de rénovation et de réhabilitation qui s'est prolongée tout au long des années 1990. La sensibilisation croissante de la population, l'attitude des autorités communales, les nouvelles conceptions en matière d'urbanisme et l'établissement du Plan régional de développement en 1995 ont été l'occasion d'une prise de conscience poussant à freiner l'exode des habitants. Bruxelles, particulièrement sensible à cet aspect, a choisi de placer la protection de la fonction résidentielle, du bâti ancien, de la mixité urbaine au rang de composante essentielle du projet urbain. Dès lors, différents moyens ont été mis en œuvre (programmes régionaux de revitalisation urbaine, plus de dix contrats de quartiers, réaménagement des espaces publics, organisation de bourses du logement, création de la Délégation au développement de la ville, programmes fédéraux Beliris) afin de conférer une attractivité renouvelée à la commune. Sous la houlette, notamment, de l'échevin Écolo de l'urbanisme et de la culture, Henri Simons, les autorités communales entreprirent une vigoureuse politique d'aménagement des espaces publics, de restauration et de création de fontaines publiques, monuments et statues (Janneke a rejoint Manneken Pis), de places (comme celle du Jardin-aux-Fleurs), repoussant les voitures par la création de piétonniers, l'interdiction de se garer, comme sur la Grand-Place (mesure plus ancienne) désormais réservée aux flâneurs et aux manifestations publiques.

Si le réinvestissement résidentiel des quartiers centraux a été soutenu par des rénovations entreprises par la ville de Bruxelles dans son propre patrimoine immobilier (quartiers du Grand-Hospice, Saint-Géry, Notre-Dame-aux-Neiges), il a été rapidement relayé par les particuliers : la place du Grand Sablon, devenue le quartier des antiquaires – où se tient un marché hebdomadaire – et de la chocolaterie fine ; rue Antoine Dansaert, où se multiplient les enseignes de mode ; le quartier Saint-Jacques, autour d'une ancienne mercerie transformée en café branché (« Le Soleil »). Des promoteurs immobiliers s'engagent aussi dans la voie d'une réhabilitation respectueuse des formes urbaines anciennes, comme en témoignent la reconstruction de la rue de Laeken et la fermeture de la place de la Vieille-Halle-aux-Blés (partenariat entre la Société de Développement régional et un investisseur privé). Ces opérations réussies entraînent une « gentrification » de ces quartiers, ce qui influence les prix pratiqués et donc leur population.

Si la pauvreté reste bien visible à Bruxelles au début des années 2000, les mendiants et les SDF s'étant sont multipliés, la précarité est surtout intérieure. Elle frappe les personnes âgées, les sans-emploi, les habitants au revenu minimum et les « clandestins », fragilisés par un habitat dégradé, aux loyers d'autant plus élevés qu'ils sont exigus et en mauvais état. L'hôpital Saint-Pierre, ancienne léproserie devenu hôpital universitaire, tient à cœur son rôle de dispensateur de soins pour les plus démunis, au détriment de ses équilibres financiers. Il a développé des pratiques de pointe dans le traitement de certaines maladies infectieuses comme le sida. Avec l'hôpital public Brugmann et son centre de revalidation de patients victimes de traumatismes graves et d'accidents cardiovasculaires, l'hôpital des enfants Reine Fabiola à Laeken, la clinique Bordet spécialisée dans le traitement des cancers, la clinique César De Paepe et l'hôpital Saint-Jean, Bruxelles participe à un pôle hospitalier important, diversifié et de grande qualité. Celui-ci est complété par le nouvel hôpital militaire de Neder-over-Heembeek, spécialisé dans le traitement des grands brûlés.

L'orgue Grenzig dans la cathédrale Saints-Michel-et-Gudule, 2000

Désiré De Keyser, la Grande Synagogue de Bruxelles, rue de la Régence, 1878

Les activités religieuses

Bien que Bruxelles soit la capitale politique du pays, elle n'est pas pour autant le siège des plus hautes autorités religieuses. C'est la ville voisine, Malines, qui devient l'archidiocèse, le « chef-lieu » de la province ecclésiastique de Belgique. Bruxelles en dépend mais, comme capitale, accueille le nonce apostolique. Grâce à la collégiale des Saints-Michel-et-Gudule, la communauté catholique bruxelloise dispose d'un symbole important dans une ville qui ne lui est pas spécialement favorable.

Au XVIIIe siècle, Joseph II et le régime français ont mis fin au pouvoir foncier des couvents à l'intérieur de la ville. Certaines églises ont été désacralisées, comme celle des augustins, devenue salle de fêtes, ou celle des brigittines devenue entrepôt ; d'autres furent détruites, comme Saint-Géry. En revanche, l'Église fait un retour en force après 1830, en profitant des libertés constitutionnelles. Le roi Léopold Ier, bien que protestant, s'appuie sur l'Église catholique pour construire l'identité nationale et assurer son influence politique. Toutes les grandes cérémonies nationales et royales sont ponctuées de cérémonies religieuses à la collégiale : fête nationale, fête du roi, mariages, baptêmes, funérailles et ce, jusqu'à la fin du XXe siècle. Des congrégations religieuses se réinstallent dans la capitale : les jésuites dès 1833 (rue du Poinçon) et leurs collèges Saint-Michel (rue des Ursulines, dans l'ancien hôtel de Hornes jusqu'à son transfert à Etterbeek en 1905) et Saint-Jean Berchmans, devenu unilingue flamand en 1953. En 1866, vingt communautés de femmes sont à nouveau présentes. Parmi elles, les augustines du Berlaymont, expulsées de la rue de l'Étoile par la construction du Palais de Justice, s'installent à l'extrémité de la rue de la Loi (1864). La ville ancienne compte sept paroisses : Saints-Michel-et-Gudule, Notre-Dame de la Chapelle, Saint-Géry, Saint-Jacques sur Coudenberg, Saint-Nicolas, Notre-Dame du Finistère et Sainte-Catherine, auxquelles s'ajoutent ensuite (1803) les paroisses autour des églises Notre-Dame du Sablon, des Riches-Claires, du Bon-Secours, ainsi que Saint-Jean-Baptiste du Béguinage et Saint-Jean des Minimes, puis le Sacré-Cœur au nouveau quartier Nord-Est (rue Le Corrège, 1896). De même, de nouvelles paroisses sont créées à Laeken : églises du Sacré-Cœur (1891), du Divin-Enfant Jésus (1941) et Saints-Anges (1973) ; ainsi qu'à Neder-over-Heembeek : l'église du Christ-Roi au Mutsaard. L'église Saint-Roch, qui desservait des quartiers sur Molenbeek et Laeken (1859), est devenue bruxelloise lors de l'annexion. Détruite en 1972, elle est remplacée par une église moderne. L'église Saint-Joseph, dans le nouveau quartier Léopold (1849), et celle des capucins sur la place du Jeu de Balle (1912), complètent le tableau. Étant donné les transformations du quartier et la disparition de ses habitants, l'église Saint-Joseph devient lieu de culte de la communauté araméenne de Bruxelles, jusqu'à sa vente récente à une confrérie traditionaliste, Saint-Pie X. Une église consacrée à Saint-François-Xavier, sur la nouvelle avenue du Midi, est devenue aujourd'hui de culte orthodoxe. Grâce à un réseau d'enseignement efficace et diversifié, qui se renforce encore durant la guerre scolaire (1879-1884), les catholiques gardent néanmoins une certaine emprise sur la société locale. Le collège Saint-Louis (rue du Marais) organise dès 1858 un enseignement supérieur de philosophie destiné aux étudiants catholiques qui fréquentaient alors l'Université libre de Bruxelles, plutôt que celle de Louvain, en raison de la qualité de sa faculté de Droit (d'importants dirigeants du parti catholique ont ainsi fait leurs études à l'Université libre de Bruxelles au XIXe siècle).

Dans les milieux d'ouvriers qualifiés et de la petite bourgeoisie, au contraire, les comportements areligieux ou antireligieux se multiplient. Des sociétés d'enterrements civils se créent à partir de 1854 (l'Affranchissement). La communauté protestante, de taille réduite, se caractérise en Belgique, et plus particulièrement à Bruxelles, par son très grand éclatement. Si les plus importants courants sont bien présents au XIXe siècle, ils ne forment que de très petites unités. La chapelle royale du Musée, fréquentée par Léopold Ier, est le lieu de rassemblement de la bourgeoisie protestante de la ville. Elle est rejointe par des bourgeois libéraux de confession catholique, mais anticléricaux, qui n'admettent pas la radicalisation de la papauté ni la dérive ultramontaine d'une partie du monde catholique belge dans les années 1860-1870.

Le monde juif s'adapte vite aux nouvelles structures étatiques en créant, en 1832, le Consistoire central israélite de Belgique. Essentiellement composée de juifs ashkénazes, originaires d'Allemagne, cette communauté bénéficie, grâce à la Grande Synagogue ouverte en 1878 (rue de la Régence), d'une certaine visibilité. Les deux communautés, protestante et juive, restent néanmoins restreintes, même si leur rôle économique est non négligeable. Mais dans l'entre-deux-guerres, la population juive connaît une croissance exponentielle, alimentée par l'immigration provoquée par l'antisémitisme en Europe centrale et les persécutions en Allemagne. Cette population d'artisans et de petits commerçants, pas nécessairement pratiquants, se fixe surtout dans la moitié sud de la ville, en particulier dans les Marolles, historiquement accueillantes aux migrations ; elle est à l'origine de nouvelles synagogues.

Les pratiques religieuses ont tendance à diminuer dans le monde chrétien, mais elles retrouvent plus d'importance dans le monde juif et se dynamisent dans le monde musulman nouvellement arrivé. Le culte islamique, reconnu en 1974, dispose désormais d'une Grande Mosquée au Cinquantenaire, installée dans le pavillon oriental imaginé par Léopold II en hommage aux grandes civilisations, à l'instar de la tour japonaise et du pavillon chinois à Laeken. Elle est la seule à disposer des attributs symboliques de la mosquée, y compris un minaret.

Armand Massonet, *Animation devant l'Opéra royal de la Monnaie*, 1923

Les activités culturelles, artistiques, scientifiques et sportives

Bruxelles est le principal centre artistique et culturel du pays. Elle réunit un grand nombre d'institutions nationales ou d'importance nationale : les académies, le théâtre de la Monnaie, le Conservatoire de musique, la Bibliothèque royale (riche de l'ancienne bibliothèque de Bourgogne), les Archives générales du royaume, mais aussi le théâtre du Parc, le théâtre flamand (KVS), et d'autres salles de spectacle comme celles du Cirque, devenue l'Alhambra, et du Cirque royal (où, en juillet 1914, Jean Jaurès prononce son dernier discours). Le théâtre de la Monnaie, l'Opéra, jouira régulièrement d'une réputation européenne méritée, notamment en révélant Wagner en dehors de l'Allemagne dès 1870, bien avant les autres capitales. Mais c'est sans doute dans un ordre mineur que le théâtre local marque son originalité, que ce soit par des pièces jouées en bruxellois, une langue mâtinée de français et de flamand, et dont l'humour se caractérise par le non-sens (la *zwanze,* symbolisée par *Le mariage de mademoiselle Beulemans,* 1910) ou par le théâtre populaire de marionnettes à l'origine de la dynastie des Toone (d'abord installé rue du Miroir, dans les Marolles, aujourd'hui au sein de l'Îlot sacré). Les nombreux journaux et périodiques, « la petite presse », les sociétés et revues littéraires participent d'un incontestable bouillonnement culturel depuis les *Crocodiles* et l'*Uylenspiegel* de Rops et De Coster jusqu'à *L'Art moderne* de Picard, *Le Coq rouge* d'Eekhoud.

Le Théâtre National, boulevard Émile Jacqmain

Marcel Driesmans, le Kaaitheater, 1929-1932

Cette efflorescence doit beaucoup à l'Université libre de Bruxelles, créée par la franc-maçonnerie anticléricale en 1834 et qui s'établira en plein centre de la ville, au palais Granvelle, rue des Sols. Outre des cadres administratifs et économiques, des juristes et des médecins, elle formera les dirigeants des principaux partis laïcs et nourrira en son sein une contestation permanente en matière culturelle et politique. Elle accueillera les premières étudiantes et présentera le profil le plus féminisé du pays pendant près d'un siècle. Le cercle « Geen taal, geen vrijheid » (pas de langue, pas de liberté) y défendra la langue flamande et la démocratisation des institutions.

L'Université Nouvelle, née d'une scission en 1894, réunit libéraux progressistes et socialistes, matérialistes, qui s'opposent aux options spiritualiste, en philosophie, et conservatrice, en politique, de l'*alma mater.* Elle formera nombre de jeunes en provenance d'Europe orientale et d'Amérique du Sud en mettant l'accent sur l'économie et la sociologie. La réunification se réalisera après la Première Guerre mondiale.

Avec son important réseau scolaire communal (Buls, Catteau, Jacqmain, Lepage, etc.), qui a préservé une identité propre malgré les réformes successives de l'enseignement, Bruxelles attire des élèves de l'ensemble de la Région bruxelloise, voire de l'extérieur. Ils constituent toujours un important réservoir de recrutement pour l'Université libre qui, avec près de 20 000 étudiants issus de plus de 100 pays, est l'une des trois grandes universités francophones de Belgique et contribue au rayonnement national et international de la capitale. Les Facultés universitaires Saint-Louis, restées au centre-ville, renforcent, avec plusieurs écoles supérieures, l'importance de la ville en matière d'enseignement.

L'ancienne École des cadets de l'armée, à Laeken, abritera bientôt une nouvelle école européenne qui aura sans doute pour effet d'attirer plus de fonctionnaires internationaux dans l'ouest de la Région, notamment à Laeken, Neder-over-Heembeek et Haren.

En matière culturelle, la présence des grands musées fédéraux assure toujours la prééminence de la capitale : musées d'Art et Histoire ainsi que de l'Armée au Cinquantenaire, des Sciences naturelles au parc Léopold (avec sa collection d'iguanodons unique au monde), d'Art ancien, rue de la Régence. Cette position dominante se renforce par la concrétisation d'un projet du XIXe siècle de créer un quartier des musées autour de la place Royale : aménagement d'un musée d'Art moderne, subtilement réalisé dans un bâtiment souterrain bénéficiant d'un éclairage naturel, et d'un musée des instruments de musique (MIM) dans les anciens grands magasins Old England, magnifiquement restaurés. Un important musée Magritte viendra bientôt compléter l'ensemble. Pour terminer, le petit, mais séduisant musée d'histoire de Belgique installé dans l'hôtel Bellevue donne également accès au souterrain menant vers l'*Aula Magna* de Charles Quint et la rue Isabelle. La ville, elle aussi, dispose à la maison du Roi d'un précieux musée, complété par un musée du Costume et de la Dentelle tout proche de la Grand-Place. Le palais des Beaux-Arts, conçu par Victor Horta (1928), accueille, pour sa part, nombre de manifestations prestigieuses, en particulier le concours musical Reine Élisabeth et les expositions Europalia, élargies aujourd'hui au monde entier. Complètement rénové pour mettre en valeur l'architecture originelle, le palais, rebaptisé « Bozar », a retrouvé un dynamisme réjouissant. Tous témoignent de la richesse patrimoniale exceptionnelle de la ville et du pays.

Affiche pour une représentation du *Mariage de Mademoiselle Beulemans*, vers 1910

Le site de Tour et Taxis, bien que désaffecté, a été préservé dans sa dimension de patrimoine industriel d'intérêt mondial ; il jouit désormais d'un important prestige qui lui permet d'accueillir des événements culturels et de loisirs valorisés par un cadre exceptionnel (comme la Foire du Livre, le Jumping de Bruxelles, le Festival de musiques du monde Couleur Café et tant d'autres). La salle de la Madeleine, à l'emplacement du marché, après avoir connu meetings, fêtes et autres manifestations, a été transformée provisoirement en casino ; celui-ci a rencontré d'emblée un fort succès, bénéfique aux finances communales et régionales. Il devrait s'installer prochainement dans les anciennes « Galeries Anspach », sur le boulevard.

Après la Seconde Guerre, c'est en matière théâtrale que la vitalité a été longtemps la plus étonnante et la plus concentrée. Le plus grand, le Théâtre National, a été fondé par Jacques Huisman et est issu des « comédiens routiers ». Situé d'abord au Résidence Palace, puis place Rogier, il s'est finalement établi boulevard Émile Jacqmain dans un tout nouveau bâtiment. Il faut y ajouter le théâtre du Parc, le théâtre des Galeries, Le Rideau de Bruxelles (fondé au sein du Palais des Beaux-Arts), le théâtre de Poche désormais établi au Bois de la Cambre, le théâtre des Tanneurs et celui des Martyrs, ainsi que la petite salle de la Samaritaine. Du côté flamand, il faut bien sûr retenir le Koninklijke Vlaamse Schouwburg (KVS) et le Kaaitheater, installé dans d'anciens bâtiments industriels. Toutes ces infrastructures témoignent de la vitalité des arts de la scène bruxellois. De son côté, la Monnaie, dynamisée par Maurice Huisman, retrouva un lustre européen grâce à Maurice Béjart, qui y fonda les Ballets du XXe siècle et en fit un phare mondial de la danse contemporaine pendant de nombreuses années. D'autant plus que son école de danse, Mudra, lança une nuée de jeunes danseurs et chorégraphes de talent, tel David Sonnenbluck, directeur artistique du Brussels Ballet, et de danseuses parmi lesquelles Anne Teresa de Keersmaeker (fondatrice de la compagnie Rosas), Michèle Noiret, Michèle Anne Demey. Du point de vue musical et lyrique, les directions de Gérard Mortier et de Bernard Foccroulle ont rendu une dimension européenne au vieux théâtre dont les bâtiments ont été remarquablement modernisés.

Moins bien lotie du point de vue sportif pour des raisons d'espace, Bruxelles n'en a pas moins bénéficié de divers bassins de natation. Ceux-ci avaient également une fonction d'hygiène publique comme, dans le quartier Notre-Dame-aux-Neiges, le bassin Saint-Sauveur (devenu un parking) ou celui, toujours actif, de la rue du Chevreuil, dans les Marolles. Neder-over-Heembeek dispose également d'un bassin, tandis qu'au Heysel, l'Océadium offre les plaisirs modernes de l'eau. Il est aussi question de construire un bassin en plein air au bassin Béco. Le palais du Midi renferme pour sa part des espaces sportifs, en particulier la salle de basket qui abrite le club des « Brussels Atomia ». Par contre, ni le Sablon ni la place du Jeu de Balle n'offrent encore le spectacle de la pelote, ce jeu fort en vogue jusqu'aux années 1960. Le Paris-Bruxelles cycliste ne se termine plus dans la ville. Neder-over-Heembeek et Haren disposent de terrains de sport, mais les infrastructures les plus imposantes ont été réalisées sur le plateau du Heysel. C'est là que le stade roi Baudouin vit des finales de coupe de football, des matchs internationaux et, grâce à sa piste rapide, l'un des meetings d'athlétisme les plus prisés d'Europe, le mémorial Ivo Van Damme. Le stade a été endeuillé par les dramatiques événements de 1985 pendant lesquels plusieurs dizaines de spectateurs italiens et belges ont trouvé la mort ou ont été blessés à la suite des déchaînements furieux de « supporteurs » anglais.

Densément peuplé, le Pentagone bénéficie d'un magnifique Parc, site des combats de 1830, rénové en 2001, qui offre ses frondaisons, ses allées et ses sculptures aux regards des promeneurs, des joggeurs et des navetteurs pressés. Le jardin du palais d'Egmont, à proximité du petit bijou que constitue le petit Sablon, vaut aussi le détour. Laeken, grâce à la politique foncière de Léopold II, possède plusieurs parcs étendus, tout comme Neder-over-Heembeek resté plus rural (parcs de Laeken, d'Osseghem, de Meudon, le Craetbos et le bois des Béguines).

La *Zinneke Parade*, 2008

Capitale multiple, Bruxelles est un important lieu de rassemblement pour des manifestations parfois rudes, voire violentes : en faveur de l'enseignement public (1884), de l'enseignement catholique (1884, 1955), du suffrage universel (1902, 1912) ou contre Léopold III (1950), mais aussi les marches flamandes des années 1960, la grève de l'hiver 1960-1961, les grèves de groupes professionnels. Aujourd'hui, elle est le lieu de manifestations européennes les plus diverses. Ces manifestations entraînent d'importantes charges financières de maintien de l'ordre et de nettoyage. S'il n'y a plus de cortège carnavalesque, les Zinneke Parade et Belgian Lesbian & Gay Pride ont pris le relais, tandis que les mises en scène urbaines se multiplient et font bouger la ville. L'organisation de Plaisirs d'hiver, avec sa patinoire de plus en plus exotique et son marché de Noël, accompagne désormais les illuminations traditionnelles de fin d'année, tout comme Bruxelles-les-Bains, en bordure du canal, anime l'été.

Ville quasi millénaire, née du développement agricole, puis industriel et commercial médiéval, devenue capitale multiple, Bruxelles participe désormais de l'internationalisation des affaires et des institutions. D'importance modeste, bouleversée par les projets de modernisation, fragilisée par l'appauvrissement d'une partie de sa population, cosmopolite et férue de traditions, la ville témoigne à elle seule de l'éclectisme, de la variété que l'on reconnaît à l'ensemble de la Région. Elle a retrouvé attractivité et dynamisme et séduit ceux qui la fréquentent plus d'un jour.

SAINT-JOSSE-TEN-NOODE

Chloé Deligne, Christian Vandermotten

Topographie

La commune s'étend entre l'ancien cours de la Senne à l'ouest, qui se trouve à 15 m d'altitude, et le versant oriental de la vallée du Maelbeek à l'est. Elle couvre donc une partie de l'éperon d'interfluve qui sépare les deux vallées (axe de la rue du Méridien et de la chaussée de Haecht), où les altitudes dépassent 50 m. Avant le voûtement du Maelbeek (1856-1872), le ruisseau alimentait une série d'étangs dont l'étang du square Marie-Louise conserve le souvenir. Le cours du ruisseau correspondait à peu près aux tracés de l'actuelle rue de la Pacification, rue et place Saint-Josse, place Houwaert et rue des Coteaux. En 1853, Saint-Josse fut amputée de plus de la moitié de son territoire : à l'ouest, de la plus grande partie du plateau où fut édifié le Quartier Léopold, et à l'est, de la majeure partie du quartier Nord-Est (ou des Squares). Le noyau ancien de Saint-Josse se situe dans la vallée du Maelbeek. La partie occidentale de la commune, sur le versant est de la vallée de la Senne, fut adjointe au moment de la composition du territoire communal.

NEDER HEEMBEECK
OVER HEEMBEECK
KEN
EVERE
SCHAEREBEECK
Faisanderie
Kattepoel
Chaussée
S^T JOOS TEN NOODE
LINTHOUDT BOSCH
ETTERBEKE
S^T LAMBRECHTS
S^T PEETERS

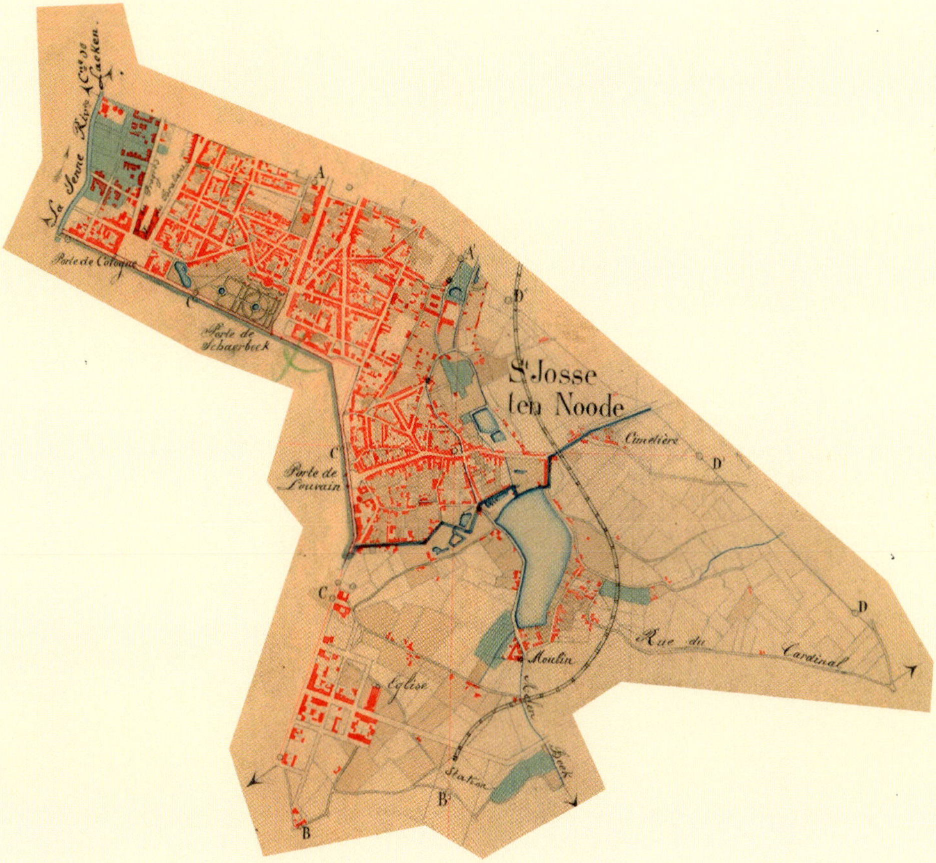

Réduction des plans cadastraux, Dépôt de la Guerre, 1847

Page précédente:
Carte de Cabinet des Pays-Bas Autrichiens levée à l'initiative du comte de Ferraris, 1775-1777

Limites communales actuelles
Limites communales en 1860
Limite communale de la ville de Bruxelles avant l'annexion du Quartier Léopold et Nord-Est (1853)

Carte topographique de Belgique, Institut Cartographique Militaire, vers 1930

Limites communales actuelles
Limites communales en 1930

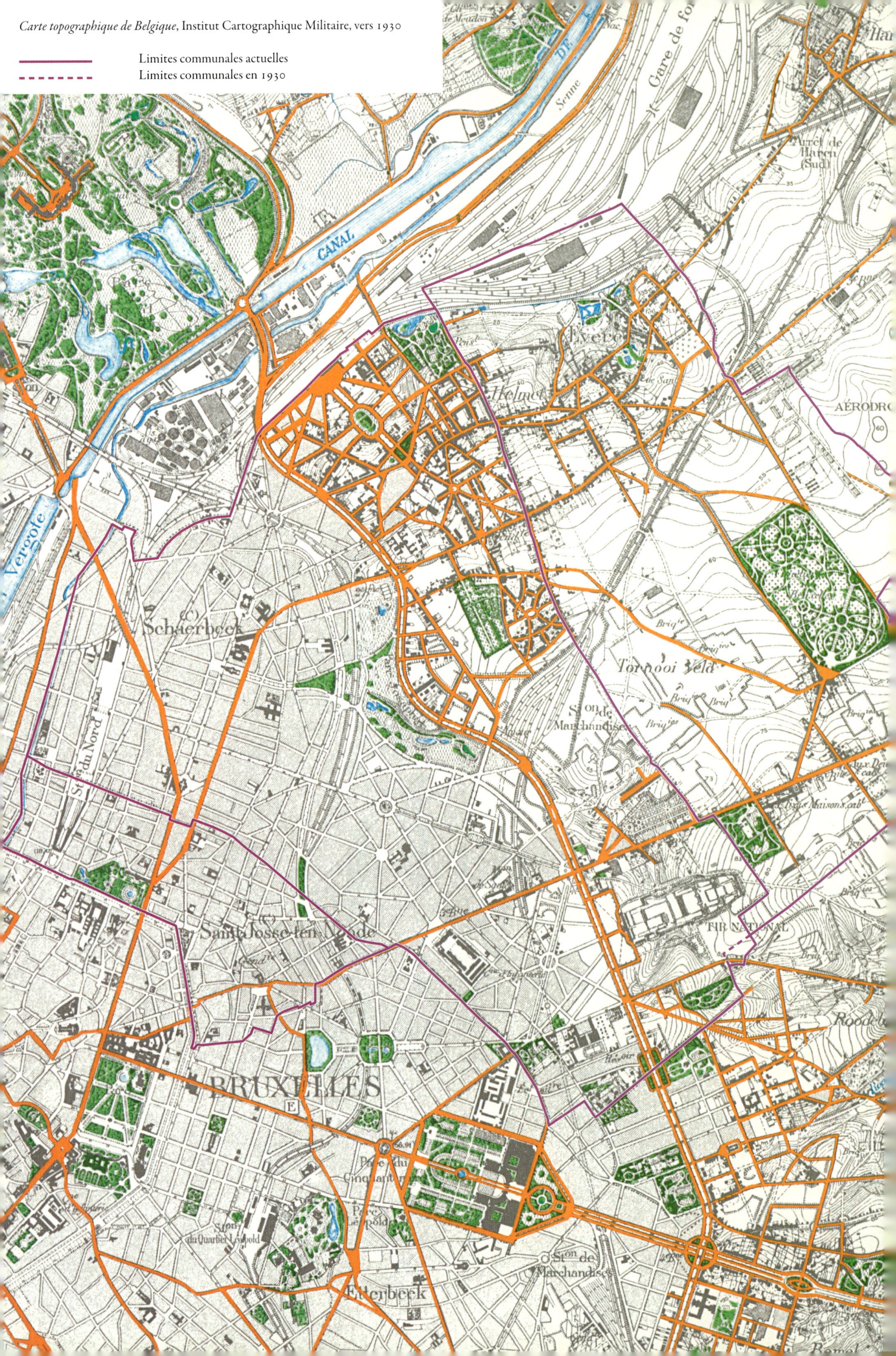

Carte topographique de Belgique, Institut Géographique National, 1994

Limites communales actuelles

Des origines à la fin de l'Ancien Régime

Les rares trouvailles archéologiques ne permettent pas de dresser un tableau de l'occupation de Saint-Josse avant son apparition dans les sources écrites au milieu du XIIIe siècle. Deux noyaux s'échelonnent alors sur le Maelbeek à peu de distance, ancrés à des points de passage sur le ruisseau : Ten Noode, aux environs de l'actuelle place Saint-Josse, et Ophem, à hauteur de l'actuelle place Houwaert. Ten Noode eut cependant plus de fortune : il se situait sur l'itinéraire reliant Bruxelles au plateau de Linthout et, au-delà, à Louvain, un axe et une destination qui prirent de l'importance au fil des siècles. Comme le montre bien la carte de J. de Deventer (1555), Ten Noode s'est développé le long de cet axe, qui fut pavé jusqu'au bois de Linthout au milieu du XVe siècle. Dans la seconde moitié de ce siècle, le hameau d'Ophem apparaît équipé de deux moulins : le (Deren)capsmolen (1264), plus tard appelé Donckermolen, et le Labusmolen (1284). En amont, près du Grand Étang, on trouvait un troisième moulin dit de Ten Noode et plus tard s'Hertogenmolen. Comme à Schaerbeek, le maraîchage, dont les rues Potagère et de l'Artichaut rappellent le souvenir, était une des principales activités. Le marché bruxellois en était le premier destinataire. Jusqu'au XVIe siècle, quelques vignobles s'étageaient sur les coteaux bien exposés. Les activités industrielles par contre restèrent limitées : outre les moulins qui servaient au grain, à l'extraction de l'huile ou à aiguiser, on comptait quelques brasseries et fours à chaux.

La répartition des droits sur le territoire reste mystérieuse : pas de famille seigneuriale clairement identifiée, même s'il existe des familles d'Ophem, Van der Noot et de Monte importantes dès le XIIIe siècle, absence du châtelain de Bruxelles, alors qu'il est présent à Schaerbeek. Le rôle du duc de Brabant est lui-même méconnu. L'absence de fief constitué en son nom fait penser qu'il n'était pas le seigneur initial. De même, son domaine, centré sur le moulin de Noode et un vivier, ne semble avoir été constitué que progressivement au cours des XIVe et XVe siècles en commençant par l'acquisition de droits sur le Grand Étang, en 1302. Dans les années 1460, le duc de Bourgogne Philippe le Bon prit plaisir à séjourner dans un hôtel installé aux abords de cet étang. Ses successeurs ne l'ayant pas imité, l'imposante demeure fut cédée vers 1500-1515 au comte de Nassau avant de passer aux mains du chancelier de Brabant puis des familles Borluut et d'Ursel.

Les liens entre Bruxelles et Saint-Josse ont toujours été intenses. Territorialement et juridiquement, Ten Noode et Ophem semblent toujours avoir été compris dans la franchise de la ville puisque, contrairement à d'autres localités, aucun acte ne fait mention de leur incorporation à la « cuve » de Bruxelles. D'un point de vue religieux, Saint-Josse n'eut pas non plus de vie indépendante avant 1803, date de son érection en paroisse. Tout au plus, à l'époque de la construction de la deuxième enceinte de Bruxelles (1357-1372), une chapelle consacrée à la Vierge et à saint Josse fut-elle édifiée (1361). Cependant, il ne s'agissait que d'une quarte chapelle dépendant de Sainte-Gudule où seuls certains sacrements furent autorisés. Les dîmes relevaient principalement du chapitre bruxellois.

Séparée de la vallée du Maelbeek par un autre axe important (le Savelweg, dont la rue de la Poste est le vestige), peut-être une ancienne voie romaine, la partie occidentale du territoire, le versant est de la vallée de la Senne, connaissait une situation différente : elle relevait de la paroisse Saint-Servais de Schaerbeek. Cependant, le chapitre de Sainte-Gudule y avait acquis certaines dîmes lors de l'incorporation de Schaerbeek à la cuve de Bruxelles en 1301. L'occupation du sol y était principalement faite de prairies humides et de potagers. Seules quelques exploitations émaillaient cette zone appelée Broek ou Hasselt, contiguë au Warmoesbroek situé intra-muros. Traversée par un ruisseau (le Ralobeek ou Ralenbeek) et située à la limite de la zone inondable, elle accueillit au XVIe siècle quelques maisons pour pestiférés mais ne se couvrit d'habitations qu'au XIXe siècle.

Comme d'autres localités de la vallée, Ten Noode abrita les demeures de plaisance durant l'époque moderne. Outre l'hôtel occupé par Philippe le Bon, citons *'t Casteeltje*, disparu au XIXe siècle, situé à l'ouest de la résidence ducale. Mentionnons encore le château du cardinal Granvelle, situé à l'est du Grand Étang. Cette imposante demeure appartint successivement à des personnages éminents de l'administration brabançonne avant d'accueillir le célèbre cardinal à partir de 1560. Charles de Croÿ, duc d'Arschot, y établit également un hôtel, qui échut aux ducs d'Arenberg à la fin du XVIIe siècle, tomba en ruine et disparut (1862). Enfin, citons le domaine du poète

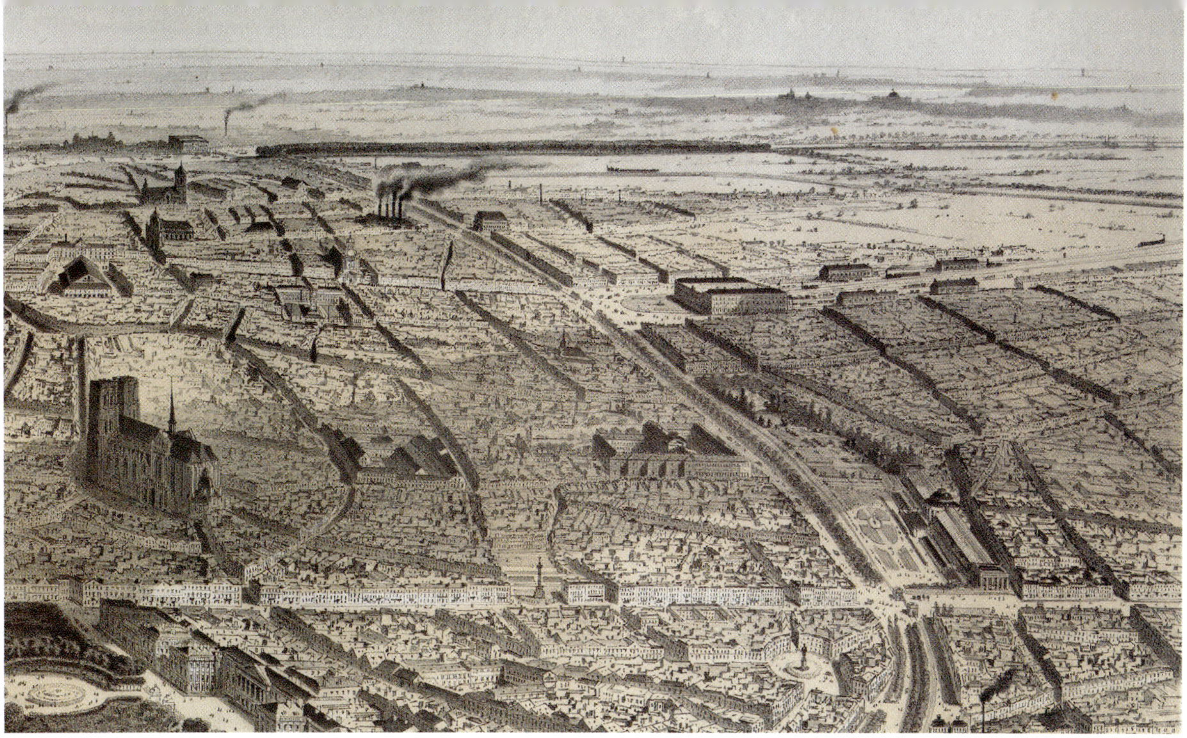

Adrien Canelle, le Jardin Botanique et Saint-Josse (à droite), vers 1850

Jean-Baptiste Houwaert, situé entre Ten Noode et le Donckermolen. Constituée par achats successifs, cette propriété, connue au XVIe siècle sous le nom de Petit Venise, passa entre les mains de divers propriétaires, avant d'être vendue aux carmélites déchaussées en 1749, puis convertie en 1795 en filature de laine de mérinos.

Une des réalisations les plus remarquables de la vallée du Maelbeek à l'époque moderne est la « machine hydraulique ». Établie en 1602 à l'emplacement du moulin ducal, elle était destinée à propulser l'eau d'un petit affluent venu d'Etterbeek, le Broebelaer, vers les jardins et palais princiers du Coudenberg. Les fontainiers qui se succédèrent à la cour eurent du mal à assurer son fonctionnement vu la demande de nombreux particuliers des environs du palais (près de 500 en 1850) qui avaient obtenu une concession à cet ancêtre de réseau de distribution. La machine continua de fonctionner jusqu'au milieu du XIXe siècle mais fut démantelée en 1855, après que la ville de Bruxelles eut établi un nouveau réseau de distribution d'eau pour ses habitants.

Durant la période moderne, Bruxelles et sa région furent marquées par des travaux d'infrastructures de deux types : l'amélioration des routes d'une part et l'amplification des fortifications de l'autre. Dans ce contexte, alors que la chaussée de Louvain bénéficiait d'une importante réfection en 1704 et que la chaussée d'Etterbeek, en 1725, était aménagée à la place d'un chemin, plusieurs bastions en demi-lune étaient construits au devant des murs de la ville et un imposant ouvrage était érigé devant la Porte de Schaerbeek.

Formation du territoire communal

Lors de son érection en commune, en 1795, Saint-Josse couvrait 2,4 km²; son territoire fit cependant très rapidement l'objet d'ajustements qui en diminuèrent considérablement l'étendue, jusqu'à en faire l'une des plus petites communes belges (1,1 km²). En 1824, lors de la dernière phase du démantèlement des fortifications, la commune perdit près de 2 ha au profit de Bruxelles. En 1853, elle perdit plus de 141 ha, soit plus de la moitié de sa superficie, lors de l'annexion du Quartier Léopold et du quartier Nord-Est à la ville de Bruxelles.

La limite occidentale de Saint-Josse est calquée sur l'ancien tracé de la Senne, à peu près le long du boulevard du Roi Albert II. Au nord, la limite avec Schaerbeek correspond sans doute à la séparation entre deux secteurs de la perception de la dîme de Sainte-Gudule (cf. *supra*). À l'est, la limite s'incurve jusqu'à la chaussée de Louvain qu'elle longe en revenant vers l'ouest. La limite avec Bruxelles a été déterminée lors de l'annexion de 1853. Elle suit la rue du Cardinal, calquée sur un ancien chemin qui contournait le Grand Étang par la rive droite, la rue des Guildes, qui correspond approximativement à la limite nord de cet étang, puis un tracé à laquelle la voirie a été surimposée jusqu'à la rue du Marteau. Elle suit alors la rue du couvent Sainte-Julienne jusqu'à l'avenue des Arts. À l'ouest, la limite entre Saint-Josse et Bruxelles suit les boulevards.

Avant 1853, la limite avec Schaerbeek se prolongeait vers le sud-est, à partir de la chaussée de Louvain jusqu'au carrefour des rues du Noyer et de l'Orme (voir *Schaerbeek*). À partir de là, elle était contiguë à Etterbeek et se dirigeait vers l'ouest, le long d'un chemin qui passait au nord du parc du Cinquantenaire (à travers l'actuelle École militaire). Elle croisait le chemin de fer de Luxembourg (aujourd'hui sous le boulevard Charlemagne) au coin de la rue Stévin et atteignait la chaussée d'Etterbeek, juste au nord du viaduc de la rue de la Loi. Elle longeait le Maelbeek jusqu'au carrefour de l'actuelle rue Belliard. À partir de là, Saint-Josse était contigu à Ixelles, la limite traversant le futur Quartier Léopold et passant immédiatement au nord de la gare pour atteindre les boulevards de ceinture à hauteur de la place du Peuple, devenue place du Trône (voir *Ixelles, Bruxelles*).

Établissements Callewaert à Saint-Josse, vers 1900

La Dexia Tower, place Rogier

Du XIXe au XXIe siècle

Les activités économiques

Au XIXe siècle, les activités productives se déroulaient essentiellement dans le cadre de petits ateliers, le plus souvent installés en intérieur d'îlot (il y a donc peu de jardins à Saint-Josse). On y trouvait aussi bien des fabriques de « mastic incorruptible », de pierres artificielles, de cadres et toiles... que des savonneries et des vermicelleries. Toutefois, les activités liées à l'imprimerie, les transformations métalliques et l'industrie textile y dominaient. La répartition de ces entreprises sur le territoire était assez homogène bien que la vallée du Maelbeek, les environs de la gare du Nord et les deux grandes voies de communication (chaussées de Louvain et de Haecht) en constituaient l'armature. En y regardant de plus près, on peut distinguer trois zones. La première, aux environs de la chaussée de Louvain, était dominée jusque dans les années 1940 par les imprimeries, parmi lesquelles l'imprimerie Lesigne était la plus importante. Les brasseries étaient également bien représentées. La seconde zone se situait autour de la rue Royale. Elle était davantage vouée aux manufactures textiles et, plus tard, aux activités liées à l'industrie du cinéma. La troisième zone, située entre l'ancien tracé de la Senne et le chemin de fer, fut la seule vraiment industrielle du fait de la proximité des moyens de communication (canal, rail, route...) et de la facilité d'acheminement des matières premières. Là s'installèrent notamment l'usine à gaz de Saint-Josse (1846) et la fabrique de machines Petit. Saint-Josse n'a cependant jamais été aussi industrialisé que Molenbeek, Anderlecht ou Forest.

Les ateliers qui avaient pu survivre à la disparition de leurs exploitants ne passèrent toutefois pas le cap de la désindustrialisation qui s'amorça au lendemain de la Première Guerre mondiale et se précipita au milieu des années 1970. Tandis qu'en 1896, Saint-Josse comptait, malgré sa petite taille, 5 % du total des emplois manufacturiers de la région, ce chiffre passa à 1 % en 1975. Le dernier quartier industriel fut celui de la gare du Nord, mais l'urbanisation des alentours empêcha les quelques industries qui y restaient de s'agrandir et de répondre aux exigences de l'économie fordiste. En voie d'abandon, le quartier fut rasé pour faire place au projet Manahattan. La valeur du patrimoine industriel restant n'a été reconnue que dans les années 1980, favorisant alors certaines reconversions, notamment en lieux culturels. Par exemple, d'anciennes ferronneries de la rue Traversière accueillent depuis 1989 le Théâtre de la Vie, tandis que depuis 1994, la brasserie Aerts, rue des Deux Tours (active de 1870 à 1966), abrite le théâtre Le Public.

Le Town Center Management, créé au début des années 1990, a pour vocation de dynamiser et rendre attractifs les quartiers commerciaux qui, pour l'essentiel, restent groupés autour de quatre noyaux héritiers d'une structuration ancienne. L'habillement et l'alimentation dominent le quartier de la chaussée de Louvain, l'alimentation et l'ameublement sont prépondérants dans le quartier de la place Houwaert, tandis que l'horeca et l'alimentation jalonnent toute la chaussée de Haecht. Aux environs de la gare du Nord cohabitent l'horeca et les commerces de proximité ainsi que, du côté est, l'érotisme et la prostitution.

La population

1361 : ± 150 habitants
1525 : ± 350
1786 : 683
1800 : 1 157

Le taux de croissance extraordinaire de la population des années 1830-1850, qui singularise Saint-Josse dans la région, ne diminua que très légèrement dans les décennies suivantes. La population passe d'environ 3 000 habitants en 1830 à 15 000 en 1850 et à 25 000 en 1870. Elle culmine au début du XXe siècle (32 140 habitants en 1900) avant de connaître un déclin dans les années qui suivirent la fin de la Première Guerre mondiale, déclin causé par l'exode de la population bourgeoise vers la frange extérieure de la ville. Cette fuite sera déterminante dans le devenir de la commune, non seulement parce que la bourgeoisie délaisse le parc immobilier qu'elle y détient, mais aussi parce que la population moins nantie qui reste sur place sera vite fragilisée par la crise des années 1930. Dans le même temps, l'immigration change de nature. À celle qui, traditionnellement, provenait surtout de

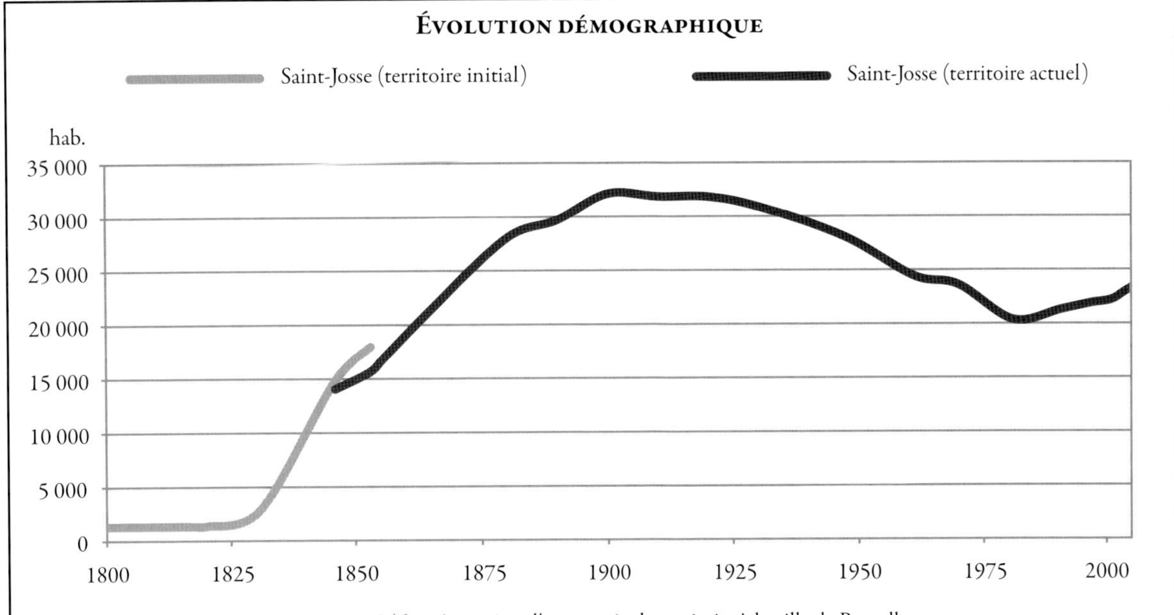

Y compris une estimation pour 1846 après cession d'une partie du territoire à la ville de Bruxelles.

France et d'Allemagne se substitue une immigration ouvrière, principalement italienne, qui établira ses quartiers autour de la gare du Nord (rue de la Poste et rue Saint-François).

La diminution de la population se poursuivra dans la seconde moitié du XXe siècle, passant de 30 917 âmes en 1930 à 24 463 en 1961. L'immigration, qui est le phénomène le plus marquant de l'histoire de la commune dans ces décennies, n'arrive pas à compenser les départs. Favorisée par un État en quête de main-d'œuvre, cette immigration, d'abord venue d'Italie, fut bientôt amplifiée par des flux venant de Turquie (du plateau anatolien et plus spécifiquement de la région d'Emirdag) à la fin des années 1960, et du Maroc (surtout de la région du Rif) à partir des années 1970. Ces populations trouvent refuge dans une niche urbaine faite d'un habitat dégradé, délaissé depuis plusieurs décennies, et que les grands projets urbanistiques fonctionnalistes des années 1950 et 1960 (Jonction Nord-Midi, boulevards de ceinture, place Madou, et surtout projet Manhattan) avaient en outre marginalisé. Lorsqu'ils ne détruisaient pas les logements (disparition de plus de 2 000 logements entre 1970 et 1981 !), ces projets faisaient tellement planer le doute sur l'avenir de nombreux quartiers qu'ils y décourageaient tout investissement pour longtemps.

La place Saint-Josse en 1928

Dans les années 1970 et 1980, la population continue de décroître, s'établissant à 20 381 habitants en 1981, un minimum que Saint-Josse n'avait plus connu depuis 1860. La reprise fut ensuite plus précoce que dans la plupart des communes de première couronne du fait de l'attention portée au logement social et surtout de l'importance de la présence immigrée. Dans les années 1980, en effet, malgré des lois plus restrictives en matière d'accueil des étrangers, promulguées par un gouvernement national de centre-droite (loi Gol de 1984), les autorités locales adoptèrent une attitude conciliante en matière d'immigration. Celle-ci, couplée à une dynamique démographique propre, eut pour conséquence de voir dorénavant la population communale constituée dans sa majorité d'étrangers, une proportion jamais atteinte en Région bruxelloise. À cette même époque, Saint-Josse fut également confrontée à des difficultés financières, en partie provoquées par l'échec du projet Manhattan, que l'impôt sur les personnes physiques ne pouvait compenser vu la pauvreté de la population. Dans ce contexte, la présence immigrée engendra de fortes tensions sociales et politiques, reflétées par les débats du conseil communal dans lequel la composante de droite avait pris une place plus importante. La majorité communale socialiste disposait donc d'une marge de manœuvre étroite. Elle essaya d'aplanir ces tensions en s'alignant officiellement sur les politiques nationales, mais en les appliquant avec souplesse, se distinguant ainsi de la politique menée à Schaerbeek par Roger Nols, son bourgmestre, qui défendait alors des positions proches de l'extrême droite. Cette attitude d'ouverture semble toujours de rigueur puisque, lors de la procédure de régularisation des sans-papiers de 1999, plus de 2 700 personnes furent régularisées à Saint-Josse, ce qui représente la plus forte proportion du pays. Au seuil du XXIe siècle, l'acquisition de la nationalité belge par les enfants des primo-arrivants a ramené la proportion d'étrangers à 35 % environ, avec la conséquence que les partis politiques ne peuvent plus faire l'impasse sur cette composante de l'électorat. La composition actuelle du conseil communal montre qu'une certaine participation des immigrés, ou de leurs enfants, a pu être mise en place, en tout cas via les partis politiques traditionnels.

Au début du XXIe siècle, la commune de Saint-Josse est encore la plus pauvre de Belgique en termes de revenu par habitant (en 2000, ce revenu est de plus de moitié inférieur à la moyenne belge). Elle appartient au croissant pauvre de la Région et se distingue par une espérance de vie moindre, un fort taux de chômage, un faible taux d'éducation, une part importante de grands ménages et de jeunes de moins de 20 ans : près de 40 % de la population a moins de 25 ans. Saint-Josse est également la commune la plus densément peuplée de la Région. De la fin des années 1980 au début des années 2000, sa population est passée progressivement de 21 000 à 23 000 habitants environ.

La situation politique

Jusqu'au début du XXe siècle, la composition de la population ainsi que les modes de suffrage en vigueur (censitaire, puis capacitaire) placèrent la bourgeoisie libérale progressiste à la tête de la destinée communale (de 1830 à 1911). En 1845, avec 380 électeurs pour 15 000 habitants, la commune détenait le plus grand pourcentage d'électeurs du pays ! Le suffrage universel masculin, octroyé en 1919, changera la donne puisqu'il permettra l'expression d'autres opinions politiques : après les élections de 1921, trois des vingt et un conseillers communaux étaient socialistes. Ce nombre restera constant jusqu'à la Seconde Guerre mondiale. Les catholiques, qui représentaient un tiers des élus, concurrencèrent plus nettement les forces libérales qui restèrent cependant au pouvoir. L'alliance entre libéraux et socialistes fut occasionnelle ; elle se fit notamment en 1938, lorsque catholiques et libéraux perdirent plusieurs sièges au profit du parti nationaliste extrémiste Rex. Cette période s'achève avec la mort en captivité du bourgmestre Georges Petre (1942).

Le remaniement des équilibres politiques amorcé au lendemain de la Première Guerre mondiale prit une tournure plus radicale après la Seconde. À l'issue des élections qui suivent la fin du conflit, les libéraux perdent leur leadership au profit des catholiques : ceux-ci recueillent huit sièges sur vingt-et-un et s'allient aux socialistes qui en avaient obtenu cinq. Cette nouvelle configuration se confirme encore aux élections de 1952 où les catholiques obtiennent neuf sièges, les socialistes sept et les libéraux trois. Les socialistes, menés par Guy Cudell, la figure montante de la politique communale, préféreront cette fois faire alliance laïque avec les libéraux. Le décor est désormais planté pour longtemps puisque la seconde moitié du XXe siècle sera presque tout entière placée sous le mayorat, sept fois renouvelé, de Guy Cudell (1953-1999).

Né en 1917, ce militant internationaliste a teinté la destinée de la commune d'une coloration progressiste. En 1947 déjà, en tant qu'échevin de l'Instruction publique, Guy Cudell avait introduit la mixité dans les écoles communales. En 1956, il avalisa la nomination de deux femmes dans sa police, une première en Belgique. C'est également à Saint-Josse que fut ouvert l'un des premiers centres de planning familial, en 1962. En ce qui concerne l'aménagement du territoire communal, ses choix pourraient paraître contradictoires. D'abord, il misa sur la construction d'ensembles monofonctionnels dans l'idée de moderniser la commune, ce qui lui valut parfois d'être taxé

Bourgmestres

1823 : Urbain Verbist
1842 : Léonard Willems
1846 : (Jean-)Jacques Gillon
1867 : Louis-Guillaume Sainctelette
1870 : Fritz Jottrand
1885 : Armand Steurs
1900 : Henri Frick
1926 : Georges Petre
1944 : Joseph Dery
1947 : André Saint-Rémi
1953 : Guy Cudell
1999 : Jean Demannez

L'hôtel de ville de Saint-Josse

de mégalomane. Ensuite, il chapeauta davantage les opérations de rénovation.

Sous le « règne » de cet homme charismatique, champion du dialogue avec ses concitoyens, la majorité communale fut le plus souvent composée d'une alliance entre socialistes et sociaux-chrétiens, sauf de 1964 à 1970, quand les socialistes bénéficièrent de la majorité absolue. Trois partis politiques apparurent sur la scène communale au cours des trente dernières années du XXe siècle. En 1970, dans le contexte des tensions communautaires, le Front démocratique des francophones (FDF) fit une percée au détriment des sociaux-chrétiens (PSC) et des libéraux (PRL), obtenant quatre sièges sur dix-neuf. Cette représentation se réduira peu à peu jusqu'à deux sièges sur 27 en 2000. En 1982, l'Union démocratique pour le Respect du Travail (UDRT), parti populiste de droite, fit une apparition en décrochant trois sièges sur vingt-sept. La présence d'Écolo dans le conseil communal depuis 1988 témoigne par contre de plus de continuité, avec quatre puis trois élus aux élections de 2000 et de 2006. En revanche, aucun des partis d'extrême droite n'a, à ce jour, obtenu de siège. En 1999, à la mort de Guy Cudell, Jean Demannez, né en 1949 et échevin socialiste depuis 1976, fut désigné comme successeur en attendant les élections. Il avait été en charge de la gestion des logements sociaux de Saint-Josse. Élu en 2000 à la tête d'une liste d'alliance avec les libéraux, puis réélu en 2006 à la tête de la liste du bourgmestre avec chaque fois près de 50 % des voix, il semble avoir su capitaliser l'héritage de Guy Cudell, en particulier par la poursuite d'une politique d'ouverture à l'égard des communautés issues de l'immigration. La composition du Conseil et du Collège où les conseillers

Léon Suys, plan pour l'aménagement du quartier Léopold à l'initiative de la Société civile pour l'embellissement de Bruxelles, 1840

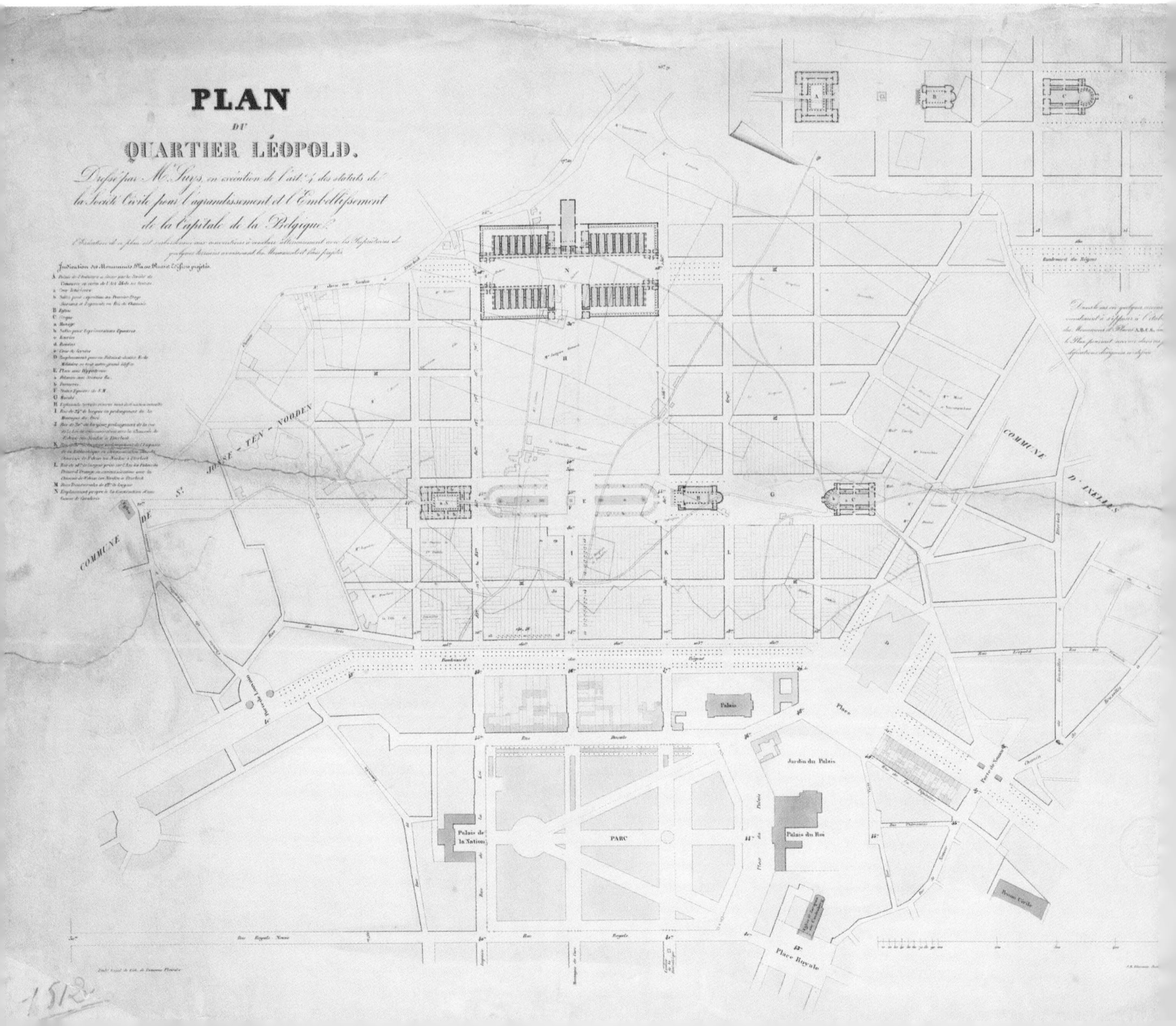

et les échevins sont majoritairement d'origine turque, marocaine ou congolaise en est l'un des reflets.

Les aménagements urbains

À la fin du XVIIIe siècle, Saint-Josse n'était bâtie que le long de la chaussée de Louvain. Une croissance démographique prononcée, qui lui valut de devenir le chef-lieu d'un nouveau canton de justice en 1849, modifia cette donne. Plus encore, elle entraîna des transformations urbanistiques profondes. Située aux portes de Bruxelles, Saint-Josse fut en effet l'une des premières communes à devenir zone d'exode pour une population aisée en quête d'espace et zone d'accueil pour des fonctions que Bruxelles ne pouvait plus héberger. La démolition des remparts (1815-1830) n'y changera rien. Reconvertis en boulevards, ils devinrent rapidement le lieu privilégié des promenades de la bourgeoisie sur les hauteurs desquels Adolphe Quetelet (1796-1874) fonda le premier observatoire (transféré à Uccle en 1891) selon les plans de l'architecte Auguste Payen (actuel square Henri Frick).

Le premier faubourg tennoodois à se développer fut celui dit « de Schaerbeek ». Les voiries existantes, parfois rectifiées (chaussée de Schaerbeek, aujourd'hui de Haecht), ainsi que de nouvelles artères (rue « Royale Neuve » ou rue « Royale Extérieure » tracée en 1827 et rue – futur boulevard – de l'Astronomie) structurèrent ce quartier où le Jardin botanique (1826) occupait une position centrale. Ce Jardin cumula d'emblée les fonctions : outre ses vocations scientifiques et didactiques, il accueillit les loisirs de la bourgeoisie. Racheté par l'État en 1870, il servit, à partir de 1892, de parc d'exposition pour les sculptures d'artistes renommés (Godefroid Devreese, Julien Dillens, Constantin Meunier...). Toute la zone organisée autour du « Tracé royal », reliant le palais de Bruxelles au domaine de Laeken, fut vouée à un urbanisme de prestige, de style néoclassique. L'aspect majestueux diminuait cependant à mesure que l'on quittait ce « Tracé », comme on peut encore le voir aujourd'hui : plus on s'en éloigne, plus les maisons sont petites et l'ornementation dépouillée.

À l'ouest de la commune, la gare du Nord (1841-1846) remplaça celle de l'Allée Verte. Sur fond de spéculation immobilière, la commune organisa le tracé de nouvelles voiries (rues du Progrès, de Brabant, des Croisades, etc.) qui allaient structurer le deuxième faubourg, dit de Cologne. La place des Nations, aménagée devant la gare, fut rebaptisée place Rogier, en 1885, à la mémoire de l'homme politique libéral, artisan du développement du chemin de fer en Belgique et citoyen de Saint-Josse. Cette place fut soumise à un règlement qui fixait son homogénéité architecturale. L'ordonnance néoclassique originelle fut cependant rompue au début du XXe siècle par la construction de grands hôtels, tels le Palace Hotel (devenu Crowne Plaza) de style Art nouveau (1909), l'Albert Ier (1928), le Nord Hôtel (devenu Art Hotel Siru) de style Art déco (1932) et le Sheraton (1973).

Hôtels art déco, place Rogier

Dans les années 1850-1860, pour tenter de mettre un terme aux inondations et aux épidémies, les communes riveraines du Maelbeek décidèrent de son voûtement ; celui-ci s'intégrait d'ailleurs dans l'aménagement du Quartier Léopold et du quartier des squares. Le voûtement fut achevé en 1872, avec la réalisation du grand égout collecteur entre la rue Belliard et le Grand Étang (comblé vers 1870). La place Saint-Josse fut aménagée par-dessus en 1865 et remplaça le simple carrefour des chaussées de Louvain et d'Etterbeek. Quelques chemins servirent alors d'assise à de nouvelles rues et à l'extension de l'habitat : rue Scailquin (ex-Botermelkstraat), rue Saint-Alphonse (ex-Processieweg), rue Hydraulique (ex-Vallestraat)...

La construction du Quartier Léopold inspira la bourgeoisie de Saint-Josse, bien que plus modeste que celle du nouveau quartier. L'architecture néoclassique y sera par conséquent plus sobre. Les maisons plus étroites et la présence généralisée d'une porte cochère, donnant accès aux ateliers situés à l'arrière des parcelles, témoignent de cette différence.

Ainsi, à la fin des années 1850, seule la rive droite du Maelbeek était non bâtie, en particulier à l'est de la voie de chemin de fer vers Luxembourg, encore à ciel ouvert (la gare de Saint-Josse, chaussée de Louvain, fut ouverte en 1865). En 1868, en acquérant l'hôtel du violoniste Charles de Bériot pour abriter la maison communale, trop à l'étroit dans ses quartiers de la rue de la Commune (anciennement rue de la Régence) et qui avaient eux-mêmes succédé en 1840 à une première implantation rue A. Lynen, l'administration communale s'installa entre les deux pôles urbanisés du territoire.

La croissance des années 1830-1900 entraîna la mise en place de nouveaux équipements. La ferme des boues (1841), le raccordement aux égouts (1840), l'éclairage au gaz (1846), l'implantation de marchés – dont le marché couvert de la place Saint-Josse (1876-1879, démoli en 1956) qui abrita une salle des fêtes, puis le cinéma Pathé (1902) –, la construction d'un abattoir (1852, démoli en 1898), la reconstruction de l'église de Saint-Josse (1865-1867)... en sont les jalons. Cependant, l'adduction d'eau potable à domicile est plus emblématique, non seulement parce qu'elle constituait une prouesse technique sans précédent en Belgique, mais aussi parce qu'elle témoignait des tensions qui régnaient entre les « nouvelles » communes bourgeoises (Saint-Josse, Ixelles, Schaerbeek et Saint-Gilles) et la ville de Bruxelles, soucieuse de conserver ses prérogatives en dépit de la fuite et de l'appauvrissement de ses habitants. Ces tensions furent telles que, en 1891, les faubourgs fondèrent la Compagnie intercommunale des eaux (CIE, ancêtre de la CIBE, née en 1934 et réorganisée en IBDE et Vivaqua en 2006). Ils entreprirent des travaux colossaux et créèrent leur propre réseau de distribution au départ des captages du Bocq, situés à plus de 80 km. L'action du bourgmestre Armand Steurs, président de la CIE, fut déterminante. Dans le square qui porte son nom (inauguré en 1932), la statue de Julien Dillens, intitulée *La Source*, rappelle cet épisode. Une autre statue commémorative, celle de l'Allemand Kemmerich, qui était située près de l'Observatoire comme pour défier la ville de Bruxelles toute proche, représentait un homme dominant un bouc (allusion à la traduction française du *bok* flamand). En 1920, vu la nationalité du sculpteur, la statue fut fondue et remplacée par le Monument aux Morts de Guillaume Charlier (déplacé depuis rue du Méridien).

Guillaume Charlier, monument aux morts pour la patrie, vers 1922

L'urbanisation de la zone située à l'est de la ligne de chemin de fer du Luxembourg, qui se prolongeait sur le territoire annexé par Bruxelles, fut achevée après la désaffectation des cimetières de la ville et de Saint-Josse (1877 et 1880). Établis à l'angle de la chaussée de Louvain et de la rue du Noyer depuis respectivement 1784 et 1832, ils furent déplacés aux confins d'Evere et de Schaerbeek. Le recouvrement de la ligne de chemin de fer débuta en 1930, entraînant l'urbanisation de la place des Milices (square Armand Steurs), et fut achevé en 1953.

L'entre-deux-guerres vit la disparition des dernières impasses ouvrières et la construction des premiers immeubles à appartements. Toutefois, les infrastructures collectives destinées à assurer des conditions de vie décentes à une population fragilisée furent lentes à se développer. La réorganisation

Aménagement du quartier du Botanique et construction de la tour de la Prévoyance sociale, vers 1955

de l'enseignement communal et la construction des Bains communaux (1933), dont l'architecture Art déco mérite le détour, figurent parmi les quelques réalisations de cette époque. Malgré la création de la Société anonyme des habitations à bon marché (1922), l'action pour le logement des moins nantis ne fut pas l'une des priorités de la politique communale.

Dans les années 1960, Guy Cudell délivra de nombreux permis pour la construction de tours de bureaux, favorisant ainsi l'extension du *Central Business District* bruxellois sur le territoire de Saint-Josse. Dès 1956, la Prévoyance sociale avait édifié au Botanique l'un des premiers grands immeubles de bureaux. Il sera suivi par la tour Madou (1965), le Botanic Building du boulevard Saint-Lazare (1965) et la tour Astro, le long des boulevards (1976). Après le transfert de la gare du Nord (1953) dans le cadre des travaux de la Jonction Nord-Midi, les hôtels de style Belle Époque situés à l'ouest de la place Rogier disparurent pour faire place au bloc de l'hôtel Sheraton (1973). L'ancien emplacement de la gare fut occupé par la tour fonctionnaliste du Centre international Rogier (dite aussi tour Martini, 1962), elle-même démolie et remplacée depuis par une construction de style postmoderne : la Dexia Tower. La Jonction Nord-Midi, achevée en 1952, mutila profondément le Jardin botanique. Il fallut attendre l'Exposition universelle de 1958 pour qu'un nouveau plan soit conçu par l'architecte de jardin René Pechère. Le classement du site, en 1964, n'empêcha pas l'abandon des bâtiments pendant près de 20 ans, jusqu'à ce qu'ils soient reconvertis en Centre culturel de la Communauté française (1984).

Dans la partie occidentale de la commune, mitoyenne avec la ville de Bruxelles depuis 1921 (à la suite de son extension au détriment de Molenbeek), la Senne fut voûtée dans les années 1970. Ces travaux sont parfois appelés « deuxième voûtement » en référence au « premier » qui avait eu lieu au cœur de la ville de Bruxelles près d'un siècle auparavant. Ce quartier, célèbre tant pour ses maisons de tolérance que pour son grand magasin de textile Franchomme, fut alors rasé pour faire place au projet Manhattan. Ce dernier, promu par le ministre Vanden Boeynants et son bras droit immobilier, Charlie De Pauw, fut conçu par les urbanistes fonctionnalistes du groupe Structures. Avant d'être arrêtée par la crise des années 1970, sa réalisation entraîna, entre 1967 et 1974, l'expulsion de milliers d'habitants et la démolition de leurs habitations. Il y subsista alors une immense friche dont l'urbanisation ne reprit qu'à la fin des années 1980 et qui n'est toujours pas achevée. Sur une voirie redessinée, dans le prolongement du boulevard Émile Jacqmain (rebaptisé boulevard du Roi Albert II), le quartier Nord, troisième pôle de bureaux de la Région, avec le haut du Pentagone et le Quartier Léopold-Schuman, est le seul à avoir été conçu comme centre d'affaires.

École de la rue de la Limite, vers 1900

Jardin des ateliers Mommen, rue de la Charité

Pour tenter de stopper l'hémorragie démographique, la commune investit aussi dans le logement via sa société de logements sociaux (place Saint-Josse en 1952, rue Marie-Thérèse en 1978) ou via des fonds privés négociés en compensation de terrains cédés au projet Manhattan. Ces logements, qui dénaturaient ou remplaçaient des ensembles anciens, ne pouvaient que rarement accueillir de grandes familles, laissant souvent sur le carreau de nombreuses familles immigrées.

Depuis le début des années 1980, marquées par le déclin des conceptions fonctionnalistes de l'urbanisme et la structuration des comités d'habitants, Saint-Josse a opté pour des aménagements plus légers et respectueux des structures anciennes. Elle le fit d'autant plus facilement que sa politique de modernisation avait durablement grevé les finances communales. En créant la Régie de Rénovation urbaine et en attirant les financements de l'État, de la Régie d'aménagement de l'agglomération bruxelloise (puis de la Région de Bruxelles-Capitale), la commune a pu rénover un grand nombre de logements (quartier Saint-François-rue Verte, quartier Botanique) ainsi que plusieurs ensembles patrimoniaux (le Tracé royal, le Palace Hotel en 1982, le square Armand Steurs en 1986-1988 et, plus récemment, certaines façades de la chaussée de Louvain et la gare de Saint-Josse).

Aujourd'hui, avec un budget en équilibre, la commune poursuit ses efforts de rénovation de l'espace public comme outil de revalorisation des quartiers et des conditions de vie, en créant des logements et des espaces récréatifs. Plusieurs quartiers bénéficient des programmes « contrats de quartier », cofinancés par la commune et la Région, qui visent surtout à rénover l'espace public. Cependant, les effets de cette rénovation, combinés à la proximité des institutions européennes qui s'étendent aujourd'hui jusqu'à la tour Madou, et au retour en centres urbains de groupes sociaux aisés, représentent un défi pour une commune telle que Saint-Josse : les contrastes sociaux et culturels devraient encore s'y accentuer. Son parc immobilier, essentiellement locatif, rend les plus fragilisés à la merci de processus sur lesquels la commune a par ailleurs peu d'emprise.

La vie sociale, culturelle et religieuse

Au XIXe siècle, la foi dans le progrès social de l'élite libérale de Saint-Josse, souvent proche de l'Université libre de Bruxelles, se doublait d'un souci pour l'éducation des plus pauvres. La frontière entre élites politiques, intellectuelles et culturelles n'étant pas très étanche, Saint-Josse vit fleurir les initiatives novatrices, publiques et privées, qui visaient à l'émancipation des masses.

Entre 1839 et 1890, les écoles communales furent créées à mesure que croissait la population. En quelques décennies, les premières classes primaires, fondées en 1839 dans l'ancienne maison communale, furent complétées par une quinzaine d'établissements scolaires de tous niveaux : écoles primaires, moyennes ou professionnelles, surtout pour jeunes filles, et cours pour adultes. Les bourgmestres Fritz Jottrand (1870-1884) et Armand Steurs (1885-1900), ainsi que l'échevin de l'Instruction publique puis bourgmestre Henri Frick, s'engagèrent tout particulièrement dans cette voie puisqu'ils créèrent plusieurs écoles alors que la loi scolaire (catholique) de 1884 privait les communes de subsides de l'État. En 1880, Saint-Josse comptait le taux le plus bas d'illettrés de l'agglomération bruxelloise et, en 1890, fêtait avec force démonstrations « l'achèvement » de son enseignement officiel. Les écoles se différenciaient par leur caractère gratuit ou payant, les secondes ayant la préférence de la bourgeoisie laïque dont l'ouverture aux idées progressistes n'allait toutefois pas jusqu'à l'intégration sociale. Côté privé, les initiatives étaient nombreuses et devançaient souvent celles des autorités, même si elles bénéficiaient ensuite de leur soutien. En 1846, c'est une initiative privée, bien vite soutenue par Saint-Josse et Schaerbeek, qui donna le jour à la première crèche-école gardienne de Belgique. En 1863, également sur initiative privée, y fut adjoint un enseignement professionnel pour jeunes filles. Il en alla de même des « Soirées populaires », qui s'adressaient à tous, organisées dès 1863 sous le patronage de personnalités libérales.

La liberté constitutionnelle d'enseignement donna aussi l'occasion aux institutions catholiques d'organiser un enseignement ; plusieurs écoles virent le jour (les Sœurs de Notre-Dame en 1856, les Dames de Marie et l'école primaire ouverte par les Filles de la Sagesse en 1898).

C'est dans ce climat libéral engagé dans l'action sociale que de nombreux artistes élirent domicile à Saint-Josse. Parmi tant d'autres, on y compta les violonistes Charles de Bériot (1802-1870) et Henri Vieuxtemps (1820-1881), les peintres Jean-Baptiste Madou (1796-1877), François Bossuet (1800-1890) et Auguste Oleffe (1864-1931), le poète Émile Verhaeren (1855-1916) et le sculpteur Guillaume Charlier (1854-1925). Regroupés dans des cercles, caractéristiques de la société du XIXe siècle, ils prirent part à la vie de la commune et furent les instigateurs de nombreux projets éducatifs novateurs. Les cercles Beethoven et Weber, par exemple, participèrent à la création, en 1870, de l'École populaire de chant d'ensemble de Saint-Josse et Schaerbeek qui compta jusqu'à 1 250 élèves à la fin du XIXe siècle. Devenue École de musique de Saint-Josse-ten-Noode et Schaerbeek, elle élargit progressivement la panoplie de ses cours, sans toutefois s'éloigner de sa vocation populaire. Aujourd'hui, l'Académie de musique en est l'héritière. Côté arts plastiques, les deux communes s'associèrent également pour fonder l'École normale des

Julien Dillens, *Le Laurier*, dans le parc du Botanique

Arts et du Dessin, sur proposition du peintre et architecte E. Hendrickx (1844-1892). L'école, qui ouvrit ses portes en 1864, devait tout à la fois permettre aux instituteurs d'acquérir une formation artistique et de former des artisans au dessin professionnel. En 1891, Schaerbeek fonda sa propre école et laissa Saint-Josse seule en charge d'une institution ramenée à de plus modestes effectifs, d'autant qu'elle n'accueillait plus les instituteurs, désormais initiés aux arts dans les Écoles normales. Par contre, elle s'ouvrit aux jeunes filles en 1908. Ces changements l'amenèrent à changer son nom : elle devint École des Beaux-Arts de Saint-Josse. Dans ce contexte, un nombre impressionnant de cercles virent le jour : le Cercle artistique et littéraire fondé par Charles de Bériot, les cercles L'Essor (le plus connu) et Pour l'Art, fondés par le peintre Amédée Lynen (1852-1938), les Artisans lyriques ou la Société philharmonique de Saint-Josse, le Cercle Fétis, le Cercle musical, le Cercle Momus, le Cercle Haydn... Il serait difficile de les citer tous.

Les mécènes se trouvaient donc au contact direct d'un vivier bouillonnant. Parmi eux, Félix Mommen (1827-1914), un ébéniste installé rue de la Charité, spécialiste dans la fabrication et la vente de matériel destiné aux peintres, prit une initiative remarquable : entre 1874 et 1910, il fit construire des ateliers pour artistes, à l'image du Montmartre parisien. L'ensemble architectural qui porte aujourd'hui son nom, classé en 1992 et rénové au cours des années 1990-2000, constitue encore un patrimoine unique. Henri Van Cutsem (1839-1904), autre mécène hôte de la commune et grand collectionneur, légua sa demeure de l'avenue des Arts à son ami sculpteur Guillaume Charlier. Celui-ci la légua à son tour, avec son contenu, à la commune à condition qu'elle devienne un musée public (ce fut fait dès 1928). Aujourd'hui, le musée Charlier est l'une des principales institutions culturelles de Saint-Josse.

La bourgeoisie tennoodoise était donc avant tout intellectuelle et culturelle. La grande bourgeoisie, celle des affaires, n'y fut jamais vraiment présente. Mais Saint-Josse a abrité bien d'autres types d'habitants... Les révolutionnaires français, par exemple, qui avaient fui la répression de la révolution de 1848, trouvèrent refuge aux environs de la place Madou, encore appelée « place semi-circulaire ». Avec d'autres, ils firent de Saint-Josse, pour un temps, le « Faubourg des Exilés » ou le « Petit Montmartre ». Les ouvriers, les petits artisans et les commerçants étaient particulièrement nombreux. Les impasses, dont la plupart disparurent à la fin du XIXe siècle ou pendant l'entre-deux-guerres, et les habitations ouvrières construites à la fin du XIXe siècle, les abritaient. L'allée des Raisins et les maisons encore visibles dans la rue du Soleil en sont probablement les derniers vestiges. De nombreuses associations coopératives (L'Union économique et La Victoire), caritatives (L'Abeille-De Bij, la Providence pour Ouvrières) ou d'encadrement de la jeunesse (le plus vieux « patro » bruxellois fondé en 1879 est tennoodois), fidèles reflets des clivages philosophiques de la société belge, y avaient trouvé un terreau fertile.

Il faudra attendre la seconde moitié du XXe siècle pour retrouver un mouvement associatif

Intérieur du musée Charlier, ancienne résidence du mécène Henri Van Cutsem

et éducatif comparable à celui du XIXe siècle. Les autorités communales ouvrirent la voie en créant un foyer culturel où un cours de culture et de religion musulmanes était dispensé, en organisant précocement des activités pour les enfants, en instituant un conseil consultatif des immigrés (1972-1985), en délégant l'organisation d'activités au mouvement associatif, à défaut de pouvoir lutter contre les mécanismes discriminants (accession aux formations, à l'emploi, au logement...) qui continuent de marginaliser les populations pauvres d'origine immigrée. Les efforts consentis dans l'enseignement communal, où les enfants d'origine immigrée ont constitué jusqu'à 95 % des effectifs dans les années 1990, furent longtemps étouffés par un cadre budgétaire très étroit et l'absence d'impulsion venue du pouvoir de tutelle. La mise en place récente de programmes scolaires à l'échelon de la Communauté française (écoles en discrimination positive, classes passerelles pour les primo-arrivants) tentent de combler cette lacune. Il existe aujourd'hui à Saint-Josse six écoles maternelles et primaires, parmi lesquelles l'école Henri Frick (1952) et la Nouvelle École (inspirée de la méthode Freinet, 1982) sont les dernières venues, et un lycée technique et professionnel. Côté enseignement libre confessionnel, on trouve deux écoles maternelles et primaires ainsi que l'important centre scolaire des Dames de Marie. Plusieurs de ces établissements se sont engagés dans ces programmes à destination des populations immigrées. Ces dernières ont elles aussi développé leurs réseaux et institutions. Aujourd'hui, parmi les 77 mosquées officiellement recensées en Région bruxelloise, sept se trouvent sur le territoire de Saint-Josse.

Dans sa volonté de donner une autre image que celle, largement véhiculée, d'une commune pauvre et déshéritée, Saint-Josse s'est efforcé de maintenir une offre et une dynamique culturelle importante. L'accueil du Théâtre National, place Rogier, jusqu'en 2003, faisait déjà partie de cette politique. Saint-Josse dispose, depuis 2005, d'un musée du Jazz, la « Jazz Station », aménagé dans l'ancienne gare de la chaussée de Louvain. Ce projet, cher au bourgmestre et non moins jazzman Jean Demannez, s'inscrit dans une tradition inaugurée en 1986 par l'organisation annuelle du festival « Saint-Jazz-ten-Noode ». Le territoire communal compte également de nombreux lieux de sortie qui s'adressent à des publics variés : les

La *Jazz Station*, dans l'ancienne gare de Saint-Josse-ten-Noode

théâtres y côtoient les ateliers, les centres culturels (Ateliers Mommen, Ateliers de la Dolce Vita, Centre culturel arabe...) et les boîtes de nuit des environs de la place Madou. Le tissu associatif de Saint-Josse est donc actuellement extrêmement diversifié.

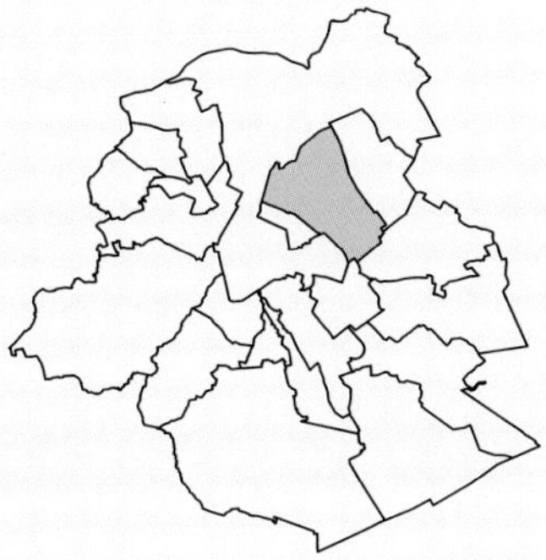

SCHAERBEEK

Chantal Kesteloot, Chloé Deligne,
Christian Vandermotten

Topographie

La topographie de Schaerbeek prolonge vers le nord celle de Saint-Josse : la partie occidentale de la commune est occupée par l'éperon d'interfluve entre la Senne (qui formait initialement la limite de la commune à l'ouest) et le Maelbeek. Au nord, cet éperon s'abaisse à mesure qu'il approche de la confluence des deux rivières. Sur le flanc oriental de cet éperon se situait le noyau villageois. Le parcours du Maelbeek (voûté au XIXe siècle) est encore bien identifiable dans toute la traversée de la commune : du sud au nord, il suit la rue des Coteaux, s'engage dans la rue de Jérusalem, la rue Metsys et rejoint la Senne à hauteur du grand croisement ferroviaire situé à l'ouest de la rue Navez.

Le versant oriental de la vallée du Maelbeek est entaillé par la vallée d'un affluent autrefois nommé Roodebeek (à ne pas confondre avec le Roodebeek de Woluwe-Saint-Lambert), mieux connu sous le nom de vallée Josaphat. Celui-ci confluait avec le Maelbeek vers 30 m d'altitude, à hauteur de la rue de Jérusalem tandis que ses têtes de vallons atteignaient la chaussée de Louvain, de part et d'autre de l'actuelle place Meiser. Le Kattepoel dénommait le plus septentrional de ces vallons. Les courbes du boulevard Lambermont suivent la topographie du versant septentrional des vallées du Roodebeek et du Maelbeek.

Le plateau de Linthout, qui s'étendait approximativement entre les actuels boulevard Reyers, square Montgomery, parc du Cinquantenaire, rue du Noyer et chaussée de Louvain, c'est-à-dire entre Schaerbeek, l'ancien Saint-Josse (voir *Saint-Josse-ten-Noode, Bruxelles*), Etterbeek et Woluwe-Saint-Lambert, culminait à près de 100 m, sur la crête séparant les vallées du Maelbeek et de la Woluwe.

La tour de la RTBF et de la VRT, boulevard Reyers

Réduction des plans cadastraux, Dépôt de la Guerre, 1847

La carte de Ferraris ainsi que les cartes indiquant la situation vers 1930 et en 1994 se trouvent aux pages 128, 130 et 131.

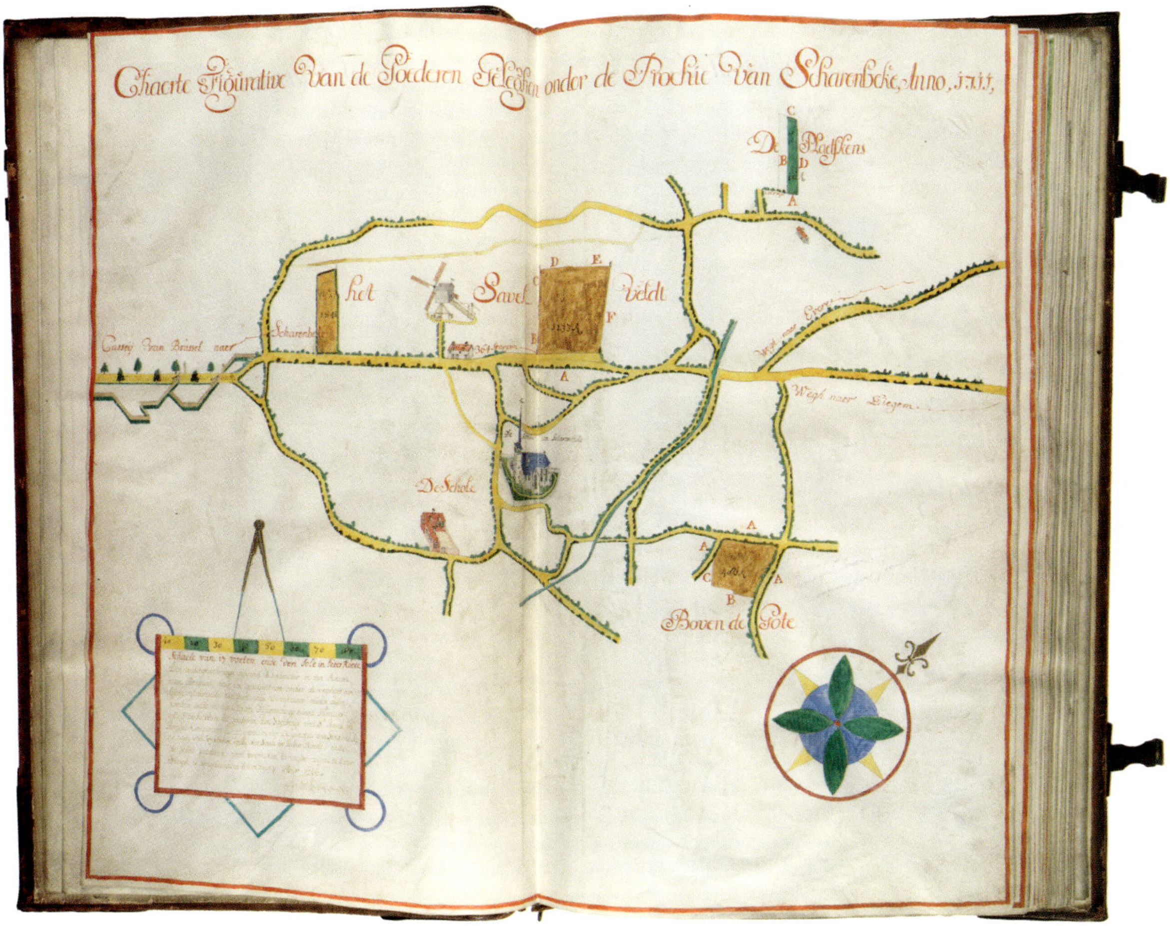

Carte figurative de la paroisse de Schaerbeek, extraite de l'Atlas terrier de l'hôpital Saint-Jean, 1709-1713

Des origines à la fin de l'Ancien Régime

Faute de campagnes de fouilles organisées, les trouvailles archéologiques n'ont pas été très nombreuses sur le territoire de Schaerbeek. Elles sont le fruit de collectes aléatoires effectuées au XIXe siècle, à l'occasion de travaux, et restent isolées. Sur cette base, il est difficile de se figurer l'occupation du territoire aux époques préhistoriques et antiques. Néanmoins, la relative concentration d'objets retrouvés au Kattepoel permet d'y envisager la présence d'un habitat néolithique : près de 250 pièces de la fin du néolithique (vers 2000 avant notre ère) y furent retrouvées. L'âge du fer et l'âge du bronze (1000-500) y sont également bien représentés.

Comme partout en région bruxelloise, les hiatus archéologiques, surtout d'un point de vue chronologique, sont nombreux. Il faut attendre le IIe siècle de notre ère pour trouver de nouvelles traces d'occupation. Le Kattepoel en a livré un petit nombre, dont un oscillum, une tête de Bacchus qu'on suspendait dans les vignes pour les protéger et qui permet de croire à la présence de cette culture à Schaerbeek à cette époque. Cependant, c'est le versant occidental de la vallée du Maelbeek qui a fourni les plus beaux vestiges. Deux tombes gallo-romaines à incinération furent mises au jour en 1861 à proximité de la chaussée de Haecht, dans le bloc entre les rues Lefrancq et Vandeweyer. Situées à moins d'un mètre l'une de l'autre, elles abritaient les restes d'un couple de condition aisée. Cette trouvaille archéologique fait partie du faisceau d'indices qui soutiennent l'existence d'une voie romaine, ou d'un diverticule, passant par la région, reliant le Hainaut au camp d'Elewijt et correspondant approximativement au tracé de la rue Haute et de la chaussée de Haecht. D'autres éléments, tels un trésor de pièces et de nombreux fragments de tuiles, laissent penser que le territoire de Schaerbeek

Service à café et à thé en porcelaine de la Manufacture impériale et royale Monplaisir, 1786-1798

fut occupé jusqu'à la fin du IIe siècle au moins. La densité de cette occupation est toutefois inconnue.

Aucune continuité ne peut être attestée entre cette époque et le XIIe siècle. La trace suivante n'est autre que la première mention écrite de l'autel de Schaerbeek, signe qu'il y existe un noyau d'habitat organisé. En 1120, Burchard, évêque de Cambrai, dont dépend spirituellement le Brabant, remet les autels de Scarenbeca (Schaerbeek) et de Everna (Evere) aux mains du chapitre Saint-Vincent de Soignies, c'est-à-dire qu'il confie à ce dernier le droit de nommer le desservant de l'église et de récolter les revenus qui sont liés à cette charge.

Bien que le premier donateur de l'autel ne soit pas nommé, et peut-être justement à cause de cela, il faut replacer la transmission de 1120 dans le contexte de la restitution des biens de l'Église par les laïcs usurpateurs, caractéristique de la réforme grégorienne. Dans ce contexte, certaines dîmes de Schaerbeek sont progressivement restituées par des laïcs qui les tiennent souvent en fief du châtelain de Bruxelles. En 1186, par exemple, Godefroid Bole, familier du châtelain, restitue moyennant finances une partie de la dîme au prieuré de Forest.

Au XIIe siècle, le noyau schaerbeekois est doté de plusieurs moulins. En 1138, Everwin de Schaerbeek, qui fait partie de l'entourage des châtelains, assigne des rentes sur un moulin, en faveur d'un hospice bruxellois. De même, en 1175, Philippe de Hembeek cède des droits sur un moulin qu'il tient en fief du châtelain, au profit des abbayes de Grimbergen et d'Affligem. Le prieuré de Forest, et l'abbaye d'Affligem dont il dépend, apparaissent parmi les grands bénéficiaires des donations. L'effacement concomitant du chapitre de Soignies laisse présumer l'existence de stratégies territoriales qu'il serait intéressant de reconstituer à l'échelle de la région de Bruxelles. Il est certain, en tout cas, que l'abbaye d'Affligem parvint à constituer une importante exploitation à Schaerbeek, nommément la ferme de Linthout, dont on trouve trace dès 1145 et qui compta plus de 300 ha au moment de sa plus grande expansion (dont plus de 150 ha de bois). Encore une fois, le châtelain contribua à la dotation initiale de cette ferme à qui il vendit une partie de ses biens. En 1245, peu après la prise d'autonomie du prieuré de Forest devenu abbaye, cette ferme est mentionnée parmi ses treize fermes principales. Il s'agissait d'une ferme spécialisée dans l'exploitation du bois et l'élevage d'ovins.

Tout cela donne à penser que les premiers détenteurs de droits seigneuriaux sur le territoire schaerbeekois furent les seigneurs de Aa, châtelains de Bruxelles, et que l'église et le noyau de Schaerbeek existaient dès le XIe siècle. La multiplicité des détenteurs fonciers à Schaerbeek et l'importance des infrastructures connues au XIIe siècle sont autant d'indices d'une certaine longévité déjà acquise par le noyau d'habitat.

Les liens économiques entre Schaerbeek et Bruxelles sont nombreux dès le XIIe siècle. Les textes l'attestent à partir de la fin du XIIIe siècle et au XIVe siècle, évoquant l'intégration de Schaerbeek à la « cuve » de Bruxelles (1301), c'est-à-dire à la juridiction des échevins bruxellois et à la taxe perçue sur la fabrication de la bière. De nombreux bourgeois de Bruxelles (de Atrio, Wassard dit Kunne, Stolten, van der Hellen, Boete, Eggloy, Aurifaber...) y détiennent prés, terres, terrains, étangs et même enclaves de chasse. Les moulins, qui sont au nombre de quatre au moins au XIIIe siècle et de six au XVIe siècle, sont détenus pour partie par plusieurs familles bruxelloises (Van der Hellen, Van der Noet, Portre...). La forte concurrence et les conflits que se livraient les puissants de la région, en particulier le chapitre de Sainte-Gudule et de grandes familles bourgeoises pour détenir des droits sur ces machines, attestent l'importance qu'elles revêtaient dans l'économie de la région.

Les moulins schaerbeekois sont principalement destinés à la mouture des céréales, révélant l'importance de la culture céréalière des environs, surtout localisée sur les plateaux. Certains servent également à l'extraction de l'huile et l'un d'entre eux, le Wijngaertmolen, fut même transformé en moulin à papier au XVe siècle, rare exemple de conversion industrielle précoce à Schaerbeek. Le nom de ce moulin fait allusion aux vignobles qui s'étendirent jusqu'au XVe siècle sur les versants bien exposés de la vallée du Maelbeek (comme à Saint-Josse). Parmi les activités économiques non agricoles, il faut encore citer celles de l'extraction : quelques carrières de sables, de grès et de pierres calcaires ont pu être localisées sur les hauteurs de Linthout ou du Zavelberg (emplacement de l'église Sainte-Marie), mais leur histoire reste encore à écrire.

Plus encore que la culture céréalière et la viticulture, la production maraîchère, à très haute valeur ajoutée, était caractéristique de Schaerbeek. Elle trouvait en grande partie son débouché sur les marchés bruxellois. Le fameux Ezelwech ou « chemin des ânes », dont le tracé correspondait à peu près à la rue Josaphat, prolongé à l'intérieur de la ville jusqu'aux environs de l'église Sainte-Gudule, est connu comme un axe de circulation dès le XIIe siècle. Par ce chemin, les fruits et légumes destinés au marché bruxellois arrivaient à dos d'âne. La porte de la ville, qui permettait le passage à l'animal devenu l'emblème de la commune, était appelée la Coelschepoorte, assimilée à une « porte de Cologne », dans laquelle il n'est pas interdit de voir une plus prosaïque mais non moins significative « porte aux choux ».

Hippolyte Boulenger, *La vallée Josaphat à Schaerbeek*, vers 1865-1867

Jusqu'à la fin de l'Ancien Régime, les axes de circulation importants s'organisaient selon le relief. De part et d'autre de l'éperon d'interfluve séparant Senne et Maelbeek se succédaient plusieurs voies parallèles à partir de la seconde enceinte de Bruxelles. Sur le flanc oriental de la vallée de la Senne, l'itinéraire qui correspond plus ou moins à la rue Verte actuelle suivait la limite des terres inondables jusqu'à un gué sur le Maelbeek, à proximité de sa confluence avec la Senne. Sur la crête, le chemin de Diegem correspondait à peu près à la chaussée de Haecht. Il franchissait le Maelbeek un peu en aval du noyau villageois. Il n'est pas impossible que son pavement jusque Schaerbeek, au XVe siècle, ait modifié légèrement son tracé qui dès lors franchit le ruisseau plus au nord, générant peut-être la création d'un noyau d'habitat organisé selon la nouvelle voirie, sur le modèle des villages-rues. Entre ces deux premières voies, un tracé secondaire, correspondant à la rue de la Poste, venait se loger à flanc de coteau. Entre la crête et le Maelbeek, l'Ezelwech, déjà cité, rejoignait le cœur du village à hauteur du gué. Sa partie basse, parfois appelée Neerweg, était également en continuité avec l'itinéraire du Maelbeek provenant d'Ixelles. En dehors de ce faisceau de routes orientées sud-nord, le chemin de Louvain, quittant Bruxelles par la porte Sainte-Gudule, traversait le hameau de Saint Josse, y franchissait le Maelbeek, et remontait vers les hauteurs schaerbeekoises de Linthout. Ce chemin, comme celui de Diegem, fut précocement pavé au XVe siècle jusqu'au bois de Linthout. Tous deux devinrent de véritables chaussées lorsqu'ils furent rectifiés et entièrement pavés, respectivement en 1706-1708 et 1736.

Le noyau principal d'habitat, abritant deux habitations imposantes appelées la Motte et le Borcht (disparu en 1808), s'étageait entre un gué du Maelbeek (situé près du Neptunium actuel) et le milieu du versant occidental où se trouvait l'église consacrée à saint Servais (détruite en 1905 et réédifiée plus haut). Ce noyau se développait un peu plus au nord, le long de la route de Diegem, peut-être après qu'elle eut été pavée (1459) et qu'en résulte un léger déplacement du franchissement du ruisseau. En dehors de ce cœur villageois, seuls quelques hameaux, fermes isolées ou moulins parsemaient le territoire. Ten Mollekens (1286) se situait près de la confluence du Maelbeek et de la Senne, celui du Kattepoel dans le haut du vallon du Roodebeek (Josaphat), celui de Linthout (1145) autour de la ferme et près du bois du même nom, sur le plateau. Le hameau de Helmet (1150), par contre, dépendait d'Evere. Cette structuration médiévale ne connut pas de changement profond durant l'époque moderne.

Jusqu'au XIXe siècle, l'industrie ne s'implanta que légèrement à Schaerbeek qui, tout en restant le « potager de Bruxelles », accueillit plutôt les demeures de la bourgeoisie, du clergé et de la noblesse surtout dans sa partie occidentale, le long du canal de Willebroek (inauguré en 1561). Les plus connues sont le domaine de Monplaisir, construit à la fin du XVIIe siècle par un conseiller de Brabant, le baron Roose, et qui passa successivement aux mains de Charles de Lorraine, puis de la famille royale du Danemark, et le château de Helmet construit au XVIIIe siècle, mieux connu sous le nom de château Walckiers, du nom d'une des familles qui l'habita. Certaines de ces demeures furent converties en lieu de production à la fin du XVIIIe et au XIXe siècle : le château de Monplaisir accueillit une fabrique de porcelaine pendant une dizaine d'années, tandis que le château de la comtesse de Robiano abrita quelque temps une fabrique de parfum.

En termes démographiques, la croissance de Schaerbeek fut forte à la charnière des XVe et XVIe siècles. Lors du dénombrement des foyers du Brabant, en 1496, Schaerbeek comptait 62 foyers taxables, soit probablement quelque 300 habitants. En 1526, le nombre d'habitations était passé à 112, ce qui portait la population à environ 550 âmes. Ce chiffre oscilla ensuite selon la conjoncture, baissant fortement aux XVIe et XVIIe siècles à la suite des destructions provoquées par les troubles qui agitèrent les Pays-Bas espagnols puis autrichiens, mais augmentant à nouveau progressivement à partir du début du XVIIIe siècle pour compter environ 1 200 âmes en 1796.

L'essor urbain de la commune ne débuta réellement qu'avec le démantèlement des fortifications de la ville, à partir de 1819. Cette ouverture tant symbolique que physique autorisa la construction d'un faubourg urbain près de la porte de Schaerbeek,

Victor Cauchie, *Panorama de Schaerbeek*, 1921

dite aussi de Cologne, tout organisé autour de la rue Royale percée à la fin de la période hollandaise.

Formation du territoire communal

D'un point de vue administratif et judiciaire, le territoire de Schaerbeek, situé dans le duché de Brabant, a dépendu successivement de l'ammanie de Bruxelles et, à l'intérieur de celle-ci, de la mairie d'Overijse, puis à partir de 1301, de la cuve et mairie de Bruxelles.

D'un point de vue religieux, les limites paroissiales originelles de Schaerbeek sont inconnues. D'après R. Laurent, la paroisse Sainte-Gudule s'étendait aux XIVe et XVe siècles sur toute la partie comprise entre la Senne et le Maelbeek au-delà de la seconde enceinte, ce qui est déjà en contradiction avec l'existence d'une église paroissiale de Schaerbeek, située précisément entre Senne et Maelbeek. Au XVIIIe siècle, sur la carte de Ferraris, les biens sis entre la Senne, la fortification bruxelloise et le Maelbeek sont systématiquement notés comme dépendant de la paroisse de Schaerbeek. Quoi qu'il en soit de ses limites et de leurs modifications éventuelles au cours du temps, la paroisse dépendit d'abord de l'évêché de Cambrai puis, à partir de 1559, de l'évêché de Malines.

Lors de la création des communes par l'administration française en 1795, Schaerbeek engloba l'ensemble des biens relevant à la fin du XVIIIe siècle de la paroisse de Schaerbeek, plus le hameau de Helmet, qui relevait jusque-là de la paroisse de Saint-Vincent d'Evere (voir *Evere*).

Le territoire de la commune a subi plusieurs modifications depuis 1830.

En 1853, la commune a perdu 8 ha au bénéfice de la ville de Bruxelles, au moment de l'annexion par celle-ci du Quartier Léopold. Elle a d'ailleurs eu à se défendre face à d'autres projets d'extension. En revanche, en 1896, c'est Schaerbeek qui a gagné des territoires au détriment de la commune de Laeken, d'ailleurs dédommagée pour cette perte de 73 ha aux abords du canal de Willebroek. Enfin, au lendemain de la Première Guerre mondiale (1921), un nouveau tracé des limites communales, au bénéfice de la ville de Bruxelles toujours, fait perdre à Schaerbeek et à Evere toutes les installations portuaires, ferroviaires (situées au nord des lignes de chemin de fer et à l'ouest de la

Charles Dehoy, *Vue du canal*, 1917

place Verboekhoven-Cage aux Ours, donc en fait la quasi-totalité de la gare de Schaerbeek) et industrielles de la commune qui voit dès lors son territoire se réduire de 953 à 798 ha. En 1930, des rectifications mineures des limites avec Woluwe-Saint-Lambert eurent lieu le long de la rue Vergote et de la chaussée de Roodebeek. Le territoire schaerbeekois s'étend aujourd'hui sur 7,98 km², ce qui en fait la quatrième commune bruxelloise en termes d'extension, alors qu'elle est la seconde en nombre d'habitants, après Bruxelles.

À l'est, Schaerbeek est limitée par Evere (voir *Evere*) et au sud-est par Woluwe-Saint-Lambert, dans l'axe d'un ancien chemin forestier du bois de Linthout, et, sur un court tronçon, par Etterbeek (voir *Woluwe-Saint-Lambert, Etterbeek*). L'annexion du quartier Nord-Est par la ville de Bruxelles en 1853 a créé une ligne mitoyenne avec celle-ci le long de la rue du Noyer, ancien chemin rural sur lequel la limite a été ajustée, entre le carrefour de la rue de l'Orme et la chaussée de Louvain, à l'ouest de la place Dailly. À partir de la chaussée de Louvain, la limite avec

Saint-Josse dessine, jusqu'à l'ancien cours de la Senne (à l'emplacement de l'actuel boulevard du Roi Albert II, devant le Centre de Communications Nord), deux tronçons presque en ligne droite, auxquels la voirie contemporaine est surimposée. La limite occidentale suit l'ancien cours de la Senne jusqu'à hauteur de la rue des Palais. La limite originelle continuait alors vers le nord, toujours le long du cours de la Senne, jusqu'à la limite d'Evere. Les rectifications de 1897 et de 1921 ramènent cette limite sur l'axe de la première voirie située à l'est des emprises ferroviaires : rue du Pavillon, rue Stephenson, rue Navez, avenue Monplaisir, de sorte que les bâtiments de la gare de Schaerbeek sont situés sur le territoire de la ville de Bruxelles. Seuls les deux côtés de l'avenue Georges Rodenbach, au-delà de la gare, sont situés sur le territoire schaerbeekois.

A. Dubouaÿs, fabricant de produits chimiques, vers 1860

Frans Bossaerts, *La rue de Jérusalem à Schaerbeek*, 1902

Du XIXe au XXIe siècle

Les activités économiques

Jusqu'au milieu du XIXe siècle, Schaerbeek demeure un village agricole où se concentrent quelques fermes et moulins à eau, des potagers et des cerisaies dont les productions servent à alimenter divers marchés bruxellois. En 1846, sur quelque 883 ha, 694 sont consacrés à des cultures agricoles, dont 322 en céréales et 188 en racines et fourrage. Le reste est constitué de terrains maraîchers et de prairies. Au cours de la seconde moitié de ce siècle, nombre de ces terres deviendront terrains à bâtir. Trois événements majeurs ont, en effet, bouleversé le devenir de ce qui n'était encore qu'une bourgade. Il s'agit d'abord de la destruction des remparts de Bruxelles – la porte de Schaerbeek a été détruite dès 1784 – qui permet désormais une communication directe avec le cœur de la ville. En 1824, la rue Royale est prolongée et assure le contact entre Bruxelles, Saint-Josse et Schaerbeek. La création de la première ligne de chemin de fer, qui relie Bruxelles à Malines (1835), est le deuxième élément qui modifie le devenir de la commune ; la première gare du Nord – inaugurée en 1846 – est en effet bâtie à proximité immédiate de son territoire, à la hauteur de l'actuelle place Rogier. Enfin, dans le même temps, le prix modéré des terrains attire : des industries s'installent, tant et si bien que, peu à peu, le visage de la commune se transforme. On y retrouve les entreprises – généralement de petite taille – les plus diverses : allant du caoutchouc à la construction automobile, de l'alimentaire à l'habillement, de la chimie à la construction, ainsi que des filatures. La commune devient également un pôle commercial. L'installation d'entreprises est liée au développement du transport : la première ligne hippomobile sur rails date de 1871. Rapidement, d'autres lignes voient le jour et s'ajoutent au chemin de fer qui atteint à la fois des gares locales – Josaphat, rue Rogier et rue Royale-Sainte-Marie – mais aussi deux gares à vocation nationale. Toutes les lignes de tramways – quatre à la fin du XIXe siècle – permettent de se déplacer sur le territoire de la commune tout en la reliant aux autres communes bruxelloises. Bientôt les lignes se multiplient et sont électrifiées.

Si la part de l'agriculture recule progressivement, elle ne disparaît pas pour autant puisqu'il subsiste encore 330 exploitations agricoles en 1880. Dès la fin du siècle, la commune compte 2 296 entreprises de type industriel employant quelque 8 000 personnes. La plupart sont de petites entreprises, même si la commune compte aussi quelques établissements plus importants – neuf ont plus de 50 ouvriers et 62 en déclarent entre 10 et 50 – dans le secteur de la chimie, des huiles et graisses industrielles, de la construction automobile, de l'alimentation ou des industries d'art.

Progressivement, des ébauches d'équipements collectifs se mettent en place : gaz de ville, distribution d'eau à partir de 1853. Des grands travaux changent la physionomie de certains quartiers : transformation du canal et creusement d'un nouveau port, autant d'éléments qui ont contribué au développement industriel de la commune mais aussi, déjà, à la déstructuration de certains quartiers. Le développement du chemin de fer joue un rôle essentiel dans l'histoire de Schaerbeek : au-delà de la présence des gares – des lieux hautement stratégiques pendant les deux guerres mondiales – et des noyaux de développement qu'elles entraînent, le territoire de la commune est également découpé par plusieurs lignes de train. Parmi celles-ci, la ligne du Luxembourg traverse la commune de part en part, constituant un véritable obstacle à la circulation depuis l'avenue Louis Bertrand vers le parc Josaphat. Dans les années 1910, la ligne est déplacée d'une centaine de mètres et mise en déblai, tout en poursuivant sa route vers Saint-Josse pour rejoindre la gare Schuman. La place Meiser constitue un autre nœud essentiel en termes de communications : l'aménagement de ses alentours remonte au début du XXe siècle, fruit d'un partage des tâches entre l'État belge et la commune. Le premier a couvert les frais de construction des deux viaducs qui surplombent toujours les chaussées de Haecht et d'Helmet, tandis que la commune s'engageait dans la construction du boulevard Reyers et du boulevard Lambermont. Aujourd'hui, ces axes sont essentiels en matière de déplacement avec l'arrivée de l'autoroute de Liège – les travaux remontent au début des années 1970 – qui charrie chaque jour des milliers de véhicules. Ces boulevards abritent des immeubles à appartements cossus, tout en répondant à une vocation commerciale et de bureaux de standing.

À la dimension industrielle s'ajoute progressivement, surtout à partir de l'entre-deux-guerres, une vocation plus administrative et commerciale. Nombre de quartiers offrent cependant un profil mixte : les petites entreprises et les commerces de tous types alternent avec l'habitat privé.

Si la vocation industrielle n'a pas complètement disparu aujourd'hui, elle a néanmoins perdu de son importance au profit d'une vocation administrative et commerciale. Comme ailleurs,

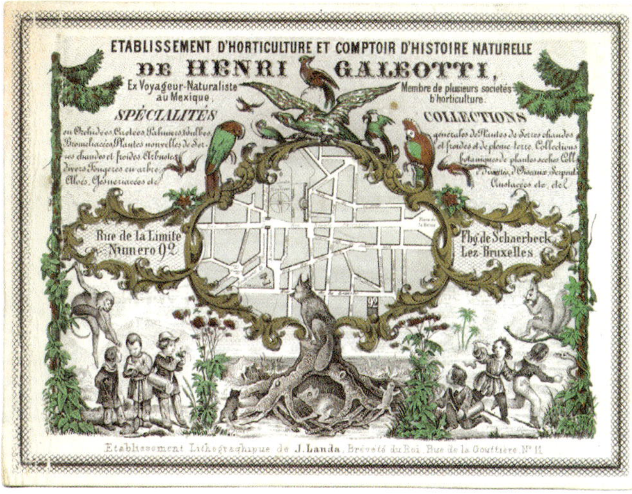

Établissement d'Horticulture et Comptoir d'Histoire naturelle de Henri Galeotti, vers 1860

Souvenir des travaux du Maelbeek, 1898-1900

la tertiarisation de l'emploi y est perceptible. Des secteurs anciens continuent cependant d'être bien représentés. Ainsi, les quelque 2 500 établissements recensés se répartissent pour 23 % en commerces, garages et vente d'articles domestiques, 22 % réunissent le secteur de l'immobilier et des services aux entreprises et près de 15 % le secteur des services collectifs ; le reste concerne le secteur de la construction (environ 7 %), celui de la santé et de l'action sociale (environ 7 %), des hôtels et restaurants (environ 7 %), les industries manufacturières (5,8 %) et, enfin, les entreprises de transports, les entrepôts, les télécommunications, l'administration et l'éducation (données de 2002). Mais le nombre des entreprises ne dit évidemment rien quant au volume de l'emploi dégagé. Sur les quelque 37 000 personnes, résidents ou non, travaillant sur le territoire de Schaerbeek, 20 % travaillent dans le secteur des services collectifs, 17,5 % dans celui des transports, de l'entreposage et de la communication, 15,9 % dans le secteur de l'immobilier et des services aux entreprises, 11 % dans le secteur du commerce et de la réparation de véhicules, 10 % dans l'administration publique et 10 % dans l'éducation ; le reste se répartissant entre le secteur de la construction, des hôtels et restaurants et des activités financières (données de 2002). En comparant le nombre d'entreprises et le volume de l'emploi, le secteur tertiaire au sens large apparaît nettement mieux représenté en termes de volume d'emplois. Ces chiffres ignorent bien évidemment le travail au noir que l'on trouve traditionnellement dans des secteurs tels que la construction ou l'horeca, par exemple. Ils ne sont donc pas le reflet absolu de l'emploi tel qu'il se présente dans la commune mais constituent néanmoins un bon indicateur des grandes tendances.

Le Tir national et la tour de la RTBF et de la VRT

Parmi les pôles importants qui caractérisent Schaerbeek, une place particulière doit être laissée aux médias audiovisuels. La commune abrite en effet sur son territoire les bâtiments de la RTBF et de la VRT (depuis 1963), mais aussi ceux de BeTV et de RTL-TVI, une concentration unique en Belgique.

Par ailleurs, la commune connaît un taux de chômage important, qui frôle les 27 % (chiffres de 2005). Comme dans d'autres communes au profil démographique similaire, le chômage touche surtout les jeunes peu qualifiés.

La population

1526 : 603 habitants
1786 : 1 158 habitants
1800 : 1 131 habitants

Durant la première moitié du XIXe siècle, la croissance demeure lente surtout par rapport à l'explosion qui va suivre : un peu plus de 6 000 habitants en 1846 ; plus de 82 000 en 1910 ! La population a donc plus que décuplé, une croissance unique qui, même si elle se maintient jusqu'à la Seconde Guerre mondiale, n'est pourtant plus aussi spectaculaire et, surtout, va être suivie d'une lente érosion au lendemain du conflit. Le maximum est atteint en 1950 : 125 000, un nombre qu'elle n'a jamais plus égalé, même si à partir de la seconde moitié des années 1980, la commune, après une vingtaine d'années d'érosion, recommence à gagner des habitants. Entre 1995 et 2005, le taux de croissance a été de 7,58 %, le plus important par rapport aux dix communes les plus peuplées.

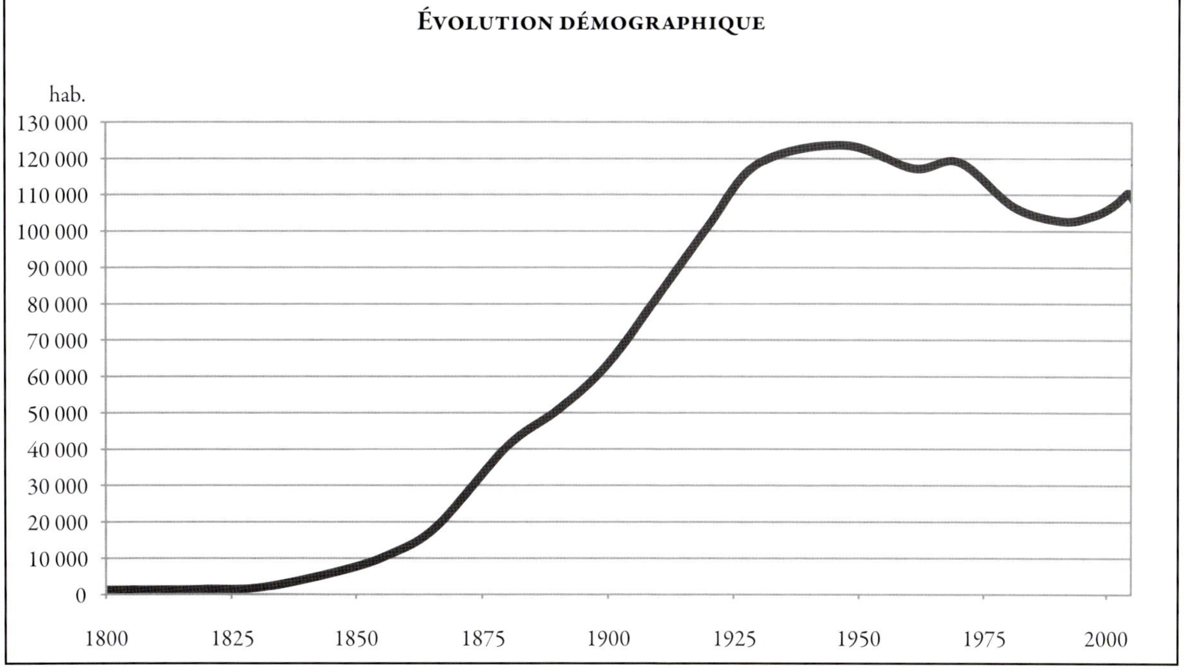

Durant les premières années de l'indépendance, la population est largement agricole. Quelques familles nanties y ont cependant élu domicile. Le développement d'un pôle industriel et commercial attire une population ouvrière. L'arrivée de cette population pose immanquablement des problèmes en termes d'hygiène et de logement. À deux reprises – 1857 et 1866 –, la commune est confrontée à une épidémie de choléra qui fait plusieurs centaines de victimes.

C'est au cours de l'entre-deux-guerres que l'on constate les premières arrivées de populations immigrées. En 1930, près de 10 % des habitants de la commune sont de nationalité étrangère. À la veille de la guerre, il s'agit pour l'essentiel de Français, de Néerlandais, d'Allemands, de Polonais et d'Italiens. Parmi les Polonais et les Allemands figurent un nombre non négligeable de Juifs qui fuient les persécutions. Ces derniers groupes s'installent autour de la gare du Nord et dans des quartiers dits du bas de Schaerbeek, dans le quartier de la rue Josaphat principalement. Cette présence étrangère ira en s'amplifiant au lendemain de la Seconde Guerre mondiale et marquera progressivement et de façon durable la physionomie de la commune. Ces populations se retrouvent, en effet, concentrées dans certains quartiers, peu à peu désertés par la population belge. On assiste, en fait, à un double phénomène qui concerne, d'un côté, la population belge et ses choix de vie et, de l'autre, la population immigrée. Une frange aisée de la population belge, attirée par les communes de la ceinture verte, délaisse Bruxelles. Un phénomène qui ne touche pas seulement Schaerbeek, même si le phénomène y est plus marqué que dans d'autres communes au vu de la dégradation de certains quartiers et de la mise en œuvre de certains projets de reconversions ou de démolitions, tel le projet Manhattan. Dans le même temps, une autre partie de la population belge qui vivait jusqu'alors dans des quartiers à

La rue des Crapauds à Schaerbeek, vers 1900

Évolution de l'habitat et de la population de Schaerbeek, vers 1930

la structure d'habitat vieillie, les quitte pour d'autres réputés plus tranquilles, plus sécurisants, plus homogènes. Les populations immigrées se retrouvent dès lors *de facto* concentrées dans certains quartiers : les seuls où leur faible pouvoir d'achat leur permet de vivre, les seuls où les propriétaires acceptent de leur louer des logements de piètre qualité dont les Belges ne veulent plus, sans compter un réflexe naturel d'une population immigrée qui, elle aussi, préfère recréer ici un réseau de contacts et de sociabilité qui rappelle les villages d'origine. Avec l'immigration turque, naît en effet le phénomène des « villages transplantés » : une majorité d'immigrés sont issus de la même région, le plateau anatolien d'Emirdag. Ils recréent à Bruxelles, à Schaerbeek et à Saint-Josse, la communauté d'origine.

La cohabitation avec les seuls Belges vivant encore dans ces quartiers est souvent difficile : il s'agit aussi d'une population marginalisée socialement ou d'une population vieillie qui n'a pas pu ou n'a pas eu les moyens de déménager (notamment ceux qui vivent dans les logements sociaux). De ces confrontations forcées naîtra bien évidemment une situation dont les discours xénophobes se nourriront à la faveur des années 1970, lorsque la crise économique stigmatisera plus encore cette population immigrée peu formée, et donc première victime du chômage.

Aujourd'hui, cette population fait partie intégrante de la commune. Officiellement, la population étrangère recensée atteint 33,25 % (37 225 étrangers pour une population totale de 111 946 habitants au 1er janvier 2006), mais ce taux est bien en deçà de la réalité perçue, du fait du nombre important de naturalisations. Parmi les nationalités étrangères les plus représentées figurent les Marocains (6 422) et les Turcs (4 964), sans oublier les Français (3 175), les Espagnols (1 649), les Italiens (2 482), les Polonais (1 645), les Portugais (1 301), les Congolais (1 195) et les « Yougoslaves » (1 067). Mais ces chiffres cachent bien évidemment des attitudes contrastées selon les groupes considérés : les immigrés récents ayant moins que d'autres bénéficié de la législation en matière de naturalisation. Sans surprise, si l'on observe le mouvement des entrées, ce sont les Marocains (517) et les Polonais (442) qui ont été les plus nombreux à s'établir dans la commune en 2005. Ces chiffres ne tiennent bien évidemment pas compte des clandestins.

En termes de pyramide des âges, Schaerbeek apparaît comme une commune jeune avec un âge moyen de 34,8 ans, un chiffre qui est aussi directement lié à la présence de nombreux enfants en bas âge, même si, dans le même temps, les familles nombreuses ont tendance à diminuer. À l'autre extrémité de la pyramide des âges, les 60 ans et plus représentent 26,5 % de la population (données de 2005).

Sur le plan linguistique, comme la plupart des communes bruxelloises, Schaerbeek a un visage essentiellement flamand lors du premier recensement (1846). Rapidement, le pourcentage de bilingues se multiplie au détriment des unilingues flamands. La population ouvrière se francise peu à peu et les classes moyennes qui s'installent à Schaerbeek durant la première moitié du XXe siècle contribuent largement à la francisation.

Aujourd'hui, la commune présente pour l'essentiel un visage francophone, même si la réalité est nettement plus contrastée dans certains quartiers : à Helmet, par exemple, au tissu spécifique marqué par la présence de nombreux logements sociaux, la réalité demeure celle d'un bilinguisme de commodité français-néerlandais – même si le néerlandais reste teinté de pratiques dialectales –, tandis que dans d'autres quartiers, ce sont d'autres formes de bilinguisme – français-arabe et français-turc – qui se sont développées avec l'établissement de noyaux commerçants d'origine étrangère, fréquentés aussi par la population belge. Cette situation, paisible sur le plan linguistique, n'empêche pas la communauté flamande de mener une politique de présence active sur le terrain communal : depuis la fin des années 1970, un centre communautaire flamand s'est installé rue Gallait, dans les anciens bâtiments de l'usine pharmaceutique Alcon-Couvreur. Plusieurs immeubles abritent désormais diverses associations et autres activités culturelles dans ce qui est devenu l'un des plus importants foyers de la culture flamande à Bruxelles.

La situation politique

Durant les premières années de l'indépendance, la commune, officiellement reconstituée le 22 octobre 1830, est gouvernée par des notables, généralement des gros propriétaires terriens, reflet de la réalité économique de la commune. Compte tenu des conditions d'éligibilité, le premier bourgmestre est d'ailleurs élu par ce groupe. Sur les 62 votes, 61 s'expriment en faveur de Jean-François Herman, notaire et donc premier bourgmestre de l'après 1830. Durant les premières années, le combat politique demeure aux mains d'un corps électoral restreint et le degré de « compétition politique » reste forcément limité ; des notables succédant à d'autres notables. Ce qui les distingue, ce sont davantage des intérêts personnels que de véritables divergences politiques à l'heure où les partis demeurent peu structurés. Jusqu'en 1878, la commune est dirigée par une majorité catholique qui cèdera ensuite la place à une majorité libérale. À partir de 1887, la ligue ouvrière socialiste commence à jouer un rôle politique et, en 1890, des socialistes font leur entrée au conseil communal. Dès 1883, le changement de législation a déjà permis une extension du corps électoral, élargissement qui profite au parti libéral.

L'industrialisation et l'urbanisation de la commune vont en effet profondément changer son visage social. À la fin du XIXe siècle, Schaerbeek compte une population majoritairement ouvrière, une physionomie qui se traduit politiquement par la création de la première section du parti ouvrier belge dans la capitale. Dès 1896, les socialistes font leur entrée au Collège au sein d'une coalition hétéroclite qui regroupe la quasi-totalité des forces politiques. À partir de 1903, et jusqu'au début de la Seconde Guerre, la commune est dirigée par une majorité libérale/socialiste. Le début du XXe siècle est marqué par de grandes réalisations en matière urbanistique : constructions d'écoles répondant aux normes architecturales les plus en pointe (complexe Josaphat, complexe Roodebeek), investissements publics communaux dans les infrastructures collectives (logements sociaux, premier hôpital, hospice pour vieillards, politique en matière de distribution d'eau, piscine communale...). La majorité en place fait preuve d'une politique extrêmement dynamique à laquelle demeure associé le nom de l'échevin Louis Bertrand. Jusqu'en 1921, socialistes et libéraux se sont présentés en cartel ; ensuite, ils affronteront séparément l'électeur.

Maisons bourgeoises à Schaerbeek

Bourgmestres

1830 : Jean-François Herman
1836 : Zénon Charles d'Odomont
1844 : Charles-Joseph Van Hove
1852 : Guillaume Geefs
1861 : Victor Gendebien
1864 : Eugène Dailly
1873 : Guillaume Kennis
1879 : Achille Colignon
1891 : Ernest Laude
1896 : Guillaume Kennis
1903 : Achille Huart-Hamoir
1909 : Auguste Reyers
1921 : Raymond Foucart
1927 : Jean Meiser
1939 : Fernand Blum
1940 : Albert Dejace
1947 : Fernand Blum
1963 : Gaston Williot
1971 : Roger Nols
1989 : Léon Weustenraad
1992 : Francis Duriau
2000 : Bernard Clerfayt

Jusqu'aux élections de 1938, les catholiques, bien que relégués dans l'opposition, restent néanmoins la première force politique de la commune, un statut qu'ils perdent en 1938 du fait de l'émergence d'une liste rexiste qui recueille 5 sièges sur les 37 alors à pourvoir. En fait, dès le début de l'entre-deux-guerres, chaque scrutin communal se caractérise par un grand éparpillement de l'électorat : pas moins de sept listes se présentent, un chiffre qui grimpe encore d'une unité en 1938. Après la Seconde Guerre mondiale, les socialistes sont renvoyés durablement dans l'opposition, les libéraux choisissant de s'allier aux catholiques tout en conservant le mayorat. Il faut dire qu'à partir de 1952, ils sont clairement devenus la première force politique de la commune. Les élections de 1970 apparaissent dès lors comme un véritable coup de tonnerre dans le ciel politique communal. Participant pour la première fois au scrutin local, le FDF devient d'entrée de jeu le premier parti et, dès lors, partenaire incontournable d'une nouvelle coalition qui marque le retour du PSB dans la majorité communale. Le FDF Roger Nols décroche le mayorat et se distingue très vite par une action d'éclat, le célèbre incident des « guichets de Schaerbeek », qui a durablement marqué les mémoires. En 1973, il fait installer des guichets unilingues à l'administration communale, voulant ainsi tout à la fois démontrer la faible proportion de la population flamande dans la commune et marquer son opposition à la législation en vigueur sur le bilinguisme des fonctionnaires communaux. Ce geste symbolique suscitera la colère du gouvernement. Il faut toutefois reconnaître qu'excepté cet incident, la tension linguistique n'est guère vive à Schaerbeek.

Dès 1976, le FDF conquiert la majorité absolue et Roger Nols, rejetant les socialistes dans l'opposition, s'installe durablement aux commandes de la commune. Les élections de 1982 confirment cette assise puisque le FDF ne compte pas moins de 30 sièges sur 47. Mais la situation se détériore. Sur le plan politique, Roger Nols fait montre d'une attitude de plus en plus hostile à l'immigration. Bientôt en rupture avec la formation fédéraliste francophone, il présente sa propre liste « NOLS » (Nouvelles Orientations Libérales Schaerbeekoises), entraînant dans son sillage une partie non négligeable de la section locale du FDF, qui n'a d'autre alternative qu'une lente et difficile reconstruction. C'est dès lors une très large coalition qui se constitue au lendemain des législatives de 1994. La recomposition du paysage politique se poursuit, non seulement sur le plan local mais aussi sur le plan national où le FDF se retrouve aux côtés de ses anciens ennemis, les libéraux. Après les élections de 2000, une coalition unissant le MR, le PS et les écologistes (francophones et néerlandophones) s'installe avec, à sa tête, Bernard Clerfayt, économiste de formation, qui a réussi à incarner le renouveau du FDF dans la commune. Avec seulement 5 sièges sur 47 (pour 11 aux écologistes et 16 au MR), le PS reste le maillon faible de cette coalition. Pour la première fois, trois échevins issus de l'immigration sont désignés : un FDF, un socialiste et un écolo. Les élections communales de 2006 se présentent comme très ouvertes : le PS ayant décidé de réinvestir « politiquement » la commune, la ministre de la Justice en exercice, Laurette Onkelinx, s'y est installée. Compte tenu de l'évolution de la population, l'ensemble des listes (extrême droite exceptée) se sont ouvertes à des candidats issus de l'immigration. Certes, comme ailleurs, les inscriptions d'étrangers sur les registres électoraux n'ont pas rencontré de succès massif : seuls 15 % des électeurs potentiels se sont effectivement inscrits, ce qui est néanmoins davantage que les quelque 8,4 % de ressortissants européens qui s'étaient inscrits en 2000. Mais une grande partie de la population immigrée possède désormais la nationalité belge et peut donc peser sur l'issue du scrutin, tout autant que l'ensemble du corps électoral belge de souche.

Au terme des élections communales de 2006, Bernard Clerfayt obtient près de 41 % des voix et devance ainsi le PS, crédité de 25 % des voix. Contre toute attente, la chef de file Écolo, Isabelle Durant, que l'on croyait prête à s'engager dans une coalition « olivier » (cdH, PS, Écolo) pour offrir ainsi le siège de bourgmestre à la vice-première ministre socialiste Laurette Onkelinx, signe l'accord de majorité avec la liste du bourgmestre, estimant que les électeurs ont clairement marqué leur soutien au bourgmestre sortant. Une coalition « olivier » aurait disposé d'une majorité jugée trop courte (24 sièges contre 22 au bourgmestre sortant). Ce choix d'Écolo pèsera sur la composition d'autres collèges de la Région.

Construction du kiosque place Liedts, vers 1890

Les aménagements urbains

Durant une grande partie du XIXe siècle, l'urbanisation de la commune est quelque peu chaotique. Les intérêts des propriétaires privés priment souvent les besoins collectifs, tant et si bien qu'avec le développement des transports et la croissance démographique, nombre de rues se révèlent rapidement trop étroites. Apparaît ainsi un champ de tensions entre des autorités communales qui doivent asseoir leur pouvoir et des propriétaires de terrains pour qui le rendement maximum semble être le souci premier. Progressivement, l'aménagement du territoire est pris en charge par les autorités communales et, en 1902, un plan d'ensemble pour l'aménagement des différents quartiers est dressé. Il en va de même pour la coordination de la mise en œuvre d'équipements collectifs. Vu la configuration particulière de l'agglomération bruxelloise, cette question ne va pas sans générer d'inévitables tensions avec d'autres communes sur des questions qui touchent notamment la distribution d'eau, la lutte contre l'incendie, la répression des crimes et délits. La question de l'indispensable coopération entre communes est posée, à laquelle on oppose souvent le sacro-saint principe de l'autonomie communale. Cette question se renforcera encore avec l'urbanisation et jalonnera tout le XXe siècle.

François Schuiten, *La maison Autrique de Victor Horta*

Initialement, la commune s'étend autour de deux noyaux, l'un autour de l'ancienne église Saint-Servais, située au creux de l'actuelle avenue Louis Bertrand, et l'autre autour du hameau d'Helmet.

Le démantèlement des remparts de la ville de Bruxelles, la suppression de l'octroi, l'extension de la rue Royale et la construction de la première gare du Nord sont autant d'éléments qui contribuent au développement de nouveaux noyaux urbains.

L'actuelle avenue Louis Bertrand – créée en 1905 – était initialement coupée par l'ancienne église Saint-Servais, de style gothique, dont l'origine remontait à la fin du XIIe siècle. Son implantation géographique constituant un obstacle au développement du quartier Teniers-Josaphat, il fut décidé de la démolir lors de lacréation de l'avenue Louis Bertrand et de la reconstruire un peu plus haut, en style néogothique, au sommet de ladite avenue. Cette artère, articulée autour d'un axe verdoyant et ornée de part et d'autre d'immeubles alliant luxe et créativité architecturale,

Le Brusilia, depuis le parc Josaphat

est sans conteste l'un des joyaux architecturaux de la commune. On y trouve nombre d'immeubles Art nouveau, dont certains ont d'ailleurs été primés. À proximité immédiate sont construits deux autres bâtiments exceptionnels : la maison Autrique, œuvre de Victor Horta – devenue aujourd'hui propriété communale avec implantation d'un projet culturel, « La Maison imaginaire » – et le Palais des Sports, vaste complexe inauguré en 1913. Celui-ci accueillera à la fois de multiples compétitions sportives – Eddy Merckx en personne y triomphera en 1966 –, des spectacles de prestige – Johnny Hallyday s'y est produit –, mais aussi de nombreuses réunions politiques, notamment les fameux meetings rexistes, en 1936-1937 et durant la guerre. En 1966, le Palais des Sports a été démoli pour laisser la place au « Brusilia », un immeuble-tour résidentiel de 34 étages considéré comme plus rentable qu'une rénovation lourde de l'ancien Palais. Initialement, une seconde tour devait d'ailleurs être accolée au premier bâtiment. Une quinzaine d'années avant la construction du Brusilia, à proximité immédiate, la commune avait fait construire de nouveaux bains communaux, remplaçant ceux désaffectés, depuis le début des années 1940, de la rue Kessels. Ce vaste ensemble, le Neptunium, se compose de deux piscines, l'une aux dimensions olympiques d'alors (33 m). Résolument moderne pour l'époque, le complexe, qui accueille nombre d'écoles de la commune, apparaît aujourd'hui peu rentable et ne se maintient que moyennant une aide financière récurrente de la commune.

Le quartier d'Helmet est sans doute l'un de ceux dont l'identité est restée la plus marquée, avec sa foire, sa braderie, son marché hebdomadaire. Ancien hameau agricole, il a conservé au fil des décennies une vocation populaire tout en ayant vu se développer un noyau commercial important. Certaines rues et maisons conservent d'ailleurs la trace de cette vocation initiale. Au fil du temps, plusieurs ensembles de logements sociaux ont été construits dans le quartier, soit sous forme de logements individuels, soit sous forme de grands ensembles. C'est sans doute aussi le quartier resté le plus néerlandophone de la commune, avec d'ailleurs une bibliothèque de la Communauté flamande, désormais logée boulevard Lambermont dans un nouveau bâtiment réalisé grâce à un partenariat public-privé.

Des logements sociaux existent également dans d'autres quartiers, résultat d'une action dynamique de l'échevin socialiste Louis Bertrand, par ailleurs fondateur de la société coopérative du Foyer Schaerbeekois. Celle-ci a vu le jour en 1899, fruit d'une volonté politique d'assurer un logement décent à une classe ouvrière qui vivait encore dans des conditions souvent déplorables, première victime des épidémies de choléra qui ont décimé la commune au milieu du XIXe siècle. Dès cette époque, les autorités communales tentent d'ailleurs de lutter contre certains chancres urbains, essayant d'imposer aux propriétaires des normes minimales, notamment en matière d'évacuation des eaux usées, de raccordement à l'égout et, plus largement, de suppression des impasses. Face à la difficulté d'apporter des solutions durables et d'ensemble, il apparut que seule une initiative communale pouvait apporter une amélioration substantielle. Le Foyer Schaerbeekois, dont 80 % du capital initial est apporté par la commune, s'oriente vers deux types de projets : d'une part des maisons uni- ou bifamiliales offrant à leurs occupants l'opportunité d'en devenir ultérieurement propriétaires et, d'autre part, des maisons à logements multiples organisées autour d'une cour centrale. C'est le cas, par exemple, de la Cité Olivier dont les plans sont l'œuvre de l'architecte Henri Jacobs, à qui l'on doit également plusieurs écoles dans la commune. Les premiers chantiers se concentrent dans le quartier d'Helmet. À la veille de la Première Guerre mondiale, 257 logements ont été construits et 1 189 personnes y sont logées. Durant l'entre-deux-guerres, les chantiers se sont quelque peu déplacés dans le quartier du Terdelt. On y compte plusieurs ensembles de logements sociaux, dont la fameuse cité éponyme de quelque 300 maisons qui fut inaugurée en 1926. Aujourd'hui, ces bâtiments sont devenus des propriétés privées. Après la Seconde Guerre mondiale, de nouveaux logements sociaux ont été construits sur le square Apollo – appellation caractéristique de son époque – et autour de la gare du Nord, en remplacement d'anciens logements de type marollien réputés vétustes. Pour le reste, des aménagements, rénovations et modernisations ont été entrepris dans les ensembles existants.

Le statut de commune urbaine, obtenu en 1865, impose plus que jamais à l'entité de se doter des attributs symboliques du pouvoir communal, une nécessité en ce XIXe siècle qui porte haut le concept d'autonomie communale. Le siège de l'administration communale résulte plutôt, jusqu'alors, de choix provisoires. Ce n'est qu'en 1887 qu'un véritable hôtel communal digne de ce nom voit le jour dans un quartier marécageux encore complètement rural. Il est l'œuvre de l'architecte Jules-Jacques Van Ysendijck. Sa construction marque également le développement harmonieux de tout un quartier, et en particulier de la place qui l'entoure, celle-ci ayant bénéficié de soins particuliers du fait du lancement d'un concours de façades. Mais l'édifice n'est pas parfait et rapidement, çà et là, des défauts de construction apparaissent, notamment au niveau de la résistance des matériaux, du chauffage et de la ventilation. En 1911, en pleine fête foraine, c'est le drame. L'hôtel communal est ravagé par un incendie d'origine criminelle. C'est le fils Van Ysendijck – Maurice – qui est chargé de la reconstruction. Le chantier traversera la Première Guerre mondiale. Reconstruit à l'identique, le nouvel édifice est néanmoins plus spacieux. Parmi les ajouts d'importance, signalons la superbe salle des guichets. Elle reste l'un des joyaux de l'édifice, qui regorge par ailleurs de nombreuses œuvres d'art, justifiant ainsi l'un des qualificatifs de Schaerbeek : la Cité des Artistes.

La gare de Schaerbeek, place Princesse Élisabeth

Progressivement, on assiste au développement de nouveaux quartiers. Ainsi, autour de la gare du Nord – une zone idéale à proximité du canal et de la Senne – se dessinent des signes tangibles de l'industrialisation. Ce développement entraîne le lotissement de nombreuses rues autour de l'actuelle place Rogier, dans ce qui s'appelait alors le faubourg de Cologne, l'actuelle rue d'Aerschot étant en fait l'ancienne rue de Cologne, débaptisée après la Première Guerre mondiale. Le développement de ce quartier se traduit aussi par l'installation d'hôtels, de salles de spectacles et de maisons closes. Si les salles de spectacle ont aujourd'hui disparu, nombre d'hôtels subsistent dans les alentours de la gare du Nord, et la rue d'Aerschot demeure l'un des lieux traditionnels de la prostitution à Bruxelles.

Le premier site de la gare du Nord, situé sur Saint-Josse, a été abandonné après l'aménagement de la Jonction Nord-Midi. Une nouvelle gare a vu le jour en 1956 sur le territoire de Schaerbeek. Ce n'était pas

Vue aérienne du parc Josaphat et du boulevard Lambermont, vers 1930

pour autant la fin de la transformation de ce quartier. À partir de 1967, le projet Manhattan a entraîné l'expropriation de milliers d'habitants de Schaerbeek, mais aussi de Bruxelles et de Saint-Josse. Il s'agissait de créer un vaste ensemble de tours destinées au logement, mais aussi et surtout, à des bureaux, le tout complété par des équipements collectifs. Les protestations du monde associatif n'y ont rien fait, mais le projet n'a jamais connu l'ampleur des ambitions initiales. Dans le contexte de crise économique des années 1970, une grande partie du terrain est retourné à l'état de friche, baignant ce quartier dans une atmosphère de désolation absolue. Le chantier a redémarré à la fin des années 1980 – constructions de nouvelles tours, installation d'un hôtel de luxe et création du Centre de Communication Nord (CCN). Diverses administrations (Région bruxelloise, Communauté flamande et Communauté française) et entreprises (Belgacom) ont investi les lieux et de nouveaux projets de logements, autour du quartier Gaucheret notamment, ont contribué à une certaine revitalisation d'un quartier qui est toujours en quête d'une âme, une quête d'autant plus malaisée que sa vocation administrative le vide quasiment de toute présence humaine en soirée et le week-end.

La vocation ferroviaire de la commune se manifeste également par la présence de la gare de Schaerbeek dont l'aménagement premier remonte à 1864. Autour de cette gare – le bâtiment initial est bientôt remplacé par un superbe bâtiment, mélange d'éléments de Renaissance flamande et d'Art nouveau – se développe, au début du XXe siècle, à la fois un quartier résidentiel bourgeois et une zone industrielle. Certes destiné aux voyageurs, le vaste complexe est aussi une gare de triage et de formation. La dualité du quartier, à la fois résidentiel et industriel, a subsisté au fil des décennies.

Parallèlement à sa politique d'investissement dans le logement, la majorité communale libérale-socialiste du début du XXe siècle se montre soucieuse de la préservation de ce que l'on appelle aujourd'hui le poumon vert de la commune. Jusqu'alors, le site – sauvé en fait par le voûtement du Maelbeek – qui va devenir le futur parc Josaphat, est un domaine privé que sa propriétaire entend lotir. C'est à la suite d'une intervention personnelle du roi Léopold II que le domaine échappe à cette funeste destinée et qu'il est transformé en parc communal, inauguré en 1904.

Le boulevard Lambermont, vers la place Meiser, 1955

Entrée de la caserne Dailly

Depuis, il a été agrandi à plusieurs reprises. Il est à la fois l'image de la vocation artistique de la commune, une oasis de verdure abritant quelques espèces rares, un reflet de la mixité de sa population et un espace de loisirs dans un ensemble bâti densément peuplé. En été, le parc accueille divers événements et spectacles. Il est bordé d'infrastructures sportives : tir à l'arc, minigolf, terrains de jeux et ancien stade du Crossing de Schaerbeek, tristement délabré mais pour lequel la commune attend un financement du gouvernement fédéral qui lui permettra d'entamer une indispensable et lourde rénovation.

Au début du XXe siècle, le boulevard Lambermont est construit et de nouveaux quartiers émergent.

Autour de la place des Bienfaiteurs, mais aussi au-delà du Lambermont, le quartier Linthout accueille principalement une population bourgeoise. On retrouve ce même profil social autour de l'église Sainte-Suzanne et dans le quartier des Fleurs. Le développement se poursuit vers Evere avec le percement, en 1936, du boulevard Léopold III qui relie la place Meiser à l'aérodrome d'Evere d'abord, de Zaventem ensuite.

La commune abrite également un lieu de mémoire : le Tir national. À l'origine, celui-ci se trouvait à proximité immédiate de la chaussée de Louvain, mais le perfectionnement des armes a entraîné son déménagement, en 1889, vers l'actuel boulevard Reyers. Le lieu initial a longtemps conservé une vocation militaire puisque, après la disparition du Tir national, le site a été transformé pour abriter une caserne d'infanterie inaugurée en 1894, une affectation que les lieux conserveront jusqu'au début des années 1970. Lors des deux guerres mondiales, l'occupant allemand a réquisitionné les installations du Tir national et des patriotes y ont été exécutés. Les installations ont été détruites au début des années 1960. Après maints projets de réaffectation des lieux – logements, extension de la Bibliothèque royale, installation du Parlement européen – le quartier est aujourd'hui en plein réaménagement avec un pôle déterminant consacré au logement, mais aussi le siège de la RTBF/VRT et celui de RTL. L'enclos des fusillés, un cimetière comptant 365 croix, ainsi qu'un monument d'hommage au prisonnier politique inconnu, rappelle la funeste destinée des lieux. Quant à la caserne Dailly, elle a bénéficié enfin d'un vaste projet de réaménagement. Des logements y ont été construits dans le cadre d'un partenariat mixte, associant secteur public et investisseurs privés. Une partie des lieux est reconvertie en commerces. On y trouve également, depuis 1974, le théâtre de la Balsamine.

Jean Combaz, l'église Sainte-Suzanne, première église de Belgique réalisée en béton, entre 1925 et 1928

Ce qui caractérise sans doute le mieux la physionomie de la commune, c'est la diversité des quartiers, l'alternance de quartiers populaires, voire de quartiers pauvres et de quartiers bourgeois. Aujourd'hui, la dualisation est extrêmement visible dans le paysage, mais aussi dans le profil des habitants, les quartiers les plus pauvres étant aussi ceux où se concentre une majorité de la population d'origine étrangère avec, dans certains cas, de véritables ghettos urbains. Ces ghettos ont longtemps contribué à la mauvaise réputation de la commune qui, si elle s'est sensiblement améliorée ces dernières années, n'en demeure pas moins entachée de stéréotypes qui ont la vie dure. Néanmoins, au fil du temps, on a vu émerger également une classe moyenne immigrée investissant et rénovant d'autres quartiers, contribuant ainsi à une plus grande diversité.

Les activités religieuses

Du fait de la diversité de sa population, Schaerbeek a aujourd'hui une importante communauté musulmane et compte au moins une dizaine de mosquées, souvent installées dans des maisons particulières reconverties en lieu de culte. Elles sont principalement situées dans les quartiers à forte densité immigrée : autour de la gare de Schaerbeek, dans le quartier Josaphat et autour de la chaussée de Haecht. Il n'en va évidemment pas de même des lieux de culte d'autres religions, construits d'emblée comme lieux de prières. Leur empreinte sur le paysage est donc tout autre. La commune compte ainsi une douzaine d'églises disséminées sur l'ensemble du territoire. La plus

Vue du Tracé royal vers la place Liedts et l'église royale Sainte-Marie, vers 1920

connue est bien évidemment l'église royale Sainte-Marie, dont la construction remonte au milieu du XIXe siècle et qui s'inscrit dans l'axe du Tracé royal. Construit en style néobyzantin, ce prestigieux bâtiment, inspiré de l'église Sainte-Sophie de Constantinople, a connu bien des avatars et a failli être démoli avant d'être classé en 1976. Mais son épopée dramatique n'était pas encore terminée puisque sa coupole fut la proie des flammes en 1985. Rouverte depuis 1996, elle a conservé sa vocation d'église catholique tout en s'ouvrant à d'autres confessions chrétiennes.

Aucune des autres églises de Schaerbeek n'offre le même caractère de monumentalité. La construction de ces édifices s'échelonne du milieu du XIXe siècle pour la plus ancienne – l'église Saints-Jean-et-Nicolas, rue de Brabant – aux années 1974-1984 pour la plus récente, l'église de l'Épiphanie, rue de Genève. Elles constituent un reflet fidèle du développement de la commune à une époque où le culte catholique demeurait dominant. Sur le plan architectural, c'est sans doute l'église Sainte-Suzanne qui mérite d'être épinglée. Construite entre 1925 et 1928, c'est la première église de Belgique à avoir été entièrement construite en béton. Elle a d'ailleurs également fait l'objet d'un classement par la Région bruxelloise.

D'autres cultes ont également leurs lieux consacrés à Schaerbeek. La commune abrite en effet deux synagogues, l'une destinée au culte ashkénaze – rue Rogier – et l'autre, au culte sépharade – rue du Pavillon. L'évolution démographique veut que ces deux lieux soient aujourd'hui situés en plein cœur de quartiers à dominante musulmane, faisant ainsi régulièrement naître des projets de déplacement. D'autres confessions – communautés protestantes, anglicanes et orthodoxes – disposent également de lieux de prière.

La revue des écoles, vers 1910

Eugène Verboeckhoven, *Étable avec âne et moutons*, 1843

Les activités culturelles, artistiques et scientifiques

Schaerbeek est aussi connue comme la Cité des Écoles. Au début du XIXe siècle pourtant, la commune ne compte qu'une seule école primaire, situation qui n'a guère évolué durant le régime hollandais, même si l'infrastructure s'est quelque peu améliorée. La première école communale est créée en 1843, après le vote de la loi scolaire obligeant chaque commune à posséder au moins une école primaire. Elle se situe chaussée de Haecht et attire rapidement plus d'une centaine d'élèves. Cette école est la première d'une longue série, fruit d'initiatives communales qui ont eu soin de couvrir l'ensemble du territoire d'un maillage d'écoles. Fait significatif, à partir de 1863, les écoles sont installées dans des bâtiments spécifiquement conçus pour les accueillir. C'est surtout à partir de 1879 que la commune, soucieuse d'affirmer son pouvoir, se préoccupe de la mise en œuvre d'une véritable politique de constructions scolaires. Certaines d'entre elles sont de véritables joyaux architecturaux – des « temples scolaires » – ayant exigé des investissements colossaux, tels l'école de la rue Josaphat et le complexe scolaire Roodebeek.

L'investissement communal dépasse le niveau primaire. La commune se dote d'établissements secondaires – futurs athénée Fernand Blum et lycée Émile Max – destinés à l'origine qui aux garçons, qui aux filles, à une époque où la mixité n'est pas encore de mise. Ces écoles communales coexistent avec un réseau d'écoles libres également très dense avec, là aussi, des implantations dans des bâtiments prestigieux, tel le château Walckiers. Cette vocation scolaire attire aujourd'hui, tous réseaux confondus, enseignements francophone et néerlandophone, quelque 19 000 élèves (chiffres de 2003-2004).

Les écoles néerlandophones ont incontestablement réussi à attirer une partie de la population francophone, un choix lié à la fois à l'évolution de la situation économique nationale et à la conviction que ces écoles sont moins fréquentées que d'autres par des populations immigrées. Mais cette présence demeure surtout marquée dans l'enseignement maternel et primaire : 12,5 % de la population scolaire fréquenta l'enseignement maternel néerlandophone ; en primaire, ils ne sont plus que 8 % et, en secondaire, le pourcentage chute à moins de 1,5 % (chiffres de 2003-2004). Il y a donc une volonté marquée de la part de certains parents de faire en sorte que leurs enfants soient bilingues sans pour autant changer leur identité culturelle effective, une situation qui n'est évidemment en rien spécifique à Schaerbeek.

Attirés par le faible prix des terrains, de nombreux artistes, dont le souvenir est maintenu vivace par le biais de nombreux noms de rues, vinrent installer leurs ateliers dans la commune dès le XIXe siècle. Citons, pêle-mêle, les peintres Alfred Verwée, Jean-François Navez, Eugène Verboeckhoven ou encore

Georges Latinis, les sculpteurs Guillaume Geefs – qui a également été bourgmestre de la commune – et Constantin Meunier… Cette réputation se poursuivra au XXe siècle, notamment avec René Magritte qui vécut les dix dernières années de sa vie à Schaerbeek, dans le quartier des Fleurs. Des écrivains y ont également élu domicile, tels Georges Eekhoud, Hubert Krains, Michel de Ghelderode, Thomas Owen mais aussi, plus proches de nous, des chanteuses, telles Axelle Red et Maurane.

Schaerbeek a également développé sur son territoire de nombreux édifices à vocation scientifique ou culturelle. Ainsi en est-il, par exemple, de la Maison des Arts, l'ancien château Eenens-Terlinden construit en 1826 et devenu propriété communale en 1950. Les bâtiments abritent aujourd'hui un centre de documentation consacré à l'histoire communale et un espace d'exposition. Citons également le Théâtre 140, avenue Eugène Plasky, où une ancienne salle paroissiale a été réaffectée en lieu de spectacles. L'église Saint-François d'Assise, située rue des Palais, a elle aussi été réaffectée puisqu'elle abrite aujourd'hui le centre de documentation, les bureaux et les espaces d'exposition du « Sint-Lukasarchief ». Quant à l'école homonyme, elle a investi, en 1962, les bâtiments des anciens établissements Vanderborght, une fonderie typographique. Dans la même rue des Palais, dans l'ancien immeuble de la RTT, un ambitieux projet – le « village » –, notamment porté par l'administration communale, offre des possibilités d'implantation aux entreprises émergentes du secteur des technologies de l'information et de la communication.

D'anciens bâtiments industriels ou commerciaux ont été reconvertis récemment en logements ou en ateliers dans le souci de préserver cette vocation de cité des artistes. Il en est ainsi des anciennes savonneries Couvreur, situées rue Waelhem, dont le passé industriel continue de marquer la physionomie architecturale du quartier. Enfin, il faut bien sûr citer les célèbres Halles. Schaerbeek avait été la première commune bruxelloise – en dehors de Bruxelles-Ville – à se doter d'un marché couvert : les halles, situées à l'angle de la rue Royale-Sainte-Marie et de la rue de la Constitution. Ce premier bâtiment, construit en 1865, a été partiellement la proie des flammes en 1898. Reconstruit à l'identique trois ans plus tard, il perd progressivement sa vocation maraîchère pour servir d'entrepôt, avant d'être laissé à l'abandon. Le joyau architectural est finalement sauvé après bien des péripéties (convention locative par la Commission française de la Culture de l'agglomération bruxelloise à partir de 1973, avant achat et transfert), les bâtiments devenant propriété de la Communauté française en 1984. Une rénovation a été entreprise et sa vocation de salle de spectacles est désormais bien établie.

Spectateurs d'une manifestation de rue, devant les Halles de Schaerbeek, 2006

EVERE

Wanda Balcers, Paulo Charruadas,
Christian Vandermotten

Topographie

La topographie du territoire de la commune d'Evere est assez simple. Dans sa configuration initiale, le nord du territoire communal atteignait la Senne, sous 15 m d'altitude. Il se limite aujourd'hui à la frange de la plaine alluviale de la rivière, occupée par les faisceaux ferroviaires. Les modifications de la topographie induites par les implantations ferroviaires ont créé, au pied du versant de la rive droite de la Senne, une zone marécageuse, le Moeraske. Ce marais, un des derniers encore subsistant de la vallée de la Senne, s'étend sur 1,5 ha. Il est classé depuis 1995 comme réserve naturelle et il est biologiquement le plus riche de toute la région bruxelloise. Situé sur une ancienne décharge publique remblayée, il remplit une fonction de filtre naturel. En effet, il est alimenté par le ruisseau du Kerkebeek qui, partant de Diegem, recueille de nombreuses eaux usées sur son chemin et qui le pollue en partie. À l'extrémité de la réserve, lorsque le Kerkebeek reprend son cours, une épuration non négligeable s'est opérée de façon biologique.

Dans cette partie septentrionale de la Région de Bruxelles-Capitale, le plateau brabançon s'est abaissé et ne domine plus le fond de la vallée de la Senne que d'une trentaine de mètres. L'ancien noyau villageois se situe sur le haut du versant, vers 35 m d'altitude. Au sud de la chaussée de Haecht, un plateau s'élève en pente très douce, depuis une altitude d'environ 50 m jusqu'à un maximum qui dépasse légèrement 80 m à l'extrémité méridionale de la commune, au-delà de la chaussée de Louvain.

La réserve du Moeraske

EVERE
SCHAEREBEECK
S TEN NOODE
Pannen huys
Faisanderie
Bruxelles
Chaussee
Kattepoel

Réduction des plans cadastraux, Dépôt de la Guerre, 1847.
Les cartes indiquant la situation vers 1930 et en 1994 se trouvent aux pages 130 et 131.

Page précédente:
Carte de Cabinet des Pays-Bas Autrichiens levée à l'initiative du comte de Ferraris, 1775-1777 (voir p. 128 le rapport à l'échelle 1 : 25 000).

Carte figurative des biens de l'hôpital Saint-Jean à Evere, extraite de l'Atlas terrier de l'hôpital Saint-Jean, 1709-1713

Des origines à la fin de l'Ancien Régime

Les origines du village d'Evere remontent vraisemblablement au XIe siècle. La présence d'une église romane dédiée à saint Vincent, fondateur du chapitre de Soignies, en attesterait. D'autre part, le plus ancien document mentionnant ce toponyme est un acte de 1120 par lequel l'évêque Burchard de Cambrai fit don des autels de Schaerbeek (*Scarenbecca*) et d'Evere (*Everna*) au chapitre de Soignies. Cette possession est confirmée par un passage des *Miracles de saint Vincent*, au XIIe siècle.

Le chapitre de Soignies possédait une grande partie des dîmes ; le curé (par un accord avec Soignies en 1247) reçut les menues dîmes pour son entretien et pour celui de son église paroissiale. Quant à la propriété foncière d'Evere, elle était assez morcelée. Outre le chapitre de Soignies, déjà évoqué, l'abbaye de Forest y possédait une ferme (depuis 1185), tandis que le chapitre Saint-Gommaire de Lierre, près d'Anvers, et l'hôpital Saint-Jean de Bruxelles, y disposaient de biens fonciers. L'étude de la propriété foncière révèle par ailleurs une forte présence des châtelains de Bruxelles (voir *Bruxelles*).

Dans le courant du XIIIe siècle, Evere semble avoir été constituée par les ducs de Brabant en seigneurie justicière et concédée à de grands vassaux princiers. La seigneurie détenait la haute, la moyenne et la basse justice, avec la seule restriction qu'elle ne pouvait pas procéder à l'exécution des condamnés à mort. Ces derniers étaient remis à l'amman de Bruxelles, représentant du duc dans la région. Le premier acquéreur connu de cette seigneurie est mentionné dans une charte de 1298. Henri de Bautersem (également seigneur des villages voisins de Perck et d'Elewijt) est le chef d'une famille aristocratique proche depuis longtemps des ducs de Brabant et originaire de la région de Louvain. Par cette charte, il permet aux habitants d'Evere de faire moudre leurs grains où ils le voudront, aussi longtemps que lui-même n'aura pas fait ériger un moulin dans le village. De mariages en héritages, la seigneurie aboutit dans les mains de la famille des Walkiers de Tronchiennes en 1772, et y restera jusqu'à la fin de l'Ancien Régime. Le territoire d'Evere ne fit jamais partie de la cuve de Bruxelles. En 1795, le village fut érigé en commune autonome.

Le village d'Evere s'est développé autour de l'église Saint-Vincent, située dans la partie nord de la commune appelée le Bas-Evere. Deux voies d'accès importantes traversaient cette partie d'ouest en est : le chemin de Diegem, actuelle chaussée de Haecht et le vieux chemin de Cologne, actuelles rues Henri Van Hamme, de la Marne, et du Bon Pasteur. Ce dernier chemin fut progressivement délaissé au profit de la chaussée de Louvain.

Jusqu'au XIXe siècle, c'est surtout le Bas-Evere qui est habité. Le reste du territoire est occupé en grande partie par la culture céréalière – blé, froment, seigle, orge, avoine, lin – et par l'élevage. Jusqu'à la Seconde Guerre mondiale, Evere restera une commune essentiellement rurale. La désaffectation, en 1911, du moulin à vent construit en 1841 témoigne de la diminution de la culture céréalière au profit de la culture maraîchère (déjà importante sous l'Ancien Régime, avec la production des navets fort prisés). Au XVIIIe siècle, la pomme de terre connaitra une importante extension de sa culture.

Enfin, le village connut depuis le Moyen Âge une activité d'extraction de pierres à chaux et à bâtir. Plusieurs fours à chaux de Bruxelles étaient approvisionnés par les pierres d'Evere et de Diegem. Ces pierres ont alimenté, jusqu'au milieu du XIXe siècle, un commerce considérable qui passa d'abord par la Senne, puis par le canal de Willebroek. Elles ont fait l'objet d'importantes exportations vers les Pays-Bas pour la construction de digues.

Vue aérienne d'Evere, vers 1930

La population de la commune fut rudement touchée par la guerre de 1488-1489. Les quelque 90 maisons de l'époque furent presque toutes détruites. À ce moment, Evere comptait approximativement 400 habitants. Il lui faudra des décennies pour se rétablir : vers 1600, on n'y comptait que 145 habitants, en 1755 on en dénombrait 470.

Potagers privés à Evere en 1967

Formation du territoire communal

La commune d'Evere couvre aujourd'hui 5,1 km^2. Son territoire actuel n'englobe pas l'ensemble des immeubles qui, sous l'Ancien Régime, relevaient de la paroisse Saint-Vincent. En effet, le château de Monplaisir et le hameau de Helmet, qui relevaient de cette paroisse, ont été incorporés au territoire de Schaerbeek. Evere a encore perdu, en 1897, 0,5 km^2 au profit de Schaerbeek, à savoir les terrains situés entre le chemin de fer de Louvain et la Senne, où s'est étendue une partie de la gare de Schaerbeek-Formation. Ces terrains ont ensuite été cédés par Schaerbeek à la ville de Bruxelles en 1921.

Les limites actuelles de la commune sont, pour le nord, la limite de l'emprise ferroviaire et non plus la Senne, et à l'est, la limite ancienne avec Haren, annexé en 1921 par la ville de Bruxelles, et Zaventem, ancienne commune de Woluwe-Saint-Étienne. À partir de là, cette limite court à travers ce qui était jadis un grand plateau cultivé, puis elle longe l'ancien chemin du Houtweg, avec une excroissance vers l'est qui atteint l'ancien chemin d'Evere à Woluwe-Saint-Étienne, disparu depuis l'installation de l'OTAN. Elle revient ensuite sur le Houtweg, dont la prolongation jusqu'à la chaussée de Louvain est aujourd'hui dénommée avenue du Gibet. Pour le sud, en partant de la la chaussée de Louvain, deux tronçons en ligne droite, qui passaient aussi auparavant à travers les champs du plateau, constituent la frontière avec Woluwe-Saint-Lambert. À l'ouest, la limite avec Schaerbeek correspond à nouveau à une ligne à travers champs, à l'est de l'ancien bois de Linthout, qui remonte jusqu'à la chaussée de Louvain. La limite y dessine un petit coude, pour repartir de manière presque rectiligne vers le nord-nord-ouest le long de la rue de Genève. Elle passe à travers le boulevard Léopold III et les terrains de la gare Josaphat pour rejoindre l'ancien chemin rural qui menait de Helmet à la chaussée de Louvain (devenu la rue du Tilleul), puis la rue Walckiers. C'est à partir du carrefour formé par la rue du Tilleul et la rue Godefroid Kurth, tronçon de l'ancien chemin allant de Schaerbeek à Woluwe-Saint-Étienne, que la limite entre Evere et Schaerbeek laisse à cette dernière commune des bâtiments qui relevaient sous l'Ancien Régime de la paroisse Saint-Vincent. Il faut les situer au coin de l'actuelle chaussée de Haecht et de la rue de l'Agriculture, ainsi que le long de cette dernière jusqu'à la chaussée de Helmet. Sans oublier le noyau du hameau de Helmet, à hauteur de la rue G. Huberti, et l'espace occupé par le château de Monplaisir, à hauteur de l'actuelle avenue Maurice Maeterlinck.

Rues de la Marne et Van Hoorde, vers 1910

Du XIXe au XXIe siècle

Les activités économiques

À l'exception de quelques entreprises de petite dimension, à caractère artisanal (brasserie, chocolaterie, scierie, etc.), installées dans le Bas-Evere, la culture maraîchère et l'exploitation agricole ont longtemps constitué la base de l'économie de la commune (jusqu'au début du XXe siècle). Les terrains agricoles et les briqueteries se situaient essentiellement entre les chaussées de Louvain et de Haecht. À la fin du XIXe siècle, à la suite d'une chute importante du prix du blé (due à l'importation massive de blé étranger), de nombreux agriculteurs se reconvertirent dans l'horticulture. Après la découverte, vers 1830, de la chicorée blanche (le *witloof*), Evere mobilisa ses nombreux champs, marais et prairies pour la culture intensive du nouveau légume. Ceci provoqua la disparition des navets après 1910, et la régression, au cours du XXe siècle, des cultures de céréales et de pommes de terre. En 1930, on dénombrait plus de 300 exploitations de *witloof* à Evere. Elles alimentaient, outre le marché bruxellois, un important marché d'exportation, principalement vers la France et les États-Unis. Des associations professionnelles furent même créées

Évolution démographique

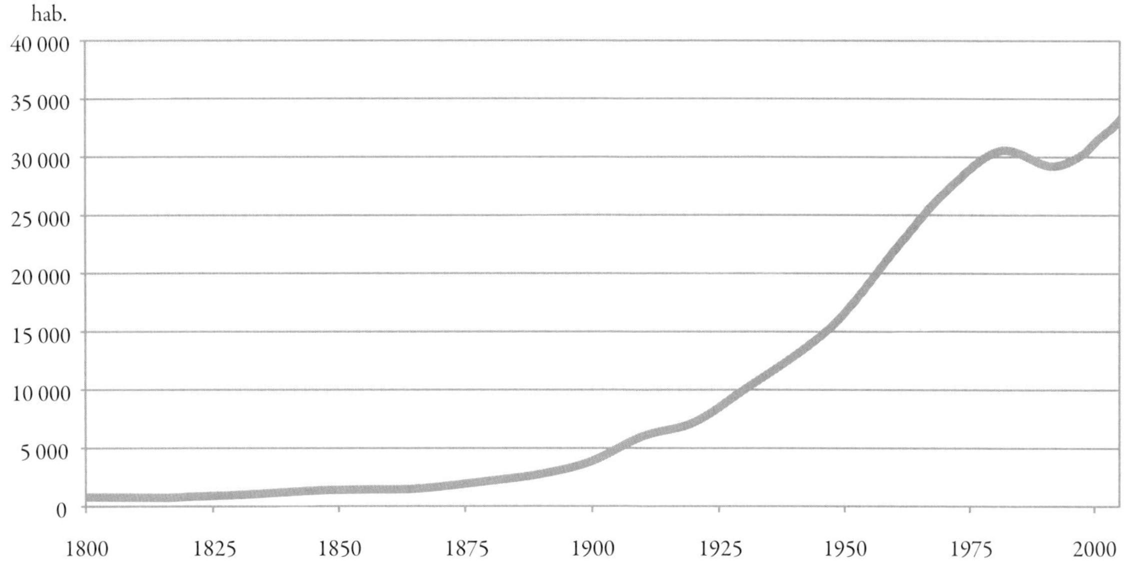

pour faciliter la vente et l'exportation de leur production. Aujourd'hui, il ne subsiste que peu de traces de cette culture, l'urbanisation l'ayant repoussée au-delà de l'agglomération bruxelloise, entre Crainhem et Louvain. Si le sol d'Evere favorisa le développement de l'horticulture, il fut aussi exploité pour la fabrication de la brique. En 1930, les briqueteries sont encore présentes sur le territoire d'Evere, concentrées majoritairement dans la partie sud de la commune (l'avenue du Four à briques en rappelle l'existence).

La population

1786 : 341 habitants

Jusqu'à la fin du XIXe siècle, la croissance de la population d'Evere est assez lente. La commune passe de 1 378 habitants en 1846 à 3 892 en 1900. Elle ne prend véritablement son essor qu'au début du XXe siècle. En 1947, Evere compte près de 15 277 habitants. La population va ensuite connaître une forte croissance pour atteindre un pic en 1985, avec 30 418 habitants. Après une légère diminution au début des années 1990, la croissance de la population a repris. En 2005, Evere comptait 33 069 habitants. Du point de vue linguistique, la population de ce village flamand est restée majoritairement néerlandophone durant le XIXe siècle. En 1890, à peine un dixième de la population parlait français. En 1930, Evere comptait approximativement 29 % de francophones. Cette commune fut donc exclue, en 1932, du plan d'application des lois linguistiques à Bruxelles. L'équilibre fut atteint lors du recensement de 1947 et, en 1954, le régime bilingue de l'agglomération lui fut appliqué. On notera que dans le dernier quart du XXe siècle, l'urbanisation croissante fit d'Evere une commune résidentielle, ce qui s'accompagna d'une utilisation accrue de la langue française.

La situation politique

À partir de la seconde moitié du XIXe siècle, la commune d'Evere se distingue par une remarquable stabilité politique concrétisée par la longueur de ses mayorats : Jan-Baptist Van Nerom ceint l'écharpe de bourgmestre durant 20 années (1852-1872), Egidius Stuckens lui succède pendant 23 ans (1872-1895), puis Petrus Van Obberghem pendant 15 ans (1895-1910). En 1912 commence le plus long mayorat de l'histoire de la commune, celui de Willem Van Leeuw qui la dirigera pendant tout l'entre-deux-guerres, son « règne » se terminant en 1946. Cette stabilité ne sera pas sans conséquences : à la veille de la Seconde Guerre mondiale, Evere sera ainsi, avec Woluwe-Saint-Pierre, la seule commune bruxelloise à être toujours dirigée par une majorité catholique homogène.

Bourgmestres

1830 : François L.J. Winssinger
1831 : Jan-Baptist Bastiaens
1836 : Joseph Stevens
1840 : Jan-Baptist De Koster
1843 : Egidius Develder
1852 : Jan-Baptist Van Nerom
1872 : Egidius Stuckens
1895 : Petrus Van Obberghem
1910 : Eduard De Koster
1912 : Willem Van Leeuw
1947 : Servaas Hoedemarckers
1948 : Franz Guillaume
1963 : Pierre-Louis Vrijdags
1970 : François Guillaume
1997 : Rudy Vervoort

La fin du second conflit mondial marque, par contre, un tournant majeur dans l'histoire politique de la commune : à partir de 1946, elle ne connaîtra plus que des bourgmestres socialistes qui dirigeront la commune tantôt seuls, tantôt en alliance avec plusieurs partenaires. On retiendra à nouveau, pour cette période, le très long mayorat de Franz Guillaume. Élu pour la première fois conseiller communal en 1938, il devient échevin en 1947 et bourgmestre l'année suivante. Il restera à la tête de la commune jusqu'à son décès, en 1963, et exercera parallèlement, de 1957 à 1963, un mandat de parlementaire. Pierre-Louis Vrijdags lui succède et assure cette fonction jusqu'en 1970, date à laquelle François Guillaume, le fils de Franz, reprend la direction de la commune pour la conserver jusqu'en 1997. Son successeur, Rudy Vervoort, a opté en 2000 pour une alliance de gauche avec Écolo. Lors des élections de 2006, il conservera le mayorat, ouvrant cette fois sa majorité aux libéraux, Écolo rejoignant les rangs de l'opposition.

L'hôtel de ville d'Evere

Les aménagements urbains

À la fin du XVIIIe siècle, les habitations se concentrent dans le Bas-Evere, au nord de la commune, dans les quartiers Saint-Vincent et Picardie, et se prolongent en direction de Helmet, hameau rattaché ensuite à Schaerbeek. Le reste de la commune est entièrement rural, sauf les relais sur la chaussée de Louvain et la rue des Deux-Maisons. Cette situation prévaut encore au début du XXe siècle, si l'on excepte la présence du nouveau cimetière de Bruxelles, en 1877, qui implique la création de l'avenue du Cimetière de Bruxelles, reliée à la chaussée de Louvain, et les expropriations qui en ont découlé. Sur le plan cadastral de 1879, le cimetière se trouve isolé au milieu des champs. Né de la volonté du bourgmestre Jules Anspach, désireux d'endiguer le succès du cimetière catholique de Laeken, ce cimetière offre un bel ensemble des styles architecturaux des XIXe et XXe siècles. Il abrite nombre de tombes de personnages illustres (hommes politiques, architectes, peintres...), comme Adolphe Max, ancien bourgmestre de Bruxelles, Théodore Verhaegen, fondateur de l'ULB, ou encore le peintre français Jacques-Louis David, grande figure du néo-classicisme. En 1897, l'ancien cimetière d'Evere fut érigé dans la rue Saint-Vincent. Agrandi en 1919, il devint malgré tout trop exigu et un nouveau cimetière fut dès lors construit, dans les années 1950, à côté du cimetière de Bruxelles et de celui de Schaerbeek, sis tous les deux sur le territoire d'Evere.

Vers 1906, des habitations apparaissent autour de la nouvelle église Saint-Joseph, le long de la chaussée de Louvain, au sud-est de la commune. Cet ensemble compose la partie nommée le Haut-Evere.

En 1915, l'armée allemande établit un aérodrome militaire sur la Haerenheyde, au nord du cimetière de Bruxelles, en partie sur Evere, en partie sur le territoire de Haren. Il sera utilisé dès 1919 par l'armée belge et, ensuite, par la SABENA. En 1925, elle y organisera ses premiers vols réguliers vers le Congo. Ce champ d'aviation verra aussi atterrir, en 1927, l'aviateur Charles Lindbergh, qui venait de réussir la traversée de l'Atlantique Nord sans escale.

Durant la Seconde Guerre mondiale, les Allemands en firent à nouveau usage. Dès 1950, tous les services de l'aérodrome furent transférés à Melsbroek. Le terrain est actuellement occupé par l'OTAN et par la Force aérienne belge.

Si la présence de cet aérodrome entraîne la construction de quelques nouveaux bâtiments et entreprises, la partie méridionale de la commune, au sud de la chaussée de Haecht, reste pour l'essentiel non urbanisée durant l'entre-deux-guerres, excepté le long de la chaussée de Louvain et aux abords de l'entrée du cimetière de Bruxelles. Le chemin de fer de ceinture Est, ouvert en 1926 et qui dessert la gare de marchandises de Josaphat, limite au nord cette partie non urbanisée de la commune. Non loin de là s'établirent plusieurs usines, dont une industrie chimique, un « frigorifère », ou encore l'imprimerie Henri Doupagne. À la suite du bombardement anglais de la gare de Schaerbeek, en 1944, une partie importante du nord de la commune fut détruite et, avec elle, les entreprises établies à cet endroit.

En 1953, le boulevard Léopold III est tracé en direction du nouvel aéroport, au sud du chemin de fer. Cet axe permit de relier le nord-est de la région bruxelloise à son centre, mais ses abords restèrent inhabités dans un premier temps. Les parties urbanisées de la commune restent encore à ce moment séparées les unes des autres par d'importantes zones interstitielles non bâties (comme le versant de la vallée de la Senne, au nord des rues Picardie et Stroobants, non entièrement tracées, et les zones situées entre, d'une part, le chemin de fer de ceinture et le boulevard Léopold III et, d'autre part, la chaussée de Louvain, si l'on excepte les abords de l'avenue du Cimetière de Bruxelles). L'extrémité sud de la commune sera réservée pour le tracé de l'autoroute de Liège.

Après la Seconde Guerre mondiale, et plus particulièrement dans les années 1960, la commune, qui possédait de nombreux terrains inoccupés et se situait près de grands pôles d'emploi (OTAN, caserne du quartier Sainte-Élisabeth...), connut une rapide urbanisation. Celle-ci continue de s'accroître le long de l'axe Léopold III-Zaventem, notamment, avec un développement immobilier important. C'est au bourgmestre Franz Guillaume (1948-1963) que l'on doit la mise en place d'un habitat en hauteur, inspiré par Le Corbusier et ses disciples belges, et visant à dégager de l'espace au sol. Certains bâtiments typiques du haut d'Evere ont même été bâtis sur pilotis afin qu'on puisse passer dessous. La cité *Ieder zijn Huis* (À chacun sa maison), conçue par l'architecte belge Willy Van der Meeren en 1958, peut être considérée comme l'une des réalisations les plus marquantes de l'histoire du logement populaire en Belgique. Inspirée par l'esprit de la cité-jardin, elle allie logements individuels et collectifs pour favoriser la mixité sociale. Elle prit place le long de la chaussée de Louvain, tout comme la cité-jardin *Brabants Tehuis* construite, elle, en 1960. La cité Germinal fut implantée dès 1948 le long du boulevard Léopold III. Par la suite,

Toussaint au cimetière de Bruxelles, à Evere, en 1935

Maquette du boulevard Léopold III, vers 1955

Willy Van der Meeren, immeubles à appartements de la cité *Ieder zijn Huis*, 1952-1961

d'autres constructions d'immeubles font progressivement disparaître les espaces restés libres du *Tornooiveld* (zone comprise entre la rue des Deux-Maisons, l'avenue Henry Dunant et la chaussée de Louvain et qui s'étend au-delà de la rue de Genève vers Schaerbeek). Ces constructions vont largement contribuer à transformer Evere en une commune essentiellement résidentielle. Evere compte à l'heure actuelle l'un des taux les plus élevés de logements sociaux de l'ensemble du parc de logements de la Région de Bruxelles-Capitale.

En 1970, la réalisation des rues Picardie et Stroobants permet une liaison directe entre l'église Saint-Vincent et la gare de Schaerbeek. L'urbanisation des terrains au sud de cette nouvelle voirie ne laissera plus subsister que les espaces verts situés dans la partie extrême nord de la commune, réservés pour le tracé de l'autoroute d'Anvers. Ce projet ayant été abandonné avec la promulgation du plan de secteur de 1979, cette zone se verra alors aménagée en parc,

Entrée du boulevard Léopold III (à droite) depuis le boulevard Lambermont, 1955

dit du Bon Pasteur, ou sauvegardée en réserve naturelle, tel le marais du Moeraske. Ces aménagements sont à mettre en relation avec une politique urbaine active, orientée vers le développement des espaces verts et pratiquée depuis les années 1970.

L'urbanisation du sud de la commune entra dans sa phase finale lorsque le premier tronçon de l'autoroute vers Liège entra en fonction en 1963, entraînant dans sa proximité immédiate, aux abords de la chaussée de Louvain ou de l'avenue Léon Grosjean, le développement de nouvelles zones d'activités économiques. Ledit Léon Grosjean possédait une importante propriété de campagne qui était encore visible sur les cartes de 1910. Située au coin de la chaussée de Louvain et de l'ancien Hoefweg, l'entreprise Philips y construisit une usine en 1951, après que Paul Grosjean, le fils de Léon, eut vendu sa dernière parcelle de terre.

Les activités religieuses

La plus ancienne église d'Evere est l'église Saint-Vincent qui possède une tour romane. Au XVIIIe siècle, l'église connut d'importantes modifications, tant à l'intérieur qu'à l'extérieur du bâtiment. En 1742, l'école attenant à l'édifice fut détruite et remplacée par un petit baptistère. L'église fut encore agrandie en 1845-1846. Après la Seconde Guerre mondiale, elle fut restaurée et le presbytère, endommagé par les bombardements, fut reconstruit. L'église est, depuis 1997, classée par la Commission des monuments et sites. À la suite de l'augmentation de la population dans le Haut-Evere, un nouveau lieu de prière, l'église Saint-Joseph, fut édifié en 1906 sur la place Jean de Paduwa. Une troisième et dernière église, l'église Notre-Dame-Immaculée, sera érigée en 1932-1933. Elle se situe à Evere-Centre, un quartier compris entre la chaussée de Haecht et le chemin de fer Schaerbeek-Hal.

Les activités culturelles, artistiques, scientifiques et sportives

L'intérêt du monde politique pour les affaires culturelles s'est renforcé avec l'arrivée au pouvoir des socialistes dans les années 1950. La bibliothèque communale francophone Romain Rolland est ainsi fondée en 1953, tandis que la bibliothèque néerlandophone Herman Teirlinck voit le jour en 1969. En 2002, elles

L'église Saint-Vincent à Evere

ont été toutes deux transférées dans le bâtiment de la maison communale. Evere possède aussi un musée communal d'histoire depuis 1994. Il est géré par quelques membres du Cercle d'histoire et de folklore d'Evere, fondé en 1988. L'ancienne ferme dite du *Geuzenberg*, située derrière la maison communale, abritait jusqu'en 2006 le musée du *witloof*. Ce lieu, appartenant désormais à la commune, continuera de centrer ses activités culturelles autour de la chicorée blanche. La confrérie gastronomique « Compagnons du Witloof-Keet Conscience » défend et assure la promotion du légume et de ses dérivés. Cette confrérie possède trois géants.

En matière d'enseignement primaire, la commune d'Evere entama la construction, en 1867, de l'École n° 1 : celle-ci comprenait des classes distinctes pour les filles et les garçons. En 1911, avec le transfert des filles vers l'École n° 2, elle fut entièrement réservée aux garçons. En 1938, les élèves néerlandophones furent transférés vers l'École n° 2, tandis que les élè-

L'ancien solarium d'Evere

ves francophones furent ramenés vers l'École nº 1. En 1982, les élèves de l'École nº 1 investirent les locaux de la nouvelle école La Source. Quant à l'École nº 2, elle ferma ses portes après l'ouverture, en 1976, de l'école Everheide.

Il existait aussi une école mixte, l'actuelle école L'Aubier, créée en 1913. Après la Seconde Guerre mondiale, à la suite de l'augmentation de la population, d'autres institutions voient le jour. C'est le cas de l'école communale Clair Vivre, inaugurée en 1964 et inspirée par la pédagogie de Freinet. Pour le réseau libre, l'école Notre-Dame, fondée en 1953, se compose d'une section francophone et d'une néerlandophone. L'école L'Aurore, quant à elle, ouvrit ses portes en 1936 dans le quartier des Deux-Maisons. L'établissement Saint-Joseph, créé en 1855 et réservé au départ aux filles, dispense son enseignement aux francophones et aux néerlandophones. Notons qu'il existe également une école de la communauté flamande, De Weg-Wijzer, ainsi que, pour le secondaire, deux athénées, un de langue française et un de langue néerlandaise.

Jannin, affiche pour le meeting aérien à Evere, 1939

POUR NOUS

ETTERBEEK

Anne Bauwelinckx, Serge Jaumain,
Paulo Charruadas, Stephane Demeter,
Christian Vandermotten

Topographie

Le territoire de la commune occupe une portion du versant de rive droite de la vallée du Maelbeek, affluent de rive droite de la Senne. Justifiée par la nécessité d'échapper aux inondations, cette situation topographique (commune trouvant sa limite sur le tracé d'une rivière et occupant un de ses versants, jusqu'au plateau, avec l'ancien noyau villageois proche du fond de la vallée, mais néanmoins sur le versant) est propre à plusieurs communes bruxelloises (Forest, Saint-Gilles, Evere, en rive droite de la Senne, Molenbeek, Berchem-Sainte-Agathe, Ganshoren, en rive gauche). Ici, le fond de la vallée est à l'altitude de 50 m environ à hauteur de la chaussée d'Etterbeek, en aval de la place Jourdan. L'ancien noyau villageois est situé vers 60 m et le versant s'élève ensuite jusqu'au niveau du plateau (au-dessus de 80 m au-delà de La Chasse) du boulevard Louis Schmidt et du parc du Cinquantenaire.

Réduction des plans cadastraux, Dépôt de la Guerre, 1847

Paul Cauchie, maison rue des Francs dite « maison Cauchie » (1905)

Carte de Cabinet des Pays-Bas Autrichiens levée à l'initiative du comte de Ferraris, 1775-1777

Limites communales actuelles
Limites communales en 1860
Limite communale de la ville de Bruxelles avant l'annexion du Quartier Léopold et Nord-Est (1853)

Carte topographique de Belgique, Institut Cartographique Militaire, vers 1930

Carte topographique de Belgique, Institut Géographique National, 1994

Limites communales actuelles

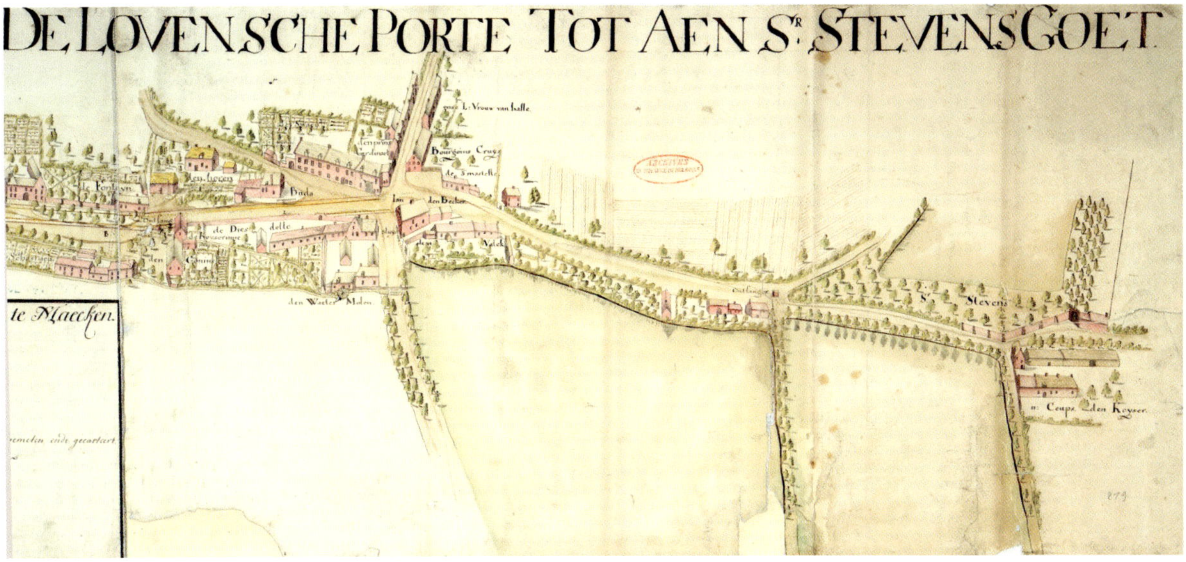

Le moulin d'Eggevoorde et l'auberge Le Faucon, 1724

Des origines à la fin de l'Ancien Régime

La plus ancienne mention d'Etterbeek se trouve dans un diplôme d'Otton Ier daté de 966, mais en réalité interpolé entre le début du XIe et la fin du XIIe siècle : on y rapporte une série de donations importantes à l'abbaye de Nivelles, notamment un certain Galandus donnant l'église d'Etterbeek avec un manse de terre à l'abbaye. Il est impossible de savoir précisément quand l'abbaye acquit ces biens à Etterbeek entre les deux termes de l'interpolation. Toujours est-il que, jusqu'à la fin de l'Ancien Régime, Nivelles détenait la dîme de la paroisse d'Etterbeek, dont un tiers était attribué au curé. Les revenus de l'autel de l'église furent, quant à eux cédés, en 1127, par l'évêque de Cambrai à l'hospice de Notre-Dame et des XII Apôtres situé à Bruxelles, à proximité de la collégiale Sainte-Gudule. Cette dernière reçut pour sa part le droit de nommer le curé, ainsi qu'une redevance annuelle. Dans l'acte de 1127, la paroisse d'Etterbeek apparaît clairement comme le démembrement d'une paroisse plus ancienne. Sa qualification de demi-église constitue un élément probant ; en revanche, l'église mère dont elle dépendait demeure inconnue dans l'état actuel des recherches. Avec Nivelles et les quelques institutions bruxelloises présentes à Etterbeek, le domaine des châtelains de Bruxelles (domaine dit d'*Eggevoorde*) fut l'une des seigneuries les plus importantes d'Etterbeek.

Le village médiéval d'Etterbeek présentait deux implantations distinctes. Un premier habitat groupé était développé autour de l'église Sainte-Gertrude qui s'élevait jusqu'en 1886 à l'emplacement de l'actuelle place Van Meyel. Dans l'actuelle rue du Clocher se situait la principale ferme d'Etterbeek relevant de l'hospice de Notre-Dame et des XII Apôtres de Bruxelles ; elle exploitait un domaine imposant de quelque 115 bonniers de terre de culture à la fin du XIVe siècle. Ce premier noyau s'étendait également vers le chemin traversant le village de part en part, l'actuelle chaussée Saint-Pierre, reliant la vallée de la Senne à celle de la Woluwe ; on y trouvait notamment la ferme du couvent bruxellois de Sainte-Élisabeth-au-Mont-Sion fondé au XVe siècle. Une deuxième implantation ancienne se marquait à hauteur du gué sur le Maelbeek, au lieu-dit Eggevoorde, à savoir le quartier de l'actuelle place Jourdan, où se situaient un moulin et plusieurs auberges (on en dénombrera jusqu'à une trentaine en 1724). Ce gué constituait un carrefour important, au Moyen Âge, entre la chaussée Saint-Pierre et le chemin qui longeait le cours du Maelbeek depuis l'abbaye de la Cambre, à Ixelles, jusqu'à Schaerbeek. Enfin, deux chemins reliaient directement ce carrefour à la ville de Bruxelles, tant vers la porte de Namur (actuelle chaussée de Wavre) que vers la porte de Louvain (tracé disparu). Dans le fond très encaissé de la vallée du Maelbeek furent aménagés étangs, digues et moulins. À l'est, les coteaux du vallon du Broebelaer furent mis en culture, tandis que plus à l'est et au sud, le territoire était occupé par les bois de Linthout, Solbosch et Mesdael formant la partie nord-ouest de la Forêt de Soignes. Plusieurs carrières de pierres et de sable furent également exploitées, notamment pour l'approvisionnement en chaux et en pavés de pierre blanche. Au XVIIe siècle, on relia directement le carrefour d'Eggevoorde à Auderghem par la construction d'une nouvelle chaussée (actuelle chaussée de Wavre, entre la place Jourdan et le boulevard Louis Schmidt), ce qui entraîna l'apparition d'un petit hameau à hauteur d'une chapelle située le long d'un ancien chemin forestier. Bientôt, plusieurs auberges ainsi qu'un imposant moulin à vent en pierre (1684) s'élevèrent sur ce tronçon de chaussée, entre la barrière à péage, située à hauteur de la rue des Champs, et la chapelle, à hauteur de l'actuelle rue Commandant Ponthier, donnant naissance au hameau, puis au quartier urbain de La Chasse.

Henri de Braekeleer, *L'église d'Etterbeek*, vers 1880

Affiche pour le Grand meeting national de Bruxelles, plaine des Manœuvres, 1910

Sous l'Ancien Régime, Etterbeek se distinguait, sur le plan institutionnel, des villages qui l'entouraient : il ne fit jamais partie de la cuve de Bruxelles, mais constitua une enclave ducale au sein du groupe de villages de la vallée du Maelbeek (qui furent presque tous englobés dans la franchise de Bruxelles). En revanche, d'un point de vue économique, Etterbeek faisait bel et bien partie de la banlieue fiscale de la ville. À partir de 1295, les échevins de Bruxelles purent y lever les accises sur la bière et, plus tard, sur le vin. Par la suite, aux XIVe et XVe siècles, des ordonnances y interdirent la vente et l'achat de diverses denrées alimentaires destinées à être importées en ville. En matière judiciaire, Etterbeek dépendait de l'échevinage ducal de Watermael qui constituait la partie septentrionale de la mairie de Rhode. Ces échevins et leur maire y exerçaient tous les droits de justice, jusqu'à ce qu'ils fussent cédés en engagère, en 1673, par le roi Charles II à don Enriques de Castro (conseiller à la Cour des comptes et au Conseil de guerre et trésorier général des armées des Pays-Bas) en récompense des services rendus à la couronne. À cette occasion, la seigneurie fut érigée en baronnie ; elle eut son propre bourgmestre entouré de cinq échevins et subsista dans la famille de Castro jusqu'en 1767, date à laquelle elle fut vendue à Pieter Cluydts, puis fit retour à l'État en 1769. L'occupation française marquera un important tournant structurel en posant les bases de l'organisation administrative contemporaine. Etterbeek devint une commune dépendant du canton de Woluwe-Saint-Étienne, dans le département de la Dyle.

Village rural, Etterbeek vécut de l'agriculture céréalière, de l'élevage, de la pêche, de l'exploitation des carrières et de briqueteries. Au XVIIe siècle, la superficie d'Etterbeek équivaut à 342 bonniers, dont la grande majorité est composée de terres, prairies et bois. Toutefois, l'activité économique entame

Le collège et le boulevard Saint-Michel, vers 1910

une phase de diversification et, en 1686, le village compte 28 chaumières, 5 brasseries, 11 auberges et 3 boutiques. Auberges et brasseries vont se multiplier au siècle suivant grâce, notamment, à l'aménagement des voiries et des étangs de la vallée du Maelbeek. Ces transformations vont en effet attirer de plus en plus les promeneurs bruxellois. Le XVIIIe siècle marque également l'industrialisation du village, qui se caractérise par l'implantation d'une fabrique de porcelaine, de tanneries, de briqueteries, de mégisseries et de blanchisseries. Notons que l'agriculture conserve une place prédominante au sein de l'économie locale jusqu'au milieu du XIXe siècle.

Formation du territoire communal

La superficie actuelle d'Etterbeek est de 3,2 km². Elle était de 3,8 km² avant les cessions faites à la ville de Bruxelles, dans le nord de la commune, en 1853 (complétées en 1880 par des rectifications mineures pour ajuster la limite entre Etterbeek et Bruxelles au tracé des avenues des Nerviens et de la Chevalerie). Dans sa configuration initiale, le territoire d'Etterbeek englobait les bâtiments qui relevaient, sous l'Ancien Régime, de la paroisse Sainte-Gertrude, à l'exception de quelques bâtisses situées aux environs de l'actuel pont du Germoir, qui furent rattachées à Ixelles. En 1875, Etterbeek céda encore à Ixelles la partie septentrionale de la nouvelle plaine des Manœuvres (l'actuel campus de l'ULB-VUB). Cette même année, ainsi qu'en 1907, les limites avec Ixelles furent adaptées au tracé des voiries et à celui du chemin de fer de Bruxelles à Namur (voir *Ixelles*). Enfin, en 1913, des portions mineures de territoire, entre l'étang et la chaussée d'Etterbeek, seront cédées à Bruxelles pour que cette dernière englobe l'ensemble du Parc Léopold, dont l'essentiel du territoire avait simultanément été cédé à la ville par Ixelles.

La limite occidentale de la commune suivait le cours du Maelbeek, depuis la rue Gray, entre les actuelles rues de l'Orient et du Brochet, jusqu'à l'amont du grand étang de Saint-Josse, presque à hauteur de l'actuelle rue Joseph II. Elle remontait alors le versant de rive droite du Maelbeek jusqu'au carrefour de la rue du Noyer et de la rue de l'Orme. Cette portion du territoire communal a été perdue en 1853, quand Etterbeek fut limitée sur la chaussée

Publicité de la Société anonyme belge de phototypie, vers 1910

d'Etterbeek, à hauteur de la future rue Belliard. La limite communale remonte maintenant jusqu'à l'avenue d'Auderghem et se poursuit par l'avenue des Nerviens, puis l'avenue de la Chevalerie, pour rejoindre le carrefour susdit. Elle laisse donc le parc du Cinquantenaire (champ des Manœuvres jusqu'à la tenue de l'Exposition de 1880) à la ville de Bruxelles, (excepté le triangle entre l'avenue de la Chevalerie et les avenues des Gaulois et de l'Yser).

Au nord-est de la commune, une courte frontière entre Etterbeek et Schaerbeek a été postérieurement ajustée par le tracé de la rue de l'Orme, à l'emplacement de l'ancien sentier des Bois. La limite, successivement avec Schaerbeek, Woluwe-Saint-Lambert et Saint-Pierre, suivait ensuite la lisière du bois de Linthout (défriché au début du XIXe siècle : l'actuelle rue de Linthout), puis l'ancien chemin de Saint-Josse à Woluwe-Saint-Lambert (la rue Bâtonnier Braffort, ancien chemin de la Cambre) et, au sud de l'actuel rond-point Montgomery, le chemin d'Etterbeek à la cense de Bemel (ancien chemin du Chaudron, qui serpentait en suivant d'abord la lisière du bois, à travers l'emplacement actuel du collège Saint-Michel, puis pénétrait dans celui-ci pour aboutir aux extrémités des actuelles avenue des Volontaires et rue du Bémel, à la limite entre le bois de Linthout et le bois de Mesdael, disparu à la même époque).

La place Jourdan

À partir de là, la limite d'Etterbeek avec Woluwe-Saint-Pierre et Auderghem suit aujourd'hui l'avenue des Volontaires, épousant le tracé parfaitement rectiligne d'un ancien chemin forestier, jusqu'à la chaussée de Wavre, qu'elle longe jusqu'au carrefour du boulevard Général Jacques. De ce carrefour à la rue Gray, la limite avec Ixelles enregistre les rectifications de 1875 et de 1907 (voir *Ixelles*).

Du XIXe au XXIe siècle

Les activités économiques

Au lendemain de l'indépendance, l'agriculture occupe encore une part importante du territoire, bien qu'une série d'établissements industriels poursuivent des activités entamées au cours de l'Ancien Régime (blanchisseries, briqueteries, brasseries, tanneries, teintureries).

Le développement industriel d'Etterbeek sera nettement moins fort que celui des communes de l'ouest de Bruxelles. Dans cette commune, il n'existera pas de « quartier industriel » à proprement parler, mais plutôt quelques zones marquées par leur vocation industrielle : la rue Gray, où les ateliers sont aujourd'hui démolis ou désaffectés ; la chaussée de Wavre ; l'avenue de la Chasse ou encore la chaussée d'Etterbeek. D'anciennes carrosseries sont également regroupées à proximité du square Montgomery. La majorité des bâtiments voués à l'industrie ont ensuite été reconvertis en dépôts ou commerces.

Il existe aujourd'hui deux noyaux commerciaux principaux à Etterbeek : La Chasse et la rue des Tongres. D'autres pôles, au rayonnement plus local, peuvent également être évoqués : la place Jourdan, la place Van Meyel, la rue Thieffry et la rue de l'Escadron.

La population

En 1786, la population de la commune compte 1 114 habitants. Si l'on exclut les portions du territoire perdues au profit de Bruxelles en 1853, la croissance de la population d'Etterbeek ne s'accélère que durant les années 1860. Elle restera soutenue jusque vers 1930, puis se poursuivra, à un rythme ralenti, jusqu'au début des années 1960. Cela correspond à l'occupation des derniers terrains disponibles dans la commune : d'abord dans les environs de l'avenue Nouvelle, puis, après la guerre, dans le quartier qui s'édifie autour de la nouvelle place du Roi Vainqueur et de la large avenue Hansen-Soulie, en direction du boulevard Louis Schmidt, ainsi que dans la partie la plus orientale de la commune, entre le boulevard Louis Schmidt et l'avenue des Volontaires.

Cette saturation du territoire communal se traduit, à partir de 1961, par une baisse de la population d'environ 15 000 habitants, avec toutefois, comme dans la plupart des communes de la première couronne bruxelloise, une remontée récente, liée à un regain d'attractivité résidentielle, entre autres, de la part de jeunes et de cadres internationaux attirés par la proximité des institutions européennes.

Au début du XXIe siècle, la taille moyenne des ménages etterbeekois se situait aux alentours de 1,82 personne (près de 60 % des « ménages » étant constitués d'un seul individu), ce qui est inférieur à la moyenne régionale (2,04 en 2001).

Sur le plan linguistique, Etterbeek se présente encore au XIXe siècle comme une commune rurale flamande. Une importante immigration francophone la transformera progressivement en commune bilingue lui permettant, en 1920, d'atteindre l'équilibre en matière d'emploi des langues. Le recensement de 1947 confirmera cette tendance (48 % de francophones, 39 % de bilingues et 5 % de néerlandophones).

Parallèlement à cette francisation, les groupements culturels et politiques flamands s'organisent et se fédèrent au sein de ce qui s'appellera le « sociaal-culturele raad van Etterbeek » .

La situation politique

Jusqu'au début du XXe siècle, la commune est dirigée principalement par de grandes familles locales. La famille Hap jouera ainsi un rôle important dans la gestion d'Etterbeek jusqu'au début du XXe siècle. Elle ne fournira pas moins de trois bourgmestres à la commune.

À la fin des années 1870, les conflits opposant catholiques et libéraux au plan national auront des répercussions directes sur la vie politique etterbeekoise.

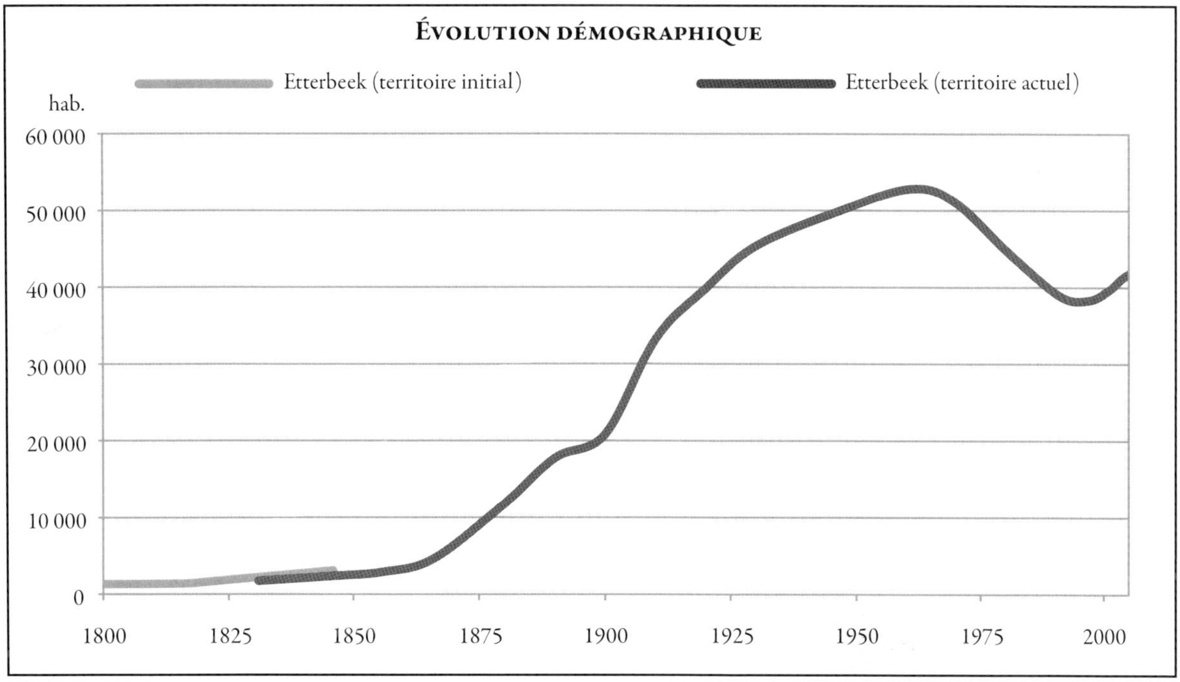

Bourgmestres

1830 : André Lemort
1836 : M. Cammaerts
1861 : François-Louis Hap
1862 : Joseph Vandersmissen
1866 : Charles De Buck
1869 : Pierre Hap
1872 : Louis-Edmond Lacomblé
1881 : André Winterbeek (f.f.)
1882 : Edmond Mesens (f.f. 1882-1885)
1896 : Ed. de Thibaut (f.f.)
1899 : Nestor Plissart
1907 : Edmond Mesens
1918 : Eugène Godaux
1924 : Paul Plissart
1932 : Louis Schmidt
1942 : René Piret (f.f. 1942-1945)
1971 : Léon Defosset
1992 : Vincent De Wolf

Les *Stèles d'eau* de Charlotte Marchal, place Saint-Pierre, 2002

En 1881, après les mayorats de Pierre Hap et de Louis-Edmond Lacomblé, ils permettront aux catholiques de reprendre Etterbeek aux libéraux et de conserver le pouvoir pendant un demi-siècle. Les élections de 1932 verront ensuite la victoire d'une coalition libérale-socialiste qui gouvernera la commune pendant 25 ans.

Si les premières élections communales de l'après-guerre permettent une importante remontée du parti catholique, appelé désormais PSC, la majorité libérale-socialiste se maintient et les oppositions idéologiques s'accentuent autour des deux grands débats politiques du moment : la question royale et la question scolaire. Cette dernière, aboutit comme on le sait, au pacte scolaire, signé en 1958, une année importante pour la vie politique etterbeekoise car elle marque l'arrivée à la tête de la commune d'une coalition libérale-sociale-chrétienne. Mais, bientôt, l'exacerbation des conflits linguistiques modifie une nouvelle fois la donne. Les élections communales de 1964 voient les premiers élus FDF entrer au conseil communal. La tendance s'accentue avec la victoire du FDF au scrutin communal de 1970. Elle offre à ce parti le poste de bourgmestre qui était détenu sans interruption depuis 1933 par les libéraux. Léon Defosset s'installe pour 20 ans à la tête de la commune. Cet avocat, qui avait participé en 1961 à la fondation du Mouvement populaire wallon, devint l'un des ténors du FDF qu'il présidera de 1975 à 1977 avant d'occuper deux postes ministériels. En 1985, il quitte le FDF pour fonder le Rassemblement démocratique bruxellois et se rapprocher du parti socialiste. Sept ans plus tard, le libéral Vincent De Wolf, avec lequel Defosset avait conclu un accord de majorité, lui succède.

Les aménagements urbains

Au XIXe siècle, le caractère rural d'Etterbeek reste entier. Les principaux axes de la voirie, les seuls pavés, sont alors : la chaussée de la porte de Namur qui contourne le grand étang du Maelbeek (situé au sud de l'actuelle place Jourdan) dont la prolongation vers Wavre est adjugée en 1726 entre Etterbeek et Auderghem (elle s'appellera aussi chaussée de Tervueren) ; la chaussée d'Etterbeek qui suit le Maelbeek (aussi appelé Laibeek), vers Saint-Josse ; la chaussée du Broebbelaer (future chaussée Saint-Pierre), montant vers l'église en longeant le bas du versant du Broebbelaer.

Ce ruisseau est directement bordé dans sa partie basse par un chemin qui deviendra la rue Louis Hap. Une rue des Corneilles, la future rue du Cornet, monte parallèlement à la chaussée du Broebbelaer, jusqu'à hauteur de l'actuelle place Saint-Pierre. La chaussée du Broebbelaer se prolongeait vers les deux Woluwe, alors qu'elle est aujourd'hui interrompue par le tracé du chemin de fer de ceinture. Pour le reste, un chemin du Roy, prolongé par le chemin de la Cambre en bordure nord de la commune, pour partie dans la zone qui sera perdue au profit de la ville de Bruxelles en 1853, concernait plutôt la liaison entre Saint-Josse et Woluwe.

Les immeubles d'Etterbeek s'étiraient alors en trois ensembles distincts : le premier, devenu le plus important, le long de la chaussée d'Etterbeek, dans la vallée du Maelbeek ; le second, en bordure de l'église Sainte-Gertrude, le long de la chaussée du Broebbelaer, principalement entre la hauteur des actuelles avenue d'Auderghem et place Saint-Pierre ; et, enfin, le hameau de La Chasse, le long de la chaussée de Wavre, entre l'actuel carrefour de La Chasse et la rue Général Henry (alors rue de la Chapelle, puis rue de la Campagne), menant vers la chaussée du Broebbelaer.

Sur les limites d'Ixelles, de Watermael (futur Auderghem) et de Woluwe-Saint-Pierre, le territoire communal incorpore une part des bois du Solbosch et de Meerdael. Ils apparaissent encore sur la carte de Vandermaelen, à la fin des années 1850, ainsi qu'un petit bois résiduel à la limite de Woluwe-Saint-Pierre, vers le Bémel, à l'extrémité de l'actuelle avenue des Volontaires.

L'urbanisation de la commune débute réellement dans les années 1850. La gare du Luxembourg est ouverte en 1854. Victor Besme planifie en outre une grande partie des voies de circulation qui donneront à Etterbeek son aspect actuel. Soulignons, par exemple, le tracé de l'axe rectiligne de l'avenue d'Auderghem, depuis le nouveau rond-point de la rue de la Loi (et symétriquement, sur le territoire cédé à Bruxelles, celui de l'avenue de Cortenbergh), encore vide de bâtiments, qui atteint la chaussée de Wavre (dite auparavant de Tervueren) à l'extrémité septentrionale du hameau de La Chasse. L'avenue des Nerviens et l'avenue de la Chevalerie, mitoyennes du nouveau territoire bruxellois, bordent deux des côtés du grand rectangle du nouvel hippodrome, futur site du Cinquantenaire.

Le carrefour et l'avenue de la Chasse, vers 1930

L'urbanisation sera toutefois relativement lente. Quelques travaux de portée globale seront cependant réalisés, dont la construction des grands axes routiers évoqués plus haut, ainsi que le développement des transports en commun (dans les années 1870, des tramways relient les centres animés de la commune). Le plan d'ensemble pour l'extension et l'embellissement de l'agglomération bruxelloise, imaginé par Victor Besme et qui comprenait l'aménagement d'un grand boulevard de ceinture destiné à relier entre elles les diverses communes de l'agglomération, fut réalisé, dans la commune d'Etterbeek, à la fin du XIXe siècle : les actuels boulevards Général Jacques, Louis Schmidt et Saint-Michel. Les casernes de Bruxelles seront construites le long de cette artère. C'est également à la fin du XIXe siècle que commencent à s'urbaniser les quartiers de Linthout et du Solbosch, tandis que l'aménagement du Cinquantenaire est entamé depuis la grande exposition nationale des produits de l'art et de l'industrie belge qui s'y est tenue en 1880.

Le roi Albert et le prince Léopold à la caserne d'Etterbeek, lors de la promotion du prince Charles en 1926

Vers 1880, l'espace bâti englobe ainsi tout le triangle délimité par l'avenue d'Auderghem et la chaussée de Wavre jusqu'à La Chasse. Il commence à déborder au sud-ouest de cette dernière en direction

L'ancienne plaine des Manœuvres avec, au centre, le site de la VUB et le rectorat de René Braem (1978), en haut, le boulevard Général Jacques et en bas, à gauche, le cours Saint-Michel construit sur l'ancienne gare de marchandises du Cinquantenaire

du chemin de fer et un tentacule d'urbanisation s'avance le long de la chaussée Saint-Pierre, au-delà du Cinquantenaire. Les nouvelles casernes d'artillerie et de cavalerie sont encore en avant-poste du front d'urbanisation. Partiellement tracé, le boulevard Militaire sépare ces casernes de la plaine des Manœuvres qui lui fait face, et dont l'ensemble de la surface a été cédé à Ixelles. Une large avenue relie le carrefour de La Chasse aux casernes de cavalerie (avenue des Casernes et, entre les deux blocs des casernes de cavalerie, avenue du champ des Manœuvres, devenue avenue du Deuxième régiment de Lanciers). La moitié orientale de la commune reste donc couverte de champs, ainsi que les abords du chemin de fer du Luxembourg (où sera par la suite tracée l'avenue Nouvelle).

Dans les années 1890, les maisons de maître se multiplient le long des avenues nouvellement tracées : avenue de Tervueren, boulevard Saint-Michel (début du XXe siècle) et dans le quartier occupant l'angle entre celles-ci et le chemin de fer de ceinture. La rectiligne avenue de La Chasse (1900) relie le carrefour de La Chasse à la place Saint-Pierre et, au-delà, par l'avenue des Celtes, à l'avenue de Tervueren. L'avenue Victor Jacobs et la rue Eudore Pirmez (1909 et 1903) relient le pont du Germoir et La Chasse, et le quartier Saint-Antoine se remplit. L'avenue Nouvelle est tracée, mais ne sera terminée dans sa partie méridionale que dans les années 1930. La zone située entre la rue de la Campagne (actuelles rue G. Tombeur, du Ruanda et Général Henry), la gare de marchandises et le boulevard Militaire (actuellement Louis Schmidt), ainsi que les terrains situés à l'est de ce dernier, échappent encore à l'urbanisation, à l'exception du tentacule bâti le long de la chaussée de Wavre et du collège Saint-Michel, traversé par la limite communale (bâti en 1902).

La vallée du Maelbeek est aussi sujette à de grands travaux d'ensemble. L'assèchement du grand étang d'Etterbeek, achevé en 1844, a permis la création de la rue de l'Étang. Ces travaux furent financés par la ville de Bruxelles qui, à la suite de l'autonomie communale assurée en 1850, exigea en contrepartie le Quartier Léopold et la plaine du Cinquantenaire. Le recouvrement du Maelbeek conclut provisoirement les travaux destinés à assainir la vallée. La place Jourdan fut aménagée en 1874 et la rue de l'Église, future rue Général Leman, fut tracée entre la chaussée Saint-Pierre et la rue du Cornet (au lendemain de

Un bâtiment réaffecté de l'ancien arsenal du charroi (1884), boulevard Louis Schmidt

la Première Guerre mondiale) pour assurer un tracé rectiligne entre la place du Marché et l'église.

Les premières années du XXe siècle constituent un tournant sur le plan de l'aménagement de la commune. En effet, une approche plus pittoresque de

Le parc Jean-Félix Hap

l'urbanisation, caractérisée notamment par des rues courbes, fut mise à l'honneur par les édiles. C'est à cette époque que fut urbanisé le quartier du Rinsdelle et que plusieurs cités-jardins furent construites. La cité Jouët-Rey voit le jour entre la rue Gérard Henri et la rue des Cultivateurs. Composée d'une trentaine d'habitations, elle appartenait au CPAS de Bruxelles. À l'arrière du site des casernes, une autre cité-jardin sera conçue en 1922 par les architectes Hubert Marcq et Edmond Serneels. Elle regroupe 92 maisonnettes de style médiéval gothique.

On assiste aussi, dans la première moitié du XXe siècle, au déplacement des populations les plus aisées qui quittent le bas de la commune, sujet à de nombreuses inondations. Celles-ci étaient la conséquence des interventions précitées dont l'efficacité s'était avérée médiocre pour le sud d'Etterbeek (Solbosch) et l'est (quartier Bosman-Gérard). Restent, dès lors, dans le bas de la commune, les populations plus précaires. Une Société intercommunale pour l'assainissement de la vallée sera fondée en 1954 afin de mettre en place un nouveau collecteur pour la vallée du Maelbeek. À partir des années 1980, le quartier de la place Jourdan fera l'objet d'un important plan de modernisation et de restauration : transformation de la petite chaussée de Wavre en piétonnier, construction de logements, de commerces et de nouveaux emplacements de parkings.

Dans les années 1970, une immense dalle de béton fut coulée sur le site occupé depuis 1912 par la gare de marchandises du Cinquantenaire. Une série d'immeubles modernes et fonctionnels y furent construits. Ce complexe – le cours Saint-Michel –, de style postmoderne, s'organise sur un plan extrêmement régulier, autour d'une cour centrale. Les immeubles se caractérisent par des plans rectangulaires, du béton armé et des larges baies vitrées. Des logements et des espaces commerciaux complètent le site.

La commune compte encore près de 1 500 logements sociaux regroupés autour de six pôles principaux. La société Sorelo en gère un tiers ; le Foyer etterbeekois, fondé après la Première Guerre mondiale, et dont la commune est l'actionnaire principal, gère les deux autres tiers.

Mais Etterbeek se distingue surtout par la présence sur son territoire d'exemples d'architecture militaire monumentale. L'ancien arsenal du charroi, situé au croisement de la chaussée de Wavre et du boulevard Schmidt, en témoigne à souhait. Construit à partir de 1884, cet établissement fut consacré à l'entretien du charroi militaire et ensuite, jusqu'en 1976, à l'entretien des véhicules motorisés. Rachetés en 1989 par la SDRB, ces bâtiments seront rénovés, transformés et réaffectés pour accueillir diverses entreprises, dont la célèbre enseigne Delvaux. En face se trouvait la caserne d'artillerie Rolin, dont la construction s'était déroulée de 1877 à 1903. Elle s'inscrivait dans les plans de Léopold II visant à instituer une sorte de quartier militaire aux alentours de la plaine des Manœuvres et de l'ancien boulevard Militaire. Ce complexe maintient son affectation militaire jusqu'en 1976, date à laquelle la Société nationale du logement entre en possession des lieux. Un important plan de construction de logements sociaux, de maisons moyennes et de luxe, de bureaux et d'espaces commerciaux y sera lancé. Le boulevard Général Jacques est également le terrain d'accueil des casernes de Witte de Haelen et Géruzet. Construites face au terrain de manœuvres militaires de la garnison bruxelloise, sur le terrain de l'ancien Solbosch, elles sont nées du souhait de Léopold II de remplacer la première caserne de cavalerie délabrée. Cette caserne hébergea successivement le Premier régiment des Guides (1878-1939), les Lanciers, et la Gendarmerie à partir de 1946. La caserne Major Géruzet accueillera pour sa part les régiments d'artillerie, les forces aériennes et l'école royale de gendarmerie.

Si, jusqu'au XIXe siècle, Etterbeek constituait un lieu de promenade recherché des citadins pour ses forêts, auberges et brasseries, il ne reste aujourd'hui que peu d'espaces verts dans la commune. Citons principalement le parc Jean-Félix Hap, ancien jardin de la propriété de la célèbre famille etterbeekoise, ou encore le parc du « Paradis des Enfants », situé entre l'avenue Lebon et l'avenue des Volontaires.

Les activités religieuses

La première église d'Etterbeek se situait sur l'actuelle place Van Meyel, considérée comme l'un des plus anciens centres habités du territoire communal. Cette église romane était vouée au culte de sainte Gertrude. Au XVIIe siècle, un nouvel édifice lui succéda ; il fut détruit en 1778. En 1885, une nouvelle église Sainte-Gertrude, de style néogothique, fut érigée derrière les

L'église néoromane Saint-Jean Berchmans et le collège Saint-Michel, boulevard Saint-Michel, 1908-1912

bâtiments de l'ancienne. Cet édifice fut à son tour démoli en 1993 en raison des risques d'effondrement. Cette paroisse est à l'origine de l'institut Saint-Stanislas. Les quartiers de La Chasse et de la place Saint-Antoine furent pour leur part dotés d'une église en 1906. Les plans des architectes Edmond Serneels et Georges Cochaux lui donnèrent un caractère néo-gothique. Elle fut placée sous le patronage de saint Antoine de Padoue et achevée seulement en 1935, par manque de ressources financières. Par contre, ce n'est que tardivement que le cœur de la commune sera doté d'une église. La décision de construire l'église Notre-Dame du Sacré-Cœur, rue de Tervaete 24, n'est prise qu'en 1925. De style néoroman, elle fut également dessinée par l'architecte Edmond Serneels. Enfin, accolée au complexe du collège Saint-Michel, l'église Saint-Jean Berchmans, de style roman rhénan, complète le panorama des églises catholiques situées sur le territoire de la commune.

Depuis 1883, le culte protestant est également bien présent sur le territoire de la commune. C'est en effet cette année-là que le pasteur De Jonghe établit un hôpital protestant chaussée de Wavre. Il disparut peu de temps après sa création. Cependant, une salle d'évangélisation, dépendant du temple protestant de la rue Belliard, fut construite en 1889, place Jourdan. Aujourd'hui, la commune compte deux lieux de culte protestant : la Communauté évangélique mennonite, rue Franklin 112, et la pentecôtiste, rue des Trévires, 15-17. On y recense également l'église orthodoxe dédiée aux saints Panteleimon et Nicolas, rue Demot 47.

Les activités culturelles, artistiques, scientifiques et sportives

Le territoire communal compte aujourd'hui un grand nombre d'établissements scolaires francophones et néerlandophones, dont le collège Saint-Michel et l'athénée royal Jean Absil. Le premier s'est établi sur le territoire communal au début du XXe siècle. Quelques décennies après le succès du premier collège jésuite, ouvert en 1835, les locaux de la rue des Ursulines se sont révélés trop exigus. Etterbeek apparut dès lors tout indiqué pour accueillir un nouveau collège. Facilement accessible et située dans le sud-est de la capitale, c'était une région de prédilection pour le recrutement de la population scolaire du collège. En effet, la commune en voie d'urbanisation était habitée par une population aisée et dirigée par une solide majorité catholique. Deux de ces bourgmestres étaient d'anciens élèves du collège (N. Plissart et E. Mesens). La Compagnie de Jésus obtiendra donc un terrain à front du nouveau boulevard circulaire sur lequel elle fera construire un large complexe intégrant classes, logements, cours de récréation, jardins et nombreux équipements sportifs afin de répondre aux demandes d'une éducation « complète ».

Françoise André, le compositeur Jean Absil, 1975

Création de Pierre Majerus au restaurant La Fontanella, à Ixelles

Parallèlement, une école moyenne pour filles, dépendant de celle pour garçons établie place Saint-Pierre, s'ouvre quelques années plus tard, en 1933, rue Louis Hap. Cette école est reprise par l'État en 1936. Après plusieurs déménagements et appellations successives, l'établissement s'installera au 27 de l'avenue Hansen-Soulie. Le lycée royal d'Etterbeek s'ouvrira ensuite aux garçons et portera, à partir de 1982, le nom d'athénée royal Jean Absil, en référence au square du même nom situé à quelques mètres de l'école. Le compositeur Jean Absil avait été directeur de l'Académie de musique d'Etterbeek et fondateur de la revue *La Sirène* (qui entendait promouvoir la musique belge contemporaine). Il devint président de l'Académie royale de Belgique en 1968.

La population etterbeekoise bénéficie aussi de trois grands complexes de santé. Le premier, le Centre hospitalier Etterbeek-Ixelles, rattaché au réseau IRIS-SUD des hôpitaux bruxellois, est né en 1989 de la fusion de l'ex-Institut médico-chirurgical d'Ixelles et de celui d'Etterbeek. Il est aujourd'hui établi sur le territoire de la commune d'Ixelles et déclare se positionner dans le créneau d'une médecine générale de haut niveau tout en restant un hôpital de proximité. L'actuelle clinique du Parc Léopold fut, pour sa part, fondée en 1914 sous le nom d'Institut médico-chirurgical du Parc Léopold. Le 16 mars 1998, elle a fusionné avec l'Institut médical Edith Cavell, puis participé à la fondation, le 11 juillet 2000, du CHIREC – Centre hospitalier interrégional Edith Cavell – qui gère cinq autres établissements privés non universitaires fusionnés, à Bruxelles et en Wallonie. Enfin, la clinique Saint-Michel fait partie des Cliniques de l'Europe, une entité née de sa fusion avec les cliniques Sainte-Élisabeth et des 2 Alice, à Uccle. On soulignera encore la présence sur le territoire communal du Centre médical Baron Lambert qui propose notamment une clinique de jour et une polyclinique.

La commune compte aussi quelques importantes infrastructures sportives. Notamment la piscine communale l'Espadon, rue des Champs, reconstruite en 2002, après l'incendie qui l'avait ravagée en juillet 1996, un centre sportif accueillant nombre de clubs de toutes disciplines et un stade récemment rénové, situé rue Baron Dhanis.

Etterbeek possède aussi une série d'espaces culturels ainsi que trois bibliothèques francophones et une néerlandophone. Construit en 1904, à l'emplacement d'une ancienne école située chaussée de Wavre, le bâtiment qui abrite aujourd'hui l'Espace Senghor assure la fonction de centre culturel communal. Réinauguré en 1988, après d'importantes rénovations, il offre une large gamme d'activités culturelles relatives à la musique, au théâtre ou encore aux expositions artistiques. Situé entre la chaussée de Wavre et l'avenue Eudore Pirmez, le complexe Albert Hall accueille lui aussi de nombreuses activités culturelles. Il est né de la réunion de deux anciens lieux de divertissement : la salle de cinéma Albert Hall et le Roseland, une ancienne salle de danse des années 1930. De style Art déco, il a été entièrement rénové durant les années 1990. Côté néerlandophone, le centre communautaire du Maalbeek administre trois espaces culturels et sportifs : la salle de théâtre Le Maalbeek, les salles de réunion du Moriaan et le hall des sports de l'avenue d'Auderghem.

Pour sa part, le patrimoine industriel de la commune est mis en valeur au sein de l'Atelier du maître verrier Pierre Majerus, aménagé dans une ancienne usine de cirage, mais aussi de la Fonderie Hap, fonderie au sable, succédant aux fonderies Mertens qui dataient de 1920. On notera encore : la fondation René Carcan, créée à l'initiative de l'artiste lui-même et qui joue aujourd'hui le rôle de centre culturel de la gravure ; le musée du service historique de la police retraçant, au travers d'armes, d'uniformes et d'objets divers, l'histoire de la gendarmerie ; enfin la maison Cauchie, l'un des attraits architecturaux parmi les plus importants de la commune. Monument classé, ce petit joyau architectural, conçu par l'architecte-décorateur Paul Cauchie en 1905, constitue l'une des plus belles illustrations de l'apport de la peinture à l'art nouveau. Les sgraffites qui ornent la maison ont été admirablement restaurés.

On notera enfin qu'Etterbeek possède plusieurs troupes et salles de théâtre, comme le théâtre Yvan Baudouin-Lesly Bunton – spécialisé dans la création d'œuvres contemporaines –, l'atelier 210 ou encore le théâtre Saint-Michel. Ce dernier, qui fait partie du complexe scolaire du collège du même nom, a été inauguré en 1932. Restauré en 1998, il dispose d'une vaste salle art déco pouvant accueillir 1 400 spectateurs.

IXELLES

Véronique Pouillard, Chloé Deligne,
Christian Vandermotten

Topographie

Le territoire d'Ixelles appartient pour l'essentiel au plateau sableux de rive droite de la vallée de la Senne. Ce plateau culmine généralement aux environs de 80 m, comme à la porte de Namur ou à la place Fernand Cocq, mais il atteint 90 m au cimetière d'Ixelles ou à la place Georges Brugmann, voire 100 m au Solbosch. Aux altitudes les plus élevées, il est entrecoupé de bancs de grès calcaires. Surtout, il est entaillé selon un axe sud-nord par la vallée du Maelbeek, qui prend sa source dans les jardins de l'abbaye de la Cambre, se poursuit par les étangs d'Ixelles (vestiges du chapelet de pièces d'eau qui jalonnaient jadis la vallée), puis, après avoir récolté les eaux du Roodebeek venant des hauteurs de rive gauche (rue de l'Aqueduc et place Albert Leemans) se prolonge, en empruntant le tracé de l'actuelle rue Gray en direction d'Etterbeek. Près de la limite avec cette commune, à hauteur du viaduc de l'avenue de la Couronne, la vallée est la plus encaissée. Un autre vallon, plus modeste, dans lequel se situe l'ancien hameau de Boondael, découpe le plateau près de la limite méridionale de la commune. Il descend du Bois de la Cambre en suivant le tracé de l'avenue du même nom, et conflue à Watermael avec le Waetermaelbeek (ou Veeweydebeek).

Réduction des plans cadastraux, Dépôt de la Guerre, 1847

La carte de Ferraris ainsi que les cartes indiquant la situation vers 1930 et en 1994 se trouvent aux pages 186, 187 et 188.

Des origines à la fin de l'Ancien Régime

Deux hypothèses ont été avancées pour expliquer les origines du nom d'Ixelles, forme francisée du thiois *Elsene*, que les premières graphies rendent par *Elsele* et qu'il faut décomposer en *El + sele*. Si la seconde partie, *-sele*, ne fait pas de difficulté et indique un noyau d'habitat, la première est plus problématique. Certains ont voulu la faire dériver d'un prénom du type « Ello », mais il est plus probable qu'elle provienne de la racine indo-européenne *els*, qui veut dire « aulne ». *Elsele* signifierait alors « l'aulnaie », ou « la maison des aulnes », ce qui s'accorde bien avec le caractère humide de la vallée. L'aulne est repris sur les armoiries concédées à la commune le 17 février 1888.

Le territoire actuel de la commune réunit plusieurs noyaux d'habitat anciens. Le principal est celui d'Ixelles proprement dit, auquel il faut ajouter, à l'ouest, Ixelles-Haut, en fait un faubourg de Bruxelles qui s'est développé au pied de la deuxième enceinte (XIVe siècle), et, plus au sud, le hameau de Tenbosch. À l'est, on trouvait le hameau de Boondael. À ces quatre noyaux, il faut encore adjoindre l'abbaye de la Cambre qui constitue un pôle à part entière, mais ne peut être détachée de l'histoire du village principal. Les trouvailles archéologiques n'ont pas mis de sites préhistoriques importants au jour, tout au plus un maigre outillage lithique épars daté du paléolithique et du néolithique. Plusieurs sites pourraient, en revanche, dater des époques gallo-romaine (tumulus en bordure du cimetière d'Ixelles, sépulture à Boondael suggérée par le toponyme Tomblock) et mérovingienne (sépulture rue du Viaduc en bordure du chemin de fer), mais le conditionnel reste de mise, faute de fouilles sérieuses.

Les premières mentions écrites d'*Elsele* datent du XIIIe siècle. Il désigne alors un noyau d'habitat situé au bord du Maelbeek, autour de l'actuelle place Flagey. Son développement, qui s'accompagne de l'aménagement de la zone humide du fond de vallée, est perceptible à travers quelques chartes au début du XIIIe siècle ; cet essor est indissociable de l'installation de l'abbaye de la Cambre, fondée un peu plus loin, au même moment, par Gisèle, religieuse bruxelloise souhaitant adopter la règle cistercienne.

En 1201, Henri Ier, duc de Brabant, concède des terrains situés au bord du Maelbeek à la nouvelle abbaye puis, en 1210, lui cède le moulin qu'il a fait

Éclat de silex (paléolithique) découvert en 1894-1895 dans la carrière Flion aux environs des étangs d'Ixelles

ériger non loin de là ainsi que les droits de pêche dans l'étang y attenant. Affiliée à l'ordre de Cîteaux en 1232, l'abbaye est dénommée « Chambre de Notre-Dame », bien vite abrégé en « La Cambre ». Une centaine de moniales y vivent à la fin du XIIIe siècle. Le passage des futurs saints Alice de Schaerbeek et Boniface contribuera à son rayonnement. Les donations, dans lesquelles ducs de Brabant et châtelains de Bruxelles jouent un rôle de premier plan, en agrandissent sans cesse le domaine, au point d'en faire une des plus importantes institutions monastiques de la région bruxelloise et du Brabant. Au XIIIe siècle, elle possède sept granges dans les environs de Bruxelles. L'abbaye traversera plusieurs périodes troublées : elle dut faire face aux dégradations occasionnées par la guerre entre Maximilien d'Autriche et Louis XI (1478), puis aux guerres de Religion au cours desquelles le monastère fut mis à sac par les calvinistes (1578), avant d'être incendié par les soldats d'Alexandre Farnèse (1581), alors que les moniales se réfugiaient à Bruxelles. Après leur retour, en 1599, l'abbaye sera restaurée jusqu'au milieu du XVIIe siècle. Les guerres de Louis XIV conduiront à nouveau les moniales à chercher refuge en ville, ce dont profitera

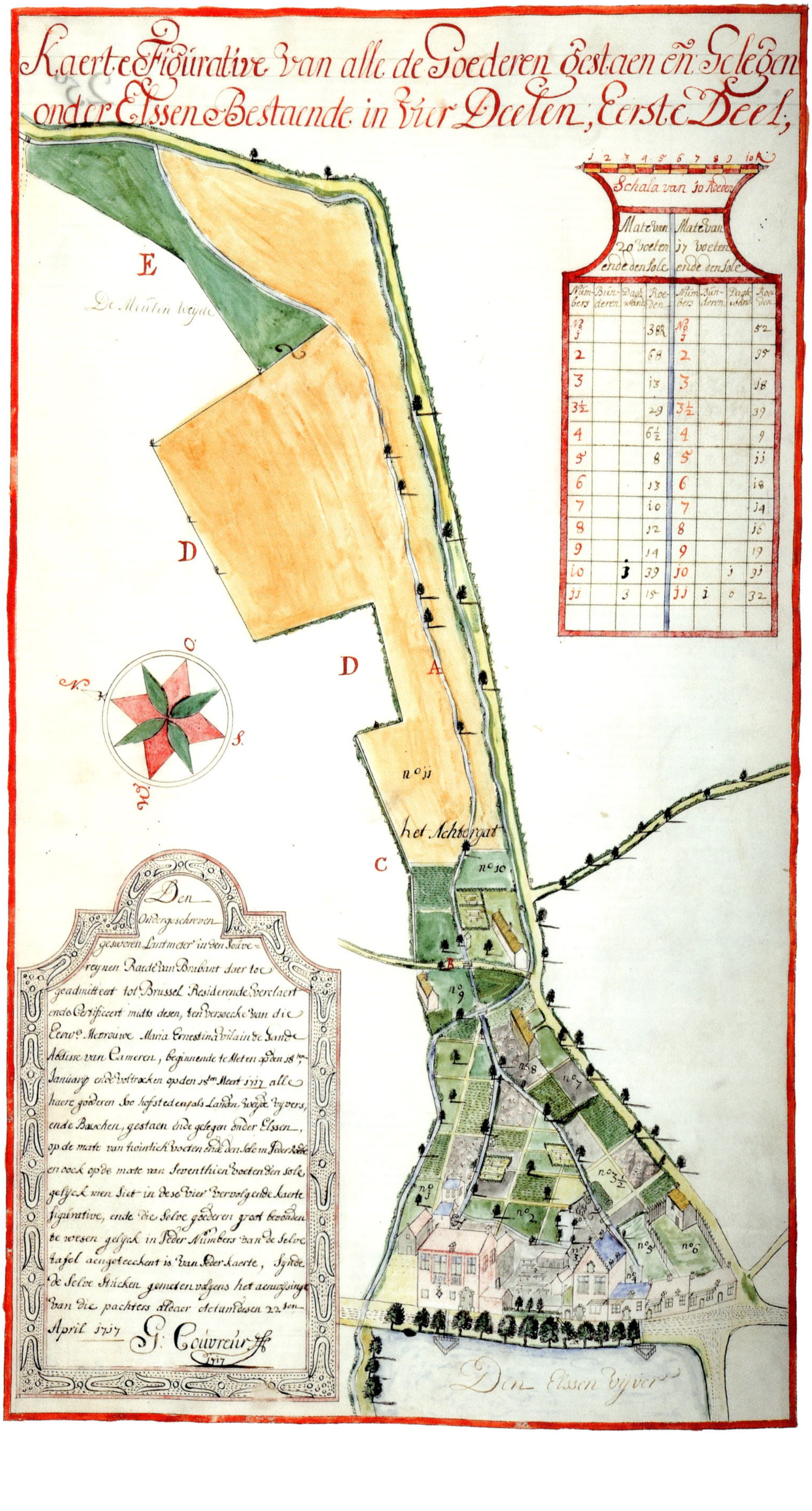
Kaerte Figurative van alle de Goederen gestaen en Gelegen onder Elssen Bestaende in vier Deelen; Eerste Deel;
Schala van 10 Roeden
Mate van 20 voeten ende den sole
Mate van 17 voeten ende den sole
E
De Meulen weyde
D
D
A
C
no 11
het Achtergat
no 10
no 9
no 8
no 7
no 3½
no 3
no 2
no 6
no 5
N.
S.
W.
O.
Den Ondergeschreven geswooren Lantmeter in den Souvereynen Raede van Brabant daer toe geadmitteert tot Brussel Residerende verclaert ende Certificeert mitts desen, ten versoecke van die Eerw. Mevrouwe Maria Ernestina Vilain de Gande Abdisse van Cameren, beginnende te Meten op den 18en January ende voltrocken op den 18en Meert 1717 alle haere goederen soo hofsteden als Landen, weyde, vyvers, ende Bosschen, gestaen ende gelegen onder Elssen, op de mate van twintich voeten ende den sole in yder roede en oock op de mate van seventhien voeten den sole gelyck men siet in dese vier vervolgende kaerte figurative, ende die selve goederen groot bevonden te wesen gelyck in yeder Numbers van de selve tafel aengeteeckent is van yeder kaerte, synde de selve stucken gemeten volgens het aenwysinge van die pachters aldaer actum desen 22ten April 1717
G. Couvreur ft 1717
Den Elssen vyver

Maximilien-Emmanuel de Bavière pour installer ses quartiers dans l'abbaye (1708). Le XVIIIe siècle voit s'accomplir une nouvelle rénovation, mais s'achève par la suppression de l'institution, sa déclaration comme bien national, le 17 novembre 1796, et la vente aux enchères de ses biens et bâtiments.

Ixelles-Bas, organisé autour des étangs et du Corenmolen, le moulin à grain, connaît un développement certain aux XIVe et XVe siècles. La nature artificielle des étangs d'Ixelles ne fait aucun doute, mais il est difficile d'en retracer la création. Les quelques certitudes résident dans la création du grand étang avant 1210, dans l'existence de deux étangs au moins en 1288 (tenus en fief du duc par la famille Coudenberg), dans l'existence d'un vivier dit du Nieuwe Dam avant 1380 et dans la construction du vivier dit Penninc Broek en 1380 par deux moniales. À la fin du XIVe siècle, les quatre étangs servent principalement à l'exploitation piscicole de l'abbaye. Pendant tout l'Ancien Régime, la gestion de la cuvette que constitue la tête de vallée du Maelbeek a suscité d'innombrables conflits, tant avec les agriculteurs qu'avec les pisciculteurs et les meuniers dont les activités s'échelonnaient en aval. L'hospice Sainte-Croix est fondé en bordure du grand étang, sur la chaussée d'Ixelles (aujourd'hui rue de Vergnies), au tournant des XIIIe et XIVe siècles, et rapidement placé sous la protection du duc (1300). Une chapelle, située à proximité, y est associée. Dépendant spirituellement de Sainte-Gudule, elle n'obtient d'autonomie que très progressivement et ne devient église paroissiale qu'en 1802. Un autre hospice fut fondé au XVe siècle, à proximité du premier, par Jean van Aa, bourgeois de Bruxelles, qui jouissait d'une honorable fortune et de biens fonciers importants. À sa mort, il laissa sa demeure principale à destination d'un hospice pour vieillards. Cependant, ce n'est véritablement qu'au XVIIe siècle, après que le village se fut relevé de la mise à sac qu'il subit au cours des guerres de Religion, qu'il devint un centre important, notamment grâce à l'essor des entreprises brassicoles.

Ixelles-Haut, dit aussi Ixelles-sous-Bruxelles ou Faubourg de Namur, se développe à partir de la fin du XIVe siècle au pied de l'enceinte de Bruxelles, le long du chemin d'Etterbeek (chaussée de Wavre) et de la chaussée de Namur (chaussée d'Ixelles). Cette dernière est empierrée en 1459. Au début du XVIe siècle, la population du faubourg était d'environ 500 habitants. Comme pour Saint-Josse, on ne connaît pas la date exacte de l'incorporation du territoire d'Ixelles-Haut à la franchise de Bruxelles ; il semble qu'elle en ait « toujours » fait partie. La limite de la juridiction de la ville fut très tôt établie, bien au-delà du faubourg, le long du Maelbeek, laissant la rive droite à la juridiction du châtelain et de sa seigneurie de Boondael. L'exercice des prérogatives fiscales – notamment la levée d'un impôt sur la fabrication de la bière – et judiciaires a donné lieu à un certain nombre d'oppositions qui trouvaient leur origine dans le statut disputé de ces limites. De même, bien que Ixelles-Bas, Boondael et Tenbosch relevaient de la mairie d'Uccle, Bruxelles semble avoir prétendu à l'exercice de prérogatives sur la partie d'Ixelles située aux limites d'Etterbeek et de Watermael.

Boondael, cité dès la première moitié du XIIIe siècle, est, jusqu'au XIVe siècle, l'une des principales seigneuries relevant directement des châtelains de Bruxelles ; elle rassemble Ixelles-le-Châtelain (dit plus tard Ixelles-le-Vicomte), Eggevoorde à Etterbeek, le Borgendael à Bruxelles et le village de Boondael proprement dit, situé sur le Dieweg, un chemin public que certains n'hésitent pas à qualifier de « chaussée romaine » reliant Uccle à Sterrebeek et, au-delà, à des horizons qu'il est difficile de préciser. Boondael, hameau forestier, est sans doute lui-même issu d'un démembrement du domaine d'Uccle. L'ensemble se transmettra à diverses familles jusqu'à l'abolition de la seigneurie, le 14 fructidor an III (31 août 1795). Entre 1458 et 1462, alors que le hameau est encore, sur le plan spirituel, rattaché à la paroisse d'Uccle, une chapelle dédiée à saint Adrien y est fondée à l'initiative de Guillaume de Hulstbosch, fils de fermiers aisés et propriétaire d'une des brasseries de Boondael, à son retour de Paris où il était parti étudier. La chapelle, agrandie en 1472-1474, passe dans le patrimoine du serment des Arquebusiers de Bruxelles à la fin du siècle. Elle connut deux destructions (guerres de Religion, incendie) et reconstructions au cours des XVIe et XVIIe siècles puis, vu son état de dégradation avancée, fut entièrement reconstruite en 1842. L'agriculture et le maraîchage étaient les principales activités des habitants du hameau. Au XVIe siècle, il compte une quinzaine de maisons, trois fermes et deux brasseries, mais décline au siècle suivant.

Sur le plan religieux, Ixelles (haut et bas) relevait de la paroisse Sainte-Gudule, ou plutôt de sa

Le Maelbeek, planche de l'Atlas des biens de l'abbaye de la Cambre, 1717

Panorama d'Ixelles avec l'Arbre bénit, avant l'aménagement de l'avenue Louise, Paul Lauters, 1874

succursale de Saint-Jacques-sur-Coudenberg, dont dépendait la vicairie de la chapelle Sainte-Croix, tandis que Boondael relevait de la paroisse Saint-Pierre d'Uccle. Quelques immeubles situés à la limite actuelle avec Etterbeek (haut de l'actuelle rue de la Brasserie) dépendaient, semble-t-il, de la paroisse Sainte-Gertrude d'Etterbeek.

Sur le plan industriel, Ixelles n'a connu qu'une seule activité dont l'importance mérite d'être soulignée : la brasserie. Plusieurs raisons expliquent le développement de cette activité à Boondael, puis à Ixelles. La présence de l'eau, abondante à Ixelles, est la première. La seconde est d'ordre fiscal. En effet, dans les limites de la franchise (étendue) de Bruxelles, la fabrication de la bière était soumise à la perception d'une taxe depuis la fin du XIIIe siècle. Dès lors, beaucoup de brasseurs s'installèrent juste au-delà de cette limite, par exemple à Boondael, faisant concurrence aux brasseurs bruxellois. En 1503, pour mettre fin à ce système jugé déloyal par les brasseurs bruxellois, Philippe le Beau confirme la perception d'une taxe sur la bière fabriquée dans la franchise, mais interdit sa fabrication dans un rayon d'un mille au-delà de la limite de celle-ci. À Ixelles, la brasserie prospère, profitant de la présence abondante d'eau, tandis que l'agriculture locale s'adapte, augmentant les cultures d'orge et de houblon. En 1612, une sentence rendue par le Conseil de Brabant libère finalement la fabrication de la bière ; l'industrie connaît alors une croissance sans précédent, centrée sur le village d'Ixelles. Dans les années qui suivent, trois brasseries viennent s'ajouter : Vranckrijk, l'Italie, le Middelborgh. Les plus importantes de ces brasseries voient se succéder à leur tête quelques grandes familles : les Van Overstraeten, Van Zeebroeck, Rijkaert, et autres Lannoy.

Formation du territoire communal

Au début de la période française, l'arrêté du 14 fructidor an III (31 août 1795) réunit Ixelles-sous-Bruxelles, Ixelles-le-Châtelain, Boondael et Tenbosch en une seule commune. Ixelles, qui compte alors 1 629 habitants, devient une partie du canton d'Uccle, puis une municipalité. À partir de 1818, sous le régime hollandais, la commune est dirigée par un mayeur, deux échevins ou assesseurs et six conseillers, choisis parmi les grands propriétaires fonciers, assistés d'un secrétaire et d'un garde champêtre. Au début du XIXe siècle, le territoire d'Ixelles s'étend sur 9,38 km², alors qu'aujourd'hui il n'en couvre plus que 6,34, répartis en deux ensembles que sépare l'avenue Louise.

En 1811, des échanges de territoires avec Watermael-Boitsfort font gagner 0,2 km² à Ixelles :

les biens sis à l'ouest de la chaussée de Boitsfort sont annexés, tandis que Watermael-Boitsfort reçoit le Borchtgrave. Des rectifications mineures ont aussi lieu avec Uccle en 1804 (à hauteur du chemin du Chat) et avec Saint-Gilles en 1812. En 1824, 1828 et 1829, Ixelles cède à la ville de Bruxelles quelques terrains nécessaires à la réalisation des boulevards de ceinture. La cession de 1829 sera légèrement rectifiée en 1851, au profit d'Ixelles, à hauteur de la rue de l'Esplanade. La même année, une rectification mineure intervient dans la limite avec Saint-Gilles.

En 1825, Ixelles gagne 2,3 km² par l'acquisition du triage de Vleurgat, à l'occasion du transfert aux communes de la Forêt de Soignes. La limite communale suit dès lors la chaussée de La Hulpe (entre la chaussée de Waterloo et la chaussée de Boitsfort), la chaussée de Waterloo (de Vleurgat au Vert Chasseur), laissant toutefois à Uccle les hameaux de Vleurgat, de Langeveld et du Vert Chasseur (voir *Uccle*). L'essentiel de cette acquisition sera perdu en 1864, lorsqu'Ixelles devra céder à Bruxelles les terrains sur lesquels seront aménagés le bois de la Cambre et l'avenue du Bois de la Cambre (future avenue Louise), opération qui coupera son territoire en deux parties. Ixelles devra encore céder à la ville quelques terrains proches du Bois en 1875 et, surtout, en 1907, une bande de terrain couvrant 0,6 km² sise à l'est du bois où se tiendra l'exposition internationale de 1910, puis sur laquelle sera tracée, après la Première Guerre, l'avenue des Nations (avenue Franklin Roosevelt).

En 1853, suite à l'annexion du Quartier Léopold par la ville de Bruxelles, principalement aux dépens de Saint-Josse, Ixelles subit une nouvelle adaptation mineure de ses limites. Elle cédera encore 0,1 km² à la ville en 1913, en lui laissant le parc Léopold. En 1875, Ixelles acquiert aux dépens d'Etterbeek, au nord, et d'Auderghem, au sud, les terrains qui lui permettent d'incorporer l'ensemble de la nouvelle plaine des Manœuvres (actuel campus de la Plaine).

En 1890 (avec ajustements en 1913), elle reçoit d'Auderghem les terrains situés à l'ouest du chemin de fer Bruxelles-Namur, sur lesquels est situé, depuis 1877, le cimetière d'Ixelles. En échange, elle lui cède la portion de territoire ixellois qui atteignait la chaussée de Wavre à l'est de la plaine (de l'actuel boulevard du Triomphe).

En 1875 et 1907, la limite communale avec Etterbeek est ajustée au tracé du bâti, des voiries et du

Anne Bonnet, *La rue Gray*, 1945

chemin de fer de Bruxelles à Namur (entre la rue Gray et la rue de Theux, le long de celle-ci, du pont du Germoir au boulevard militaire, futur boulevard Général Jacques et le long de ce dernier). Citons enfin, en 1909, des adaptations de limites avec Uccle et Forest dans les quartiers de Vleurgat et de Berkendael (voir *Uccle*, *Forest*).

Actuellement la situation est la suivante. Au nord-ouest, le territoire communal est limité à l'extérieur des boulevards de ceinture et suit ensuite la voirie dans la portion méridionale du Quartier Léopold (suite aux rectifications de 1829, 1851, et 1853) : rues du Champ de Mars, de l'Esplanade, de Paris, du Luxembourg, d'Arlon, Montoyer (avant 1853, le territoire ixellois s'étendait jusqu'à l'angle des rues du Trône et du Luxembourg, où il jouxtait Saint-Josse) (voir *Bruxelles*, *Saint-Josse*).

La limite avec Bruxelles contourne ensuite le parc Léopold par les rues Wiertz et Vautier (suite à la cession de 1913), mais le territoire ixellois conserve les deux côtés de la chaussée de Wavre jusqu'au cours ancien du Maelbeek. La limite, qui se fait ensuite avec Etterbeek, suit l'ancien tracé du Maelbeek entre la chaussée de Wavre et la rue Gray, puis les limites rectifiées évoquées plus haut, depuis la rue Gray jusqu'au carrefour entre le boulevard Général Jacques et le boulevard du Triomphe. Elle enserre ensuite le campus de la Plaine jusqu'au pont Fraiteur, dépassant légèrement le boulevard du Triomphe à l'approche de celui-ci. Elle longe alors le chemin de fer de Namur jusqu'à la rue des Brebis, ancienne limite de section cadastrale, qui fixait initialement la séparation de 1862 entre Auderghem et Watermael-Boitsfort. La limite avec cette dernière se poursuit jusqu'au croisement de la chaussée de Boitsfort et du Dries (voir *Watermael-Boitsfort*). On atteint alors la limite du territoire communal perdu en 1907 au profit de la ville de Bruxelles. Cette limite ne suit pas l'avenue de l'Uruguay, artère tracée par la ville, mais un ancien chemin rural qui prolongeait le Dries dans le vallon du Veeweydebeek. Elle atteint ainsi l'alignement des voiries suivies depuis la fin du XIXe siècle par le tramway desservant l'Hippodrome de Boitsfort (du sud vers le nord, avenues de la Forêt, du Derby, du Pesage et Adolphe Buyl), laissant toutefois à Ixelles les deux côtés de ces artères.

La limite de 1907 laisse à la ville le campus du Solbosch de l'Université libre de Bruxelles, site de l'Exposition de 1910, à l'exception des bordures de l'avenue Adolphe Buyl et d'une partie de l'avenue Jeanne. La création par la ville de l'avenue Emile De Mot, pour accéder à l'Exposition, a repoussé la limite entre Ixelles et Bruxelles sur le *talweg* des jardins de l'abbaye, alors que l'ensemble des bâtiments de celle-ci était resté ixellois lors de la cession de 1864. À partir du jardin du Roi, la limite orientale de l'appendice bruxellois suit la limite de 1864, qui cédait à la ville les terrains à mettre en valeur de part et d'autre de l'avenue, s'écartant le plus de celle-ci à hauteur de la rue du Couvent, pour laisser à la ville le réservoir l'alimentant en eau potable. Le territoire ixellois touche la bordure orientale de l'avenue Louise aux abords de la place Stéphanie. L'enclave de Tenbosch, née de la cession de l'avenue Louise à la ville, suit les anciennes limites avec Saint-Gilles, Forest et Uccle, compte tenu des rectifications mentionnées.

La chaussée d'Ixelles vers la place Fernand Cocq, 1926

Du XIXe au XXIe siècle

Les activités économiques

Au début du XIXe siècle, Ixelles, comme les autres territoires de la banlieue, est essentiellement agricole, mais la présence de la vallée du Maelbeek lui confère un charme particulier. En dehors des noyaux villageois, son territoire est parsemé de quelques fermes et demeures de plaisance. Sa proximité avec la ville et son éloignement de la vallée industrielle de la Senne lui donnent les atouts pour devenir un faubourg résidentiel, plutôt aisé et francophone (46 % de francophones déclarés en 1846 et 70 % dès le début du XXe siècle), une extension des quartiers du haut de Bruxelles. Les entreprises artisanales restent en nombre limité et visent en grande partie la clientèle aisée ; les commerces de luxe se concentrent dans les environs de la porte de Namur (notamment rue de la Paix), du boulevard de Waterloo et de l'avenue Louise. Au XIXe siècle, on compte la fabrique d'orgues Merklin-Schütze sur la chaussée de Wavre et deux fabriques de porcelaine. La première est fondée dans l'impasse de Londres, en 1818, par F.-T. Faber, peintre sur porcelaine d'origine autrichienne, et C. Windisch ; l'autre est fondée en 1830 par le même Windisch et J.-J. Coché-Mommens. Celle-ci passera ensuite aux familles Vermeiren-Coché, puis Demeuldre-Coché, et participera activement à l'essor de la céramique décorative. L'entreprise poursuivit son activité jusqu'en 1966. Sa façade, datée de 1905 et classée en 1997, est toujours visible chaussée de Wavre 141 143. Quelques entreprises de carrosserie s'installent au plus proche de leur clientèle et des loueurs d'équipages fleurissent. Les bâtiments désaffectés de l'abbaye de la Cambre abritent une carrosserie, mais c'est surtout au quartier Tenbosch que se concentrent dès le début du XIXe siècle des ateliers de fabrication mécanique et des dépôts liés à la carrosserie (d'abord à traction chevaline, puis automobile). On recense également une fabrique de céruse (chaussée d'Ixelles), une fabrique de plombs de chasse (rue de la Croix), une fabrique de tissus élastiques (rue de la Tulipe) et une fonderie de caractères d'imprimeries (rue du Prince Royal).

Les activités de transformation des matières premières restent modestes : au XIXe siècle, on trouve deux vinaigreries (rue d'Idalie et impasse Vandevelde), une savonnerie (rue Longue Vie), un abattoir (rue Van Aa) et deux glacières, l'une installée rue de l'Ermitage, l'autre rue van Aa, en lien avec l'abattoir. La laiterie Belga s'installe rue de la Cuve en 1905. En 1926, ses bâtiments sont occupés par une entreprise de menuiserie-ébénisterie. Les brasseries, présentes en bordure des étangs depuis la période médiévale, disparaissent elles aussi, ou sont reconverties en cabarets : des 17 établissements recensés en 1795, il n'en reste que trois en 1814. La dernière brasserie, la brasserie Lannoy (puis Grandes Brasseries d'Ixelles et Brasseries Ixelberg) disparaît au cours des années 1950. Aujourd'hui, seuls les noms des rues (de la Brasserie, de l'Orge, du Serpentin, de la Cuve) rappellent encore cet aspect du passé ixellois.

Des ouvriers, attirés par l'activité industrielle, s'établissent à Ixelles en raison de la proximité de la gare du Luxembourg, achevée en 1855, et qui est l'une des portes d'entrée dans la capitale. Trop pauvres pour s'établir dans le prestigieux Quartier Léopold, ils élisent domicile dans les petites maisons regroupées en « carrés », autour d'une cour centrale. On en dénombre une vingtaine à Ixelles (Boret, Caillet, Dambré, Deruyts, Desmet, de Wavre, Faber, Moreau, Vannot, etc.) ; les conditions de vie y sont plus ou moins misérables. Le plus connu est le carré Gomand, construit à l'initiative de Charles Rogier, sur la grande propriété de Louis-Xavier Gomand, et dont on peut encore voir des traces rue du Collège, rue de la Cité et rue Van Aa. Ces « carrés », souvent insalubres, foyers de typhus et de choléra, sont pour la plupart détruits dans la seconde moitié du XIXe siècle, suite à l'extension de l'urbanisation. Ils ont souvent été remplacés par des ateliers ou des garages situés en intérieur d'îlot.

Face à l'importante croissance démographique (1830-1890), la commune entreprend de grands travaux d'infrastructure. Parmi eux, les Halles d'Ixelles, dessinées par Edmond Le Graive et destinées à la vente de denrées alimentaires, sont érigées en 1879 (emplacement délimité par les rues de la Tulipe, du Conseil, Sans-Souci et de la Crèche). Concurrencées par la présence de nombreux commerces et d'un marché hebdomadaire (à partir de 1905, place Sainte-Croix), elles n'auront guère de succès. Un magasin du Comité national de secours et d'alimentation s'y installera pendant la Première Guerre.

La présence de petits commerçants et d'artisans, à côté de rentiers, est l'une des caractéristiques du tissu socioéconomique ixellois. La chaussée d'Ixelles en est l'axe de développement principal. Il subsiste encore aujourd'hui, malgré les grandes transformations économiques du XXe siècle. L'installation du premier supermarché de Belgique, en 1957, sur la place Flagey, apparaît comme une expérience pilote. Inspiré des techniques de vente américaines, la succursale de Delhaize expérimente alors pour la première fois le libre-service.

Plus récemment (depuis une vingtaine d'années), le secteur des services a pris de l'ampleur, avec la tertiarisation de certaines franges de la commune,

Affiche annonçant l'ouverture du premier supermarché de Belgique, place Flagey, 1957

Arthur Craco, le *Puits aux lévriers* (1925), place Fernand Cocq

principalement le quartier Louise, et la multiplication des établissements horeca dans certains quartiers aisés ou en voie de gentrification (place Saint-Boniface, place Flagey, place du Châtelain). Cette multiplication accompagne le phénomène d'externalisation des tâches domestiques parmi les classes aisées de la population. Dans le quartier du cimetière, le phénomène est à mettre en relation avec la proximité de l'université.

La population

Une partie de l'immigration à Bruxelles, consécutive à la révolution de 1830, s'installe à Ixelles, dans les nouvelles rues Hanset (rue Souveraine), Mercelis, Goffart, de Paris, de Londres, de Vienne (future rue René Dubreucq), de Berlin (rue d'Alsace-Lorraine), d'Orléans (rue Jean d'Ardenne), longue rue de l'Union (rue de la Concorde).

Comptant moins de 5 000 habitants en 1830, la commune passe à 14 251 habitants au premier recensement de 1846. Ixelles-haut rassemble, au milieu du XIXe siècle, les trois quarts de la population. Tout au long du XIXe siècle, la commune connaît un des taux de croissance les plus élevés de la Région (comparable à Schaerbeek, Saint-Gilles, Molenbeek et Anderlecht), qui ne fléchit qu'après la Première Guerre.

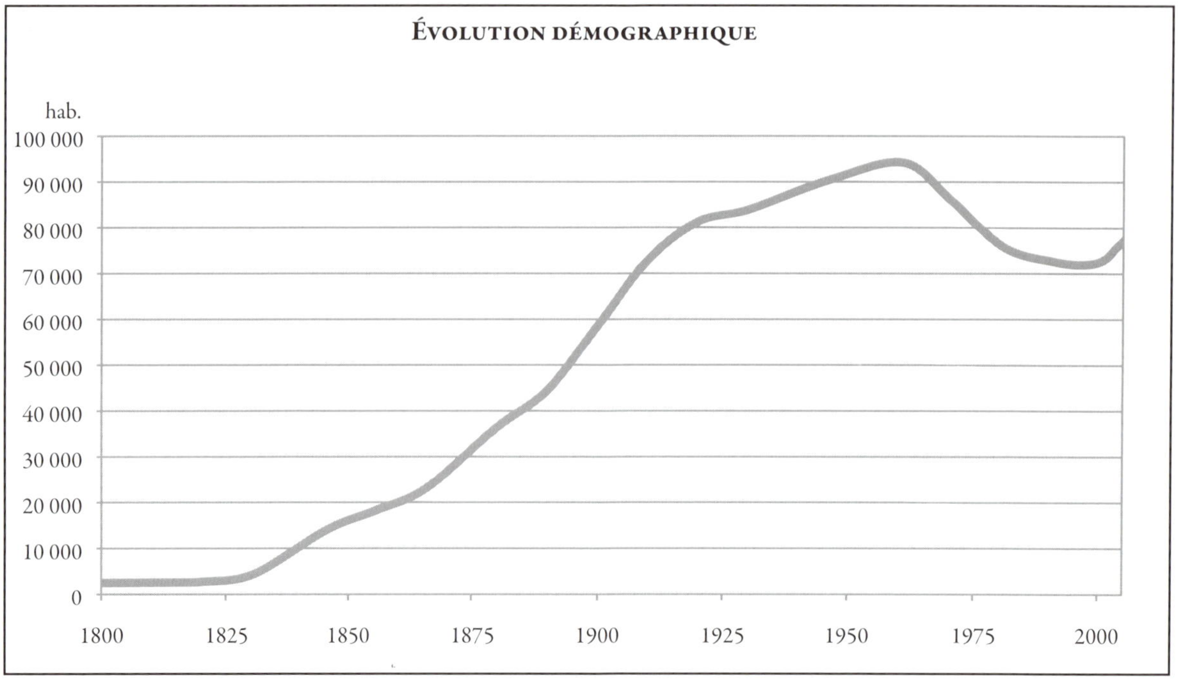

En 1900, Ixelles compte 58 615 habitants. La population atteint son maximum historique au recensement de 1961. Elle perdra plus de 20 000 habitants par la suite, du fait de la périurbanisation, de la réduction de la taille des ménages et du vieillissement de la population dans les communes de première couronne. Il faut également mentionner une modification de structure du haut-Ixelles, où beaucoup d'immeubles tendent à perdre leur fonction résidentielle au profit de bureaux. Cependant, comme dans les autres communes de ce type, la population augmente à nouveau depuis le milieu des années 1990, reflet à la fois de phénomènes de gentrification (notamment dans le quartier du Châtelain) et d'immigration. En 2004, la population ixelloise était remontée à plus de 76 000 âmes, augmentation plus élevée que la moyenne régionale.

Certaines immigrations sont très visibles, notamment celle des Portugais (avec leurs associations, restaurants, cafés et commerces établis autour de la place Flagey), celles des Vietnamiens (avec des épiceries et, surtout, des restaurants autour de la place de la Petite-Suisse) et des Congolais (établis entre la chaussée de Wavre, les rues d'Édimbourg et de Dublin) qui forment le quartier dit « Matongé », du nom d'un quartier de Kinshasa. Matongé s'est développé à partir de la Maisaf (Maison des étudiants africains), résidence des étudiants congolais boursiers, dans les années 1950. Aujourd'hui, nombre des Congolais ont quitté ce quartier ; il reste néanmoins un intense lieu de vie sociale et commerçante aux couleurs congolaises et africaines. Plus récemment, de nombreux ressortissants d'autres pays d'Afrique, principalement du Rwanda, du Burundi, du Sénégal et du Mali, sont venus s'y établir.

Ces immigrations visibles ne peuvent occulter le fait que la population étrangère de la commune est largement européenne (en 2004, Ixelles comptait 38 % d'étrangers, dont deux tiers étaient originaires de l'Union européenne). Les Français constituaient le groupe le plus important (8 % de la population), composé d'une part d'étudiants et, de l'autre, d'une population relativement aisée attirée notamment par le charme des étangs d'Ixelles et par le coût peu élevé de l'immobilier bruxellois. La résidence de nombreux étrangers européens est en grande partie due à la proximité des institutions européennes.

En ce début du XXIe siècle, la situation socioéconomique de la population ixelloise est très contrastée, opposant des secteurs où le revenu médian est inférieur à la moyenne régionale, spécialement au

Chéri Samba, *Matonge-Ixelles, Porte de Namur, Porte de l'Amour?*, 2001.
Une reproduction géante de cette œuvre orna de 2002 à 2006 la façade d'un immeuble au croisement des chaussées de Wavre et d'Ixelles

Charles Vander Straeten, la maison communale (1833-1835), place Fernand Cocq, ancienne demeure de la cantatrice Malibran

nord de la commune (des boulevards à la place Flagey et à la rue Gray), à des secteurs où il est conforme à la moyenne (le long de l'avenue Louise) et à d'autres où il est nettement supérieur à la moyenne (alentours du bois de la Cambre).

La situation politique

Le premier maire de la commune d'Ixelles est le maréchal-ferrant J.-B. De Ceuleneer, remplacé en 1801 par son adjoint Coenraets, qui démissionne en 1804. Hippolyte-Nicolas Legrand lui succède, traversant les régimes du début du XIXe siècle ; il sera maire sous le Consulat et l'Empire, mayeur sous le régime hollandais, puis bourgmestre après la révolution de 1830. Sous le gouvernement provisoire de la Belgique, en 1828, Henri Joseph Van Elewyck devient bourgmestre, mais décède la même année. Charles Vander Heyden est nommé commissaire extraordinaire (1830) avec pour mission de procéder à l'élection d'un nouveau Conseil. Les conseillers élus désignent à nouveau Hippolyte-Nicolas Legrand.

La loi électorale est modifiée en 1836. Les votes ixellois, répartis désormais en trois sections (haut-Ixelles, bas-Ixelles, Boondael), permettent une représentation conjointe des « néohabitants » qui ont le droit de vote – souvent des bourgeois libéraux qui ont fait d'Ixelles une de leurs communes favorites – et de ruraux aisés de tradition catholique. Les représentants catholiques vont cependant se faire plus rares au cours du siècle. Le premier parti organisé dans la commune fut le parti libéral, avec deux sociétés, l'Union constitutionnelle et l'Association libérale, qui fusionnent en 1867. Les tensions qui traversent le groupe libéral dans la seconde moitié du XIXe siècle n'épargnent pas les libéraux ixellois. En 1876, la polémique fait rage entre les radicaux qui s'expriment dans leur journal local, *L'Éveil*, et les doctrinaires du collège communal qui leur répondent dans *Le Messager* et *L'Indépendant*. Ces luttes s'exacerbent à un point tel qu'elles coûtent leurs mandats à deux bourgmestres : Louis Macau et Raymond Blyckaerts.

Les premiers candidats socialistes apparaissent aux élections du 15 février 1881, mais il faut attendre 1893 pour qu'ils soient élus et 1895 pour qu'ils soient présents au Collège. Ils sont alors alliés avec les libéraux « dissidents », dont fait partie le bourgmestre Raymond Blyckaerts, revenu au mayorat.

Après les élections de 1899, et jusqu'en 1938, les libéraux partagent le pouvoir, de manière éphémère, avec le parti des anciens combattants (1921-1927), puis avec les socialistes (1932-1938). Après la Seconde Guerre mondiale, aux élections de 1946 puis de 1952, l'alliance libérale-socialiste est reconduite.

Bourgmestres

1830 : Charles Vander Heyden
(commissaire extraordinaire de la Commune chargé de remplir les fonctions de bourgmestre provisoire)
1830 : Hippolyte-Nicolas Legrand
1836 : Guillaume Gilbert (f.f.)
1840 : Guillaume Gilbert
1846 : Charles Vanderstraeten
1855 : Pierre Kerckx
1858 : Charles Vanderstraeten
1861 : Albert-Joseph Hap
1870 : Victor Greyson (f.f.)
1872 : Louis Macau
1880 : Raymond Blyckaerts
1888 : Englebert-Albert Leemans
1895 : Raymond Blyckaerts
1901 : Adolphe de Vergnies
1904 : Émile Duray
1918 : Fernand Cocq (f.f.)
1919 : Fernand Cocq
1921 : Adolphe Buyl
1929 : Armand Huysmans
1935 : Eugène Flagey
1956 : Charles Janssens
1973 : Albert Demuyter
1993 : Yves de Jonghe d'Ardoye d'Erp
2001 : Willy Decourty

En 1958, le bourgmestre Charles Janssens, à la tête de l'Union ixelloise qu'il a fondée, remporte les élections sur les libéraux dont il est pourtant issu, avec un collège composé à parts égales de membres de l'Union et de socialistes. L'alliance entre les libéraux progressistes et les socialistes trouvera son terme aux élections de 1964 que les libéraux remportent seuls, toujours sous la houlette de Charles Janssens (1956-1972). Dès lors, et jusqu'aux élections de 2000, les libéraux dominent le paysage politique ixellois, assumant le mayorat à travers les figures d'Albert Demuyter jusqu'en 1993, et d'Yves de Jonghe d'Ardoye d'Erp jusqu'en 2000. Tous deux disposaient d'une large assise (20 conseillers sur 41 en 1982, 22 en 1988), complétée par l'apport notable des sièges du Front démocratique des francophones (FDF, 11 sièges en 1982, 8 en 1988), avec lequel ils seront alliés au niveau fédéral à partir de 1992. Les élections de 2000 provoquent un changement de majorité avec la percée significative du parti Écolo : il remporte 13 sièges, constituant ainsi la deuxième force politique de la commune, derrière les libéraux (19 sièges). Cette percée doit être mise en rapport avec un changement de profil sociologique dans certaines parties de la commune en voie de rénovation urbaine (place du Châtelain, alentours de la place Flagey). Écolo, en alliance avec les socialistes (7 sièges), dont le bourgmestre, Willy Decourty est issu, renverse donc la majorité libérale en place. Aux élections de 2006, les écologistes, qui avaient conforté leurs rangs, firent toutefois les frais des stratégies politiques mises en place dans d'autres communes de la Région. En 2007, la commune se voit donc à nouveau dirigée par une alliance libérale-socialiste dans laquelle la composante libérale est majoritaire (18 sièges contre 9 pour le bourgmestre W. Decourty).

Les aménagements urbains

1800-1910

L'urbanisation débute timidement après 1800, au départ d'Ixelles-Haut, le long des anciennes chaussées d'Ixelles et de Wavre. Le démantèlement de la porte de Namur en 1784, puis des remparts, a facilité l'installation d'une bourgeoisie aisée en quête tout à la fois d'espace et de proximité avec la ville. Les terrains laissés libres après le démantèlement des bastions, entre le boulevard et la rue du Champ de Mars, sont parmi les premiers urbanisés.

La croissance devient forte à partir de 1830 et le front d'urbanisation progresse, par contiguïté, de part et d'autre du vieil axe de la chaussée d'Ixelles : la rue de la Paix est ouverte en 1831, la rue Goffart en 1839, tandis que l'ensemble des terrains entre les rues Keyenveld, du Prince Royal, de la Paix et Léopold (rue d'Édimbourg), jusqu'à la rue de la Croix, sont déjà bien urbanisés vers 1840. À l'ouest, quelques rues parallèles descendent depuis la rue Keyenveld et la rue de l'Arbre Bénit vers la rue de la Longue Haie. La rue des Palais (rue du Trône) est ouverte, d'abord jusqu'à la chaussée d'Etterbeek (de Wavre), puis jusqu'à

Willem de Famars Testas, *Vue d'Ixelles depuis le viaduc de l'avenue de la Couronne*, 1885

Guillaume Vogels, *Ixelles un jour de pluie*, vers 1883

la nouvelle place de la Couronne (place Raymond Blyckaerts). Les extensions à l'est de la rue du Trône se rattacheront à l'urbanisation du Quartier Léopold et des abords de la gare du Luxembourg dans la décennie 1850 (voir *Bruxelles*).

Ce front d'urbanisation atteint progressivement les « campagnes », demeures de plaisance installées depuis le XVIIe siècle sur les hauteurs de la vallée du Maelbeek. En 1849, « la campagne » que le violoniste Charles de Bériot a fait construire pour son épouse, la cantatrice Malibran, et qu'il a léguée à la commune, est convertie en maison communale. Elle est située entre les nouveaux quartiers et le vieux noyau villageois. La place communale (place Fernand Cocq) est aménagée sur une partie des jardins.

Ixelles-Bas ne tarde cependant pas à connaître des transformations urbanistiques, même si le front d'urbanisation ne l'atteindra qu'après 1870. Après l'élévation de la chapelle Sainte-Croix en église paroissiale (1802) et sa rénovation (1820), le Grand Étang est comblé (1856) et aménagé en place publique dénommée place Sainte-Croix, du nom de l'hospice et de la chapelle établis à proximité depuis le XIVe siècle, mais démolis en 1864. Une nouvelle église est alors érigée de l'autre côté de la place rebaptisée, en 1937, du nom d'Eugène Flagey, en hommage au bourgmestre du moment.

Pour faire face à l'augmentation de la population, la commune dirige un certain nombre de travaux d'infrastructure destinés, conformément à la doctrine d'hygiénisme social de l'époque, tantôt à assainir les bas quartiers, tantôt à pourvoir la commune de services collectifs jugés essentiels. Les premiers grands travaux, décidés au cours des années 1840, consistent en la construction d'un réseau complet d'égouts dont les premiers jalons sont établis dans les chaussées de Wavre et d'Ixelles en 1852. Le même quartier bénéficiait depuis 1846 de l'éclairage au gaz (ce sera le cas du bas-Ixelles en 1865 et de Boondael en 1909). Dans la foulée, le Maelbeek est la première rivière bruxelloise voûtée au nom de l'assainissement (1856-1872) ; le comblement du Grand Étang en est le corollaire (1856). Une première bibliothèque populaire s'ouvre en 1863, rue Sans-Souci. Un véritable bassin de natation, première piscine couverte de la Région, ouvrira ses portes en 1904 dans la rue de la Pêche, devenue

L'avenue Franklin Roosevelt et l'Université libre de Bruxelles

rue de la Natation, au cœur d'un quartier où les habitations ouvrières étaient relativement nombreuses (le bâtiment, rénové en 2000, a récemment fêté son centenaire).

En 1865, la commune inaugure le nouvel hospice van Aa, chaussée de Boondael, qui remplace la vieille fondation médiévale située rue de Vergnies, bientôt démolie (1866-1870). Dans les jardins de la fondation s'ouvrira le premier hôpital de la commune (1884), auquel s'ajouteront une maternité en 1929 et un pavillon de consultations en 1935. La forte croissance démographique entraîne également la création de plusieurs écoles primaires, dont celle des Étangs, érigée pour remplacer l'école surpeuplée de la place Sainte-Croix. Inaugurée en 1883, elle eut un succès fulgurant, accueillant près de 1 000 élèves dès la première année. En 1912, la commune compte treize écoles qui couvrent à peu près tout le territoire ainsi qu'une crèche modèle, Le Nid, construite en 1911 derrière l'école des Étangs. Les initiatives de la commune sont secondées par des initiatives privées: en 1907 s'ouvre, sur le site de l'ancienne glacière, rue de l'Ermitage, à l'initiative du pédagogue Ovide Decroly, l'école de l'Ermitage, qui déménagera à Uccle en 1927. Quelques institutions catholiques s'installèrent également, dont l'institut des Sœurs de Notre-Dame, fondé rue de l'Arbre Bénit en 1842. Les bâtiments furent revendus par la congrégation en 1963. Ils ont fait place, dans les années 1990, à un nouveau complexe réunissant logements, commerces et écoles. L'institut Saint-Boniface et l'institut du Parnasse, désormais fusionnés, ainsi que l'institut Saint-André en font partie.

Le cimetière d'Ixelles est lui aussi déplacé et agrandi. Jusqu'en 1832, le petit cimetière accolé à la chapelle Sainte-Croix, qui a fait l'objet de fouilles archéologiques en 2003, était resté en fonction. À cette date, les autorités durent se résoudre à le déplacer; elles décidèrent en 1832-1834 de le transférer à hauteur de l'actuelle rue du Bourgmestre. Malgré l'extension de ce nouveau site en 1847, il dut être remplacé en 1877 par le cimetière d'Ixelles actuel, une des plus importantes nécropoles de Belgique pour ses monuments funéraires; la population aisée qui y fut enterrée n'hésitait pas à faire appel à de grands noms pour ériger tombes et caveaux.

La construction de la ligne de chemin de fer entre Bruxelles et Luxembourg (1854-1859) conditionnera peu les structures de l'urbanisation ixelloise. Deux gares sont néanmoins établies à Ixelles pour desservir cette ligne. La plus importante, tant en termes de flux de voyageurs que de dynamique urbaine, est sans conteste la gare du Luxembourg, conçue par l'architecte Gustave Saintenoy (1855), mais son histoire appartient à celle du Quartier Léopold dont l'assise est passée dans le giron bruxellois en 1853. Ce quartier, dessiné sur un plan en damier dû à l'architecte Tilman-François Suys, fut érigé à partir de 1837 sous les auspices de la Société pour l'agrandissement et l'embellissement de la capitale de la Belgique, présidée par le comte Ferdinand de Meeus, gouverneur de la Société Générale (voir *Bruxelles*). La seconde gare de la ligne est celle... d'Etterbeek, construite en 1880. Le bâtiment originel, détruit par les bombardements de la Seconde Guerre mondiale, sera remplacé par un autre édifice aux dimensions plus réduites.

L'ouverture de l'avenue du Bois de la Cambre (avenue Louise), en 1862, eut des effets immédiats sur la structuration du territoire, séparant la commune en deux. Les abords de l'avenue, conçue comme une artère de prestige, mirent cependant quelque temps à s'urbaniser. Vers 1880, le front d'urbanisation ne dépasse pas la rue Lesbroussart, ouverte dans le cadre du Plan général d'aménagement des faubourgs de Bruxelles, et la rue du Bailli n'est pas encore tracée.

Au même moment, plus à l'est, la rue Malibran relie la place Sainte-Croix à la place de la Couronne (place Blyckaerts), et l'urbanisation s'arrête à hauteur de la rue Gray, même si l'avenue de la Couronne franchit déjà la vallée du Maelbeek par un viaduc, et atteint le nouvel hôpital militaire bâti en avant du front d'urbanisation. Au-delà de l'hôpital, elle amorce son prolongement en direction du futur boulevard militaire (boulevard Général Jacques), projeté lui aussi alors que les casernes sises sur Etterbeek, devant la plaine des Manœuvres, ont été érigées. Le rond-point de l'Étoile et l'avenue Jeanne ont été tracés sans qu'aucune habitation ne borde encore ces voiries. Tous ces tracés, de même que le nouveau tronçon rectiligne de la chaussée d'Ixelles, qui délaisse l'ancien tracé (rue de Vergnies), s'inscrivent dans le cadre des plans pour l'urbanisation d'Ixelles conçus par l'ingénieur Victor Besme, inspecteur-voyer dont le travail, bien reçu par les autorités communales, modifie considérablement la structure de Bruxelles sous le règne de Léopold II.

Jusqu'à la veille du premier conflit mondial, l'urbanisation résidentielle aisée va privilégier le quartier Tenbosch, les abords de l'avenue Louise et des étangs d'Ixelles, eux-mêmes aménagés dans les années 1865-1875, également dans le cadre de l'aménagement et de l'embellissement des faubourgs de Bruxelles.

Vers 1880, les hameaux et grosses fermes situés au sud et le long des chaussées de Charleroi et de Waterloo (Tenbosch, de *Verkeerde Haan* – le Coq retourné –, la ferme dite *Hof ter Winne*), tout comme Boondael et le *Spoel* plus à l'est, restent résolument à l'écart de l'urbanisation. Ce n'est qu'à l'extrême fin du siècle que la bourgeoisie viendra s'installer dans certains de ces lieux, transformés à mesure qu'elle s'y établit (Tenbosch, Berkendael, Petite-Suisse). Profitant de la proximité de la Forêt de Soignes, du Bois de la Cambre et des charmes de Boondael, elle y érige de nouvelles demeures qui lui servent souvent de secondes résidences, au milieu des champs et des terres maraîchères.

1910-1970

À l'issue de la Première Guerre mondiale, l'urbanisation de nouvelles franges du territoire d'Ixelles s'opérera autour de quelques projets plus dispersés. En 1910, le plateau du Solbosch, encore voué à l'agriculture, avait été aménagé pour accueillir l'Exposition internationale et universelle. La ville de Bruxelles, qui hérite des terrains, y trace l'avenue des Nations, ouverte à la circulation en 1922, puis autorise l'Université libre de Bruxelles, à l'étroit dans ses bâtiments du centre-ville, à s'y établir.

Le campus du Solbosch (l'un des trois campus bruxellois de l'Université libre de Bruxelles à l'heure actuelle) occupe des terrains appartenant à la ville, mais l'université est solidement ancrée dans le paysage d'Ixelles. En 1922, le premier bâtiment construit pour l'université est le bâtiment U, destiné aux facultés des Sciences et des Sciences appliquées. En 1923, à front de l'avenue des Nations (avenue Franklin Roosevelt), s'y ajoutent le bâtiment A, qui abrite la faculté de Droit, celle de Philosophie et Lettres, ainsi que l'administration et la bibliothèque, financés partiellement par la ville de Bruxelles et la *Commission for Relief in Belgium* (CRB). Destinée à héberger quelque 150 étudiants, la cité Héger est fonctionnelle dès 1932. L'implantation de l'université relance le processus d'urbanisation du quartier ; le carroyage des voiries entre l'avenue de l'Université (qui n'était encore qu'un chemin de terre dans les années 1920) et Boondael est tracé dans les années 1930-1950. Non loin de là, en contrebas du cimetière et en direction de Boondael, les autorités font ériger un ensemble de logements sociaux par l'intermédiaire de

L'abbaye de la Cambre

la Société anonyme des habitations à bon marché de la commune d'Ixelles, fondée en 1906 dans le cadre de la politique nationale des logements. La SA deviendra plus tard le Foyer ixellois (1956) et construira des centaines de logements au cours des décennies suivantes. En 2007, le Foyer ixellois est propriétaire d'environ 1 250 logements.

Dans l'entre-deux-guerres, l'urbanisation finit par englober le quartier du Vieux-Tilleul (Boondael), qui conservera malgré tout un aspect villageois. Seuls les terrains situés au-delà de l'avenue du Bois de la Cambre restent encore non urbanisés jusqu'aux limites méridionales de la commune ; la voirie n'y sera tracée que dans les années 1960 et 1970, et leur urbanisation se fera ensuite sur un modèle unique à Ixelles : grands immeubles isolés, villas non mitoyennes, maintien d'espaces verts et sportifs. La zone abrite toujours quelques espaces non urbanisés occupés par de petits jardins potagers.

L'entre-deux-guerres voit également le centre ancien se transformer. Sur le flanc méridional de la place Flagey, on érige le remarquable bâtiment de style Art déco (1938), bien vite comparé à un paquebot, dû à l'architecte Joseph Diongre et destiné à héberger l'Institut national belge de radiodiffusion (INR). Premier prix des concours organisés pour la construction d'une Maison de la Radio, le bâtiment abrite 12 studios d'enregistrement, dont le célèbre studio 4 comportant un orgue de 8 000 tubes, élaborés selon les directives de l'ingénieur Braillard. Sur le côté oriental de la place, le « Bloc Malibran », grand immeuble à appartements, est construit au même moment d'après les plans de l'architecte Poppe (entre les rues des Cygnes et Malibran) sur commande de la Société des habitations à bon marché d'Ixelles. Il est aussi connu sous le nom de « Victory House » car, après avoir abrité l'occupant allemand, il servit aux alliés à la Libération. Ces bâtiments confèrent à la place Flagey un style unique considéré comme l'un des exemples les plus réussis d'ensemble moderniste à Bruxelles.

Non loin de là, l'abbaye de la Cambre connaît une nouvelle vie. Après avoir accueilli une carrosserie et une filature de coton (1805), les bâtiments conventuels sont rachetés par l'État (1810) qui y installe un dépôt de mendicité. Celui-ci reste en fonction jusque 1870, puis fait place à l'École royale militaire (1872-1908). Pendant la Première Guerre mondiale, les bâtiments sont occupés par les Allemands. L'église est ravagée par un incendie en 1919. Face à l'état pitoyable de ce site remarquable se crée la Ligue des amis de l'abbaye de la Cambre, dont l'une des chevilles ouvrières fut Guillaume Des Marez, archiviste de la ville de Bruxelles et citoyen d'Ixelles. La Ligue œuvrera pour la sauvegarde du site qui deviendra effective en 1926-1927. Au même moment, Henry van de Velde, artiste et architecte moderniste de grande renommée, obtient l'autorisation d'y fonder l'École supérieure des arts décoratifs. Dans ce site prestigieux, van de Velde réunit autour de lui une équipe d'enseignants appartenant à l'avant-garde belge: Victor Bourgeois, Antoine Pompe, Louis Van der Swaelmen, Huibrecht Hoste, Jean-Jacques Eggericx, etc. L'école existe toujours, même si elle a désormais deux pôles (École nationale supérieure des arts visuels de la Cambre et Institut supérieur d'architecture de la Communauté française), et occupe en partie encore les lieux, aujourd'hui classés. Elle y voisine avec l'Institut géographique national et la fabrique d'église de la paroisse Notre-Dame de la Cambre.

La place Flagey et l'INR, immeuble art déco de l'architecte Joseph Diongre (1938)

1970-2010

Les années 1970 sont marquées par la création de la Vrije Universiteit Brussel (VUB), issue de l'Université libre de Bruxelles (ULB). La nouvelle université néerlandophone s'établit à la plaine des Manœuvres, en même temps que certains nouveaux bâtiments de l'ULB. Entre la plaine et le Solbosch, autour du cimetière d'Ixelles, s'installent commerces et services divers, en liaison avec la vie universitaire.

Il faut attendre les années 1970-1980 pour voir émerger de nouveaux projets urbanistiques de grande ampleur. Le premier, construit dans les années 1970, est le clos du Parnasse, un ensemble d'immeubles à appartements, délimité par les rues du Trône, du Parnasse et Caroly. Plus radicale sera la construction de l'espace Bruxelles-Europe de l'Union européenne, à l'arrière de la gare du Quartier Léopold, qui débuta en 1989. Sur fond de spéculation immobilière, la destruction d'immeubles anciens (rue Godecharle, rue Wiertz, rue d'Idalie) et de la gare du Quartier Léopold, dont il ne subsiste plus que la façade, la construction de près de 40 000 m² de logements, 14 000 m² de surfaces commerciales et 180 000 m² de bureaux, toujours en cours, a profondément modifié ce quartier. Le « Caprice des Dieux », nom donné au bâtiment qui abrite l'hémicycle du parlement européen et différents services administratifs et d'information, est devenu le symbole des rendez-vous manqués entre les institutions européennes et les Bruxellois.

Autre grand projet urbanistique bâti dans une confusion certaine, celui d'Heron City, rebaptisé Heron Plaza, puis Entre-deux-Portes: il concerne le quadrilatère compris entre les avenues de la Toison d'or, les rues des Drapiers, de Stassart et des Chevaliers. La société immobilière anglaise Heron, devenue propriétaire d'un bon nombre de maisons de cet îlot, avait obtenu, en 2002, un permis de bâtir de la commune pour la construction d'un complexe gigantesque de 32 000 m², dont une grande part de surfaces commerciales de loisirs (piscines, cinémas...). Incompatible avec le Plan régional d'affectation des sols, attaqué par plusieurs associations, le permis fut cassé par le Conseil d'État en 2003 et le projet dut être revu. En septembre 2004, comme pour faire pression et accélérer le processus, la société a fait abattre l'îlot, laissant un trou béant au milieu de l'une des artères les plus fréquentées de Bruxelles. Désabusé, l'investisseur anglais revendit le terrain en 2005 au groupe hollandais ProWinko, auteur d'un nouveau projet, rebaptisé « Entre-deux-Portes » et qui inclut quelques grandes surfaces, mais surtout davantage de logements.

Dans les années 1990-2000, la reconversion du site de l'hôpital militaire (avenue de la Couronne) en quelques centaines de logements de standings diversifiés fut moins chaotique, mais laisse un doute au niveau de l'attribution des marchés immobiliers.

L'hôpital public d'Ixelles, après sa fusion avec l'hôpital d'Etterbeek (1989), abandonna sa structure pavillonnaire au profit de nouveaux bâtiments. Depuis 1996, il constitue avec la clinique Baron Lambert (Etterbeek), les sites de Molière-Longchamp (Saint-Gilles) et de Joseph Bracops (Anderlecht), le pôle sud du réseau public des hôpitaux bruxellois (IRIS).

Depuis le milieu des années 1990, la place Flagey a elle aussi connu des modifications profondes s'articulant autour de deux projets distincts. Le premier est la réaffectation du « paquebot », ancien bâtiment de l'INR; le second est la construction d'un bassin d'orage sous la place. Les enjeux de ces deux projets (gestion de l'eau, patrimoine, participation des citoyens) dépassent largement le cadre de la commune : ils concernent l'ensemble de la Région bruxelloise.

À la fin des années 1990, l'ancienne Maison de la Radio que l'INR (entre-temps devenu RTBF-VRT) avait abandonnée, partiellement en 1973 et définitivement en 1994, fit l'objet d'une rénovation emblématique. Fermé en 1995, le bâtiment partiellement classé par la Région depuis 1994 et inscrit sur la liste des immeubles de patrimoine mondial les plus menacés de l'Unesco en 1997, est racheté en 1998 par la SA Maison de la Radio Flagey, un consortium de sociétés et de banques privées. Avec l'aide de la Région, la SA investit massivement dans la rénovation du bâtiment (notamment son désamiantage) pour en faire à la fois un centre culturel de grande envergure et un lieu d'accueil pour des entreprises et des commerces dont la présence doit rendre l'opération rentable. Ouvert au public en 2002, le « Flagey » est rapidement devenu l'un des grands centres culturels bruxellois dédié tant à la musique (concerts, enregistrements) qu'à l'image (vidéo, cinéma). Il a également défrayé la chronique en raison des difficultés qu'il a suscitées tant au niveau financier qu'au niveau de l'entente entre les deux communautés linguistiques qui en assurent la gestion.

L'autre grand chantier est celui du bassin d'orage. En 1978, un orage d'une ampleur exceptionnelle provoqua une inondation spectaculaire dans les rues aux alentours de la place. Les autorités, pressées par les habitants sinistrés, envisagèrent la réalisation de travaux pour régler définitivement le problème des crues du Maelbeek et du réseau d'égouts qui y est lié. Les études furent finalisées dans les années 1990, proposant la modernisation du réseau d'égout (achevée en 1998) et la création d'un bassin d'orage de grande capacité (33 000 m³), sous la place, soit à l'endroit même où le Grand Étang s'était tenu pendant des siècles. Conduits par la Région, qui cherchait à optimaliser la gestion des eaux usées en rapport avec la construction de ses stations d'épuration, les travaux du bassin d'orage, initialement prévus pour une durée de quatre ans, commencèrent en 2002. La commune s'était réservé, dans des conditions administratives critiquables, la construction d'un parking souterrain au-dessus du bassin. Contestés par plusieurs associations et collectifs d'habitants en raison du manque d'études préalables, de la mauvaise communication au sujet de leurs conséquences, de l'indigence des projets de réaménagement, voire de leur raison d'être et de leur efficacité, les travaux ont défrayé la chronique. Les retards et les rebondissements provoqués par les changements de majorités politiques, tant à la commune qu'à la Région, en ont fait l'un des chantiers les plus emblématiques de l'urbanisme bruxellois de ce début de XXIe siècle. Si le bassin d'orage a été mis en service en 2006, il ne donne pas toutes les garanties d'étanchéité pour le parking de la commune qui, au printemps 2007, a introduit un recours pour l'installer en surface, relançant ainsi la polémique sur le réaménagement de la place.

À l'exception du site des Étangs d'Ixelles, propriété communale depuis 1871 et site classé depuis 1976, Ixelles compte relativement peu d'espaces verts publics sur son territoire. Rétablissant quelque peu cette donne, le parc Tenbosch, qui compte des essences et des spécimens d'arbres remarquables, fut ouvert en 1982 à la suite du rachat par la Région d'une propriété privée ayant appartenu à la famille Smet-Solvay.

Auguste Vanden Nieuwenborg, l'église Saint-Adrien à Ixelles (1938-1941)

Les activités religieuses

La situation paroissiale au début du XIXe siècle est le résultat d'une refonte des ressorts paroissiaux de l'Ancien Régime. L'église de l'Annonciation, située dans le quartier Tenbosch, sur la place Brugmann, remplaça en 1933 une chapelle érigée en 1915. La chapelle de l'abbaye de la Cambre devint église paroissiale en 1927, remplaçant l'église Saint-Philippe de Néri, située chaussée de Boondael, construite en 1903. Dans le quartier de Boondael, la chapelle médiévale Saint-Adrien fit l'objet de restaurations successives jusqu'en 1842. Promise à la destruction, elle fut sauvée par l'intervention de la Commission des monuments et sites. Désaffectée au profit de la nouvelle église Saint-Adrien, construite plus à l'ouest, l'ancienne chapelle, devenue propriété de la commune, est convertie en centre culturel depuis 1970. L'église Saint-Boniface, établie sur la place du même nom, dans le haut d'Ixelles, est la première église de style néogothique construite à Bruxelles. Son plan est dû à l'architecte Joseph-Jonas Dumont; elle fut érigée entre 1846 et 1857. L'église Sainte-Croix, qui se trouve sur la place du même nom, fut conçue dans une première version, en 1863, par l'architecte Van De Wiele, mais le bâtiment, établi dans de difficiles terrains sablonneux, connut rapidement des problèmes de stabilité. L'architecte Paul Rome est chargé en 1940-1942 de reconstruire certaines parties, notamment la façade et le clocher. Enfin, il ne faudrait pas oublier l'église baroque de la Trinité, établie sur la frontière même entre Ixelles et Saint-Gilles, au bout de la rue du Bailli. Cette église est, en réalité, le temple des Augustins, démonté de la place De Brouckère en 1892 et remonté là, pierre par pierre.

Actuellement, la commune compte également quatre églises orthodoxes, parmi lesquelles la première église orthodoxe grecque de Bruxelles, établie en 1926 rue de Stassart, et dédiée aux grands archanges Michel et Gabriel. Ixelles abrite aussi deux temples protestants (l'église protestante d'Ixelles, située rue du Champ de Mars, et l'église Saint-Andrews of Scotland, chaussée de Vleurgat), ainsi qu'une église anglicane et deux mosquées.

Les activités culturelles, artistiques, scientifiques et sportives

La vie culturelle d'Ixelles est intense depuis le début du XIXe siècle. La commune, bourgeoise et libérale, a accueilli nombre d'intellectuels et d'artistes d'avant-garde, parfois exilés. Parmi les réfugiés emblématiques citons Karl Marx (1818-1883), qui séjourne d'octobre 1846 à février 1848 rue Jean d'Ardenne où il rédige *Misère de la philosophie*, en réponse à un autre Ixellois temporaire, Pierre-Joseph Proudhon (1809-1865), et à sa *Philosophie de la misère*. Élisée Reclus (1830-1905), géographe et philosophe français anarchiste s'installe également à Ixelles (rue de la Croix) en compagnie de son frère Onésime (1837-1916). Parmi les musiciens, il faut épingler Maria Malibran (1808-1836), née Garcia, cantatrice de renommée internationale, et son mari le violoniste Charles de Bériot (1802-1870). Parmi les peintres, le fougueux et mégalomane Antoine Wiertz installe, en 1849, sa demeure et son atelier, de dimensions monumentales, dans la rue Terrade (rue Vautier), avec le soutien de l'État belge à qui il légua ses œuvres. Henri Conscience (1812-1883), le grand écrivain flamand, en est le premier conservateur. Les peintres Isidore Verheyden (1846-1905) et Fernand Khnopff (1858-1921) honoreront la commune de leur présence. Plus tard, Octave Maus (1856-1919) installe, rue du Berger, le secrétariat du Cercle des XX qui fera connaître, grâce à ses expositions, les œuvres de Signac, Lautrec, Van Gogh, Van Rysselberghe... Parmi les écrivains, on citera Charles De Coster (1827-1879), Edmond Picard (1836-1924) – qui fit de sa maison de l'avenue de la Toison d'Or un centre littéraire et artistique –, Camille Lemonnier (1844-1913), né chaussée d'Ixelles, Émile Verhaeren (1855-1916), Valère Gille (1867-1950), Michel de Ghelderode (1898-1962), l'écrivaine réaliste Neel Doff (1858-1942), installée rue de Naples, et son ami Franz Hellens (Frédéric Van Ermengem, 1881-1972). Enfin, parmi les sculpteurs, citons Constantin Meunier, dont l'atelier se visite encore rue de l'Abbaye, et Auguste Rodin, lui aussi membre du Cercle des XX, qui eut son atelier rue Sans-Souci dans les années 1870.

Pour honorer ce passé artistique, Ixelles compte plusieurs institutions muséales, dont le musée Wiertz et l'atelier de Constantin Meunier déjà cités, mais aussi le musée Camille Lemonnier. Dans l'agglomération bruxelloise, Ixelles est la première à se doter d'un musée communal. Fondé en 1892, au départ d'une donation du peintre et collectionneur Edmond De Praetere (1826-1888), il est logé dans l'ancien abattoir communal, fermé depuis 1890 par mesure d'hygiène, puis reconverti. Aujourd'hui, les collections couvrent l'histoire des arts plastiques depuis le XVe siècle, avec un dessin rare d'Albrecht Dürer, jusqu'aux œuvres les plus récentes d'artistes belges et étrangers, en passant par un important fonds d'impressionnistes et d'affiches Art nouveau. Ixelles est également la première commune de l'agglomération à accueillir une académie spécialisée dans l'étude des Beaux-Arts et de leurs applications à l'industrie (1863). Initialement logée au coin des rues Mercelis et des Champs-Élysées, dans un bâtiment qui avait abrité la première école primaire, l'école de Dessin et de Modelage d'Ixelles dut déménager, d'abord dans les bâtiments de l'école n°1, rue du Viaduc, puis en 1883, dans la rue Sans-Souci. L'école prend le titre d'école des Arts industriels et décoratifs d'Ixelles, abrégé en école des Arts, qui accueillera les jeunes filles à partir de 1898. Aujourd'hui, la commune abrite également l'académie de Musique, Arts de la Parole et Mouvement.

Les toiles monumentales du musée Wiertz

Peintures et sculptures du musée Constantin Meunier

Les nombreux artistes et intellectuels d'Ixelles ont favorisé l'éclosion de sociétés artistiques et littéraires qu'il serait trop long d'énumérer. De nombreuses sociétés de musique, agricoles, horticoles,

Fernand Khnopff, *Le jardin*, 1886

de quilles, de tir à l'arbalète et à l'arc, etc. animent, elles aussi, la vie ixelloise depuis 1860. Leurs 28 comités de quartiers contemporains prolongent, *mutatis mutandis*, la participation à la vie communale. La présence de l'université et de la Maison de la Radio a accentué ou prolongé l'attrait de la commune pour de nombreuses personnalités littéraires, scientifiques, artistiques ou médiatiques. Le cercle d'histoire locale, lui-même acteur de la dynamique culturelle de la commune, leur rend hommage, à travers son bulletin, depuis les années 1980.

Toutes ces activités eurent besoin de lieux pour s'épanouir : salles de spectacles et de concert ne cessèrent de naître et de se transformer (théâtre Mercelis, théâtre Molière, fondé en 1857, théâtre Bériot qui deviendra le cinéma Monty en 1945, théâtre Varia, fondé en 1905, qui en est à sa deuxième vie depuis 1981), sans oublier les cabarets et cafés, d'abord liés à l'ancienne activité brassicole du bas-Ixelles, mais qui migreront à la fin du siècle vers le haut-Ixelles. Parmi les plus célèbres, citons le Bœuf sur le toit, le Grand Siècle ou le célèbre Pol's Jazz Club. Depuis la fin du XIXe siècle, ce quartier est devenu et resté, bon an mal an, un des hauts lieux de la vie nocturne bruxelloise. Il accueille les premiers cinémas dès avant la Première Guerre mondiale. Ceux-ci se multiplient jusque dans les années 1950, avant de disparaître les uns après les autres à mesure que la télévision progresse dans les foyers. Lors de la dernière vague de fermetures, dont l'apogée se situe au début des années 1990, on a vu disparaître l'Empire (1992), héritier du Pathé Empire (1967), lui même successeur du Queen's Hall fondé en 1919, et l'Avenue, héritier du Sélect Pathé, établi en 1917, devenu le Sélect Agora en 1931, puis l'Actual jusqu'en 1940. Aujourd'hui, il n'en subsiste que quelques-uns dont le Vendôme (héritier du cinéma Le Roy), l'Acropole (avec le Capitole, groupe UGC depuis 1993), héritier du Trocadéro fondé en 1914, et le Styx. UGC-Toison d'Or est l'un des trois grands pôles de cinéma à Bruxelles, avec ceux de la place De Brouckère et de Kinepolis (Heysel)

À l'heure actuelle, le panorama scolaire de la commune est aussi dense que diversifié.

La commune organise elle-même sept écoles primaires, une école fondamentale spéciale, deux écoles secondaires. La première est l'athénée Charles Janssens, situé place de Londres, qui porte le titre d'athénée depuis 1981. La seconde est l'institut René Cartigny, situé place de la Petite-Suisse, qui dispense un enseignement technique et professionnel. La commune organise également une école secondaire spéciale, un institut d'enseignement de promotion sociale (l'institut Fernand Cocq) et un Institut supérieur économique d'Ixelles appartenant à la haute école Lucia De Brouckère.

L'enseignement libre confessionnel regroupe huit écoles primaires, sept établissements d'enseignement secondaire, un établissement d'enseignement spécial et une haute école (Marie Haps) qui dispense des formations supérieures en psychologie, logopédie, audiologie et en traduction-interprétariat.

L'enseignement néerlandophone compte une école maternelle relevant de la communauté flamande et un établissement de l'enseignement fondamental libre catholique.

La Communauté française Wallonie-Bruxelles est le pouvoir organisateur de l'actuel athénée royal d'Ixelles, situé rue de la Croix. Cet établissement est, en quelque sorte, le double continuateur du premier athénée du même nom et de l'athénée royal Madeleine Jacqmotte. Le premier, situé rue de l'Athénée, avait été fondé sous la houlette de l'enseignant et échevin Jules Bouillon et reconnu comme athénée en 1883. Après avoir été l'un des fers de lance de la rénovation de l'enseignement secondaire au début des années 1970, et malgré la réputation que lui avait valu un certain nombre d'anciens élèves et professeurs devenus célèbres (du bourgmestre de Bruxelles

Adolphe Max à l'historien Jean Stengers, pour ne citer qu'eux), il fut fermé en 1989-1990 faute d'avoir pu recruter une population scolaire suffisante. Le second, lui-même héritier du lycée d'Ixelles, ferma temporairement ses portes en 2004 à la suite d'une série d'épisodes – confrontant, parfois violemment, pouvoir organisateur, direction, enseignants et élèves – qui défrayèrent la chronique scolaire bruxelloise et belge, révélant et illustrant en même temps les défaillances de certains pans de l'enseignement en Communauté française de Belgique.

Enfin, outre les écoles de la Cambre déjà mentionnées, plusieurs hautes écoles ont fait leur place dans ce paysage. On y trouve l'Institut d'enseignement supérieur social des sciences de l'information et de la documentation (IESSID), fondé en 1920, relevant de la Communauté française et appartenant depuis 1996 à la haute école Paul-Henri Spaak, ainsi que l'Institut supérieur pour les carrières auxiliaires de la médecine (ISCAM), relevant de l'enseignement libre non confessionnel et appartenant à la haute école libre de Bruxelles Ilya Prigogine (HELB). Il faut y ajouter l'Institut d'architecture Victor Horta dépendant de l'ULB, établi sur le campus de la Plaine.

Gustave De Smet, *De Zeearend*, 1926, une œuvre majeure du musée d'Ixelles

W
E

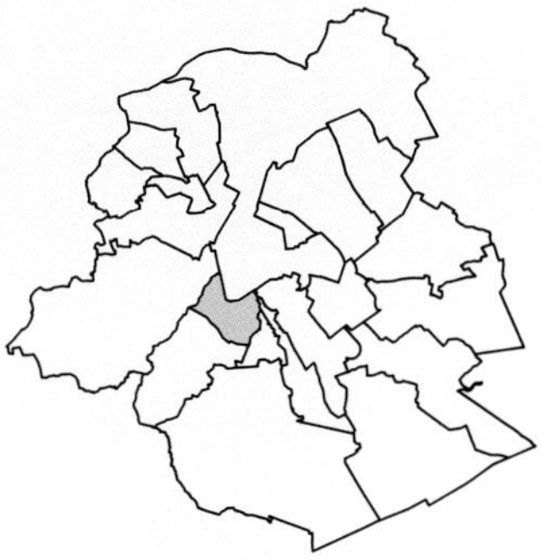

SAINT-GILLES

Marc Libert, Jean Puissant, Paulo Charruadas,
Jean-Jacques Heirwegh, Christian Vandermotten

Topographie

La partie occidentale de la commune occupe le bas versant argileux de la rive droite de la Senne, ici relativement large, entre une altitude de 35 m environ à hauteur de la porte de Hal et de 20 m immédiatement à l'ouest de la gare du Midi, là où la rivière, aujourd'hui recouverte, frôle la base du versant et forme la limite communale. La partie orientale de la commune occupe la partie supérieure du versant de la Senne, dans les sables, avec des pentes nettement plus fortes, mais toutefois moins marquées que plus au sud, sur le territoire de Forest, voire même que plus au nord, sur celui de la ville de Bruxelles, à hauteur du Palais de Justice. Le versant s'élève jusqu'à environ 70 m, sur une ligne allant, grosso modo, de la place Stéphanie, au début de l'avenue Louise, au sommet du Parc de Forest, ligne à partir de laquelle il se raccorde au plateau. Celui-ci s'élève lentement jusqu'à la crête s'allongeant au sud de la limite communale, de l'Altitude 100, à Forest, jusqu'au Bois de la Cambre, dans l'axe des avenues Albert et Winston Churchill. Le territoire saint-gillois culmine donc, sur la retombée nord de cette crête, à hauteur de la prison de Saint-Gilles, vers 85 m.

L'hôtel de ville de Saint-Gilles (1904)

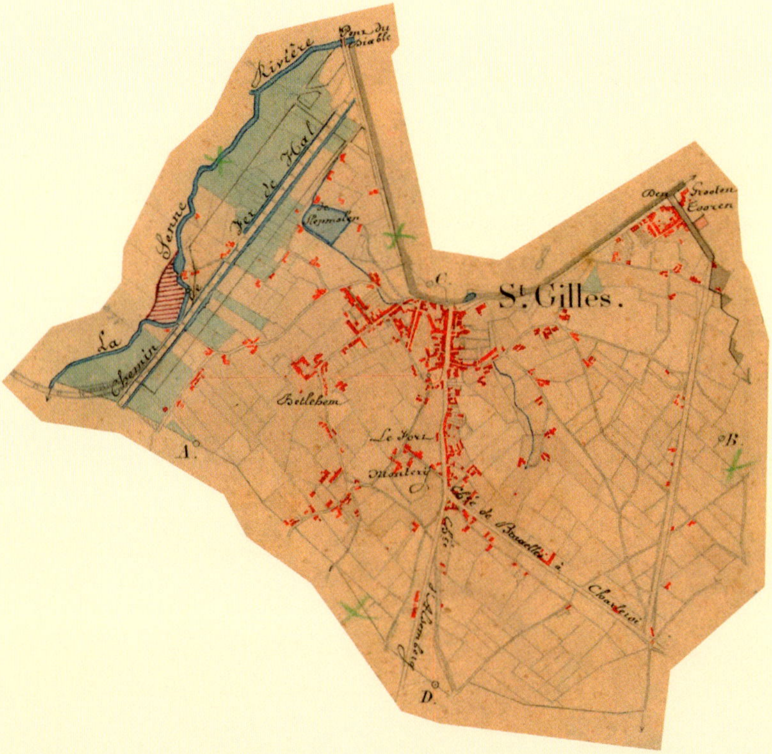

Réduction des plans cadastraux, Dépôt de la Guerre, 1847

La carte de Ferraris ainsi que les cartes indiquant la situation vers 1930 et en 1994 se trouvent aux pages 374, 376 et 377.

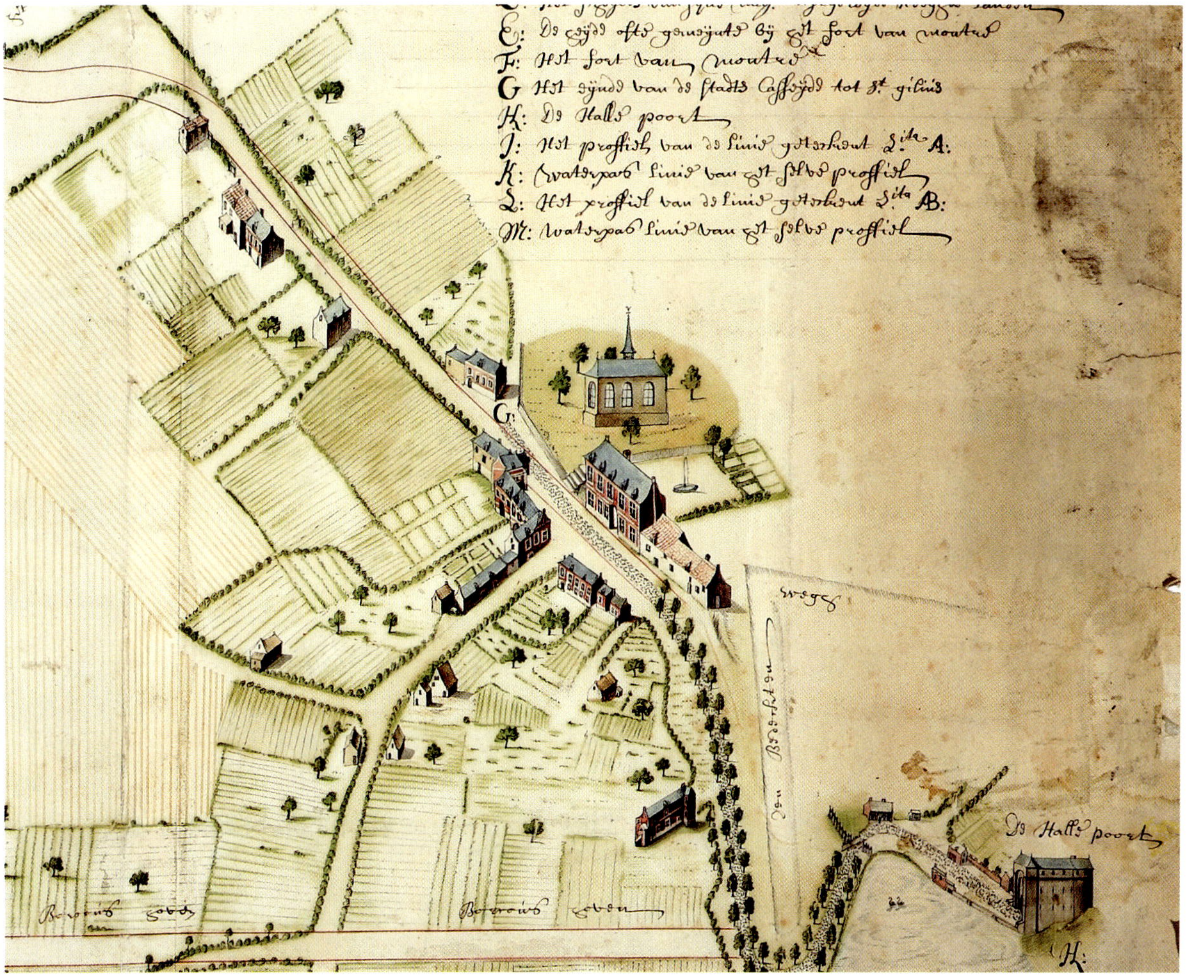

Le village de Saint-Gilles et le bastion devançant la porte de Hal, 1745

Des origines à la fin de l'Ancien Régime

Le village de Saint-Gilles, dénommé durant l'Ancien Régime *Obbrussel* ou *Opbrussel* (haut Bruxelles), est mentionné pour la première fois dans un document daté du mois d'août 1216. Il s'agit de l'acte de fondation de la paroisse d'*Obbrussel*, qui est alors démembrée de celle de Forest. Par ce document, l'abbaye de Forest, à la demande du duc de Brabant Henri Ier, autorisait les habitants à ériger leur propre église, à disposer d'un service religieux complet et à y installer un baptistère et un cimetière.

Si le village n'apparaît qu'à cette époque, son existence doit toutefois remonter à une période antérieure. Des membres de la famille locale sont mentionnés dès le XIIe siècle comme témoins dans des actes liés à l'abbaye de Forest : un Albert d'Obbrussella est cité en 1122, un Baudouin, qualifié de chevalier, en 1186.

Ces quelques données permettent de supposer qu'Obbrussel-Saint-Gilles est un hameau né dans le courant du XIIe siècle, peut-être même dans la deuxième moitié du XIe siècle, au sein de la paroisse de Forest. Le territoire primitif s'étendait de l'église Notre-Dame de la Chapelle (intégrée par la suite dans le territoire urbain bruxellois) jusqu'à l'Altitude 100.

La période des XIIe et XIIIe siècles est marquée en région de Bruxelles par un mouvement de valorisation des terres sans précédent. C'est dans ce contexte de croissance économique et démographique que doit s'expliquer l'érection d'Obbrussel-Saint-Gilles en paroisse autonome. Dédiée à saint Gilles (qui donnera son nom à la commune à la fin du XVIIIe siècle), la nouvelle église gardait néanmoins des liens de filiation vis-à-vis de son église mère de Forest. Ainsi, le curé d'Obbrussel était-il nommé par l'abbaye. Les dîmes étaient, quant à elles, morcelées entre différentes institutions : un quart d'entre elles revenait à

Amédée Lynen, vue de Saint-Gilles, vers 1900

l'abbaye de Forest, un quart revenait au couvent du Coudenberg à Bruxelles, la moitié pour l'écolâtre et la fabrique de la paroisse de Sainte-Gudule à Bruxelles, tandis que les petites dîmes (portant sur les produits maraîchers) revenaient au chapitre de Sainte-Gudule à Bruxelles.

Dans un acte de 1222, Obbrussel est cité comme étant un *oppidum* pourvu d'un échevinage particulier et présidé par un officier ducal, un *villicus* (maire). Ceci signifie qu'Obbrussel-Saint-Gilles était alors une franchise, un territoire régi par un droit bien précis exemptant la population de la plupart des prélèvements seigneuriaux habituellement levés dans le reste des campagnes. On ne peut malheureusement préciser quand cette franchise fut instaurée, ce qui empêche de la situer chronologiquement par rapport à l'érection de la paroisse autonome en 1216. Quoi qu'il en soit, la création de cette franchise par le duc souligne ce qui a déjà été dit pour l'acte de 1216 : un important mouvement de valorisation économique des sols est en marche dans la région et le duc semble jouer un rôle actif dans ce mouvement à Obbrussel-Saint-Gilles. Par ailleurs, l'existence de la franchise d'Obbrussel pose la question de la coexistence avec la franchise urbaine accordée à la ville naissante de Bruxelles (citée dès 1134).

Entre 1286 et 1356, Obbrussel-Saint-Gilles fut élevé au rang de chef-mairie, soit une des subdivisions judiciaires de l'ammanie de Bruxelles (elle-même subdivision judiciaire du duché de Brabant). Elle englobait son territoire, ainsi que la paroisse de Notre-Dame de la Chapelle. On sait qu'en 1286 s'y déroulèrent deux assemblées judiciaires (ou plaids), présidées par l'amman, officier du duc, devant lequel furent présentées pour jugement les différentes affaires criminelles et délictuelles commises depuis l'assemblée précédente. L'existence à Obbrussel, durant au moins le XIIIe siècle, d'une franchise, d'une paroisse autonome et d'un siège de mairie fait apparaître toute l'importance qu'endossa alors le village aux yeux du pouvoir ducal.

La fin du XIIIe siècle voit néanmoins démarrer la progressive intégration d'Obbrussel à la ville. Par une charte du 14 février 1296 du duc de Brabant, Jean II, le village est rattaché à la franchise de Bruxelles, à l'image d'autres villages des environs de la ville de Bruxelles. Lors de la construction de la deuxième enceinte, dans la seconde moitié du XIVe siècle, le

La paroisse d'Obbrussel et le fort de Monterey, extrait de l'Atlas terrier de l'hôpital Saint-Jean, 1709-1713

village d'Obbrussel-Saint-Gilles est amputé d'une partie importante de son territoire, compris entre la léproserie Saint-Pierre et la porte de Hal.

Le village, situé à l'extrémité sud de Bruxelles, constitua tout logiquement une zone de passage importante. Si le premier noyau d'implantation (XIIIe siècle) semble s'être regroupé autour de l'église Saint-Gilles, la structure du village a plutôt épousé les deux principales voiries traversant son territoire. L'habitat s'est ainsi égrainé le long de la chaussée allant de la porte de Hal à Uccle et le long de la chaussée menant à Forest.

On connaît mal la situation agricole d'Obbrussel durant l'Ancien Régime. Si les habitants du village s'adonnaient à la culture céréalière (sur les plateaux du haut), à la culture maraîchère, ainsi qu'à l'élevage (dans les zones humides de la vallée de la Senne et des vallons des affluents), les grandes lignes de force qui devaient structurer l'économie rurale nous échappent en partie. La culture maraîchère prit toutefois un essor considérable aux XVIe et XVIIe siècles, notamment avec la culture du chou de Bruxelles, au point que certains finirent par surnommer les Saint-Gillois les *kuulkappers* (coupeurs de choux). La viticulture est également attestée dans le village. Dans le dernier quart du XVIIe siècle, près de la moitié de la surface du village était détenue par des institutions religieuses bruxelloises, notamment l'abbaye de la Cambre, l'abbaye de Forest, les Riches-Claires, l'hôpital Saint-Jean, l'hôpital Saint-Pierre, le chapitre de Sainte-Gudule et la Table des pauvres de la Chapelle.

Le village est doté de trois moulins à eau (cités à partir du XIVe siècle), auxquels s'ajouteront des moulins à vent installés au XVIe siècle à proximité de la Barrière (ils sont au nombre de trois au XVIIIe siècle). Sur le plan industriel, il faut citer l'exploitation de sablonnières et de poudrières installées dans les mêmes moulins à vent de la Barrière (certaines explosèrent en 1667).

Proche de Bruxelles, le village fut souvent victime des périodes de troubles qui ponctuèrent la fin du Moyen Âge et le début des Temps modernes.

En 1489, de nombreuses maisons furent incendiées à la suite des guerres de Maximilien d'Autriche.

Le dénombrement de 1525 révèle que le village se composait de 41 maisons, sans qu'il soit possible de déterminer plus précisément le nombre d'habitants. Vers 1700, le village comptait près de 500 âmes. Dans sa description de la paroisse (1712-1717), le curé Nicolas Richart mentionne près de 520 habitants occupant 90 maisons. La population reste stable au cours du XVIIIe siècle, pour augmenter sensiblement à l'approche du siècle suivant. On dénombrait ainsi 1 212 personnes en 1806.

Le renforcement de la deuxième enceinte de la ville aux XVIe et XVIIe siècles eut des répercussions significatives sur Saint-Gilles, comme sur tous les villages et faubourgs agglutinés aux murailles. Les progrès de la poliorcétique (l'art d'assiéger les places fortes) imposaient dorénavant de passer d'une défense verticale (un solide mur d'enceinte typique du Moyen Âge) à une défense horizontale, en enfilade. Dès 1576-1577, les éléments d'arrêt se multiplièrent dans la profondeur par l'agrandissement des fossés et la réalisation de ravelins ou demi-lunes. Ces transformations touchèrent le tissu villageois d'Obbrussel-Saint-Gilles. L'église dut être rasée en 1578, en même temps que celle de Molenbeek. Les deux oratoires constituaient en effet des lieux de retranchement possibles pour d'éventuels assiégeants. À la fin du XVIIe siècle, entre 1666 et 1675, on poursuivit le renforcement des défenses de la ville par l'érection d'importants ouvrages bastionnés. À Obbrussel-Saint-Gilles, on érigea, entre 1672 et 1675, le fort de Monterey (du nom du général espagnol, le comte de Monterey, gouverneur de nos provinces, qui le fit édifier). Ce gigantesque fort à quatre bastions devait renforcer la défense aux abords de la route provenant du Hainaut et de la France, et surveiller la vallée de la Senne. En forme de couronne, dévorant sous sa masse près de 6 ha, il était situé entre les actuelles rues de la Perche, de Prague, Dethy et la Barrière. À la fin du XVIIIe siècle, il fut démantelé par Joseph II, tout comme l'ensemble des fortifications de Bruxelles.

Au XVIIIe siècle, de nouvelles routes pavées furent aménagées, manifestant une volonté du pouvoir central de relier les principales villes des Pays-Bas par des voiries de qualité. La chaussée de Forest fut pavée entre 1711 et 1713. L'actuelle chaussée d'Alsemberg, construite et pavée entre 1711 et 1713, remplaça

Marché sur le parvis Saint-Gilles, vers 1905

l'ancien chemin menant à Uccle-Stalle. L'actuelle chaussée de Waterloo fut, quant à elle, aménagée et pavée entre 1725 et 1730 sur son tronçon reliant la Barrière à la Bascule. La Barrière, au départ des deux chaussées, fut, du XVIIIe siècle à 1865-1868, le lieu de perception des droits de péage sur les routes menant vers Alsemberg et Namur. Délimitant un vaste triangle dans le sud de la commune, ces deux axes routiers vont jouer un important rôle structurant dans l'urbanisation ultérieure de Saint-Gilles (futur quartier sud).

Formation du territoire communal

Le petit territoire de Saint-Gilles (2,5 km²) n'a pratiquement pas été modifié depuis la création des communes, si l'on excepte des rectifications mineures de limites avec Ixelles (1812, 1851), avec Bruxelles (1824, pour la création des boulevards; 1864, pour la création de l'avenue du Bois de la Cambre, future avenue Louise; 1877) et avec Anderlecht (1956, à la suite de la rectification du lit de la Senne). Ce territoire englobe les immeubles qui relevaient, sous l'Ancien Régime, de la paroisse éponyme. Le nom de la paroisse Saint-Gilles fut attribué à la commune sous la domination française, ce qui entraîna le changement de nom d'Obbrussel en Saint-Gilles.

La limite méridionale avec Forest est très rectiligne (voir *Forest*). La limite occidentale suit la Senne, depuis la limite de Forest jusqu'à la limite extérieure du boulevard encerclant la ville de Bruxelles, à l'emplacement de la Grande Écluse. Le territoire saint-gillois inclut donc la gare du Midi et déborde légèrement à l'ouest de celle-ci, jusqu'à la Senne. La limite avec Bruxelles suit ensuite le côté extérieur des boulevards jusqu'à la place Louise, puis la bordure ouest de l'avenue Louise jusqu'à la place Stéphanie (moyennant la rectification mineure de limite de 1877, voir *Bruxelles*). Elle dessine ensuite un tracé en ligne brisée, séparant le territoire saint-gillois de celui d'Ixelles, jusqu'à la limite de Forest.

Tant les lignes de partage avec Ixelles que celles avec Forest bornaient jadis des finages ruraux, sans suivre d'anciens chemins. Il en résulte donc une surimposition de la trame viaire actuelle à ces limites, qui ne suivent en rien le tracé des rues.

Société linière à Saint-Gilles, extrait de *La Belgique Industrielle, vues des établissements industriels de la Belgique*, vers 1860

Du XIXe au XXIe siècle

Les activités économiques

Saint-Gilles présentait encore une physionomie essentiellement rurale à l'aube du XIXe siècle, mais l'importance de l'agriculture reculera tout au long du siècle, ne laissant plus en 1873 que quatre exploitations dans la commune.

Les premières grandes entreprises s'implantent à Saint-Gilles dans le deuxième quart du XIXe siècle, notamment dans le bas du territoire communal. Le chocolatier Côte d'Or s'établit rue de France (l'emplacement est aujourd'hui occupé par les constructions liées à la nouvelle gare du Midi). L'importante *linière* (filature de lin et d'étoupe), qui employa jusqu'à 1 000 salariés, majoritairement des femmes, choisit la rue de la Filature. L'usine chimique Vander Elst (1835-1874) s'installe dans l'actuelle rue Saint-Bernard, mais elle sera chassée tout à la fois par l'hostilité de la commune face aux nuisances engendrées et par la progression de l'urbanisation. On peut encore évoquer : les établissements d'Ieteren (installés chaussée de Charleroi avant de gagner Tenbosch) ; le constructeur de machines Wolschat ; les fonderies Luppens et Petermann (à l'origine de quelques bronzes monumentaux et l'hôtel des Monnaies en 1880). Une glacière industrielle, qui comprenait neuf silos de plus de 1000 m³ de volume, voit aussi le jour rue de la Glacière. L'entreprise, qui sera la plus grande de Bruxelles dans ce domaine d'activités, ferma ses portes en 1993. Un an plus tard, les locaux furent aménagés de manière à permettre, au sous-sol, la conservation d'objets de valeur, sensibles aux variations climatiques et, au rez-de-chaussée et aux étages, l'installation de métiers d'art. Saint-Gilles est, à la fin du XIXe siècle, la quatrième commune industrielle et ouvrière de la région de Bruxelles.

En 1865, les autorités communales décident par ailleurs de créer sur le parvis un marché quotidien qui existe toujours. Réservé dans un premier temps aux laitages, aux fruits et aux légumes, il a aujourd'hui largement étendu la gamme de produits proposés. À la même époque, d'autres marchés voient le jour avec des fortunes diverses. Le cas du marché créé au boulevard Jamar est sans doute le plus intéressant : établi en 1870, il est abandonné en 1887, puis vainement relancé en 1909 pour ne reprendre effectivement ses activités qu'en 1928. Actuel « marché du Midi », il est l'un des plus importants de la région et réunit chaque semaine quelque 400 ambulants. Depuis 2005, dans ce même quartier, place Victor Horta, un marché est également organisé le jeudi. Le marché de la place Van Meenen connut lui aussi une histoire mouvementée : créé en 1906, il est supprimé en 1960, puis relancé en 1986.

Les commerces de détail sont principalement concentrés le long des chaussées de Waterloo et d'Alsemberg. Dès sa création, l'avenue Louise attira pour sa part une activité économique essentiellement tournée vers le commerce de luxe et la restauration. Quant au secteur des bureaux et des services, il s'est surtout installé le long de la chaussée de Charleroi, sur l'avenue Brugmann et dans les îlots avoisinants, ainsi qu'en bordure de la petite ceinture.

Estaminets et cafés étaient nombreux le long des anciennes chaussées saint-gilloises. Ils se multiplièrent à proximité des barrières de péage, puis autour de la gare du Midi (hôtels, restaurants, cafés), enfin dans les nouveaux quartiers résidentiels. Le secteur de la petite et de la grande restauration connut pour sa part une évolution intéressante dans le courant des années 1960-1980, marquée par une internationalisation liée aux forts mouvements migratoires au sein de la commune : restauration italienne dans le quartier Louise, grecque à proximité de la gare du Midi, orientale rue de Moscou, ou encore espagnole et portugaise dans le centre de la commune. Les années 1990 furent aussi marquées par l'augmentation du nombre d'hôtels internationaux dans le quartier Louise et dans la première partie de la chaussée de Charleroi. De même, les travaux aux alentours de la gare du Midi ont permis récemment le retour d'hôtels plus renommés dans un quartier qui n'accueillait plus depuis longtemps que des établissements douteux.

On notera que le recul commercial enregistré dans la commune à partir du début des années 1990 a été partiellement jugulé : en 2002, 60 % des friches commerciales comptabilisées en 1998 accueillaient ainsi de nouvelles implantations.

Les élus locaux ont aussi été très attentifs à faire profiter leurs concitoyens des infrastructures modernes. En 1891, Saint-Gilles constitua, avec d'autres communes bruxelloises et brabançonnes, une société coopérative pour assurer la distribution de l'eau des sources du Bocq. Dix ans plus tard, une usine électrique fut inaugurée dans l'ancien abattoir communal (un bâtiment qui accueille aujourd'hui les locaux du CPAS). La même année, les édiles mirent en régie l'éclairage public au gaz grâce à une usine installée à Anderlecht.

La population

1786 : 859 habitants

Si la croissance de la population de Saint-Gilles démarre vers 1830, elle explose réellement après 1860 et la courbe atteint son maximum vers 1920. Le nombre d'habitants baisse ensuite de manière régulière, malgré une immigration étrangère extrêmement importante qui, de la fin des années 1980 à 1995, atteindra 48 % de la population totale de Saint-Gilles, le plus haut pourcentage de toutes les communes bruxelloises après Saint-Josse. Le pourcentage de la population étrangère est un peu plus faible aujourd'hui (43 % en janvier 2008), mais traduit avant tout les effets de la naturalisation et de l'acquisition de la nationalité belge par les enfants de la deuxième génération.

On peut schématiquement partager l'histoire de l'immigration saint-gilloise en quatre phases. La première court de la fin du XIXe siècle jusqu'à la Première Guerre mondiale et est caractérisée par un apport de population essentiellement originaire des régions rurales voisines, attirée par les emplois qu'offrait alors la première région industrielle du pays. La deuxième phase se situe dans l'entre-deux-guerres, quand de nombreux émigrés d'Europe centrale et

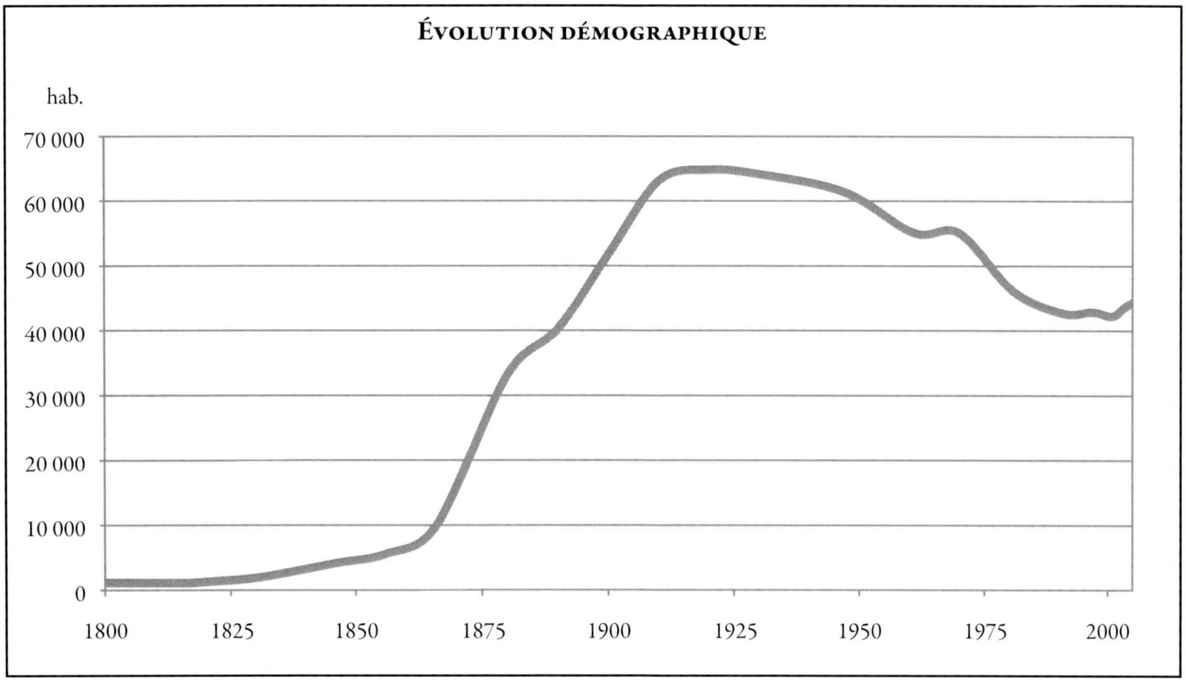

orientale cherchèrent refuge dans notre pays pour des raisons politiques. La troisième phase commence après 1945 et est caractérisée par la venue d'émigrés d'origine méditerranéenne (sud de l'Europe et Afrique du Nord). La quatrième date du début des années 1990, lorsque la chute de l'URSS et des régimes satellites provoque des déplacements importants de population vers l'Europe occidentale. Le quartier du Midi apparaît à chaque fois comme le premier point d'ancrage de ces nouveaux habitants, avant un éventuel déménagement.

On notera enfin, ces dernières années, une légère reprise de la croissance démographique accompagnée notamment d'un fort rajeunissement de la population lié, en particulier, à l'arrivée de jeunes adultes (processus de gentrification). Au 1er janvier 2006, 70 % des habitants de la commune avaient moins de 45 ans, soit un résultat supérieur à la moyenne régionale.

La situation politique

On sait peu de choses sur la vie politique saint-gilloise durant la période française (1795-1815) et sous le gouvernement hollandais (1815-1830). En 1814, le comte Cornet de Ways-Ruart était à la fois maire de Saint-Gilles et de Forest. Le caractère agricole de la commune transparaît notamment dans la composition de son conseil communal : en 1825, cinq des six conseillers étaient des agriculteurs.

La vie politique fut dominée par le parti libéral durant tout le XIXe siècle et, jusqu'au début de la Seconde Guerre mondiale, le bourgmestre était toujours issu de ses rangs. Dès 1884, la gestion communale devint en plus un refuge de choix pour les élus libéraux écartés du pouvoir national par une majorité catholique qui se maintint jusqu'à la Première Guerre mondiale. Saint-Gilles représentait sans conteste l'une de ces bases de repli où il était possible d'appliquer au niveau local le programme libéral, notamment en matière d'enseignement.

Construction de l'hôtel de ville, 1902

La rivalité entre libéraux doctrinaires et progressistes existait néanmoins, tournant plutôt à l'avantage de cette dernière tendance. En effet, Jean-Toussaint Fonsny, bourgmestre de 1861 à 1870 et de 1872 à 1881, et Ferdinand Vanderschrick, de 1896 à 1899, furent les seuls bourgmestres libéraux doctrinaires. Les libéraux progressistes partagèrent le pouvoir avec les élus du Parti ouvrier belge (futur parti socialiste) dès 1895, le premier mandataire ouvrier étant entré au conseil communal en 1884. Des divergences avec les libéraux progressistes écartent les élus du POB du collège après les élections communales de 1899. Ils ne le réintégreront que quatre ans plus tard et concluront un nouveau cartel avec les libéraux en 1907.

Saint-Gilles apparaît également comme un lieu symbolique de la lutte pour l'obtention du suffrage universel. À l'appel du POB, le 10 août 1890, une manifestation réunissant environ 80 000 personnes eut lieu à Bruxelles pour réclamer ce progrès démocratique. Le rassemblement se termina au parc de Saint-Gilles (aujourd'hui parc de Forest) où les manifestants prêtèrent le fameux « Serment du parc de Saint-Gilles » par lequel ils s'engagèrent à lutter sans trêve pour l'établissement de ce type de suffrage.

En 1921, les premières élections communales au suffrage universel pur et simple virent se renouveler l'alliance entre socialistes et libéraux, qui gardèrent le mayorat. Cette coalition perdura jusqu'à la fin de la Seconde Guerre mondiale. En 1926, les communistes obtinrent leur premier élu saint-gillois, mais les libéraux sortirent grands vainqueurs en obtenant plus de 37 % des suffrages, soit leur meilleur score électoral jamais enregistré. Lors des élections de 1932, le POB devint la seconde force politique communale. Six ans plus tard, le parti catholique enregistra un net recul et le mouvement rexiste obtint deux élus.

La vie politique saint-gilloise connaîtra par contre une mutation significative après la Seconde Guerre mondiale. Le parti socialiste s'imposera comme la première force politique dès les élections de 1946, où il emporta 14 des 29 sièges du conseil. Premier bourgmestre socialiste, Louis Coenen dirigea la commune à la tête d'une coalition avec le parti catholique. Six ans plus tard, les socialistes obtinrent la majorité absolue, tout comme aux élections de 1957, de 1963 et de 1970. Paul-Henri Spaak ceignit l'écharpe mayorale en 1954. Devenu secrétaire géné-

L'église et le parvis, vers 1900

Bourgmestres

1825 : Égide Vanderschrick
1840 : Jean Vanderschrick
1861 : Jean-Toussaint Fonsny
1871 : Frédéric Chômé-Steinbach
1872 : Jean-Toussaint Fonsny
1882 : Paul Dejaer
1893 : Maurice Van Meenen
1896 : Ferdinand Vanderschrick
1900 : Maurice Van Meenen
1909 : Antoine Bréart
1929 : Fernand Bernier
1929 : Arthur Diderich
1944 : Jules Hanse
1947 : Louis Coenen
1953 : Paul-Henri Spaak
1957 : Jacques Franck
1973 : Jacques Vranckx
1980 : Corneille Barca
1985 : Charles Picqué

ral de l'OTAN en 1957, il fut remplacé par Jacques Franck, qui dirigea la commune jusqu'en 1973. Jacques Vranckx ceignit alors l'écharpe mayorale jusqu'en 1980, date à laquelle Corneille Barca lui succéda. Cinq ans plus tard, c'est Charles Picqué qui reprit la tête du collège échevinal. De 1989 à 1999, il deviendra en outre le premier Ministre-président de la Région de Bruxelles-Capitale, poste qu'il occupera à nouveau après les élections de juin 2004. Une majorité socialiste-libérale, avec à sa tête Martine Wille, bourgmestre faisant fonction en remplacement de Charles Picqué, a été reconduite après le scrutin d'octobre 2006, Écolo et le centre démocrate humaniste (cdH) constituant l'opposition.

On notera qu'après la guerre, le parti libéral ne dépassera plus jamais la barre des 25 % des suffrages. Cela ne l'empêchera pas d'être systématiquement associé au pouvoir à partir de 1976 et ce, malgré une nouvelle majorité absolue enregistrée par les socialistes en 1988. Le parti catholique et ses successeurs, le parti social chrétien (PSC) et le cdH, ont connu depuis la guerre un déclin déjà amorcé lors des élections de 1938, réalisant des scores inférieurs à 10 % depuis les élections de 1976.

Trois formations démocratiques marquèrent également la vie politique de la commune : le parti communiste, qui disparut du conseil en 1970, entérinant ainsi un déclin marqué depuis les élections de 1952 ; le Front démocratique des Francophones (FDF), qui réalisa en 1970 une percée remarquable en remportant environ 25 % des suffrages (il augmentera son score six ans plus tard en frôlant les 30 % des voix, mais connaîtra un net déclin dès 1982 et ne parviendra plus à décrocher de siège en 2000) ; le mouvement Écolo, qui décrocha ses premiers sièges en 1982 (en 2000, il réussit à doubler son score de 1994 en récoltant plus de 20 % des suffrages, devenant ainsi le second groupe politique au sein du conseil communal). L'extrême droite fit pour sa part une apparition éclair au sein du conseil en décrochant trois sièges en 1994, mais n'obtint plus aucun élu depuis le scrutin de l'année 2000.

Les aménagements urbains

Dans la première moitié du XIXe siècle, Saint-Gilles reste une commune rurale. Les maisons se répartissent essentiellement le long des chaussées de Waterloo

La barrière de Saint-Gilles avec la fontaine de Jef Lambeaux et l'hôtel de ville (à l'arrière-plan), vers 1920

(entre l'église et la Barrière) et de Forest (entre la porte de Hal et la place Bethléem). Ce n'est que dans la deuxième moitié du siècle que la croissance démographique entraîne une extension du tissu bâti. Victor Besme, inspecteur-voyer des faubourgs de Bruxelles et homme de confiance de Léopold II, publia en 1862 un « Plan général pour l'extension et l'embellissement de l'agglomération bruxelloise ». Cinq centres de développement avaient été prévus pour Saint-Gilles : le quartier du Centre, le quartier Louise, le quartier du Midi, le quartier Royal (futur quartier du Parc) et le quartier Sud.

Le **quartier du Centre**, noyau historique autour du parvis de l'église Saint-Gilles et le long de la chaussée de Waterloo, subit un premier remodelage lors de la construction de la nouvelle église Saint-Gilles (entre 1866 et 1878) et de la nouvelle maison communale (1864). Mais c'est surtout au début du XXe siècle, que le quartier va radicalement se transformer. À l'initiative du pouvoir communal, un plan d'embellissement et de réaménagement du secteur est ébauché : on prévoit un nouveau parvis, plus spacieux, et des voiries plus larges, notamment l'avenue Jean Volders et la rue Vanderschrick (prolongée jusqu'à la chaussée de Waterloo). C'est non loin du parvis que le vaste hôtel des Monnaies fut implanté en 1880, dans un emplacement délimité par les rues de Moscou, Jourdan, de la Victoire et de l'Hôtel des Monnaies. On y frappa la monnaie nationale jusqu'à ce que le bâtiment soit désaffecté en 1973. Il fut finalement rasé en 1979. Seul un petit édifice de style survit encore à l'angle des rues de l'Hôtel des Monnaies et de Moscou.

Henri Derée, immeubles du Foyer Saint-Gillois (1928), rue Gisbert Combaz

Victor Horta, le musée Horta, ouvert en 1969, rue Américaine

Le **quartier Louise** s'amorce officiellement le 31 août 1841, lorsque deux promoteurs, Jourdan et de Joncker, percent une rue sur leurs propriétés foncières, au départ de la porte de Charleroi (qui devient plus tard place Louise). En 1847, le tronçon entre la place Louise et la place Stéphanie (le goulet) était achevé. Les propriétaires projetèrent alors de le relier à la Forêt de Soignes, important lieu de promenade pour les Bruxellois (l'aménagement du Bois de la Cambre en 1865 a lieu dans ce cadre). Ce fut la ville de Bruxelles qui paracheva finalement l'opération en 1862, faisant de la nouvelle avenue Louise la promenade la plus recherchée de la ville. Le quartier fut complété en 1841 par une autre voie importante, la chaussée de Charleroi, en direction de Ma Campagne, prolongée en 1874 par l'avenue Brugmann. Au même moment, l'urbanisation du secteur entre les chaussées de Waterloo et de Charleroi est initiée avec le percement des rues Berckmans, de la Victoire et de l'Hôtel des Monnaies.

Le **quartier du Midi**, destiné à une population d'ouvriers et de petits rentiers, s'est mis en place à partir de 1864. Cette portion de la plaine marécageuse de la Senne va s'urbaniser à la suite du transfert de l'ancienne gare des Bogards, située à l'emplacement de l'actuelle place Rouppe, et à la construction de la gare du Midi. Le tracé de la place de la Constitution et du boulevard Jamar, ainsi que d'un réseau de voies rectilignes sous la forme d'un plan en damier, va parfois précéder de plusieurs années les débuts de leur urbanisation. Un phénomène similaire se rencontrera dans le haut de Saint-Gilles ou aux abords de l'avenue du Roi.

Au sud-ouest, Léopold II, par l'entremise de Victor Besme, fit aménager en 1875, à la limite de Saint-Gilles et de Forest, le **quartier du parc**, un vaste écrin de verdure destiné à la détente des populations ouvrières du quartier du Midi et des environs de la rue Haute. Ce parc va attirer, dans sa partie haute, une bourgeoisie aisée et, dans sa partie basse, une population modeste. L'avenue du Parc, faisant la liaison avec la Barrière, fut percée peu après.

Le **quartier sud**, compris actuellement dans le triangle formé par les chaussées de Waterloo, d'Alsemberg et l'avenue Ducpétiaux, s'est structuré en plusieurs étapes. Les deux chaussées et la Barrière ont été créées dès le XVIIIe siècle. La base du triangle ne fut tracée qu'avec l'édification de la prison de Saint-

Gilles et le percement de l'avenue Ducpétiaux, vers 1874-1884. La commune décida alors d'aménager le secteur à la fin du XIXe siècle en dressant un plan-projet d'alignement et de lotissement des rues. L'érection du somptueux hôtel de ville, entre 1900 et 1904, va constituer le point d'orgue de cet aménagement. L'avenue Paul Dejaer fut percée très peu de temps après pour réaliser la perspective depuis la Barrière vers le nouvel hôtel communal (ce qui entraîna par ailleurs l'élargissement de la Barrière).

Les autorités communales prirent leurs premières initiatives en matière de logements sociaux en 1894, en faisant construire des maisons ouvrières unifamiliales rue du Fort. Vers la même époque, des promoteurs privés firent ériger, rue de la Forge, un ensemble remarquable de petites maisons ouvrières de style néoclassique. Après 1900, l'action communale va s'intensifier, mais tenant compte de la densité du tissu urbain et de la cherté des terrains, elle va essentiellement s'orienter vers la réalisation de grands immeubles à appartements. C'est le cas rue du Fort, rue de la Perche, rue Gilbert Combaz, rue de Bosnie et chaussée de Forest, où plusieurs immeubles de logements sociaux ont été bâtis par le Foyer saint-gillois. En 1925, le territoire communal est arrivé au terme de son développement urbanistique, avec un tissu bâti de qualité présentant une grande diversité architecturale.

Au lendemain de la Seconde Guerre mondiale, l'action publique se porte vers l'aménagement d'espaces verts et de places publiques. En 1954, la place Morichar est arborée et dotée d'une série de terrains de sport. La même année, les autorités communales décidèrent de créer un square à l'emplacement d'une partie de la propriété du baron Bouvier, cédée gratuitement par ce dernier à la commune. En 1969, l'ancien jardin privé de la maison Pelgrims devient le parc Pierre Paulus, entre les rues de l'Hôtel des Monnaies et de Parme. La propriété de la famille Pelgrims avait été achetée par la commune six ans plus tôt. La maison, classée depuis 2001, abrite aujourd'hui des salles d'expositions et les bureaux du service communal de la culture. En 1971, le square Jacques Franck est aménagé aux pieds des tours du même nom. L'un des derniers grands chantiers opérés par le Foyer saint-gillois reste l'érection des tours Jacques Franck,

Vue aérienne de la prison de Saint-Gilles, vers 1920

entre la cité Fontainas et la chaussée de Forest. Cet important parc immobilier est aujourd'hui en phase de rénovation.

Les 25 dernières années furent essentiellement marquées par deux importantes campagnes de travaux aux répercussions essentielles sur le plan de l'aménagement de la commune : la construction du prémétro et la modernisation, liée à l'arrivée du TGV, de la gare du Midi.

La construction du prémétro, reliant l'Altitude 100 à la gare du Midi, est réalisée à ciel ouvert entre 1977 et 1992. Ces travaux vont s'accompagner d'une restructuration importante du tissu en surface, notamment l'aménagement de plusieurs espaces publics : l'ancien emplacement de l'hôtel des Monnaies (1986), aujourd'hui place Marie Janson ; le parc Paul Dejaer (2003-2004), à la suite de la construction d'immeubles de logement entre 1997 et 2003 dans une trouée reliant l'avenue Dejaer à la chaussée de Waterloo ; le parc Paulus ; le parvis, aménagé en espace semi-piétonnier.

La transformation de la gare du Midi (avec la réalisation d'une extension du côté de la rue de France) en vue d'accueillir le TGV s'est accompagnée, elle aussi, d'un ambitieux projet de réaménagement et de revitalisation en profondeur du quartier environnant. Ce projet vise à développer un quartier urbain multifonctionnel, combinant activité économique et logement.

Depuis une dizaine d'années, Saint-Gilles connaît une forme de gentrification qui se répercute directement sur les prix locatifs et acquisitifs. Il convient toutefois de nuancer le phénomène, dans la mesure où celui-ci est localisé dans certains secteurs uniquement, autour de l'hôtel de ville évidemment, dans le haut de la commune de manière plus générale, mais également aux alentours immédiats de la gare du Midi.

La Cité Fontainas (1867), œuvre de l'architecte Trappeniers

Saint-Gilles est assurément l'une des communes bruxelloises les plus riches et les plus diversifiées sur le plan urbanistique et architectural. Le territoire communal est couvert au deux tiers par une ZICHEE (Zone d'intérêts culturel, historique, esthétique et d'embellissement). Victor Horta, figure emblématique de l'architecture Art nouveau en Belgique, est d'ailleurs lié à l'histoire de la commune. Ce dernier réalisa, en 1894, l'une de ses œuvres majeures, l'hôtel Winssinger (rue de l'Hôtel des Monnaies 66) et installa sa maison privée (comprenant son atelier) rue Américaine 25. Érigé entre 1898 et 1901, le bâtiment accueille depuis 1969 le musée Horta, tandis qu'une station de prémétro porte son nom.

Le quartier sud, centré autour de l'hôtel de ville, constitue l'un des ensembles urbains les plus réussis de toute l'agglomération bruxelloise. Structuré à la fin du XIXe siècle, la commune y organisa un concours récompensant les plus belles façades (1898-1899), octroya des primes aux propriétaires de bâtiments respectant certaines normes esthétiques et hygiéniques, et y refusa toute construction de logements sociaux. Le quartier sud est aujourd'hui intégré au sein d'un périmètre plus large régi par un règlement communal d'urbanisme zoné (dit de l'hôtel de ville). Ce règlement, arrêté en 1996, a pour objectif essentiel de sauvegarder les caractéristiques architecturales des façades. Le quartier doit énormément à l'hôtel de ville. Celui-ci est une gigantesque construction de style néo-Renaissance occupant une superficie de 4 267 m² et épousant un plan en forme de fer à cheval. Construit entre 1900 et 1904, il présente une richesse extraordinaire sur le plan de la décoration tant intérieure qu'extérieure. Au sud de ce quartier, la prison déroule sa façade monumentale de style Tudor à front de l'avenue Ducpétiaux. Le complexe, érigé entre 1878 et 1884, est alors à la pointe de la modernité, faisant la synthèse des préceptes mis au point par les criminologues anglais et américains. Dans le bas de Saint-Gilles, on compte également un ensemble urbanistique d'une très grande cohérence, celui de la rue Vanderschrick (tronçon Volders-Waterloo). Réalisé vers 1900, il s'agit d'un ensemble de 17 façades Art nouveau construit par l'architecte Ernest Blérot. Partant d'un schéma commun, Blérot parvient à les différencier harmonieusement par des éléments de décor. En contrebas de la rue Jean Volders, la cité Fontainas est un vaste ensemble de maisons accolées derrière une façade unique de style néoclassique que l'on doit à l'architecte Trappeniers. L'ensemble fut inauguré en 1867 par le bourgmestre de Bruxelles, Jules Anspach, à la mémoire de son prédécesseur, André Fontainas. La cité offrait des logements aux instituteurs pensionnés des écoles de la ville de Bruxelles. Nouveau propriétaire, la commune entreprit la rénovation de l'ensemble en 1984-1986, afin de les rendre conformes aux exigences actuelles, tout en conservant précieusement la façade.

Les activités religieuses

La forte croissance démographique du tournant des XIXe et XXe siècles a poussé les autorités religieuses à créer de nouvelles paroisses aux limites de la commune. Les paroisses de la Sainte-Trinité, à Ixelles (1882), et de Saint-Antoine de Padoue (1897), à Forest, accueillirent ainsi successivement les fidèles saint-gillois, dont une partie relevait aussi des paroisses Saints-Jean-et-Étienne aux Minimes et de Notre-Dame du Sablon à Bruxelles. Les églises de Sainte-Alène (1913), rue des Villas, de Jésus Travailleur, rue Walschaerts, et de Saint-Bernard, place Loix, renforcent encore la présence catholique dans le paysage communal. En 1891, le carmel de Bruxelles, qui avait été fondé en 1607 sous les auspices des archiducs Albert et Isabelle, vint aussi se fixer à Saint-Gilles, rue de Lausanne.

La vie religieuse saint-gilloise se caractérise, surtout depuis la Seconde Guerre mondiale, par un net recul de l'influence de la religion catholique. De nombreux autres lieux de cultes se sont ainsi développés sur le territoire de la commune. On retiendra notamment une église pentecôtiste, chaussée de Waterloo ; une église orthodoxe, rue de Bosnie ; une mosquée, rue Joseph Claes ; un centre d'études tibétaines, rue Capouillet. La communauté juive est aussi présente à travers une maison de repos (rue de la Glacière), le centre social juif (avenue Ducpétiaux), l'Union des progressistes juifs de Belgique (rue de la Victoire) et le centre communautaire laïc juif (rue de l'Hôtel des Monnaies). L'Église de Jésus-Christ des Saints des Derniers Jours (dont les fidèles sont communément appelés Mormons), considérée comme une secte par d'aucuns, possède également un lieu de culte situé avenue Jaspar.

Notons enfin que le territoire relativement exigu de la commune explique pourquoi le nouveau cimetière communal fut inauguré en 1881 sur le territoire de la commune d'Uccle.

Les activités culturelles, artistiques, scientifiques et sportives

En 1820, on recensait un instituteur parmi les membres du personnel communal et la majorité des enfants scolarisés de Saint-Gilles suivaient les cours dans les communes voisines d'Uccle, Ixelles ou Bruxelles. En 1863, la première véritable école ouvrit ses portes à la rue du Fort. Il s'agissait d'une école primaire comprenant trois classes pour garçons et deux pour filles, et qui s'enrichit rapidement d'une section gardienne. Maurice Van Meenen et Louis Morichar, qui occupèrent successivement l'échevinat de l'instruction publique de 1881 à 1920, jouèrent un rôle essentiel dans le développement de l'enseignement communal. La volonté politique de développer celui-ci aboutit à des modifications urbanistiques sensibles dans le quartier dit « des Écoles » (actuelle place Morichar et alentours). Il accueillit deux écoles moyennes en 1880. L'une pour garçons, rue de la Rhétorique, et l'autre pour filles, rue des Étudiants. Ces deux écoles intégrèrent le réseau de l'État en 1905 et la commune ouvrit alors une nouvelle école pour jeunes filles, rue du Lycée. Un athénée fut également créé en 1882. Au reste, la majorité des bâtiments scolaires construits par les autorités communales à la fin du XIXe siècle se caractérisent par un véritable projet architectural dont le plus typique est incontestablement celui de l'école primaire numéro 6 (actuellement école J.-J. Michel) bâtie en 1892 rue de Bordeaux.

En 1904, la commune comptait trois écoles maternelles, six écoles primaires non mixtes et six écoles d'adultes. Deux écoles moyennes avaient été fondées en 1879 et proposaient, depuis 1900, un cycle d'études secondaires complet. Une école ménagère et professionnelle (1888), une école industrielle (1902), une Académie de dessin (créée en 1891 sur une initiative privée, mais reprise par la commune dès 1893), et une académie de musique (1903) complétaient la

Supporters de l'Union Saint-Gilloise, juin 1963

diversité de l'enseignement développé par les autorités communales. Celles-ci s'intéressèrent aussi à l'amélioration de l'organisation scolaire. C'est, par exemple, sur proposition de Louis Morichar que le conseil communal établit l'égalité des traitements entre instituteurs et institutrices à la fin du XIXe siècle.

À la même époque, plusieurs établissements de l'enseignement libre étaient déjà présents dans la commune. Deux écoles pour jeunes filles, les sœurs de Sainte-Marie et l'institut de Notre-Dame du Sacré-Cœur proposaient une formation depuis la maternelle jusqu'à l'enseignement professionnel. L'institut Saint-Gilles et l'institut Saint-Jean Baptiste de la Salle, écoles primaires à l'origine, se développèrent ensuite pour proposer un cursus complet depuis la maternelle jusqu'à la fin du cycle secondaire. En 1904, l'école d'architecture et d'arts décoratifs Saint-Luc voyait le jour.

En 1932, l'École centrale des arts et métiers (ECAM), fondée à Bruxelles en 1888 et déménagée à Anderlecht en 1905, s'installa à Saint-Gilles. Cette école supérieure fait aujourd'hui partie de la haute école Léonard de Vinci qui regroupe huit autres écoles supérieures de la Région bruxelloise et du Brabant wallon.

En 1949, l'athénée et le lycée intégrèrent le réseau d'enseignement de l'État. Trois ans plus tard, une école primaire et moyenne néerlandophone ouvrit ses portes dans la commune. En 1951, l'école privée de peinture Van der Kelen fusionna avec l'école Logelain. Installée rue du Métal depuis 1908, cette école de trompe l'œil, aujourd'hui plus que centenaire, jouit toujours d'une réputation mondiale.

La mixité dans les écoles communales fut effective au début de l'année scolaire 1962-1963. En 2008, la commune gérait cinq écoles maternelles et primaires, une école primaire d'enseignement spécial, une école technique, deux académies, une école de formation en alternance et une école de promotion sociale.

En 1905, Saint-Gilles fut l'une des premières communes bruxelloises à se doter d'une piscine publique, rue de la Perche (actuelle piscine Victor Boin). Vingt ans plus tôt, un bassin de natation privé à ciel ouvert avait ouvert rue de la Glacière. En hiver, il était reconverti en patinoire. Ces installations fermèrent leurs portes en 1966.

À l'aube du XXe siècle, la commune comptait pas moins de dix associations sportives (balle pelote, marcheurs, pêcheurs, archers, tireurs à la carabine…). L'Union Saint-Gilloise vit le jour en 1897, débutant l'année suivante dans le championnat du Brabant. Le club devint champion de Belgique pour la première fois en 1904. Il conquit dix autres titres jusqu'en 1935. Ayant longtemps conservé un statut d'amateur, il connaîtra la relégation en 1963 et navigue depuis entre la promotion et la division 2. Si le temps de la splendeur est aujourd'hui révolu, l'Union détient toujours un record inégalé de 60 matchs officiels consécutifs sans défaite joués entre 1933 et 1935. Ces jours glorieux, où le public s'enflammait lors des rencontres contre le grand rival bruxellois, le Daring de Molenbeek, ont été immortalisés dans la pièce de théâtre *Bossemans et Coppenolle*, écrite en 1938 par Paul van Stalle et Joris d'Hanswijck. Le club comporta également une section d'athlétisme qui ferma ses portes en 1970, après avoir compté parmi ses membres Gaston Reiff, champion olympique du 5 000 mètres aux jeux de

Jules Brunfaut, l'hôtel Hannon (1902),
siège de l'association Contretype

Londres de 1948. Le stade Joseph Marien, du nom d'un des anciens présidents du club, se trouve sur le territoire de Forest, en bordure du parc Duden.

La vie culturelle saint-gilloise se caractérise par une forte participation des habitants et la présence de nombreux artistes sur le territoire de la commune. Comme dans la plupart des autres communes bruxelloises, de nombreux cinémas contribuèrent à l'animation culturelle des quartiers durant les deux premiers tiers du XXe siècle. Depuis, ces salles ont progressivement fermé leurs portes et la plupart d'entre elles ont disparu. Le visiteur peut encore admirer les décors arabisants de la salle paroissiale de l'Aegidium, située sur le Parvis (cette salle avait ouvert ses portes vers 1906), lors des brocantes hebdomadaires qui y sont organisées. Le long de la chaussée de Waterloo toute proche, le Saint-Gillois, devenu L'Élysée après la Seconde Guerre mondiale, connut un tout autre destin. Ayant cédé la place au Théâtre du Parvis, en 1969, il est occupé depuis 1973 par le Centre culturel Jacques Franck, dont la programmation comprend du théâtre, de la danse, du cinéma, de la musique, des expositions et des stages pour enfants et adolescents. Il développe aussi de nombreuses activités en lien avec la vie du quartier.

En 1968, la comédienne Monique Dorsel et l'illustrateur et décorateur de théâtre Émile Lanc créaient le Théâtre Poème consacré à la diffusion de la poésie, de la philosophie et de la psychanalyse à travers des spectacles et des tables rondes. Menacé d'expulsion par la mise en vente du bâtiment, le théâtre fut sauvé grâce à l'acquisition des lieux par la commune en 1991.

Le premier Parcours d'Artistes fut organisé en 1988. Cette manifestation, devenue bisannuelle et se déroulant dans d'autres communes bruxelloises, offre l'occasion aux amateurs d'art de rencontrer les artistes sur leur lieu de travail et d'appréhender ainsi leurs œuvres dans un contexte chaleureux et original.

Depuis une vingtaine d'années, la commune a soutenu plusieurs chantiers de rénovation du patrimoine s'inscrivant dans des projets à vocation culturelle ou sportive. À la fin des années 1980, l'hôtel Hannon, érigé en 1902 sur des plans de Jules Brunfaut pour l'ingénieur Édouard Hannon, fut définitivement rénové. Il est occupé depuis par l'a.s.b.l. Contretype, qui se définit comme un pôle de production et de diffusion centré sur la photographie créative. La distillerie Cusenier, établie rue de Russie en 1881, quitta Saint-Gilles en 1979, à la suite des travaux du métro. Réaménagés, ses locaux accueillent depuis 1994 le centre sportif communal au rez-de-chaussée et des logements aux étages. La maison Hoguet fut construite rue de Rome, en 1928, sur des plans de l'architecte Jean Ligo. Jean Hoguet y avait installé ses appartements privés, mais aussi les bureaux et les ateliers de filature et de confection de son entreprise. Rénové, ce bâtiment accueille, depuis 1997, la bibliothèque communale et la Maison du Livre, créée pour donner la priorité à l'accès au livre, à l'écriture et à la lecture. Quatrième du genre à voir le jour en région bruxelloise, la Maison du Peuple fut édifiée en 1905. Elle fut inaugurée, en 2002, dans son nouveau rôle de centre communal d'activités culturelles.

Le parc Pierre Paulus, ancien jardin privé de la maison Pelgrims

MOLENBEEK-SAINT-JEAN

Jean Puissant, Paulo Charruadas, Christine Dupont, Christian Vandermotten

Topographie

Le territoire de Molenbeek-Saint-Jean s'élève en pente douce vers l'ouest sur les sols argileux, depuis le fond de la vallée alluviale de la Senne (un peu au-dessus de 15 m d'altitude), zone inondable jusqu'au chemin de Ransfort. Son territoire culmine à 80 m à son extrémité la plus occidentale, limite entre le territoire régional et la commune de Dilbeek. On atteint là une ligne de crête qui sépare le versant de la rive gauche de la Senne et le haut cours du Molenbeek, qui s'écoule par Ganshoren et Jette-Saint-Pierre, pour confluer avec la rivière principale à hauteur du domaine royal de Laeken (il s'agit d'un autre Molenbeek que celui qui donne son nom à la commune). Le versant de rive gauche de la Senne est légèrement creusé tout le long de la partie occidentale du territoire communal (un peu au nord de la chaussée de Ninove) par un petit affluent, le Molenbeek, dont le cours n'est aujourd'hui visible que sur quelques tronçons, à l'ouest du boulevard Mettewie. Son cours recouvert continue par le Beekkant vers les anciens Étangs noirs, où il reçoit les eaux du Karreveldbeek (ou Paruck) et se prolonge ensuite en direction de la plaine alluviale. La partie basse de la commune est donc marquée par un très léger relief entre la vallée (en particulier le bras dit de la petite Senne ou Senne de Ransfort) qui court à l'ouest du canal et le bas cours du Molenbeek : ce léger relief de terres non inondables est à son extrémité septentrionale le site de l'ancien noyau villageois avec l'église. Il s'allonge vers le sud par la place communale et le chemin de Ransfort, jusqu'à l'ancienne ferme éponyme.

Cartes des pages 248 à 251 :

Carte de Cabinet des Pays-Bas Autrichiens levée à l'initiative du comte de Ferraris, 1775-1777

Réduction des plans cadastraux, Dépôt de la Guerre, 1847

Carte topographique de Belgique, Institut Cartographique Militaire, vers 1930

Carte topographique de Belgique, Institut Géographique National, 1994

——— Limites communales actuelles
- - - - - Limites communales en 1860
- - - - - Limite communale de la ville avant l'annexion du Quartier Léopold et Nord-Est (1853)

Nouveaux logements réalisés dans le cadre du Contrat de quartier « Duchesse de Brabant »

DOTEN
GAERDEN
LAKEN
Hre CANSHOREN
BERCHEM
Bruxelles
Hre KOECKELBERG
Hre OSSEGEM
MEULEBEECK
Hre BROUCK
ANDERLECHT
BRUXELLES

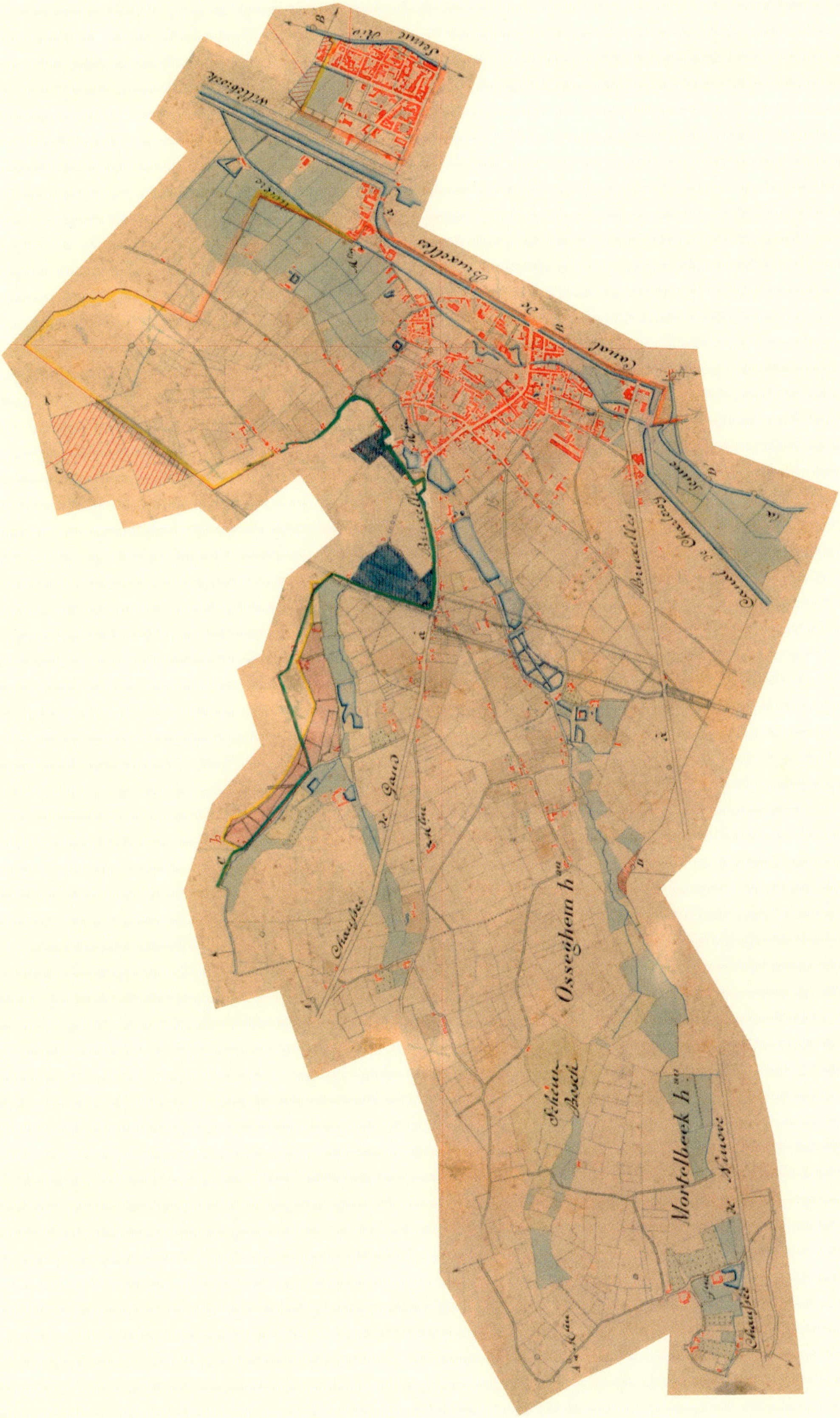

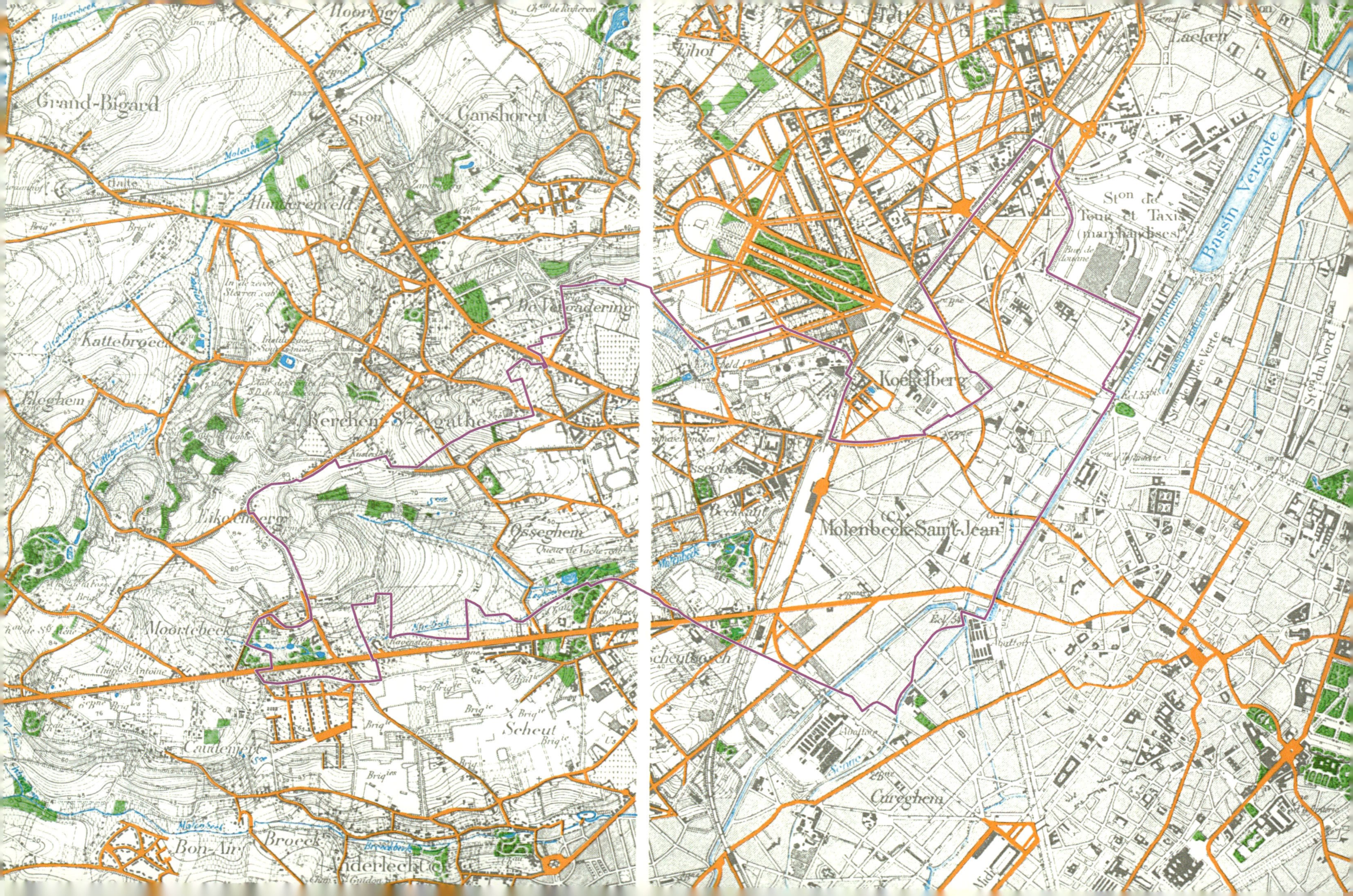

Grand-Bigard
Ganshoren
Hunderenveld
De Verzadering
Kattebroek
Berchem Ste Agathe
Dilbeek
Osseghem
Moortebeek
Scheut
Bon-Air
Broeck
Anderlecht
Laeken
Koekelberg
Molenbeek-Saint-Jean
Bassin Vergote
Ston de Tour et Taxis (marchandises)
Cureghem
Molenbeek
Senne
Abattoir
Midi

GANSHOREN
SINT-AGATHA-BERCHEM
BERCHEM-SAINTE-AGATHE
KOEKELBERG
SINT-JANS-MOLENBEEK
MOLENBEEK-SAINT-JEAN
BRUSSEL
BRUXELLES
ANDERLECHT
Ossegem
Scheut
Kuregem
Moortebeek
Peterbos
Koudenaarde
Hof ter Putten
Zavelenberg
Westland Shopping Center
Basilix Shopping Center
Parc Elisabeth
Elisabethpark
Tour et Taxis
Thurn en Taxis
Douane
Quartier Maritime
Havenwijk
Birmingham

Carte figurative de la paroisse de Molenbeek-Saint-Jean, extraite de l'Atlas terrier de l'hôpital Saint-Jean, 1709-1713

Des origines à la fin de l'Ancien Régime

On a cru longtemps que la naissance de Molenbeek-Saint-Jean avait eu lieu au Xe siècle. Une telle vision, reposant sur la première *vita* de sainte Gudule, doit être fortement nuancée. Cette source a été rédigée bien plus tard, dans le courant du XIIe siècle, et rien ne permet, dans l'état actuel de la recherche, de considérer Molenbeek comme une création antérieure à l'an mil. La première mention clairement établie est plus tardive. Il s'agit d'une bulle pontificale du 9 avril 1174 donnée en faveur du chapitre de Sainte-Gudule de Bruxelles. Le document, énumérant l'ensemble des possessions du chapitre, indique que l'institution possède l'église Saint-Jean-Baptiste, des dîmes, des terres ainsi que d'autres biens non précisés. Si cette première mention n'apparaît qu'à la fin du XIIe siècle, l'analyse des documents textuels et l'étude des sources cartographiques permettent de situer la naissance et la structuration de Molenbeek dans le courant du XIIe siècle, au plus tôt à l'extrême fin du XIe. Une première implantation villageoise prend alors position le long du chemin, bientôt pavé, le *steenweg* (actuelle chaussée de Gand), sur les plateaux, tandis que l'église est installée en contrebas, sur le versant occidental de la vallée de la Senne, au point de rencontre de cette même vallée et de celle, plus modeste, du Molenbeek. La position de ce noyau villageois primitif appelle deux remarques. D'une part, cette implantation a pris l'aspect d'un village-rue. D'autre part, la position du village présente un caractère double, c'est-à-dire mêlant des sols de plateaux, céréaliers, et des sols humides, destinés au maraîchage et à l'élevage. Opérant depuis cette position, les défricheurs mettront en valeur, dans le courant du XIIe siècle, les terroirs céréaliers du Laekenveld, de Koekelberg, de Ransfort, d'Osseghem et de Moortebeek. Le chapitre de Sainte-Gudule de Bruxelles, l'un des plus gros propriétaires fonciers du village, installera d'ailleurs sa *Thiendscure* (sa grange aux dîmes) au lieu-dit, stratégique,

Vier-Winden (Quatre-Vents, carrefour entre la rue des Quatre-Vents et la chaussée de Gand), au centre des terroirs céréaliers du village. À partir de la fin du XIIe siècle et dans le courant du XIIIe siècle, une nouvelle étape se dessine dans la mise en valeur du territoire molenbeekois. Les défricheurs s'attaquent alors essentiellement aux terres humides. On observe une valorisation des sols depuis le noyau villageois (Ransfort et terres proches de l'église) jusqu'à la zone qui deviendra le quartier Sainte-Catherine. Dans le même temps, les terres marécageuses bordant les ruisseaux du village (le Molenbeek et le Paruck) font également l'objet d'une mise en exploitation. À nouveau, il faut noter que cette mise en valeur des sols humides le long des cours d'eau a une conséquence sur la morphologie du village, puisque l'habitat primitif installé le long de la chaussée se complète, à ce moment-là, par un habitat typique des sols de vallée : une structure caractérisée par une certaine dispersion des maisons et des exploitations, un certain étirement, avec des regroupements partiels en hameaux. Cet étirement de l'habitat s'explique par le fait que les sols de vallée furent colonisés essentiellement par des courtils. Ces petites unités de production agricole et d'habitat, extrêmement performantes, devaient impérativement demeurer proches des terres qu'elles exploitaient. Le mouvement de mise en exploitation des sols s'achève avec le lotissement des pâtures situées au nord du pentagone, entre le quartier Sainte-Catherine et le village de Laeken.

Le chapitre de Sainte-Gudule de Bruxelles est le plus important propriétaire foncier du village. Mais il faut mentionner également le duc de Brabant, ainsi que des institutions religieuses bruxelloises, comme l'hôpital Saint-Jean, le grand Béguinage ou encore le couvent des dames blanches.

Deux importantes exploitations agricoles apparaissent, largement mentionnées par les textes pour la période médiévale. Il s'agit de la ferme de Ransfort, appartenant à l'hôpital Saint-Jean, et la ferme du Karreveld, relevant du domaine ducal. Il est intéressant de relever la similitude du positionnement de ces deux exploitations. Les sources cartographiques montrent une situation, ici encore, double. Les deux fermes ont été implantées à cheval entre des zones humides (surface de prés) et des terroirs céréaliers. Travaillant essentiellement à la production céréalière, elles complétaient leur activité par l'exercice de l'élevage.

La zone centrée autour de la chapelle Sainte-Catherine, filiale de l'église Saint-Jean-Baptiste, doit être abordée en particulier. Cité pour la première fois en 1201, le secteur y apparaît en voie de structuration. Il devait alors se présenter comme une vaste étendue agricole vouée à la culture maraîchère. Mais la documentation indique très clairement que cette mise en valeur s'est opérée en connexion étroite avec la ville de Bruxelles. En fait, les sources témoignent très clairement de la passation progressive de cette zone rurale dans le giron proprement urbain. L'un des indicateurs de cette mutation est l'étrange proximité entre les deux oratoires : la distance séparant l'église-mère Saint-Jean-Baptiste de son église-fille Sainte-Catherine est d'à peine 900 mètres. Si l'érection d'une chapelle s'explique sur le plan démographique, elle ne se justifie pas sur le plan de la distance.

L'aménagement du quartier va se poursuivre ensuite avec l'arrivée de deux institutions religieuses relativement importantes : le couvent des dames blanches (vers 1235) et le grand Béguinage (vers 1250). À la fin du XIIIe siècle ou au tout début du XIVe, une enceinte en arc de cercle est érigée afin de protéger les deux institutions qui se trouvaient antérieurement en dehors du périmètre de la première enceinte de la ville. Appelés les petits remparts, ils sont mentionnés en 1309. L'actuelle rue du Rempart des Moines en conserve le tracé. La deuxième enceinte de Bruxelles, érigée dans la seconde moitié du XIVe siècle, rendra ce rempart obsolète, faisant passer définitivement le quartier dans le périmètre urbain et dépossédant pour la première fois la localité de Molenbeek d'une part importante de son territoire.

La toponymie laisse peu de place au doute : le village de Molenbeek fut doté d'un moulin vraisemblablement dès sa création (XIe-XIIe siècle). Sa présence donna son nom à la rivière, qui donna ensuite son nom au village. Les sources postérieures mentionnent plusieurs moulins en activité durant l'Ancien Régime. Le premier à apparaître dans la documentation est le moulin du grand Béguinage, dans le quartier Sainte-Catherine. Cité en 1271, ce moulin, à l'usage exclusif des béguines, était actionné par les eaux du Molenbeek, dans l'extrémité nord-ouest de l'enclos. Le *Driesmolen*, situé sur la Senne de Ransfort, se trouvait à l'intérieur du pentagone, à hauteur de l'actuelle porte de Ninove. Il est cité pour la première fois en 1272. Il appartenait au chapitre de Sainte-Gudule. La première mention du moulin d'*Hoesijke* date de 1300. Actionné par le ruisseau Paruck juste avant que celui-ci ne se jette dans le Molenbeek, ce moulin est une possession de l'abbaye de Jette, donnée en fief à la famille des Koekelberg. Sa position centrale, à l'instar de la *Thiendscure*, et l'analyse minutieuse des documents disponibles permettent d'affirmer avec beaucoup de vraisemblance que le moulin d'*Hoesijke* fut l'infrastructure meunière en activité au XIIe siècle durant la mise en exploitation des terroirs céréaliers du village. Le moulin est fort probablement à l'origine du toponyme-hydronyme du village. Il faut encore citer un dernier moulin en activité : le moulin d'Ossegem ou *Scheutmolen*, mentionné pour la première fois dans le censier ducal de 1321.

Molenbeek demeure longtemps un village agricole. Les chiffres sont très explicites. En 1755, sur un nombre total de 194 ménages, 152 vivaient de la terre, les autres étaient commerçants, artisans ou encore ouvriers non agricoles. Les grands propriétaires fonciers sont ceux déjà vus pour la période médiévale : le chapitre de Sainte-Gudule en tête, l'hôpital Saint-Jean, le grand Béguinage, etc. Seul le prieuré de Jéricho (nouvelle appellation du couvent des dames blanches) n'apparaît plus comme un propriétaire significatif sur le territoire molenbeekois. Sur le plan des exploitations agricoles, on retrouve toujours la ferme de Ransfort (exploitant 63 ha dont 43 à Molenbeek, et dotée du cheptel le plus important de la localité), celle du Karreveld (dont l'assise foncière s'est réduite à 18 ha) et une nouvelle venue, l'*hof van Coniers* (21 ha). En fait, les XVIIe et XVIIIe siècles maintiennent la dualité du territoire mise en place au Moyen Âge : un village divisé entre un secteur du bas, à proximité de l'église Saint-Jean-Baptiste et voué aux cultures maraîchères, et une partie haute, avec un habitat plus dispersé et des plateaux agricoles très fertiles (Karreveld, Osseghem, Moortebeek et Laekenveld), produisant une quantité importante de céréales à destination du marché urbain. La grande nouveauté du XVIIIe siècle est sans conteste l'apparition des nouvelles cultures : lin, tabac, trèfle et pomme de terre. Il faut encore ajouter la culture des plantes oléagineuses (à Molenbeek, on ne recense que le colza), vendues aux savonneries, huileries et blanchisseries de cire, industries alors en plein essor à Bruxelles et dans les environs.

La ferme et le moulin De Potter (1720), dernier représentant d'un moulin à vent traditionnel à Molenbeek-Saint-Jean, détruit en 1920

Le village de Molenbeek a souffert à maintes reprises des événements militaires (notamment en 1356, lors de la guerre de la Flandre contre le Brabant, mais également à la fin du XVIe siècle, lors des guerres de religion). Entre le 13 et le 15 août 1695, les troupes du maréchal de Villeroy bombardèrent la ville de Bruxelles depuis les hauteurs de Molenbeek et d'Anderlecht. Les canons bruxellois, ripostant à l'attaque française, bombardèrent le village, provoquant des pertes matérielles considérables. De plus, l'occupation des soldats français laissa fort probablement le village dans un état de profond délabrement.

Au XVIe siècle, le creusement du canal de Willebroek provoqua un important bouleversement du paysage visuel de la région du nord de Bruxelles. Ce creusement entraîna le remplacement de l'ancien quartier portuaire centré sur la rive gauche de la Senne, entre le pont des Bateaux et le pont des Monnayeurs, par un nouveau et plus vaste port, au nord-ouest de la ville, à l'emplacement des dépendances du grand Béguinage de la ville. Bruxelles connut une nouvelle ère de prospérité économique grâce au canal, et le nouveau quartier portuaire devint rapidement un des lieux de rendez-vous privilégié de la haute société bruxelloise. L'Allée Verte, longeant le canal sur le territoire de Molenbeek en direction de Laeken, devint un endroit de promenade incontournable.

La place des Étangs Noirs, vers 1910

Formation du territoire communal

Molenbeek couvre actuellement une superficie de 5,8 km^2, pour 6,6 initialement (1795). À l'origine, le territoire englobait les biens qui relevaient de la paroisse Saint-Jean-Baptiste et quelques fermes relevant de la paroisse de Sainte-Agathe (Berchem), sises de part et d'autre de la chaussée de Gand, à hauteur de l'actuel boulevard Mettewie. En 1811, la commune annexe l'enclave anderlechtoise de la ferme du Karreveld, tandis que diverses rectifications mineures de limites, incluant des suppressions de petites enclaves, s'opèrent avec Dilbeek, Anderlecht, Berchem (dont dépendait alors Koekelberg) et Jette. L'ensemble ne modifie pas sensiblement la superficie communale. D'autres cessions mineures ont lieu au cours du siècle : en 1824, au profit de la ville pour la réalisation des boulevards en remplacement de l'enceinte ; de même, le canal sera creusé à travers et en bordure du territoire de la commune ; en 1879 et 1890, des modifications adaptent la limite avec Koekelberg au tracé du chemin de fer de ceinture et des nouvelles voiries entre les Étangs noirs et la rue du Jardinier et le long de la chaussée de Jette, qui passait jusque-là par Koekelberg. Il en va autrement de la cession de 0,5 km^2 dans le cadre des installations portuaires de la ville : le futur site de Tour et Taxis, du bassin Béco et de la gare de l'Allée Verte. L'enclave (0,2 km^2) subsistant suite à cette cession jusqu'à la Senne, qui coulait à l'emplacement de l'actuel boulevard du Roi Albert II (faubourg de Laeken) est cédée en 1921. Enfin, en 1903, les limites avec Jette et Laeken ont été également ajustées au tracé du chemin de fer.

Au sud, Molenbeek est mitoyen d'Anderlecht (voir *Anderlecht*). Au sud-est, au-delà du canal, la limite communale contourne l'excroissance du territoire bruxellois correspondant au site des anciens abattoirs, au-delà du boulevard, puis elle suit le canal de Bruxelles à Charleroi, qui court ici en ligne droite

Amédée Lynen, vue du château du Karreveld, vers 1900

le long de l'ancienne enceinte. Les cessions de 1897 prolongent cette limite vers le nord, le long de l'avenue du Port (alors que précédemment le territoire molenbeekois s'avançait jusqu'au cours de la Senne, sous le tracé de l'actuel boulevard du Roi Albert II).

Les limites septentrionales de la commune, depuis l'angle de l'avenue du Port et de la rue Picard, suivent la voie ferrée de Tour et Taxis jusqu'au chemin de fer de ceinture. Ce dernier constitue également la limite avec Jette jusqu'à la chaussée du même nom, la rue du Jardinier, puis, à nouveau, du pont de Ganshoren jusqu'à la chaussée de Gand. À l'ouest du chemin de fer, la limite suit, à la base du versant septentrional du vallon du Karreveld, l'ancienne limite entre la paroisse de Sainte-Agathe au nord, celle de Saint-Jean-Baptiste et de l'enclave du Karreveld au sud. Entre l'avenue du Château et le carrefour de la rue Auguste Van Zande, au niveau de l'ancien secteur dit *De Vergadering*, les irrégularités du tracé correspondent à celle d'un ancien chemin rural. De ce lieu-dit, à la limite de Dilbeek, la limite dessine une ligne brisée qui séparait à travers champs les biens relevant de ces deux paroisses. La voirie actuelle s'y est surimposée (voir *Berchem*).

À l'ouest, la limite avec Dilbeek court le long de la rue Ferdinand Elbers, chemin mentionné sur la carte de Ferraris et qui séparait déjà les deux paroisses. Elle suit ensuite la rue Paloke et enserre les biens et anciennes prairies humides de la ferme et du hameau de Moortebeek (rue du même nom et Sleutelplas, la limite ne prolongeant toutefois pas celle-ci jusqu'à la chaussée de Ninove, à la suite d'une rectification du tracé de cette voirie).

Du XIXe au XXIe siècle

Les activités économiques

Lorsque Molenbeek est érigée en commune indépendante, en 1795, elle est essentiellement rurale et agricole. En 1845 encore, sur les 646 ha que couvre la commune, 439 sont exploités comme cultures céréalières, bois, jardins potagers ou d'agrément. En 1880, malgré l'essor industriel, les terres agricoles représentent encore près de 50 % du territoire. De petites exploitations agricoles survivent et, s'adaptant aux nouveaux besoins de Bruxelles (maraîchage, horticulture), perdurent pendant toute la première moitié du XXe siècle et parfois au-delà. En 1910, Molenbeek est la commune bruxelloise où l'on compte le plus de moutons (580 têtes) après Uccle (744). Des cultures de fleurs, adaptation aux modes de consommation bourgeoise, apparaissent également. Des exploitations agricoles se maintiennent jusqu'après la Seconde Guerre mondiale. Les derniers moulins, dont certains ont contribué à l'activité industrielle, disparaissent au début du XXe siècle. Au tournant du siècle, le plus célèbre peintre molenbeekois, Eugène Laermans, ne doit marcher que quelques minutes au-delà des Étangs noirs pour peindre la campagne flamande brabançonne, tournant le dos à la ville et à l'industrie. Le Scheutbos reste le dernier grand vestige de ce passé rural.

Compagnie des Bronzes, vers 1900

Magasin de papeteries Van Cleemputte & Debault, vers 1860

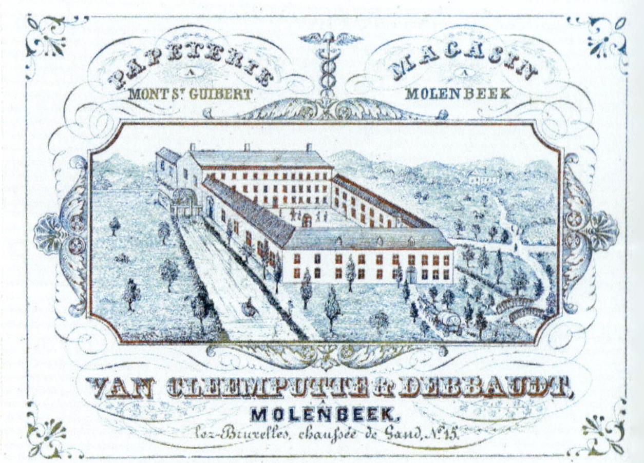

Le canal à la porte de Ninove, vers 1900

Pourtant, l'industrialisation démarre tôt et avance assurément. Le démantèlement des portes de Laeken (chaussée d'Anvers, 1784), de Flandre (1787) et des fortifications (début du XIXe siècle), le comblement des étangs proches des moyens de défense et l'ouverture plus tardive de la porte et de la chaussée de Ninove (1827) fournissent des espaces libres et une ouverture à la ville qui permettent précocement l'essor de l'industrialisation. Elle est soutenue, d'un point de vue politique et économique, par les régimes français et hollandais. L'indépendance de la Belgique entraîne le développement des infrastructures : le canal charbonnier de Charleroi à Bruxelles, connecté au vieux canal de Willebroek et creusé sur le territoire de la commune (1832) ; la première ligne de chemin de fer Bruxelles-Malines et la gare de l'Allée Verte (1835) ; plus tard, le chemin de fer et la gare de l'Ouest (1871) ; l'abolition des octrois (1860) ; enfin, important pour l'arrivée de la main-d'œuvre du Pajottenland, la ligne des chemins de fer vicinaux Molenbeek-Ninove.

Dans un premier temps, les fabriques textiles et les industries chimiques y afférentes (filature, tissage, indiennerie de coton et de soie) ou tributaires de la proximité des abattoirs de la ville (colle, noir animal, ammoniac, eau-forte, savonneries qui connaissent un fort développement) se multiplient. Les sucreries y font bientôt leur apparition également. La crise économique qui suit la révolution marque la fin de nombre d'entre elles, comme la filature de Sény-Prévinaire, au coin de la chaussée de Gand et de la rue de la Filature (devenue rue Ransfort), endommagée lors des troubles de 1831. Mais il existe d'autres industries, comme le carrossier Tilmont, chaussée d'Anvers, ou le fabricant de machines Dietz, le seul à fabriquer des machines à vapeur dans l'agglomération avant 1830. En 1829, on compte 29 fabriques « modernes ». Le canal, qui permet d'importer de grandes quantités de combustible, à bas prix, des bassins de Charleroi et du Centre, est évidemment à l'origine d'une profusion d'entreprises, parmi lesquelles des entreprises métallurgiques les plus importantes de l'agglomération (Pauwels, rue Delaunoy, ou l'usine franco-belge Cail et Halot). En 1857, la Chambre de commerce de Bruxelles estime que ces deux compagnies sont les principales responsables de l'accroissement démographique à Molenbeek. D'autres s'y ajoutent bientôt : le poêlier Nestor Martin (rue Ulens) ; la Compagnie des

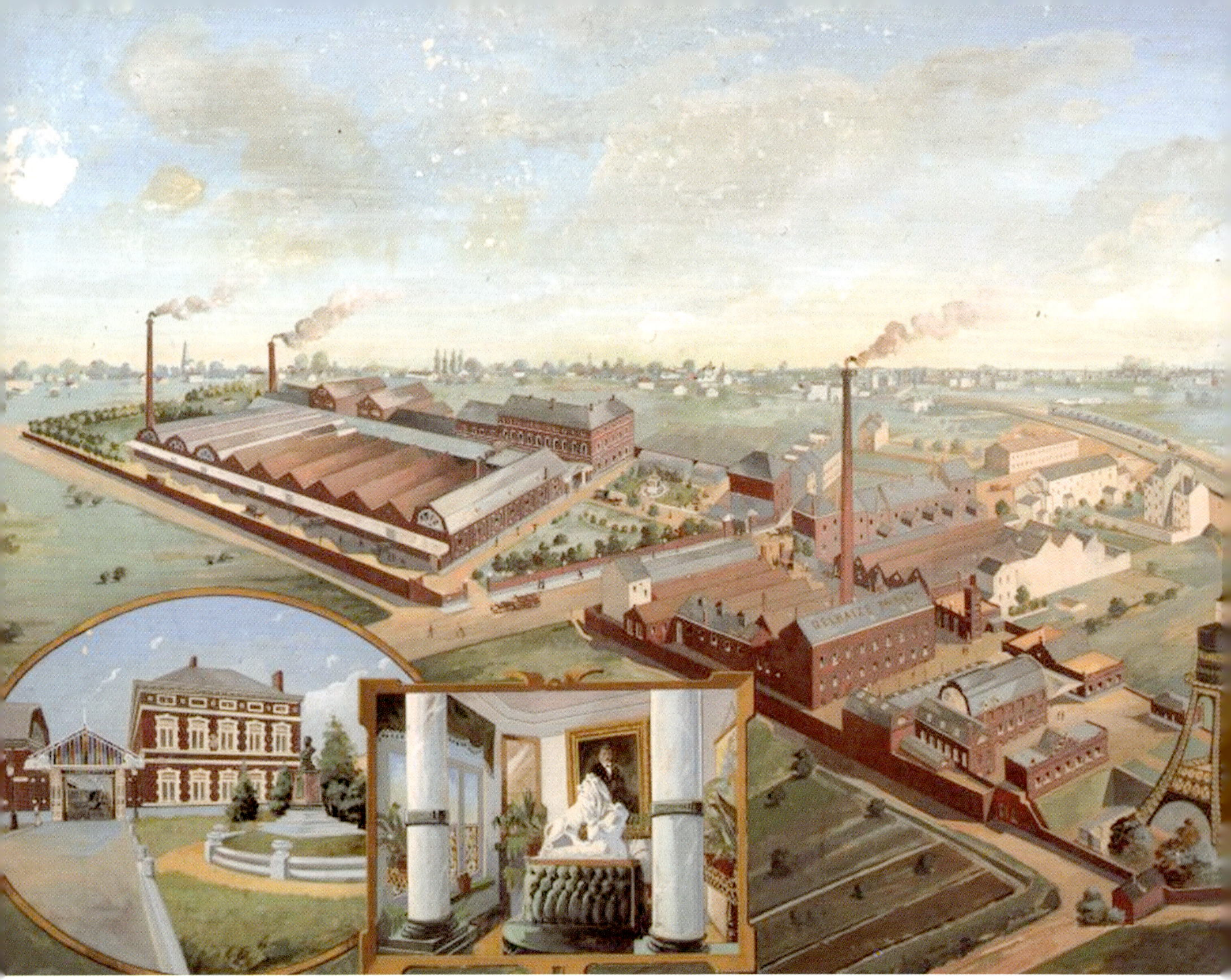
Vue des Établissements Delhaize Frères et Cie, rue Osseghem, vers 1890

Bronzes (rue Ransfort) ; la sucrerie Graeffe (rue de Manchester) ; la minoterie Farcy (quai du Hainaut) ; les papiers et tabac AJJA (les entrepôts sont situés rue Vandermaelen à partir de 1874, puis l'entreprise s'installe rue De Koninck en 1925 ; elle sera rachetée par Odon Warland, puis par la multinationale BAT, British American Tobbaco) ; ou encore De Waele (menuiserie, parqueterie, puis entreprise générale de construction, boulevard Léopold II). Les brasseries se multiplient également : Cheval noir ; Whitbread (embouteillage, 1908-1990) ; Phénix (rue Ulens, 16) ; Vandenheuvel (1920), en provenance de la rue de la Senne ; De Coster (1916), en provenance de la rue des Fabriques, le long du canal. Cette dernière, devenue Vandenstock-Belle-Vue en 1969, à partir d'une brasserie de lambic rachetée rue J.-B. Decock en 1943, sera reprise par Interbrew et définitivement fermée en 1990. Ces entreprises emploient alors plusieurs centaines d'ouvriers.

Ce mouvement économique dépasse la voie ferrée (qui servit pendant un certain temps de frontière entre la partie industrielle et la partie restée rurale) avec l'installation des établissements Delhaize, délocalisés en 1883 depuis la rue Rempart des Moines (Bruxelles intra-muros) vers la campagne d'Osseghem. Dans ce qui deviendra la rue Osseghem, l'entreprise implante, d'une part, une « cité commerciale » avec caves et entrepôts nécessaires à ce grand négoce à succursales qui s'étend dans tout le pays et, d'autre part, un complexe industriel destiné à la fabrication des produits à sa marque. La mise en bouteille des vins acheminés en vrac depuis les régions de production, l'imprimerie et la distillerie sont les seules activités industrielles qui subsistent sur un site de plus de 4 ha. Dès 1883, la firme dispose d'un quai de déchargement à la gare de l'Ouest, mais les allers et venues des marchandises se font par tombereaux. Ce n'est qu'en 1934 que la firme obtiendra le raccordement ferroviaire (supprimé en 1991) à la gare de l'Ouest, permettant la rotation de dizaines de wagons par semaine. L'implantation de Delhaize entraîne rapidement une première urbanisation du quartier Ouest. Les nouvelles installations suivent : la chemiserie Coster et Clément, chaussée de Gand, en intérieur d'îlot (1905) ; la confiserie Demaret, rue de l'Avenir, plus tard rue Osseghem (1933) ; la société de vinaigrerie et condiments Didden (1930).

Le quartier maritime n'est pas en reste, avec l'usine Nestor Martin, mais la décision de créer Bruxelles-Maritime, puis le complexe multimodal de Tour et Taxis (1900), multiplie le nombre d'entrepôts (rue Van Meyel), mais aussi d'entreprises de transformation (Gosset, 1930), de négoce (Martini) et de transport.

En 1896, 940 entreprises industrielles emploient 10 960 personnes, dont 9 624 salariés. Elles sont caractéristiques de l'industrie urbaine diversifiée : métallurgie (30 %), industries alimentaires (21,4 %), bois (12,2 %), confection (dans de petits ateliers domestiques, 8,9 %), textile, cuirs et peaux (tannerie, maroquinerie, corroierie), chimie, papier et imprimerie. Le long des quais, dont l'appellation est explicite (quais de Mariemont, du Hainaut, de l'Industrie, des Charbonnages, des Matériaux), les entrepôts se multiplient.

À la fin du XIXe siècle, une usine à gaz et trois gazomètres sont construits près du domaine de Karreveld pour alimenter en gaz l'ouest de la ville. L'arrivée du gaz naturel condamne ses activités (1976). Les réservoirs sont démontés, sauf la base du n° 2, récemment classée, rare témoin d'une activité essentielle pour la ville pendant un siècle (éclairage, chauffage et cuisson).

Molenbeek fut l'une des communes les plus industrielles du Brabant. Il n'est pas étonnant que la mention de « Petit Manchester » lui soit attribuée : si sa situation n'est pas unique, elle a toutefois été la seule où la concentration ouvrière fut aussi forte (13 300 ouvriers y vivent en 1896 !). Sa dynamique touche également le territoire contigu de Koekelberg. Mais cette dynamique est complexe. L'emploi industriel diminue déjà à Molenbeek alors qu'il culmine dans les années 1950 dans la région ; l'industrie s'effondre dans le dernier quart du siècle, au moment où un nouveau prolétariat, d'origine étrangère, s'installe dans la commune, ce qui explique l'importance du chômage depuis la grande crise de la fin du XXe siècle. Auparavant, de nombreuses entreprises ont quitté Bruxelles-ville pour s'installer à Molenbeek ; certaines sont créées dans la commune ; toutes ont dynamisé l'urbanisation. D'autres, au contraire, ont fermé ou se sont délocalisées. Certaines subsistent, comme l'imprimerie Hayez, la menuiserie Watteau (rue Delaunoy), le serrurier Vervloet (venu d'Etterbeek).

L'emploi tertiaire augmente. C'est particulièrement vrai au siège de Delhaize Le Lion (rue Osseghem) où ont travaillé jusqu'à 1 400 personnes. En 1993, sur 697 personnes, on n'y compte plus que 116 ouvriers (soit 16,6 % ayant surtout des activités de manutention) et 581 employés. Les principales activités industrielles et de stockage sont délocalisées hors de la région. Néanmoins, en 2001, l'emploi dans le secteur secondaire de Molenbeek représente toujours 20 % du total, soit un taux double par rapport à la moyenne régionale. D'anciens sites industriels sont réutilisés ou réaffectés : De Waele, devenu le ministère de la Communauté française, la KBC qui, à partir d'une implantation rue de l'Intendant, a « colonisé » l'îlot de l'avenue du Port - rue Ulens, les brasseries Phénix et les papiers peints Bosquet, le fabricant de pianos Oor (site occupé aujourd'hui par un centre d'entreprises), les tabacs Gosset (dont les bâtiments sont occupés aujourd'hui par la SDRB et Télé Bruxelles).

De nombreux bâtiments ont été reconvertis en logement : l'imprimerie Guyot (rue Ransfort), transformée en loft ; l'entreprise Nestor Martin, qui a fait place à 39 logements rénovés par la SDRB (très active à Molenbeek) ; l'institut technique Saint-Jean-Baptiste de la Salle (rue de la Colonne), utilisé désormais par Oxfam.

Un marché en plein air, d'abord quotidien, puis hebdomadaire, se tient depuis 1858 sur la place communale. Le changement de population en a fait

Brasserie Phénix, rue Ulens, vers 1910

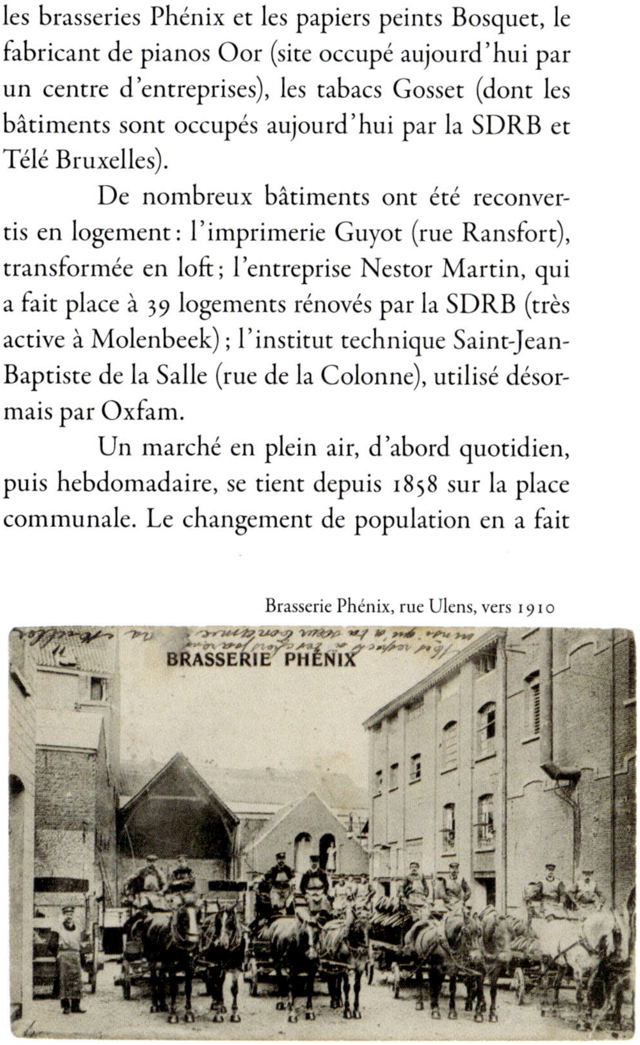

aujourd'hui un marché exotique, surtout marocain, spécialisé dans les fruits, les légumes et les vêtements. Il déborde désormais sur la rue du Comte de Flandre et sur le parvis de l'église Saint-Jean-Baptiste. La rue du Prado, autrefois vouée aux commerces de chaussures, est réservée aux piétons et a pris des allures de souk nord-africain avec des étals qui s'emparent de la voirie. Il en va de même dans la très commerçante rue de Ribaucourt. Les offres commerciales nombreuses y présentent les contrastes vifs entre la tradition (viande hallal, vêtements, meubles, bibelots) et la modernité (fast food exotique et téléphonie mondiale). La place de la Duchesse de Brabant a longtemps accueilli le marché aux chevaux le plus important du pays. Un marché hebdomadaire (tous les mardis) y subsiste toujours également.

Le haut de la chaussée de Gand a vu se multiplier les grands commerces de détail, ainsi que des enseignes spécialisées utilisant les vastes espaces abandonnés par d'anciennes entreprises (meubles, voitures...), tandis que les croisements de l'avenue du Karreveld et du boulevard Mettewie ont gardé leur caractère commercial.

La population

Molenbeek compte, en 1526, 500 à 600 habitants, approximativement 1 000 en 1694, 737 en 1709 (conséquence de l'épisode du bombardement) et 831 en 1755. La barre du millier n'est réellement franchie qu'en 1800, avant d'atteindre 4 091 habitants en 1831. Entre 1830 et 1900, la population est multipliée par 14. À la veille de la Première Guerre mondiale, Molenbeek a atteint un chiffre record de population, avec près de 73 000 habitants. La population a été multipliée par 18 depuis 1831. L'urbanisation a dépassé la limite du chemin de fer de l'Ouest. Si de larges zones rurales subsistent, nul ne songe plus à associer l'image de la commune au village médiéval qu'elle était à la fin de l'Ancien Régime. Molenbeek est devenue une véritable extension de la ville.

La croissance de la population, majoritairement flamande à l'origine, s'est opérée tant naturellement que par forte migration en provenance du Brabant flamand, d'abord, puis de plus loin (manœuvres d'origine rurale, ouvriers qualifiés de Wallonie). La population s'est stabilisée après 1921. En revanche, sa répartition s'est modifiée au profit des nouveaux quartiers de l'ouest. Ce qui explique, avec le vieillissement et la disparition progressive de l'ancienne population ouvrière, que lorsqu'on fit appel à une main-d'œuvre étrangère pour les travaux de l'exposition de 1958, puis du métro, celle-ci trouva à bon marché une quantité de logements dans le vieil habitat du siècle précédent. Avec un taux de natalité supérieur et le regroupement familial, cette nouvelle population,

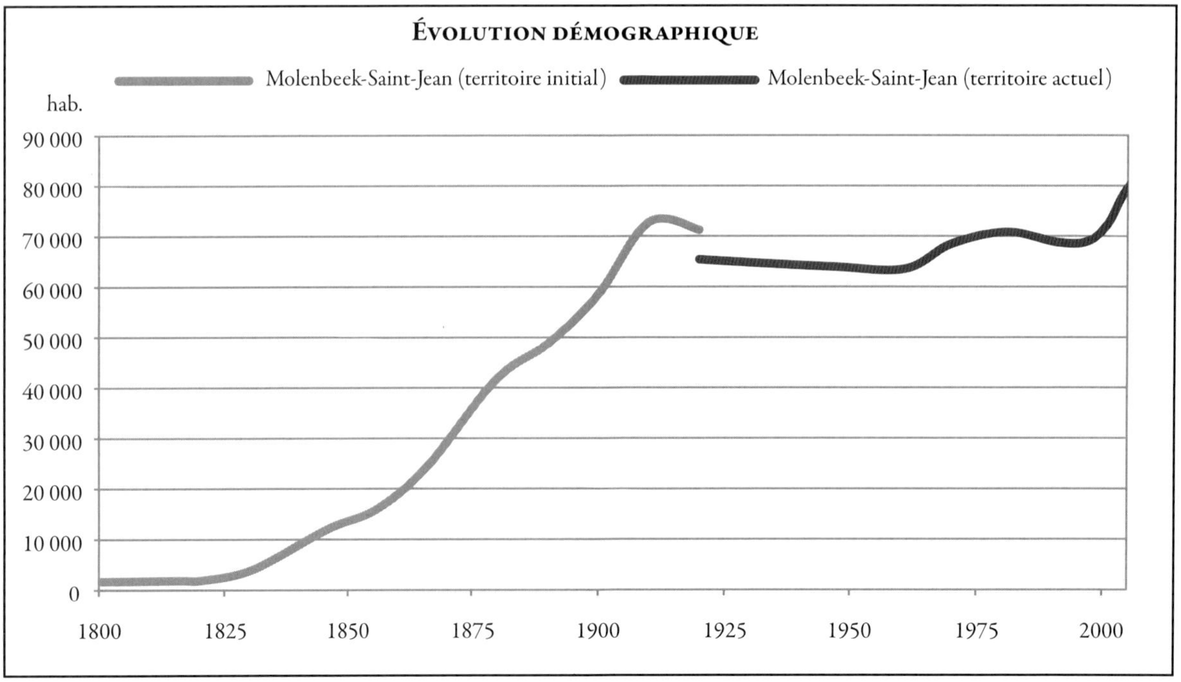

en particulier d'origine marocaine, a investi le vieux Molenbeek et explique en grande partie le dynamisme démographique retrouvé.

Sur le plan linguistique, si l'on se réfère, par exemple, aux résultats des élections communales, on constate que, en 2007, Molenbeek comptait 5 conseillers communaux flamands sur 41.

Molenbeek a évolué, somme toute rapidement (en deux siècles), du statut de modeste village d'origine médiévale à celui de grand faubourg de plus de 79 000 habitants où se croisent les ressortissants de plus de 150 nationalités, aux portes de la métropole européenne.

Groupe d'écolières de l'école moyenne de l'État pour filles, rue Mommaerts, vers 1900

Marché sur l'esplanade près de la maison communale

La situation politique

Lorsque la commune perd son caractère rural (et n'est donc plus dirigée par des notables locaux), elle est dominée par un parti libéral au sein duquel les intérêts industriels sont fortement représentés. La démocratisation du suffrage permet l'élection de conseillers ouvriers, puis, à partir de 1899, la participation du POB au collège échevinal. Ce sont donc des majorités libérales-socialistes, puis socialistes-libérales, qui entreprennent la modernisation et l'extension de la commune au XXe siècle (en 1919, le Conseil compte 6 industriels libéraux et 11 ouvriers socialistes). Le socialiste Edmond Machtens, agent d'assurances à la Prévoyance sociale, détient l'écharpe mayorale pendant près de 40 ans (de 1939 à 1978), à la tête d'une majorité absolue à partir de 1952. Son successeur, le docteur Marcel Piccart, rejoint le FDF qui obtient, à cette époque, d'importants succès électoraux, témoignant des mutations sociales en cours dans le dernier quart du siècle. Mais cet intermède est bref, puisqu'une nouvelle majorité communale socialiste-libérale est constituée en 1989 sous la houlette de Philippe Moureaux, professeur à l'ULB, alors ministre. Il devient bourgmestre en 1992 et mène, d'abord avec les anciens partenaires, puis avec Écolo et le PSC (2000), enfin à nouveau avec le parti libéral, MR (2007), une vigoureuse et indispensable politique de rénovation urbaine combinée à des mesures visant à intégrer, politiquement et socialement, les nouveaux habitants devenus massivement belges. Cette politique, tournée prioritairement vers les vieux quartiers du XIXe siècle, dévastés par la crise économique et la crise urbaine, permet d'intégrer la population d'ori-

Bourgmestres

1830 : Karel De Roy
1836 : Pierre-Joseph Meeus
1843 : Albert Vander Kindere
1848 : Héliodore Stevens
1861 : Jean-Baptiste De Bauche
1864 : Liévin De Cock
1875 : René Verbist
1876 : Guillaume Mommaerts
1879 : Henri Hollevoet
1912 : Julien Hanssens
1914 : Louis Mettewie
1939 : Edmond Machtens
1978 : Henry Pevenage (f.f.)
1979 : Marcel Piccart
1989 : Léon Spiegels
1992 : Philippe Moureaux

gine étrangère, marocaine surtout. Elle provoque cependant l'hostilité d'une partie de l'électorat qui accuse la majorité de délaisser le haut de la commune et proteste en se tournant vers l'extrême droite xénophobe, Vlaams Blok (puis Vlaams Belang) et Front national, voire aussi vers le parti libéral.

Les enjeux sont considérables. Les deux parties, orientale et occidentale, de la commune présentent en effet des visages contrastés, très représentatifs de son histoire. Densité de la population (18 000 hab./km² par rapport aux 8 000 hab./km² des nouveaux quartiers), pourcentage important de jeunes, faiblesse du niveau d'instruction, précarité du logement caractérisé par la location, chômage, faiblesse des revenus, santé déficiente et espérance de vie moindre caractérisent le bas de la commune. La situation du XIXe siècle se reproduit, mais cette fois le travail, facteur si important d'intégration, manque cruellement pour les moins qualifiés. Cette situation exige des réactions fortes portant sur la formation de ces nombreux jeunes et sur la rénovation, la modernisation et l'embellissement de l'espace urbain. De ce point de vue, un travail considérable a été entrepris par le biais de six contrats de quartier cofinancés par la Région, le pouvoir fédéral (Beliris), et l'Union européenne (programmes Urban, Objectif 2). Le pouvoir politique de la commune a entrepris, en partenariat avec la SDRB et des investisseurs privés (Rive gauche, porte de Ninove), d'importants programmes de construction et la revitalisation des quartiers commerciaux. L'endettement limité de la commune lui a permis de soutenir certains programmes, mais l'essentiel provient de ces subventions habilement sollicitées et sérieusement mises en œuvre par un nouveau service communal. Malgré les difficultés, notamment d'intégration économique et sociale, de la nouvelle population souvent d'origine rurale ou semi-rurale (issue en particulier de la région d'Oujda, au nord-est du Maroc), et malgré certains problèmes d'insécurité, Molenbeek semble un modèle intéressant pour la Région de Bruxelles, mais aussi à l'échelle européenne.

Marché entre la maison communale et le parvis Saint-Jean-Baptiste

Le pont monumental et le boulevard du Jubilé, vers 1900

Les aménagements urbains

Au XIXe siècle, l'urbanisation suit le développement industriel. Le quartier Saint-Martin, qui s'étend des remparts démantelés jusqu'à la rue de la Filature (plus tard rue Ransfort), et le faubourg de Laeken s'ajoutent au noyau villageois autour du parvis et à celui qui borde la chaussée principale. Bientôt, les voies secondaires qui y mènent (rue des Quatre-Vents, chaussée de Merchtem et rue Osseghem) sont également concernées. Le plan général d'aménagement des faubourgs de la ville (Vanderstraeten, puis Besme) se réalise peu à peu : la chaussée de Ninove et la place de la Duchesse de Brabant structurent un nouveau quartier autour de six radiales.

Le boulevard Léopold II, aménagé à partir de 1867, devient une artère de prestige, large de 40 m, plantée de deux rangées centrales de marronniers, dans la prolongation du boulevard du Nord et menant au sommet de la pente où s'érigera la basilique nationale de Koekelberg. Le nouveau boulevard est bordé d'immeubles cossus, habités par une bourgeoisie de plus en plus aisée à mesure qu'on le remonte vers le plateau. Il est bientôt concurrencé par le boulevard du Jubilé (reliant Molenbeek à Laeken) qui bénéficia d'un concours d'architecture récompensant les plus belles réalisations (début du XXe siècle) et par l'aménagement de l'actuel square des Libérateurs, à l'origine d'un quartier plus résidentiel.

Au centre, on assiste, dans la deuxième moitié du XIXe siècle, au démantèlement de grandes propriétés, ce qui permet de densifier l'espace : Vandermaelen, avec le percement de la rue du même nom et le lotissement de ses abords ; le Prado, à l'origine de la place communale (1860) et de la nouvelle maison communale (1889) ; le domaine dit du Pantenshuys ; celui du Karreveld ; de même que le comblement des Étangs noirs et celui, bien plus tardif, de la petite Senne.

Sur les Étangs noirs comblés apparaissent de nouvelles artères et de nouveaux lotissements. Dans les années 1930, à la suite de la réalisation du parc Marie-José, l'avenue du Beekkant (futur boulevard Edmond Machtens) est tracée sur l'ancien ruisseau du Molenbeek et un chapelet d'étangs comblés. L'avenue du Karreveld et le boulevard Mettewie sont aménagés en vue de l'exposition universelle de 1935 pour relier la chaussée de Ninove à Koekelberg et Laeken. L'ancien domaine du Karreveld (16 ha) est racheté par la commune en 1930. Il est démantelé pour réaliser un nouveau quartier, mais le château et le parc qui l'entourent sont préservés. Il sert de laiterie-restaurant jusqu'à son classement en 1955, puis sa rénovation « à l'ancienne » en 1957. Malgré son aspect pour le

Tabagie de la Maison du Peuple, vers 1905

moins factice, l'ensemble n'en constitue pas moins le témoin le plus ancien et le plus prestigieux du passé de la commune, ainsi qu'un lieu de qualité où se multiplient les activités : il est aujourd'hui le centre du « beau quartier » de Molenbeek. L'ouest de la commune présente en effet une meilleure qualité de vie et d'habitat avec des voiries plus larges, pour certaines plantées d'arbres. La densité de constructions et de population y est beaucoup moins importante que dans l'est de la commune.

Au XIXe siècle, les commerces de détail et les cafés se multiplient le long des principales voies de communication, en particulier la chaussée de Gand, pour capter la clientèle salariée qui les arpente. La coopérative ouvrière la Maison du Peuple, qui y cuit ses premiers pains en 1882, avant de disposer de fours industriels, rue Heyvaert, y ouvre un magasin et une Maison du Peuple, tandis que Delhaize y établit une succursale. Le tramway renforce le caractère commercial de la chaussée qui attire la chalandise de toute la commune, mais aussi des communes voisines.

Pour le reste, le tissu industriel et les logements s'imbriquent fortement à l'est du chemin de fer de ceinture. Les logements, alignés en façade ou groupés en impasse (des dizaines dans le vieux Molenbeek) se multiplient, mêlant demeures bourgeoises, parfois maisons de maître, immeubles de rapport et surtout habitat populaire. L'un des premiers ensembles de maisons ouvrières de l'agglomération (16 bâtiments de 4 logements) est construit, en 1869, rue de Dilbeek, loin de tout.

Les industriels n'ont pas construit beaucoup, mais on peut citer le phalanstère Pauwels rue Delaunoy (1851) ou l'initiative de Delhaize (22 maisons à la fin du XIXe siècle). En revanche, le privé bâtit 42 maisons au charme balnéaire autour de la chemiserie Coster et Clément, au début du XXe siècle.

En 1899, à l'exemple du Foyer schaerbeekois, des mandataires communaux libéraux, parmi lesquels les industriels Graeffe, Jacobs et Mettewie (qui la présidera), créent la Société anonyme des habitations à bon marché de Molenbeek-Saint-Jean. Elle entreprend un vaste programme de construction dans le quartier Osseghem, en commençant par la rue Dubois-Thorn en 1900 (238 logements entre 1900 et 1938). Il s'agit, pour la plupart, de maisons individuelles mitoyennes, selon la philosophie de la loi de 1889, mais aussi selon le modèle dominant dans le pays. La loi de 1919 entraîne la réalisation, mais plus loin, où les terrains sont moins chers, de deux ensembles de cités-jardins construits par les architectes de Saulnier (99 maisons) et Diongre (122 maisons) qui annoncent l'urbanisation au-delà du boulevard Mettewie. Des ensembles plus modestes sont également construits dans le quartier maritime, rues Dubrucq, Laekenveld et de l'Escaut.

Ce programme s'intensifie après la Seconde Guerre mondiale, avec la construction de 759 appartements le long du nouveau boulevard Edmond Machtens et de l'avenue De Roovere, bordant ainsi le nouveau parc, mais masquant aussi, à la ville nouvelle, la balafre du chemin de fer et le spectacle du faubourg industriel. C'est le cas aussi de l'avenue Mahatma Gandhi. Cet aménagement marque une véritable coupure spatiale, sociale et symbolique entre l'ancien et le nouveau Molenbeek.

Sous l'influence socialiste croissante, marquée par le modernisme hygiéniste des architectes qui lui sont proches, la Société communale des habitations entreprend aussi de revitaliser d'anciens quartiers dans les années 1930. La cité Saint-Lazare (construite par Diongre en 1927 et qui s'étend dans les rues Edmond Bonehill et Louis De Gunst) comprend 180 appartements, organisés autour d'une cour centrale avec accès par des coursives apparentes, renvoyant à l'architecture scolaire, pénitentiaire ou sociétaire, tandis que des impasses disparaissent rue de la Savonnerie, rue Delaunoy, rue Van Hemelrijck, rue de Liverpool.

Dans les années 1960, le vieux quartier Saint-Martin, en bordure du canal et affligé de friches industrielles et de logements insalubres, est rénové : dans l'ancienne rue du Billard (devenue F. Brunfaut) sont érigés, à partir de 1956, quatre ensembles d'immeubles, présentant chacun les caractéristiques architecturales de la décennie de leur construction (soit les années 1960, 1970 et 1990). Ils offrent ainsi un intéressant éventail de styles, de gabarits et de conceptions, parmi lesquels l'immeuble en hauteur, familièrement surnommé *de kartonnenblok*, jusqu'au récent complexe du Cheval noir. Un vaste ensemble se dresse également sur la friche Cail et Halot, rue de l'Éléphant.

Le Foyer molenbeekois gère 3 300 logements, soit 9 % du parc régional de logements sociaux et 13 % des logements de la commune. À la suite de la loi de 1923, des maisons individuelles ont été vendues (185 dans le quartier d'Osseghem), situant l'effort global à un niveau encore supérieur. La société de logement a donc joué un rôle majeur dans l'urbanisation du territoire, entraînant progressivement l'investissement privé lorsque les moyens de transport, puis, dans les années 1960, l'usage généralisé de la voiture individuelle, ont désenclavé le grand ouest. La loi Breyne sur la multipropriété (1972) ouvrit la voie aux grands ensembles le long du boulevard Mettewie (construits par les entreprises L'Écluse, Étrimo, Amelinckx), mais aussi aux immeubles du Sippelberg. L'ancien cimetière de la paroisse Sainte-Catherine a été remplacé par des

Adolphe Puissant, immeubles à appartements pour la Société des habitations à bon marché de Molenbeek-Saint-Jean, avenue J. Dubrucq, 1922

Les grands ensembles en bordure du boulevard Mettewie

immeubles de logement social, ainsi que par une place (donnant sur la rue Jean-Baptiste Decock).

Contrairement à ce qui s'est produit au centre-ville, la réalisation du métro en tranchée a été accompagnée, tardivement, d'une opération d'assainissement du vieux Molenbeek. Des dizaines de bâtiments ont été rasés, laissant une balafre béante dans le tissu urbain pendant 20 ans. Ce n'est que récemment, à l'occasion de l'opération urbanistique « Rive Gauche », que cette blessure a été pansée depuis le canal (nouveaux immeubles d'habitation) jusqu'à la place Voltaire (résidence Cap Horn et un nouvel ensemble de logements sociaux dans l'îlot adjacent), en passant par le nouvel hôtel de police, accolé à la maison communale, et le parc Bonnevie. Six stations de métro desservent la commune. La station Comte de Flandre est décorée de 16 sculptures « volantes » dues à Paul Van Hoeydonck (1981).

Joseph Diongre, l'église en béton Saint-Jean-Baptiste, 1932

Longtemps dotée d'une partie campagnarde, Molenbeek ne s'est préoccupée de l'aménagement de parcs qu'après la Première Guerre mondiale : le parc Marie-José (et Albert), réalisé par l'urbaniste Van der Swaelmen sur le domaine d'Oostendaele, acheté par la commune en 1920 ; le parc des Muses, propriété de 2 ha achetée en 1922 ; le parc qui entoure le Karreveld, acheté au comte de Villegas de Saint-Pierre-Jette en 1930, constituent autant d'étapes d'embellissement de la partie de la commune en voie d'urbanisation. Le Scheutbos (56 ha) en forme le dernier et plus important élément. Réserve foncière vouée au lotissement, progressivement traversée par les nouvelles voiries, il est finalement sauvegardé comme espace vert en raison de la crise et de l'élévation des taux d'intérêt qui calment les ardeurs immobilières, le tout combiné à l'émergence d'une conscience écologique. Classé en 1997, il comprend une partie aménagée en parc et plaine de jeux, et une partie « semi-naturelle » où sont sauvegardées des espèces animales et végétales d'intérêt régional, mais où subsistent aussi des jardins potagers. La propriété Hauwaerts est également restée un parc boisé, aménagé pour les enfants, face à l'école de l'avenue Requette. Ce sont des associations d'habitants, La rue et la maison de quartier Bonnevie, qui sont à l'origine de la création du parc de La Fonderie (et de l'espace de jeu Pierron) et du parc de Bonnevie, qui dispose d'un terrain de mini-foot. La partie orientale de la commune est ainsi dotée d'espaces verts propices à la détente. Mais le contraste entre les deux moitiés de la commune, la minérale du XIXe et la verte du XXe siècle, reste pourtant très marqué.

Les activités religieuses

L'ancienne église Saint-Jean-Baptiste est réédifiée en 1834 pour répondre à la croissance de la population. Un siècle plus tard (1932), l'édifice actuel est construit en béton par Joseph Diongre, qui s'affirme alors comme l'un des principaux architectes actifs dans la commune. L'ancienne église fait place au parvis. Le cimetière ancestral, autour de l'église paroissiale, cède sa place, en 1864, au nouveau et vaste cimetière créé sur une partie du domaine du Karreveld.

De nouvelles églises accompagnent l'urbanisation de la commune : l'édifice dédié à sainte

Barbe, patronne des métiers de la construction, à la place de la Duchesse du Brabant (1870) ; Saint-Rémy, boulevard du Jubilé (1907), qui dessert le quartier maritime et réunit aujourd'hui les fidèles philippins ; Saint-Charles Borromée, au Karreveld (1917 et 1939) ; Notre-Dame Médiatrice, rue des Étangs Noirs (1926), aujourd'hui utilisée par l'église orthodoxe serbe ; et les églises de la Résurrection et du Bon Pasteur, aux confins du territoire communal (rues Paloke, 1966, et du Hoogbosch, 1966). Des communautés protestantes sont également actives, autrefois l'Armée du Salut, aujourd'hui méthodistes, témoins de Jéhovah, Nouvelle Jérusalem.

Les mosquées se sont multipliées, discrètement d'abord, affichées aujourd'hui ; elles se signalent par les regroupements de fidèles en rue après la grande prière du vendredi. Il s'agit désormais du phénomène religieux le plus important de la commune.

Les activités culturelles, artistiques, scientifiques et sportives

Les établissements géographiques Vandermaelen (1830) constituent un exemple précoce d'institution scientifique en région bruxelloise. Philippe Vandermaelen (1795-1869) est le fils d'un droguiste bruxellois, marchand de couleurs. Philippe et François créent une entreprise scientifique et industrielle, équipée d'ateliers de lithographie (ils fournissent les premières cartes du jeune État belge), d'une bibliothèque et d'un centre de documentation (véritable *Mundaneum* avant la lettre, dont certains fonds ont été sauvegardés par la Bibliothèque royale).

Si la commune de Molenbeek n'a jamais été une commune riche, cela ne l'a pas empêchée de multiplier les équipements publics, considérés comme des outils de développement social. L'encadrement de la population se modernise à mesure que celle-ci croît : nouvelles écoles, surtout, nouvelle maison communale (inaugurée en 1889), augmentation du nombre de fonctionnaires communaux, de policiers, amélioration de la voirie, etc.

La première école, située chaussée de Merchtem (1843), relève de la loi de 1842, qui en faisait obligation aux communes. Elle a également abrité le conseil communal avant qu'il ne siège au Prado. Les pompiers ont ensuite remplacé les écoliers. Ce bâtiment a été rasé récemment pour faire place au parc Bonnevie.

L'hospice pour vieillards de la place de la Duchesse de Brabant, vers 1900

La majorité libérale (1879), élargie en 1899 au POB, a ensuite fait du développement scolaire une de ses priorités, construisant de nouvelles écoles à l'architecture impressionnante. « Nous sommes de ceux qui pensent qu'on ne pourra jamais faire assez pour élever le niveau moral et intellectuel du peuple », déclare le bourgmestre Hollevoet lors de sa prise de fonction (1879). En 1910, on compte dix écoles communales primaires et sept gardiennes, totalisant 5 720 élèves. Une école s'est installée dans les locaux de l'ancien hospice pour vieillards, place de la Duchesse du Brabant (1945), dont on ne conserve que la façade néoclassique après la construction d'un nouveau bâtiment 20 ans plus tard. La crèche reine Fabiola (1970) était logée dans un bâtiment scolaire construit à la place de la fonderie Dubrucq (où a fonctionné un moment le CPAS). Citons encore les écoles communales rue de Ribaucourt (1890), rue Taziaux (1923-1925, aujourd'hui bibliothèque communale), rue Ransfort, et, parmi les nouvelles, celles des rues Ulens-Le Lorrain (1977-1978, francophone et néerlandophone), celle du Gai Savoir (chaussée de Ninove, à la limite avec Dilbeek) qui présente les caractéristiques de classes vertes immergées dans la nature, ou encore la toute nouvelle école construite avenue des Tamaris (2006).

L'école de dessin et de modelage de la rue des Quatre-Vents (1865), installée ensuite rue Mommaerts dans un magnifique bâtiment de J. Benoît (1880), avait pour objectif de permettre aux jeunes ouvriers d'améliorer leur formation et de trouver des emplois qualifiés dans de nombreuses usines de la commune. Elle est devenue académie de dessin et des arts visuels et continue à attirer un public nombreux. L'académie de musique créée en 1920 connaît un réel succès et fournit des musiciens aux multiples fanfares et harmonies actives dans la commune (aujourd'hui École de la musique et de la parole au parc Marie-José).

L'athénée communal, construit rue de la Prospérité, présente les caractéristiques de l'architecture scolaire de l'époque, magnifiant les missions qui lui étaient conférées, mais relevant d'un code moral strict et autoritaire (grandeur impressionnante, hauteur des plafonds, luminosité des locaux, organisation panoptique). Sa fusion avec l'école moyenne de filles fondée en 1880, devenue le premier lycée d'État en Belgique, tout comme les nécessités du monde moderne, sont à l'origine de la construction au Sippelberg d'un nouvel établissement, l'Athénée royal Serge Creuz, du nom d'un artiste aux talents multiples ayant vécu à Molenbeek. L'ancien établissement abrite toujours les sections primaires.

L'enseignement catholique est également très présent dans la commune : outre cinq écoles fondamentales, il compte notamment l'institut Imelda (chaussée de Ninove, devenu campus Saint-Jean, fondé en 1903), tandis que l'athénée royal flamand (KA) s'est installé au Scheutbos.

Au total, ce sont, en 2007, 42 établissements (ou sections) scolaires fréquentés par 12 300 élèves, dont plus de 4 000 dans les cycles secondaires. Ce nombre est justifié par l'importance de la population, mais ces écoles drainent également un public extérieur à la commune, comme le KA ou l'école « Aux sources du Gai Savoir ».

Sur le plan des activités culturelles et de loisir, on notera que Molenbeek compta jusqu'à 12 cinémas (6 pour la seule chaussée de Gand, dont le plus ancien, le Kinox Pathé, fondé en 1908, et le plus vaste, le Forum, pouvant accueillir 1 395 personnes). Le cas du cinéma Crystal est très intéressant : développé à partir du site d'une ancienne fabrique de vermicelle, il s'étendra sur une parcelle de 25 ares, en intérieur d'îlot (chaussée de Gand, rues Ransfort et de la Colonne) pour former un vaste complexe avec salle de spectacle et salle de fête. La commune abrita

Banquet de la Libération des Ets Delhaize Frères et Cie, salle des Mille Colonnes, juin 1945

aussi, dans les bâtiments du vélodrome du Karreveld (1909-1917), un studio de cinéma Pathé qui connut son heure de gloire à l'époque du cinéma muet. Par ailleurs, Le Prado, en plus d'être un « lieu de plaisir » pour les citadins, attirés par des attractions dans ses jardins, servit de salle de spectacle et de réunion. C'est notamment là que Félix van de Sande trouva un lieu régulier pour les premières représentations du théâtre flamand de Bruxelles (1860-1864). La salle des Mille Colonnes (rue Ransfort) complétait une offre vaste et variée d'espaces de réunion et de loisir qui témoigne de l'intense et active sociabilité de cette commune populeuse.

En 1911, Molenbeek comptait plus de 50 sociétés, chorales, fanfares, cercles dramatiques, artistiques et sportifs. Depuis, la vie culturelle a changé de nature avec, notamment, l'intrusion massive de la télévision qui offre des dizaines de chaînes du monde entier (le nombre de paraboles visibles dans la commune en fait foi !). D'autres activités ont aussi vu le jour, tournées vers un public plus cultivé, tels que les spectacles de danse du plan K, les concerts du café de La Rue (rue de la Colonne), de Zone urbaine théâtre (ZUT) installé dans l'ancienne coutellerie Pelgrims, du centre culturel flamand De Vaartkapoen. Au Karreveld, devenu le lieu de cérémonie de la commune, ainsi que des conseils communaux, un festival d'été draine depuis 1992 le public du haut ouest de l'agglomération. L'ouverture en 2001 du Musée bruxellois de l'industrie et du travail (La Fonderie) a également joué un rôle stimulant dans la redynamisation du quartier Saint-Martin, en proposant expositions temporaires et activités diverses sur le site de la Compagnie des Bronzes, connue pour avoir réalisé nombre de bronzes monumentaux qui embellissent les villes en Belgique, mais aussi dans le monde (New York, Montréal, etc.).

De son côté, la commune tente de créer des cadres unificateurs pour la population ancienne et nouvelle, comme la Maison des Cultures et de la Cohésion sociale, inaugurée en 2006, ainsi qu'un tout nouveau Musée communal en voie de constitution et qui sera dédié à l'histoire de Molenbeek, regroupés sur le site de l'académie de dessin et de l'ancien Lycée de la rue Mommaerts.

Le canal a perdu sa fonction récréative initiale (on s'y baignait jusque dans les années 1950) et paysagère, avec la suppression de plusieurs écluses qui

Moulins à vent installés le long du canal dans le cadre du programme « Cela se passe à Molenbeek », décembre 2005

Affiche pour les championnats du monde de cyclisme au vélodrome du Karreveld, 1910

ont provoqué l'abaissement du niveau de l'eau entre l'écluse de la porte de Ninove et le bassin Béco. Le canal a également perdu une partie de sa fonction de transport de pondéreux avec l'effondrement de l'industrie, tant en Wallonie qu'à Bruxelles. En revanche, les activités de loisirs s'y sont multipliées. Les abords de l'avenue du Port ont été réaménagés et un embarcadère permet aux bateaux de loisirs d'accoster. « La Gueuse » y embarque les passagers participant aux parcours de La Fonderie qui, depuis plus de vingt ans, font redécouvrir les canaux, le port et les activités industrielles dans la ville. Des associations culturelles multiplient des décorations colorées pour animer son aspect morose.

Outre le vélodrome du Karreveld (1909-1917) et le plateau du Sippelberg, qui a vu s'envoler des montgolfières, le sport fut également bien présent grâce au club de football, le Daring, créé par des étudiants de Saint-Michel et de Saint-Louis (1895) et qui drainait des supporters de ce nouvel ouest de Bruxelles. Le club s'installa dans un nouveau stade à Molenbeek en 1920 (stade Oscar Bossaert, devenu Machtens), doté d'une piste d'athlétisme, de terrains de tennis, de hockey et d'un solarium. Le Daring sera champion national en 1935, en 1937, puis encore une fois après sa fusion (1973) avec le Racing de Bruxelles (Boitsfort) et le White Star (Woluwe-Saint-Lambert) sous le nom de RWDM. Les confrontations homériques avec l'Union (saint-gilloise) laissèrent alors la place à d'autres, avec le voisin « honni » d'Anderlecht, mais dans un esprit festif symbolisé par sa célèbre fanfare de supporters. Le club en faillite et radié (2002) est aujourd'hui remplacé par le Brussels (un RWDM recréé joue toutefois en provinciale). Il maintient la tradition avec l'aide active de la commune, préoccupée par la survie de l'école de formation (la plus importante de la région) qui accueille des centaines de jeunes. Aux quatre terrains au service du club, s'ajoutent d'autres terrains au Sippelberg et avenue du Château. Par ailleurs, les miniterrains se sont multipliés pour permettre aux jeunes de se dépenser à proximité de chez eux (espace Pierron, parc Bonnevie, parc Marie-José). À ces infrastructures, il faut bien sûr ajouter la piscine olympique créée en 1971 (rue Van Kalck), symbole des ambitions de Molenbeek, ainsi qu'une salle de sport installée dans le quartier maritime.

Tout feu tout flamme,
exposition organisée par La Fonderie, 2007-2008

EXPO EXPO EXPO EXPO EXPO EXPO EXPO EXPO
IN VUUR EN VLAM!
DE REVOLUTIE IN HET VERWARMEN
LA FONDERIE
Rue Ransfortstraat 27 | Bruxelles 1080 Brussel | T 02 410 99 50 | www.lafonderie.be
Musée bruxellois de l'industrie et du travail
Brussels museum voor arbeid en industrie
VAN DINSDAG TOT VRIJDAG | 10u - 17u
ZATERDAG, ZONDAG EN FEESTDAGEN | 14u - 17u
DU MARDI AU VENDREDI | 10h-17h
SAMEDI, DIMANCHE ET JOURS FÉRIÉS | 14h-17h
TOUT FEU TOUT FLAMME!
LA RÉVOLUTION DU CHAUFFAGE
5/05/07
4/05/08
Éd. Resp. - Ver. Uit. : J. Joye c/o rue Ransfortstraat 27 - Brussel 1080 Bruxelles
Avec le soutien de / Met de steun van:
VIVA BRUXELLES
INVICTA
Avec la collaboration de / In samenwerking met:
ULB
INFOR SCIENCES

BUS

WOLUWE-SAINT-LAMBERT

Chloé Deligne, Christian Vandermotten

Topographie

Woluwe-Saint-Lambert doit son nom à la rivière qui traverse la commune et dont le fond alluvial, aujourd'hui parcouru par le boulevard de la Woluwe, fut longtemps laissé aux étangs, aux prairies et aux moulins. La rivière passe sous l'altitude de 40 m à sa sortie du territoire. Le noyau villageois, groupé autour de l'église Saint-Lambert, ainsi que deux grosses fermes, l'*Hof ten Berg*, sur la rive gauche, et l'*Hof ter Musschen*, sur la rive droite, s'étaient installés un peu en hauteur, à l'abri des inondations. À l'ouest, le versant culmine à 90 m sur le plateau de l'ancien bois de Linthout (voir *Schaerbeek*). Il est entaillé par le Roodebeek et, plus au nord, par le Gulledelle. À l'est, le versant mène au plateau du Kapelleveld, qui dépasse de peu 80 m. Il est parcouru par le Struykbeek venant de Stockel, vallon où se trouvent le stade communal et le parc Malou.

Cartes des pages 274 à 277 :

Carte de Cabinet des Pays-Bas Autrichiens levée à l'initiative du comte de Ferraris, 1775-1777

Réduction des plans cadastraux, Dépôt de la Guerre, 1847

Carte topographique de Belgique, Institut Cartographique Militaire, vers 1930

Carte topographique de Belgique, Institut Géographique National, 1994

Limites communales actuelles
Limites communales en 1860
Limite communale de la ville avant l'annexion du Quartier Léopold et Nord-Est (1853)

L'avenue Marcel Thiry et
les cliniques universitaires Saint-Luc (à l'arrière-plan)

CRAINHEM
S TEN NOODE
LINTHOUDT BOSCH
ETTERBEKE
S.T LAMBRECHTS WOLUWE
S.T PEETERS WOLUWE
S.T PIERRE WOLUWÉ
STOCKEL
MESDAEL BOSCH
SOL BOSCH
Chaussée
Louvain
Bruxelles
Kleynenbergh

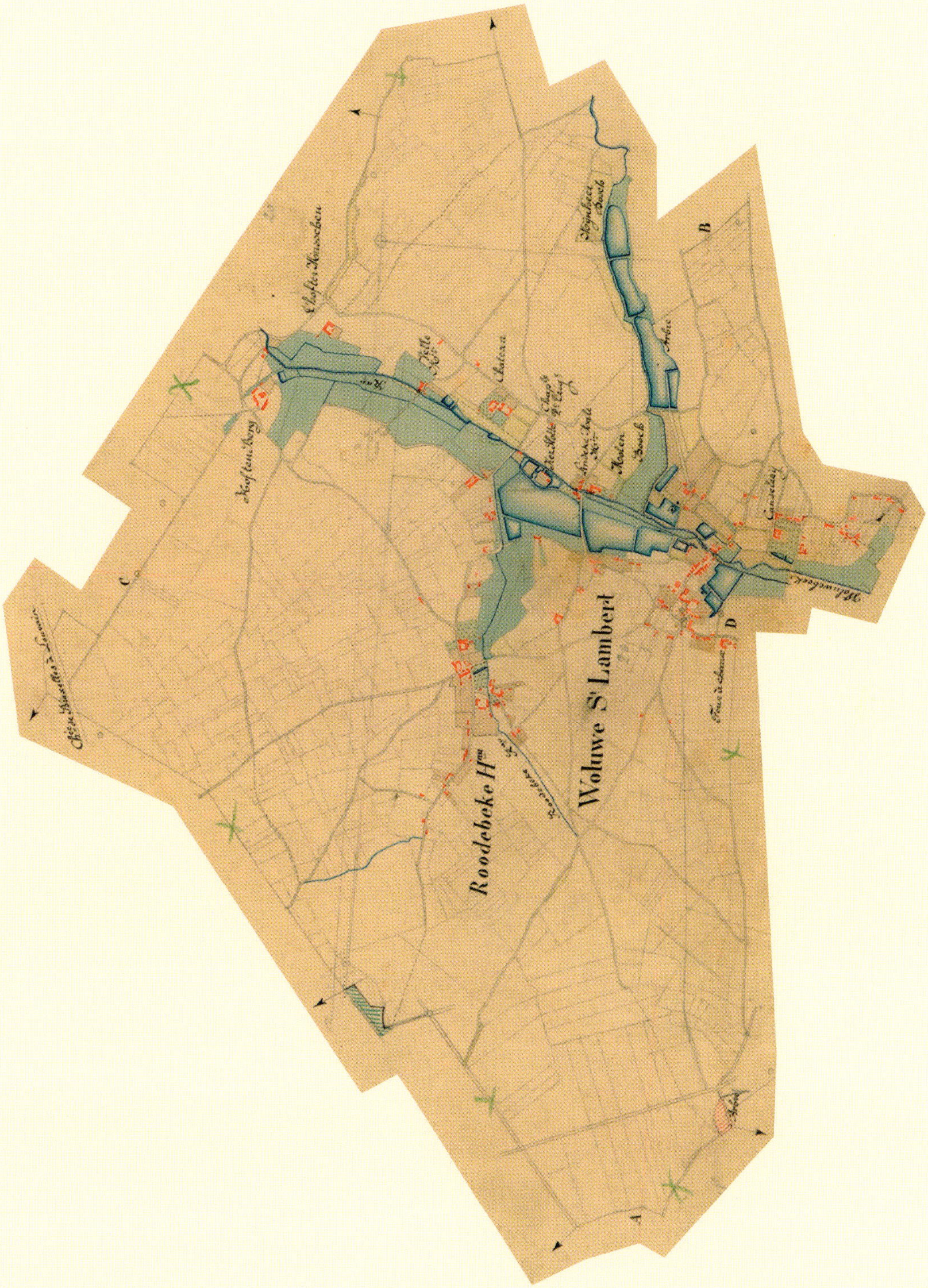
Woluwe St Lambert
Roodebeke Hm
A
B
C
D

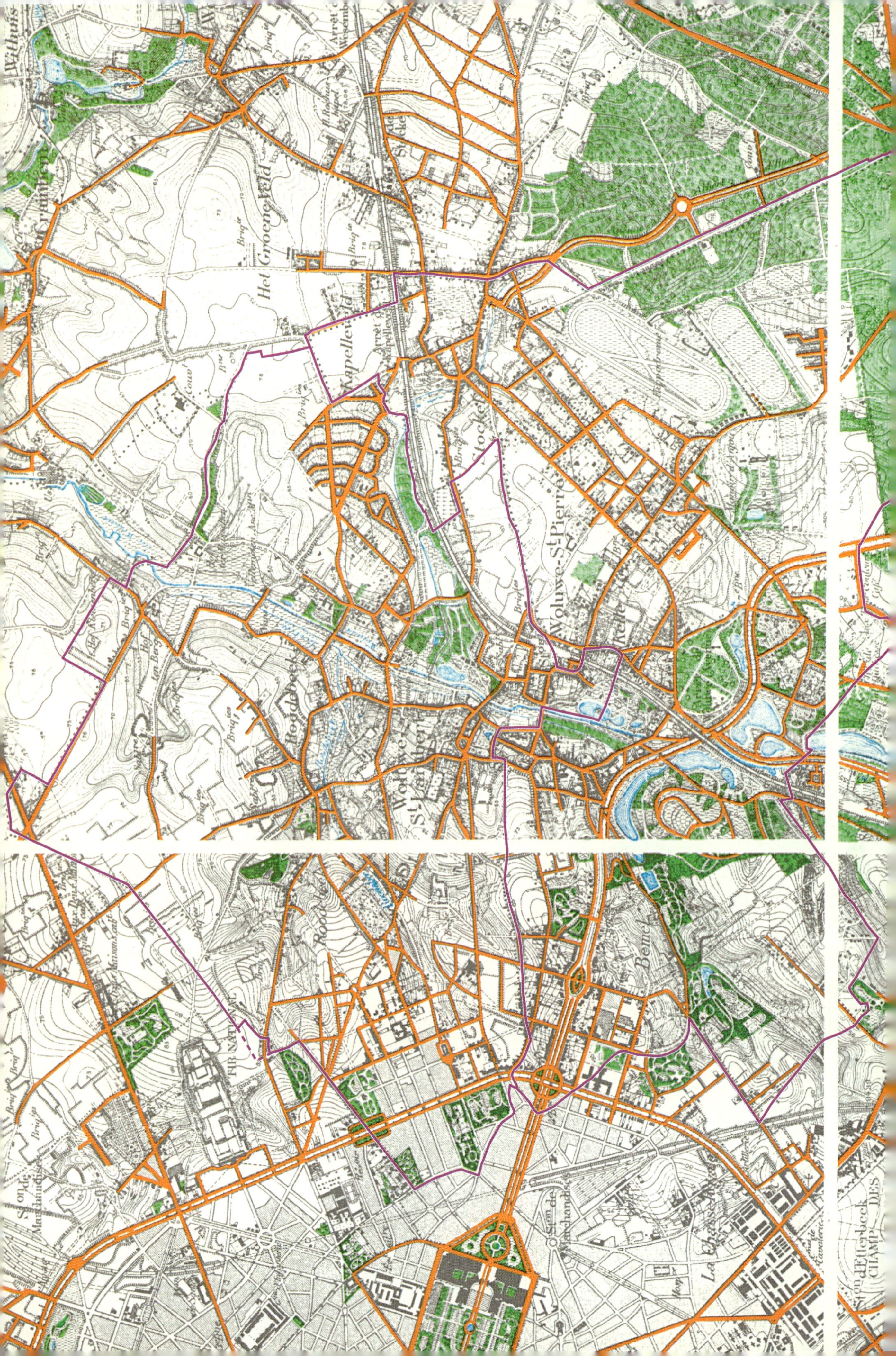
Het Groeneveld
Kapelleveld
Woluwe-St-Pierre
Woluwe St Lambert

SINT-LAMBRECHTS-WOLUWE
WOLUWE-SAINT-LAMBERT
SINT-PIETERS-WOLUWE
WOLUWE-SAINT-PIERRE
ERBEEK
Hoog Kraainem
Hennekenberg
Groeneveld
Veldeke
Schone Lucht
Mont Fleuri
Prinsepur
Stokkelbos
Stokkel
Stockel
Kapelleveld
Cité de l'Amitié
Vriendschapswijk
Klokkedelle
Neerveld
Rodebeek
Roodebeek
Bodebeek
Tomberg
Kerkedelle
Grootveld
Konkel
Kelle
St-Henri
Linthout
St-Michel
Bemel
Vogelzang
Chant d'Oiseau
Putdaal
Joli-Bois
Mooibos
Parc de Woluwe
Woluwepark
Parc Parmentier Park
Val d'Or
Parc Schuman
Schumanpark
Andromeda
Andromède
Gulledelle
Cliniques Univ. St Luc
St-Julien
La Chasse
Jacht
Koninklijke Jacht
Chasse Royale
De Vier Armen
Aux Quatre Bras
Mellaerts Vijvers
Château de Val-Duchesse
Hertoginnedal
Kast. Val au Bois
Manoir d'Anjou
B.R.T.N.
R.T.B.F.
Meiser
Daily
Jubelpark
Parc du Cinquantenaire

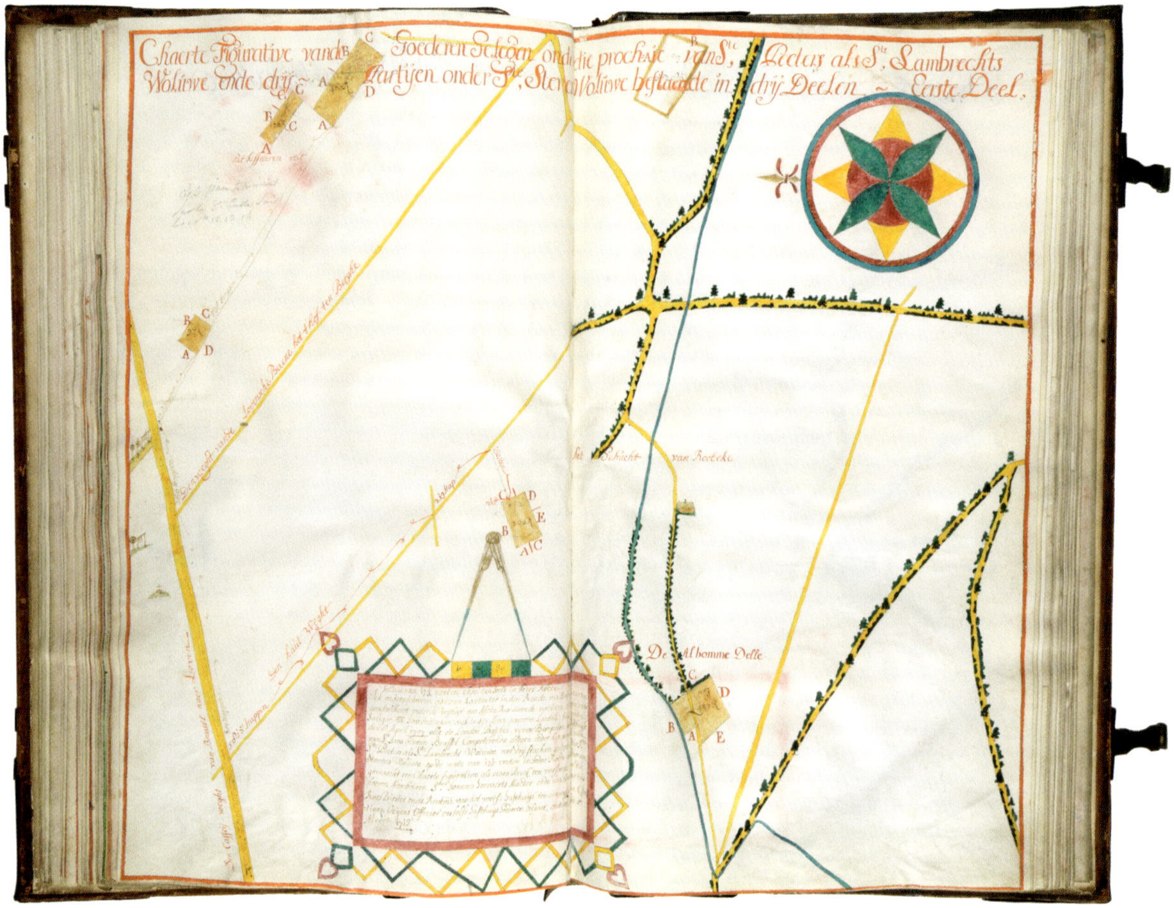

Carte figurative des biens situés à la paroisse de Woluwe-Saint-Lambert, extraite de l'Atlas terrier de l'hôpital Saint-Jean, 1709-1713

Des origines à la fin de l'Ancien Régime

Les trouvailles archéologiques ont révélé une présence humaine aux périodes paléolithique et mésolithique sur le plateau du Kapelleveld et un site d'occupation du Michelsberg (4e millénaire avant J.-C., voir *Boitsfort*) sur la hauteur dominant le confluent du Struykbeek et de la Woluwe, au lieu-dit *Molenbos*, c'est-à-dire près du moulin du *Lindekemale*. Quelques toponymes et trouvailles indiqueraient l'existence de sites gallo-romains : Tomveld et Tomberg situés respectivement aux environs de l'avenue de Gribaumont et à l'emplacement de la maison communale, une pièce de monnaie rue Vervloesem, des carreaux de céramique et des tuiles à proximité du *Kwak*.

La première mention écrite de Woluwe (*Wiluwa*) remonte au XIe siècle. La source qui mentionne le toponyme ne permet pas de dire de quel Woluwe il s'agit. L'appellation *Op Weulen,* qui apparaît en 1173 pour distinguer un Woluwe « d'en haut », n'est pas suffisante pour faire la lumière sur le processus de distinction des trois entités. Plus sûrement, la première mention de l'église Saint-Lambert date de 1187 et celle de la paroisse de 1237.

Les sources des XIIe et XIIIe siècles ne permettent pas davantage de retracer les processus d'appropriation territoriale. Tout au plus autorisent-elles à supposer que la famille comtale de Louvain (devenue famille ducale de Brabant après 1106) y détenait terres et droits. Ses biens étaient principalement situés aux environs du noyau villageois, là où la famille dotera le chapitre des Saints-Michel-et-Gudule, là où se dressent l'église et peut-être un centre domanial (bien qu'on n'en ait mention qu'au XVe siècle), qui fut appelé tardivement *Hof van Brussel,* à la suite de son acquisition par les *de Brouxelles* au XVIe siècle. La grange aux dîmes du chapitre était située en contrebas. Les comtes de Louvain n'étaient pas les seuls détenteurs fonciers : la famille des châtelains de Bruxelles détenait aussi d'importants biens dont elle fit, en partie, donation à l'abbaye de Forest, contribuant ainsi à la constitution du *Hof ten Berg* et de la ferme du bois de Linthout (voir *Schaerbeek*). D'autres familles étaient implantées à Woluwe. Parmi elles, la famille de Woluwe, plus tard appelée de Castro, était à la tête d'une seigneurie sur la rive droite de la Woluwe qui, au XIVe siècle, comprenait au moins le bois de Varenberg, un château (cité fin du XIIIe siècle, ancêtre du *Slot*) et une chapelle (Notre-Dame des Sept Douleurs, dite de Marie-la-Misérable). Le moulin du *Lindekemale* en faisait sans doute partie mais, comme d'autres biens des Woluwe, il fut cédé très tôt (1129) à l'abbaye du Parc à Heverlee, près de Louvain. Morcelée au XVe siècle, à la suite de partages successoraux, la seigneurie donna naissance à celle de Stockel. Les Woluwe occupèrent des positions dans les administrations ducale et urbaine bruxelloise dès le XIIIe siècle, ce qui s'accompagna de (ou précéda) l'implantation d'une branche de la famille à Bruxelles.

Quoi qu'il en soit des détenteurs, les XIIe et XIIIe siècles ont vu se structurer le territoire. Dans le vallon du Struykbeek apparaît le hameau de Stockel (cité en 1147), tandis qu'à l'ouest émerge celui de Roodebeek (1173), situé dans le vallon du même nom (qui renvoie à une action de défrichement, *rode* signifiant essart). En dehors de ces hameaux, plusieurs exploitations occupent le territoire ; l'*Hof ten Berg* est la plus importante. Les autres fermes sont connues plus tardivement, mais beaucoup sont probablement médiévales. Dans le vallon du Roodebeek, sur la rive droite de la Woluwe, apparaissent l'*Hof Ter Cauwerschueren* (mention au XIVe siècle), qui dépend de l'abbaye de Forest jusqu'à la fin du XVIe siècle, et l'*Hof ten Steen* (mention au XVIe siècle) ayant sans doute appartenu à la famille du même nom, qui passa à l'abbaye de Forest et au couvent des riches-claires, puis aux jésuites au début du XVIIe siècle. Sur la rive droite de la Woluwe, se dressaient l'*Hof te Groenenberg* et l'*Hof Allome* (mention au XVIe siècle), peut-être fermes domaniales des seigneurs de Woluwe ou de Stockel. L'histoire de la constitution du *Hof ter Musschen*, est méconnue ; la première mention ne date que du XVIIIe siècle.

Si les versants et plateaux sont dévolus aux cultures céréalières, la vallée de la Woluwe, un des plus importants affluents de la Senne en région bruxelloise, abrite un grand nombre d'étangs artificiels destinés à la pisciculture, des prairies et des moulins dont les plus anciens sont le *Lindekemale* (1129) et le moulin de *Ten Berg* (1328), associé à la ferme du même nom. L'extraction de la pierre est attestée au Moyen Âge par quelques toponymes du type *Steenput*, mais on ne sait rien de plus sur cette activité avant le XIXe siècle. Deux brasseries sont également actives. L'une d'entre elles, *'t Lindeken*, faisait peut-être partie des équipements de la seigneurie des de Woluwe. En réalité, les productions sont surtout agricoles et trouvent leur débouché sur le marché urbain.

Durant l'époque moderne, Woluwe-Saint-Lambert reste un terroir de l'hinterland bruxellois voué aux productions agricoles. Une seule activité industrielle, elle aussi destinée au marché urbain, apparaît : la fabrication du papier. Deux nouveaux moulins s'y consacrent aux XVe et XVIe siècles : le *Vellemolen* et le moulin du *Kwak*. Le moulin *Ten Berg* de l'abbaye de Forest est aussi converti, un temps, en moulin à papier, comme d'autres dans la vallée, mais l'activité ne connaît pas le succès escompté et la machine est supprimée au XVIIIe siècle. À la même époque, le *Vellemolen* est transformé en tannerie, sans doute par des gantiers bruxellois, avant de redevenir un moulin à grain au XIXe siècle. Comme localité de la banlieue, Woluwe-Saint-Lambert est aussi le terrain privilégié des jeux fonciers et de l'affirmation du prestige de la noblesse, qui y acquiert des droits, constitue des domaines ou reconstitue des seigneuries éclatées au fil du temps. Les droits de haute justice à Woluwe-Saint-Lambert, tantôt réunis aux seigneuries voisines, tantôt de façon isolée, passèrent aux mains de plusieurs familles : les Bornival, les Armstorff, les Kieffelt, les Berchem et, enfin, les Hinnisdael, famille de la noblesse hesbignonne dont la branche principale s'éteignit en 1825. La famille Kieffelt avait acquis, à la fin du XVIe siècle, la seigneurie de Stockel qu'elle intégra ensuite à la seigneurie de Woluwe-Saint-Lambert. Elle était alors la plus grande propriétaire foncière laïque, ayant réussi à réunir les biens des anciens seigneurs et à prendre en engagère les seigneuries de Woluwe-Saint-Pierre, Woluwe-Saint-Étienne et Crainhem. Au XVIe siècle, près de la ferme Allome, elle fit ériger son château, une imposante bâtisse qui disparut en 1935 après la faillite du propriétaire et le lotissement du site. D'autres manoirs sont l'œuvre de ces familles. Ainsi, la Chancellerie, sur la rive droite de la Woluwe, fut érigée au XVIe siècle par Jérôme Van der Noot, chancelier de Brabant et

Le Vieux Moulin (Lindekemale), vers 1900

premier échevin de Bruxelles, et le *Speelgoet* par Albert de Preudhomme, apparenté à la famille d'Armstorff. Ce domaine fut racheté par les jésuites en 1654, puis, en 1776, par le négociant Lambert de Lamberts qui fit détruire le manoir pour y édifier ce qui deviendra plus tard le château Malou. Le château de Roodebeek, appelé château Convent au XXe siècle, du nom du docteur qui l'occupait à l'époque, date également du XVIIe siècle.

Plusieurs itinéraires traversant le bois de Linthout permettaient de rejoindre la ville. Au départ du noyau villageois, on pouvait emprunter les tracés équivalant à la rue Saint-Lambert et à la chaussée de Roodebeek pour rejoindre la chaussée de Louvain à Schaerbeek, soit prendre la rue du Tomberg prolongée par l'avenue des Cerisiers et rejoindre la chaussée de Louvain plus près des murs de la ville, à Saint-Josse, soit encore passer par le village d'Etterbeek en empruntant les tracés équivalant à la rue de la Cambre et à la chaussée Saint-Pierre.

Durant les XVIe et XVIIe siècles, la démographie reste stable, se tassant lors des épidémies ou des ravages infligés par les campagnes militaires. Le XVIIIe siècle, en revanche, durant lequel nos régions passent à la maison d'Autriche, est une période calme. La population croît significativement, passant d'un peu moins de 300 habitants au début du siècle à près de 700 à la fin. Une poignée de possesseurs fonciers laïques ou ecclésiastiques se partagent alors près de 70 % du territoire. Néanmoins, une classe de fermiers réussit à émerger à côté des manouvriers et petits agriculteurs qui constituent l'essentiel de la population. Ils arrivent à se mettre à la tête des grandes exploitations affermées par les abbayes, telle l'*Hof ten Berg*, ou à en constituer d'autre, telles la ferme Vandenhoven (rue Sombre), la ferme Verheyleweghen (qui prendra ce nom au XIXe siècle) ou la *Cayershuis*.

Du point de vue paroissial, l'église Saint-Lambert resta durant l'Ancien Régime sous l'autorité du chapitre bruxellois des Saints-Michel-et-Gudule, qui était aussi le principal décimateur. Au Moyen Âge, son ressort s'étendait sur la rive gauche de la Woluwe, tandis que la rive droite relevait de l'église de Woluwe-Saint-Pierre. À l'époque moderne, les contours paroissiaux furent redessinés, étendant la paroisse Saint-Lambert à la rive droite et lui adjoignant le Slot, le château Kieffelt et la chapelle de Marie-la-Misérable, dont le chapelain était désigné de commun accord par le chapitre bruxellois et le seigneur de Stockel. Cette chapelle, dont l'époque d'édification reste controversée, est mentionnée en 1363. L'histoire de Marie, ou sa légende, ne fut rédigée qu'au XVe siècle, nourrissant ou justifiant une dévotion populaire qui lui était sans doute antérieure. De 1580 à 1721, les paroisses Saint-Lambert et Saint-Pierre n'en formèrent qu'une avant d'être à nouveau distinguées. La paroisse Saint-Lambert disparut brièvement sous le régime français qui la considéra comme succursale de l'église de Woluwe-Saint-Étienne.

Formation du territoire communal

Le territoire de la commune n'a pas été modifié depuis 1795, si ce n'est une rectification mineure avec Schaerbeek, en 1930, pour ajuster la limite au tracé des voiries entre la rue Vergote et la chaussée de Roodebeek. La commune couvre 7,3 km^{2} et englobe les biens qui relevaient de la paroisse Saint-Lambert, à l'exclusion du hameau de Stockel, perdu au profit de Woluwe-Saint-Pierre et Crainhem, et de l'*Hof ten Kleinenberg*, perdu au profit de Woluwe-Saint-Étienne.

La commune est limitée au sud par Woluwe-Saint-Pierre (voir *Woluwe-Saint-Pierre*) et à l'ouest par Etterbeek, sur la lisière occidentale de l'ancien bois de Linthout (voir *Etterbeek*). La ligne droite de la limite nord-occidentale (rue Vergote et avenue Herbert Hoover) correspond au tracé d'un ancien chemin forestier, au nord duquel, dans la première moitié du XIXe siècle, le bois fit place à une plaine d'exercices militaires (voir *Schaerbeek*, Tir national). Le petit décrochage de la limite vers le nord (extrémité de l'avenue de Mars) correspond à la lisière orientale du bois et ramène la limite sur la chaussée de Roodebeek. La limite suit alors deux tronçons rectilignes successifs. Le tracé de l'autoroute de Liège est venu plus ou moins se superposer au premier. Le second s'infléchit vers le nord jusqu'à dépasser un peu la chaussée de Louvain, à l'est du lieu-dit des Deux Maisons. Ensuite, la limite court le long de l'ancien chemin du *Hof ten Berg*, puis vers le sud-est, jusqu'à la Woluwe. À l'est de la rivière, la limite suit un ancien chemin (rue de l'Écluse, rue Profonde), qui fait d'abord limite avec Woluwe-Saint-Étienne, puis avec Crainhem. La limite avec Crainhem est légèrement à l'ouest de l'actuelle rue de la Limite, mais épouse le tracé d'un ancien chemin.

Du XIXe au XXIe siècle

Les activités économiques

Woluwe-Saint-Lambert est longtemps resté à l'écart des grands axes de communication (la chaussée de Louvain, rectifiée en 1704, passait plus au nord) et n'a pas connu de forte croissance démographique avant le XIXe siècle. Sa population fut longtemps essentiellement rurale, même si dans le courant du XIXe siècle ses agriculteurs se sont orientés de plus en plus vers des productions qui pouvaient satisfaire directement le marché urbain en pleine croissance (le maraîchage et l'élevage), abandonnant progressivement la céréaliculture. Le nombre d'exploitations agricoles a même crû au cours du XIXe siècle, s'installant surtout à Roodebeek et dans le Petit Woluwe (rive droite de la Woluwe, actuelles rues de la Station de Woluwe et des Déportés). Si les surfaces agricoles diminuèrent, forçant certains très petits agriculteurs à abandonner leurs activités et à s'installer en ville, par contre, certains fermiers purent se mettre à la tête de grandes exploitations, qu'ils avaient parfois rachetées à la faveur de la vente des biens ecclésiastiques.

Parallèlement aux débuts de l'urbanisation, l'activité d'extraction de la pierre et du sable, matières premières de la construction, connut un regain d'intérêt. Les carrières se concentraient au nord de Roodebeek et vers le plateau du *Hof ten Berg*. Elles alimentèrent quelques fours à chaux. Les briqueteries furent nombreuses : on en dénombre une trentaine à la veille de la Première Guerre mondiale. Pourtant, seule l'une d'entre elles, celles des frères Ruelen, située à proximité de l'actuel square Joséphine-Charlotte, accédera au statut d'industrie : elle employait près de 70 ouvriers au début du XXe siècle.

Dans l'entre-deux-guerres, la réalisation du grand collecteur de la Woluwe, combinée à la diminution de la céréaliculture, entraîne l'arrêt des derniers moulins. L'activité de brasserie, qui s'était maintenue jusqu'alors, disparaît progressivement, tandis que l'industrie de la brique et l'extraction du sable reculent face à l'avancement des nouveaux quartiers. Elles doivent fermer ou bien se replier du côté du chemin des Deux Maisons, seule zone où les terrains sont encore vierges de constructions. En bref, la plupart des activités primaires et secondaires ont déjà disparu à la veille de la Seconde Guerre mondiale.

Henri Staquet, *Moulins à Woluwe*, 1895

Les activités tertiaires prennent alors le relais. Le centre commercial du Woluwe Shopping Center fut inauguré en 1968 à l'intersection de deux grands axes routiers de la commune (boulevard de la Woluwe et avenues Paul Hymans/Émile Vandervelde). Digne représentant de la « modernité » des années 1960, construit sur la foi dans l'automobile et les débuts de la consommation de masse, il a su traverser la transition économique des années 1970 et 1980, notamment grâce à l'attraction de nouvelles clientèles qui purent le joindre en métro dès 1982. Le concept de « rue Neuve » couverte qu'il met en œuvre ne fut pas concurrencé par l'implantation d'un hypermarché en bordure de l'autoroute de Liège en 1984. Le troisième pôle commercial de la commune est d'un autre style : l'avenue Georges Henri et ses rues adjacentes égrènent en effet les commerces de détail dans des cellules commerciales parfois vieilles de plus d'un siècle. De façon plus générale, les mayorats de Georges Désir ont été marqués par la volonté de développer les activités économiques dans la commune dans le but d'éviter la fuite des habitants ou la relégation au rang de commune-dortoir. L'implantation importante des sièges d'entreprises et de bureaux en est une des conséquences. Ils se trouvent pour la plupart dans des immeubles construits autour des avenues Ariane et Marcel Thiry et du boulevard de la Woluwe, c'est-à-dire en bordure des grandes voies directement branchées sur l'aéroport de Zaventem et les axes autoroutiers.

La population

1526 : environ 300 habitants
1709* : 267 habitants
1800 : 752 habitants

** Les chiffres de 1709 apparaissent sous-estimés*

Vue aérienne du *Woluwe Shopping Center*, inauguré en septembre 1968

Dans la première moitié du XIXe siècle, la commune ne connaît pas de forte croissance démographique, restant au-dessous des chiffres de ses voisines au profil similaire (Woluwe-Saint-Pierre, Evere). De 1806 à 1880, la population n'augmente que de 908 individus, soit de 121 %, à comparer aux 139 % d'Auderghem–Watermael-Boitsfort (+ 3 538 personnes) et aux 243 % de Uccle (+ 7 616). La croissance s'accélère un peu entre 1880 et 1900, la population passant de 1 660 à 3 468 âmes, mais c'est à partir de 1900 qu'elle décolle (spécialement entre 1900 et 1910), puis se poursuit jusque dans les années 1930 (18 244 en 1930). Elle reprendra à l'issue de la guerre et connaîtra une hausse spectaculaire dans la décennie 1960-1970 (de 28 202 en 1961 à 47 360 en 1970). La fin des années 1970 et les années 1980, par contre, furent marquées par un ralentissement, puis par un recul, dus à la crise ainsi qu'au vieillissement et au départ des habitants en périphérie plus lointaine ; la population atteint un maximum de 48 801 âmes en 1981. Par la suite, elle reste stable, accusant un creux en 1999 (46 059 habitants) et une légère reprise depuis lors. La commune comptait 47 845 habitants au 1er janvier 2005 et une densité de 6 645 habitants/km², soit l'une des plus faibles de la Région de Bruxelles-Capitale.

Dans les dernières décennies du XXe siècle, Woluwe-Saint-Lambert, comme d'autres communes

Évolution démographique

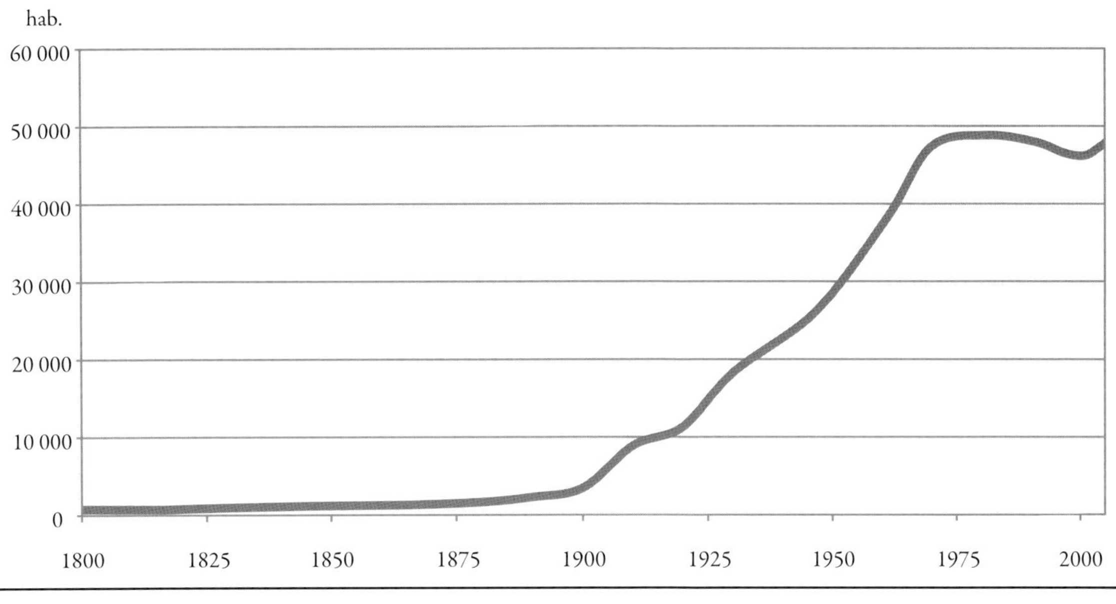

de la deuxième couronne bruxelloise, a connu un vieillissement marqué de sa population. En 2004, près de 20 % de la population avait plus de 65 ans (et 6,2 % plus de 80), soit davantage que la moyenne régionale, alors que ce chiffre était de 14 % en 1970. Les jeunes de moins de 20 ans ne représentent que 20 % de la population, ce qui est inférieur à la moyenne régionale. Seule un peu plus de la moitié des habitants est donc en âge « actif ». La composition des ménages est par contre assez conforme au profil de la Région. Très nombreux sont les ménages constitués d'une seule personne, particulièrement dans le secteur du campus universitaire où ils y représentent 83 %, ce qui s'explique par la présence d'un grand nombre d'étudiants. Les ménages, fréquemment d'un seul parent, avec enfants, ne représentent qu'un petit tiers des ménages de la commune.

La présence de population étrangère s'est accrue dans les années 1980, avec l'internationalisation de Bruxelles et l'installation, parfois dans les environs, d'institutions ou d'entreprises internationales (l'OTAN à Evere, des entreprises liées à l'aéroport de Bruxelles-National, l'école européenne, installée en 1973 dans la commune). Les étrangers étaient environ 4 200 en 1970, 8 000 en 1990 et 11 600 en 2004, représentant successivement 9 %, 16 % puis, à l'heure actuelle, 25 % de la population, soit un peu moins que la moyenne régionale. Cette immigration est à 80 % européenne, alors que celle-ci n'est que de 55 % dans la Région. Les étrangers qui s'installent jouissent généralement de revenus élevés. En 2004, les Français représentaient 4,5 % de la population, suivis par les Italiens (2,6 %), les Espagnols (1,8 %), les Portugais (1,6 %), les Allemands et les Britanniques. Parmi les étrangers extracommunautaires, les Japonais ont récemment détrôné les Américains, représentant presque 1 % de la population. La présence d'un nombre significatif de Congolais est en partie liée à l'existence du campus universitaire où ils poursuivent une formation ou exercent leur profession.

En termes de revenu moyen par habitant, Woluwe-Saint-Lambert se classe parmi les communes de tête de la Région, derrière Woluwe-Saint-Pierre, Uccle, Auderghem et Watermael-Boitsfort. Ce revenu est supérieur à la moyenne régionale et même nationale. À l'inverse, le nombre de bénéficiaires d'allocations sociales dans la population active (8,2 %) est nettement inférieur à la moyenne régionale (15,8 %). Cela n'empêche pas les disparités entre des quartiers plus pauvres, où l'on trouve les logements sociaux (Constellations, Deux Maisons, Kapelleveld, Hof ten Berg nord), et des quartiers plus riches qui se situent dans les secteurs de Marie-la-Misérable, du Klakkedelle, de la rue Vervloesem, du clos des Peupliers, du Gulledelle, de l'Hof ten Berg sud, du Neerveld, des avenues Lambeau et Heydenberg ouest et, plus significativement, aux marges de Woluwe-Saint-Pierre, du côté de la chaussée de Stockel, du club Royal La Rasante et de l'avenue de Broqueville sud.

Joseph Diongre, la maison communale, 1937-1939

Bourgmestres

1819 : Jean Devis
1860 : Jean Verheyleweghen
1864 : Henri Draeck
1875 : Henri Verheyleweghen
1888 : François Debecker
1891 : François Debecker (f.f.)
1904 : Jean-Baptiste Decock
1912 : François De Belder
1921 : Edmond Lambert
1933 : Albert Servais
1947 : Donald Fallon
1977 : Georges Désir
2006 : Olivier Maingain

La situation politique

Jusque à la Première Guerre mondiale, la commune est dirigée par des représentants exclusivement catholiques qui se recrutent essentiellement dans la classe des notables et des grands fermiers. Par la suite, l'avancée de l'urbanisation et la construction de logements accessibles aux classes moyennes furent, en grande partie, responsables de la modification des structures sociales, politiques et linguistiques. Minoritaires pendant le XIXe siècle (28 % en 1900), les francophones représentent 43 % de la population selon le recensement de 1947, et les néerlandophones unilingues 5 % à peine. Ces changements se reflètent dans la coloration du conseil communal ; même si la majorité reste catholique, les libéraux acquièrent une représentation à partir de 1921. En 1932, comme dans toute l'agglomération, les catholiques perdent les élections. Une alliance entre les libéraux et les socialistes, grossie par une dissidence catholique, prend les rênes de la commune sous la direction du bourgmestre libéral Albert Servais, jusqu'en 1946. La commune connaît ensuite une grande stabilité, puisque seuls deux bourgmestres ont présidé à sa destinée depuis 1947 : Donald Fallon, de 1947 à 1977, et Georges Désir, de 1977 à 2006. Tandis que le premier s'appuya sans discontinuité sur une majorité sociale-chrétienne, le second fut porté par l'entrée du FDF (Front démocratique des francophones) sur la scène politique dans les années 1970. D'abord en alliance avec les socialistes, puis avec les libéraux, le FDF, puis la Liste du Bourgmestre ont successivement obtenu 19, 26, 23 et 19 sièges sur les 35 que compte le conseil communal depuis les élections de 1982. Écolo est le dernier parti entré significativement au Conseil, puisqu'il y compte sept conseillers après les élections de 2000. Les élections de 2006 marquent un tournant dans l'histoire de la commune. Georges Désir n'est plus candidat au poste de bourgmestre ; il cède la tête de liste au président de son parti, Olivier Maingain, qui affronte une liste concurrente, CAP-Woluwe. Sous l'égide d'une dissidence du FDF, cette dernière a réussi à rassembler presque l'ensemble des autres partis politiques. C'est néanmoins Olivier Maingain qui emporte le mayorat, élargissant sa majorité au PS. CAP-Woluwe, le cdH et les écologistes constituent l'opposition.

Le château Firmin Lambeau, boulevard Brand Whitlock, vers 1920

Immeubles bordant le boulevard Brand Whitlock, vers 1920

Les aménagements urbains

L'urbanisation de Woluwe-Saint-Lambert fut longue et lente, commençant dans les années 1860-1870 sur le plateau de Linthout, aux limites d'Etterbeek et Schaerbeek. Au milieu du XIXe siècle toutefois, les bourgeois de Bruxelles ou des communes urbanisées, Ixelles et Saint-Josse en tête, étaient déjà bien implantés, particulièrement dans le secteur de l'ancien bois de Linthout, vendu par la Société Générale en 1830. Durant tout le XIXe siècle, la commune reste une terre d'élection pour les villas et « châteaux », prolongeant une fonction qu'elle endossait déjà à l'époque moderne. Le château de Linthout d'Auguste Beckers, avocat et président du cercle catholique de Bruxelles, le château Prekelinden de Firmin Lambeau, promoteur immobilier, ou la villa des Tilleuls de J.-J. Beeckmans sont parmi les plus anciens.

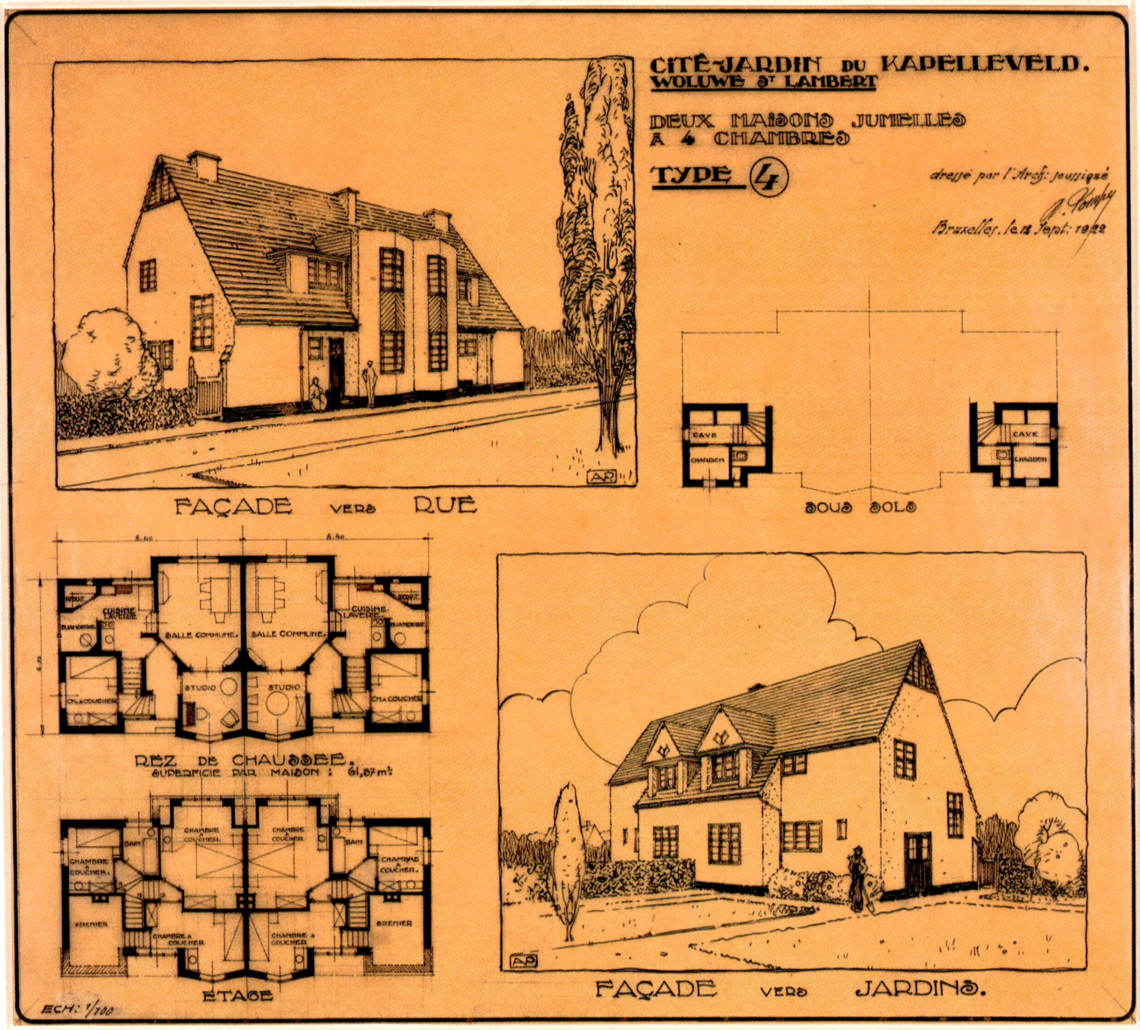

Antoine Pompe, projet pour des maisons jumelles de la cité jardin du Kapelleveld, 1922

Pourtant, vers 1875, la voirie est encore identique à celle relevée un siècle plus tôt. La rectification des avenue et chaussée de Roodebeek en prolongement de l'avenue de Cortenbergh depuis le rond-point de la rue de la Loi est la modification la plus notable. L'implantation de l'Institut des sourds-muets et aveugles des frères de la charité, sur un terrain cédé par Auguste Beckers en 1876, constitue le véritable départ de l'urbanisation. En effet, pour relier l'institut à la ville, les propriétaires des environs décident d'établir une voie d'accès, bientôt dénommée avenue Georges Henri (d'après les prénoms de propriétaires). En édifiant l'orphelinat Van Meyel et sa métairie (1892), et en aménageant son cimetière (1895), la commune d'Etterbeek conditionne le prolongement de l'artère vers Roodebeek (1902). Dans les mêmes années (1906), le boulevard de ceinture (rebaptisé du nom de l'ambassadeur des États-Unis, Brand Whitlock, actif pendant la guerre dans la Commission for Relief in Belgium) est aménagé.

Groupe d'élèves de l'Institut des sourds-muets et aveugles, vers 1905

Les sociétés immobilières acquièrent des terrains le long de ces nouveaux axes, aménagent les voiries et les revendent par lots avec plus-value. Parmi elles, la Tuinbouwmaatschappij, administrée par Charles-Henri Dietrich et Firmin Lambeau, fut la plus active. Toutes les voies tracées d'équerre de ce quartier (avenues des Rogations, Prekelinden, du

Prince Héritier, Albertyn, etc.) datent du tournant du XIXe siècle, tout comme l'érection d'une nouvelle paroisse (1901). L'église Saint-Henri, inaugurée en 1910, fut en grande partie édifiée sur les fonds de Charles-Henri Dietrich. Elle est l'œuvre de l'architecte Julien Walckiers, comme plusieurs maisons de style néo-renaissance flamande du parvis. Les commerces et petites entreprises s'installent à proximité, en particulier avenue Georges Henri. À l'est de la commune, l'ouverture de la ligne de chemin de fer Bruxelles-Tervueren, en 1882, et de la station de Woluwe entraîne à son tour une transformation du quartier du Petit Woluwe, y amenant quelques entreprises et facilitant la venue des Bruxellois, nombreux à fréquenter la vallée. L'urbanisation entraîna le raccordement à la distribution d'eau en 1899, la création de lignes de tramways et de plusieurs écoles catholiques.

L'avancée significative de la fonction résidentielle date de la période d'entre-deux-guerres ; d'abord du côté du cimetière d'Etterbeek et vers la chaussée de Roodebeek (quartier des Mois, 1923-1935), ainsi que le long du boulevard Brand Whitlock, où fleurissent les styles « modernes », puis autour de l'avenue de Broqueville, créée au début des années 1930, où s'élèvent les premiers immeubles à appartements. Parallèlement, la politique nationale de construction de logements se matérialise par l'aménagement de la cité-jardin du Kapelleveld. La société coopérative, qui la réalise sur de vastes terrains acquis à bon marché entre 1922 et 1926, fait appel, pour son plan, à l'architecte-urbaniste Louis Van der Swaelmen, qui s'est déjà illustré dans les cités-jardins de Boitsfort. L'architecture des maisons elles-mêmes est confiée à Antoine Pompe, Huibrecht Hoste, Jean-François Hoeben et Paul Rubbers qui imaginèrent chacun des modèles d'habitations unifamiliales différents, mais dans des styles résolument modernes. Dans les mêmes années, la Société anonyme des habitations à bon marché de Woluwe-Saint-Lambert construit un groupe d'immeubles à appartements d'inspiration Art déco, au carrefour des rues Tomberg et de la Roche Fatale (1928), et un autre rue de l'Activité (1938).

Vers 1930, trois ensembles bâtis peuvent donc être distingués. Une première zone couvre le carroyage de rues créées le long du boulevard Brand Whitlock. De ce côté, l'urbanisation atteint à peine les squares Marie-José et de Meudon. Une deuxième zone est constituée par les anciens noyaux du village et de Roodebeek, où une urbanisation linéaire s'est accentuée le long de la chaussée. Enfin, la troisième zone est formée par la cité-jardin du Kapelleveld. Entre ces ensembles, de vastes espaces restent vides ou sont occupés par des briqueteries et sablonnières. Plusieurs écoles catholiques ou communales sont ouvertes dans ces différents quartiers. Parallèlement, les transports se développent. Le chemin de fer de Tervueren est électrifié en 1931 (une première en Belgique) ; la station Kapelleveld est ouverte ; les tramways sont prolongés, jusqu'au village, jusque Roodebeek et jusqu'à la cité-jardin (via l'avenue Émile Vandervelde, ouverte en 1938) ainsi définitivement désenclavée.

En matière d'infrastructures, il faut encore mentionner la construction du collecteur de la Woluwe, réalisé par la Société intercommunale pour l'assainissement de la vallée de la Woluwe qui regroupait les communes riveraines et la ville de Bruxelles depuis 1925. Envisagé au début du siècle et réalisé en plusieurs phases (1932-1934 et 1948-1953), il permit d'assainir les eaux de surface, mais modifia considérablement le régime des eaux.

Enfin, les autorités, représentant de plus en plus les « nouveaux arrivants » urbains et francophones plutôt que les anciens Woluwéens, ruraux et

Dans le quartier des Constellations, vers 1958

néerlandophones, continuent d'équiper la commune. Leur projet de construction d'une nouvelle maison communale au Tomberg, à mi-chemin entre le village et les nouveaux quartiers, pour remplacer celle ouverte en 1852 près de l'église Saint-Lambert, avait été interrompu par la Première Guerre mondiale. Il resurgit en 1919, lorsque Joseph Diongre, vainqueur du concours d'architecture de 1909, fait une deuxième proposition dans le style néorenaissance flamande. Ce n'est pourtant qu'en 1935, après le changement de majorité, que le projet est repris, cette fois dans un esprit très différent : l'architecte, inspiré par le mouvement néerlandais De Stijl, et en particulier par l'hôtel de ville d'Hilversum, propose un plan étonnant en style Art déco. Achevé en 1939, le bâtiment offre plus d'une similitude avec le bâtiment de l'INR, construit place Flagey (Ixelles) par le même architecte.

Lucien Kroll, « La Mémé » ou Maison médicale (1968), sur le site de l'UCL

L'ancienne ferme Verheyleweghen, chaussée de Roodebeek

Après la Seconde Guerre mondiale, l'urbanisation reprend sur un rythme élevé. De nombreux logements sont construits sous l'égide de la société l'Habitation moderne qui succédait à la Société des habitations à bon marché. L'un après l'autre, les quartiers s'élèvent : clos des Peupliers et des Bouleaux (1952) ; quartier des Constellations (1956-1957) ; quartier du Grootveld, construit après une campagne d'éradication des « taudis », en fait des petites maisons du Petit Woluwe ; quartier des Pléiades (1960-1964) ; quartier Hof ten Berg (1968), etc. Ils offrent ainsi un panorama de tous les styles d'habitat, depuis les « villas » du quartier des Constellations jusqu'aux immeubles à appartements de la société coopérative Les locataires réunis de l'avenue de Broqueville. Les premiers parcs, écrins de verdure dans une ville qui avance, sont créés ; la réunion des propriétés d'Émile Devos et de Constant Montald donne naissance au parc de Roodebeek, inauguré en 1948. À la fin des années 1950, l'axe constitué par les avenues de Broqueville, Paul Hymans et Émile Vandervelde, structure le territoire depuis le square Montgomery jusqu'au-delà de Kapelleveld. Seul le nord reste non urbanisé, à quelques exceptions près.

Dans les années 1970, corollaire de la baisse de la croissance démographique, la construction se ralentit, à l'exception de quelques quartiers, tel celui des Constellations ou, plus fondamentalement, ceux de la faculté de médecine et des cliniques universitaires de l'UCL, implantés en 1968 et 1976. Au nord du Kapelleveld, sur le site dénommé Louvain-en-Woluwe, s'érigent résidences étudiantes et infrastructures collectives parmi lesquelles des équipements sportifs venant compléter l'offre communale. Woluwe-Saint-Lambert possède en effet un stade depuis 1953, baptisé du nom du bourgmestre Fallon à l'occasion des dix ans de son mayorat. Ce stade accueillit pendant près de 20 ans le White Star, club de football de l'élite, avant sa fusion avec le Racing de Boitsfort puis, en 1973, avec le Daring de Molenbeek. Le complexe sportif du Poséidon fut, quant à lui, ouvert en 1964.

Dans les années reines de la voiture (1960-1980), l'urbanisation se traduit par l'aménagement de grandes voies de circulation. L'autoroute de Liège est ouverte pour désengorger la chaussée de Louvain (1970), quelques années après l'achèvement du boulevard de la Woluwe (1964). En occupant tout le fond de vallée, il constitue une coupure dans le territoire. En outre, il contribue, avec la disparition des zones humides, à l'imperméabilisation d'une zone où les crues peuvent être aussi subites qu'importantes, défrayant régulièrement la chronique communale. Depuis toujours, les inondations accablent les parties basses de la commune. Si la construction d'un bassin d'orage à la place de l'ancienne ferme Verheyleweghen (1996) a soulagé les habitants de Roodebeek, ceux de la vallée de la Woluwe n'ont pas encore les pieds tout à fait au sec.

La vallée de la Woluwe, l'une des seules rivières de la région encore partiellement à ciel ouvert, représente encore une coulée verte dans l'agglomération. Parsemée d'espaces verts, elle offre un refuge pour de nombreuses espèces et invite aux promenades. Le parc des Sources, créé en 1963 après l'acquisition par la commune du domaine de Louis Solvay, voisine le parc Malou et son château, héritiers d'un domaine qui passa à la commune en 1950 et fut classé en 1993. Son entrée se signale par le *Lion rugissant* sculpté par Raymond de Meester de Betzenbroeck pour l'Expo 58. Plus en aval encore, on accède au *Lindekemale*, racheté et rénové en 1955, classé en 1989, seul rescapé des quatre moulins de la commune. Le site servit ensuite de menuiserie, d'atelier de dessin, puis de restaurant, affectation qu'il connaît encore aujourd'hui. Tandis que la roue et les bâtiments étaient à nouveau restaurés en 1994 et 1997, le site fit l'objet d'un réaménagement en 2000. Au-delà de l'avenue Vandervelde serpente le chemin du *Vellemolen*, vestige des anciens chemins ruraux. Le parc Neerveld, ouvert en 1988, lui fait face de l'autre côté du boulevard. Enfin, la « promenade verte » aménagée par la Région sur la ligne du chemin de fer de Tervueren désaffectée surplombe l'ensemble de la vallée.

Les activités religieuses

En plus de l'église Saint-Lambert, la commune est dotée de la chapelle Notre-Dame-des-Sept-Douleurs (appelée de manière populaire chapelle de Marie-la-Misérable), véritable petit joyau de l'art gothique brabançon construit au début du XIVe siècle.

Après la conclusion du Concordat (1801), l'église Saint-Lambert redevient en 1803 (comme durant une partie de l'Ancien Régime) une succursale de l'église de Woluwe-Saint-Étienne : c'est le curé de

Chapelle de Marie-la-Misérable, joyau de l'art gothique brabançon (XVIe siècle), vers 1925

L'église de la Sainte Famille, vers 1938

cette paroisse qui vient assurer l'entretien du culte à Saint-Lambert. À l'image de l'évolution démographique, cette situation perdure jusqu'au tournant du XIXe siècle, lorsque la croissance du nombre d'habitants, et donc des paroissiens, nécessita l'érection de nouvelles paroisses. La paroisse Saint-Henri fut organisée en 1901 (partie ouest de la commune, ainsi qu'une partie de Woluwe-Saint-Pierre et d'Etterbeek) ; auparavant, les habitants de ce secteur en pleine expansion suivaient les offices dans la chapelle de l'Institut des sourds-muets et aveugles des frères de la charité, installé en 1876 dans le secteur alors peu urbanisé. En 1925, la paroisse Notre-Dame de l'Assomption fut mise en place, dans le quartier du Kappeleveld, en même temps que la construction de la cité-jardin éponyme. En 1924, les pères assomptionnistes avaient acquis la chapelle de Marie-la-Misérable et un terrain attenant. Ils y firent ériger une église, d'abord en bois (elle brûla deux ans plus tard), puis définitive (inaugurée en 1955). Ils gèrent toujours la chapelle actuellement. La paroisse de la Sainte-Famille fut instituée en 1930 dans le quartier de Roodebeek. On notera enfin l'érection, en 1934, de la paroisse du Divin Sauveur (l'église est construite en 1937), dont le centre se situe à Schaerbeek, mais qui a récupéré une partie du ressort paroissial de l'église Saint-Henri. Une église protestante évangélique est également installée dans la commune (avenue Slegers 96).

Le château Malou et
le *Lion rugissant* de Raymond de Meester de Betzenbroeck

Les activités culturelles, artistiques et scientifiques

Au XIXe siècle, Woluwe-Saint-Lambert a tout d'un village, et sa vallée, à l'instar d'autres rivières de la région, attire promeneurs et artistes qui viennent apprécier ou immortaliser un coin pittoresque, où subsistent fermes, moulins et estaminets (le *Kwak*, par exemple). D'autres débits de boissons se répartissent sur le territoire, en particulier chaussée de Roodebeek, voie privilégiée de passage vers la ville, sise à proximité des carrières qui occupent une main-d'œuvre nombreuse. Certains possèdent une salle de réunion accessible aux « sociétés », parmi lesquelles la gilde Saint-Sébastien (tir à l'arc), la plus ancienne, puisqu'elle remonterait à l'époque moderne. Elle sera rejointe par les sociétés de tir *Licht en Donker* et *De Jonge Doelschutters* au moment où naissaient les premiers clubs sportifs : le Woluwe-Vélo et le Royal Linthout Vélo du côté des cyclistes, de *Zwarte Leeuw* du côté des footballeurs, sans oublier les joueurs de balle pelote de Woluwe Extension ou du Lindeken. Les fanfares ne manquaient pas à l'appel dont l'Alliance, l'une des plus anciennes de la région bruxelloise (fondée en 1838) et le Cercle Fétis (venu de Saint-Josse) étaient les principales.

Parmi les nouveaux arrivants à Woluwe-Saint-Lambert, on trouve de nombreux artistes. Constant Montald (1862-1944) et son épouse Gabrielle Canivet(1867-1942) viennent à Roodebeek dans une villa construite en 1909 ; Michel Sterkmans (1883-1956) à la ferme *Ter Cauwerschueren*, chaussée de Roodebeek ; Jean Laudy (1877-1956) dans l'avenue Georges Henri ; Albert Marinus (1886-1979) au square Vergote. Cette concentration de personnalités amies des arts sera propice à la naissance de plusieurs associations dans l'entre-deux-guerres, période durant laquelle les peintres et sculpteurs Alfons Dessenis (1874-1952), Edgard Tytgat (1879-1957), Oscar Jespers (1887-1970), Joseph-Gérard Van Goolen (1885-1944), Henri-Victor Wolvens (1896-1977), etc. furent parmi les plus actifs. En 1933, ils fondent le cercle artistique La Woluwe qui, notamment, organise expositions et conférences jusqu'à la veille de la Seconde Guerre mondiale. Devenu Les artistes de la Woluwe en 1938, le groupe se perpétue dans le Cercle d'art après la Seconde Guerre mondiale, puis dans l'Atelier libre de dessin, installé au *Lindekemale* à la fin des années 1950, et dans l'Atelier libre de gravure qui en est le petit frère.

Le complexe Wolubilis, inauguré en 2006

L'action communale n'a jamais délaissé la scène culturelle. Au début des années 1950, après le retour des catholiques au pouvoir, elles commandèrent au dramaturge Michel de Ghelderode (1898-1962) une pièce consacrée au drame de Marie-la-Misérable. La pièce fut jouée devant la chapelle pour un public enthousiaste en 1952, 1954 et 1969. Sous les mayorats de Georges Désir, cette implication ne s'est pas démentie. Wolu-Culture en est l'organe coordinateur. Depuis 1982, il patronne entre autres les Ateliers du temps libre qui proposent nombre de formations et d'initiations aux arts de la parole et du spectacle. Son pendant néerlandophone est le Cultuurraad van Sint-Lambrechts-Woluwe remontant à 1967 et qui, entre autres, organise le cortège de Marie-la-Misérable (*Lenneke Mare Ommeganck*). Le musée communal, réactivé au début des années 1980, héberge un centre d'histoire de la commune et organise régulièrement des expositions temporaires. Il abrite aussi la fondation Albert Marinus dont l'objectif est de faire connaître le travail de cet humaniste et de poursuivre ses recherches consacrées au folklore et à la culture populaire. D'autres associations animent la vie culturelle : la Médiatine, installée dans les écuries du château Malou en 1978, offre un espace d'exposition, les Ateliers de la rue Voot et les Ateliers Malou (fondés en 1972) organisent des formations aux arts plastiques et à certaines techniques. Le château Malou, racheté en 1950 par la commune, abrite depuis 1972 la Galerie de prêt d'œuvres d'art qui permet d'emprunter des œuvres contemporaines avec possibilité d'achat. Enfin, la commune s'est dotée d'une école supérieure des Arts plastiques, « le 75 », qui a su s'imposer dans le paysage bruxellois. Depuis 1977 ont lieu chaque année les Fêtes romanes. Axées sur la célébration de la francophonie, organisées le week-end le plus proche de la fête de la Communauté française (27 septembre), des choix directement liés à la présence du FDF à la tête de la commune, elles sont l'un des points d'orgue de la vie communale.

Notons encore que la ferme Verheyleweghen a abrité, durant une petite dizaine d'années, une maison des jeunes emblématique, qui prend le nom de Ferme V en 1968, en référence à sa localisation, mais surtout en hommage aux étudiants parisiens de mai 68 qui brandissaient deux doigts « en V » pour symboliser la victoire de la contestation. La Ferme V se distinguera par une programmation musicale exceptionnelle, tant dans ses locaux qu'à Wolu-City, village cow-boy, parc d'attractions avant la lettre, construit épisodiquement le long de la Woluwe. Des artistes français engagés s'y produisent, tout comme des groupes de rock qui deviendront mondialement connus : The Yardbirds, The Who, The Moody Blues... et Genesis qui, le 7 mars 1971, donnera à la Ferme V son premier concert hors d'Angleterre ! Politiquement et socialement dérangeante, la maison des jeunes sera définitivement expulsée de la ferme Verheyleweghen en 1974.

L'offre culturelle très dense de la commune a connu une notable refonte en mars 2006 avec la création du complexe Wolubilis, sorte de village culturel. Le projet, envisagé dans le plan de secteur de 1979, a connu une longue gestation. Au départ, les autorités communales avaient voulu l'ériger sur le site de l'ancien cimetière d'Etterbeek désaffecté, mais la Région en décida autrement en rachetant le site et en y créant un parc, ouvert en 1990 (parc Georges Henri). En attendant que la commune finalise un nouveau projet, les activités culturelles furent logées dans les pavillons provisoires de l'athénée qui avait intégré de nouveaux bâtiments en 1981. Pendant plus de 20 ans, elles y attendirent les nouveaux locaux. La spécificité du complexe Wolubilis réside dans la réunion sur un seul site de lieux de répétition, de création, d'exposition et de diffusion (il abrite une salle de 500 places), et de cellules commerciales, pour l'heure occupées par un concept de restaurants-librairies. La réalisation ne fait pas l'unanimité; certains la jugent mégalomane et critiquent la manière dont les bâtiments ont été conçus, eu égard notamment à sa situation dans une zone sujette aux inondations. La Fédération bruxelloise de l'urbanisme a attribué son grand prix 2008 à Wolubilis

En matière patrimoniale, plusieurs rénovations d'envergure ont été réalisées dans les deux dernières décennies du XXe siècle. Celle du *Slot* ouvrit la voie. Après avoir été racheté en 1967 en vente publique, le *Slot*, ancien château des seigneurs de Woluwe-de Castro, resta longtemps inoccupé, subissant les assauts du temps. Il fut vendu à la commune en 1975, mais ce n'est qu'à la fin des années 1980 que les fonds furent réunis pour sa rénovation, notamment via la fondation Roi Baudouin. Aujourd'hui, il abrite un restaurant. L'*Hof-ter-Musschen*, l'une des dernières grandes fermes en Région bruxelloise, con-

L'ancienne prison ou « Slot » (1611), boulevard de la Woluwe, vers 1920

nut un sort similaire. Longtemps abandonnée, rénovée en 1994, puis classée par arrêté royal en 1988, elle offre aujourd'hui des possibilités d'accueil pour séminaires et réunions. Le moulin à vent, exemplaire originaire d'Esplechin, installé en 1964, fut restauré et déplacé au début des années 1980 à la suite d'un incendie. Enfin en 1997, la commune racheta l'ancien château de Linthout et, en 2000, y installa l'Académie de Musique, de la Danse et des Arts de la Parole.

En matière d'enseignement, l'urbanisation de la commune à la fin du XIXe siècle entraîna la création de plusieurs écoles catholiques : les sœurs du Sacré-Cœur de Lille s'installent au château de Linthout, qui leur avait été légué en 1903 par Charles-Henri Dietrich, tandis que les chanoinesses du Roule firent de même sur un terrain rue Vergote en 1907 (actuelle école des Dames de Marie). Au fil des décennies, la commune elle-même s'est dotée d'institutions scolaires. Une classe primaire existait déjà en 1824, mais la première véritable école fut ouverte en 1856, rue Madyol. En 1875, une école primaire catholique, dirigée par les sœurs de la Providence (institut de la Providence), fut installée à la Chancellerie, après son rachat par Jules Malou (1819-1886), ministre d'État catholique et résident de Woluwe-Saint-Lambert. Son rapide succès dépasse les frontières communales et traduit l'engouement des habitants de la banlieue est de Bruxelles pour l'enseignement confessionnel. La loi de 1884 promulguée par le gouvernement catholique, qui autorise les communes à se prononcer sur l'opportunité de maintenir une école communale, donne l'occasion aux autorités de proposer la suppression de l'école communale et d'ouvrir une seconde école catholique avenue des Cerisiers (1901), dont Jules Malou assurerait l'entretien. La réaction des libéraux fut vive.

De nouvelles écoles catholiques et communales sont ouvertes dans les trois grands quartiers bâtis durant l'entre-deux-guerres : le boulevard Brand Whitlock, les anciens noyaux du village et de Roodebeek, et le Kapelleveld. Face aux écoles catholiques du Kapelleveld ouvertes en 1926 et 1927 s'ouvrent différentes écoles communales : celle de Roodebeek, installée dans la propriété donnée par Albert Convent en 1926 (aujourd'hui Princesse Paola), puis, en 1939, celles du quartier de Linthout (aujourd'hui Prince Baudouin) et du parc Malou, ouvertes sous le mayorat du libéral Albert Servais.

Les différents réseaux d'enseignement s'étoffent encore dans la seconde moitié du XXe siècle. Deux écoles primaires communales, Van Meyel et Parc Schuman, une école primaire d'enseignement spécial La Charmille, des écoles néerlandophones Princes Paola et d'enseignement spécial Klim op School, et une école supérieure artistique s'ajoutent à celles existantes. Parallèlement, de nouvelles institutions catholiques voient le jour : l'Institut de l'Angélus (1957), les écoles Sainte-Jeanne de Chantal et Chapelle-aux-Champs, ainsi que le collège Don Bosco (années 1960). Pour compléter le tableau, citons encore l'école néerlandophone des Floralies, l'école libre subventionnée non confessionnelle Singelijn et l'athénée royal (1959).

La ferme *Hof ter Musschen*

WOLUWE-SAINT-PIERRE

Rolande Depoortere, Jean Puissant,
Marc Meganck, Christian Vandermotten

Topographie

Woluwe-Saint-Pierre s'étend sur les deux versants de la Woluwe, dont le fond alluvial, légèrement au-dessous de 50 m d'altitude, est occupé par un chapelet d'étangs incorporés dans les aménagements paysagers léopoldiens (étangs Mellaerts, étang inférieur du parc de Woluwe) ou, récemment, dans la promenade bleue encerclant Bruxelles (parc des Sources). Le versant de la rive gauche, dans la partie basse duquel est situé l'ancien noyau villageois, s'élève jusqu'au rond-point Montgomery et au plateau du Vogelzang, où il dépasse les 90 m. Ce versant est entaillé par la petite vallée affluente du Bémel, bien soulignée par la courbure de l'avenue de Tervueren et par l'aménagement de deux autres étangs dans le parc de Woluwe. Le versant de la rive droite s'élève jusqu'au plateau de Stockel et aux Quatre-Bras, dans la Forêt de Soignes, où il dépasse 110 m d'altitude. Depuis son croisement avec le boulevard du Souverain, l'avenue de Tervueren s'élève lentement vers Tervueren en jouant sur la topographie d'un vallon, occupé jadis par un ruisseau qui débouche sur les étangs Mellaerts.

Page suivante :
Réduction des plans cadastraux, Dépôt de la Guerre, 1847

La carte de Ferraris ainsi que les cartes indiquant la situation vers 1930 et en 1994 se trouvent aux pages 274, 276 et 277.

Josef Hoffmann, le palais Stoclet, avenue de Tervueren, 1905-1911

Stockel
Dooren Daal
Puttael
Chaussée B de Bruxelles à Tervueren
Zand Bosch
Woluwe St. Pierre
Bois de Bemel
Vogelzang

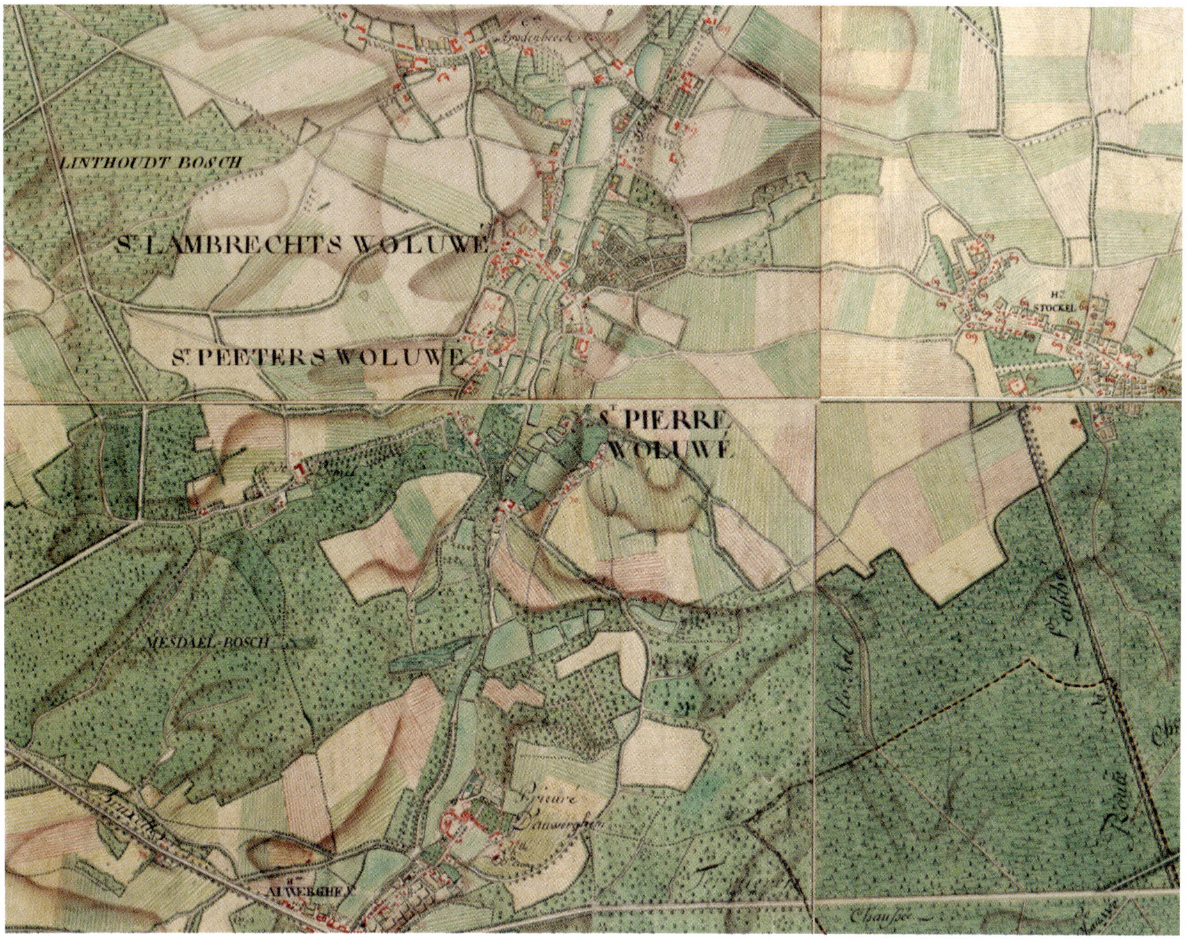

Détail de la carte de Ferraris, fin XVIIIe siècle (voir p. 274 le rapport à l'échelle 1:25 000)

Des origines à la fin de l'Ancien Régime

C'est à Woluwe-Saint-Pierre, aux abords du square Montgomery, que fut découvert un biface en silex du paléolithique inférieur ou moyen, l'une des plus anciennes découvertes archéologiques de la région de Bruxelles. Des sites comme le Vogelzang, Stockel ou le domaine Madoux ont livré quantité de pièces néolithiques (haches polies, grattoirs, etc.). La découverte, au début du XXe siècle, de plusieurs pièces de monnaie (IIe et IIIe siècles) sur le territoire de la commune étaie, quant à elle, l'hypothèse de l'existence d'installations romaines dans la vallée de la Woluwe.

Cité dès le XIe siècle, le toponyme Woluwe s'applique, à l'origine, indifféremment à Woluwe-Saint-Pierre, Woluwe-Saint-Lambert et Woluwe-Saint-Étienne (Sint-Stevens-Woluwe, Brabant flamand). Ce n'est qu'au tournant des XIIe et XIIIe siècles que seront mentionnés les saints de chaque église, permettant de différencier les villages homonymes. Les origines de Woluwe-Saint-Pierre ne sont donc pas faciles à démêler. Le village naît entre les IXe et XIe siècles. La proximité du noyau ancien de Woluwe-Saint-Lambert complique la donne. En effet, ni les sources historiques, ni les données archéologiques ne permettent, à ce jour, d'établir une hiérarchie dans la fondation de ces deux villages. L'habitat reste longtemps très clairsemé. En 1437, la paroisse ne compte que 29 maisons aisées (imposables) et cinq maisons de pauvres (exemptes d'impôts). Un siècle plus tard, en 1526, on recense 21 foyers aisés, un foyer vide, six maisons de pauvres, huit fermes et quatre maisons d'ecclésiastiques, tandis qu'à l'extrême fin du XVIIIe siècle, la population avoisine les 700 habitants.

L'abbaye de Forest détient, dès 1173, le patronat de l'église Saint-Pierre, droit qu'elle conserve jusqu'à la fin du XVIIIe siècle. La paroisse dépasse largement les limites du village. Le territoire de Woluwe-Saint-Lambert, situé sur la rive droite de la Woluwe, était du ressort du curé de Woluwe-Saint-

Pierre. Il dessert aussi la chapelle Notre-Dame de Stockel, mentionnée à partir de 1326. Fait marquant, de 1580 à 1722, la paroisse est desservie par le curé de Woluwe-Saint-Lambert.

Le noyau villageois primitif est organisé sur la rive gauche de la Woluwe, autour de l'église Saint-Pierre. Au sud-ouest, le hameau du Bémel, voisin du grand bois de Mesdael, s'étire le long de l'actuelle rue du Bémel. Le hameau du Bovenberg, sur la rive droite, s'articule autour de la ferme et du moulin à eau de l'hôpital Saint-Jean, cités dès 1288. À l'extrémité nord-est du territoire, le hameau de Stockel, adossé à la Forêt de Soignes, est mentionné dès 1147. L'habitat y était aussi important que dans le village Saint-Pierre lui-même.

Lorsque le village de Woluwe-Saint-Pierre naît aux portes de la Forêt de Soignes, la région est vraisemblablement entre les mains des comtes de Louvain. Ceux-ci cèdent progressivement une partie de leurs biens à diverses institutions ecclésiastiques, tandis que les terres situées sur la rive droite de la Woluwe deviennent la propriété de seigneurs locaux, dont les Woluwe et les familles apparentées de Wezembeek et de Crainhem. Au milieu du XIVe siècle, le patrimoine familial des seigneurs de Woluwe est scindé entre une seigneurie foncière de Woluwe et une autre de Stockel. Elles seront finalement réunies à la fin du XVIIe siècle, avant de faire partie, au milieu du XVIIIe siècle, du comté de Crainhem. L'abbaye de Forest est l'une des premières à bénéficier des largesses des seigneurs de Woluwe, notamment sur le territoire de Woluwe-Saint-Pierre. L'hôpital Saint-Jean à Bruxelles possède, du XIIIe au XIXe siècle, un vaste domaine au Bovenberg (avec ferme et moulin). L'abbaye des prémontrés du Parc (à Heverlee, près de Louvain) a, du XIIe au XVIIIe siècle, l'une de ses fermes les plus importantes dans le hameau de Stockel. Les jésuites de Bruxelles sont propriétaires de nombreux biens dans la vallée de la Woluwe, dont la ferme du Bémel, au sud-ouest du noyau villageois, acquise en 1647. D'autres institutions, comme le chapitre de Saint-Vincent de Soignies, le Rouge-Cloître à Auderghem ou l'hospice Terarken à Bruxelles, ont également détenu des biens à Woluwe-Saint-Pierre.

Le village est élevé au rang de commune en 1795. Le premier plan parcellaire de la commune, dressé en 1808, montre un habitat encore peu développé et un territoire resté essentiellement rural. Ce dernier se répartit entre des terres de cultures et d'importantes surfaces boisées. L'activité agricole est centrée autour des trois grandes fermes du Bovenberg, du Bémel et de Stockel. Les terres exploitées sont le plus souvent gagnées sur la forêt et les bois. Le moulin à eau du Bovenberg, actionné par la Woluwe, est étroitement lié à l'exploitation agricole et destiné à la mouture des grains (il fonctionnera jusqu'en 1896).

Le réseau des voies de communication reste plus ou moins inchangé tout au long de l'Ancien Régime. La Hertogstraat traversait tout le territoire de Woluwe-Saint-Pierre d'ouest en est, d'Etterbeek à Stockel, en passant par le noyau villageois. Son tracé correspond aux actuelles rues du Duc et F. Gay. Plusieurs voies partaient du centre ancien. Une portion de la Hertogstraat, correspondant à l'actuelle rue Sombre, permettait de rejoindre le village et l'église de Woluwe-Saint-Lambert. La rue du Moulin (aujourd'hui rue L. Titeca) menait vers le sud, à la ferme du Bovenberg et son moulin à eau. À l'est, le chemin de Woluwe-Saint-Pierre à Stockel (rues Konkel et de l'Église) reliait le village Saint-Pierre et le hameau de Stockel. À l'ouest, le chemin de Bémel (dont la rue du Bémel suit partiellement le tracé) était l'axe principal vers le hameau du même nom. Enfin, Stockel constituait un important carrefour où se rejoignaient plusieurs axes menant vers la Forêt de Soignes et Tervueren.

La maison communale et l'église, vers 1910

Formation du territoire communal

Le territoire de Woluwe-Saint-Pierre n'a pas été modifié depuis la création de la commune, si l'on excepte le rattachement en 1825 de 1,2 km² des triages de Putdaal et de Stockel de la Forêt de Soignes. La commune couvre ainsi 8,8 km² et englobe l'ensemble des biens qui relevaient, sous l'Ancien Régime, de la paroisse Saint-Pierre, mais aussi la plus grande partie de l'ancien hameau de Stockel, qui relevait entièrement sous l'Ancien Régime de la paroisse de Woluwe-Saint-Lambert (alors qu'il a été partagé par le découpage municipal entre Woluwe-Saint-Pierre et Crainhem, pour sa partie orientale).

La limite occidentale, avec Etterbeek, entre l'extrémité de la rue Bâtonnier Braffort et l'avenue des Volontaires, jusqu'à hauteur du chemin de fer de ceinture, correspond au nord à la lisière occidentale de l'ancien bois de Linthout, puis à des chemins forestiers dans ce bois et celui de Mesdael, tous deux défrichés au début du XIXe siècle (voir *Etterbeek*). La limite avec Auderghem, qui traversait le bois de Mesdael, croise l'actuel boulevard du Souverain à l'aval du grand étang de Val Duchesse. Elle continue vers l'ouest, laissant à Auderghem les terres qui relevaient des prieurés d'Auderghem et du Rouge-Cloître, pour atteindre la pointe de la partie de la forêt qui relevait des terres domaniales aux Trois Couleurs, à peu près là où la limite communale croise l'actuelle avenue de Tervueren. C'est ici que commence la partie du territoire communal formée des triages annexés de Putdael et de Stockel, limités au sud par la chaussée de Tervueren, jusqu'aux Quatre-Bras, à l'est par la route Gouvernementale (la route de l'Abbé, sous l'Ancien Régime), qui fait la frontière avec Crainhem jusqu'à

« La Chèvrerie nationale », avenue de Tervueren, vers 1920

Jan Stobbaerts, *Étable à Woluwe*, vers 1890

l'avenue des Grands Prix. La limite de Woluwe-Saint-Pierre entoure la partie de Stockel qui lui a été attribuée, d'un tracé correspondant à des chemins déjà présents sur la carte de Ferraris (1771-1778). Ce sont les actuelles rues Fr. Vander Elst et Longue, de la Limite, l'avenue de Wezembeek (rectifiée par rapport à l'ancien chemin rural), les avenues de l'Idéal et du Site. Elle longe ensuite, juste au nord du tracé de l'ancien chemin de fer de Tervueren, aujourd'hui promenade régionale, le bord du versant méridional d'un vallon affluent de la Woluwe. Un tronçon de limite communale, orienté du nord-ouest au sud-est, la ramène le long d'un autre ancien chemin, la rue Konkel, qui se prolongeait jadis jusqu'à la rue de la Station (avant qu'elle n'ait été interrompue par la construction du chemin de fer de Tervueren). La limite se prolonge le long de la rue Kelle, à travers le parc des Sources et enserre de très près l'église Saint-Pierre. La limite nord-occidentale avec Woluwe-Saint-Lambert suit un tracé approximativement est-ouest, qui passait à travers champs, puis rejoignait le chemin d'Etterbeek à Woluwe-Saint-Lambert : tant le tronçon initial à travers champs que le chemin en question sont devenus la rue de la Cambre. On rejoint ainsi le lieu de convergence entre les limites des deux Woluwe et d'Etterbeek, dans l'ancien bois de Linthout, près de l'actuel square Montgomery.

Signalons qu'entre 1873 et 1886, les habitants du plateau de Stockel témoignent d'une volonté d'indépendance et tentent sans succès de faire de leur hameau une commune à part entière, distincte du village de Woluwe-Saint-Pierre. Il faudra attendre l'établissement de meilleures voies de communication entre les hameaux pour que les Stockellois adhèrent à l'identité wolusampétrusienne.

Carte publicitaire de la Société anonyme de l'Hippodrome pour le développement du plateau de Stockel, vers 1910

Nouvelles habitations dans le quartier du Chant d'Oiseau, 1938

Du XIXe au XXIe siècle

Les activités économiques

Caractérisée par une ruralité tardive, la superficie du village de Woluwe-Saint-Pierre se répartit en 1850 entre 300 ha de cultures céréalières, environ 160 ha de cultures fourragères et 30 ha de prés (qui permettent d'alimenter un cheptel nombreux). Le reste du territoire de la commune est occupé par plus de 300 ha de bois. Durant la Première Guerre mondiale, les agriculteurs font l'objet de réquisitions par l'occupant, mais s'enrichissent également en vendant leurs produits à la population des communes plus urbaines du centre de Bruxelles.

À partir de 1890, des briqueteries (notamment rue du Duc, rue de la Barrière, actuelle rue des Volontaires, rue Konkel, etc.) et sablonnières (rue E. Mertens, rue Ch. Thielemans) sont mises en exploitation. Les dernières resteront en activité au nord du Roodebeek jusqu'au début des années 1960. En 1904, l'entreprise de carrosserie industrielle Van den Plas s'installe rue du Collège Saint-Michel. Les ateliers et industries, relativement peu nombreux, se concentrent surtout dans les quartiers Saint-Michel, du centre et à Stockel, le long de la ligne de chemin de fer (constructions métalliques, menuiseries, ébénisteries, une tréfilerie, des garages, quelques entreprises de travaux, la fabrique de pianos Boen, etc.). La croissance démographique entraîne après 1920 un recul des propriétés terriennes, qui sont vendues à des promoteurs immobiliers et divisées pour permettre la multiplication des villas.

Progressivement, les activités dominantes basculent vers le secteur tertiaire, commerces et services. En effet, parallèlement à l'urbanisation, se développe un commerce de quartier diversifié, notamment autour de la place Dumon (avec un centre commercial de 20 000 m² qui attire de nombreux habitants de Wezembeek-Oppem, de Crainhem et de Sterrebeek), du parvis Sainte-Alix et de la place des Maïeurs, et ce malgré la concurrence du Woluwe Shopping Center de la voisine Woluwe-Saint-Lambert.

La population

En 1795, on recense quelque 700 habitants, 737 en 1800, 750 en 1806, 1 008 en 1830, 1 318 en 1850. La commune garde un caractère rural jusqu'au milieu du XIXe siècle. À cette époque, presque tous les habitants sont des agriculteurs. La population s'accroît très lentement dans la seconde moitié du XIXe siècle, sans atteindre les 2 000 unités en 1890. Entre 1890 et 1914, débute une première vague de croissance démographique au cours de laquelle la population quadruple. La tendance se poursuit dans l'entre-deux-guerres, le nombre d'habitants atteignant 16 050 en 1940, pour doubler encore après la fin de la Seconde Guerre mondiale, et atteindre 32 749 âmes en 1961. La population culmine en 1970 à 40 884 unités et se réduit ensuite légèrement pour se stabiliser autour de 37 750 habitants en 2004

Depuis 1960, des étrangers attachés à des institutions internationales (OTAN, CEE puis UE) ainsi que des employés de sociétés japonaises élisent domicile à Woluwe-Saint-Pierre et lui confèrent un caractère cosmopolite très marqué. En 1990, la population étrangère atteignait déjà 10 000 personnes.

Sur le plan linguistique, la francisation générale de la région bruxelloise se remarque tout particulièrement à Woluwe-Saint-Pierre. Le petit village rural flamand de 2 000 âmes un siècle plus tôt, dont une centaine seulement parlait le français, a cédé le pas à une commune aujourd'hui très majoritairement francophone, où l'anglais est également de plus en plus parlé par les résidents étrangers. L'équilibre linguistique entre le français et le néerlandais est atteint vers 1920 : le recensement de 1947 indique 41 % de bilingues, 37 % de francophones et 12 % de Flamands.

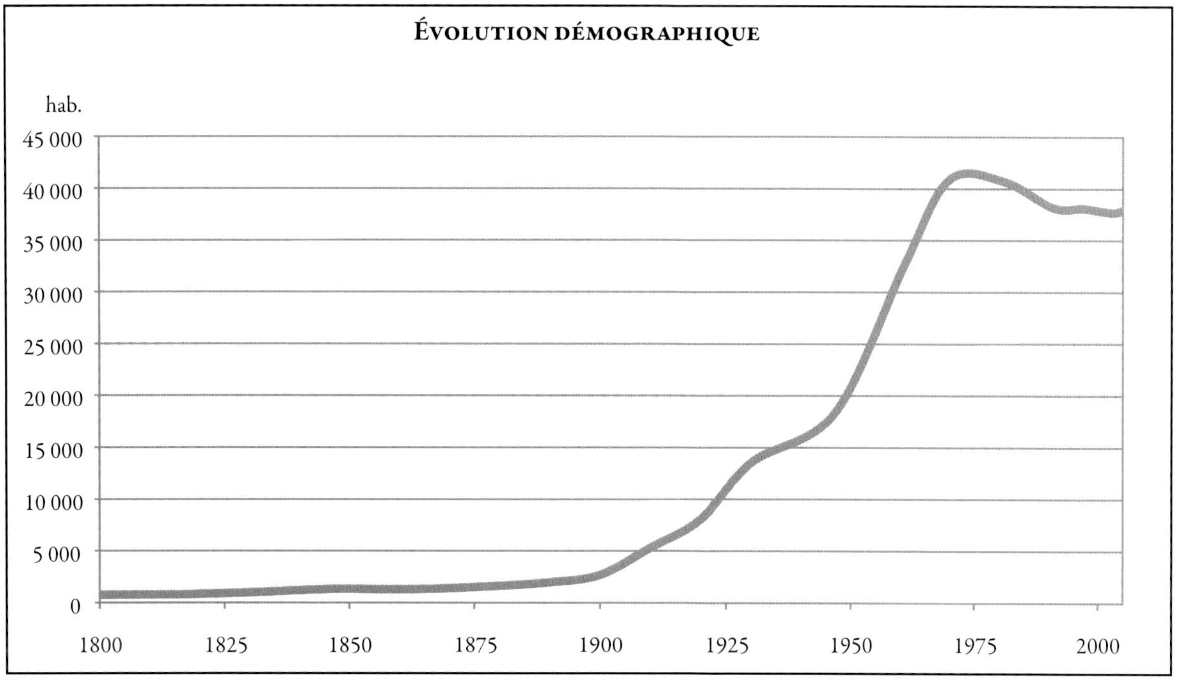

La situation politique

La vie politique reflète bien le caractère rural de la commune jusqu'à la fin du XIXe siècle, puis sa transformation en banlieue résidentielle aisée. Nul ne s'étonnera que le parti catholique, seul de 1830 à 1964, puis allié aux libéraux jusqu'en 1970, ait dirigé l'entité. J.-M. Evrard, bourgmestre entre 1947 et 1971, est à l'origine d'une scission de droite du PSC, le Rassemblement national (tendance d'extrême droite), et réunit autour de lui une Liste du Bourgmestre. Il est également à l'origine de l'érection du nouvel et imposant hôtel communal qui grèvera longtemps les finances communales.

Dès 1970, le FDF connaît son heure de gloire et s'adjuge 10 sièges sur 25, ce qui lui ouvre les portes du pouvoir, en tandem avec le PLP. La coalition entre le FDF et les libéraux se maintient depuis 1970, le FDF réussit d'ailleurs à doubler le nombre de ses sièges aux élections communales (20 sièges sur 35). La collaboration entre les deux partis se poursuit en 1983 sous le mayorat de Jacques Vandenhaute (PRL), tandis que le PS, le PSC-CD, devenu le cdH, et Écolo, siègent dans l'opposition. Jacques Vandenhaute forme ensuite une Liste du Bourgmestre, bilingue, accueillant des candidats libéraux, FDF et issus de la mouvance sociale-chrétienne (la présidence du CPAS est ainsi actuellement exercée par Dominique Harmel, fondateur du CDF, les Chrétiens démocrates francophones). Le conseil communal compte un échevin néerlandophone. En 2006, Jacques Vandenhaute conserve sa majorité et ouvre celle-ci au cdH ; le PS et Écolo constituant l'opposition. Le maintien de son mayorat est toutefois mis à mal par l'importance de ses dépenses électorales, et il doit finalement se retirer au profil de Willem Draps.

On soulignera encore qu'en 1905, une colonie libertaire est signalée à proximité des Trois-Couleurs, dans le quartier de Joli-Bois. Fondée par Émile Chapelier, ancien ouvrier mineur et, par la suite, cofondateur du parti communiste, elle est composée de deux familles, subsistant du produit de l'élevage et de la culture ; elle quittera les lieux pour Boitsfort après dix-huit mois d'occupation. Chapelier a édité le journal *L'Émancipateur.*

Cottages anglais de la Société anonyme d'Entreprises à Stockel, vers 1910

Bourgmestres

1830 : Jean-François Coosemans
1846 : Eugène de Waha
1864 : Jean-Baptiste Dumoulin
1874 : Charles Thielemans
1891 : Jean Lepage
1904 : Joseph Thielemans
1947 : Jean-Marie Evrard
1971 : François Persoons
1981 : Jenny Moxhon, épouse Marchandise
1982 : Roland Gillet
1983 : Jacques Vandenhaute
2008 : Willem Draps

Les aménagements urbains

Le visage actuel de Woluwe-Saint-Pierre doit beaucoup aux aménagements urbanistiques de la fin du XIXe siècle, sous le règne de Léopold II. C'est à cette époque que remontent la création du chemin de fer Bruxelles-Tervueren, la rectification du cours de la rivière Woluwe et le percement des grands axes qui désenclavent les hameaux, relient la commune au centre de Bruxelles et aux municipalités voisines : l'avenue de Tervueren bien entendu (1896-1899), mais aussi les avenues Parmentier et Grandchamp. Les hameaux du Bémel, de Stockel, du Centre, de Joli-Bois communiquent ainsi plus facilement, tout en gardant jusqu'à aujourd'hui leur caractère et leur atmosphère propres. À vrai dire, malgré ces grands axes, ou peut-être en raison de leur taille, la commune ne possède pas la cohésion territoriale des communes bruxelloises plus centrales, et le vieux noyau historique autour de l'église Saint-Pierre compte peu dans l'organisation spatiale actuelle de l'entité.

Panorama de Stockel, vers 1935

Le quartier des Venelles, en 1979

La première voie ferrée Bruxelles-Tervueren traverse Woluwe-Saint-Pierre en 1882. Cédée à la SNCB en 1926, elle sera vendue à la société privée Électrabel en 1929 et électrifiée. Elle dessert les gares de Woluwe-Avenue, Woluwe-Village, Kappelleveld et Stockel. La SNCB rachète la ligne en 1958, et l'exploitera jusqu'en 1970 pour le seul transport de marchandises. La première voie de tramway électrique, allant du Bois de la Cambre à Tervueren, date de 1897; un dépôt de trams est construit en 1896-1897. Une autre ligne est spécialement construite en 1906 vers l'hippodrome, prolongée en 1909 jusqu'à Stockel et la place Dumon. Le métro qui se développe dans l'agglomération bruxelloise atteint Woluwe-Saint-Pierre en 1976, au square Montgomery, et se prolonge jusqu'à Stockel en 1988. Dans le cadre du programme de promotion L'Art dans le métro, les stations Montgomery et Stockel sont décorées respectivement par P. Mara, J. Delahaut, J.-M. Folon et par les studios Hergé.

Émile Goffay, villa moderniste avenue du Hockey, 1935

De 1850 à 2004, l'évolution du bâti, qui va de pair avec celle de la démographie et des voies de communication, est impressionnante. Le nombre de bâtiments recensés sur le territoire communal passe de 280 à 1700 environ entre les années 1850 et 1914. Durant l'entre-deux-guerres, le mouvement s'accélère, en direction de Stockel et vers Auderghem. Les grandes propriétés sont progressivement loties. Depuis 1960, l'habitat adopte trois formes principales: les maisons mitoyennes, les villas individuelles ou jumelées et les immeubles à appartements (qui évitent toutefois le gigantisme). Si les nouveaux lotissements comptent d'importants logements sociaux, la plupart des habitations sont destinées aux classes moyennes et supérieures. La commune devient essentiellement

Le boulevard du Souverain, les étangs Mellaerts et le quartier du Putdael

Le Centre Communautaire de Joli-Bois

résidentielle ; elle s'inscrit dans la ceinture verte de Bruxelles.

De nombreux logements sociaux de bonne facture, reflétant bien les conceptions urbanistiques et architecturales de leur temps, sont construits dans la commune. La Société communale d'habitations sociales, créée en 1922, érige à l'orée de la Forêt de Soignes la cité-jardin de Joli-Bois (plus de 300 maisons). En 1925-1926, la Société des villas du Vogelzang lotit le quartier du Chant d'Oiseau. Ce mouvement s'accompagne du percement de nouvelles artères (l'avenue des Volontaires, par exemple) et de l'élargissement de certaines rues (comme la rue au Bois). En 1950-1951, puis 1955, le lotissement de Joli-Bois s'enrichit de nouveaux appartements et maisons grâce à la Société coopérative de construction des habitations à bon marché. De 1974 à 1978, 366 logements sociaux sont bâtis aux Venelles (entre la rue Kelle et la rue au Bois, ancien White Star), qui sont ensuite privatisés. En 1979, la Société nationale du logement édifie la cité de l'Amitié, dans un style architectural caractéristique de l'époque. De 1953 à 1978, des maisons unifamiliales sont construites avenue des Dames Blanches, rue au Bois, à l'Orée. Après 1980, l'avenue J. Olieslagers accueille un immeuble d'appartements sociaux de qualité, comprenant quelques logements adaptés aux personnes handicapées. Des crèches sont construites et des plaines de jeux aménagées.

À partir de 1991, beaucoup de terrains communaux ou privés sont lotis en immeubles à appartements de haut standing et maisons unifamiliales, en particulier autour de Stockel, dans la rue Konkel, et dans le quartier Saint-Michel. Des bassins d'orage sont creusés pour mettre fin aux inondations périodiques dans les quartiers de Stockel, Madoux et Kelle.

Parmi les bâtiments remarquables sis sur le territoire communal, citons : le manoir d'Anjou, appelé à l'origine château de Putdael, construit en 1858 mais complètement transformé en bâtisse néo-classique par Alfred Madoux (patron du quotidien libéral *L'Étoile belge*) en 1896-1897, et qui a appartenu de 1913 à 1948 aux princes d'Orléans (héritiers de la couronne de France) en exil ; le palais Stoclet, imposant hôtel de maître édifié dans le style moderniste entre 1905 et 1911 par l'architecte autrichien J. Hoffman, et dont l'intérieur est décoré notamment par l'artiste autrichien Gustav Klimt ; et l'église moderniste de Notre-Dame de Stockel, des architectes R. Aerts et P. Ramon, qui date de 1962. L'actuel hôtel communal, construit entre 1965 et 1971, dans un style néobrabançon, orné de quelques œuvres des peintres Émile Fabry et Robert Degenève, et de vitraux de Jacques Colpaert, abrite le principal centre culturel et de congrès de l'entité.

Malgré une urbanisation importante, la commune conserve de beaux espaces verts, tels les étangs Mellaerts, les étangs et le parc de Woluwe (conçus à la fin du XIXe siècle dans le style paysager anglais), le parc Parmentier (ayant appartenu à Edmond Parmentier, homme d'affaire et entrepreneur de Léopold II, à qui l'on doit la réalisation de l'avenue de Tervueren et dont le domaine fut occupé dès 1933 par l'Œuvre de l'abbé Froidure, vouée à l'hébergement des enfants en difficulté), le parc des Sources, le parc Crousse, le parc des Deux Drèves. Ces dernières années, une promenade publique a été aménagée le long du tracé de l'ancien chemin de fer Bruxelles-Tervueren.

Les activités religieuses

Pour répondre à l'accroissement de la population, des paroisses sont érigées et de nouvelles églises construites dès 1911. La paroisse Saint-Paul, fondée en 1911 à Mareyde, est déplacée en 1915 avenue Parmentier et se voit dotée d'une église achevée en 1941. À Sainte-Alix, une église de style néoroman est construite en 1935. Dans les quartiers du Bémel et du Chant d'Oiseau est érigée la paroisse Notre-Dame-des-Grâces, dont l'église, jouxtant le couvent des frères mineurs de l'ordre franciscain, achevée en 1935, est inaugurée en 1949. En 1962 commence l'édification d'une nouvelle église pour la paroisse Notre-Dame de Stockel, œuvre moderniste déjà évoquée plus haut. En 1948, la communauté des sœurs du bon pasteur achète le manoir d'Anjou et le transforme en centre de prières, d'accueil et d'éducation pour des orphelins et des jeunes filles placées par le juge de l'enfance. Les sœurs sont remplacées en 1984 par la fraternité du bon pasteur, communauté laïque, qui acquiert le domaine trois ans plus tard. La congrégation salésienne de Don Bosco, implantée au Val d'or, administre l'école technique et professionnelle éponyme.

Les activités culturelles, artistiques, scientifiques et sportives

En matière d'enseignement, la commune adopte des écoles privées à partir de 1844, à Stockel. La première école communale s'ouvre en 1860. Lors de la première phase d'expansion démographique, la commune crée, en 1913, l'école du Centre, qui s'agrandit en 1923 et 1928, année où elle compte 28 classes. L'école de Joli-Bois, inaugurée en 1939, est agrandie en 1951 et 1958, avec la création d'une école gardienne autonome. L'école privée pour filles des sœurs annonciades à Stockel est adoptée en 1909. Au Val d'or, l'institut catholique Don Bosco, d'enseignement professionnel technique, inauguré en 1925, reçoit des extensions à partir de 1960. La même année, l'école communale du Chant d'Oiseau ouvre sa première aile, suivie par une seconde en 1966. L'enseignement secondaire communal se développe à partir de 1959 et s'oriente vers les humanités techniques commerciales (ICMES) et sportives (ITSSEP). L'infrastructure des établissements du réseau communal est régulièrement adaptée et modernisée, les équipements sportifs et culturels sont renforcés, le nombre d'élèves passant de 770 en 1947 à 1705 en 1991. Un athénée royal de l'État est ouvert en 1955, concurrencé par les établissements privés catholiques du collège Jean XXIII (1957) et du lycée et école normale Mater Dei (1958). Des établissements en langue néerlandaise s'ouvrent peu après: Mater Dei Lyceum, Sint-Jozef College et le Koninklijk Atheneum. L'enseignement supérieur est représenté depuis 1954 par l'ICHEC (Institut catholique des hautes études commerciales) qui possède deux sites, l'un à Woluwe-Saint-Lambert, l'autre à Woluwe-Saint-Pierre. Une école de musique, créée en 1922, devient académie en 1963. Une école (puis académie) des arts est fondée par le peintre Timmermans en 1959.

Le musée du Tram ouvert en 1982, avenue de Tervueren

En 1906 est créé le champ de courses de Stockel, qui devient rapidement l'un des plus actifs de la région et qui accueille des meetings d'aviation dès 1909. L'hippodrome ferme en 1957 pour être transféré à Sterrebeek. Sur une partie du terrain libéré, la commune érige de 1975 à 1980 un centre sportif avec salle omnisports, piscine, stade de football et d'athlétisme, terrains de tennis, de squash, de hockey, un stand de tir. Ce centre, rénové et baptisé depuis peu *Sportcity*, héberge dès 1983 les jeux olympiques pour handicapés. Cinq autres terrains de football sont répartis sur Woluwe-Saint-Pierre. Le football y a d'ailleurs été glorieusement représenté par le White Star, club créé au sortir de la Première Guerre mondiale, qui montera plusieurs fois en Division I. Le club quitte Woluwe-Saint-Pierre pour la voisine Saint-Lambert en 1960. Le hockey et le tennis s'illustrent à Woluwe-Saint-Pierre grâce au club de l'Orée, fondé en 1928, l'un des plus prestigieux de la capitale, situé en bordure de la Forêt de Soignes. Dès le début du XXe siècle, plusieurs villas possèdent des courts de tennis privés. Certains subsistent encore; d'autres,

Le *Brussels Ballet* de David Sonnenbluck, au centre culturel de Woluwe-Saint-Pierre

disparus, ont permis la division de certaines parcelles et la densification du bâti.

Le premier journal politique wolusampétrusien paraît en 1897, mais n'aura qu'une existence éphémère. Depuis les années 1950, les autorités communales distribuent un mensuel sous divers noms, l'*Écho*, le *Woluwe*, *Wolu 2000*, *Wolu News*. La commune compte cinq centres culturels, dont le principal est logé au sein de l'hôtel communal, et les autres dans les quartiers de Joli-Bois, Chant d'Oiseau, rue au Bois et rue F. Gay. Le centre culturel et de congrès de la maison communale comporte une bibliothèque, une médiathèque gérée par la Communauté française, un auditorium et des salles d'exposition. La compagnie théâtrale Comédie Claude Volter s'installe rue des Frères Legrain. Woluwe-Saint-Pierre s'enorgueillit de conserver l'un des derniers cinémas de quartier de Bruxelles, Le (New) Stockel.

En 1982, la Société des transports intercommunaux bruxellois transforme le dépôt de tramways de l'avenue de Tervueren en musée du transport urbain bruxellois, qui organise des voyages en trams anciens entre le Cinquantenaire et Tervueren pendant les week-ends d'été. Notons que ce dépôt a été, pendant la Seconde Guerre mondiale, un lieu de résistance et d'action syndicale, ce qui explique après le conflit la présence de partis de gauches dans la commune (PSB et PC).

Depuis 1983, la Bibliotheca Wittockiana présente sa collection de reliures anciennes et offre aux chercheurs les ressources de sa bibliothèque spécialisée dans l'histoire et les arts du livre.

La commune a vu naître ou a hébergé quelques personnalités marquantes de l'art, comme les peintres Émile Fabry et Jean Timmermans, le peintre cartonnier Robert Degenève, l'organiste et compositeur Pierre Thielemans, oncle du bourgmestre Joseph Thielemans.

AUDERGHEM

Serge Jaumain, Anne Bauwelinckx, Christian Vandermotten

Topographie

Le territoire de la commune d'Auderghem s'allonge du nord-ouest au sud-est, perpendiculairement à la vallée de la Woluwe qui traverse la commune de part en part, en bordure du boulevard du Souverain, depuis le parc Seny jusqu'à l'entrée de la rivière sur le territoire de Woluwe-Saint-Pierre, entre l'étang de Val Duchesse et les étangs Mellaerts. Outre les étangs du château de Val Duchesse, la Woluwe reste à ciel ouvert sur de larges portions de son cours à travers la commune. Moins d'un demi-kilomètre après son entrée sur le territoire communal, elle reçoit deux affluents : en rive gauche, le Veeweydebeek ou Watermaelbeek (dont la basse vallée échancrée accueille la vaste surface de l'hypermarché Carrefour et de son parking) et, en rive droite, la vallée plus étroite du Cloosterbeek (dont le versant de rive droite, entaillé dans les sables, est particulièrement raide). Ce vallon du Cloosterbeek provient, comme son nom l'indique, des étangs de l'abbaye du Rouge-Cloître et, au-delà, draine la Forêt de Soignes par les vallons du Blankendelle, au sud, et des Grandes Flosses, à l'est.

La vallée de la Woluwe (ici entre 55 et 50 m) et de ses deux affluents isole trois lambeaux de plateaux sur la partie bâtie du territoire communal. Le plus vaste, à l'ouest, s'élève en direction du campus de la Plaine (ULB), situé sur le territoire ixellois, où il dépasse les 100 m. En rive droite, au sud, le plateau du Transvaal s'élève à un peu plus de 90 m. Au nord, le troisième plateau se prolonge au-delà de l'ancien noyau villageois et de la chapelle Sainte-Anne, en direction de la Forêt de Soignes et de l'avenue de Tervueren.

La partie orientale de la commune, boisée, s'allonge au sud de l'autoroute Bruxelles-Namur jusqu'au-delà de la Forêt de Soignes, où elle atteint un peu plus de 120 m en bordure du hameau de Notre-Dame-au-Bois (Jezus-Eik) situé en grande partie sur le territoire d'Overijse. Ces altitudes, parmi les plus élevées de la Région de Bruxelles-Capitale, se retrouvent à travers la forêt le long de la limite méridionale de la Région de Bruxelles-Capitale et marquent, sur le plateau brabançon, la ligne de partage des eaux entre les bassins de la Senne et de la Dyle.

Cartes des pages 310 à 313 :

Carte de Cabinet des Pays-Bas Autrichiens levée à l'initiative du comte de Ferraris, 1775-1777

Réduction des plans cadastraux, Dépôt de la Guerre, 1847 (éch. 1:35 000)

Carte topographique de Belgique, Institut Cartographique Militaire, vers 1930

Carte topographique de Belgique, Institut Géographique National, 1994

——— Limites communales actuelles
- - - - Limites communales en 1860
- - - - Limite communale de la ville avant l'annexion du Quartier Léopold et Nord-Est (1853)

Allée de marronniers, avenue de Tervueren

SOL Bosch
MESDAEL-BOSCH
Bruxelles
WAETERMAEL
BOONDAEL
BOITSFORT
Prieuré de Rouge Cloître
Wavre
Fontaines
Vieille Route
Relais des Dames
DE
SOIGNE
Prieuré de Groenendael
LA FORET

Chaussée
Bois de Jericho
Valduc Veld
Auderghem Veld
Kladergat
Cervueren
de Bruxelles à
Auderghem Vge
Ruisseau de Beeren Heyde
Watermael
Watermael Vge
Etang
Bruxelles
Klabosch
La Woluwe
Triage de Blankedelle
Drève de Boitsfort
Tambour
FORÊT DE SOIGNES.
Boitsfort Vge
Triage de Boitsfort
Triage de l'Infante
Route de Boitsfort à la Hulpe
Chaussée de Waterloo
Hâvre
Dreef
De Bunders Dreef

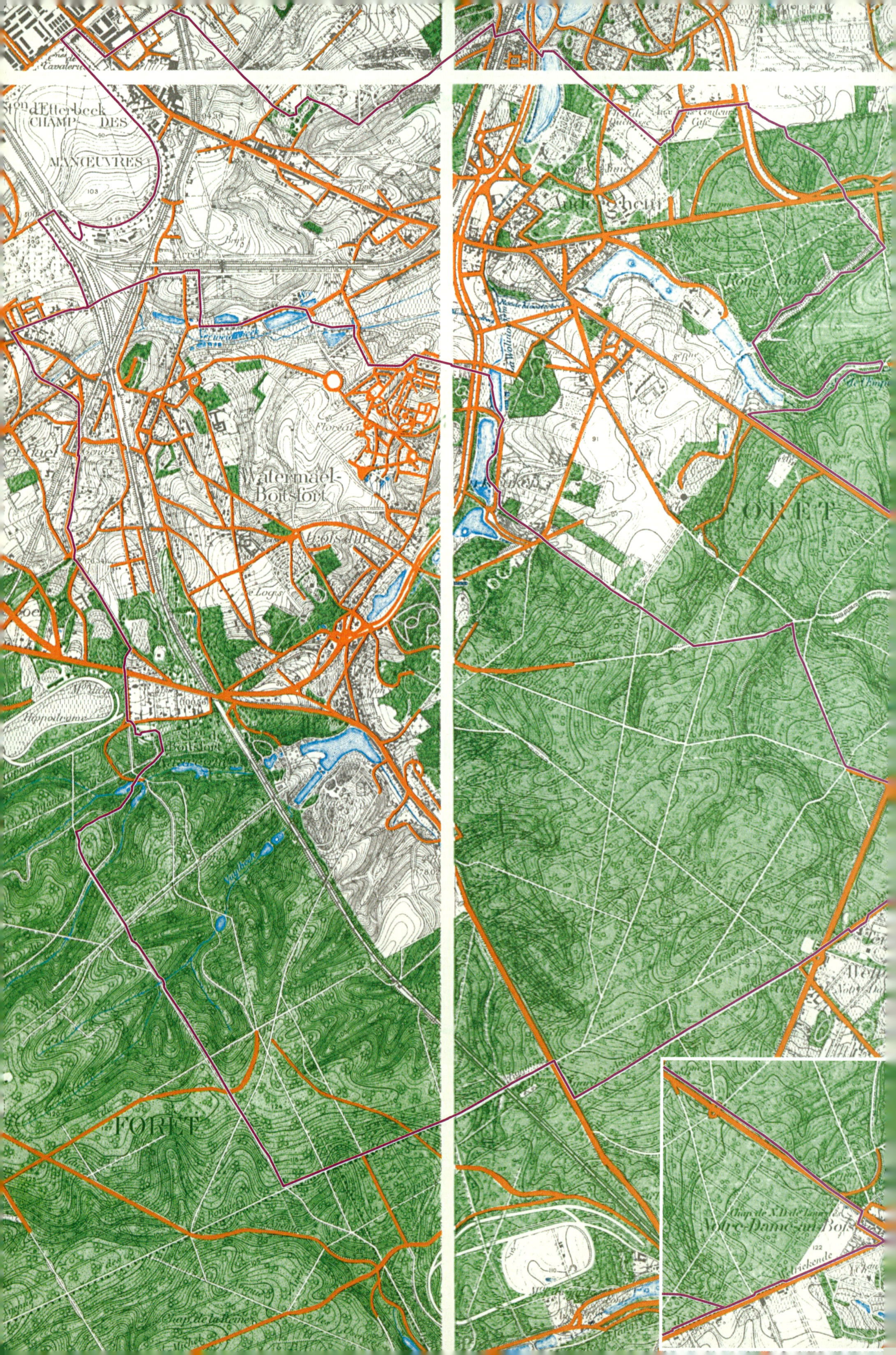

CHAMP DES
MANŒUVRES
Watermael-
Boitsfort
Floréal
Logis
Hippodrome
FORÊT
Auderghem
Rouge-Cloître
FORÊT
Notre-Dame-au-Bois

Arsenal
Arsenaal
V.U.B.
Koninklijke Jacht
Chasse Royale
Campus
U.L.B.
(Delta)
St-Julien
St.-Juliaan
Chant d'Oiseau
Vogelzang
Kalkoven
(Beaulieu)
Ter Cologne
(Demey)
(H. Debroux)
Vissegatwijk
Pinoy
St-Clément
St.-Clemens
Floréal
Fer à Cheval
WATERMAEL-BOITSFORT
WATERMAAL-BOSVOORDE
Dries
Berensheide
Les Trois Tilleuls
Drielinden
Le Logis
La Futaie
Maison Haute
Hooghuis
St-Hubert
St.-Hubertus
Hippodrome
Ston (Boitsfort)
(Bosvoorde)
Parc Tournay-Solvay, Park
Kattenberg
Vallon des Enfants Noyés, Rés. nat.
Verdronken-Kinderen-Vallei, Nat. res.
Coin du Balai
Bezemhoek
Chât. Bischoffsheim, Kast.
(Int. School of Brussels)
Tumuli
Vuilbeekvallei, Nat. res.
Vallon du Vuylbeek, Rés. nat.
Plateau de la Foresterie
Vorserij
St. Hubertuskruispunt
Carrefour St.-Hubert
FORÊT DE SOIGNES
des Bonniers
Drève
Monument des Forestiers
Boswachtersmonument
Kapel der Koningin
Ganzepootvijver
St.-Korneliuskapel
Kasteel van Groenendaal
Bosmuseum
Bsh.
Putdaal
Putdael
Drie Kleuren
Aux Trois Couleurs
Chât. de Val-Duchesse
Hertoginnedal, Kast.
Kap. St.-Anna
Chap. Ste-Anne
St.-Anna, Kast.
Chât. Ste-Anne
OUDERGEM
AUDERGHEM
Ste-Anne
St.-Anna
Stade
Rood Klooster, Oude Ab.
Rouge Cloître, Anc. Ab.
Stadion
Étangs des Chabots
Keizersbron
Couv. du Sacré-Coeur
H. Hart, Kl.
Transvaal
Blankedelle
Chât. Trois Fontaines
Drijborren, Kast.
Solitude, Kast.
Chât. de la Solitude
Ten Reuken
Parc des Princes
Prinsenpark
Royale Belge
Chât. Charle-Albert, Kast.
Pinnebeekpoel, Natuurreservaat
Mare du Pinnebeek, Réserve naturelle
Carrefour
Blankedelle
Koudaalput
Caudael
FORÊT DE ZONIËNBOS
Tambour
Bonne Odeur
Welriekende Dreef
Kast.
Kap. O.L.V. van Welriekende
Drève de la Chapelle
Kapeldreef
Leonarduskruispunt
O.L.V. van Lourdes
Notre-Dame-au-Bois
GNES

Le prieuré de Val Duchesse

Des origines à la fin de l'Ancien Régime

Jusqu'en 1862, Auderghem fait partie de la même entité territoriale que Watermael-Boitsfort.
(voir *Watermael-Boitsfort*).

Formation du territoire communal

Le territoire communal couvre 9 km², dont un peu plus de 2 km² dans la Forêt de Soignes. Depuis sa création en 1862, par séparation de la commune de Watermael-Boitsfort, la commune d'Auderghem a perdu 0,1 km² au bénéfice d'Ixelles. Les rectifications de limites en 1875, 1890 et 1913 visaient à laisser à la commune d'Ixelles le terrain où elle avait établi son cimetière et l'ensemble de l'ancienne plaine des Manœuvres (l'actuel campus de la Plaine de l'ULB) et à ajuster la limite d'Auderghem au tracé du chemin de fer reliant Bruxelles à Namur, entre le pont Fraiteur et la rue des Brebis.

Précédemment, le territoire d'Auderghem s'avançait jusqu'à la chaussée de Boondael, au sud du rond-point du cimetière d'Ixelles. La limite courait du rond-point du cimetière à l'actuel square J.-B. de Greef (sur la chaussée de Wavre), le long d'un chemin en ligne droite (le Dieweg), dont le tracé correspondait plus ou moins au mur septentrional du cimetière et se prolongeait à travers la Plaine, puis par l'actuelle rue Verstraeten (coupée par le tracé du chemin de fer de ceinture) et par un tronçon de la rue des Trois-Ponts. En échange, Auderghem reçut les terrains situés entre la chaussée et la Plaine (l'actuel boulevard du Triomphe). Le territoire d'Ixelles s'étendait jusqu'à la chaussée de Wavre, entre les actuels square de Greef et boulevard Général Jacques.

Au sud, la commune jouxte Watermael-Boitsfort (voir *Watermael-Boitsfort*). À l'est, elle incorpore, au sud de la chaussée de Wavre, transformée aujourd'hui en voirie autoroutière, une portion de la Forêt de Soignes attribuée à Watermael-Boitsfort lors de son incorporation aux communes en 1825. Au nord de la chaussée de Wavre, par contre, la forêt domaniale est attribuée à Tervueren. La limite du territoire d'Auderghem suit donc ici celle des biens des anciens prieurés du Rouge-Cloître (ce qui explique la languette de territoire auderghemois s'avançant dans le vallon des Grandes Flosses jusqu'à la source qui alimentait le chapelet des étangs de l'abbaye) et d'Auderghem (le Val Duchesse), jusqu'à croiser le cours de la Woluwe et l'actuel boulevard du Souverain à la limite aval du grand étang de Val Duchesse.

À l'ouest du boulevard du Souverain, la limite communale avec Woluwe-Saint-Pierre dessine un tracé globalement est-ouest, qui serpente à travers le grand bois du Mesdael, défriché au début du XIXe siècle, jusqu'à un ancien chemin forestier rectiligne, l'actuelle avenue des Volontaires, formant la limite avec Etterbeek jusqu'à la chaussée de Wavre.

Du XIXe au XXIe siècle

Les activités économiques

Sous l'Ancien Régime, l'économie d'Auderghem est dominée par le travail agricole, l'exploitation de la forêt et quelques petites industries locales : carrières de sable et de mœllons, brasseries et moulins. Au XIXe siècle, l'entité conserve son caractère rural tout en accueillant un nombre croissant d'entreprises actives dans les domaines de la teinturerie, de la blanchisserie (la qualité des eaux de la Woluwe est réputée), de la verrerie, du textile, de la briqueterie, de la métallurgie et de la fabrication de produits chimiques. Une cartoucherie (les usines Marga) voit même le jour chaussée de Wavre, près du grand étang du Rouge-Cloître ; elle aurait produit des munitions pendant la guerre des Boers, ce qui serait à l'origine du nom de « Transvaal » donné au quartier habité par ses ouvriers.

En 1874, Auderghem accueille aussi les Glacières royales, l'un des plus grands fabricants de glace de Bruxelles. D'une superficie initiale de 140 m², l'entreprise s'étend, à la fin du XIXe siècle, sur 700 m² avec une capacité de 8 000 m³. En 1895, elle est équipée d'une machine à vapeur de 30 cv capable de produire jusqu'à 20 tonnes de glace par jour. Les glacières cessent leurs activités dans l'entre-deux-guerres et leurs caves, quasi intactes, sont classées en 1993. Alfred-Casimir Madoux, le patron du journal *L'Étoile belge*, choisit par ailleurs d'établir, en 1878, chaussée de Wavre, la célèbre brasserie de la Chasse royale, réputée pour ses bières régionales.

Au tournant des XIXe et XXe siècles, le développement économique de la commune bénéficie de la construction d'importantes voies de communication contribuant à briser son relatif isolement. La mise en service de la ligne de chemin de fer Bruxelles-Tervueren (1882), puis du boulevard du Souverain (1901-1910), qui assure la liaison entre le sud de Bruxelles et la nouvelle avenue de Tervueren, encouragent nombre d'entreprises à venir s'installer dans la commune.

La plus grande partie de ces activités industrielles, artisanales et agricoles ont aujourd'hui disparu au profit du secteur tertiaire. Le commerce auderghemois reste très dynamique, notamment chaussée de Wavre. Sa structure fut bien sûr profondément influencée par l'implantation, en 1961, de l'hypermarché GB (devenu aujourd'hui Carrefour), l'une des premières grandes surfaces commerciales de la région bruxelloise.

Les étangs du Rouge-Cloître

La laiterie du Pont, vers 1900

Mais c'est sans conteste le secteur des bureaux qui connut l'essor le plus considérable au cours des dernières décennies. Depuis les années 1980, les grands axes situés entre le boulevard du Triomphe, Delta et le square Vanlindt ont vu se multiplier les immeubles de bureaux, caractéristiques de l'architecture contemporaine. Ils profitent notamment de l'accessibilité de cette commune, désormais très bien desservie grâce à son infrastructure routière (à proximité immédiate du ring) et à ses quatre stations de métro. De nombreuses entreprises nationales et multinationales ont choisi d'y établir leur siège (notamment le long du boulevard du Souverain et de l'avenue Herrmann-Debroux). Une partie des institutions européennes, contrainte à quitter le Berlaymont, est également venue s'installer dans le quartier Beaulieu.

Publicité de la firme Samson's à Auderghem

La population

La population d'Auderghem, tout comme celle de Watermael-Boitsfort, conserve une relative stabilité jusque dans les années 1870 (la commune compte 1 602 habitants en 1866). Elle connaît ensuite un premier mouvement de croissance dans les décennies qui suivent son détachement de Watermael-Boitsfort (1863). Ce mouvement s'amplifie à partir de 1900 (4 685 habitants), mais c'est surtout après la Première Guerre mondiale que la commune connaît une véritable explosion démographique en passant de 18 640 habitants en 1947 à 34 546 en 1970, soit une augmentation près de trois fois supérieure à celle de Watermael-Boitsfort. Cette évolution est notamment due au fait que les zones urbanisables y sont plus abondantes (moindre développement des « campagnes » et des grands domaines, à l'exception de Val Duchesse et du Rouge-Cloître). La plus grande partie du territoire communal s'est d'ailleurs urbanisée au cours de cette période.

L'absence de renouvellement de la population entraîne ensuite une baisse sensible de celle-ci. Elle stagne sous les 30 000 au début des années 1980 et passe par un minimum de 28 804 en 2000. Depuis lors, une légère reprise se manifeste. Auderghem comptait 29 561 habitants au 1er janvier 2006.

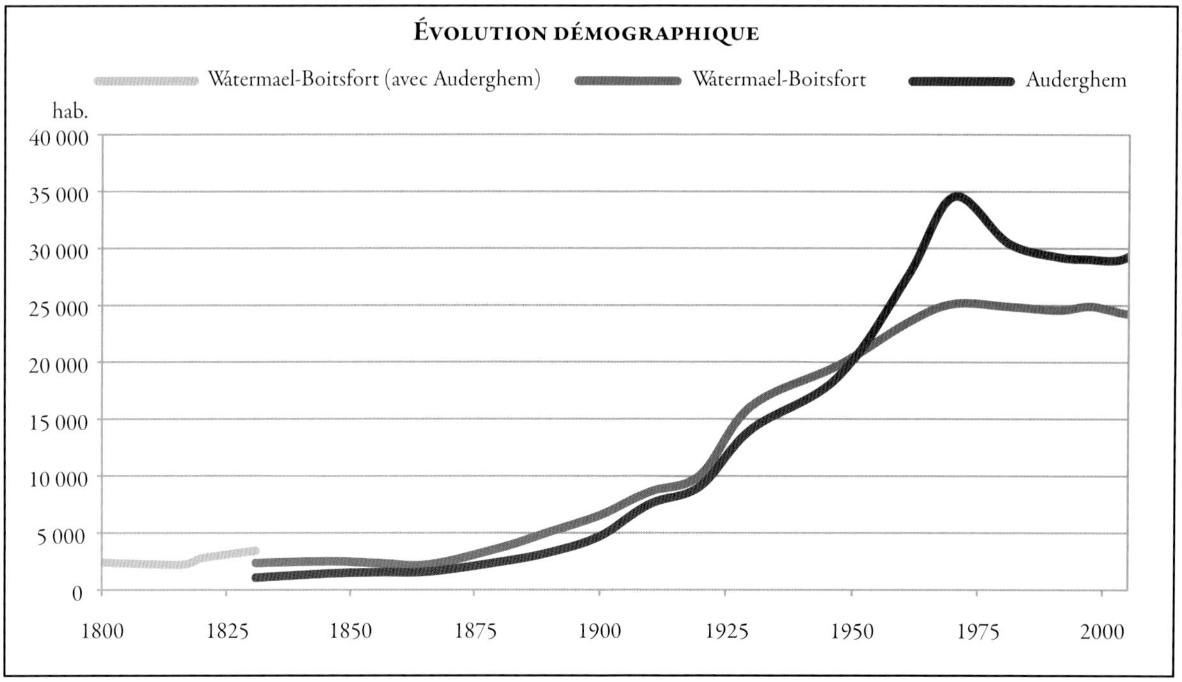

Comparée au reste de la Région bruxelloise, cette population se caractérise par une plus faible proportion de non-Belges (19,1 % en 2004 alors que la moyenne régionale était de 26,3 %), dont 67 % sont originaires de l'UE (contre 55,1 % pour la Région). À ce propos, il est intéressant de souligner que, tout comme Watermael-Boitsfort, Auderghem compte une importante communauté japonaise (il s'agit du groupe le plus représenté hors Union européenne : 2 % de la population totale et 10 % des non-Belges). Cette caractéristique n'est probablement pas étrangère à la présence d'une école japonaise sur le territoire de la commune.

Dans l'ensemble, la population locale apparaît aussi économiquement plus favorisée que dans le reste de la Région, comme en témoigne le revenu moyen par déclaration fiscale qui était de 26 977 euros en 2003 (contre 23 776 euros pour l'ensemble des 19 communes et 24 621 euros pour l'ensemble du pays).

Sur le plan linguistique, Auderghem est à l'origine une commune rurale flamande. L'équilibre en matière d'emploi des langues n'est atteint que durant l'entre-deux-guerres, époque à partir de laquelle la francisation ne cesse de gagner du terrain. En 1947, le recensement compte 46 % de bilingues, 37 % de francophones et 9 % de néerlandophones. Actuellement, les données liées à l'utilisation des langues dans les actes d'état civil, les dossiers d'imposition et de pension, ainsi que les demandes de permis de bâtir, indiquent que plus de 90 % de la population demande ces documents en français.

La situation politique

Lorsque la commune devient autonome, en 1863, un vieux routier de la politique belge, le député libéral Henri de Brouckère, ancien chef du cabinet et ancien ministre des Affaires étrangères, est désigné comme bourgmestre. La commune dont il prend la tête compte alors 1 640 habitants, dont à peine 52 électeurs. Le nouveau bourgmestre entreprend un vaste programme de travaux publics pour permettre la construction d'écoles, d'une maison communale, de pompes publiques, ainsi que l'amélioration du réseau routier. Le nettoyage des rues et le développement d'une voirie avec égouts complètent le programme. Cet aménagement territorial est d'abord réalisé dans une perspective résidentielle. Les principales infrastructures industrielles restent en effet limitées à une petite partie du territoire communal, aux alentours de la chaussée de Wavre, tandis que de nombreux Bruxellois aisés continuent à venir établir leur seconde résidence dans cette commune proche de la forêt.

Dès 1893, les autorités communales se tournent vers le gouvernement pour obtenir la création d'une route à grande voirie, dans le fond de la vallée de la Woluwe, afin de raccorder la commune à la nouvelle avenue de Tervueren. Ces demandes, fortement encouragées par le Roi, débouchent sur la création du boulevard du Souverain qui modifie profondément les axes de circulation au sein de la commune, déplaçant le cœur de celle-ci vers le carrefour formé par le nouveau boulevard et la chaussée de Wavre.

La croissance de la population conduit les autorités locales à favoriser la construction de nouveaux logements et, en 1922, sous le mayorat de Gustave Demey, une cité-jardin, bel ensemble de cottages

Le tram 35 sous le pont de la chaussée de Wavre, 1955

Roger Somville, peinture monumentale à la station de métro Hankar, 1974-1976

avec jardins réalisé par les architectes Bragard, De Ligne, Vanderslagmolen et Verbiest, est inaugurée au square Vanlindt.

Le successeur de Gustave Demey, Gabriel-Émile Lebon, dirige la commune pendant plus de 20 ans (1933-1956). C'est durant ce long mayorat qu'Auderghem perd définitivement son aspect villageois et acquiert sa physionomie actuelle. Le système de voirie est développé, modernisé et pavé. Le collège s'emploie également à désaffecter et à voûter les lits de la Woluwe et du Watermaelbeek. Les terrains ainsi libérés permettent la construction de maisons unifamiliales le long du boulevard du Souverain. La construction de l'école communale du Transvaal date également de cette époque. À la mort du libéral Lebon, un élu socialiste, membre du collège, André Duchêne, assure sa succession.

Bourgmestres

1863 : Henri de Brouckère
1872 : Baron Frans de Waha
1885 : Jean-Baptiste Merjay
1886 : Joseph Chaudron
1896 : Jean Vanhaelen
1904 : Charles Madoux
1908 : Jules Genicot
1912 : Félix Govaert
1912 : Carl Herman-Debroux
1921 : Gustave Demey
1933 : Gabriel-Emile Lebon
1956 : André Duchêne
1959 : Paul Delforge
1977 : Lucien Outers
1985 : Robert Dept
1995 : Didier Gosuin
(mais légalement empêché : Georges Defosset f.f. 1995-2004)

Lors des élections de 1959, les socialistes enregistrent l'un de leurs meilleurs résultats de l'histoire communale mais, n'atteignant pas la majorité absolue, ils sont relégués dans l'opposition. Le libéral Paul Delforge prend alors la tête d'un collège libéral-catholique. Les voiries et les établissements d'éducation sont au centre des préoccupations du nouveau collège : pavage des chaussées, création de l'école technique et professionnelle, de l'académie de musique et de l'école gardienne de la place Pinoy. La construction d'une nouvelle maison communale et d'un centre culturel à l'angle de la chaussée de Wavre et du boulevard du Souverain est également décidée. Ils seront inaugurés en 1970. Paul Delforge briguera au total trois mandats et demeurera bourgmestre jusqu'en 1976.

À Auderghem, comme dans de nombreuses communes bruxelloises, la percée du FDF lors des élections communales de 1970 (il décroche 9 sièges sur 23) marque un important tournant politique. S'associant aux catholiques et aux socialistes, les libéraux réussissent à conserver le mayorat, mais le FDF remporte la majorité absolue dès les élections suivantes (16 sièges sur 31). Lucien Outers, l'une des figures emblématiques de ce parti, devient bourgmestre. Cette nomination ne l'empêche pas de continuer à jouer un rôle important au niveau national. Dans le cadre du cartel FDF-RW, ce Liégeois d'origine se présentera même aux élections législatives de 1977 comme tête de liste des fédéralistes wallons, à Liège. Il sera ensuite ministre de la Coopération au développement, puis du Commerce extérieur et de la Politique scientifique.

Depuis la victoire de Lucien Outers, en 1976, le FDF domine la vie politique de la commune en remportant chaque élection communale, mais en suivant aussi une « tradition » d'ouverture de la majorité à d'autres formations. Les élections de 2006, avec l'installation d'une majorité FDF-Écolo à la tête de laquelle se trouve le FDF Didier Gosuin, en témoignent encore. Celui-ci fut tout d'abord échevin, de 1977 à 1989 (date de son entrée au gouvernement bruxellois, d'abord comme secrétaire d'État à l'Environnement et au Logement, puis comme ministre, de 1991 à 2004), avant de succéder en 1995 à Robert Dept comme bourgmestre (empêché). Ses fonctions ministérielles le conduiront toutefois à céder les rênes de la commune, pendant près de dix ans, à Georges Defosset. Il reprendra ses fonctions de bourgmestre effectif après le renvoi du MR dans l'opposition à la Région après les élections de 2004. Aux élections communales de 2006, il remportera une nouvelle victoire malgré la présence d'une liste libérale dissidente, menée par Alain Destexhe.

Les aménagements urbains

Le hameau d'Auderghem est traversé par la chaussée de Wavre, dont la construction projetée dès 1627, fut décidée en 1707 mais réellement entamée à partir de 1726. Elle deviendra le principal axe de la commune. Partant de la Porte de Namur, traversant Ixelles et Etterbeek, elle constitue l'unique route permettant une communication directe avec Bruxelles.

À la sortie orientale du hameau se trouve la chaussée de Louvain (par Tervueren), ouverte en 1749. Précédemment, Auderghem était relié à Bruxelles par deux chemins. Le premier correspond à l'actuelle rue Valduc et à un tronçon de l'actuelle rue des Trois-Ponts raccordée ensuite au chemin de Bruxelles à Boondael à l'emplacement de l'actuel rond-point du cimetière d'Ixelles, suivant la frontière septentrionale de la commune jusqu'aux rectifications de limite avec Ixelles à la fin du XIXe siècle. L'autre est l'ancien chemin des Meuniers, dont ne subsistent que des tronçons correspondant à la rue des Brebis (à la limite d'Ixelles et de Watermael-Boitsfort), l'avenue Charles Michiels (anciennement rue de la Bifurcation) et l'avenue des Meuniers, au nord de l'ancien chemin de fer de Tervueren et de l'autoroute.

C'est l'existence de l'axe est-ouest de la chaussée de Wavre qui va entraîner le détachement de Watermael, auquel le hameau n'était relié que par un chemin rural (rue des Pêcheries et chaussée de Watermael). Quant à la route de Boitsfort à Auderghem

Panorama d'Auderghem, vers 1910

Cité-jardin à Auderghem, vers 1930

Percement de la voie rapide vers le boulevard du Souverain et l'E411, 1973

qui se rattache à la chaussée de Wavre, elle n'est pavée qu'en 1844 (actuelles avenues J. Van Horenbeek et des Frères Goemare, sur le territoire actuel d'Auderghem).

Le viaduc Herrmann-Debroux

Au moment où le hameau est érigé en commune, à l'exception du château de Val Duchesse (ancien couvent de dominicaines) et du Rouge-Cloître (transformé d'abord en teinturerie et filature), le bâti se limite pratiquement à un noyau villageois allongé le long de la partie basse de la chaussée de Wavre, de part et d'autre de la Woluwe, avec une excroissance le long du chemin menant à Val Duchesse et à la chapelle Sainte-Anne (rue du Vieux Moulin). Les bâtiments isolés sont très rares. C'est le cas du moulin de la teinturerie Seny, sur la Woluwe, à la limite avec Watermael-Boitsfort, et du bâtiment des Trois Fontaines, près de l'entrée de la chaussée de Wavre dans la forêt.

L'équipement du territoire communal en transports en commun est plus tardif que celui de Watermael-Boisfort. La ligne de chemin de fer vers Tervueren n'est ouverte qu'en 1882 (et électrifiée en 1931). Le tramway atteint Auderghem par la chaussée de Wavre en 1901 ; il sera prolongé jusqu'au sommet de l'avenue Charles Schaller et longera ensuite le boulevard du Souverain.

La croissance de l'urbanisation se manifeste d'abord, fin XIXe, par des constructions le long de la chaussée de Wavre. Jusqu'à la Seconde Guerre mondiale, l'axe de la chaussée de Wavre continue à guider l'urbanisation des rues adjacentes malgré la création du boulevard du Souverain (1901-1910) qui donne à la commune le grand axe nord-sud qui lui manquait.

À la veille de la Seconde Guerre mondiale, malgré la croissance de la population, de très vastes espaces restent urbanisables : la partie auderghemoise du plateau du Vogelzang, à l'est de la chaussée de Wavre ; les espaces situés de part et d'autre du chemin de fer de Tervueren, au sud de la chaussée de Wavre et dans la vallée du Veeweydebeek ; le versant de Tenreuken et le plateau de Blankedelle, à l'exception du triangle entre la chaussée de Wavre, l'avenue Hugo Van der Goes et les avenues des Frères Goemare et Ch. Schaller, où une cité-jardin a été édifiée ; le plateau entre la chaussée de Tervueren et la limite avec Woluwe-Saint-Pierre, à l'est du Val Duchesse.

Le château de la Solitude, vers 1910

Ces zones s'urbanisent à partir des années 1950. Tenreuken est consacré à la construction de logements sociaux entre la base du versant oriental de la Woluwe et l'avenue J. Van Horenbeek. Il faut cependant attendre les années 1960 pour qu'une voirie soit créée sur les friches boisées du Blankedelle et complétée sur la partie auderghemoise du Vogelzang.

Le parc Luxor (1924) et le boulevard du Souverain, 1955

Quant aux terrains situés entre l'est de la plaine des Manœuvres et le boulevard du Souverain, ils restent vides de construction, en attendant le tracé de l'autoroute de Namur (après que le chemin de fer de Tervueren eut été désaffecté) et l'édification du GB, devenu aujourd'hui Carrefour, sur la plaine alluviale du Watermaelbeek, sous la rue de la Vignette. L'urbanisation de cette zone se termine par l'édification de bureaux entre l'autoroute et l'avenue de Beaulieu, à partir des années 1970, et en bordure de l'avenue Gustave Demey dans les années 1990.

Auderghem fait les frais des politiques nationales menées dans les années 1960 afin de créer, pour les voitures, de larges voies de pénétration dans la ville au détriment du bâti. L'autoroute Bruxelles-Namur (l'actuelle E411) est entamée dès 1968, puis prolongée en 1973 par un viaduc surplombant le boulevard du Souverain et aboutissant au campus de la Plaine. Il constitue une porte d'entrée stratégique à Bruxelles comme l'ont bien montré les sérieux embarras de circulation générés, en décembre 2003, par sa destruction partielle à la suite de l'incendie d'un chalet en contrebas. Le viaduc et l'autoroute tracent aujourd'hui une large balafre coupant en deux une commune qui doit, en plus, faire face aux nuisances engendrées par une circulation automobile croissante: embouteillages, pollution, bruit, problèmes de parking. Nombre d'automobilistes choisissent d'y garer leur véhicule pour profiter de la première station du métro, Herrmann-Debroux, inaugurée en 1976.

En matière d'aménagement du territoire, on épinglera notamment la construction du home Reine Fabiola pour personnes âgées (en 1956). Les autorités communales, soucieuses de maintenir un certain nombre d'espaces verts, veilleront aussi à ce que l'ancien tracé de la ligne de chemin de fer Bruxelles-Tervueren (sur laquelle le trafic des voyageurs cesse en 1958 et celui de marchandises en 1971) soit réaménagé en une agréable promenade verte pour piétons et cyclistes, passant le long des étangs du parc de la Woluwe et empruntant deux jolis ponts aménagés au-dessus de la chaussée de Wavre et de l'avenue de Tervueren.

La réaffectation du site de la Chasse royale est le défi urbanistique le plus récent auquel les autorités locales ont été confrontées. Longtemps laissé à l'abandon après le démantèlement de cette entreprise et le gigantesque incendie du dépôt de bois Cobelpa établi sur la friche, ce quartier renaît aujourd'hui grâce à la construction d'une centaine de logements neufs dont l'inauguration est prévue en 2009. Le prochain grand défi sera l'aménagement d'un site de 37 ha situé à Delta, entre le pont Fraiteur et le cimetière d'Ixelles, et vendu par la SNCB à la Région de Bruxelles-Capitale. Une surface immense qui suscite, aux portes de la ville, bien des convoitises et devra être entièrement réaménagée.

Si aujourd'hui Auderghem apparaît comme l'une des principales « portes d'entrée » vers la capitale, pendant longtemps, son éloignement par rapport à la ville et son cadre verdoyant, à proximité de la forêt et des étangs, en firent un lieu idéal pour la construction de belles résidences campagnardes par les grandes familles de la capitale.

La commune possède d'ailleurs quelques très beaux châteaux comme celui de la Solitude, situé au bout de l'avenue Charles Schaller et jouxtant la Forêt de Soignes. Ce remarquable édifice fut construit en 1911 par l'architecte François Malfait pour la princesse Marie d'Arenberg (la duchesse de Croÿ) qui s'y installa en 1913. À sa mort, en 1953, l'État racheta la propriété pour y établir une école pour enfants de forains et construisit devant le château quelques pavillons destinés à les accueillir. Le site, abandonné pendant de longues années, fut victime de diverses déprédations. En 1998, le promoteur Solibel racheta le bâtiment à la dérive pour y effectuer une très belle restauration et le transformer en bureaux de prestige. Il abrite aujourd'hui le Secrétariat général de la Fédération internationale du sport universitaire.

On retiendra aussi le château Sainte-Anne, non loin de Val Duchesse, qui connut quelques prestigieux propriétaires, parmi lesquels Henri de Brouckère, premier bourgmestre d'Auderghem. Le célèbre négociant en textiles Charles Waucquez l'acquiert au début du XXe siècle pour le transformer radicalement et ériger un château de style classique, inspiré des plans de l'architecte L. Sauvage. Après la mort de Waucquez, une grande partie de cette propriété (qui s'étendait dans le périmètre formé par la chaussée de Tervueren, l'avenue Val Duchesse, la drève des Deux Moutiers et la rue du Villageois) fut lotie conduisant à la construction des avenues L. Vercauteren et R. Hainaut. En 1959, l'État achète le reste de la propriété. La Maison européenne de Val Duchesse y est fondée en 1961 par quelques personnalités belges et

J-B. Degreef, *La chapelle Sainte-Anne*, 1843

européennes désireuses de développer un lieu de rencontre entre diplomates et autres personnalités étrangères en vue de faciliter leur intégration à la vie sociale belge. La Maison européenne y crée en 1969 l'International club château Sainte-Anne, un prestigieux club d'affaires avec toute l'infrastructure nécessaire pour la restauration, la pratique des sports et la tenue de réunions. La piscine est inaugurée en 1970, le hall multisports en 1974. En 1996, la Maison européenne de Val Duchesse rachète le domaine à l'État belge.

D'autres châteaux ont malheureusement disparu. C'est le cas du château Chaudron, qui fut remplacé par un institut du Sacré-Cœur. En pénétrant dans la Forêt de Soignes, derrière le centre sportif, on peut aussi apercevoir les vestiges du château des Trois-Fontaines (*Drij Borren*), beaucoup plus ancien celui-là puisqu'il date de la première moitié du XIVe siècle. Abandonné à la fin du XVIIIe siècle, il tombe rapidement en ruine. Seul un corps de bâtiment pittoresque est conservé. L'intérieur comprend notamment une vieille cheminée gothique et un banc de pierre encastré dans le mur. Enfin, il faut bien sûr ajouter à cette liste du patrimoine auderghemois les superbes ensembles de Val Duchesse et du Rouge-Cloître évoqués ci-dessous.

Les activités religieuses

Les institutions religieuses jouent un rôle important dans les premiers développements du village d'Auderghem et sont encore bien visibles dans le paysage communal. Ainsi, la chapelle Sainte-Anne, située dans le domaine de Val Duchesse, date du XIe siècle. En raison de son exiguïté, elle fut fermée au culte en 1843 et remplacée par une nouvelle construction, l'église Sainte-Anne, bâtie sur la chaussée de Tervueren et restaurée en 1916-1917. Elle fut, durant plus de 60 ans, l'unique église de la commune.

De nouvelles constructions suivront la croissance démographique d'Auderghem. Ainsi, le quartier du square de Greef sera doté, en 1906, d'une église dédiée à saint Julien, démolie en 1989 et reconstruite dans un style monumental et sobre. En 1970, le quartier du Transvaal accueillera la nouvelle église Notre-Dame de Blankedelle, à l'architecture résolument moderniste.

La commune compte aussi deux importants édifices religieux qui ont perdu leur affectation initiale : les prieurés de Val Duchesse et du Rouge-Cloître. Le prieuré de Val Duchesse, fondé en 1261 par la duchesse Aleyde, veuve d'Henri III de Bourgogne, hébergea la plus ancienne communauté de dominicaines des Pays-Bas. Il compta jusqu'à une soixantaine de religieuses et sœurs converses. À la fin du XVIIIe siècle, le bien est sécularisé. Il connut divers propriétaires dont, en 1904, Charles Dietrich qui restaure et agrandit les bâtiments avant d'offrir le domaine à la Donation royale en 1930. Depuis, il sert de cadre à de prestigieuses réunions nationales et internationales, comme les travaux préparatoires au traité de Rome en 1956 ou les négociations gouvernementales belges.

Le prieuré du Rouge-Cloître, fondé en 1368, a, pour sa part, accueilli pendant près de quatre siècles des chanoines disciples de saint Augustin, qui connurent une certaine renommée grâce à leur bibliothèque et à son atelier de reliure. Le prieuré, doté d'une église consacrée en 1369, s'est développé au cœur d'une vaste enceinte reflétant tout à la fois les vœux de clôture des moines et la volonté de se protéger contre le monde extérieur. Le cloître fut supprimé en 1784, sous Joseph II ; en 1796, le régime français chassa les derniers chanoines. Malgré ces difficultés et diverses déprédations, le site a toujours conservé un charme exceptionnel rehaussé par une enceinte quasi intacte, les jolis lacs qui le jouxtent et la proximité de la Forêt de Soignes. Il fait l'objet actuellement d'une profonde restauration visant à redonner à l'ensemble son caractère original.

Les activités culturelles, artistiques, scientifiques et sportives

Le caractère champêtre de la commune y a attiré de nombreux artistes. Ce fut le cas d'Hugo van der Goes, entré au couvent du Rouge-Cloître peu après 1475 et qui y continua son œuvre jusqu'à la fin de ses jours, ou, bien plus tard, d'Alfred Bastien (1873-1955), qui vécut longtemps dans la maison du meunier. On peut aussi citer Jean-Baptiste Degreef, Léon Houyoux, Adolphe Keller, Piet Volckaert ou encore Jacques Moeschal, l'un des plus grands sculpteurs belges du XXe siècle, auteur de l'œuvre *Le Signal* qui, à Zellik ouvre l'autoroute de la mer, et du cube ornant l'entrée du centre culturel d'Auderghem.

Cette tradition se perpétue à travers le Centre d'art du Rouge-Cloître qui accueille, dans un cadre enchanteur, des ateliers d'artistes (peintres,

Jacques Moeschal, sculpture devant le centre culturel d'Auderghem

sculpteurs...) ouverts au public ainsi que des salles d'exposition et de rencontres. Le centre d'information de la Forêt de Soignes a également élu domicile sur le site de l'ancien prieuré avec, pour objectif, d'initier le public au respect et à la connaissance de la forêt à travers des études, des animations et un centre de documentation.

La commune bénéficie aussi de la présence sur son territoire du jardin expérimental Jean Massart. En créant ce jardin, en 1922, le professeur Massart souhaitait y reconstituer les différents types de milieux naturels belges. Voué tout à la fois à la recherche, à l'enseignement universitaire (il appartient à l'ULB depuis 1938) et à la vulgarisation scientifique (il est régulièrement ouvert au public et aux écoles), le jardin propose sur près de quatre hectares et demi plus de 2 000 espèces végétales et comprend près de 300 espèces de plantes médicinales et aromatiques. On y trouve aussi un verger, un arboretum et une réserve naturelle.

En ce qui concerne l'instruction publique, c'est le bourgmestre Henri de Brouckère qui inaugure la première école communale en 1865. En 1900, la commune disposait de deux écoles qui rassemblaient plus de 500 élèves. Une nouvelle école mixte est construite dans le quartier de la Chasse royale en 1906, puis le Centre scolaire du Souverain sera érigé entre 1910 et 1913 par l'architecte Henri Jacobs, un des spécialistes de l'Art nouveau, bien connu pour la construction d'édifices publics. Cet ensemble abrite aujourd'hui deux écoles pour garçons et filles, une école de dessin, l'académie de musique, le théâtre Franz Constant, une école de cirque et de gymnastique et un jardin d'enfants. En réaction au développement de cette école communale, les milieux catholiques entamèrent la construction d'une école concurrente, située avenue de la Sablière. Durant l'entre-deux-guerres, ces équipements scolaires ont été complétés par une école moyenne d'État, une école communale pour le quartier du Transvaal et trois écoles spéciales (commerce, musique et ménage). Aujourd'hui, Auderghem compte un athénée, quatre centres scolaires d'enseignement primaire et maternel, quatre écoles libres catholiques, deux établissements néerlandophones et l'école japonaise de Bruxelles.

Sur le plan des infrastructures sportives, le grand complexe sportif de la Forêt de Soignes est établi à l'extrémité de la commune. Commandé par l'ADEPS et l'ULB à l'architecte Pierre Corbisier, son ossature de tubes d'acier fut récompensée par de nombreux prix d'architecture.

Auderghem possède enfin un centre culturel particulièrement dynamique qui jouxte la maison communale.

WATERMAEL-BOITSFORT

Serge Jaumain, Anne Bauwelinckx,
Paulo Charruadas, Christian Vandermotten

Topographie

Le territoire de Watermael-Boitsfort est caractérisé par un relief affirmé. La partie septentrionale, urbanisée, de la commune occupe un plateau formant un éperon d'interfluve entre deux vallées : celle de la Woluwe (le long de laquelle se situe le noyau ancien de Boitsfort) et celle de son affluent de rive gauche, le Veeweydebeek ou Watermaelbeek (en bordure duquel se situe l'ancien noyau villageois de Watermael). Le Watermaelbeek reçoit un petit affluent venant de Boondael, à hauteur du carrefour entre l'avenue de la Héronnière et la rue des Bégonias. Les deux rivières principales restent à ciel ouvert sur plusieurs tronçons et leurs cours sont agrémentés d'étangs. Elles ont pris leurs sources sur le territoire d'Uccle, dans la Forêt de Soignes (à proximité de l'axe de la drève de Lorraine), entre 110 et 120 m d'altitude. Les deux vallons amont de la Woluwe confluent dans l'étang de Boitsfort, où se jetait aussi le Zwaenenweidebeek, venant du sud, le long de la chaussée de La Hulpe. En aval de l'ancien noyau de Boitsfort, un chapelet d'étangs a été mis en valeur dans le cadre de l'aménagement du boulevard du Souverain au début du XXe siècle. Les étangs du Veeweydebeek ont été incorporés dans l'aménagement du parc régional de la Héronnière (inauguré en 1997). Le Veeweydebeek et la Woluwe confluent sur le territoire d'Auderghem à une altitude de l'ordre de 50 m. La crête du plateau d'interfluve entre le Veeweydebeek et la Woluwe s'allonge de la cité-jardin du Floréal par les Trois Tilleuls vers le pont du chemin de fer de la chaussée de La Hulpe. Elle y atteint environ 100 m, alors que les places principales de Watermael (place Keym) et de Boitsfort (place Wiener) se situent vers 65 m. Notons au passage que les Trois Tilleuls semblent avoir servi de point géodésique à la première carte topographique des Pays-Bas autrichiens levée par Ferraris.

La partie méridionale de la commune est entièrement couverte par la Forêt de Soignes. C'est un plateau entaillé de quelques petits vallons qui descendent vers la Woluwe. Il s'élève progressivement vers le sud et culmine au-dessus de 125 m sur la ligne de partage des eaux entre la vallée de la Woluwe et celle de l'IJse (affluent de la Dyle) dont quelques têtes de vallons secs débordent sur le territoire de la commune.

Jean-Jules Eggerickx, la cité-jardin du Floréal, 1922-1930

La carte de Ferraris, la réduction cadastrale ainsi que les cartes indiquant la situation vers 1930 et en 1994 se trouvent aux pages 310 à 312

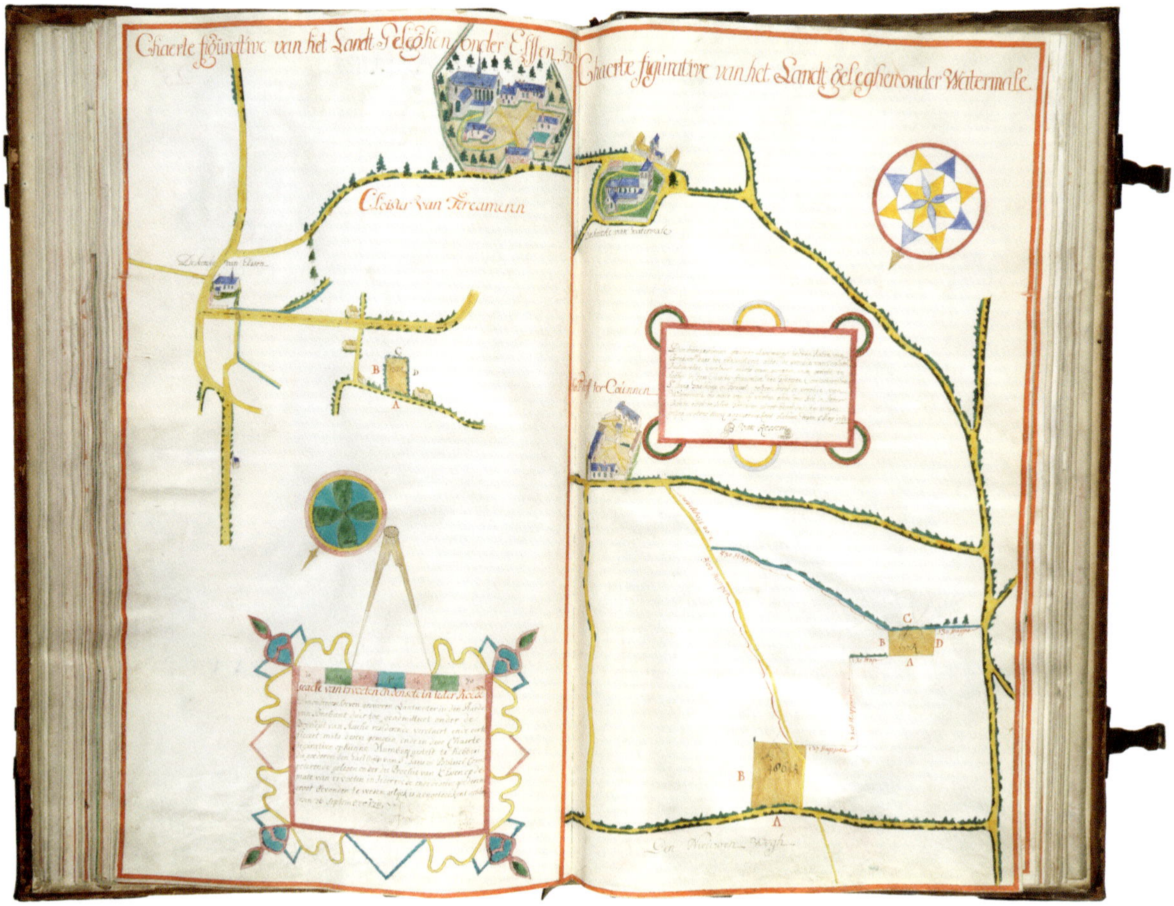

Carte figurative des biens situés à la paroisse de Watermael, extraite de l'Atlas terrier de l'hôpital Saint-Jean, 1709-1713.

Des origines à la fin de l'Ancien Régime

Les traces d'habitat dans la future commune de Watermael-Boitsfort sont très anciennes, avec la mise à jour, en 1888, d'un site néolithique (civilisation du Michelsberg), près des étangs de Boitsfort, qui présente les restes d'un village fortifié, exceptionnel en Europe, datant vraisemblablement de 3500 à 2500 av. J.-C. Il se situe sur un promontoire séparant le Vuylbeek du Karregat, à l'ouest de l'étang du Moulin, sur un site d'une superficie de cinq à six hectares (voir le chapitre *La Région de Bruxelles-Capitale*).

On ne possède plus aucune trace de l'évolution de ce territoire jusqu'à la mention d'un domaine agricole de Watermael, en 914 (regroupant à l'époque les entités de Watermael, de Boitsfort et d'Auderghem), ce qui en fait le domaine le plus anciennement attesté de la Région bruxelloise. À cette date, un aristocrate nommé Gombert et sa femme Bertraïde cèdent à l'abbaye de Saint-Martin de Tours (France) plusieurs biens en alleu, dont le domaine de Watermael en Brabant. À la suite de l'évolution politique de nos régions (naissance des principautés territoriales et remembrement du patrimoine des grandes églises en Europe du nord-ouest), le domaine est vraisemblablement usurpé au début du XIe siècle par des seigneurs locaux, peut-être les comtes de Louvain, futurs ducs de Brabant. Ceci expliquerait pourquoi Watermael apparaît comme l'un de leurs domaines dans le courant du XIIIe siècle.

Le domaine s'étendait vraisemblablement sur une superficie d'approximativement 2 200 ha, forêts comprises, dont 60 ha étaient cultivés. L'expansion de l'économie agraire durant la période des XIe-XIIIe siècles conduira à une attaque importante du massif forestier et à la naissance de deux hameaux au sein du territoire de Watermael : l'un, Auderghem, émergeant vraisemblablement dans le courant du XIe siècle, peut-être à la fin du Xe (les vestiges de la chapelle Sainte-Anne dateraient en tout cas du XIe

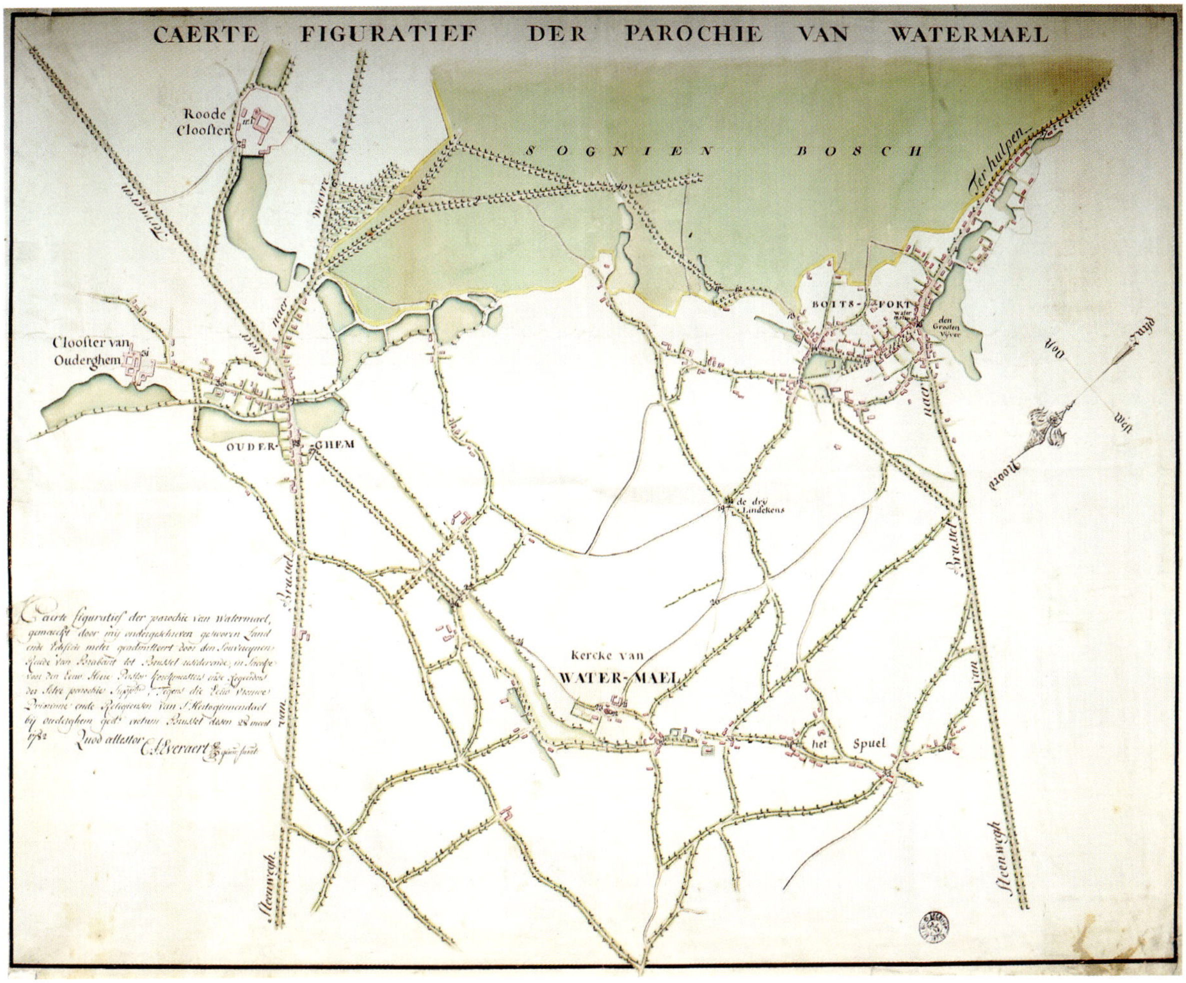

Carte figurative de la paroisse de Watermael, 1782

siècle au plus tôt), continuera à faire partie de la commune de Watermael jusqu'en 1862 ; l'autre, Boitsfort, sera le fruit d'une division administrative opérée vers le milieu du XIIIe siècle à la suite du transfert par les ducs de Brabant de la Vénerie de Louvain (office confié à la famille louvaniste des Boutsvoord) vers la Forêt de Soignes. Ce transfert de l'administration et de la famille tenant l'office, suivi d'un démembrement territorial de Watermael, donnera son nom à la nouvelle entité, Boitsfort, laquelle resta néanmoins toujours unie à Watermael sur le plan religieux et ne constituera une commune indépendante qu'entre 1795 et 1811.

Les événements survenus au XIIIe siècle ont donc réduit la prééminence initiale de Watermael. L'installation de la vénerie ducale dans ce qui deviendra Boitsfort s'avérera lourde de conséquences. Le grand veneur, important dignitaire et fonctionnaire du duché de Brabant, y concentrera ses attributions (liées à l'organisation des parties de chasse, à la protection du gibier, à l'entretien des chevaux et d'une meute de plus d'une centaine de chiens). Cette installation, combinée à l'exploitation des ressources forestières, engendrera une augmentation significative de la population du hameau de Boitsfort par rapport au village de Watermael. Rappelons également que, sous l'Ancien Régime, la Forêt de Soignes dépendait directement du duc de Brabant et relevait d'une juridiction particulière dont le siège fut, lui aussi, établi à la vénerie de Boitsfort. À Auderghem par contre, ce sont les installations en 1262 et en 1368 des prieurés de Val-Duchesse (prieuré dominicain fondé par la duchesse de Brabant Aleyde de Bourgogne, veuve d'Henri III) et du Rouge-Cloître (prieuré des chanoines de l'ordre de Saint-Augustin) qui faciliteront le développement de l'entité via les activités que ces communautés entreprendront avec la population locale (défrichements, constructions de moulins, etc.). On notera toutefois que, sur le plan paroissial, les oratoires de Boitsfort et d'Auderghem dépendaient sous l'Ancien Régime de l'église Saint-Clément de Watermael.

Au bas Moyen-Âge et aux Temps modernes, les habitants de Watermael-Boitsfort et d'Auderghem se livraient à l'agriculture, tout particulièrement à l'élevage, et, bien sûr, à l'exploitation de la forêt toute proche (récolte du bois, production de charbon de bois, fabrication de balais, saboterie, pacage du bétail, etc.). La chasse en forêt étant attractive pour les élites de l'époque, le paysage rural fut marqué aux XVIe et XVIIe siècles par l'implantation de plusieurs châteaux de plaisance construits en bordure de forêt et le long de la Woluwe et du Veeweydebeek.

Aux XVIIe et XVIIIe siècles, la combinaison d'importants défrichements, surtout du côté de Boitsfort, et de la construction de la chaussée de Bruxelles à La Hulpe, conduit à une croissance plus rapide de la population à Boitsfort. Si l'on y compte, en 1709, 349 habitants pour 749 à Watermael et Auderghem, ces chiffres passent respectivement à 606 et 842 en 1755, puis à 826 et 1 197 en 1800 (le recensement de 1800 sous-estime toutefois le nombre d'habitants dans plusieurs communes). Le déséquilibre au profit de Boitsfort est tel qu'il est même question, en 1787, d'y transférer le siège de la paroisse de Watermael.

Formation du territoire communal

Watermael-Boitsfort s'étend aujourd'hui sur une superficie de 13 km^2, dont 58 % sont couverts par la Forêt de Soignes. La commune résulte de la fusion, en 1811, de Boitsfort (1,3 km^2) et de Watermael (8,8 km^2, avec Auderghem) qui avaient été érigés en communes distinctes en 1795. Cette même année 1811, des échanges de terres avec Ixelles – cession des bois Delmarmot et du Galgeberg, et de terres de culture en échange de Borchtgrave – lui font perdre 0,2 km^2 de territoire. En 1825, les 12 km^2 de terres domaniales forestières des triages de l'Infante, de Boitsfort et du Tambour lui sont incorporés. En 1862, le hameau d'Auderghem est érigé en commune distincte, ce qui ampute le territoire de 9,1 km^2 et lui donne sa superficie actuelle.

Amédée Lynen, les étangs de Boitsfort, vers 1900

La limite septentrionale de la commune date de la séparation entre Watermael et Auderghem. Elle suit un chemin ouest-est indiqué sur la carte de Ferraris, le chemin des Meuniers, dont subsistent la rue des Brebis et un tronçon de l'avenue Ch. Michiels, de part et d'autre des terrains du chemin de fer. Les terrains situés au nord de ce chemin, qui formaient la section cadastrale A (dite de la chaussée de Bruxelles) passent à la nouvelle commune d'Auderghem, Watermael-Boitsfort conservant, au sud, la section D (dite du village). La limite descend dans l'axe de l'actuelle rue des Néfliers qui séparait les terres de la ferme Tercoigne du château de Watermael (déjà ruiné lors de la séparation et laissé sur le territoire d'Auderghem). Elle suit la rue des Pêcheries, au nord de laquelle se trouvait le château de Watermael, traverse la vallée du Veeweydebeek et suit l'ancien chemin du Lammerendries, à la limite méridionale de la plaine alluviale du Veeweydebeek. Elle s'oriente vers le sud dans la plaine alluviale de la Woluwe, à hauteur du parc Seny, et longe la limite orientale de l'étang de Tenreuken (qui correspond à la limite des terres domaniales de la forêt avant 1825), jusqu'au coin des avenues Tenreuken et du Grand Forestier. Elle se dirige alors en ligne droite vers le sud-est en direction de l'ancienne barrière sur le chemin de Boitsfort à Auderghem (actuel restaurant *Au Repos des Chasseurs*) et se prolonge à travers la forêt jusqu'à la limite d'Overijse (Welriekendedreef), coupant à travers l'ancien triage du Tambour.

Les limites méridionale et sud-occidentale correspondent à celle des triages alloués à Watermael-Boitsfort lors de l'attribution des terres domaniales de la forêt aux communes attenantes.

La limite nord-occidentale suit la drève du Comte entre la drève des Tumuli et la chaussée de La Hulpe, ce qui correspond à la limite des terres doma-

André Jacqmain, René Braem, Pierre Guillissen et Victor Mulpas, l'immeuble Glaverbel (1967) en bordure de la chausée de La Hulpe

niales jusque 1825. Elle se poursuit vers le nord, par la chaussée de Boitsfort, bien que les bâtiments situés à l'ouest de celle-ci (sur le territoire ixellois cédé à la ville de Bruxelles en 1907) relevaient, d'après Ferraris, de la paroisse de Watermael. À partir de l'extrémité du Dries, elle suit l'avenue Ernotte et la rue du Relais : ces voies sont déjà indiquées sur la carte de Ferraris et séparaient la paroisse de Watermael du hameau de Boondael, qui relevait sous l'Ancien Régime de la paroisse d'Uccle.

Du XIXe au XXIe siècle

Les activités économiques

Watermael-Boitsfort charriera longtemps l'image d'une commune essentiellement campagnarde et forestière, caractéristiques qui détermineront les particularités de son économie. Ainsi, au milieu du XIXe siècle, l'activité majeure à Watermael est encore la culture céréalière et maraîchère, tandis que les habitants de Boitsfort vivent principalement de la Forêt de Soignes (bûcheronnage, artisanat du bois dont la fabrication de sabots et de balais). La vallée de la Woluwe attire néanmoins quelques industries. Ainsi, en 1846, la commune compte déjà trois brasseries, deux distilleries, deux teintureries, une filature de coton, une fabrique de produits chimiques et une d'indiennes. La fin du XIXe et le début du XXe siècle voient encore l'implantation de petits ateliers tournés vers la construction (menuiseries, scieries, ébénisteries...) et liés au développement du caractère résidentiel de la commune.

La quasi-totalité de ces activités industrielles et agricoles a aujourd'hui disparu au profit du secteur

À la petite laiterie de la Forêt de Soignes, vers 1910

tertiaire. Au cours des dernières décennies, un nombre important de bureaux ont choisi de s'installer dans la commune, tout particulièrement le long de la chaussée de La Hulpe et du boulevard du Souverain. Parmi les immeubles de bureaux les plus emblématiques, on retiendra le siège social de Glaverbel. Anneau de verre et de béton revêtu de pierre bleue, il fut construit en 1963, sur la chaussée de La Hulpe, par les architectes André Jacqmain, Renaat Braem, Pierre Guillissen et Victor Mulpas. On peut également citer le siège des cimenteries CBR (1968-1970) installé chaussée de La Hulpe. Cette œuvre des architectes Constantin Brodzki et Marcel Lambrichs, en béton moulé préfabriqué blanc et au design Bauhaus fut sélectionné par le musée d'art moderne de New York pour une exposition consacrée aux transformations de l'architecture moderne des années 1960-1980. La commune abrite encore, sur le boulevard du Souverain, le siège de l'une des principales sociétés du secteur de l'assurance (Axa, anciennement Royale belge). Réalisé en 1968, par les architectes Pierre Dufau et René Stapels, il constitue l'un des exemples de délocalisation périphérique d'une prestigieuse entreprise du secteur tertiaire bruxellois.

La population

La population de Watermael-Boitsfort conserve une relative stabilité dans les trois premiers quarts du XIXe siècle : elle passe de 2 554 habitants en 1806 (1 311 à Watermael, avec Auderghem, et 1 243 à Boitsfort) à 3 980 en 1862, à la veille de la séparation d'Auderghem. Après celle-ci, il reste 2 413 habitants. À partir des années 1 870, la population entame une croissance régulière, à raison d'environ 1500 personnes par décennie. Cette évolution doit être mise en relation avec l'attraction qu'exerce Watermael-Boitsfort (accessible par chemin de fer à partir de Bruxelles depuis 1854) sur les populations aisées de la capitale. Attirées par la beauté des paysages vallonnés et par la Forêt de Soignes, elles choisissent de s'y établir ou d'y construire un lieu de villégiature. Mais Watermael-Boitsfort accueille également des populations plus pauvres, chassées de Bruxelles par les grands travaux et qui s'installent, par exemple, au Coin du Balai. À ce rythme, la commune compte déjà 10 096 habitants en 1920. Dix ans plus tard, la création des cités du Logis et de Floréal lui permet d'atteindre 16 138 habitants. La croissance se poursuit, mais à un rythme moins soutenu, pour atteindre un maximum historique de 25 123 habitants en 1970. Si, depuis le début des années 1970, la population stagne entre 24 000 et 25 000 habitants, il est intéressant de souligner que la commune n'a pas connu le creux démographique enregistré au cours de cette même période dans d'autres entités résidentielles aisées du sud-est de Bruxelles, comme Uccle, Auderghem ou Woluwe-Saint-Pierre.

La composition sociologique de la population est intéressante. Du fait de sa situation privilégiée à la lisière de la forêt, la commune fut très tôt prisée par la bourgeoisie bruxelloise. Les villas et châteaux, occupant souvent de vastes espaces, s'y multiplièrent pendant la deuxième moitié du XIXe siècle. Toutefois, à côté de ces riches résidents, la construction des cités-jardins dans les années 1920 attira une nouvelle population faite principalement d'employés et d'ouvriers aisés de la Caisse Générale d'Epargne et de Retraite (Le Logis) ou de la Compagnie des Eaux et

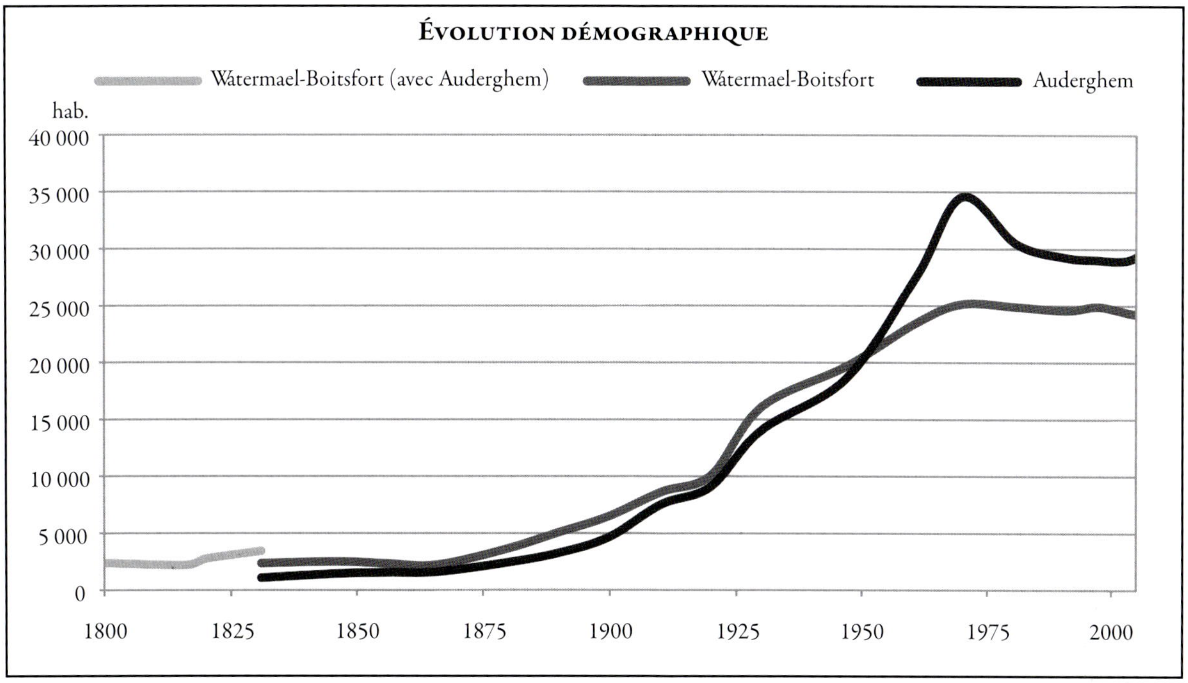

d'entreprises typographiques (Floréal). Aujourd'hui, Watermael-Boitsfort s'affirme comme une commune principalement résidentielle, parmi les plus aisées de la capitale. En 2002, le revenu annuel moyen y était de 30 101 euros (contre 23 776 euros pour l'ensemble de la Région de Bruxelles-Capitale). C'est aussi l'une de celles où s'affirme un véritable sentiment d'appartenance à une collectivité territoriale, sans doute lié au fait que la population née dans la commune y est encore nombreuse et que, dans les cités-jardins, les sévères contraintes urbanistiques contribuent à maintenir des liens assez forts entre les habitants.

Sur le plan linguistique, le flamand resta longtemps la langue dominante. Le bilinguisme ne fera sentir ses premiers effets qu'à la faveur de la croissance démographique qui marque les quatre décennies précédant la Première Guerre mondiale. L'équilibre linguistique se réalise vers 1920. Depuis lors, la francisation n'a cessé de progresser. En 1947, la commune comptait 43 % de bilingues, 43 % de francophones, 7 % de néerlandophones. En 2002, les données liées à l'utilisation des langues dans les actes civils, les dossiers d'imposition et de pension et les demandes de permis de bâtir indiquaient que plus de 90 % de la population demandait ces documents en français.

En 2004, 15,6 % des habitants n'avaient pas la nationalité belge, une proportion largement inférieure à la moyenne régionale (26,3 %). Par contre, plus de 70 % de cette population étrangère étaient originaires de l'Union européenne, alors que la moyenne régionale n'était que de 55,1 %. On soulignera aussi une forte présence de Japonais (6,8 % des non-Belges de la commune, ce qui en fait le groupe national le plus important hors Union européenne) à mettre en relation avec l'accueil, en 1979, dans la commune voisine d'Auderghem, de la *Japanese School of Brussels* (avenue des Meuniers), créée pour permettre à la jeunesse nippone de suivre un enseignement similaire à celui offert au Japon.

La place communale et l'hôtel de ville, vers 1910

La situation politique

En 1820, le jeune avocat bruxellois Théodore Verhaegen acquiert une seconde résidence à Boitsfort, en bordure de la chaussée de la Hulpe. Profitant de ses bonnes relations avec le Prince d'Orange, fils aîné du roi Guillaume, il est nommé en 1825 bourgmestre de la petite commune, à une époque où le premier magistrat n'est pas nécessairement issu de la majorité communale. Après l'indépendance de la Belgique, il se présente aux élections de 1836, ce qui lui permet de conserver l'écharpe mayorale jusqu'en 1842. Happé par la politique nationale (il est député libéral depuis 1837), Théodore Verhaegen n'eut que peu de temps à consacrer à la gestion de sa commune, comme en témoignent ses absences régulières au conseil communal. Il démissionne en 1842 pour protester contre la nouvelle loi communale qui donnait au roi la possibilité de choisir les bourgmestres en dehors des conseillers élus. Celle-ci est immédiatement mise en application par le ministre de l'Intérieur, J.-B. Nothomb, qui désigne pour le remplacer Amour de Cartier, un industriel non membre du conseil et récemment établi à Auderghem. Les élections d'octobre 1842 permettent néanmoins à Verhaegen de retrouver son siège de conseiller et de mener, à partir de celui-ci, une vigoureuse opposition au nouveau bourgmestre. Il se retire du conseil communal en 1848 lorsqu'il accède à la présidence de la Chambre. La même année, Cartier cède l'écharpe mayorale à Englebert Frémineur, un proche de Verhaegen, qui procédera notamment à l'achat, en 1851, d'une maison de la rue Middelbourg pour en faire le siège du pouvoir communal.

Guillaume Geefs, statue de Théodore Verhaegen devant les bâtiments de l'ULB

Le mayorat de son successeur, Jean-Baptiste dit Frédéric de Page, est marqué par l'érection d'Auderghem en commune distincte (1862) et par l'acquisition (1866) de l'actuelle maison communale pour y transférer l'administration. Ce bâtiment, qui avait été construit en 1845 comme villa de plaisance pour Adolphe le Hardy de Beaulieu et son épouse Maria Verhaegen (la fille du premier bourgmestre) sur l'emplacement de l'ancienne chapelle ducale, avait ensuite servi de restaurant avec vue sur les étangs. Le financement de cet important achat fut réalisé en comblant une partie de l'étang et en mettant en vente les terrains ainsi obtenus.

Le libéral Léopold Wiener, qui devient bourgmestre en 1872, œuvre pour sa part au développement de l'instruction et entreprend un vaste programme urbanistique transformant peu à peu le visage de ce qui n'était encore qu'un petit village aux nombreux chemins de terre. Il aménage de nouvelles voies de communication, rénove et élargit les anciennes. C'est aussi sous son mayorat que le plateau des Trois Tilleuls connaît une première phase d'urbanisation. Il put compter sur l'aide financière du banquier Bischoffsheim pour réaliser ce vaste programme.

Le libéral Lambert Vandervelde accède au mayorat en 1891, mais ses ennuis de santé conduisent Théophile Vander Elst à assurer l'intérim jusqu'à la nomination, en 1895, de l'avocat Émile Van Becelaere. Ces années sont notamment marquées par la participation de la commune à la création de la Compagnie intercommunale des eaux de l'agglomération bruxelloise et à l'installation de l'éclairage électrique. Pour sa part, Jean-Henri Delleur, bourgmestre de 1904 à 1921, met en place divers équipements sociaux (crèches, hospice, écoles...) et c'est sous son mayorat qu'est fondée la Société communale d'habitations et de logements à bon marché. Il fait aussi ajouter, en 1905, un avant-corps vers la place à la maison communale, réalisé par Ernest Blérot, l'un des maîtres de l'Art nouveau. Un avant-corps vers l'arrière sera encore ajouté en 1932. Déporté en 1917, Delleur est remplacé pendant la durée de sa détention par le deuxième échevin, Eugène Keym, qui s'illustre par une collaboration active avec le Comité national de Secours et d'Alimentation (CNSA) et une résistance bien originale à l'occupant : il collectionne méthodiquement des souvenirs de guerre et plus particulièrement une exceptionnelle collection de caricatures aujourd'hui conservées aux Archives de la ville de Bruxelles.

Georges Benoidt succède à Delleur en 1921 et conserve l'écharpe mayorale jusqu'en 1947. Parmi les principales réalisations de son mayorat, on retiendra le développement du réseau scolaire, la participation de la commune à l'établissement de l'égout collecteur de la Woluwe, la construction du centre de santé Tournay-Solvay ou encore d'importantes plantations d'arbres et de fleurs qui renforcent le caractère résidentiel de la commune. C'est aussi sous son mayorat que se développent les deux célèbres cités-jardins Le Logis et Floréal (1921-1922). Leur établissement sur le territoire de la commune fut mal vu par la droite du conseil communal, craignant un renforcement de la présence socialiste, ce que ne manqua pas de confirmer le résultat des élections de 1932 puis, après la guerre, l'arrivée d'un bourgmestre socialiste,

Bourgmestres

1825 : Théodore Verhaegen
1842 : Amour de Cartier
1848 : Englebert Fremineur
1858 : Jean-Baptiste dit Frédéric Depage
1866 : Jean-Baptiste Smets
1870 : Edouard Olivier
1872 : Léopold Wiener
1891 : Lambert Vandervelde
1893 : Théophile Vander Elst (f.f.)
1895 : Emile Van Becelaere
1904 : Jean-Henri Delleur
1921 : Georges Benoidt
1947 : Jules Messine
1959 : Jacques Wiener
1977 : Andrée Fosseprez, épouse Payfa
1995 : Martine Payfa

Vue panoramique de la rue Middelbourg, vers 1910

Jules Messine, à la tête de la commune. Ce docteur en médecine élu au conseil communal dès 1932, puis à la Chambre des représentants en 1950, s'appliquera notamment à moderniser l'administration communale.

À la suite des élections de 1958, le libéral Jacques Wiener fait alliance avec les catholiques, ce qui lui permet de décrocher le poste de bourgmestre qu'il conservera jusqu'en 1977. Dès 1970, le FDF s'impose toutefois comme le premier parti de la commune. Une coalition libérale-FDF-catholique permet néanmoins à Jacques Wiener de conserver le poste de premier magistrat de la commune. Sous son mayorat, divers espaces culturels sont aménagés, tandis que sont inaugurées la nouvelle école de la Futaie, la crèche de la rue du Roitelet et la piscine Calypso. L'urbanisation des alentours de la place Keym date de la même période.

En 1977, l'écharpe mayorale passe aux mains du FDF qui dirige la commune en coalition avec les socialistes. Andrée Payfa-Fosseprez succède à Wiener avant de laisser sa place, en 1995, à sa propre fille, Martine Payfa. Depuis le scrutin de 2000, la majorité est composée des libéraux, du FDF et des Écolos.

Les aménagements urbains

Boitsfort était d'abord raccordé à Bruxelles par un chemin non pavé passant par Boondael (l'actuelle chaussée de Boitsfort) qui prolongeait la chaussée de Boondael. Un embranchement, correspondant au tracé actuel de l'avenue de Visé et de la rue du Roitelet, évitait Boondael et menait directement à Watermael. La chaussée de La Hulpe, créée en 1681,

Paul Delvaux, panorama imaginaire de Watermael-Boitsfort en 1900 (1983)

qui relie Boitsfort à Bruxelles par le Vert Chasseur, existait déjà à travers la Forêt de Soignes jusque Groenendael en 1629. La route de Boitsfort à Auderghem, où elle se rattache à la chaussée de Wavre, est pavée en 1844 (actuelle avenue Charle-Albert et, au-delà, sur le territoire d'Auderghem, avenues J. Van Horenbeek et des Frères Goemare). Les liaisons entre Watermael et Boitsfort se faisaient par des chemins ruraux, dont celui correspondant au tracé de l'actuelle avenue Wiener et de la rue des Trois Tilleuls.

Au XIXe siècle, le bâti se limite aux deux noyaux villageois de Boitsfort et Watermael. Celui de Boitsfort, devenu le plus important au cours des années, s'allonge depuis la chaussée de La Hulpe (le Coin du Balai) par la rue Middelbourg jusqu'à la rue de l'Hospice (actuellement de l'Hospice communal). Celui de Watermael s'allonge de manière moins dense le long du Dries et sur le bas du versant du Watermaelbeek, jusqu'à l'église Saint-Clément.

Jean-Jules Eggerickx, l'immeuble « Le Fer à Cheval », dans la cité-jardin Le Logis-Floréal, 1926-1928

Ajoutons-y déjà quelques « campagnes » à Boitsfort. Le château Charle-Albert (1870) de style néo-Renaissance flamande, aujourd'hui en ruine, illustre ainsi la volonté de la bourgeoisie d'établir de prestigieuses demeures aux abords de la Forêt de Soignes. Réalisé par l'architecte homonyme, il fut notamment habité par le Premier ministre Paul Van Zeeland.

Dans un premier temps, les extensions du bâti concernent surtout la construction de villas le long de la chaussée de La Hulpe, aux alentours de la gare de Boitsfort. Plusieurs voiries sont créées et des chemins de terre sont pavés. Au début du XXe siècle, la gare de Boitsfort est rattachée au centre de la commune, non plus par l'ancienne drève du Duc, mais par la large avenue de la Vénerie (l'actuelle avenue Delleur) prolongée par le boulevard du Souverain (1901-1910), réalisations dues à la volonté du roi Léopold II. Ce dernier souhaitait, en effet, créer une avenue dans le fond de la vallée de la Woluwe pour relier Watermael-Boitsfort à Auderghem, puis à Woluwe-Saint-Pierre et à Woluwe-Saint-Lambert. Dès 1893, la commune d'Auderghem réussit à intéresser Boitsfort à ce projet qui permettrait de relier le sud de Bruxelles à la nouvelle avenue de Tervueren. Les travaux s'achevèrent en 1910 et, via la courbe de l'avenue Delleur, la chaussée de La Hulpe fut raccordée au nouveau boulevard du Souverain. Dans le cadre de ces travaux, le tramway arriva à la place de Boitsfort en 1905, en prolongation de la ligne qui menait jusque-là à l'hippodrome. Après la Première Guerre mondiale, les terrains libérés par le démantèlement de l'exposition internationale de 1910 permirent en outre l'ouverture de nouvelles voies de communication qui facilitèrent les liaisons avec Watermael-Boitsfort, notamment l'avenue des Nations, qui deviendra l'avenue Franklin Roosevelt.

Des villas s'édifient aussi aux alentours de la gare de Watermael (ouverte en 1884 à l'emplacement d'une halte créée dès 1866) et le long de l'avenue Van Becelaere, qui relie Watermael à la gare de Boitsfort. Le noyau de Watermael s'élargit aussi le long de la rue Vander Elst. Le tramway électrique venant d'Ixelles atteint la place Keym en 1910.

La rue d'Ixelles, actuellement rue de Visé, et le pont du chemin de fer en construction, vers 1905

Au cours des années 1920, la commune connaît une forte croissance marquée, notamment, par la création de nombreuses voiries et l'implantation des cités-jardins du Logis (1921) et du Floréal (1922). Réalisées selon les plans urbanistiques de Louis Van der Swaelmen et conçues par l'architecte Jean-Jules Eggericx pour le compte de sociétés coopératives de logement d'obédience socialiste, ces deux cités sont construites selon un plan d'ensemble fondé sur la hiérarchisation des voiries, leur verdurisation et la valorisation du relief. Elles s'inscrivent dans le cadre de la politique des cités sociales qui, après la Première Guerre mondiale, débouche sur la création d'une série de quartiers ouvriers dans la périphérie bruxelloise. Vu l'importante mise de fonds demandée aux coopérateurs, elles furent très vite habitées par des employés et ouvriers relativement aisés. Les deux cités se caractérisent par de très jolies petites maisons aux volets et châssis de couleurs vives, précédées d'un petit jardin tourné vers la voirie. Celle-ci, bordée de pommiers et de cerisiers du Japon, donne au printemps de superbes couleurs à ce quartier verdoyant. Quelques immeubles à logements multiples viennent compléter l'ensemble dès la fin des années 1920. Les prix abordables des terrains étaient bien sûr liés au fait qu'ils se trouvaient à une certaine distance de la ville, au-delà du front bâti. Les lignes de tramway ne desserviront les cités qu'en 1926 (les terminus de la place Keym et de la place de Boitsfort sont reliés par une ligne de tram qui traverse Le Logis) et 1938 (ligne prolongée jusqu'au square des Archiducs pour la cité du Floréal). La qualité urbanistique et architecturale des deux cités, ainsi que le respect des servitudes, ont

Anne-Pierre De Kat, la cité-jardin du Logis sous la neige, 1926

assuré le maintien du caractère de l'ensemble et engendrent aujourd'hui un processus de gentrification qui devrait toutefois être freiné par les nouvelles règles d'attribution du logement social et l'interdiction faite dorénavant aux sociétés d'aliéner leur patrimoine. Ajoutons qu'une autre cité est encore édifiée à la même époque, le long du Dries et rue de l'Élan.

Des années 1930 au début des années 1970, l'extension des cités-jardins du Logis et du Floréal se poursuit, mais à un rythme ralenti. Les réserves de terrains à bâtir s'épuisent dans cette commune où de très vastes espaces restent non urbanisables. C'est notamment le cas de la forêt et des étangs, de la coulée verte de l'avenue Delleur, du boulevard du Souverain et de leurs abords, et du parc du Jagersveld. La zone du Watermaelbeek, gelée pour y construire une grande voirie de pénétration, sera transformée en parc régional de la Héronnière en 1997, après que le plan de secteur de 1979 ait abandonné les projets de pénétrantes routières rapides dans Bruxelles. On trouve dans ce parc des étangs, des aires de jeu, des terres cultivées, des espaces pour le gibier ainsi que le Watermaelbeek remarquablement mis en valeur.

De grandes propriétés et d'anciennes « campagnes » ou châteaux sont conservés: la propriété du Couvent des dames de l'adoration perpétuelle; la propriété Tournay-Solvay, devenue parc régional ouvert au public en 1985; le château Bischoffsheim, où une école internationale s'installe en 1951; les anciennes propriétés d'Ursel, Wiener, Morel, Charle-Albert, entre autres. Des espaces sportifs (le stade des Trois Tilleuls) et le plateau de la Foresterie, en bordure de la forêt au Coin du Balai, gelé en zone de réserve foncière par le plan de secteur en 1979, complètent le tableau. Dans ces conditions, il sera difficile de construire à Watermael-Boitsfort de grands ensembles résidentiels comme ceux qui fleuriront un peu partout dans l'agglomération bruxelloise dans les années 1960 et 1970. Excepté le quartier des Pêcheries et celui situé à proximité de l'avenue du Martin-Pêcheur, la commune réussira à conserver – outre les cités-jardins – un paysage fait principalement de villas, de maisons aisées entre mitoyens et de petites maisons semi-rurales ou ouvrières qui lui donnent un certain cachet.

Au niveau du bâti, la croissance se fera donc surtout par du remplissage le long des voiries existantes, avec toutefois, dans les années 1960, la création de quelques voiries nouvelles permettant l'urbanisation d'espaces interstitiels, comme le prolongement de l'avenue des Noisetiers, la création de l'avenue des Hannetons, de l'avenue de l'Hermine, le Heiligenborre. En 1957, la création de l'avenue de la Foresterie, dédoublant l'ancienne chaussée de La Hulpe dans sa traversée du Coin du Balai, entraîne le comblement partiel de l'étang du Moulin. En 1963, le tracé de l'avenue de la Sauvagine permet de court-circuiter les coudes des rues du Roitelet et des Arcades pour accéder à la place Keym et, au-delà, à l'axe des rues des Thuyas et des Épiceas, drainant la circulation vers Boitsfort, qui utilisait jusque-là l'ancienne et étroite rue Vander Elst.

Depuis le début des années 1970, des immeubles de logement social sont encore édifiés dans la cité du Logis et dans celle du Dries. Des immeubles à appartements à destination des classes moyennes urbanisent les espaces jadis cultivés entre l'ancienne Ferme de Ter Coigne et la place Keym, bordée elle aussi d'un immeuble en hauteur, avec une galerie commerciale au rez-de-chaussée (1969-1970). Quelques propriétés sont loties en ensembles d'immeubles à appartements ou, plus tard, en villas à appartements, comme le long de la partie supérieure de l'avenue Van Becelaere. Les anciens noyaux villageois, qui font le charme de la commune, sont caractérisés par des phénomènes de gentrification, du fait de populations intellectuelles de classe moyenne qui y trouvent un cadre satisfaisant leurs aspirations au calme, à la verdure et à certaines formes de convivialité de quartier.

Le long du boulevard du Souverain, suite à la mise sous collecteur de la Woluwe pour assécher les marécages, on a vu s'installer quelques buildings à appartements et des immeubles de bureaux dont certains comptent parmi les plus belles réalisations architecturales en ce domaine.

Au début des années 1980, la place Eugène Keym, véritable centre commercial de Watermael, fit aussi l'objet d'un profond réaménagement visant à créer un ensemble plus harmonieux tout en y réservant une large place aux espaces piétonniers. On notera enfin que la place Wiener, devant la maison communale, a été réaménagée en 2006 afin de limiter les impacts négatifs de sa traversée par la circulation automobile et pour tenir compte du prolongement de la ligne de tramway sur le boulevard du Souverain jusqu'à la station de métro Herrmann-Debroux.

Les activités religieuses

Le territoire communal comprend l'une des plus anciennes églises romanes de Brabant : l'église Saint-Clément dont les parties les plus anciennes (la nef centrale et la tour) datent du XIe siècle L'édifice a toutefois subi d'importantes transformations, en particulier en 1871, avec l'ajout d'un porche et de tourelles latérales. Durant ces travaux, des sépultures de personnalités locales, ecclésiastiques et politiques, furent découvertes, et les pierres tombales ont été accolées aux murs extérieurs de l'église. La plus ancienne, celle d'un échevin de la localité, date de 1575. En 1938, un mémorial à la gloire du roi Albert Ier (un bronze de Thomas Vinçotte) fut installé à ses pieds.

La croissance du hameau de Boitsfort fut telle qu'en 1826 le conseil communal décida de construire une nouvelle église (Sainte-Philomène), à l'arrière de la Maison Haute. Auparavant, la Vénerie avait eu une chapelle dédiée à saint Hubert (en partie détruite en 1684). Vu la croissance exponentielle de la population, le bourgmestre Delleur fit dresser, en 1913, les plans d'un nouvel édifice plus vaste. Achevé après la Première Guerre mondiale, il reprendra le nom de Saint-Hubert. Le monument, réplique de l'abbaye d'Aulne, est caractérisé par la tour de 85 m qui le surmonte. L'avenue des Archiducs, qui longe la cité Floréal, accueille pour sa part, en 1926, l'église Notre-Dame du Perpétuel Secours. Elle sera reconstruite en 1966 sur les plans de l'architecte Marc Dessauvage et inaugurée trois ans plus tard. Notons aussi l'église Sainte-Croix, construite en 1938 par l'architecte Devroye pour accueillir les paroissiens du nouveau quartier du Dries, ainsi qu'une chapelle dédiée à Notre-Dame Reine des Cieux, érigée en 1956, dans le quartier du Coin du Balai, dans un style « futuriste ». Enfin, deux églises protestantes se situent sur le territoire communal : l'International Protestant Church au Kattenberg et l'église protestante de l'avenue des Cailles.

L'église Saint-Clément

Les activités artistiques, culturelles, scientifiques et sportives

Une première initiative en matière d'enseignement est à mettre à l'actif du conseil communal qui, en 1851, décida la construction d'un édifice, rue Middelbourg, servant de maison communale et d'école. C'est toutefois sous le mayorat de Wiener que débute réellement l'histoire de l'enseignement à Watermael-Boitsfort. Une propriété est aménagée en école en 1872. L'actuelle école des Cèdres est ouverte en 1895. Les plans de cet établissement, de style éclectique, furent réalisés par l'architecte Félix Sterckx et quelques modifications ont été introduites en 1912 par P. de Groef (agrandissement et adjonction d'un gymnase). L'école a été rénovée en 1984 en respectant la structure initiale de l'ensemble. Dans ce même quartier, l'école maternelle de la Roseraie fut ouverte en 1900.

Delleur fait construire l'école de la place Communale et l'école gardienne au Coin du Balai. Cette dernière, l'école de la Sapinière, ouverte en 1911, compte alors deux classes, une salle de jeux, une cour et une soixantaine d'élèves. Des classes primaires y seront accolées en 1930. Pour compléter le panorama, il faut aussi mentionner les écoles communales maternelles des Aigrettes (construite en 1926 et agrandie en 1959) et du Colibri (1930) aux Logis et Floréal, dont

Edgard Tytgat, *Kermesse à Watermael*, 1911

l'architecture s'intègre parfaitement aux cités-jardins dans lesquelles elles sont implantées. C'est également de l'entre-deux-guerres que date l'école du Karrenberg, installée dans les bâtiments de l'ancien sanatorium Marie-José, et qui accueillit ses premiers élèves en 1929, ainsi que l'école de la Futaie (1933) destinée aux enfants du quartier naissant. Les nouveaux bâtiments de cette dernière école datent de 1970-1972 et ont remplacé l'ancienne villa qui l'abritait depuis sa fondation.

Les années 1950 verront encore s'ériger quelques nouvelles écoles : l'école des Naïades (1951), la nouvelle école du Karrenberg (1957) ainsi que la création par l'État d'une école moyenne avec section athénée. En 1953 s'ouvre également le collège Saint-Hubert.

Aujourd'hui, les élèves sont accueillis dans sept écoles maternelles, cinq écoles primaires communales, trois écoles maternelles et primaires libres catholiques. Au niveau secondaire, la commune abrite l'institut de l'Assomption, le collège Saint-Hubert et l'athénée royal de Watermael-Boitsfort. En outre, quatre écoles néerlandophones sont situées sur le territoire de la commune. Pour sa part, le château Bishoffsheim accueille, depuis 1951, l'International School of Brussels où les enfants de résidents étrangers peuvent suivre un enseignement en anglais. On notera enfin que la commune possède deux académies : l'Académie des Beaux-Arts (qui a notamment été dirigée par le peintre Roger Somville) et l'Académie de musique (qui a pour sa part été dirigée par le compositeur Van Rossum).

Watermael-Boitsfort est un lieu propice à la création artistique. Les parcs et places de la commune regorgent de sculptures. Le peintre Paul Delvaux vécut avenue des Campanules, à proximité de la gare de Watermael qui inspira son œuvre. Le peintre Rik Wouters s'établit au Coin du Balai. Les dessinateurs Hergé et André Franquin habitèrent également la commune, tandis que de nos jours de nombreux artistes y ont encore leur domicile. C'est aussi à Watermael que vécut le célèbre grammairien de la langue française Joseph Hanse.

La vie culturelle de la commune est principalement animée par l'a.s.b.l. *La Vénerie*, créée en 1971. Dès 1982, elle s'installe dans les écuries de la Maison Haute, situées à proximité de la maison communale. Quatre ans plus tard, l'ouverture de l'espace Delvaux (place Keym) dans le bâtiment de l'ancien cinéma Sélect complète les infrastructures gérées par l'a.s.b.l avec une salle d'exposition, un auditorium et une bibliothèque. *La Vénerie,* qui a pour objectifs de développer la vie associative, communautaire et la créativité des différentes cultures, organise depuis 1982 la Fête des Fleurs. Celle-ci rassemble différents types d'artistes dans les rues de la commune durant tout un week-end. Parmi les autres associations actives dans la commune mentionnons encore Hisciwab (Histoire et sciences à Watermael-Boitsfort) et *L'Espace Mémoire* (ouvert en 2006) dont le but est de mieux faire connaître l'histoire de la commune.

Au niveau des infrastructures sportives, on retiendra notamment, la création en 1948 du stade sportif des Trois Tilleuls, non loin des cités-jardins et, en 1970, la construction du bassin de natation Calypso. Précisons enfin que, contrairement à ce qu'indique son nom, l'hippodrome de Boitsfort (inauguré en 1875) se situe sur le territoire de la commune d'Uccle.

Rik Wouters, *La Folle danseuse*, 1912

UCCLE

Viriginie Jourdain, Paulo Charruadas,
Christian Vandermotten

Topographie

Le relief de la commune d'Uccle est relativement découpé. Son territoire occupe le versant et les plateaux de la rive droite de la vallée de la Senne, dans la partie méridionale de la Région de Bruxelles-Capitale. Vers l'est, il dépasse légèrement, dans la Forêt de Soignes, la ligne de crête qui sépare le bassin de la Senne de celui du sous-bassin de la Woluwe. Cette ligne de crête est suivie approximativement par l'axe de la chaussée de Waterloo, au nord du Vert Chasseur, puis par l'avenue et la drève de Lorraine. Elle dépasse l'altitude de 100 m au nord, celle de 120 m au sud. Le plateau qui s'abaisse de cette ligne de crête vers le versant de rive droite de la Senne est découpé par trois vallées est-ouest, encaissées dans les sables du Bruxellien, atteignant le niveau de base de la vallée alluviale situé vers 30 m. Il s'agit, du nord au sud, de la vallée de l'Ukkelbeek, suivie par les tracés de l'avenue De Fré et de la rue de Stalle, en bordure de laquelle se trouvait le village primitif d'Uccle ; de la vallée du Geleytsbeek, qui passe par le Vivier d'Oie, le centre de Saint-Job (ancien siège de la seigneurie de Carloo), et l'axe de la chaussée de Saint-Job ; enfin, formant la limite méridionale de la commune, la vallée du Linkebeek, séparée de celle du Geleytsbeek par les plateaux d'Engeland et du Verrewinkel, ce dernier culminant au-dessus de 120 m et où subsiste un lambeau boisé issu du démembrement de la Forêt de Soignes.

Cartes des pages 344 à 351 :

Carte de Cabinet des Pays-Bas Autrichiens levée à l'initiative du comte de Ferraris, 1775-1777

Réduction des plans cadastraux, Dépôt de la Guerre, 1847

Carte topographique de Belgique, Institut Cartographique Militaire, vers 1930

Carte topographique de Belgique, Institut Géographique National, 1994

———	Limites communales actuelles
- - - - -	Limites communales en 1860
- - - - -	Limite communale de la ville avant l'annexion du Quartier Léopold et Nord-Est (1853)

FORET
UCCLE
RUYSBROECK
BEERSEL
LINCKENBEECK
CALEVOORT
STALLE
DROOGENBOSCH
DATHELBERGH
Verwinkel

Abbaye de la Cambre
Bruxelles
AUWERGHEM
Chau de Waetermael
Terlinde
WAETERMAEL
Boondael
BOONDAEL
BOITSFORT
VIVIER D'OYE
LA FORET DE SOIGNE
petite Espinette
Haras
Relais des Dames
Prieuré de Groenendael

Bruxelles
Le Chat Hau
Stalle Hau
Uccle
Boutendael
Groeselbergh
Bois de Stalle Bemden
Bois d'Uccle
Château
Moulin
Gaesbeck Hau
T'Sieckhuis Hau
Carloo Hau
Route
Demoons Berg
Hau de Engeland
Calevoort Hau
Ruisseau de Linkenbeek

Route
Chasseur Hau
Chaussée de Bruxelles à Lahulpe
Vivier d'Oye Hau
Vos Dreef
Jaco. Dreef
Bruxelles à Charleroy
Triage Boondael.
Triage
Infante
DE SOIGNES.
Triage Verrewinkel.
St. Hubert
Dreef van de Kleyne Hut
Kleyn Hut
Dreef.
Bunders
Namur.

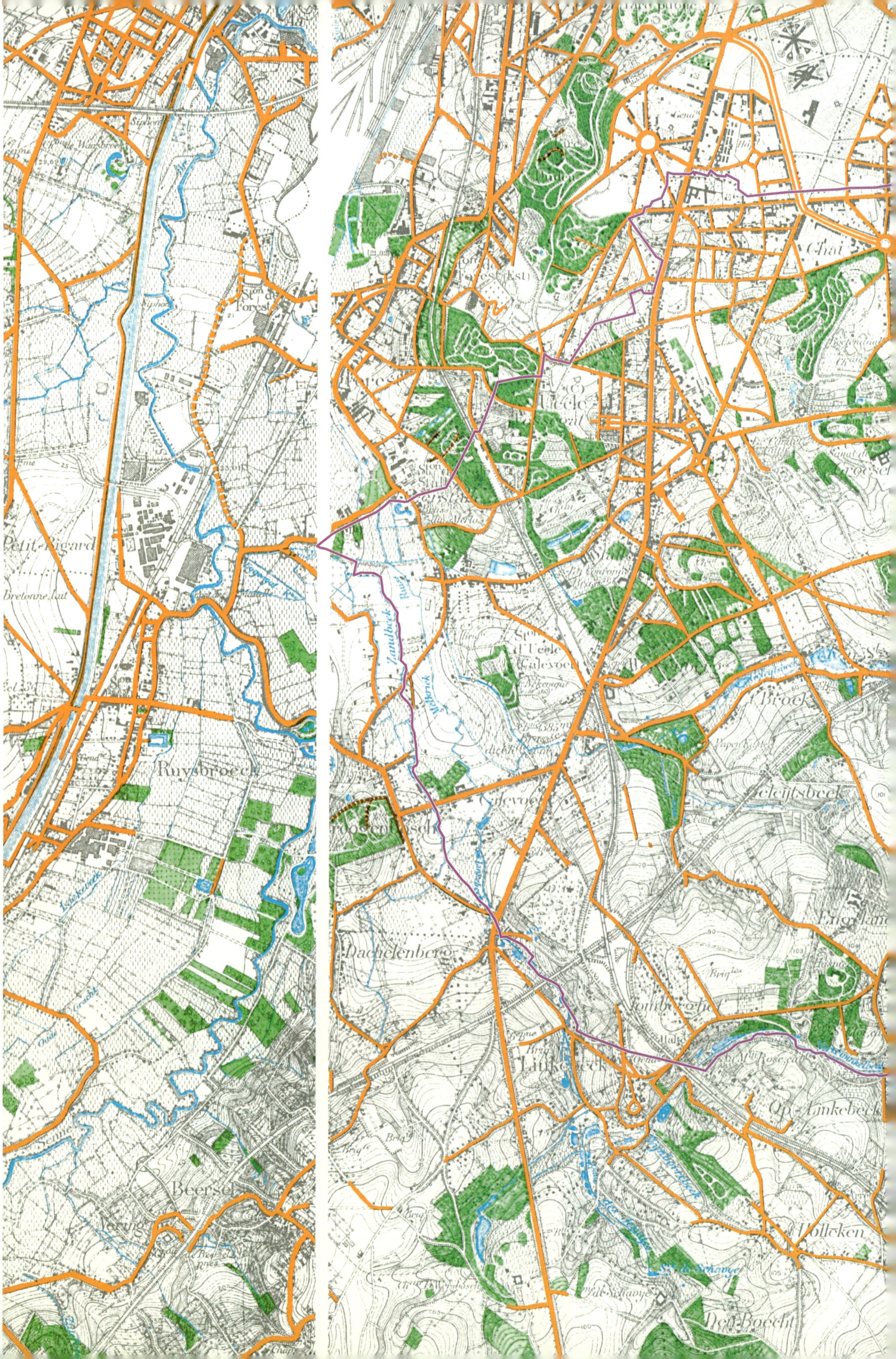

Ruysbroeck
Beersel
Petit-Bigard
Dachelenberg
Linkebeek
Op-Linkebeek
Hollecken
Uccle
Calevoet
Zandbeek

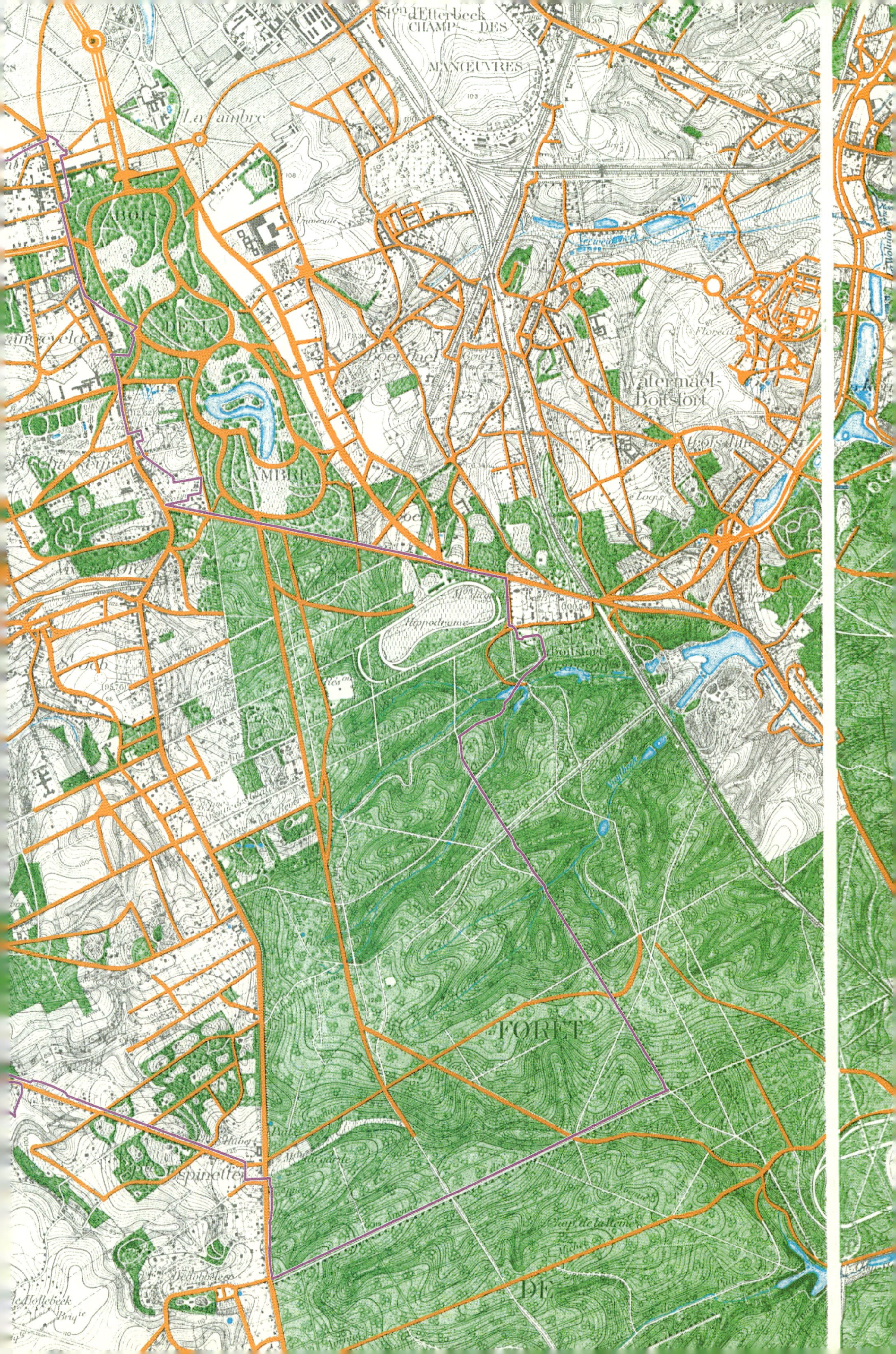
Sign d'Etterbeck
CHAMP DES
MANŒUVRES
La Cambre
Bois
DE
CAMBRE
Watermael-
Boitsfort
Floréal
Hippodrome
FORÊT
DE

Het Rad
La Roue
FOREST
VORST
UCCLE
UKKEL
De Kat
Le Chat
Dudenpark
Parc Ouden
Forest National
Vorst Nationaal
Vossegat
Merlo
Stalle
Le Globe
Neerstalle
Nekkersgat
Keyenbempt
Melkriek
DROGENBOS
Ruisbroek
Kast. Calmeyn
Koeweide
Calevoet
Kalevoet
Crematorium
Engeland
Kriekenput
Dachelenberg
Frankveld
LINKEBEEK
Oplinkebeek
BEERSEL
Dworsbos
Dworsboskasteel
Schavei
Holleken
Parc de Wolvendael
Wolvendaalpark
Dorent
Beemd
Zuiveringsstation
ZENNE
KANAAL BRUSSEL CHARLEROI

WATERMAEL-BOITSFORT
WATERMAAL-BOSVOORDE
Bois de La Cambre
Ter Kamerenbos
Île Robinson
FORÊT DE SOIGNES
Hippodrome
Renbaan
Campus
U.L.B.
V.U.B.
Université Libre de Bruxelles
St-Adrien
St-Adriaan
Boondaal
Solbos
St-Julien
St-Juliaan
Kalkoven
Visserijwijk
Pêcheries
Pinoy
St-Clément
St-Clemens
Berensheide
Les Trois Tilleuls
Drielinden
La Futaie
St-Hubert
St-Hubertus
Kattenberg
Coin du Balai
Bezemhoek
Plateau de la Foresterie
Vorserij
Langeveld
Diesdelle
Vivier d'Oie
Sint-Job
Saint-Job
Fort Jaco
Fond'Roy
Vronerode
Europese School
École européenne
Inst. Decroly
Tumuli
St-Hubertuskruispunt
Carrefour St-Hubert
Monument De Ridder
Monument des Forestiers
Boswachtersmonument
Kapel der Koningin
Kleine Hut
Petite Espinette
Bundersdreef
Drève de Lorraine
Avenue Lorraine
Drève des Bonniers
Royale Belge
Groenend

Carte figurative des biens situés sous la paroisse d'Uccle, extraite de l'Atlas terrier de l'hôpital Saint-Jean, 1709-1713

Des origines à la fin de l'Ancien Régime

Les premières traces d'occupation sur le territoire de la commune d'Uccle remontent au paléolithique moyen, comme en témoigne la découverte, lors des travaux de construction de la gare de Linkebeek, d'un éclat de débitage moustérien sur la rive droite du Verrewinkelbeek. La découverte de nombreux outils de silex atteste également d'une présence humaine importante à partir du néolithique moyen dans les vallées du Verrewinkelbeek, du Linkebeek et sur le plateau du Neckersgat, notamment.

Même si Uccle n'est mentionné que tardivement, à la charnière des XIe-XIIe siècles, l'entité pourrait avoir été le centre primitif d'un vaste domaine foncier remontant à l'époque carolingienne et englobant les paroisses de Forest, Saint-Gilles, Drogenbos et une partie du territoire d'Ixelles (les secteurs actuels de l'abbaye de la Cambre et le hameau de Boondael). À l'appui de cette hypothèse, les traces d'une présence carolingienne attestée sur le site archéologique du « Groeselenberg-2 Alice ». Illustrant une occupation de faible durée, fin IXe-courant Xe siècle, ce site a livré trois monnaies (dont un denier de Charles-le-Chauve, 843-877) et un matériel assez homogène découvert dans le comblement d'un puits. D'autres historiens, s'appuyant sur des rapports avérés (mais difficiles à interpréter) entre l'entité de Forest-Saint-Gilles et le village voisin d'Anderlecht, estiment qu'Uccle pourrait être une entité plus modeste remembrée à un moment et pour des raisons qui nous échappent.

Au bas Moyen Âge, le territoire de la paroisse d'Uccle apparaît en effet polynucléaire. Il comporte plusieurs villages, hameaux, grandes fermes et seigneuries (Carloo, Stalle, Neerstalle, Calevoet, Drogenbos, Overhem, Kersbeek, Verrewinkel, etc.) disposant parfois sous l'Ancien Régime d'institutions propres. Le village d'Uccle, concentré autour de l'église Saint-

Pierre, ne formait donc qu'une des nombreuses parties du territoire ucclois, bien que son église englobait dans son ressort paroissial tous les oratoires existant dans les points de peuplement évoqués plus haut. Ce caractère multipartite doit sans doute être mis en rapport avec l'action des ducs de Brabant, les principaux seigneurs du lieu. Il semble en effet que ces derniers procédèrent, dès les XIIe et XIIIe siècles, à un morcellement du territoire ucclois en blocs plus ou moins importants afin de les concéder en fief à des fidèles (il s'agit des seigneuries-fiefs de Stalle, Carloo, Groelst, Glatbeke, Nekkersgat, Overhem et Kersbeek). Cette politique de concession féodale s'est traduite dans le paysage de la paroisse par une multiplication des centres de pouvoir qui vont chacun polariser un point d'habitat (village, modeste hameau ou simplement quelques bâtiments). Cela a abouti très logiquement à faire d'Uccle un territoire multiple, à la fois décentralisé et polycéphale. Les seigneuries de Stalle et de Carloo (le château seigneurial de cette dernière entité se trouvait à l'emplacement de l'actuelle place Saint-Job) apparaissent comme les plus importantes. Elles englobent progressivement d'autres seigneuries et hameaux appartenant à des voisins plus petits (entre autres Overhem, Kersbeek, Neerstalle, Nekkersgat, etc.). À la fin de l'Ancien Régime, Carloo et Stalle occupent près de la moitié de la superficie de la commune actuelle.

Les églises d'Uccle et de Forest (avec leurs dépendances) sont cédées en 1105 par l'évêque de Cambrai à l'abbaye d'Affligem. Peu de temps après, elles sont transférées au prieuré nouvellement fondé à Forest : cette institution va assumer dorénavant la nomination des prêtres de Saint-Pierre (droit de collation) et la perception des dîmes de la paroisse. Plus tard, elle partagera le rôle de décimateur avec les églises bruxelloises des Saint-Michel-et-Sainte-Gudule (les grandes dîmes) et de Notre-Dame de la Chapelle (dîmes du hameau de Verrewinkel). À partir du XIIIe siècle (peut-être plus tôt), plusieurs chapelles privées sont fondées dans les différents hameaux et points d'habitat seigneuriaux de la paroisse (Stalle, Carloo, Calevoet, etc.). La chapelle Saint-Job, remaniée au cours des siècles et finalement démolie en 1913, fut construite à la fin du XVe siècle sous l'impulsion du seigneur de Carloo. En 1467 fut fondé le couvent des frères mineurs récollets de Boetendael (implanté sur un domaine compris entre l'actuelle avenue Coghen,

Le vieux Cornet, vers 1910

le Sukkelweg, les actuelles rue Edith Cavell et avenue Messidor), dont la renommée s'étendra bien au-delà des frontières du Brabant. À l'arrivée des autorités françaises, le couvent fut supprimé et vendu en 1798 comme bien national. À cette période, beaucoup de bâtiments furent détruits, mais certaines dépendances subsistèrent jusqu'au début du XXe siècle. Les derniers vestiges matériels de la présence pluriséculaire des moines de Boetendael ne disparurent qu'en 1960, lors du lotissement de la propriété Brugmann.

Dès le XIIe siècle, on sait que les ducs de Brabant accordèrent une franchise aux habitants d'Uccle (en tout cas aux habitants du village physique concentré autour de l'église Saint-Pierre), c'est-à-dire un droit spécifique, moins contraignant et, donc, en théorie, plus attractif que le droit ambiant en vigueur. Un maire d'Uccle, président de la cour de justice appliquant ce droit, est mentionné dès cette époque. Le droit coutumier d'Uccle connaîtra une expansion importante. Son rayonnement a largement dépassé la

Louis Dubois, *Bûcherons dans la Forêt de Soignes*, 1875

localité, s'étendant à de nombreuses localités dans la région comprise entre la Dyle à l'est et au sud-est, la Dendre à l'ouest, l'Escaut et le Rupel au nord. Cet ensemble de codes, mis par écrit dès le XIVe siècle, constitua la législation par excellence de la région rurale bruxelloise. Elle traitait principalement de matières civiles, en particulier des règles de succession.

Les seigneuries de Stalle et de Carloo obtinrent au XVe siècle des échevinages propres, sous la présidence d'un maire, nommé par le seigneur local. On a noté que plusieurs fois, jusqu'à la fin de l'Ancien Régime, une même personne a pu être nommée successivement maire des deux seigneuries. Ces échevinages avaient les attributions d'une cour censale et certains droits de justice.

La Forêt de Soignes, dont une partie importante se trouve sur le territoire d'Uccle, constituait le domaine exclusif du duc de Brabant. Jusqu'aux défrichements intensifs opérés au XVIIIe et, surtout, au XIXe siècle, sa superficie s'avérait beaucoup plus importante et s'étendait bien au-delà à l'ouest de l'actuelle chaussée de Waterloo. Elle possédait, elle aussi, une juridiction particulière.

Durant l'Ancien Régime, Uccle est un village céréalier important. Sa mise en valeur débute probablement au XIe siècle, certainement au XIIe : les ducs de Brabant et leurs vassaux s'y attèlent, ainsi que de nombreuses institutions religieuses bénéficiaires des multiples donations de biens fonciers : les abbayes de Forest et de la Cambre, en tête, mais aussi Affligem et certains couvents bruxellois. En 1686, 60 % de la surface du territoire était recouverte par des champs, 25 % par les bois (Forêt de Soignes non comprise) et moins de 10 % par des pâturages permanents. Des céréales comme le seigle, l'orge, l'avoine et le froment étaient les productions principales. L'exploitation des terres était assurée par de grandes fermes : essentiellement les *Hof ten Hove* (l'actuelle Ferme rose), *Hof ten Haene*, *Hof te Steen*, *Hof ten Groelst*, tenues par des seigneurs laïques (ducs de Brabant, seigneurs de Stalle, de Carloo, etc.) ou ecclésiastiques (les abbayes de la Cambre et de Forest, notamment). L'exploitation forestière, l'élevage et la culture maraîchère se développèrent également dans les nombreuses zones humides et boisées de la localité. L'artisanat fut aussi bien présent. On dénombrait 19 ateliers en 1686, abritant les métiers traditionnels d'un village rural :

Amédée Lynen, l'avenue Dolez, vers 1900

forgerons, menuisiers, tonneliers, tailleurs de pierre, charrons, etc.

La présence de plusieurs ruisseaux sur le territoire ucclois permit la construction de nombreux moulins dès la période médiévale, principalement sur le cours du Geleytsbeek (voir *Forest*). La plupart restèrent directement liés aux activités agricoles (mouture du grain). À partir du XVe siècle, on construisit également des moulins à papier (on comptait, en 1686, sept moulins à grain et quatre moulins à papier). Cette activité se maintient dans la commune jusqu'au XIXe siècle et il en subsiste encore quelques témoignages aujourd'hui : le Clipmolen à Stalle, le Molensteen à Calevoet ou le moulin de Neckersgat, par exemple. L'industrie brassicole s'avéra aussi très active et ne disparut définitivement qu'au XXe siècle (brasseries de la Couronne, Château d'Or, Merlo, etc.). Enfin, l'exploitation de carrières de sable et de pierre à bâtir, ainsi que le développement de briqueteries complètent ce panorama économique. Le plateau du Kauwberg conserve encore aujourd'hui les traces de cette ancienne activité d'extraction.

Il est difficile de donner une estimation démographique fiable de la population uccloise avant la période contemporaine. L'existence de plusieurs hameaux sur le territoire, tantôt comptabilisés avec le village même, tantôt séparés, ne permet pas d'obtenir des données fiables. On peut tout au plus noter que sa population était l'une des plus importantes de la région. En 1686, on dénombrait déjà 916 habitants et, en 1755, 1 749 habitants. Un demi-siècle plus tard, la population avait quasi doublé pour atteindre 3 128 personnes en 1806.

Formation du territoire communal

Uccle s'étend sur une superficie de 22,8 km², dont 22 % sont couverts par la Forêt de Soignes. Les seigneuries de Boondael (isolée de l'autre côté de la Forêt de Soignes) et de Drogenbos seront rattachées à Ixelles, pour la première, et érigée en commune autonome, pour la seconde, à la période française. Outre le noyau villageois autour de l'église Saint-Pierre et son hameau du Chat, le vaste territoire d'Uccle rassemble donc alors, le long de la chaussée des Wallons (l'actuelle chaussée de Waterloo), les hameaux de Vleurgat, de Langeveld, du Vert Chasseur (ce dernier, à l'époque, encore enclavé dans les terres domaniales de Soignes) et du Vivier d'Oie, ainsi que, plus à l'ouest et du nord au sud, ceux de Stalle, de Carloo, de Calevoet et divers couvents, fermes, châteaux et hameaux plus petits, comme Groelst, Kinsendael, Engeland ou Verrewinkel. En 1825, les 8,9 km² de terres domaniales des triages de Boondael, de Saint-Hubert et de Verrewinkel de la Forêt de Soignes sont incorporés à Uccle. Des échanges mineurs de territoires entre Uccle et Ixelles ont eu lieu sur la limite septentrionale du territoire communal, en 1804, aux dépens de la première et, en 1909, à son profit.

La limite septentrionale de la commune avec Ixelles et Forest incorpore à Uccle – depuis le hameau de Vleurgat (connu actuellement sous le nom de La Bascule) à l'est, jusqu'à l'avenue des Sept Bonniers, à l'ouest – l'ensemble des terres appartenant sous l'Ancien Régime aux souverains et qui formaient, jusqu'à leur défrichement entre 1704 et 1721, le bois de la Heegde (appendice de la Forêt de Soignes). Ces terres étaient situées de part et d'autre d'un chemin ouest-est, le Kattebaan (chemin du Chat) ou Breedbunderweg, dont le tracé rectiligne (pavé entre 1843 et 1858) correspond à la rue Vanderkindere.

Pierre Scoupreman, *Paysage à Uccle*, 1921

Au nord-ouest, la limite avec Forest correspondait à celle de bois relevant de cette dernière localité, qui soulignaient le versant abrupt de la vallée de la Senne et dont témoigne encore aujourd'hui, sur le territoire forestois, le parc Duden. À partir de l'intersection de l'actuelle rue Joseph Bens avec la rue Gatti de Gamond (deux tracés déjà mentionnés sur la carte de Ferraris), la limite avec Forest rend compte du partage de ces bois entre Forest et Stalle. Elle atteint ainsi la limite entre les paroisses de Forest et d'Uccle à hauteur du Merlo et se poursuit immédiatement au sud du chemin du Merlo à Ruisbroek (l'actuelle chaussée de Ruisbroek) à travers les prairies humides de la Senne, en épousant le cours du Zwartebeek – en réalité, le cours inférieur de l'Ukkelbeek – jusqu'à sa confluence avec le Zandbeek, un demi-kilomètre environ avant que leur cours commun ne se jette dans la Senne.

« Ferme pittoresque » au Fort-Jaco, vers 1910

Moulin et pont du chemin de fer à Uccle-Calevoet, vers 1910

À l'ouest, le cours du Zandbeek, qui correspond en fait au tronçon aval du Linkebeek, marque la frontière avec Drogenbos jusqu'au hameau de Calevoet, où convergent les limites d'Uccle, Drogenbos, Beersel et Linkebeek.

Au sud, la limite communale suit le cours du Linkebeek, en amont de Calevoet, puis monte sur le plateau jusqu'à l'extrémité de la rue du Bourdon pour redescendre à nouveau, en frôlant la station de chemin de fer de Linkebeek, jusqu'au Verrewinkelbeek, cours supérieur du Linkebeek, à hauteur du Moulin rose. Uccle ne laisse donc à Linkebeek que le petit promontoire de son noyau villageois, dominant le Verrewinkelbeek, et le Linkebeek. La limite communale frôle par conséquent les bâtiments qui, le long du Vieux Chemin et à l'extrémité de l'actuelle rue du Bourdon, relevaient, sous l'Ancien Régime de la paroisse Saint-Sébastien de Linkebeek.

Plus à l'est, la limite communale suit le cours du Verrewinkelbeek, au sud de la ferme Saint-Éloi, jusqu'au hameau de Verrewinkel, laissant par contre à Linkebeek, sur la rive sud du ruisseau, la ferme de Perck. À partir de cet endroit, la limite méridionale de la commune se poursuit dans les anciennes terres domaniales de Soignes et correspond donc aux limites des triages de Verrewinkel et de Saint-Hubert annexés en 1825 et rapidement défrichés pour l'essentiel à l'ouest de la chaussée de Waterloo. À l'est, la limite suit, dans la Forêt de Soignes, la drève de l'Infante (ancienne limite de triage) et s'avance jusqu'à l'extrémité orientale de la forêt à hauteur de l'actuel hippodrome dit de Boitsfort, mais toujours situé sur le territoire ucclois. À partir de là, la limite revient vers l'ouest en suivant la chaussée de La Hulpe. Elle suit ensuite la chaussée de Waterloo vers le nord, jusque La Bascule (Vleurgat), débordant toutefois légèrement à l'est de la chaussée au Vert Chasseur.

Du XIXe au XXIe siècle

Les activités économiques

La vie économique d'Uccle se caractérise, durant tout le XIXe siècle, par une prédominance des activités agricoles. Son urbanisation constante rejettera progressivement ces petites exploitations, notamment maraîchères, aux extrémités sud du territoire communal, principalement entre Saint-Job et le Verrewinkel.

Uccle n'est par contre jamais apparu comme un important centre industriel. Dans cette commune, située à l'écart des principales voies d'eau et des premières lignes de chemin de fer (les gares de Stalle et de Calevoet sur la ligne Bruxelles-Charleroi, ne seront inaugurées qu'en 1873), on ne relève que quelques usines. La plus importante fut la Fabrique d'indienneries de Stalle, fondée en 1794. Spécialisée dans la fabrication de tissus de coton imprimés, elle connut un essor considérable : on y installe dès 1826 une première machine à vapeur et vingt ans plus tard 147 ouvriers y travaillent. En 1880, on en recense 175, un nombre qui atteint 290 en 1910 tandis que l'usine possède 15 moteurs comptabilisant 208 cv. Indice de l'importance de cette cotonnerie, l'un de ses directeurs, Charles Verhulst, remplit la fonction de bourgmestre de la localité entre 1860 et 1861. L'usine, en crise après la Première Guerre mondiale, fera faillite en 1934. La firme L'Oréal s'installe dans ses locaux en 1947. Trente ans plus tard, c'est l'entreprise Colruyt qui y établit un dépôt avant de détruire, en 2000, les derniers vestiges de la cotonnerie.

Les petites industries présentes depuis le Moyen Âge ont connu durant la période contemporaine un long déclin pour finir par disparaître : la meunerie et la papeterie cessent leurs activités dès la fin du XIXe siècle ; l'industrie brassicole, l'exploitation des carrières, des sablières et la production des briqueteries ferment à leur tour au cours du XXe siècle. Le moulin de Nekkersgat est désaffecté en 1918, celui de Rose deux ans plus tard. Les imposantes brasseries de la Couronne et celle du Merlo sont détruites au début des années 1970. Le Clipmolen avait déjà connu le même sort à la veille de la Première Guerre mondiale.

La période de l'entre-deux-guerres est par contre marquée par l'installation et la croissance d'entreprises spécialisées dans les équipements électriques, comme les Établissements Gardy établis à partir de 1920 à proximité de la gare de Calevoet. Le développement du niveau de vie de la population ucclоise et son évolution démographique engendrent l'apparition d'un nombre croissant de petits commerces et d'entreprises du secteur tertiaire (notamment des banques).

Magasin Priba à La Bascule, 1959

Depuis la fin de la Seconde Guerre mondiale, ces tendances se sont clairement accentuées avec un renforcement du secteur tertiaire. Les années 1950 voient ainsi la diversification et la spécialisation accrue des commerces (magasins de sport, de vêtements, d'électroménager, de chaussures, des bijouteries, primeurs, glaciers, etc.), particulièrement au centre de la commune.

La commune accueille aujourd'hui un grand nombre de PME et certains de ses quartiers ont adopté un profil résolument commercial, particulièrement le long des grands axes de pénétration urbaine (rue Vanderkindere, chaussées d'Alsemberg, de Waterloo, etc.) ; plusieurs d'entre eux peuvent même être considérés comme des pôles commerciaux d'importance régionale (Fort Jaco, quartier Bascule). Les grandes surfaces, installées en périphérie à partir des années 1960, ont cependant donné un coup de frein à la multiplication de petits magasins de proximité, et ces artères accueillent actuellement en majorité des filiales de grandes chaînes nationales ou internationales. En 2006, 47,5 % de l'activité économique uccloise concernait le commerce de gros et de détail, selon les chiffres du Service public fédéral Finances. Les industries, réclamant des bâtiments et des espaces à grande échelle, se concentrent majoritairement dans les environs de la gare de Calevoet et dans la zone Stalle-Bourdon.

Il est également intéressant de rappeler l'organisation, depuis 1887, de la foire annuelle de Saint-Job qui témoigne encore explicitement de son caractère rural passé. Cette foire demeure, avec le concours national organisé à Anderlecht, le dernier événement de ce type en région bruxelloise.

Villas neuves à l'avenue Beau-Séjour, vers 1905

La population

1526	941	habitants
1686	915	habitants
1709*	317	habitants
1755	1 749	habitants
1800*	1 931	habitants
1806	3 128	habitants

* *Les chiffres de 1709 et de 1800 apparaissent sous-estimés.*

Par comparaison avec d'autres communes de la seconde ceinture, la population d'Uccle croît plus précocement au XIXe siècle. Alors que la population de Watermael-Boitsfort et d'Auderghem n'augmente que de 139 % entre 1806 et 1880, celle d'Uccle croît de 243 %, passant de 3 128 à 10 744 habitants. Des moulins et des établissements industriels de plus en plus nombreux viennent ponctuer la vallée de l'Ukkelbeek et celle du Geleytsbeek, fixant une population ouvrière, occupée également par les carrières et briqueteries. Cette croissance est également alimentée par l'implantation de populations pauvres chassées de Bruxelles par les expropriations liées à la construction des boulevards centraux et du Palais de Justice, et qui viennent, par exemple, s'établir au hameau du Chat ou à la cité du Vert-Chasseur (1875). Mais elle est

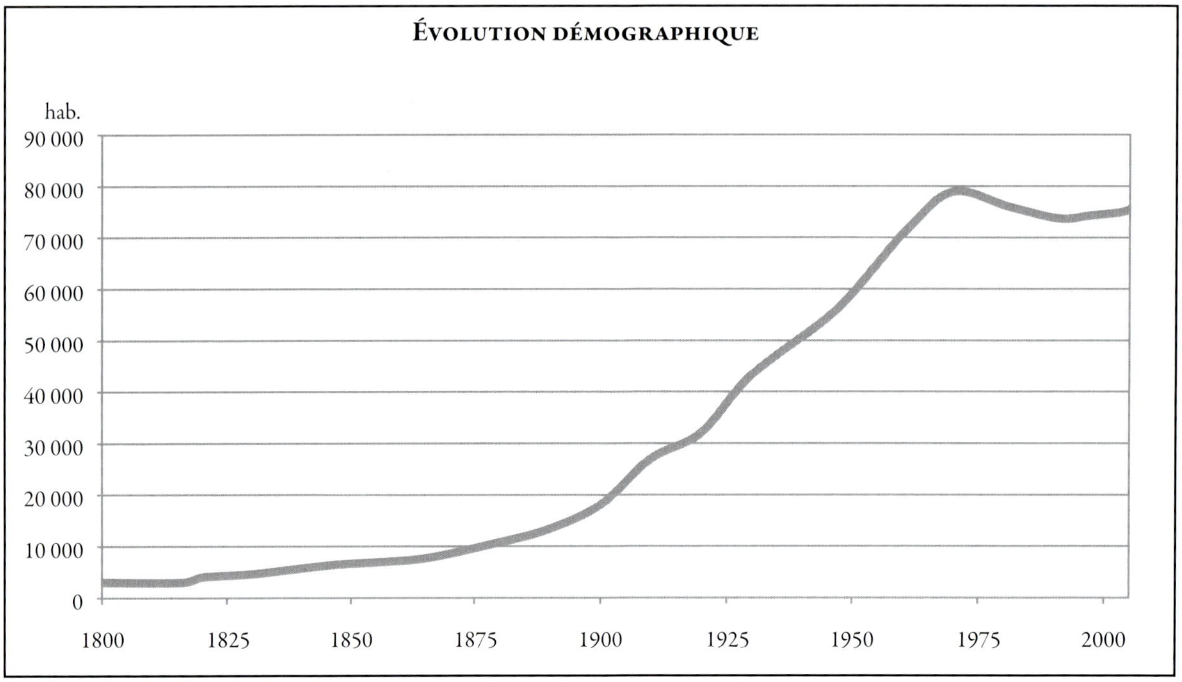

Ensemble de nouvelles maisons de la cité Cobralo, 1957

surtout la conséquence de l'implantation de « campagnes » et châteaux appartenant à la riche bourgeoisie bruxelloise, particulièrement sur les versants de l'Ukkelbeek, et de l'image de la commune comme lieu de villégiature, bien qu'elle n'ait été desservie que tardivement par le chemin de fer. Entre 1880 et 1900, la population uccloise augmente encore de 7 290 personnes, pour atteindre 18 034 habitants.

À partir du début du XXe siècle, la croissance devient réellement explosive : la population augmente de 78 % (+14 022 habitants) entre 1900 et 1920, puis à nouveau de 75 % (+24 100 habitants) entre 1920 et 1947, et encore de 28 % (+15 569 personnes) entre 1947 et 1961. À partir de cette date, la croissance ralentit et la population uccloise culmine à 78 909 habitants au recensement de 1970. Le début des années 1970 est par contre marqué par une baisse du nombre d'habitants. Ils ne sont plus que 73 721 en 1991. Le vieillissement progressif des nouveaux habitants, couples avec enfants des années de l'avant-guerre et de l'après-guerre, n'est plus compensé par les constructions nouvelles. Ces dernières années, la tendance s'est cependant inversée, tout comme dans d'autres communes de la seconde couronne. La population uccloise s'élevait ainsi à 75 869 habitants au 1er janvier 2006.

Financièrement plus aisée que la moyenne régionale, la population d'Uccle ne peut cependant pas être réduite à l'image des nombreuses villas cossues qui parsèment la commune. Son vaste territoire abrite aussi divers quartiers plus populaires, socialement plus diversifiés, comme, par exemple, près de la limite avec Saint-Gilles. En 1994, le revenu fiscal médian à Uccle positionnait toutefois la commune parmi les revenus les plus élevés de la Région, après Woluwe-Saint-Pierre. Dix ans plus tard, sa prédominance s'est légèrement amenuisée : le revenu fiscal médian est toujours inférieur à celui de Woluwe-Saint-Pierre, mais est passé sous celui de Watermael-Boitsfort tout en étant très proche de celui d'Auderghem.

Durant tout le XIXe siècle, Uccle reste une commune presque exclusivement néerlandophone : 90 % de ses habitants parlent le flamand en 1846 ; 60 % en 1910. La commune connaîtra par contre une « bilinguisation », puis une francisation rapide après 1900. Au dernier recensement linguistique de 1947, on dénombrait 42 % de francophones, 42 % de bilingues et 7 % d'unilingues flamands. Aujourd'hui, on estime officieusement que le nombre de francophones résidant à Uccle dépasse les 90 % (99 % des mariages ont été célébrés en français et 88 % des actes de décès sont rédigés dans cette langue, en 2002).

La situation politique

Jusqu'à la Première Guerre mondiale, la commune d'Uccle a connu une alternance régulière entre libéraux et catholiques, avec toutefois une certaine prédominance libérale. La politique communale reflète alors souvent les traditionnels conflits libéraux-catholiques. Les problèmes posés par la guerre scolaire ou la question des cimetières rejaillissent à plusieurs reprises sur la vie politique ucclois e. En 1862, la fabrique d'église d'Uccle exige par exemple l'exhumation, dans la partie catholique du cimetière, d'un certain colonel Demoor, libre-penseur avéré qui avait refusé expressément les derniers sacrements. Porté jusqu'à la Chambre par l'échevin Louis Defré, le problème trouvera sa conclusion lorsque la majorité libérale du conseil communal rejettera la requête. De même, en 1864, le refus du curé d'enterrer en terre bénite un enfant non baptisé conduit Defré, entre-temps devenu bourgmestre, à ordonner lui-même l'inhumation du corps et à poser, devant un conseil communal particulièrement houleux, la question de la nomination de nouveaux fossoyeurs communaux.

Durant cette période, les finances communales connaissent un déficit chronique, parfois vertigineux, causé par les importants travaux d'urbanisme dans lesquels se lance la localité (construction des maisons communales successives et tracé de nouvelles rues). Les deux camps politiques se rejettent régulièrement la faute d'une mauvaise gestion des deniers publics. Au début des années 1880, la commune se verra même dans l'incapacité de payer ses employés durant plusieurs mois. Pendant tout le XIXe siècle, on compte au sein de l'aile politique libérale locale plusieurs personnalités issues de la bourgeoisie intellectuelle et progressiste bruxelloise, dont quelques professeurs enseignant à l'Université libre de Bruxelles (les bourgmestres Hubert Dolez, Léon Vanderkindere et Paul Errera, par exemple). Suite à

La maison communale, peu après son inauguration en 1882

Bourgmestres

1830 : Égide Van Ophem
1836 : Pierre-Joseph Dandoy
1836 : Jean-Joseph Baudry
1848 : Égide Van Ophem
1854 : Albert Vanderkindere
1859 : Charles Verhulst
1860 : Hubert Dolez
1864 : Louis De Fré
1872 : Égide Labarre
1878 : Louis De Fré
1880 : Hilaire Pierret
1881 : Oscar Van Goidtsnoven
1895 : Victor Allard
1900 : Léon Vanderkindere
1909 : Xavier De Bue
1912 : Paul Errera
1921 : Xavier De Bue
1925 : Georges Ugeux
1927 : Jean Vander Elst
1933 : Joseph Divoort
1939 : Jean Herinckx
1953 : Robert De Keyser
1965 : Jacques Van Offelen
1981 : André Derrider
2001 : Claude Desmedt
2007 : Armand De Decker

l'entrée au conseil communal d'un élu socialiste, en 1903, la commune sera gouvernée par un cartel libéral-socialiste jusqu'à la mort du bourgmestre Léon Vanderkindere, en 1906. À son décès, le ministre de l'Intérieur catholique, Jules de Trooz, seul habilité à nommer le nouveau bourgmestre au nom du Roi, ne prendra aucune décision jusqu'aux élections suivantes, prévues en 1909, afin de ne pas devoir choisir de successeur au sein de la majorité communale de gauche. Les résultats des urnes donneront huit sièges au cartel libéral-socialiste et seulement sept au parti catholique. Le gouvernement refusera néanmoins de nommer le candidat présenté par les vainqueurs et choisira, pour la première fois dans l'histoire d'Uccle, un mayeur au sein de la minorité : le catholique Xavier De Bue dirigera la localité pendant quatre ans, malgré une majorité hostile. Aux élections suivantes, en 1912, la droite subira une défaite incontestable qui rendra la position du bourgmestre De Bue intenable : la fonction reviendra alors au libéral Paul Errera. C'est sous son mayorat qu'Uccle traversera le premier conflit mondial.

Les premières élections de l'entre-deux-guerres (1921) donnent aux catholiques la majorité absolue (10 sièges sur 19, contre 5 aux libéraux et 4 aux socialistes). Les libéraux gouvernent ensuite la commune de 1927 à 1938, suivis par le catholique Jean Herinckx en 1939. Durant cette période, aucun parti ne remporte plus de majorité suffisante pour gouverner seul. La situation impose la constitution d'alliances, variables selon les accords électoraux, entre libéraux, catholiques et socialistes. En 1938, deux élus Rex font par ailleurs leur unique apparition sur la scène politique uccloise et, en 1946, un élu communiste siège, pour la première fois, au conseil communal (il perdra son mandat dès les élections suivantes).

À l'exception d'une parenthèse catholique, entre 1947 et 1952, Uccle ne connaîtra plus, jusqu'à aujourd'hui, de collège communal à majorité homogène, même si l'on peut constater que les libéraux réussissent chaque fois à conserver l'écharpe mayorale. Robert De Keyser s'allie ainsi aux socialistes de 1952 à 1964, puis le bourgmestre Jacques Van Offelen administre la commune de 1964 à 1970 avec les sociaux-chrétiens. Les tensions communautaires favorisent alors l'apparition d'un nouvel acteur important sur la scène politique : le FDF, qui s'empare de 12 des 32 sièges et entraîne la formation d'une coalition multipartite libérale-FDF-socialistes. Aux élections de 1976, la poussée du FDF se poursuit (16 sièges sur 41), provoquant une alliance des autres partis. En 1981, André Derrider succède à Van Offelen. Il dirigera la commune pendant près de vingt ans. L'année suivante, la coalition libérale-sociale-chrétienne-socialiste est renouvelée. Le parti Écolo, qui se présente pour la première fois au scrutin, remporte deux sièges.

La chapelle de Stalle, vers 1910

Le château du parc Wolvendael et son entrée face à l'avenue De Fré, vers 1910

Les sociaux-chrétiens seront finalement évincés du collège en 1988 au profit du FDF. Aux élections suivantes, la liste du bourgmestre frôle la majorité absolue (20 sièges sur 41), ce qui permet une alliance exclusive entre libéraux et FDF (7 sièges). Le parti vert gagne un nouveau siège, tandis que le Front national en remporte deux (qu'il perdra six ans plus tard). En 2001, on constate une nette progression des écologistes (7 sièges) et un collège échevinal arc-en-ciel est mis en place. La fonction mayorale revient au FDF Claude Desmedt, au terme d'un conflit de pouvoir interne à la section libérale locale. En 2006, l'aile

L'Observatoire et le boulevard Circulaire, 1935

libérale (MR, y compris FDF), menée par Armand De Decker, remporte 21 sièges sur 41. Elle s'allie aux socialistes pour conforter sa majorité et la porter à 26 sièges.

Les aménagements urbains

Les différents noyaux villageois qui forment aujourd'hui le territoire ucclois étaient initialement reliés à Bruxelles par une série de chemins ruraux nord-sud, dont on retrouve des traces dans la voirie actuelle. Au départ de la Barrière de Saint-Gilles, un chemin dont le tronçon méridional est repris par la rue Gatti de Gamond (les anciens Herrebaan, Cauterstraat ou Bergstraat) mène à Stalle ; un autre, dont il subsiste les méandres de la rue de Boetendael, mène à Uccle-centre par l'ancienne rue Verte (actuelle rue Rodenbach). Il se prolonge vers Rhode par l'actuelle rue Rouge (en fait une mauvaise traduction de Rodestraat, la rue de l'essart), les actuelles rues du Repos (l'ancienne Diepestraat) et de la Chênaie en continuant ensuite vers le sud par la ferme de Perck. Un embranchement par la rue de la Fauvette et la rue du Coq menait vers Drogenbos, Calevoet et Alsemberg ; depuis la porte de Hal, un chemin conduisait à Carloo-Saint-Job, dont on retrouve le tracé dans les rues Edith Cavell (l'ancien Carlooschebaan, puis chaussée de Bruxelles) et Copernic ; un autre longeait, à partir de Forest, le bas du versant de rive droite de la Senne et du bas Geleytsbeek pour joindre Drogenbos et Calevoet (tracé des actuelles chaussée de Neerstalle et rue de l'Étoile), avec un embranchement vers Uccle-centre par Neerstalle le long de l'Ukkelbeek (l'actuelle rue de Stalle) ; à l'est, le chemin de la porte de Namur à Boitsfort par Boondael concerne l'ancienne paroisse, mais pas le territoire ucclois actuel ; enfin, un chemin nord-sud d'intérêt local, dont il subsiste le Crabbegat, le haut de l'avenue Kamerdelle et le tracé des actuelles avenues Fr. Folie, Den Doorn et rue de la Pêcherie, reliait Carloo au centre de la paroisse.

La desserte d'Uccle depuis Bruxelles va être améliorée par la construction de deux chaussées nord-sud. Le Waalseweg, déjà cité en 1399, sera transformé en chaussée (de Namur, puis de Waterloo), pavée entre Vleurgat et le Vivier d'Oie en 1574, jusque Mont-Saint-Jean en 1666. Un embranchement vers

Boitsfort, à partir du Vert Chasseur, sera construit entre 1673 et 1681. La desserte depuis la porte de Hal sera assurée par la chaussée d'Alsemberg (1726-1740), avec un embranchement vers Drogenbos, depuis le hameau de Groelst.

Aux axes principaux d'orientation nord-sud s'ajoutaient, sous l'Ancien Régime, deux cheminements est-ouest : le Kattebaan, déjà cité (de Vleurgat à la chaussée d'Alsemberg) ; un chemin venant de Boondael, traversant le triage de Vleurgat, suivant ensuite la ligne de crête entre les vallées de l'Ukkelbeek et du Geleytsbeek (il correspond aux actuelles avenues de l'Observatoire et du Dieweg et se prolongeait jusqu'à Drogenbos par la Camstraat – le tracé de l'actuelle rue François Vervloet). Si Carloo-Saint-Job était relié par un chemin rectiligne à la chaussée de Waterloo au Vivier d'Oie, le tracé de la chaussée de Saint-Job, reliant ce hameau à la chaussée d'Alsemberg, ne sera aménagé qu'entre 1850 et 1867.

Dès la seconde moitié du XIXe siècle, la croissance de la population a été précédée par la création de voiries nouvelles, valorisant les grandes propriétés foncières uccloises : nouvelle place communale (actuelle place Jean-Baptiste Van der Elst, 1873-1881) ; avenue De Fré (1864-1866) reliant Uccle-centre à la chaussée du Waterloo, par la vallée de l'Ukkelbeek ; avenue Brugmann, assurant la liaison d'Uccle-centre avec le quartier Louise (1871-1873) ; avenue Coghen (1874-1879) reliant celle-ci à la chaussée d'Alsemberg, à l'extrémité de la rue Vanderkindere ; avenue Longchamp (1875, traduction de *Langeveld*, devenue

La réserve naturelle du Kauwberg

Nouveaux immeubles au square Wolvendael (aujourd'hui square des Héros), face au monument des Combattants, vers 1930

Florence Fréson, *Les monolithes d'Uccle* (1993), sur le rond-point de la rue de Stalle

avenue Winston Churchill en 1945), reliant le Bois de la Cambre à l'avenue Brugmann, avant d'être ensuite prolongée vers la chaussée d'Alsemberg; avenue Vanderaey (vers 1880); avenue Hamoir (1900-1902); actuelle avenue Lancaster (1901), etc.

Plusieurs lignes de tramways assurent la liaison avec la ville (et la valorisation des terrains), parfois financées, comme les voiries, par les grands propriétaires fonciers. La ligne passant le long de l'avenue Brugmann, qui existe dès 1875, est électrifiée en 1893, prolongée jusque Saint-Job en 1930 et au Fort Jaco en 1932 (à la suite de l'ouverture des avenues du Wolvendael (1912) et Jean et Pierre Carsoel (1930). Une autre ligne passe dès 1896 par la chaussée d'Alsemberg jusqu'au Globe. Elle rejoint en 1911 la gare de Calevoet puis, en 1926, le cimetière de Saint-Gilles avec une navette au-delà de la gare. Un chemin de fer vicinal voit aussi le jour le long de la chaussée de Waterloo jusqu'au Vert Chasseur, en 1891, puis à l'Espinette en 1894 (ce sera d'ailleurs le premier vicinal électrifié). Un embranchement fut construit du Vivier d'Oie à Saint-Job (1894) et un autre, par la rue Edith Cavell, atteignit en 1915 le nouvel observatoire. Celui-ci avait été implanté entre 1883 et 1889 à l'altitude de 100 m et entouré d'une route circulaire coupant le Dieweg. Soulignons encore les lignes construites le long de l'avenue Longchamp en 1907 et, la même année, le long de la chaussée de Neerstalle et de la rue de Stalle (l'embranchement vers Drogenbos, par la rue de l'Étoile, ne date que de 1947).

Henry Van de Velde, le *Bloemenwerf*, 1895-1896

En 1880, le noyau d'Uccle-centre commence à s'étendre le long de la rue du Doyenné jusqu'au *Vieux Spytigen Duivel*, puis entre celui-ci et la rue de Stalle, le long de la chaussée d'Alsemberg, ainsi qu'à l'ouest de celle-ci (quartier dénommé le « Nouvel Uccle », aménagé sur les terres du baron Beeckman et accueillant la nouvelle maison communale, inaugurée en 1882), entre autres le long de la voirie nouvelle (1873) en direction de la gare de Stalle (la Longue rue de la Station, future rue Victor Allard). Pour le reste, les villas se sont multipliées le long de la chaussée de Waterloo, d'autres sont apparues le long de la rue Vanderkindere. Par contre, le reste du territoire ucclois est encore peu touché par l'urbanisation, même le long des grandes voiries qui viennent d'être créées.

La situation a bien évolué un demi-siècle plus tard. Vers 1930, l'urbanisation a rattaché Uccle à l'agglomération, même si l'occupation de la commune reste encore peu dense, avec de nombreuses parcelles non bâties. Le front d'urbanisation, progressant au départ d'Ixelles (Tenbosch), a dépassé l'avenue Longchamp et a atteint la nouvelle avenue Montjoie (1900). Au-delà, deux axes principaux se dessinent : d'une part, entre l'avenue Brugmann et la chaussée d'Alsemberg, dépassant celle-ci à l'ouest (avenue des Sept Bonniers et, de part et d'autre, de la nouvelle maison communale, 1872-1882) et s'avançant jusqu'à la gare de Calevoet ; d'autre part, le long de la chaussée de Waterloo, avec un lotissement en grosses villas des terrains adjacents jusqu'au Fort Jaco et à la Petite Espinette, ici aussi le plus souvent le long d'artères créées par des propriétaires fonciers. Entre ces deux tentacules d'urbanisation aérée, le second plus encore que le premier, subsiste un secteur peu urbanisé, occupé par le château de Boetendael, le Groeselenberg, Saint-Job et la partie méridionale de la commune jusqu'aux plateaux Engeland et du Tomberg (Homborch) et au bois de Verrewinkel.

Le caractère rural reste aussi affirmé au-delà de la gare de Calevoet, jusqu'à la vallée du Zandbeek, à la limite de Drogenbos. Mentionnons que cette partie méridionale de la commune est traversée par l'avenue Dolez, tracée en 1872 à travers la *Gemeyn heyde* et par le chemin de fer de ceinture ouest (1925-1929), avec une grande croix ferroviaire sur le plateau Homborch, au nord de Linkebeek et à l'est du nouveau cimetière de Saint-Gilles.

La densification de l'urbanisation et le remplissage du secteur rural mentionné ci-dessus vont intervenir entre 1930 et 1970, s'accompagnant de la création de nouvelles voiries, entre l'avenue De Fré et le Dieweg, à l'est du parc de Wolvendael (avenue des Statuaires, 1929), profitant du lotissement de grandes propriétés, restées pour certaines longtemps

Louis-Herman De Koninck, la maison du docteur Ley, avenue du Prince d'Orange, 1934

Paul-Amaury Michel, maison rue Lejeune, 1935

Le cimetière du Dieweg, inauguré en 1867

en arrière du front d'urbanisation (terrains de la propriété Herinckx, en arrière de la Brasserie de la Couronne, dans les années 1930-1940 ; château Allard, en 1958-1959 ; château du Wolvenberg (1969) ; Boetendael (1963) ; propriété Errera, etc.), procédant aussi par aménagement de logements sociaux de type cité-jardin (avenue Égide Van Ophem, dès 1924 ; le Homborch, entamé en 1929, mais achevé pour l'essentiel entre 1951 et 1959 ; le Neckersgat, 1955).

À la fin des années 1990, il reste encore de vastes espaces non urbanisés dans la partie méridionale de la commune : le plateau Avijl à Saint-Job, celui du Kauwberg, celui dit Engeland (dont une partie est occupée par le nouveau cimetière d'Uccle, implanté en 1948), les propriétés du Papenkasteel et du Kinsendael, des portions des versants de la vallée du Geleytsbeek, en aval de la chaussée d'Alsemberg, etc. Dans les conceptions urbanistiques des années 1960, certains de ces espaces étaient supposés permettre le tracé d'un ring autoroutier reliant le boulevard du Souverain à Drogenbos, reprenant une idée de boulevard de ceinture déjà avancée en 1900 (projet Preuss). Ce projet a été gelé par le plan de secteur en 1979 et ces espaces restent toujours non urbanisés aujourd'hui, certains d'entre eux ayant été classés comme sites semi-naturels (le Kauwberg) ou transformés en parc régional (le Kinsendael). Quelques grandes propriétés ont aussi été conservées en espaces verts, publics ou privés, dans le nord de la commune : la propriété du château du Zeecrabbe, occupée aujourd'hui par l'ambassade de Russie ; la propriété Coghen, devenue le parc de Wolvendael ; la propriété Delvaux, etc.

En matière de mobilité, les trois compagnies régionales de transports publics (STIB, De Lijn et TEC) sont aujourd'hui présentes sur le territoire d'Uccle. Certains quartiers, particulièrement dans le sud-est de la commune, restent très mal desservis et suscitent des plaintes récurrentes de la part des comités d'habitants. Deux lignes de chemin de fer (lignes 26 et 124) traversent également l'agglomération. Dans le projet du futur RER, celles-ci sont destinées à devenir les axes de deux lignes du réseau, reliant, pour la première, Nivelles à la capitale et à Louvain-la-Neuve, via les gares ucclоises de Calevoet et Stalle ; la seconde joignant Hal-Bruxelles-Vilvorde et l'aéroport de Zaventem, via les arrêts locaux de Moensberg, Saint-Job et de nouvelles haltes, Vivier d'Oie, ouverte fin 2007, et Lycée Français dont on envisage la création.

À la fin du XXe siècle, des immeubles à appartements ont remplacé certaines villas de la fin du siècle précédent. L'ancien noyau villageois de Saint-Job est caractérisé par des phénomènes de gentrification, du fait de populations de la classe moyenne intellectuelle qui y trouvent un cadre satisfaisant leurs aspirations à certaines formes de convivialité de quartier et une atmosphère pseudo-rurale. Le lotissement éventuel des grands espaces restant libres, et non protégés par des mesures de classement, ou leur transformation en espace vert public suscitent des réactions vives de la part des habitants (plateau Avijl, plateau Engeland).

Uccle est considéré comme l'une des communes les plus vertes de la région. Au début du XXe siècle, elle constituait d'ailleurs une destination très prisée des Bruxellois, désireux de goûter, le dimanche, aux charmes et au « bon air » de la campagne. La Forêt de Soignes occupe à elle seule 475 hectares de la superficie communale. Classée depuis 1959, la forêt a subi les défrichements les plus importants de son histoire au lendemain de la Révolution belge. Propriétaire de celle-ci depuis 1822, la Société Générale vendit précipitamment ses terres entre 1831 et 1836, en pleine période d'instabilité politique, consécutive à la conquête surprise de l'indépendance nationale. En quelques années, la forêt perdit ainsi près de la moitié de sa surface, convertie la plupart du temps en terres agricoles. À Uccle, près d'une centaine d'hectares furent vendus et déboisés dont, notamment, toute la partie située à l'ouest de la chaussée de Waterloo. La forêt rentra dans le domaine de l'État en 1842 et ne connut dès lors plus de grandes modifications territoriales.

La commune abrite également sur son territoire la réserve naturelle du Kinsendael-Kriekenput dont la Région de Bruxelles-Capitale est la propriétaire et la gestionnaire. Classés depuis 1993 et repris en zone humide par l'IBGE, le Kinsendael (6,47 ha) reste accessible au public, tandis que le Kriekenput (1,42 ha) ne l'est pas. La préservation du site du Kinsendael relève d'un concours heureux de circonstances: dans cette ancienne propriété estivale du politicien catholique Charles Woeste, un projet de lotissement vit le jour, comme de nombreux autres, au début des années 1960 et conduisit à la destruction de sa majestueuse maison de campagne. Laissé peu après à l'abandon, le site fut repris par la Région bruxelloise à la fin des années 1980. Reliant le cimetière du Verrewinkel au viaduc de Calevoet, entre les deux lignes de chemin de fer qui traversent la commune, ces deux réserves constituent un espace en partie marécageux, représentatif d'un paysage que l'on apercevait dans la vallée de la Senne avant son urbanisation intensive. Uccle possède aussi cinq parcs, vestiges partiels des anciennes et vastes propriétés que comptait la commune au XIXe siècle: le parc de Wolvendael (14,5 ha, classé en 1972), le parc de la Sauvagère (classé en 1997), le parc Brugmann (donation de la famille en 1969), le parc Raspail (propriété régionale) et le parc Montjoie (inscrit sur la liste de sauvegarde depuis 1998). Près de 31 jardins de quartier ont également été aménagés.

On relève sur l'ensemble de la commune un maillage vert très étendu et varié, composé à la fois de sites accessibles au public (chemin du Crabbegat, classé en 1989; bois du Verrewinkel, classé en 1990) ou privés (domaine de la Tour de Freins, Papenkasteel, classé en 1975), ainsi que la présence d'intérieurs d'îlots arborés, notamment en bordure de la Forêt de Soignes. Ce maillage vert, atout évident pour la qualité de vie à Uccle, constitue une caractéristique très appréciée par ses habitants. Les dernières vastes zones non bâties, en majorité au sud du territoire (plateau Engeland, Kauwberg, etc.), attirent d'ailleurs régulièrement l'attention des promoteurs immobiliers, mais leurs projets rencontrent l'opposition active de nombreux comités de quartier, soucieux de défendre la richesse des biotopes qui s'y sont développés.

La commune compte, enfin, l'un des ensembles les plus larges et diversifiés de demeures et hôtels de maître représentatifs des multiples courants architecturaux qui se sont développés au cours du XXe siècle dans l'agglomération bruxelloise: éclectisme, Art nouveau, Art déco (l'hôtel Haerens, d'Antoine Courtens, avenue Brugman), modernisme (la Maison Blanche, de Maurice Houyoux, aussi avenue Brugmann; la villa du docteur Ley, de L.-H. De Koninck, avenue du Prince d'Orange)... Le quartier de l'Observatoire concentre en particulier un grand nombre d'immeubles de style signés Victor Horta (villa Les Épinglettes, avenue Circulaire), Octave Van Rysselberghe (avenue de l'Observatoire 124 et 130), Adrien Blomme (avenue Houzeau 99), Victor Dirickx (villa Norine, avenue Circulaire 146) ou André Jacqmain (maison Goldschmit-Clermont, avenue Circulaire 102). La villa *Bloemenwerf*, d'Henry van de Velde (avenue Vanderaey 102, classée en 1983), figure parmi les chefs-d'œuvre architecturaux de renommée mondiale.

Les activités religieuses

À partir du XIXe siècle, de nouvelles paroisses sont érigées pour répondre aux besoins d'une population en constante augmentation et pour laquelle la seule église paroissiale de Saint-Pierre (reconstruite à la fin du XVIIIe siècle) était insuffisante ou trop éloignée. L'ancienne chapelle de Saint-Job devint paroisse autonome dès 1837, suivies par celles de Notre-Dame de la Consolation et Notre-Dame du Très Saint Rosaire en 1895. La tendance ne se démentira pas, puisque la croissance démographique ininterrompue entraînera la multiplication de nouvelles paroisses au cours du XXe siècle : Sainte-Anne en 1911, Saint-Paul en 1925, Sacré-Cœur en 1935, Précieux Sang en 1941, Saint-Joseph en 1956 et, enfin, Saint-Marc en 1964.

Uccle abrite aussi, sur son territoire, les lieux de culte d'autres communautés religieuses : une synagogue (avenue Messidor), le temple de l'Église évangélique protestante (avenue Beeckman) et l'église orthodoxe de Saint-Job (avenue De Fré, classée en 1984), érigée dans l'entre-deux-guerres par les émigrés russes réfugiés après la Révolution de 1917.

L'église orthodoxe de Saint-Job, avenue De Fré

Le plus ancien cimetière encore existant à Uccle est situé au Dieweg. Ouvert en 1867, il fut créé pour remplacer les cimetières paroissiaux primitifs des églises Saint-Pierre et Saint-Job, devenus trop exigus. Fermé aux inhumations depuis 1958, sa superficie de 3,7 ha est classée depuis 1997 en raison de la grande diversité biologique qui s'y est développée suite à l'entretien limité du site. Le cimetière du Dieweg abrite aussi l'une des plus importantes nécropoles juives de la région, ainsi que la tombe du dessinateur Hergé, Ucclois d'adoption, enterré dans ce cimetière en 1983 grâce à une dérogation exceptionnelle. Le cimetière du Verrewinkel (12,5 ha) est aujourd'hui le cimetière officiel d'Uccle. La commune compte aussi sur son territoire, depuis 1895, le cimetière de Saint-Gilles, situé avenue du Silence. Celui-ci abrite les seules installations de crémation de la Région de Bruxelles-Capitale.

Les activités artistiques, culturelles, scientifiques et sportives

Uccle est la première commune bruxelloise à ouvrir, en octobre 1958, sous le mayorat de Robert De Keyser, son propre centre culturel et artistique, réalisé par l'architecte Léon Stynen. La Ferme Rose (ancienne *Hof ten Hove*), située avenue De Fré, est inaugurée en 1974. Ces institutions constituent les principales infrastructures culturelles dont dispose la commune. Le *Candelaerhuys* (installé avenue Brugmann) regroupe, quant à lui, plusieurs associations culturelles néerlandophones, subsidiées pour une part par la commune.

Le musée van Buuren (avenue Léo Errera), ouvert au public depuis 1975, est une institution culturelle phare de la localité. Maison particulière de style Art déco, classée en raison de ses grandes qualités architecturales (2001), elle abrite la riche collection d'œuvres d'art des époux David et Alice van Buuren, dans le cadre de vie originel des anciens propriétaires. Les jardins de la résidence, chef-d'œuvre à part entière des lieux, dessinés par les architectes paysagistes belges Jules Buyssens et René Pechère, sont eux aussi classés depuis 1997.

Henri Quittelier, vue du parvis Saint-Pierre

En ce qui concerne l'enseignement, la décision de créer la première école communale remonte à 1828. Jusqu'alors, les enfants ucclois n'avaient d'autre choix que de fréquenter les écoles environnantes de Drogenbos ou Forest. La classe fut installée au sein de la toute nouvelle maison communale (le bâtiment abrite aujourd'hui la justice de paix). Au cours du XIXe siècle, les créations d'établissements libres et officiels se succèdent, comme dans le reste du pays, au gré des luttes scolaires libérales-catholiques. Cette question enflamme d'ailleurs de manière récurrente les débats du Conseil. Le bourgmestre libéral Vanderkindere décide, notamment, en 1857, la création d'une école communale pour filles, destinée clairement à concurrencer celle tenue depuis 1843 au centre de la commune par les sœurs de Saint-Vincent de Paul.

Le territoire d'Uccle compte aujourd'hui près de 70 établissements scolaires de tous niveaux (de la maternelle au supérieur, enseignement spécialisé ou artistique...) et de tous réseaux : officiel (athénée Royal Uccle I, avenue Houzeau, dont le remarquable bâtiment, conçu par l'architecte Henri Jacobs et inauguré en 1921, est considéré comme l'une des dernières manifestations du style Art nouveau dans la région ; l'école Messidor, construite en 1937...), libre confessionnel (religion catholique ou israélite : collège Saint-Pierre, fondé en 1905, qui déménagea, cinq ans plus tard, avenue Coghen ; Notre-Dame des Champs, rue Édith Cavell, dont le bâtiment actuel date de 1910 ; institut Montjoie, depuis 1904, situé dans l'avenue du même nom) et libre non-confessionnel. Pour cette dernière catégorie, il convient de souligner l'existence de l'école Decroly (située drève des Gendarmes). Créé en 1907, à l'instigation du docteur Ovide Decroly, l'établissement s'inscrit dans le courant de l'« Éducation Nouvelle » qui remet en cause, au début du XXe siècle, le système d'éducation traditionnel, fondée sur un enseignement passif des connaissances.

Partie de cricket au Vivier d'Oie, vers 1905

Hergé (deuxième à partir de la gauche) à Uccle en 1924

L'école prône une « méthode globale » d'acquisition des savoirs, basée sur la participation active des élèves à leur propre apprentissage. Des institutions internationales sont également présentes et attirent un nombre important d'écoliers qui ne résident pas nécessairement à Uccle (lycée français, École européenne).

La commune se distingue également par un grand nombre d'infrastructures sportives. Le hockey est une discipline qui y est particulièrement appréciée et encouragée : plusieurs clubs de hockey (Royal Léopold Club, Royal Uccle Sport, Royal Wellington) défendent les couleurs ucclosies au niveau national. La commune possède aussi, depuis 2004, la piscine de plongée la plus profonde du monde (-33 m). Il est également utile de noter que l'hippodrome dit « de Boitsfort », dont les origines remontent à 1875, est en réalité situé sur le territoire ucclois de la Forêt de Soignes.

Uccle est, enfin, le siège d'institutions scientifiques de renom qui ont rendu la localité familière à toutes les oreilles du pays, particulièrement grâce à ses prévisions météorologiques. Le plateau de l'observatoire accueille sur le même site, l'observatoire royal d'astronomie (installé depuis 1890), l'Institut royal météorologique (IRM) et l'Institut d'aéronomie spatiale (IAS). C'est aussi à Uccle qu'est installé l'institut médical Édith Cavell qui a connu un important développement depuis les années 1980. Depuis 2000, il fait partie du CHIREC (Centre hospitalier interrégional Édith Cavell) qui regroupe six établissements de soin, la plupart situés à Bruxelles. À la fin des années 1980, le célèbre Institut Pasteur a également établi son siège dans la commune.

Jardins de René Pechère au musée van Buuren

DOMUS MEA DOMUS ORATIONIS

FOREST

Anne Bauwelinckx, Serge Jaumain,
Paulo Charruadas, Christian Vandermotten

Topographie

La dichotomie topographique de la commune de Forest est très marquée, et cela se traduit aussi dans sa dichotomie sociale. Le vieux noyau villageois, autour de l'ancienne abbaye de Saint-Denis, est situé en bordure de la large vallée alluviale de la Senne. Sur cette vallée, la commune s'étend jusqu'à l'ancien cours principal de la rivière, à des altitudes de l'ordre de 20 m. À l'est de l'ancien noyau villageois, l'abrupt très raide du versant de rive droite de la Senne (entaillé dans les sables et qui conserve des lambeaux boisés importants comme le parc Duden) s'élève, parfois sur une distance de moins de 500 m, vers un plateau situé au-dessus de 80 m, et qui dépasse même 100 m à la place de l'Altitude 100 (surmontée par la silhouette de l'église Saint-Augustin, bien visible depuis de nombreux endroits de la vallée de la Senne). Le relief monotone de ce plateau s'étend vers l'est jusqu'aux limites de la commune, aux confins d'Uccle et d'Ixelles, au-delà de l'avenue Brugmann.

Cartes des pages 374 à 377 :

Carte de Cabinet des Pays-Bas Autrichiens levée à l'initiative du comte de Ferraris, 1775-1777

Réduction des plans cadastraux, Dépôt de la Guerre, 1847

Carte topographique de Belgique, Institut Cartographique Militaire, vers 1930

Carte topographique de Belgique, Institut Géographique National, 1994

———	Limites communales actuelles
- - - - -	Limites communales en 1860
- - - - -	Limite communale de la ville avant l'annexion du Quartier Léopold et Nord-Est (1853)

Léon Guiannotte et André Watteyne, l'église Saint-Augustin, 1932

BRUXELLES
ANDERLECHT
VEEWENDE
S.T GILLIS
S.T GILLIS
FORET
UCCLE
STALLE
RUYSBROECK
DROOGENBOSCH

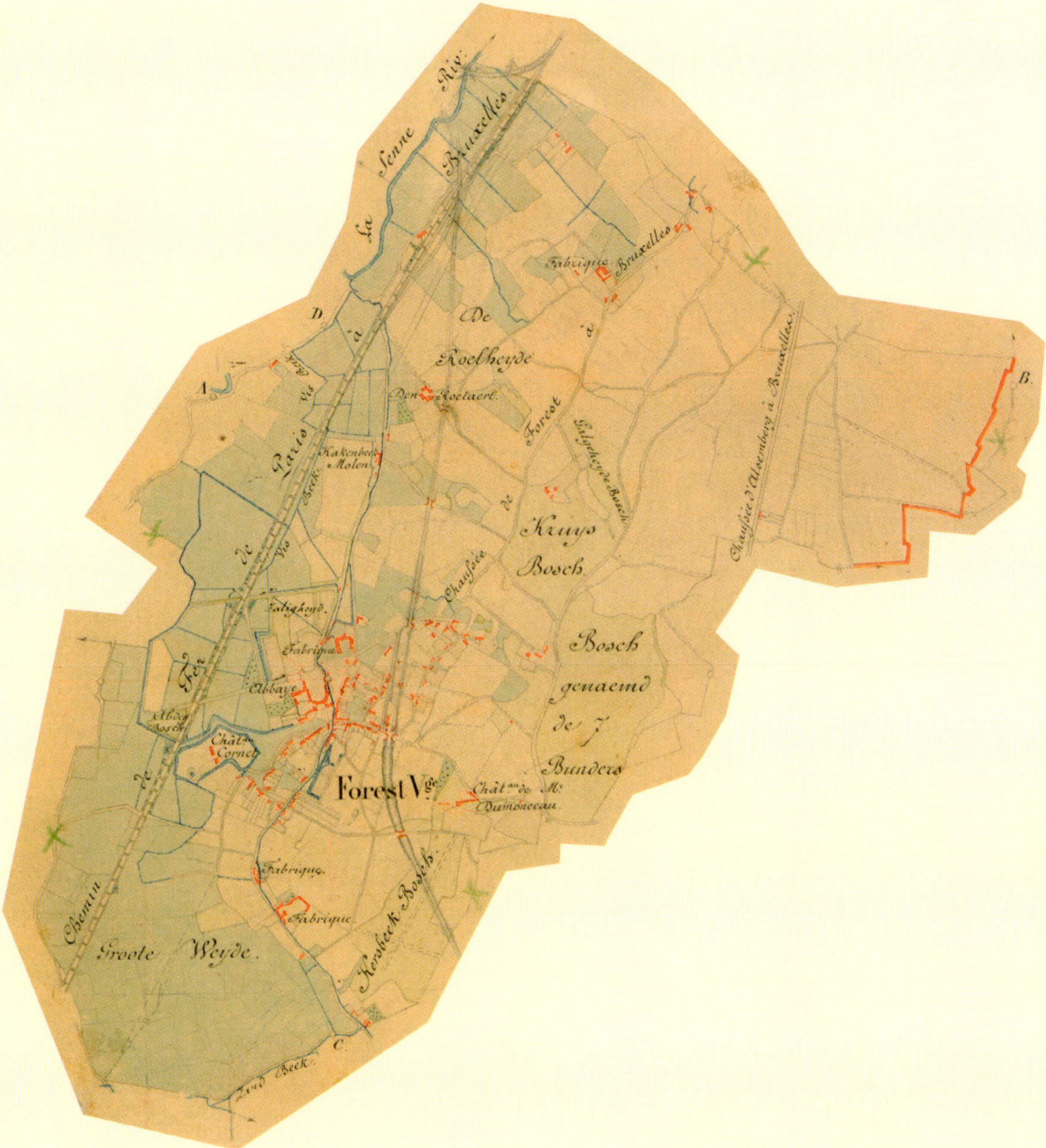
La Senne Riv.
Bruxelles
De Roelheyde
Fabrique
Kakenbeek Molen
Kruys Bosch
Bosch genaemd de 7 Bunders
Abbaye
Forest Vge
Fabrique
Fabrique
Groote Weyde
Chemin
Kersbeek Bosch
A
B.
C.
D

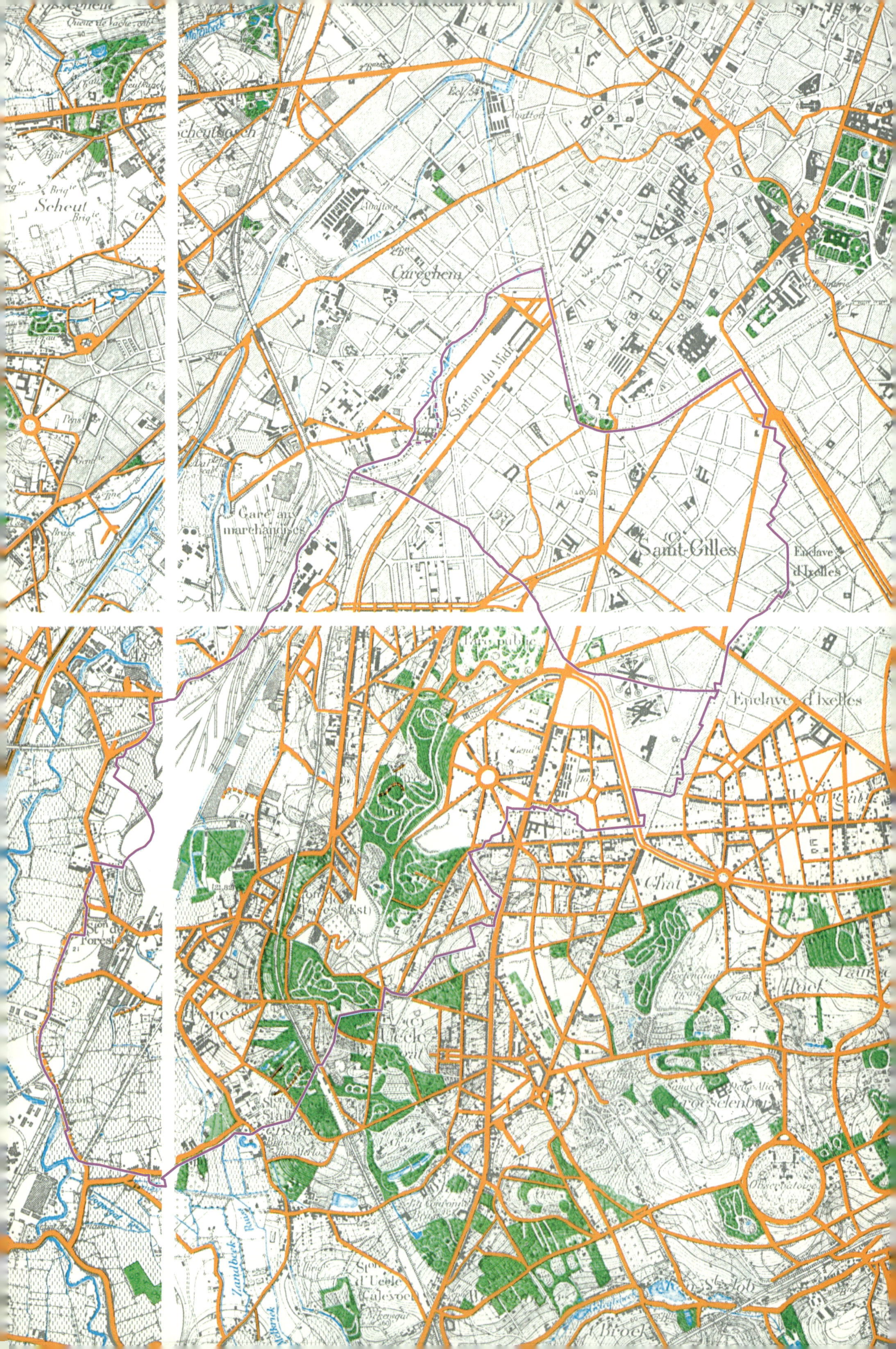

Scheut
Cureghem
Abattoir
Station du Midi
Gare aux marchandises
Saint-Gilles
Enclave d'Ixelles
Enclave d'Ixelles
Parc public
Observatoire
Zandbeek

BRUSSEL
BRUXELLES
SINT-GILLIS
SAINT-GILLES
FOREST
VORST
UCCLE
UKKEL
ERLECHT
IXELLES
ELSEN
Kuregem
Birmingham
Klein Eiland
La Petite Île
Dudenpark
Parc Duden
Parc de Forest
Park van Vorst
Gare de formation
Vormingsstation
Berkendael
Vleurgat
La Basoule
Langeveld
De Kat
Le Chat
Marolles
Marollen
Stalle
Neerstalle
Nekkersgat
Le Globe
Wolvendael
Wolvendaalpark
Observatoire royal de Belgique
Koninklijke Sterrenwacht van België
Doorn
Kanaal
Brussel
La Senne
Zenne
Palais de Justice
Justitiepaleis
Palais royal
Koninklijk Paleis
Warande
Parc de Bruxelles
Zavel
Sablon
Mont des Arts
Kunstberg
Abattoir
Slachthuis
Quartier des Autores
Prisons
Gevangenissen
Stade
Stadion
Forest National
Vorst Nationaal
Sint-Job
Saint-Job

Remigio Cantagallina, *L'abbaye bénédictine de Forest*, 1612-1613

Des origines à la fin de l'Ancien Régime

Le village de Forest est mentionné pour la première fois en 1105. À cette date, il est déjà le siège d'une paroisse autonome, dont le patronat (droit de nommer le curé) est cédé à l'abbaye d'Affligem. L'église paroissiale, dédiée à saint Denis, n'est d'ailleurs pas l'oratoire primitif. Il semble que ce statut revienne à la chapelle Sainte-Alène, qui possédait déjà son propre cimetière. En fait, les premiers développements paroissiaux de Forest sont parmi les plus obscurs et les plus complexes de la région bruxelloise (voir *Bruxelles et ses communes*).

Le village s'est structuré à l'origine sur la base de trois noyaux d'habitat de chronologies et d'origines distinctes. Une première implantation s'est vraisemblablement effectuée dans le courant du XIe siècle, autour d'un oratoire dédié à sainte Alène, sur la rive droite de la vallée du Geleytsbeek. Par la suite, deux ensembles se sont rajoutés à proximité du noyau premier, prenant position dans la zone humide de la vallée. Au début du XIIe siècle, entre 1105 et 1110, l'abbaye d'Affligem installa dans le village un prieuré de moniales, que l'abbaye avait fondé un peu auparavant à Lede (près d'Alost). Cette implantation se fit en contrebas du village primitif afin de profiter de l'église paroissiale, qui se doubla alors temporairement d'une fonction priorale, mais à proximité du cours du Geleytsbeek. Cette arrivée va polariser un nouvel habitat groupé. Il faut souligner que l'installation du prieuré à cet emplacement humide va nécessiter des aménagements importants, essentiellement le creusement d'un réseau de fossés et de canaux afin de drainer efficacement le secteur. D'ailleurs, il n'est pas improbable que l'implantation prieurale soit à mettre en rapport étroit avec l'aménagement du ruisseau du Geleytsbeek, dont le cours (longeant de manière rectiligne sur près de 2 km la limite orientale de la vallée de la Senne) pourrait être le résultat de la captation et de la canalisation des ruisseaux en provenance d'Uccle. La cohabitation de ces deux noyaux distincts ne fut pas toujours de tout repos, des tensions voyant le jour entre la congrégation des moniales et la communauté des paroissiens. Ce n'est qu'entre 1138 et 1152 que les villageois érigèrent une nouvelle église, abandonnant l'ancien édifice à l'usage exclusif du prieuré. De cette ancienne église paroissiale, on ne conserve plus qu'un tronçon de mur intégré dans l'actuelle église paroissiale Saint-Denis, dont le gros des structures médiévales s'échelonne de la fin du XIIIe au milieu du XVIe siècle. En troisième lieu, à une date inconnue, mais avant 1221, le duc de Brabant créa un nouveau noyau d'habitat, sous la forme d'une ville neuve dotée d'une franchise (les habitants bénéficiaient des mêmes droits que ceux d'Uccle), qu'il installa, selon toute vraisemblance, au sud du village et du prieuré. Peut-être en raison du manque de succès et d'attractivité de la franchise, le duc Henri Ier fit donation de cette ville neuve au prieuré en 1221. L'habitat forestois fut donc surtout concentré autour du noyau primitif et de son église, ainsi que sur le pourtour de l'enclos abbatial. Si la ville neuve forestoise semble un échec, il est important de souligner, au sein de la croissance agraire qui touche le village de Forest à cette époque, l'action volontariste du pouvoir ducal qui incite activement à la mise en valeur de son domaine. L'expansion de la partie septentrionale du village aboutit d'ailleurs à la formation du hameau d'Obbrussel, aujourd'hui Saint-Gilles. Il fut démembré et érigé en paroisse autonome à la demande du duc en 1216, en même temps, sans doute, que ce dernier y créait là aussi une ville neuve et concédait aux habitants une charte de franchise.

L'abbaye de Forest joua un rôle fondamental dans le mouvement de mise en valeur des sols forestois. Sa création fut, dès l'origine, un succès considérable. En témoigne l'augmentation continue du nombre des moniales jusqu'au début du XIIIe siècle, de même que l'accroissement important de son patrimoine foncier. Les aménagements qui suivirent son implantation à Forest, dans le vallon humide du Geleytsbeek, sont exemplaires du rôle moteur de l'institution. Mais il faut aussi souligner la création de fermes et de moulins à Forest, dans les autres villages de la région bruxelloise et même au-delà (jusqu'en Zélande). L'abbaye sera, à l'échelle de l'hinterland bruxellois, l'un des plus grands producteurs céréaliers, de même qu'elle déploiera une activité considérable dans le domaine de l'élevage, à Forest notamment, dans les prairies humides de la vallée de la Senne, mais ailleurs aussi. Le développement significatif de l'élevage ovin dans les activités de l'abbaye illustre idéalement la politique et la stratégie d'une institution avisée, qui a su orienter ses activités dans l'un des secteurs clés intéressant les villes drapières, dont Bruxelles faisait partie. À Forest, par exemple, l'abbaye prélevait la dîme du lin sous forme de fuseaux, qu'elle allait ensuite écouler sur le marché urbain.

La concentration foncière dans le patrimoine de l'abbaye de Forest était à ce point considérable qu'à la fin du XVIIIe siècle, l'abbaye détenait près de 75 % du territoire villageois ! En fait, dès le XIIIe siècle, l'abbaye devient indissociable de l'histoire du village. Les deux principales exploitations agricoles du territoire forestois relevèrent de l'abbaye : la ferme abbatiale elle-même, appelée *Veehof* (à vocation d'élevage, comme son nom l'indique) et la ferme du Slotsenberg, située sur le plateau de l'actuelle Altitude 100. L'abbaye détenait en outre trois moulins dans le village. L'autre grand propriétaire foncier (quoique dans une moindre mesure) fut l'abbaye de la Cambre, à Ixelles, qui installa la ferme dite *Den Roataert* pour exploiter son domaine forestois. À la fin de l'Ancien Régime, elle détenait 12 % du sol forestois.

Le village et l'abbaye subirent des dommages importants à la fin du Moyen Âge. En 1489-1490, lors de la guerre contre le roi de France Charles VIII, les biens forestois de l'abbaye furent ravagés, tandis que les troubles religieux de la fin du XVIe siècle dévastèrent le village. Les activités industrielles ne se développeront qu'à partir des XVIIe et XVIIIe siècles : des briqueteries, des carrières de pierres à bâtir, de pierres

Jean-Baptiste Degreef, *La plaine de Forest*, 1876

à chaux, de sable et des moulins à papier. Au XVIIIe siècle, de nouvelles routes pavées furent aménagées, manifestant une volonté du pouvoir central de relier les principales villes des Pays-Bas par des voiries de qualité. C'est dans ce contexte que l'ancienne chaussée de Forest fut pavée entre 1711 et 1713 (au départ de la porte de Hal : chaussée de Forest à Saint-Gilles, actuels place de Rochefort et boulevard Van Haelen, chaussée de Bruxelles, etc.).

Formation du territoire communal

Forest couvre une surface de 6,2 km^2. Son territoire n'a pas été modifié depuis la création des communes, si l'on excepte un gain territorial mineur en 1909, suite à une adaptation des limites communales dans le quartier de Berkendael, aux dépens d'Ixelles. Le territoire communal englobe l'ensemble des biens qui relevaient, sous l'Ancien Régime, de la paroisse Saint-Denis : à la fin du XVIIIe siècle, le bâti se limite au noyau villageois et à quelques bâtiments égrenés au sud de celui-ci à la base du versant, le long du chemin vers Stalle (actuelle chaussée de Neerstalle).

La limite nord-orientale, avec Ixelles, dépasse légèrement l'actuelle avenue Brugmann et correspond à l'ancienne limite des finages des deux localités, laissant, sans doute, à Ixelles les champs qui dépendaient de la ferme de Terwinne. C'est à l'ouest de l'actuelle avenue Brugmann et au sud de l'actuelle avenue Molière que Forest a récupéré en 1909 une avancée ixelloise. Forest est ensuite contiguë à Uccle depuis la place Vanderkindere jusqu'à la confluence, dans la plaine alluviale de la Senne, du Zwartebeek et du Zandbeek (voir *Uccle*). Elle suit ensuite le cours commun de ces deux cours d'eau, sans aller toutefois jusqu'à leur embouchure dans la Senne, mais seulement jusqu'au chemin sud–nord qui s'allongeait dans

La gare du Midi, à la limite de Forest (en bas à droite), vers 1920

la plaine alluviale à faible distance de la rivière, sur sa rive droite, reliant Ruisbroek à Saint-Gilles.

La limite occidentale de la commune longeait donc ce chemin, à une petite exception près, jusqu'à rejoindre la Senne en aval de l'île du *Lapsermolen* (connue par la suite sous le nom d'Île Sainte-Hélène). Elle suivait ensuite la rivière jusqu'à la limite de Saint-Gilles. Les travaux d'aménagement et de voirie dans la plaine alluviale de la Senne rendent aujourd'hui difficile la reconnaissance sur le terrain des logiques historiques qui ont fixé cette portion de la limite communale.

Au nord, une limite relativement rectiligne sépare Forest de Saint-Gilles, s'élevant en suivant la plus grande pente du versant depuis le cours de la Senne, en bordure des faisceaux ferroviaires à hauteur de l'extrémité méridionale de l'avenue Fonsny, jusque sur le plateau, au contact d'Ixelles, un peu au sud de Ma Campagne, à l'aboutissement de l'ancien chemin venant de Carloo vers Bruxelles. Cette limite entre Forest et Saint-Gilles frôlait les bâtiments relevant de la paroisse de Saint-Gilles, là où il en existait à la fin de l'Ancien Régime, c'est-à-dire le long de la chaussée de Forest, à hauteur des environs de l'actuelle rue de Bosnie.

Sur pratiquement tout le pourtour de Forest, la voirie est surimposée aux limites communales, produit de l'urbanisation postérieure et non d'une modernisation d'anciens chemins ruraux.

Du XIXe au XXIe siècle

Les activités économiques

Dès la fin du XVIIIe et au début du XIXe siècle, des industries textiles (filatures, teintureries, imprimeries d'indiennes, etc.) s'installent à Forest, surtout le long du Geleytsbeek. La commune fut d'ailleurs dotée très tôt d'une importante infrastructure de transport : fluviale, avec la proximité du canal vers Charleroi (1832) et ferroviaire, avec trois gares : celle de Forest-Midi, ouverte en 1851 sur la ligne Bruxelles-Tubize ; celle de Forest-Est, ouverte en 1873 sur la ligne reliant Bruxelles à Luttre (région de Charleroi) ; enfin l'importante gare de marchandises de la Petite Île, en 1910 (située en fait sur le territoire d'Anderlecht).

Dans la deuxième moitié du XIXe siècle, le bas de Forest allait ainsi connaître une industrialisation soutenue, caractérisée par la présence de fabriques de chaussures, de brasseries, d'imprimeries et de fabriques chimiques. Les brasseries Wielemans-Ceuppens représentent de ce point de vue un témoin remarquable. C'est en 1879-1880 que les trois frères Wielemans (Édouard, Prosper, André) construisent à Forest cette toute nouvelle entreprise équipée de machines allemandes ultramodernes, reliée au chemin de fer dès 1882. Les Wielemans se lancent dans la fabrication de bières de fermentation basse qui connaîtront un formidable succès, remplaçant peu à peu les bières traditionnelles. Dans l'entre-deux-guerres, l'entreprise est florissante et les Wielemans inaugurent, en 1932, un superbe bâtiment de style Art déco, commandé au célèbre architecte Adrien Blomme et destiné à abriter la plus grande salle de brassage d'Europe. Le bâtiment constitue, dès ce moment, une exceptionnelle vitrine pour l'entreprise. La brasserie Wielemans connaîtra par contre de grandes difficultés au début des années 1970. Elle est mise en liquidation en 1980 et la dernière Wiel's est brassée en 1988.

Vue de la Senne et du gazomètre de la Cie Continentale du Gaz, vers 1910

Dans l'entre-deux-guerres, Forest se spécialise aussi dans l'industrie mécanique et automobile. La commune accueille les chaînes de montage de l'usine Citroën, en 1924, et celles de l'entreprise D'Ieteren, en 1948, qui assurait alors la représentation (à Ixelles) et la production (à Forest) de la marque Volkswagen. Localisé le long de la voie ferrée, le site de l'usine s'étend actuellement sur près de 40 ha. Géré directement par VW depuis 1971, il a engendré la formation d'un vaste quartier industriel en attirant des entreprises satellites de sous-traitance. Récemment, la délocalisation de l'usine vers la maison mère de Wolfsburg, en Allemagne, et des négociations entre les dirigeants et les syndicats ont amené la reprise partielle de l'infrastructure par la marque Audi (VW Forest est officiellement devenu Audi Brussels le 30 mai 2007).

La cohabitation entre ce complexe mastodonte et le milieu urbain est loin d'être aisée. Un dialogue difficile et permanent est nécessaire entre le privé et le public, malgré les faibles retombées fiscales et en termes d'emploi vers la commune et la Région (seuls un peu plus de 5 % des 5 900 travailleurs sont bruxellois). Malgré la présence de ce complexe et, en bordure du ring et de la voie ferrée, de cinq parcs d'activités économiques (en partie développés en partenariat avec la SDRB), une déprise industrielle se marque depuis le début des années 1970, ce qui se traduit sur le plan urbanistique par une dégradation du bâti et des effets déstructurants sur les quartiers environnants.

L'usine VW, rue Émile Pathé, 1969

La population

La commune comptait entre 300 et 400 habitants entre 1561 et 1750. La lente transformation et l'urbanisation du territoire forestois en plus d'un siècle se lisent sur la courbe de l'évolution de la population : la croissance ne devient sensible qu'à la fin du XIXe siècle et, surtout, après 1900. Avec la fin du processus d'urbanisation, la population communale va culminer en 1970. Elle se réduira par la suite d'une dizaine de milliers d'habitants, avant d'entamer une légère reprise à partir de la fin des années 1990, à l'instar de beaucoup d'autres communes de la Région.

Sur le plan linguistique, précisons que le village de Forest était majoritairement néerlandophone, mais usait du français dans ses contacts avec l'admi-

Évolution démographique

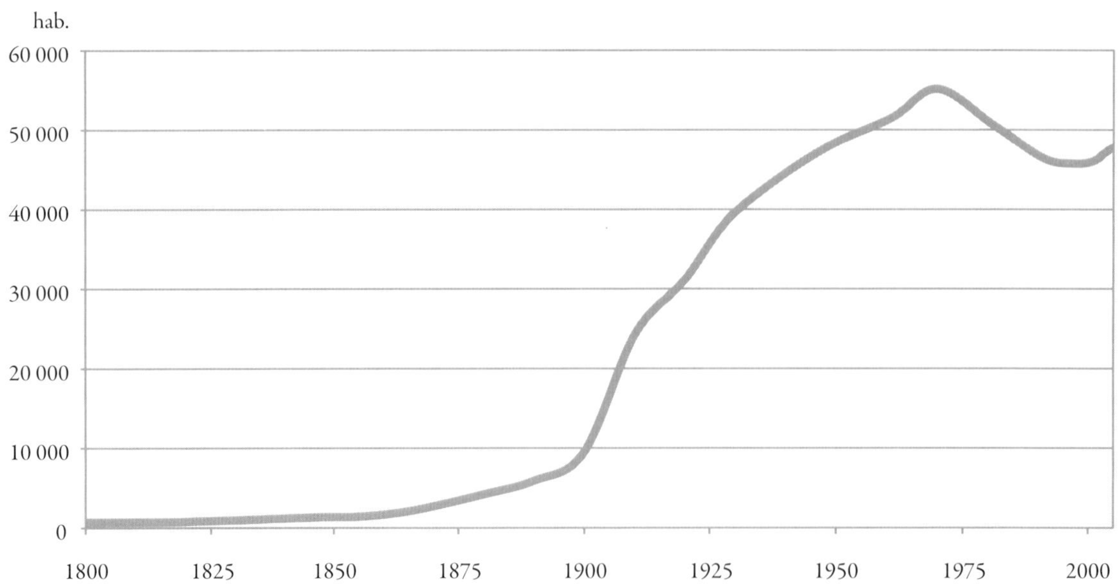

nistration communale dès l'indépendance. Pour les mêmes raisons, c'est à cette époque que les noms de rues furent traduits. Divers groupements communaux flamands s'opposèrent toutefois à ces mesures.

D'un point de vue statistique, on peut dire que, dès avant les années 1930, les francophones constituent plus des deux tiers de la population forestoise. Cette tendance à la francisation sera confirmée par le recensement de 1947 qui dénombre 44 % de francophones, 41 % de bilingues et 6 % d'unilingues néerlandophones, ainsi que par diverses sources (état civil notamment) qui indiquent que, depuis les années 2000, plus de 90 % de la population forestoise choisit le français pour ses documents officiels.

La situation politique

De la Révolution belge à 1875, la commune sera dirigée par une majorité catholique. Les effets combinés de l'urbanisation, de l'industrialisation et de l'immigration accentuent toutefois les tensions politiques et un premier groupement de type libéral, soutenu par les nouveaux habitants de la commune, issus notamment de la bourgeoisie, est formé en 1874. Deux ans plus tard, le libéral Guillaume Van Haelen accède au mayorat. Aux élections suivantes, la guerre scolaire qui secoue le pays et les reproches formulés à propos de la gestion financière de la commune profitent aux catholiques. Van Haelen conservera néanmoins le poste de bourgmestre, jusqu'en 1886. Le catholique Édouard Smith lui succède jusqu'en 1903. C'est sous son mayorat que les premiers élus socialistes font, en 1899, leur entrée au conseil communal.

Le scrutin de 1903 marque la victoire des libéraux et des socialistes, permettant au libéral Omer Denis d'entamer le plus long mayorat de l'histoire de Forest. Jusqu'à son décès, survenu en 1940, il dirigera la commune tantôt avec les socialistes, tantôt avec les catholiques. L'ancien échevin des travaux publics, Léon Wielemans, lui succède pendant six ans. Il cédera à son tour le mayorat au socialiste Henri Delieu. D'abord à la tête d'une majorité socialiste-catholique, il permettra en 1952 aux socialistes de décrocher une majorité absolue. Les élections de 1958 marquent cependant le retour d'un bourgmestre libéral, coiffant une coalition libérale-socialiste. En 1964, c'est une coalition libérale-catholique qui arrive au pouvoir. Comme dans de nombreuses communes de l'agglomération, les années 1970 coïncident avec l'arrivée en force du FDF sur l'échiquier politique communal. Dès 1970, le parti se voit attribuer le poste de bourgmestre (Jacques Lepaffe) pour diriger la commune en coalition avec les socialistes. Lors des élections suivantes, le FDF obtient encore le plus grand nombre de sièges (17 sur 37 et 9 pour le PS), mais le mayorat échoit au socialiste André Degroeve, à la tête d'une majorité composée de ces deux forces politiques. Degroeve jouera un rôle politique de premier plan sur la scène bruxelloise puisqu'il sera notamment député, ministre et président du conseil d'administration de l'ULB. Lorsqu'en 1989 il devient gouverneur du Brabant, il cède le mayorat à Magda De Galan. Celle-ci, élue deux ans plus tard députée fédérale, se voit confier dès 1992 le portefeuille de la Santé et des Affaires sociales de la Communauté française, puis en 1994, elle devient ministre des Affaires sociales au gouvernement fédéral avant d'accéder, en 1999, à la présidence du Parlement bruxellois, une fonction qu'elle conserve jusqu'en 2004. Bourgmestre légalement empêchée par ses fonctions ministérielles, Magda De Galan reste néanmoins très présente sur la scène forestoise. Elle remporte ainsi les élections de 2000, mais deux élus de sa majorité la quittent, faisant soudain basculer l'équilibre politique et permettant à la libérale Corinne De Permentier, ancienne ministre de l'Audiovisuel, de lui ravir l'écharpe mayorale. Le

Bourgmestres

1830 : Victor Bal
1843 : Jean-Baptiste Van Steenweghen
1850 : Jean Vanderschrick
1855 : Jean-Baptiste Van Steenweghen
1860 : Jean Singelé
1869 : Émile Poire
1872 : Pierre De Coster
1876 : Guillaume Van Haelen
1886 : Édouard Smith
1904 : Omer Denis
1940 : Léon Wielemans
1947 : Henri Delieu
1958 : Léon Wielemans
1971 : Jacques Lepaffe
1977 : André Degroeve
1989 : Magda De Galan
(légalement empêchée entre 1992 et 1999 : Francis Résimont f.f. , Paul Lenders f.f.)
2001 : Corinne De Permentier
2007 : Magda De Galan

scrutin de 2006 marque toutefois le retour de Magda De Galan à la tête d'une majorité réunissant les socialistes et les écologistes.

Les aménagements urbains

À la fin du XVIIIe siècle, le bâti forestois se limite à un petit noyau villageois en bordure de l'abbaye, sur le bas du versant oriental de la Senne. Un *dries* occupe l'emplacement de l'actuelle place Saint-Denis. On trouve aussi quelques bâtiments, notamment des moulins, au sud de ce noyau, le long du chemin de Stalle (la future chaussée de Neerstalle). Si l'on excepte le tronçon de la chaussée d'Alsemberg qui traversait le haut du territoire de la paroisse, mais n'était bordé d'aucun bâtiment, la seule voie d'importance à traverser la commune de part en part était la chaussée de Forest (1711-1712). Elle passait sous le Fort Monterey (voir *Saint-Gilles*) et était prolongée par le tracé de la chaussée de Bruxelles actuelle jusqu'au centre du village. Au-delà, le chemin vers Stalle longeait le bas du versant, le long d'une déviation du Geleytsbeek. Pour le reste, on peut noter un ancien chemin postal et militaire vers Stalle (voir *Uccle)* plus ou moins parallèle au précédent, mais passant cette fois sur le haut du versant, à travers des zones non habitées. Il est antérieur à l'établissement de la chaussée d'Alsemberg et on en trouve le souvenir à Saint-Gilles dans la rue Garibaldi (voir *Saint-Gilles).* Ce chemin continuait par la lisière supérieure de l'actuel parc Duden (l'ancien *Kruysbosch*) et poursuivait vers Stalle, en longeant la lisière du bois des Sept Bonniers. Son tracé correspondait plus ou moins à celui des actuelles avenues Besme ou Jupiter, du Domaine et Gatti de Gamond (respectivement anciennement Postweg, Galgestraat, puis rue du Hêtre, Krekelstraat, puis rue au Bois et rue de la Montagne, cette dernière sur le territoire d'Uccle). De ce chemin se détachait un autre qui descendait vers Forest, plus ou moins sur le tracé de l'actuelle avenue Victor Rousseau, mais il fut coupé par la suite. On peut encore signaler le chemin transversal qui reliait le village de Forest à la chaussée d'Alsemberg à hauteur du *Vieux Spijtigen Duivel* (Donkerstraat, actuellement Beukenberg, et partie supérieure de la rue Fontaine-Vanderstraeten, et se terminant sur le territoire ucclois par l'actuelle rue Joseph Bens, ex-rue de Forest) et celui qui reliait le sud du village à Stalle (tracé des actuelles avenues Général Dumonceau et du Jonc, l'ancienne Kwadestraat, puis Vossegat). Dans la plaine alluviale, tout aussi vide d'habitat, un chemin, la Oude Heirbaene de Bruxelles à Halle, longeait la Senne. Il reliait Saint-Gilles à Ruisbroek et Drogenbos à travers les prairies humides et était souvent impraticable (emplacement approximatif des actuelles rue du Cerf, boulevard de l'Humanité, rue Bollinckx et, à nouveau, boulevard de l'Humanité et rue É. Pathé).

L'étude de l'urbanisation du territoire de Forest permet de distinguer deux secteurs : le bas de la commune qui subit, à partir du début du XIXe siècle, surtout après 1850, un mouvement important d'industrialisation et d'urbanisation, et le haut,

Jean-Baptiste Dewin, l'hôtel de ville, 1926-1936

caractérisé par la mise en place d'un tissu résidentiel bourgeois, essentiellement à partir du dernier quart du XIXe siècle.

Dans le bas, le noyau ancien de la commune, centré autour de l'église Saint-Denis et de l'abbaye (dont il ne subsiste plus aujourd'hui que les bâtiments de style classique érigés au XVIIe siècle), est demeuré essentiellement rural dans la première moitié du XIXe siècle. Il subit un premier aménagement important en 1887, avec la construction d'une école communale en bordure de l'ancienne prairie commune, et devient la place Saint-Denis. Durant l'entre-deux-guerres, le secteur va être l'objet d'une attention particulière de la part des autorités communales qui souhaitent l'urbaniser et l'embellir. Le noyau villageois, relié par tramway à chevaux à la gare du Midi depuis 1895, et son prolongement le long de la chaussée de Neerstalle, se sont densifiés. Le nouvel hôtel communal y est édifié entre 1934 et 1938.

Le secteur connaît donc, dans la deuxième moitié du XIXe siècle, une forte croissance démographique et donc une extension de la zone bâtie. Cette croissance est également la conséquence, d'une part, de l'essor industriel, et, d'autre part, du développement des transports en commun, de la migration importante des populations d'origine bruxelloise (à la fois des ouvriers chassés de la ville par les travaux d'assainissement et des employés moyens cherchant à se loger à moindre prix). Les prairies de la Senne sont en effet traversées par le chemin de fer de Mons, avec une station ferroviaire, reliée au village par la rue de la Station. Les fabriques sont plus nombreuses (y compris les bâtiments de l'abbaye transformés en manufacture de toiles peintes à la Révolution française, puis occupés par une filature et par une teinturerie jusque 1850) et le versant de la vallée a été partiellement déboisé au profit de l'implantation de plusieurs « campagnes » et châteaux. Le bois des Sept Bonniers a été défriché. En 1873, le nouveau chemin de fer vers Luttre, qui coupe le versant, est doté d'une gare, celle de Forest-Est. Il est longé par une nouvelle voirie encore non bâtie (les actuelles avenues Fonsny et Van Volxem), tout comme la nouvelle avenue du Roi. Les quartiers du Pont-de-Luttre et du parvis Saint-Antoine s'urbanisent progressivement (l'avenue du Parc est prolongée jusqu'au bout de l'avenue du Roi et, par l'avenue Wielemans-Ceuppens, jusqu'au pont de Luttre : tout le quartier

Panorama de Bruxelles et Forest, depuis l'avenue Victor Besme, vers 1910

Maisons Art nouveau, avenue Mont-Kemmel, vers 1900

situé au nord de cet axe est urbanisé au début du XXe siècle) dans le sillage du développement industriel, produisant un tissu caractérisé par un ensemble de maisons cossues émaillé de quelques bâtiments de production. L'avenue Van Volxem, ouverte en 1872, illustre cette tendance contrastée, où un front bâti de type résidentiel (nombreux hôtels de maître érigés dans les styles à la mode autour des années 1900) fait face à des bâtiments industriels implantés le long de la voie ferrée. Après 1900, les emprises ferroviaires se développent fortement dans la vallée alluviale, en arrière de la gare de marchandises de la Petite Île. Des implantations industrielles se développent dans la vallée, entre et le long des faisceaux ferroviaires, mouvement déjà amorcé par l'implantation de la brasserie Wielemans-Ceuppens (1882). Toutefois, la partie de la plaine alluviale située à l'ouest du chemin de fer fut occupée, sur une surface importante, par un champ de courses (1870-1909) ; il émigra en 1910 à Stockel (voir *Woluwe-Saint-Pierre*). Urbanisé à la même époque, le quartier de la chaussée de Neerstalle, aux confins d'Uccle, constitue également un secteur au paysage urbain contrasté, mais avec une teinte rurale nettement mieux conservée : des villas de plaisance y côtoient des bâtiments industriels. Le nom des rues en évoque le souvenir (rues des Huileries, de la Soierie, de la Teinturerie, avenue de la Verrerie), tandis qu'un vaste complexe de logements sociaux, la cité-jardin « Forest vert », est construit dans les années 1920 (une partie est détruite dans les années 1950 pour l'érection de logements à plusieurs étages). Plusieurs maisons bordent également le versant oriental de la chaussée d'Alsemberg, entre l'emplacement de l'actuelle place Albert et celui de la maison de santé de M. Vanderkindere, sur le territoire d'Uccle, mais à la limite immédiate de Forest, juste au nord de l'aboutissement de l'actuelle rue du même nom (voir *Uccle)*. Un nouveau cimetière est établi sur le versant qui domine l'ancien village, le long de l'avenue Fontaine, entre 1877 et 1882. Il fonctionnera comme cimetière communal jusqu'à son transfert à Alsemberg, à la fin des années 1940.

L'urbanisation du haut de la commune a démarré dans le dernier quart du XIXe siècle. Principalement occupé par une population aisé, le coup d'envoi de son urbanisation fut donné par l'aménagement du parc de Forest (13 ha), inauguré en 1882, et du quartier attenant. Destiné à relier le plateau du Berkendael à la nouvelle zone urbanisée proche de la gare du Midi, la création du parc par Léopold II donna l'idée aux autorités communales de relier le haut de Saint-Gilles aux villas du bas de Forest, près de Neerstalle, par une magnifique promenade verte (projet dit des parcs). C'est dans ce cadre que le riche

Vue du Palais de Justice depuis le parc Duden, vers 1910

négociant Guillaume Duden décida de léguer sa vaste propriété de 23 ha. Le nouveau parc Duden fut ouvert au public en 1913. Il fallut néanmoins attendre 1949 pour que le square Laîné soit aménagé et assure le trait d'union entre les deux écrins. Le quartier de l'Altitude 100, projeté à partir du début du XXe siècle par la Société des villas de Forest, ne s'est formé que dans l'entre-deux-guerres, sous la même impulsion communale qui travaillait alors à l'aménagement du quartier du centre. Le plateau fut aménagé selon un plan en étoile. Au centre de la place, les architectes André Watteyne et Léon Guiannotte érigèrent, vers 1932-1935, l'église Saint-Augustin, de style moderniste, construite en béton. L'église vient de faire récemment l'objet d'une restauration. L'avenue Victor Rousseau, l'une des voiries rayonnantes, fut prolongée afin de rejoindre le bas de Forest. Enfin, le quartier de Berkendael, situé au sud de la prison de Forest, entre la chaussée d'Alsemberg (datant du début du XVIIIe siècle) et l'avenue Brugmann (1875), s'est également urbanisé au début du XXe siècle, avec le percement du premier tronçon de l'avenue Molière. Son développement fit l'objet d'une convention signée entre le banquier Georges Brugmann et la commune de Forest. Le plan d'aménagement pour la partie forestoise, qui se combinait avec le plan prévu pour les communes d'Ixelles et d'Uccle, fut approuvé en 1900 par Victor Besme : malgré son caractère résidentiel cossu, il prévoyait la construction de logements sociaux dans le secteur des rues Marconi (déjà occupée en partie par des industries) et Rodenbach. À l'instar du quartier attenant au parc de Forest, les grandes artères (avenues Albert, Molière et Brugmann) furent colonisées par une population bourgeoise, qui y fit ériger des hôtels somptueux. Vers 1940, la quasi-totalité du territoire communal était aménagé.

L'urbanisation de la portion du territoire communal située entre l'ancien noyau villageois et les alentours de l'avenue des Sept Bonniers ne s'achèvera cependant qu'après la Seconde Guerre mondiale (et jusque dans les années 1960) : développement du quartier situé entre le parc Duden et cette dernière avenue, autour de l'avenue Neptune ; réalisation de l'avenue du Domaine, construction (entre 1956 et 1961) de l'énorme barre de l'immeuble de la Magnanerie, l'un des plus grands immeubles de logement collectif de Bruxelles (une magnanerie a fonctionné quelques années à partir de 1833). La commune entreprendra, à cette même époque, l'implantation du centre sportif de La Forestoise, à l'emplacement d'anciennes carrières, au pied de l'avenue du Domaine (1966), la création de la grande salle de spectacles de Forest National (1969) et le prolongement de l'avenue du Globe vers les avenues Zaman et Van Volxem.

Depuis quelques années, le bas de Forest est l'objet d'une attention particulière des autorités communales en raison des effets négatifs de l'évolution du secteur industriel. En avril 1999, un projet de réaménagement de la place Saint-Denis a été proposé en concertation avec les habitants. Il a été réalisé en 2002 avec la suppression des rails du tram, le déplacement du terminus du bus 54 et la construction d'un kiosque à musique. Un plan de gestion réfléchi et cohérent pour ce secteur est assurément le grand défi qui attend aujourd'hui les autorités communales.

Sur le plan du patrimoine architectural, Forest est certainement l'une des communes bruxelloises les plus riches. Le patrimoine religieux y est sans doute mieux représenté que partout ailleurs, avec l'église Saint-Denis (dont certaines parties remontent au XIIe siècle) et les bâtiments classiques de l'abbaye, érigés entre 1764 et 1770 par l'architecte Laurent-Benoît Dewez. Le patrimoine civil est aussi bien présent, avec notamment la maison communale, considérée comme le prototype de l'Art déco en Belgique et construite entre 1926 et 1936 par l'architecte Jean-Baptiste Dewin. Le boulevard Guillaume Van Haelen et l'avenue Van Volxem (dernier tiers du XIXe siècle) apparaissent tout à fait remarquables sur le plan stylistique (des maisons allant de l'éclectisme à l'Art déco, en passant par l'Art nouveau et le néo-renaissant flamand). Forest présente, enfin, des fleurons de l'architecture industrielle, avec notamment les brasseries Wielemans-Ceuppens, chef-d'œuvre de l'architecture Art déco. Rachetées en 1980 par la société Artois, les activités de la brasserie ont été arrêtées en 1988 pour être délocalisées à Grimbergen. Le site de 2 ha, actuellement en cours de réaménagement, sera prochainement affecté à de nouveaux espaces de bureaux, tandis que le bâtiment de la brasserie accueille le Centre d'art contemporain de Bruxelles baptisé le « Wiels ». On citera également l'ensemble d'habitations sociales Rodenbach, de style éclectique d'inspiration Art nouveau, érigé, vers 1901-1903, rue Marconi et rue Rodenbach.

L'avenue Van Volxem, vers 1935

Wilchar, *L'avenue du pont de Luttre*

Les activités religieuses

Si l'histoire de Forest débute au cœur du quartier de l'église Saint-Denis, cette zone demeure aujourd'hui un point névralgique du territoire communal. Il ne subsiste aucun vestige des bâtiments primitifs de l'église. Des additions et transformations successives, liées à l'histoire de la commune et de son abbaye, donnent sa forme composite à l'édifice actuel.

Quant aux bâtiments de l'ancienne abbaye, désertés à la fin du XVIIIe siècle, ils seront alors considérés comme des carrières de pierre et complètement

Publicité pour La Magnéto Belge, 1942

rasés ou réaffectés à l'industrie (ce qui les a paradoxalement sauvés).

Deux nouvelles églises furent fondées à la fin du XIXe siècle et au début du siècle suivant, églises nécessaires vu la forte poussée démographique qui touche alors la commune : en 1897, l'église Saint-Antoine de Padoue et, en 1932, l'église Saint-Augustin. Cette dernière est caractéristique du courant moderniste de l'architecture des années 1920-1930. L'utilisation du béton et des formes géométriques en témoigne. Notons que le projet de cette construction fut l'objet de vives oppositions libérale et socialiste au conseil communal.

Il existe d'autres cultes représentés sur le territoire communal : le Centre évangélique de Forest est situé avenue Van Volxem 194 et une nouvelle synagogue sera aménagée au sein du complexe immobilier en construction boulevard de la Deuxième Armée Britannique, l'actuelle étant située avenue de Kersbeek 96.

De plus, un temple antoiniste, construit par Rifflart en 1915, se situe le long du boulevard Van Haelen. Celui-ci accueillait les disciples du père Antoine, ancien mineur liégeois, portant un vif intérêt à la médecine, au spiritisme et au socialisme, qui se découvrit des pouvoirs de guérisseur. Le culte islamique est aussi représenté par deux mosquées présen-

Jacques Cuisinier, la Magnanerie, avenue du Domaine, 1956-1961

tes sur le territoire de Forest, la mosquée Al Karam, située chaussée de Neerstalle, et la Mosquée Ibn Messaoud (rue de Fierlant).

Les activités culturelles, artistiques, scientifiques et sportives

Une école, accolée à la maison communale, est inaugurée en 1828. Qualifiée par d'aucuns « d'une des plus belles écoles de la région », elle accueillera un nombre d'élèves toujours en progression, mais également quelques services de l'administration communale. Dès les années 1860, la croissance de la population scolaire engendre la nomination d'un second instituteur et l'agrandissement de l'établissement. L'urbanisation des quartiers du Parc et du Pont-de-Luttre rendra aussi nécessaire la construction de nouvelles écoles à proximité de ces quartiers en pleine croissance. C'est ainsi qu'en 1890 s'ouvre l'école du Parc (ou école n° 3), ainsi que l'école de l'avenue Van Volxem, toutes deux mixtes. Parallèlement se développent aussi plusieurs écoles libres : l'école de l'avenue Keersbeek, l'école paroissiale Saint-Antoine de Padoue et celle de Saint-Augustin. Ainsi, au début du XXe siècle, la commune dispose-t-elle de trois écoles communales et de trois écoles libres. Mais la croissance démographique rend rapidement ces équipements insuffisants. De nouvelles écoles sont construites : en 1909, l'école du Pont-de-Luttre et, en 1911, l'école communale n° 4, rue de Rodenbach, qui a la particularité de correspondre aux plans de « l'école modèle », concept en vogue au début du XXe siècle. Elle est l'œuvre de l'architecte Henri Jacobs, spécialisé dans la réalisation de ce type d'établissement qu'il élabore en intégrant les principes de l'Art nouveau.

Après la Première Guerre mondiale, une école industrielle et commerciale voit le jour, puis une école de couture et une autre de musique. En 1927, c'est l'athénée royal qui ouvre ses portes suivi, deux ans plus tard, par une école moyenne pour jeunes filles, puis une école normale d'État pour jeunes filles.

Aujourd'hui, plusieurs écoles secondaires sont toujours situées sur le territoire de Forest. Côté officiel : l'athénée Andrée Thomas et l'athénée Victor Horta dont la section technique occupe une ancienne manufacture de chaussures, constituant par là un bel exemple de réaffectation du patrimoine industriel de la commune. Quatre écoles secondaires libres complètent l'offre de la commune : les instituts Sainte-Ursule, Saint-Vincent-de-Paul et Deschamps, ainsi que le lycée Molière. Cinq crèches communales accueillent par ailleurs les enfants de deux mois à trois ans, ainsi que neuf maisons d'enfants contrôlées par l'ONE. Citons encore trois écoles fondamentales communales, six libres catholiques et trois libres non confessionnelles, auxquelles s'ajoutent trois établissements proposant un enseignement de type « individualisé » et quatre écoles néerlandophones. L'enseignement supérieur est également présent à Forest avec l'institut national de radioélectricité et cinématographie (INRACI) du château Duden. En matière d'enseignement, les objectifs ne sont plus aujourd'hui la construction de nouveaux établissements pour répondre à la demande, mais ils se situent plutôt sur un plan organisationnel. Le problème majeur de l'enseignement forestois est que les écoles du bas de la commune se vident progressivement en faveur de celles du haut, perçues comme de meilleur niveau.

Dans la cour de récréation de l'école primaire de la rue Rodenbach, 1957

Sur le plan sportif, il faut rappeler que le stade de l'Union Saint-Gilloise (voir *Saint-Gilles)* se situe sur le territoire de la commune de Forest. C'est en 1919 que ce club fit construire, dans le domaine

Exposition de Mike Kelley au Wiels, 2007

du parc Duden, sa première tribune provisoire, remplacée, sept ans plus tard, par une nouvelle tribune couverte et d'autres installations caractéristiques de l'architecture sportive de l'entre-deux-guerres, avec des accents de style Art déco. Un hippodrome, situé à proximité de la gare de Forest-Midi, attira de nombreux passionnés entre 1870 et 1909.

Aujourd'hui, les sportifs de la commune bénéficient de plusieurs installations : le complexe sportif du Bempt (boulevard de la Deuxième Armée britanique – concerne le football, le rugby et la pétanque), le stade d'athlétisme Adrien Bertelson (avenue du Globe), le Petit Palais des Sports (rue Roosendael), le centre sportif des Primeurs (rue des Primeurs) et le Hall des Sports Van Volxem pour les sports en salle. Il existe de nombreux clubs sportifs qui animent la vie forestoise : 13 se consacrent au football, 4 au basket, d'autres accueillent les gymnastes, joueurs de tennis, ou encore les joueurs de pétanque.

La commune de Forest comporte par ailleurs l'un des espaces de spectacle les plus connus du pays, à savoir la salle de Forest National. À la suite de la fermeture du Palais des Sports de Schaerbeek, dans les années 1960, l'agglomération bruxelloise ne possédait plus de lieu pour l'organisation de grandes manifestations sportives et culturelles. Forest combla cette carence en construisant en 1970 ce grand complexe sur un terrain du haut de la commune. Celui-ci constituait dans le passé une zone forestière émergeant de la Forêt de Soignes et abritant l'ancien cimetière de Forest. Il propose une salle d'une capacité de plus de 7 000 places qui fut inaugurée par les ballets du XXe siècle de Maurice Béjart. Depuis, de nombreux artistes de renommée internationale s'y sont produits. À côté de cette salle de spectacles, un centre commercial, des terrains de tennis, le stade communal et d'autres équipements sportifs se sont développés.

Le territoire communal possède aussi d'autres lieux destinés à accueillir les activités culturelles. Il y a tout d'abord l'abbaye de Forest dont les bâtiments constituent un centre culturel aux attributions multiples. Les différentes ailes se partagent en salles d'expositions, salles de concerts, salles de séminaires, salles de réceptions, restaurants et, bientôt, bibliothèque communale. Ensuite, depuis mai 2007, le centre des arts contemporains Wiels, qui a ouvert ses portes dans le « Blomme », le bâtiment d'angle des anciennes brasseries Wielemans. Se présentant comme un établissement ni musée, ni palais des beaux-arts, il ne possède pas de collection propre, mais développe une programmation dynamique d'événements temporaires. En outre, le bâtiment accueille des artistes en résidence, du service pédagogique, des activités de recherche et d'inscription sociale et contextuelle, afin d'offrir au public une meilleure compréhension de l'art contemporain ainsi qu'une plus grande visibilité aux artistes. Enfin, on notera la présence de la compagnie de danse PARTS et de deux théâtres, le Brocoli et Le Dé à Coudre.

Signalons également que de nombreux cinémas de quartier ont existé, comme dans d'autres communes bruxelloises. Notons, par exemple, le Kursaal (1928) ou le Movy Club de la rue des Moines, encore ouvert aujourd'hui et dont le décor d'origine est conservé.

La commune organise aussi différentes activités culturelles ou festives. Depuis plus de 20 ans, de petites locomotives à vapeur circulent ainsi dans le parc du Bempt. Chacune d'entre elles constitue une réplique à l'échelle 1/8e d'un modèle ayant réellement existé. Des fêtes médiévales sont également organisées en septembre, fêtes durant lesquelles le site de l'ancienne abbaye accueille des joutes, marchés et danses médiévaux.

Des artistes belges ont élu domicile dans la commune. C'est notamment le cas de l'architecte Jean-Baptiste Dewin (à l'origine, par exemple, de la maison communale de Forest), du peintre Ange Pierre Volckaert, des écrivains André Baillon et Albert Ayguesparse, du sculpteur Victor Rousseau ou encore de Jean Delville, peintre-poète.

Albert Callewaert, façade du stade de l'Union Saint-Gilloise au parc Duden, 1919

Spectacle à Forest-National

ANDERLECHT

Michel de Waha, Christian Vandermotten

Topographie

Le relief d'Anderlecht est moins marqué encore que celui d'autres communes de la rive gauche de la Senne, sises sur le territoire de la Région de Bruxelles-Capitale. Le versant de rive gauche est recoupé ici par trois affluents aux vallées larges et évasées, entaillées dans les argiles. Il s'agit, du sud au nord, de la vallée du Vogelzangbeek (dont le cours marque la limite méridionale de la commune et qui se jette dans la Zuun, à proximité du confluent de cette dernière dans la Senne), de la vallée de la Pede (bordée par les anciens hameaux de Neerpede et de Veeweyde) et de celle du Broek, qui passe par l'ancien hameau éponyme. Les reliefs des interfluves entre ces vallées sont modestes, culminant aux alentours de 50 m entre le Vogelzangbeek et la Pede, légèrement au-dessus de 70 m entre la Pede et le Broek dans les parties les plus occidentales de la commune, mais atteignant à peine 65 m sur l'interfluve entre le Broek et le Molenbeek (autre affluent de la Senne dont la vallée effleure le territoire communal au nord de la chaussée de Ninove) et qui descend sous l'altitude de 50 m à hauteur de l'ancien hameau de Scheut. Tous ces affluents de rive gauche de la Senne confluent avec celle-ci dans une large vallée alluviale, jadis occupée par plusieurs bras de la rivière et utilisée aujourd'hui aussi par le canal de Bruxelles à Charleroi, aux alentours de 20 m au sud, à hauteur de La Roue, et de 17 m environ à Cureghem, en bordure de la ville de Bruxelles. Les sols anderlechtois sont excellents tant pour les céréales (sols de plateau) que pour les prés et les activités maraîchères (sols de vallée).

Cartes des pages 394 à 397 :

Carte de Cabinet des Pays-Bas Autrichiens levée à l'initiative du comte de Ferraris, 1775-1777

Réduction des plans cadastraux, Dépôt de la Guerre, 1847

Carte topographique de Belgique, Institut Cartographique Militaire, vers 1930

Carte topographique de Belgique, Institut Géographique National, 1994

Limites communales actuelles
Limites communales en 1860
Limite communale de la ville avant l'annexion du Quartier Léopold et Nord-Est (1853)

La collégiale Saint-Guidon et la rue Porselein

BRUXELLES
DILBEKE
ITTERBEKE
H. BROUCK
ANDERLECHT
H. ROYEVYVER
H. VLAESENTAEL
H. NEERPEDE
H. VEEWEYDE
S.T GILLIS
S.T GILLIS
H. STRAELEN VINAE

Anderlecht
Cureghem
Vlasendael
Veeweide

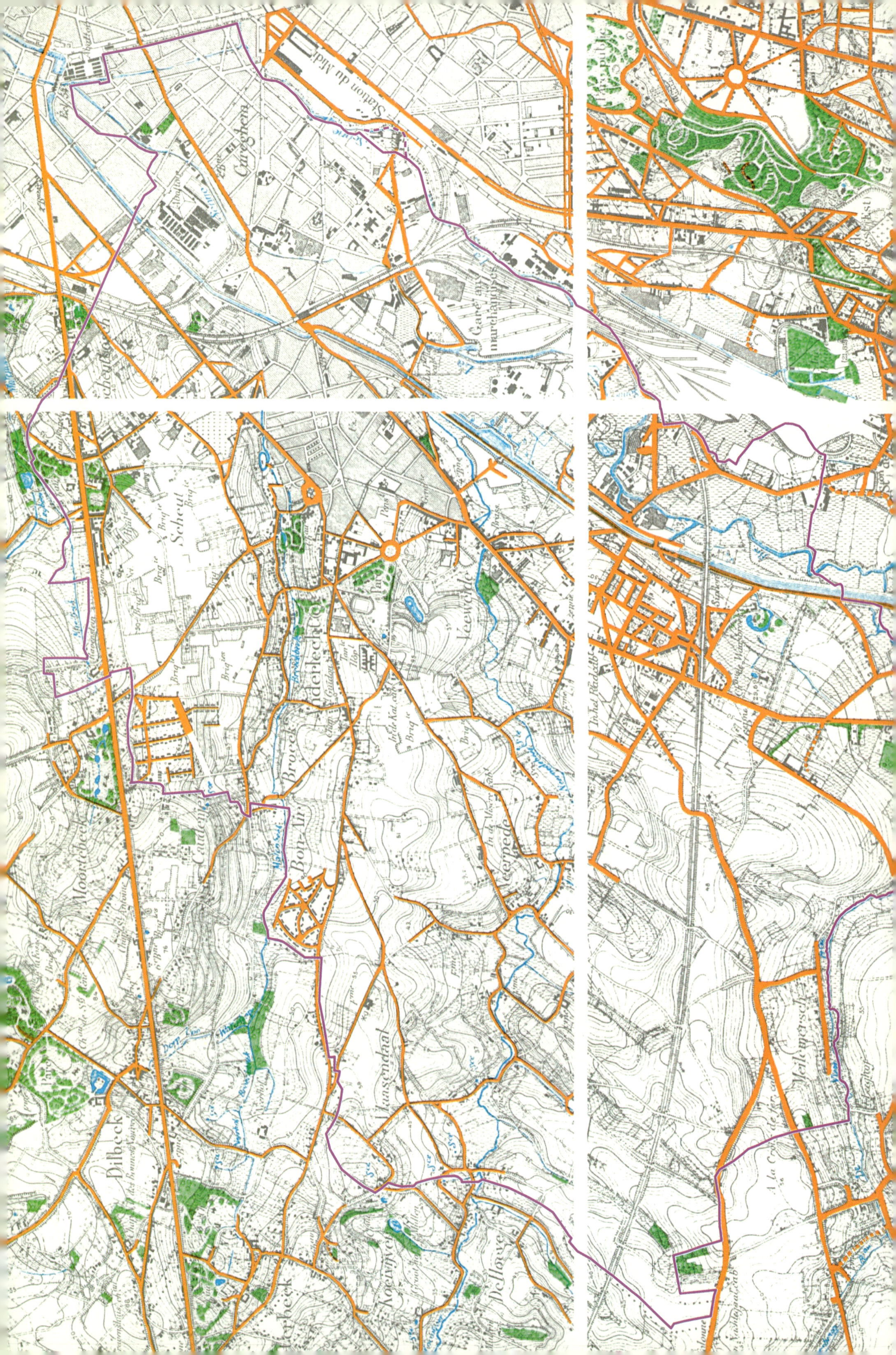

Station du Midi
Cureghem
Scheut
Broeck
Bon-Air
Dilbeck

ANDERLECHT
FOREST
VORST
Klein Eiland
La Petite Île
Kuregem
Birmingham
Scheut
Moortebeek
Peterbos
Westland Shopping Center
Broek
Scherdemaal
Veeweyde
Astridpark
Parc Astrid
Meir
St-Guido
Het Rad
La Roue
CERIA
COOVI
Neerpede
Vlazendaal
Koudenaarde
Zobbroek
Meerveld
Hôpital Erasme
U.L.B.
Millemeers
Parc de Forest
Park van Vorst
Dudenpark
Parc Duden
Vorst Nationaal
Forest National
Gare de formation
Vormingsstation
KANAAL
BRUSSEL
ZENNE
SENNE
CHARLEROI
Parc Vives
Park
Parc de Pede
Erasmushuis
Maison d'Erasme
Abattoir
Slachthuis
St-Denijs
St-Denis
Elishouthoeve
Vogelzang
Leeghof
Notelaar
Kast. 's Gravenhuis
Molenberg
Gulden Kasteel
Koeivijver
Viazendaal
Recreatiecentrum
Kast. Goedveld
Bon Air
Regina Coeli lyceum
Hoogstraat
Aurores
Quartier des
Busselenberg
Park
Lemaire
Park
Tuinbouwschool
Vogelenzang
St-Alenapark
Kast. de Viron
St-Alenatoren
Hoeve
Lo

La collégiale Saint-Guidon sur la Carte figurative de la paroisse d'Anderlecht, extraite de l'Atlas terrier de l'hôpital Saint-Jean, 1709-1713

Des origines à la fin de l'Ancien Régime

Les sources de l'histoire d'Anderlecht avant 1100 sont paradoxalement et riches et bien maigres : une villa gallo-romaine (fin d'occupation située au plus tard au milieu du IIIe siècle), un cimetière mérovingien, incomplètement fouillé, recouvrant les ruines de cette villa (fin au début du VIIIe siècle), connus par des fouilles de la fin du XIXe et du début du XXe siècle. Il faut y ajouter un four du IXe siècle (sous la bibliothèque communale), les parties les plus anciennes de la collégiale Saint-Pierre (XIe siècle), quelques textes, des documents cartographiques dont le plus ancien remonte au milieu du XVIe siècle (plan de Jacques de Deventer, vers 1555).

Il est tentant de relier villa romaine, cimetière « mérovingien », noyau du village autour de la collégiale et la motte située en contrebas le long du Broeck. Une telle continuité topographique, laissant supposer que l'espace du centre d'Anderlecht a été toujours plus ou moins utilisé, sans avoir été le seul et sans avoir nécessairement toujours fonctionné comme chef-lieu, paraît plausible. L'association motte-collégiale ne peut être, dans l'état des connaissances actuelles, reportée plus haut que le milieu du XIe siècle. Le four du IXe siècle indique que cet espace remplissait antérieurement d'autres fonctions.

Développée aux environs de 1075 par Renilde, en l'honneur de son époux défunt (Folcard), la collégiale renvoie à la famille « seigneuriale » et apparaît comme un *Eigenkloster* (ici « chapitre de chanoines ») installé non sans difficultés (comme l'indique la *Vita Guidonis*) dans une église paroissiale antérieure, laquelle appartient à la collation de l'évêque de Cambrai jusqu'à la fin du XIIe siècle. On notera qu'en 1046, l'évêque Gérard Ier de Florennes possédait cinq manses à Anderlecht.

Anderlecht est une grande et ancienne paroisse (comportant initialement Dilbeek) ; le titre de saint Pierre donné à l'église est un indice qui va

Remigio Cantagallina, *Vue d'Anderlecht avec l'artiste dessinant au premier plan*, 1612-1613

dans ce sens. Anderlecht constituait-elle un domaine unique ou a-t-elle pu faire partie d'un ensemble plus vaste ? Des incertitudes de limites paroissiales entre Anderlecht et Molenbeek (notamment la question du Karreveld), la structure de la limite « paroissiale » entre Anderlecht, Itterbeek et Vlezenbeek (question de Meertsborne) donnent à penser que, même anciennes, elles pourraient résulter de l'évolution d'une entité plus vaste, peut-être polynucléaire.

Arasée sans observations, la motte renvoie à la famille qui l'a occupée : sans conteste de premier plan au niveau de la Lotharingie, cette famille possède des biens importants dans la région bruxelloise et dans ce qui devient, à partir de 1047, la Flandre impériale. Mais il est loin d'être établi que la branche « anderlechtoise » soit la principale et Anderlecht le centre de ses possessions. À l'intérieur de cette souche anderlechtoise, il faut distinguer une famille dite d'Anderlecht, qui s'éteint au milieu du XIIe siècle, et la famille dite d'Aa. La villa d'Aa, attestée en 1057, passa à la fille de Renilde, épouse de Steppon de Bruxelles. Le nom de Bruxella l'emporte d'abord ; celui d'Aa ne s'impose que dans le courant du XIIe siècle. Quels sont les liens entre le village d'ancienne occupation qu'est Anderlecht et Bruxelles ? Dès la fin du XIe siècle, la *Vita Guidonis* présente la tentation du saint par un marchand de Bruxelles. Une thèse récente lie le développement de Bruxelles à des aménagements hydrauliques nécessitant le détournement de cours d'eau, dont le Broek venant d'Anderlecht, et implique que les détenteurs d'Anderlecht marquent leur accord à ces opérations hydrauliques, soit parce qu'ils y trouvaient avantage, soit parce qu'ils avaient de bons rapports avec ceux qui pratiquèrent ces déviations. Ainsi se pose la question des rapports entre la famille d'Anderlecht, les comtes de Louvain, futurs ducs de Brabant, leurs châtelains et les *de Bruxella*.

Anderlecht connaît un développement agricole considérable du XIe au XIVe siècle, tant par le défrichement de la couverture forestière que par la mise en valeur des sols de vallée. Aa, au bord de la Senne, cité en 1057, en est l'expression la plus précoce dans la région bruxelloise. L'expansion de l'économie agraire se marque par la multiplication des centres d'un habitat d'abord groupé (Anderlecht, cité dès 1046, centre d'un village surtout céréalier ; Aa, où domine une économie agropastorale ; Dilbeek, né certainement dans la première moitié du XIe siècle à l'extrémité occidentale et boisée du domaine – son église, dépendance de celle d'Anderlecht, est citée dès 1075 –, qui finira par être détaché d'Anderlecht, en 1260), s'émiettant en hameaux, voire en exploitations

Le hameau d'Aa. Détail de la carte figurative de la région de la Senne, par Bolin, fin du XVIe siècle

isolées (Neerpede, Cureghem, Veeweyde ou Scheut). Au bas Moyen Âge, il reste à peine 10 % de bois.

La proximité d'Anderlecht par rapport à Bruxelles fit que, l'offre répondant à la demande, on assista à une croissance de la production céréalière (avec développement de la production de froment), de l'élevage, des cultures maraîchères (sur les sols de vallée) amenant parfois la création d'enclosures soustraites à l'assolement communautaire. Des équipements coûteux se multiplient et se diversifient : au XVe siècle, on dénombre une dizaine de moulins (grain, écorces...) et plusieurs brasseries. Dès lors, Anderlecht entre de plus en plus dans l'orbite de la capitale du duché : absorption fiscale en 1295 ; incorporation juridique à la franchise de Bruxelles en 1394, qui durera jusqu'en 1794 ;

Friadt, la maison d'Érasme, début du XXe siècle

H. Lallemand, *La collégiale des saints Pierre et Guidon*, vers 1870

acquisition de nombreuses terres par des bourgeois de Bruxelles, dans un mouvement continu du XIIIe au XVe siècle, pour des investissements immobiliers mais aussi pour la production de lin, de plantes tinctoriales, de bétail sur pied et de pierres à bâtir.

Fondé vers 1250, le béguinage offre la particularité d'être le seul à s'être implanté dans un village plutôt qu'en ville. Vers 1450, récupérant un pèlerinage populaire spontané, une chartreuse s'établit à Scheut et bénéficie de la faveur des ducs de Bourgogne. Le chapitre d'Anderlecht, fondé au XIe siècle, constitue l'une des principales institutions religieuses des environs de Bruxelles : il abritera le médecin de Philippe le Bon, Ditmar de Brême, le premier « pensionnaire » (juriste) de la ville de Bruxelles, Pierre a Thymo, le futur pape Adrien VI (dit d'Utrecht), alors qu'il était au service de Charles Quint. Son doyen hébergera Érasme pendant plusieurs mois, en 1521, dans une maison aujourd'hui transformée en musée. Les liens du chapitre avec Bruxelles expliquent l'ampleur de la collégiale : si la crypte romane et quelques restes de la fin du XIIe siècle témoignent de l'importance de la famille seigneuriale du lieu, le chœur est dû à Jean van Ruysbroek, architecte de l'hôtel de ville de Bruxelles ; le noyau plus ancien de la tour est complété en style flamboyant par la famille Keldermans. La prospérité rurale d'Anderlecht ne subit de temps d'arrêt que lors d'événements militaires, comme la bataille de Scheut, en 1356, entre la Flandre et le Brabant, les troubles religieux au XVIe siècle, les guerres de Louis XIV à la fin du XVIIe siècle. L'histoire économique et sociale d'Anderlecht aux Temps modernes est malheureusement nettement moins bien connue. Pour les éléments d'une histoire événementielle, il faut toujours se reporter au travail ancien d'Alphonse Wauters. Au XVIIIe siècle, Anderlecht demeurait un village exclusivement agricole : quelque 1 800 ha, dont deux tiers de terres de culture et un tiers de terrains pour l'élevage.

Formation du territoire communal

Le vaste territoire d'Anderlecht (18,1 km²) correspond à la paroisse de Saint-Pierre (sauf la ferme du Karreveld). Depuis la formation des communes, il n'y eut que des rectifications mineures : en 1811, cession à Molenbeek de l'enclave de la ferme du Karreveld (qui fit perdre 8 ha à Anderlecht) et, en 1956, retouche du tracé de la limite avec Saint-Gilles, suite à la rectification du lit de la Senne.

La limite avec Saint-Gilles et Forest suit l'ancien cours méridional de la Senne depuis la limite du territoire bruxellois à la Grande Écluse jusqu'en aval de l'ancien Lapsermolen, laissant, sur le territoire anderlechtois, la Petite Île. Elle court ensuite à l'est de la rivière, à travers le fond alluvial de la vallée, longe le chemin de Saint-Gilles à Ruisbroek, puis s'avance plus à l'est encore jusqu'au Vleesgracht (voir *Forest*), rejoint la Senne à hauteur de sa confluence avec la Zuun, à la limite septentrionale des prairies de Drogenbos. La construction des faisceaux ferroviaires, l'industrialisation et l'aménagement des voiries se sont surimposés à cette portion orientale de la limite communale.

La limite méridionale suit l'ancien cours inférieur de la Zuun puis, à l'ouest de la chaussée de Mons, celui de son affluent de rive gauche, le Vogelzangbeek, jusqu'à la limite de Vlezenbeek, immédiatement à l'ouest de l'actuel hôpital Érasme. Elle remonte ensuite vers le nord-ouest, dessinant une ligne brisée à travers champs et, suivant partiellement l'ancien chemin de Lennik jusqu'à la limite de Dilbeek, s'infléchit vers le nord-est, toujours à travers champs, séparant les finages d'Anderlecht et de Dilbeek et coupant en deux le hameau de Vlazendaal, dont les immeubles relevaient de l'une ou de l'autre paroisse. Le tracé s'oriente nettement vers l'est à la limite d'Itterbeek, à nouveau à travers champs pour une part, longeant de près l'ancien chemin d'Anderlecht à Dilbeek pour une autre, jusqu'à rejoindre le cours du Broek à l'ouest de la cité-jardin de Bon-Air, à hauteur des premières fermes de l'ancien hameau du Broek, à l'emplacement actuel du Ring. Elle remonte alors vers le nord, en recoupant le Ring, jusqu'à la limite de Molenbeek, au nord de la cité-jardin de Moortebeek et à hauteur de la rue Van Soust. La limite septentrionale d'Anderlecht, qui sépare cette commune de Molenbeek, serpente au nord et au sud du cours, aujourd'hui enfoui, du Maelbeek (l'ancienne ferme de Moortebeek pousse la limite de Molenbeek au sud de l'actuelle chaussée de Ninove, jusqu'à la rue Van Soust, alors que la limite est au nord de la chaussée, à hauteur des anciennes fermes de Ravenstein et de Scheutkapel. Rappelons aussi l'ancienne enclave de la ferme du Karreveld, sur un vallon affluent septentrional du Maelbeek). Au sud de l'ancien hameau molen-

Les abattoirs de Cureghem, vers 1960

Affiche annonçant la Grande Foire annuelle, 1889

beekois d'Osseghem, la limite entre Anderlecht et Molenbeek coupait les terres cultivées en ligne droite, en direction de l'est-sud-est, jusqu'à rejoindre l'ancien bras le plus septentrional de la Senne au sud du canal de Bruxelles à Charleroi, vers l'extrémité de la rue Heyvaert, devant les abattoirs. Elle suit ensuite le cours de la Senne jusqu'au boulevard enserrant le territoire de la ville de Bruxelles, à l'emplacement des anciennes fortifications. De l'Institut des Arts et Métiers (rue de la Rosée) à la Grande Écluse, la limite suit le côté extérieur des boulevards enserrant la ville de Bruxelles.

La rue du Chaudron, vers 1955

Jean Brusselmans, *Moulin à Pede*

Du XIXe au XXIe siècle

Les activités économiques

À la fin de l'Ancien Régime, Anderlecht offre une image rurale, mais l'influence de la chaussée de Mons et la multiplication des hameaux indiquent l'emprise de la ville toute proche. Le régime français supprime la cuve de Bruxelles, donnant ainsi à Anderlecht, son autonomie communale (1795). La population était alors d'environ 2 000 habitants. Elle double presque sous les régimes français et hollandais (3 500 habitants en 1830) pour atteindre, au milieu du XIXe siècle, 6 000 habitants qui vivent d'agriculture, de cultures maraîchères et, surtout, d'élevage. L'importance d'Anderlecht sur le plan rural se marque avec constance, même au travers du processus d'urbanisation, et prend parfois des formes paradoxales : l'École vétérinaire de l'État fondée en 1836 s'installe dans le nouveau quartier de Cureghem (1860 : négociations avec la commune, 1910 : inauguration des bâtiments), le plus citadin à l'époque, et son monumental bâtiment principal sert d'axe d'urbanisation au boulevard de la Révision. Depuis 1825, Anderlecht accueille, le mardi le plus proche de la fête de saint Guidon, un important marché qui se caractérise toujours par ses concours de bétail renommés (bovins, chevaux, ovins, petit élevage) et par son marché aux plantes et aux fleurs (les producteurs ne sont plus aujourd'hui des locaux). Les abattoirs, fondés à Anderlecht en 1890 et dont la grande halle, aujourd'hui classée, couvre un hectare, traduisent l'activité rurale de la commune et de ses environs, mais aussi la pérennité de sa vocation de centre de ravitaillement de Bruxelles depuis le Moyen Âge.

Jusqu'au milieu du XXe siècle, Anderlecht garde une surface agricole importante (environ 30 % de la surface de la commune) : s'y implante l'école provinciale d'Horticulture (aujourd'hui divisée selon les régimes linguistiques et gérée par la Cocof et la Cocon). En 1959, Anderlecht comptait 50 fermes exploitant 429,73 ha, mais surtout 117 exploitations horticoles, 313 exploitations « dont l'agriculture est la profession secondaire sans vente » et 490 potagers. Elle possède encore la surface agricole la plus importante de la Région de Bruxelles (si l'on excepte Bruxelles-Ville qui a annexé la très rurale commune de Haren), qui se situe exclusivement au-delà du ring,

En-tête de la cartonnerie *Brocalle & sœur*, vers 1920

lequel fait aujourd'hui office de barrière sociale. On y trouve fermes céréalières et exploitations maraîchères, autrefois beaucoup plus nombreuses. De petite taille, elles sont très intensivement exploitées et hautement productives. La présence de nombreux petits jardins potagers, situés soit à proximité, soit même à distance des habitations de leurs exploitants, est caractéristique du paysage anderlechtois jusqu'à la fin du XXe siècle. En régression rapide toutefois, ces jardins se placent dans une longue tradition également associée aux cités de la commune. Que ce soit à Bon-Air, à Moortebeek ou encore à La Roue, les parcelles de ces cités, autrefois bien séparées du bâti urbain, comportaient toutes un potager de quelque importance (aujourd'hui souvent remplacé par un garage ou devenu jardin d'agrément). Pendant les conflits, et spécialement la Seconde Guerre mondiale, l'administration communale se préoccupa de mettre de nouvelles parcelles à jardiner à disposition de la population : le stade de football du RSCA fut loti en potagers. La pression foncière fait disparaître ces lopins de potagers dont on ne saurait sous-estimer l'importance économique pour une partie de la population de la commune.

Jusqu'à la fin de l'Ancien Régime, les activités industrielles que connaît Anderlecht ne sont qu'un complément des activités agricoles procurant aux ruraux qui les pratiquent toutes deux, de manière

Usines et gazomètre à Anderlecht, vers 1950

La Brasserie de Haecht, vers 1950

indépendante ou pour le compte de bourgeois de Bruxelles, un complément de ressources (moulins, carrières, poterie, tissage). La Senne permet l'installation précoce de manufactures textiles (c'est dans ces filatures qu'eurent lieu les émeutes ouvrières, le 26 août 1830) utilisant une main-d'œuvre ouvrière spécifique : 750 ouvriers en 1846. La croissance industrielle, favorisée par le creusement du canal de Charleroi (1826) et le développement des chemins de fer, conduit à la formation d'un quartier industriel et ouvrier aux abords de Bruxelles. Le bassin industriel bruxellois, le premier de Belgique au XIXe siècle, se caractérise par la fréquence de petites entreprises et d'ateliers disséminés au sein de l'habitat pour former des zones de grande mixité de fonctions. Cette typologie caractérise l'espace anderlechtois jusqu'à la limite du quartier du Meir. La partie occidentale de la région bruxelloise, proche du canal (Anderlecht, Molenbeek) abrite également des manufactures et usines importantes étroitement associées au canal et au chemin de fer. L'industrie anderlechtoise est fortement diversifiée. Tout d'abord, les industries d'alimentation liées au commerce de la viande (création des abattoirs de Cureghem vers 1890) et à sa transformation (entreprises de charcuteries et de salaisons, matériel pour boucheries), mais aussi diverses autres firmes de fromagerie et de chocolaterie (comme Côte d'Or) parallèlement à un secteur brassicole particulièrement important (brasseries Atlas, Haacht, Moerman – aujourd'hui disparues – et Cantillon). Ces activités expliquent la fondation, à Anderlecht, du Centre d'enseignement et de recherches des industries alimentaires et chimiques (CERIA) en 1949. En liaison avec l'élevage, s'installe une fabrique d'aliments pour bétail et de nombreux petits ateliers travaillant peaux et cuir. Un autre secteur actif est celui du textile : filatures de laine et de coton, bonneterie, confection. Troisième secteur notable, la fabrication métallique et d'appareillages électriques (notamment MBLE, aujourd'hui Philips). Jules Miesse (1872-1954) crée, en 1894, rue des Goujons, un atelier de mécanique où il met au point un prototype de voiture (1896) et un moteur à explosion breveté en 1902. D'abord diversifiée, la production se spécialise après 1919 en camions et autobus. L'usine ferme en 1974. Le long du canal se trouvent aussi des dépôts de matériaux de construction et de carburants (d'abord le charbon, puis les produits pétroliers).

La période qui suit la Seconde Guerre mondiale est caractérisée par de profondes transformations du paysage économique et social d'Anderlecht. Le début de cette période, marqué par l'expansion économique, semble toutefois dessiner une continuité dans la croissance des activités économiques et de la population, mais sur le long terme, les difficultés surgissent.

L'hôpital Érasme et les entreprises voisines à l'extérieur du ring

Projet d'aménagements urbanistiques à proximité du ring

La zone industrielle du canal à la limite avec Bruxelles-Ville a connu, depuis 1940, des bouleversements économiques et de population considérables. À partir des années 1960, l'évolution économique générale de la Belgique amène les entreprises à s'agrandir, à fusionner. Pour demeurer rentables, les entreprises devaient accroître leur surface, ce qui s'avère difficile en milieu urbain. Le cas du siège de Nestlé (rue de Birmingham) demeure exceptionnel : la société possédait un terrain suffisant pour construire son nouveau siège à côté de l'ancien, désaffecté et à vendre depuis la mise en service du nouveau bâtiment.

Cette évolution économique, mais aussi le vieillissement de l'équipement touchent les secteurs les plus traditionnels de l'économie anderlechtoise. Modernisation et concentration ont eu raison de la production textile (filatures, travail de la laine Daoust) et des brasseries. Seule subsiste la brasserie de Cantillon, spécialisée dans la production de la gueuze (musée bruxellois de la gueuze), une bière spécifique à la région de Bruxelles dont la production de qualité se fait exclusivement dans quelques brasseries artisanales. Des entreprises importantes, comme la chocolaterie Côte d'Or, ont quitté la commune dans l'impossibilité d'y trouver les terrains nécessaires à leur extension et à l'adaptation de leur production. Par contre, Leonidas y demeure.

Cureghem était très largement en relation avec les abattoirs. On y trouvait une série de métiers de transformation de dérivés animaux dont le cuir, mais aussi des conserveries, etc.

Les abattoirs, devenus régie communale, doivent être adaptés à de nouvelles normes de production et d'hygiène. L'ampleur des investissements conduit à leur privatisation, en 1983. Le secteur de la viande subsiste grâce aux débouchés nationaux et internationaux considérables, mais sa modernisation est réductrice d'emplois : les abattoirs donnent du travail à 1 500 personnes, souvent peu qualifiées (soit la strate du marché de l'emploi la plus vulnérable à Bruxelles). Par contre, la plupart des entreprises de transformation de la viande n'ont pu se maintenir. Aux fermetures se sont ajoutées les délocalisations (salaisons), tandis que l'on note une tentative de relocalisation d'activités liées à la viande à l'intérieur de la commune (Viangros, à Paepsem). L'ensemble de la partie la plus anciennement industrialisée de la commune mêlant entreprises et habitat souffre fortement. Les dépôts de carburant, concurrencés par le transport direct depuis les raffineries anversoises, ne se développant pas et l'usage du charbon diminuant, les industries de la zone du canal déclinent. Ainsi fragilisé, Cureghem devient une zone d'activités économiques de « pauvreté », tel, dans des conditions de légalité parfois douteuses, le commerce de voitures d'occasion avec les pays non-européens, puis avec les anciens pays du bloc soviétique, qui envahit la chaussée de Mons et d'autres artères de Cureghem. Dans la partie de Cureghem dite « le Triangle », un complexe fort actif d'entreprises liées à la diffusion et à la création de vêtements de mode s'est cependant développé, au contact de Bruxelles. D'autres secteurs spécialisés comme l'électromécanique ou les fabrications métalliques (aciers spéciaux, ateliers divers) se maintiennent mieux.

Les activités économiques se déplacent vers l'ouest selon un phénomène typique de « couronne ». Des zonings industriels s'implantent le long du « boulevard industriel », puis autour de l'hôpital Érasme. On y trouve des entrepôts, des centres de distribution (par ex. : Jupiler, JVC, L'Oréal), mais aussi le nouveau centre de tri postal de Bruxelles X, en bordure du chemin de fer, et les deux firmes de presse (AMP – Agences et messageries de la presse – et Tondeur Diffusion). Les entrepôts offrent du travail à une main-d'œuvre peu qualifiée, mais les autres entreprises, axées sur des technologies beaucoup plus performantes (Bosch, chaudières Weishaupt), exigent un personnel moins nombreux, mais de haute qualification.

L'hôpital Érasme (900 lits) joue dans la commune un rôle très particulier. Implanté à l'initiative du bourgmestre Henri Simonet, président du conseil d'administration de l'ULB, l'hôpital universitaire, inauguré en 1977, situé à la limite d'Anderlecht, est non seulement l'une des plus importantes institutions de soins du pays, rayonnant jusque dans le nord de la France, mais aussi le centre névralgique d'un nœud d'activités économiques important associant la SDRB et l'ULB dans des activités de recherche appliquée et, dans l'aval économique, de recherches de haute technicité. Le zoning proche offre encore des terrains pour des entreprises. Celles-ci devaient, à l'origine, se tourner vers la production, mais il s'agit surtout d'entrepôts, de centres logistiques ou de services, sans compter l'installation du siège administratif de l'importante société UCB. L'ensemble s'est complété d'un complexe de bureaux, qui a mis longtemps à être occupé (fait caractéristique de cette partie de la région de Bruxelles) malgré sa situation à proximité immédiate des grands axes de communication. Des sociétés d'intérim viennent néanmoins de s'y installer.

Le tissu commercial d'Anderlecht s'est pour sa part fortement transformé depuis les années 1960. La commune a vu s'implanter successivement une série de grandes surfaces commerciales : le premier GB, dans le quartier des Étangs, au début des années 1960 ; le Westland Shopping Center (1970) ; le complexe Cora dans les années 1990 ; puis deux grandes enseignes étrangères, Ikea et Décathlon. Ces grands ensembles, disposant de parkings étendus et situés à proximité immédiate du ring, ont donné à la commune une armature commerciale puissante exerçant une attraction qui dépasse de loin la clientèle locale. Ils ont cependant fortement affaibli les petits commerces de la rue la plus animée d'Anderlecht, la rue Wayez. Celle-ci a vu, depuis 1990, la nature de ses commerces changer profondément. Elle compte peu de commerces vides, mais de plus en plus de solderies et de magasins d'articles bon marché et de qualité inférieure, caractéristiques d'une économie de pauvreté.

Colonie de Bon Air d'Anderlecht, 1930

Bénéficiant de la prolongation d'une ligne de métro jusqu'à Érasme, l'évolution de l'emploi et des activités économiques dans la commune s'oriente nettement vers l'ouest. Elles se tournent de plus en plus vers les services et vers des emplois assez qualifiés. À l'inverse, l'implantation de plusieurs grandes surfaces commerciales procure de l'emploi à des Bruxellois non qualifiés.

D'une manière générale, la structure et la localisation de l'emploi dans la commune ne favorisent cependant pas la mise au travail d'une partie peu formée de la population. Anderlecht comptait, en 2004, 22,4 % de demandeurs d'emplois pour une moyenne régionale de 19,8 % et ce, alors que le taux d'attractivité de la commune est positif (ce qui signifie qu'elle offre davantage d'emplois qu'elle ne compte de population active : le chômage de 34,1 % chez les jeunes de moins de 25 ans est caractéristique de ce problème de formation-qualification). Le nombre de chômeurs a par ailleurs connu une forte hausse au cours des quinze dernières années. Il est passé de 3 175 (1990-1991) à 6 525 (1995-1996), 5 675 (2000-2001), puis 7 982 (2004-2005). Il s'agit là de moyennes mensuelles et de données communales.

La population

Vers 1750 : 2 055 habitants
1786 : 2 092 habitants
1800 : 1 929 habitants

Jusqu'à la moitié du XXe siècle, Anderlecht a été une commune populaire abritant une importante population ouvrière et de petite bourgeoisie. Le développement industriel a décuplé le nombre d'habitants en une soixantaine d'années (65 000 environ en 1910). Cette population était composée aux trois quarts d'ouvriers et comptait, pour toute la banlieue de Bruxelles, un pourcentage record d'analphabètes (43 % en 1878). Elle a crû de manière continue jusqu'en 1969 (104 157). La population diminue à 87 346 habitants, en 1999, pour remonter à 95 180 en 2004, dont 10 884 ressortissants de l'Union européenne et 13 055 étrangers hors UE. Le nombre des ressortissants UE diminue depuis 1991, tandis que celui des ressortissants hors UE continue à augmenter (il était de 10 700 en 1991). La population belge, descendue à 65 028 habitants en 1999, est remontée à 71 221 en 2004, ce qui dépasse l'effet induit par la reprise de la croissance démographique et traduit très largement les acquisitions de la nationalité par les immigrés et leurs enfants.

Commune industrieuse et populaire, Anderlecht accueille en effet des populations immigrées, d'abord d'origine européenne, puis, depuis les années 1960-1970, de provenance non européenne (population maghrébine, turque, mais aussi hindoue, etc.) dont les revenus et le niveau d'instruction sont faibles, mais à fécondité nettement plus importante que celle de la population belge. Cureghem abritait avant 1940 une importante population de confession israélite disposant de synagogues, composée essentiellement d'artisans (tailleurs, cuirs, etc.). Pendant la Seconde Guerre mondiale, elle a fortement souffert, malgré le soutien de nombreux Anderlechtois et des directions d'écoles, qui cachèrent les listes scolaires plutôt que de les transmettre à l'occupant. L'implantation du Mémorial national du martyr juif dans ce quartier rappelle ces événements.

Le vieillissement du parc immobilier de Cureghem, les mutations économiques et sociales du quartier après la Seconde Guerre mondiale, et la proximité avec Bruxelles ont fait de Cureghem le terrain de pénétration des populations d'origine immigrée dans la commune. Le mouvement, commencé dès les premières vagues d'immigration maghrébine, ira en s'amplifiant. Pendant une vingtaine d'années, la situation se dégrada tant sur le plan du logement que sur celui de l'activité économique (trafics de voitures et de drogues autour de la place Lemmens). Un mouvement de rénovation urbaine et d'encadrement des jeunes, couplé au développement de contrats de quartier, tend à remédier à la situation depuis les années 1990. On notera par ailleurs que la pénétration de la population d'origine immigrée a largement franchi la barrière du canal pour dépasser le quartier de la rue Wayez.

Évolution démographique

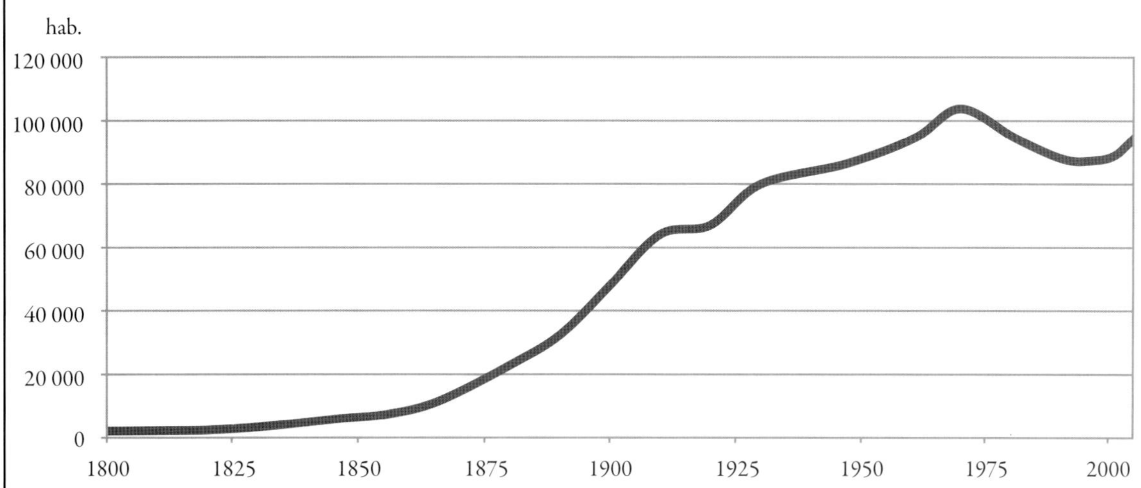

COMMUNE D'ANDERLECHT
FÊTES PUBLIQUES A L'OCCASION DE L'INAUGURATION
DU NOUVEL HÔTEL COMMUNAL
FIXÉES AU DIMANCHE 3 AOÛT 1879
1879
3 AOÛT
PROGRAMME
Dès 8 heures du matin, Salves d'artillerie annonçant la solennité du jour.
A 11 id. id. INAUGURATION DU NOUVEL HOTEL COMMUNAL par le Conseil, en séance publique.
A 3 heures de relevée, Revue et Défilé des Écoles communales.
De 5 à 8 heures du soir, Concert public sur la Place du Conseil, par les Sociétés d'Harmonie et de Fanfares de la Commune.
Pendant le Concert le public sera admis à visiter le NOUVEL ÉDIFICE.
A 8 heures, Retraite aux Lumières.
Toutes les Sociétés prenant part à ce Cortège, se réuniront Place du Centre et parcoureront les principales rues de la Commune, pour se séparer Place du Conseil.
DIX PRIMES d'une valeur totale de CINQ CENT SOIXANTE-CINQ FRANCS en espèces seront réparties par la voie du sort entre les Sociétés ou groupes d'au moins 15 personnes. En outre, une MÉDAILLE commémorative en Argent sera offerte à chacun de ces groupes.
A 10 1/2 heures, Feu d'artifice tiré par l'artificier COULBERT.
ANDERLECHT
3 AOÛT 1879
ANDERLECHT
3 AOÛT 1879

La population belge a diminué. En cause, le départ des habitants de quartiers non rénovés, le vieillissement naturel des primo-occupants de l'urbanisation des années 1950-1960, ayant acquis leur logement (appartements, maisons unifamiliales), mais dont les enfants ont quitté le toit familial et se sont installés ailleurs dans la commune ou en dehors de celle-ci, où le stock de terrains libres et de maisons convenables a diminué avec, pour conséquence, une augmentation des prix.

La pression immobilière qui frappe les communes résidentielles de la Région bruxelloise se fait sentir à Anderlecht également : les prix des terrains et des maisons unifamiliales de bon standing, mais aussi des maisons modestes bien situées par rapport aux moyens de communication, sont en forte hausse, ce qui ne manquera pas d'avoir des conséquences sur la composition sociale des habitants de la commune dans les années à venir. Anderlecht se trouve donc confrontée à la question de la re-population des quartiers urbanisés dans les années 1950-1970.

L'évolution économique générale et la dégradation d'une partie du bâti l'ont ouverte depuis les années 1960 à une population économiquement et socialement défavorisée. La part de la population pauvre émargeant au CPAS a augmenté de façon importante (2 769 personnes recevaient une indemnité en 2004). Il s'agit d'une population à niveau d'instruction fort bas, précarisée sur le plan de l'emploi. Une fracture sociale surgit, ravivant les oppositions du XIXe siècle, les habitants de l'ouest de la commune supportant de plus en plus mal l'affectation des crédits à Cureghem et la hausse de la fiscalité communale.

Bourgmestres

1830 : Pierre Van Winghen
1836 : Charles de Formanoir de la Cazerie
1842 : Guillaume Hoorickx
1862 : Jean-Désiré de Fiennes
1872 : Jérôme Van Lint
1885 : Georges Moreau
1919 : Ferdinand Demets
1927 : Félix Paulsen,
1933 : Théo Lambert
1939 : Marius Renard
1947 : Joseph Bracops
1966 : Henri Simonet
1984 : Christian D'Hoogh
2001 : Jacques Simonet
2007 : Gaetan Van Goidsenhoven

Affiche annonçant l'inauguration de l'hôtel communal le 3 août 1879

On parla d'abord flamand à Anderlecht (90 % des habitants en 1846 ; 71 % en 1866, mais avec déjà 17 % de bilingues). Toutefois, dès 1900, le bilinguisme l'emporte (37 % de flamands, 38 % de bilingues) et la tendance se confirme en 1947 (55 % de bilingues, 25 % de francophones et 20 % de flamands). En 1970, Anderlecht compte officieusement parmi les communes où 80 % des habitants se déclarent francophones (en 2000, plus de 92 % des mariages se sont faits en français).

La situation politique

Après 1830, le village d'Anderlecht est d'abord dirigé par des notables. Dans la seconde moitié du XIXe siècle se développe une tension de plus en plus forte entre les ruraux d'Anderlecht et les « citadins » de Cureghem. D'abord nettement majoritaires au conseil communal compte tenu du vote censitaire, les ruraux souhaitent maintenir la charge fiscale la plus basse possible : la croissance du nombre d'indigents liée à l'industrialisation les gêne et ils s'opposent aux travaux d'aménagement demandés par les habitants de Cureghem. Une opposition politique et linguistique de plus en plus nette sépara cette partie rurale, néerlandophone et catholique, du groupe urbain, francophone et libéral. La scission de l'ancienne commune et l'érection de Cureghem en commune autonome fut refusée aux notables de Cureghem mais, avec le développement de l'urbanisation, le poids de Cureghem se fit davantage sentir et le mouvement s'inversa : minorisés, les ruraux d'Anderlecht réclamèrent à leur tour, et sans plus de succès, la scission de la commune. Le basculement du centre de gravité de la commune se marquera notamment par le déplacement de la maison communale du centre du village (emplacement actuel du centre communal de santé, à côté de la maison d'Érasme) vers Cureghem, de manière totalement décentrée par rapport à l'ensemble du territoire communal et loin du centre villageois originel. La maison communale d'Anderlecht, due à l'architecte Van Ysendyck, affiche à la fois les opinions politiques de la majorité libérale qui s'affirme à ce moment : hôtel de ville avec tour beffroi, symbole des libertés communales, grand escalier, salle du conseil à la décoration remarquable puisant dans l'historicisme, mais se voulant aussi facteur d'union entre les différentes parties de la commune, puisqu'en façade des pierres ornées portent les noms des différents hameaux de la commune. Elle fut inaugurée en 1879 par Léopold II.

La vie politique fut, ici aussi, marquée par l'opposition traditionnelle entre libéraux et catholiques : Anderlecht fut l'une des communes où les Indépendants (essai éphémère de troisième force qui voulait prolonger l'unionisme, mais qui se résorba dans le parti catholique) remportèrent le plus de succès. Les libéraux détinrent le pouvoir de 1884 à 1903 mais durent le partager avec les socialistes de 1903 à 1921. Cette poussée socialiste s'explique par l'évolution sociologique en cours pendant un demi-siècle. Elle permit à Félix Paulsen de devenir le premier bourgmestre socialiste de la commune après les élections de 1926 remportées par les libéraux et les socialistes. En 1932, le Parti ouvrier belge manqua la majorité absolue de quelques centaines de voix qui s'étaient portées sur les communistes, fort actifs dans cette commune ouvrière. Il fut rejeté dans l'opposition par une alliance libérale-catholique sous la direction de Théo Lambert. Touché par la mort de son vétéran Guillaume Melckmans (1932), et de son espoir, Raymond van der Bruggen (1935), le POB fit appel à Marius Renard pour conquérir, en 1938, sa première majorité absolue. Les mouvements de droite fascistes furent par contre peu représentés à Anderlecht (deux élus de la liste Rex-VNV).

Pendant la guerre, l'occupant tenta d'imposer des conseillers communaux favorables à l'ordre nouveau : le bourgmestre Marius Renard fut suspendu dès août 1941. La commune opposa une résistance passive à ces manœuvres et fut par ailleurs un foyer actif de résistance. Le corps des pompiers se distingua particulièrement. Il perdit le capitaine Fossoul, haut dignitaire du Grand Orient de Belgique, résistant de la première heure qui avait « quitté » son poste en 1940 pour cacher des documents compromettant des réfugiés opposés aux nazis et à leurs soutiens. Il mourut à Buchenwald le 5 mars 1945. C'est aussi à Anderlecht que fut préparé le faux *Soir*, initiative du Front de l'indépendance, très actif dans la commune. La présence d'une importante population juive évoquée plus haut et l'application des lois raciales allemandes poussèrent résistants et anonymes locaux à secourir et cacher de nombreuses personnes menacées. La police anderlechtoise fut aussi décimée par l'arrestation de plusieurs résistants : les commissaires-adjoints Jean Van Lierde et Maurice Josée sont déportés en 1942 et meurent en 1945 aux camps de Swiebergen et de Bautzen ; l'agent Joseph Devries, arrêté et déporté en 1942, meurt le 3 janvier 1945 au camp de Gross-Rozen. Pierre De Tollenaere est pendu à Neuengamme le 10 décembre 1944. L'importance et le nombre des groupes de Résistance à Anderlecht contribuèrent à l'installation du musée national de la Résistance sur le territoire d'une commune qui fut loin d'être « docile » aux ordres de l'occupant.

Le canal à Anderlecht, vers 1910

Le bourgmestre Marius Renard, également déporté à la fin de la guerre, passa le flambeau, aux élections de 1946, à Joseph Bracops, instituteur, résistant déporté au camp de Breendonk. Il se signala comme farouche opposant à Léopold III dans la question royale. Contraint à partager le pouvoir avec les communistes (quatre échevins POB, un échevin communiste), Bracops réussit en 1948 à rallier deux élus communistes pour installer une majorité absolue socialiste qui perdurera jusqu'en 1976. Le mayorat de Joseph Bracops, coïncidant avec une période faste de l'économie du pays, a laissé aux Anderlechtois le souvenir d'une époque de prospérité. Son successeur, Henri Simonet, eut à cœur de poursuivre l'engagement européen de Bracops, marqué par les jumelages avec des communes d'autres pays, notamment d'Allemagne. Il dut toutefois faire face, dans les années 1970, à un climat économique moins favorable engendrant nombre de problèmes dans la partie la plus anciennement bâtie et industrialisée de la commune. Absorbé par ses fonctions ministérielles, puis par une charge de commissaire européen, Henri Simonet s'éloigna de la commune avant de passer du PS au parti libéral.

Quartier d'immeubles bourgeois autour du rond-point du Meir, vers 1935

L'avancée FDF de 1976 (9 sièges sur 47) mit fin à la majorité absolue socialiste, obligeant le bourgmestre Christian D'Hoogh à faire alliance avec le CVP, puis à élargir la majorité PS-SP au PSC (1988) et au Parti réformateur libéral (1988), enfin au mouvement PRL-FDF (1994). L'effritement du PS et un sentiment de mécontentement cristallisé, à tort ou à raison, sur la personne du bourgmestre Christian D'Hoogh débouchèrent, aux élections communales de 2000, sur une victoire libérale (Jacques Simonet, le fils de l'ancien bourgmestre reçut l'écharpe mayorale) et, malgré un bon score de son nouveau chef de file, Éric Tomas, sur le renvoi du PS dans l'opposition, pour la première fois depuis 1938. Ces élections eurent des conséquences dépassant le cadre d'Anderlecht puisque l'exclusion du PS de la majorité provoqua, en représailles, le renvoi du MR dans l'opposition à Bruxelles.

Depuis 1994, l'extrême droite flamande (Vlaams Blok) est représentée au conseil communal. Son poids est passé de un à trois élus en 2000. Les premiers conseillers d'origine immigrée (« nouveaux Belges ») ont été élus en 2000 (un Écolo, un FDF, quatre PS-SP). Les élections régionales de 2004, remportées par le PS, conduisirent une nouvelle élue anderlechtoise au parlement bruxellois, Fadila Laanan, qui fut appelée comme ministre de la Culture de la Communauté française. Le chef de file de l'opposition PS au conseil communal anderlechtois, Éric Tomas, auparavant ministre bruxellois, devint pour sa part président du parlement régional de Bruxelles.

Les élections communales d'octobre 2006 ont permis à Jacques Simonet de conserver l'écharpe mayorale en ouvrant sa majorité à la liste d'alliance PS-SP.a-cdH ; les écologistes, le CD&V et les extrémistes du Vlaams Belang et du FN constituant l'opposition.

Le collège comporte un échevin néerlandophone surnuméraire, chargé de la culture et de l'enseignement néerlandophones. À la suite de ces élections, la proportion de femmes était de 28,2 % au conseil et de 40 % au collège, celle d'élus « nouveaux Belges » de 17,4 % et 20 % au collège. En juin 2007, la vie politique anderlechtoise fut endeuillée par le décès soudain, des suites d'une crise cardiaque, du bourgmestre Jacques Simonet, à l'âge de 43 ans. Le jeune MR Gaetan Van Goidsenhoven le remplaça.

On notera que les élus anderlechtois ont toujours été fortement engagés dans la vie politique nationale et régionale. Précédé au parlement par le chef de file socialiste au conseil communal, Guillaume Melckmans, l'un des pionniers de l'enseignement spécial, Marius Renard fut le premier bourgmestre à remplir également des fonctions parlementaires. Depuis, les bourgmestres d'Anderlecht ont été députés ou sénateurs : J. Bracops, H. Simonet, Chr. D'Hoogh, J. Simonet. Certains élus ont exercé d'importantes fonctions ministérielles au niveau national (Henri Simonet, ministre de l'Économie et ministre des Affaires étrangères ; Jacques Simonet, secrétaire d'État à l'Europe), communautaire (Éric Tomas, Fadila Laanan) ou régional (mandat éphémère de Chr. D'Hoogh ; Éric Tomas, ministre du Logement de la Région bruxelloise ; Jacques Simonet, Ministre-Président de la Région bruxelloise).

L'école primaire de la cité Bon Air, vers 1935

La cité-jardin de Moortebeek, vers 1930

Les aménagements urbains

Depuis 1830, Anderlecht s'est urbanisé progressivement. Les parties basses de la commune ont longtemps été victimes d'inondations provoquées par les crues de la Senne. Le voûtement de la rivière à l'intérieur de Bruxelles n'ayant pas eu d'effet positif en amont, il fallut attendre les années 1950 et la mise en service du grand régulateur de la place Bara pour que les inondations cessent.

La création du canal de Bruxelles à Charleroi, puis le développement de lignes de chemin de fer, marqueront notablement la commune. La voie d'eau, franchissable à l'origine par le seul pont dit « de Cureghem » – auquel s'ajouteront les ponts de l'Écluse d'Aa, de la rue Ropsy-Chaudron, de Bistebroeck (détruit en 1940 et rétabli dans les années 1960)–, sépare nettement une partie demeurée rurale et une autre proche de Bruxelles, qui s'urbanise beaucoup plus rapidement. Le chemin de fer créa d'autres barrières : le passage à niveau de Cureghem, tout proche du canal, demeura longtemps un goulot d'étranglement, que la mise en remblai de la ligne et le prolongement subséquent de la rue Émile Carpentier décongestionnèrent. Les installations ferroviaires liées à Bruxelles-Midi et aux activités de Bruxelles-Petite-Île tracent vers Forest et Saint-Gilles des limites pratiquement infranchissables, laissant peu de points de passage entre Anderlecht, Saint-Gilles et Forest, confinant la commune sur le plan sociologique : la valeur vénale de maisons de revenu cadastral équivalent demeure plus faible à Anderlecht que dans les communes mieux notées de Bruxelles.

Le mouvement d'urbanisation d'Anderlecht, mais aussi les principales activités économiques de la commune, se caractérisent d'abord par l'attraction de Bruxelles. Au XIXe siècle, ceci se marque par l'urbanisation de Cureghem et par la concentration, essentiellement à l'est du canal de Charleroi, débordant quelque peu à l'ouest (par exemple la brasserie Atlas), des principales activités économiques de la commune. L'urbanisation de Cureghem procède du développement des activités économiques dans cette partie de la commune. On trouvera quelques maisons de maître, d'industriels habitant près de leurs usines, mais surtout beaucoup d'immeubles plus modestes, peu ornés, habitat d'une petite bourgeoisie ou d'employés et artisans. Ces derniers associent souvent à leur demeure des ateliers plus ou moins développés, selon un schéma caractéristique de nombre de petites entreprises bruxelloises d'avant 1914. L'École vétérinaire de l'État et la maison communale constituent les deux grandes opérations d'urbanisation de cette partie de la commune.

Dès la fin du XIXe siècle, l'urbanisation franchit le canal. La rue Wayez, du nom de l'industriel qui fut à la base de son ouverture, en constitue le fer de lance, avec la place Wayez (aujourd'hui place de la Résistance) et la Justice de paix, bâtiment officiel. La rue Wayez relègue au second plan l'ancien chemin connu sous le nom de rue du village. Le quartier de la rue Wayez se caractérise toutefois par une modestie architecturale certaine par rapport aux maisons de petits bourgeois du quartier de Cureghem.

Dès le début du XXe siècle, la commune affirme sa volonté d'accueillir des habitants de niveau économique et social plus élevé (1912). C'est le début d'un processus qui situe les habitations les plus recherchées toujours plus loin de la limite avec Bruxelles.

Un plan d'aménagement du quartier du Meir est adopté : il s'articule autour du parc appelé plus tard parc Astrid. Sur un plan de l'agglomération bruxelloise dressé par Victor Bourgeois, dans les années 1930, le quartier du Meir est le seul d'Anderlecht à être désigné comme habitat bourgeois, le reste de la commune étant qualifié d'habitat ouvrier. Le début de l'avenue Paul-Émile Janson montre une architecture de qualité, mais pas encore de jardinet en avant des maisons, ce qui sera le cas dans le segment proche du rond-point du Meir. Les avenues Limbourg, Gounod et du Roi Soldat développent des maisons plus importantes, mais dans les deux dernières apparaissent des immeubles de rapport, tandis que certaines rues, comme la rue Liedel, offrent des parcelles plus petites destinées à loger employés, instituteurs, fonctionnaires communaux. La partie de l'avenue Eugène Ysaye face au parc et la rive y correspondant de l'avenue Nellie Melba développent les parcelles les plus vastes et les demeures les plus imposantes de la commune. L'avenue du Roi Soldat et le haut de l'avenue Eugène Ysaye, marquent cependant les limites de l'urbanisation de la commune après la Première Guerre mondiale. Ce quartier est le premier à rompre avec la mixité des fonctions (habitat, commerce, production souvent en ateliers) caractéristique d'Anderlecht et

Maquette pour la construction de logements sociaux au square Albert Ier, chaussée de Mons, vers 1955

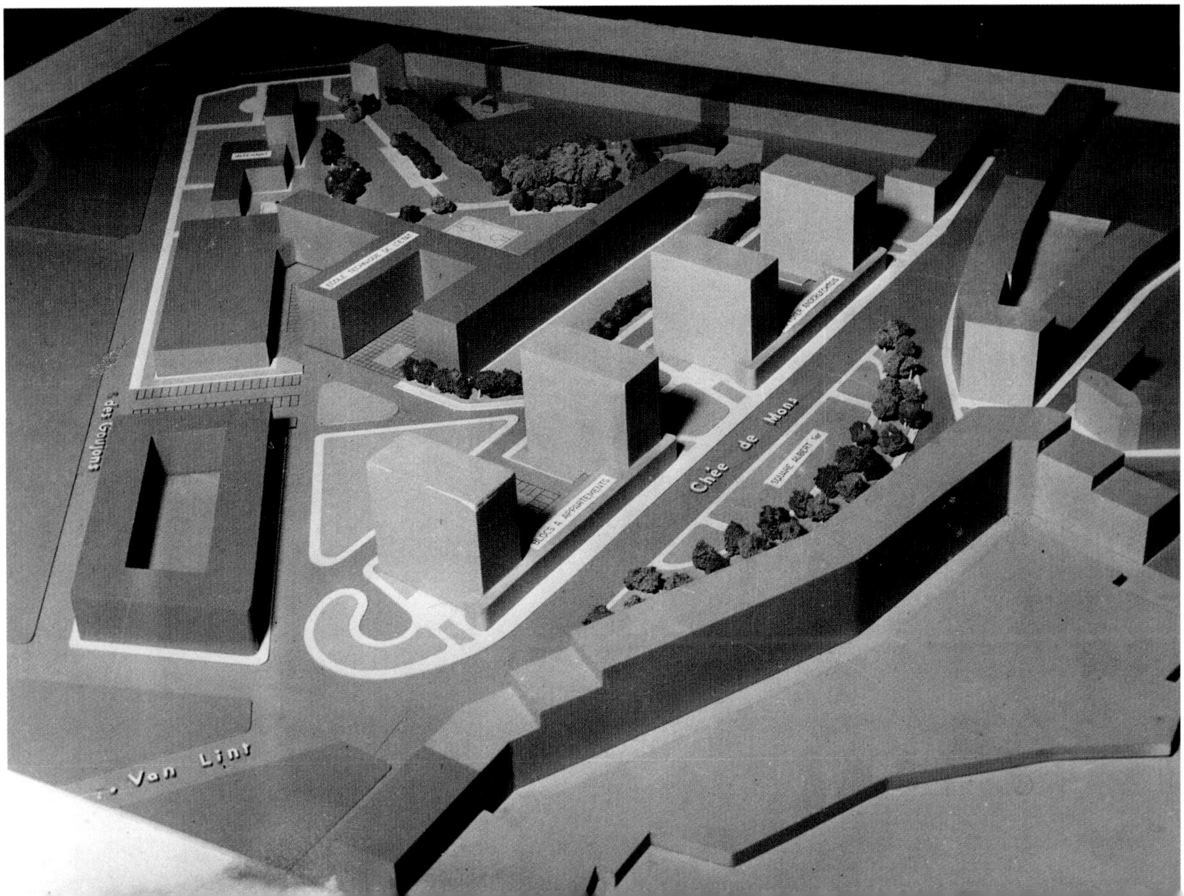

des quartiers industriels bruxellois. Au XXe siècle, la limite de l'activité économique employant un personnel nombreux se situera le long du boulevard Maurice Herbette (sans atteindre le boulevard Prince de Liège) et le long de l'avenue d'Aumale.

Après 1950, l'urbanisation reprend sous l'initiative du bourgmestre Joseph Bracops. Il s'attaque à ce que l'on appelait alors les taudis, systématiquement éradiqués dans les zones rurales, tandis que la cité de la Bougie et certaines habitations sont abattues à Cureghem. Grâce à l'existence d'une régie foncière communale, le bourgmestre entreprend une urbanisation audacieuse, à la fois profitable aux finances communales et aux nouveaux habitants qui échappent à la spéculation foncière. Bracops développe un système de jardins et de parcs qui valent à Anderlecht le titre de commune verte, titre rappelé sur la pierre commémorative du parc de Scherdemael. L'urbanisation des vallées se marque par des immeubles à étages du type barre, construits par la société Broens, puis, après la faillite de celle-ci, par Étrimo, tout d'abord dans le quartier des Étangs. À cet habitat nouveau est associé le premier supermarché anderlechtois.

La population anderlechtoise dépasse alors 100 000 habitants. Toutefois, l'urbanisation ralentit nettement à partir des années 1970, pour reprendre à la fin des années 1990. L'exiguïté de la Région de Bruxelles-Capitale, l'absence de toute facilité pour les francophones dans les communes flamandes limitrophes de Dilbeek et Leeuw-Saint-Pierre justifient ce mouvement qui, peu à peu, remplit les trous laissés par l'urbanisation. Celle-ci atteint le ring de Bruxelles qui opère comme une véritable frontière à l'intérieur de la commune entre la zone urbanisée et la zone verte de Neerpede, encore en partie rurale, mais largement mitée, sous Christian D'Hoogh, par une urbanisation anarchique et destructrice.

Ce mouvement de report vers l'ouest s'accompagne de conséquences sociales lourdes. L'athénée Joseph Bracops, situé dans le quartier des abattoirs, a été transféré et fusionné avec l'école moyenne Théo Lambert située dans le quartier du Meir. L'administration communale a ouvert, à côté de la station de

Antoine Courtens, Michel, André et Jean Polak, projet pour le complexe du CERIA à Anderlecht, 1949

métro Saint-Guidon, une antenne administrative qui ramène en partie l'administration au centre du vieux village.

Le développement des activités industrielles au XIXe siècle amena de grands besoins de logement. Il n'y eut pas à cette époque de construction planifiée de logements sociaux, mais le développement à l'initiative privée, souvent celle des patrons, de carrés ou de cités de grandeurs très différentes. On notera les cités de la Bougie et du square Albert. De taille plus modeste, la petite cité Gets subsiste rue Saint-Guidon. Après la Première Guerre mondiale, le logement social connaît un essor avéré. Il prend la forme d'immeubles à appartements insérés dans le tissu, comme rue de la Démocratie, ou de cités édifiées par différentes sociétés. Ces cités s'implantent loin des centres déjà urbanisés, mais sont facilement accessibles grâce au réseau des tramways vicinaux. C'est le cas de la cité de la Roue, accessible par la chaussée de Mons, liée à l'Office des régions dévastées et qui a servi de laboratoire et de chantier expérimental à l'élaboration de matériaux nouveaux pendant la période de pénurie qui a suivi la Première Guerre mondiale. Des architectes importants, comme Antoine Pompe y ont travaillé. On note aussi la cité Bon Air en lisière d'Anderlecht et de Dilbeek-Itterbeek, au nom révélateur et accessible par le vicinal A dont c'était significativement le terminus. La cité-jardin de Moortebeek, près de la chaussée de Ninove, est l'œuvre de la Société nationale des habitations et logements à bon marché et de la première société coopérative de locataires, Les Foyers collectifs, S.C., qui en assure toujours la gestion. La section locale, sous la présidence du docteur Albert Marteaux (1886-1949, président 1921-1942, fondateur du Front de l'indépendance) et de J. Lombaerts, ouvrier et autodidacte (1883-1950, gérant 1922-1946, président 1946-1950), fit dresser le plan d'ensemble par Hoeben, également architecte d'un groupe de maisons, les autres étant dues à Bragard, Mouton, Verlant-De Paepe, Diongre et Brunfaut. Chaque maison comporte deux caves (dont une pour le charbon), deux pièces habitables au rez-de-chaussée, plus dégagement, wc-buanderie avec douche et une petite cuisine, avec évier, poêle à charbon, fourneau à gaz, armoire encastrée, place pour une table et une chaise : la cuisine ne pouvait être un séjour. À l'étage, deux ou trois chambres. L'électricité fut jugée trop coûteuse pour l'éclairage : il fut maintenu au gaz. Une attention toute particulière fut portée aux espaces verts, espaces récréatifs et aux jardins potagers où le Cercle d'éducation physique et morale de Moortebeek encouragea des cultures et un petit élevage de qualité. Étroitement associé à la vie de la cité, ce cercle en fut l'âme et contribua largement à faire de la cité un microcosme civique social et culturel : les noms des rues consacrés à des littérateurs antiques diffèrent de ceux des autres cités (noms de vertus) et illustrent ce projet culturel matérialisé par le « Châlet ». Théâtre francophone et néerlandophone, conférences, excursions, activités éducatives et sportives, espéranto y sont développés dans un esprit de civisme et de solidarité. La cité et son cercle forment une petite république égalitaire et responsable, animée d'une intense vie associative. La cité et ses dirigeants s'impliquent dans l'aide aux républicains espagnols et dans la Résistance. Moortebeek permet de saisir l'évolution de l'habitat social au XXe siècle : cottages à l'anglaise, petits immeubles (destinés notamment à des couples âgés), puis développement dans les années 1960 tout à côté, au Peterbos, de barres impressionnantes et répulsives. Le premier grand ensemble social de barres d'Anderlecht avait été édifié sous Bracops par assainissement du square Albert Ier. Dans le quartier du Vogelenzang, on a par contre développé, dans les années 1960, un lotissement de maisons unifamiliales modestes. La commune favorisait, à cette époque, le lotissement en maisons unifamiliales alternant avec de petits immeubles et des barres plus importantes en limite de zone, dans le cadre de sa régie foncière qui jugulait l'effet de spéculation. Actuellement, le logement social demeure une problématique importante, davantage liée toutefois à la rénovation des logements qu'à de nouvelles constructions.

Les activités religieuses

La commune héberge aujourd'hui une dizaine d'églises vouées au culte catholique : Notre-Dame de Joie et Saint-Gérard (avenue du Soldat britannique), Notre-Dame de l'Assomption (avenue A. Willemyns), Notre-Dame du Sacré-Cœur (rue Norbert Gille), Notre-Dame Immaculée et Saint-François Xavier (boulevard de la Révision, rues Moreau et de l'Instruction), Saint-Joseph (petite rue des Loups), Saint-Pierre et Guidon (place de la Vaillance), Saint-Esprit (square Voets), Saint-Luc (chaussée de Mons),

Saint-Vincent de Paul (chaussée de Ninove), Sainte-Bernadette (avenue d'Itterbeek).

Sur le plan architectural, l'édifice le plus remarquable est la collégiale des Saints Pierre-et-Guidon, deuxième plus grande église bruxelloise après la cathédrale des saints Michel et Gudule. Il ne reste plus rien aujourd'hui de l'église paroissiale érigée au Xe siècle. L'essor du chapitre des chanoines et du culte de saint Guidon ont permis l'édification d'une collégiale romane (XIe-XIIe siècles, au-dessus d'une crypte), ensuite progressivement reconstruite dans le style gothique. Les premières transformations datent du XIVe siècle (porche latéral sud) ; les nefs et la chapelle du Saint-Sacrement ont été reconstruites à la fin du XIVe siècle, le transept vers 1400. Pour sa part, le chœur, également reconstruit au XVe siècle, est dû aux architectes Henri de Mol et Jean van Ruysbroeck (architecte de l'hôtel de ville de Bruxelles). Au XVIe siècle, le noyau plus ancien de la tour a été complété en style flamboyant par la famille Keldermans. Les murs de la collégiale sont ornés de peintures murales des XVe-XVIe siècles, restaurées au XIXe, représentant notamment des scènes des vies de saint Guidon et de sainte Wilgeforte. Les rénovations extérieures et l'édification de la flèche néogothique, qui couronne la tour gothique, remontent à la fin du XIXe siècle.

Scènes de la vie de saint Guidon à la collégiale Saint-Guidon, vers 1800

Anderlecht est par ailleurs le siège de la *Congregatio Immaculati Cordis Mariae*, mieux connue sous le nom de scheutistes. Fondée le 28 novembre 1862 par le prêtre Théophile Verbist pour développer les missions en Chine, la congrégation compte actuellement plus de 1 000 missionnaires dans 23 pays d'Afrique, d'Amérique et d'Asie. Elle fut aussi très active au Congo belge.

La croissance de la population de confession musulmane a également conduit à l'édification de cinq mosquées : Algoufrane (rue de l'Agrafe), Apamal (rue du Libre Examen), Arrahmane (rue G. Moreau), Elfath (rue Odon), Turkicamii (rue de l'Instruction). La commune compte enfin deux synagogues de la communauté israélite orthodoxe (rues de la Clinique et du Chapeau) et deux temples protestants : l'un pour l'Église apostolique (rue de l'Instruction), l'autre pour l'Église évangélique de la Vaillance (rue d'Aumale).

Les activités culturelles, artistiques, scientifiques et sportives

Sur le plan de l'enseignement, Anderlecht a d'abord respecté scrupuleusement le prescrit de la loi de 1842. Sous la houlette des libéraux, la commune commença à organiser un réseau d'écoles primaires publiques, à l'instar de la ville de Bruxelles et des autres grandes communes de la région. Ce furent d'abord les architectes-voyers (provinciaux) Victor Besme (1875-1880, rue Jorez) et G. Hansotte (chaussée de Mons à Cureghem, 1881-1889 ; chaussée de Mons à Veeweyde, actuelle École des Arts, 1881) qui en dressèrent les plans, puis l'architecte communal E. 'S Jonghers (école de Scheut, 1891 ; écoles rue Odon, 1897-1899 et rue Éloy, 1903-1909). Dans les écoles de la rue de Douvres, l'administration communale prit soin de faire installer des douches publiques pour favoriser l'hygiène. On retrouve semblable équipement dans l'école de la cité de la Roue, d'un très beau style Art déco, due à l'architecte communal H. Wildenblanck et ornée d'un vitrail (scènes enfantines) de Crickx. Fermés dans les années 1970, car tenus pour obsolètes,

A. Craps, affiche pour l'école de dessin et d'industrie d'Anderlecht, vers 1910

certains de ces établissements fonctionnent à nouveau, compte tenu de la paupérisation d'une partie de la population. L'école de la rue Demunter est due à Brunfaut (1969). Parmi les membres du POB d'Anderlecht, l'échevin, puis sénateur, Guillaume Melckmans fut un pionnier de l'enseignement spécial et des activités dites de plein air. Anderlecht organisa fort tôt un enseignement spécial (bâtiment aujourd'hui démoli, avenue d'Itterbeek, dans un coin vert de la commune) et des colonies de jour à Neerpede, destinées à mettre au vert les enfants des quartiers les plus urbanisés de la commune. J. Bracops, instituteur de formation, poursuivit dans cette voie, notamment avec le centre scolaire de plein air de Lasne-Chapelle-Saint-Lambert (aujourd'hui supprimé). Le réseau se compléta par deux écoles moyennes, l'une à Cureghem, qui devint l'athénée Joseph Bracops, et l'autre dans le quartier du Meir (école moyenne Théo Lambert). L'athénée fut transféré et fusionné avec Théo Lambert. La commune développa un enseignement technique à l'école Georges Moreau. Elle organise une académie de musique (autrefois bilingue, l'aile néerlandophone étant aujourd'hui le fait de la Communauté flamande), une école des arts et des cours de promotion sociale. Autrefois logés dans les mêmes écoles, les réseaux francophones et néerlandophones communaux ont été séparés et complétés.

L'enseignement libre (catholique) possède à Anderlecht de solides implantations, parmi lesquelles le grand complexe primaire de la rue Docteur Jacobs, l'établissement des sœurs de Notre-Dame ou le collège Notre-Dame. L'État implanta la faculté vétérinaire de Cureghem, l'école technique Chomé-Wyns (athénée Léonard de Vinci, enseignement de la Communauté française), tandis que la province de Brabant développait l'école provinciale de maréchalerie, l'Institut d'enseignement horticole (aujourd'hui géré par la Cocof), le grand complexe du CERIA. L'ULB a implanté à Anderlecht l'hôpital Érasme et sa faculté de médecine, ainsi que l'Institut de santé

Fernand et Maxime Brunfaut, hall d'entrée de la Prévoyance Sociale, 1931

publique, l'Institut des sciences de la motricité et des écoles d'infirmières.

Dans un souci novateur de préserver son patrimoine monumental, culturel et folklorique et d'assurer une large œuvre d'éducation populaire, la commune soutiendra le développement de la maison d'Érasme et du béguinage. Elle compte aussi une série d'autres musées, comme le musée national de la Résistance (implanté dans le quartier de Cureghem, fort touché par la déportation), le musée bruxellois de la gueuze (brasserie Cantillon), celui des scheutistes, le musée de médecine de l'ULB ou encore le musée-fondation Maurice Carême qui perpétue l'œuvre du poète et diffuse le goût de la poésie de toutes les parties du monde parmi un public jeune.

À partir des bibliothèques d'école, la commune a aussi développé des infrastructures culturelles telles que le Centre intellectuel érigé en style néo-Renaissance à l'initiative de J. Bracops. Aujourd'hui, ce centre culturel « Escale du Nord », subsidié par la Communauté française, se consacre aussi bien aux formes traditionnelles de culture qu'à des activités d'insertion et de multiculturalité. L'académie communale de musique, active également dans le domaine du théâtre, est réputée, comme l'école des arts largement ouverte aux jeunes. La maison des artistes, d'abord située au parc Astrid, abritée aujourd'hui dans l'immeuble de l'industriel G. Montefiore-Levi, s'ouvre largement à des artistes locaux ou internationaux, amateurs ou « professionnels ». Ces institutions ont leur pendant néerlandophone : le centre culturel De Rinck, la Rijksmuziekacademie, l'Academie voor beeldende kunsten Anderlecht. Parmi les associations culturelles, on doit encore citer La Gerbe (1944), qui s'attache à l'éducation populaire ; le groupe d'art Évolution, fondé en 1929 et qui prône le développement de toute forme d'expression artistique appuyée sur une technique et un métier solides ; le Royal Cercle d'Art ; les Anderlechtse Kunstenaars ou encore la galerie Vertige lieu de rencontre entre l'art et la psychiatrie.

La commune abrite actuellement 41 organisations sportives, dont le vénérable Cercle des régates de Bruxelles. Elle a développé des infrastructures importantes pour l'athlétisme et le football amateur (voir aussi la cité de Moortebeek), mais c'est surtout le Royal Sporting Club Anderlecht qui a fait sa notoriété nationale et internationale. Fondé en 1908, 29 fois champion de Belgique (de 1947 à 2007), deux fois vainqueur de la Coupe des Coupes (1976, 1978) et une fois de la Coupe de l'UEFA (1983), il est le principal club de football professionnel de Belgique.

La commune possède encore un réseau hospitalier public (hôpital dépendant du CPAS, puis de la structure régionale Iris-sud : hôpital Joseph Bracops, successeur de l'hôpital civil créé en 1886-1893), privé (clinique Sainte-Anne, à côté de la collégiale, transférée et fusionnée en Sainte-Anne-Saint-Rémi) et universitaire (hôpital Érasme). Elle abrite enfin, depuis 1908, le premier refuge pour animaux du pays, créé par un docteur en sciences, Jules Ruhl, et situé rue de Veeweyde, nom qui deviendra celui de la Société royale de protection des animaux.

Loges du stade Constant Vanden Stock

BERCHEM-SAINTE-AGATHE

Jean-Marie Duvosquel, Thierry Delplancq,
Madeleine Jacquemin, Christian Vandermotten

Topographie

Le noyau villageois de la commune de Berchem-Sainte-Agathe occupe la partie sommitale du versant de la rive droite du cours supérieur du Molenbeek. Il est situé immédiatement sous le plateau du Zavelput, qui culmine à environ 75 m d'altitude. Celui-ci s'abaisse lentement à l'est de la commune, vers les limites de Molenbeek et de Koekelberg, ainsi qu'au nord où la limite avec Ganshoren s'élève à 60 m. La limite occidentale de la commune, dans la vallée du Molenbeek (qui prend le nom de Kattebroekbeek dans la branche orientale de son cours supérieur, mitoyenne avec Dilbeek), se situe aux environs de 35 m. Berchem est parcourue par trois ruisseaux formant trois bassins hydrographiques qui se jettent dans la Senne : le Molenbeek, le Paruck et le collecteur de Bruxelles.

Cartes des pages 422 à 425 :

Carte de Cabinet des Pays-Bas Autrichiens levée à l'initiative du comte de Ferraris, 1775-1777

Réduction des plans cadastraux, Dépôt de la Guerre, 1847

Carte topographique de Belgique, Institut Cartographique Militaire, vers 1930

Carte topographique de Belgique, Institut Géographique National, 1994

———	Limites communales actuelles
- - - - -	Limites communales en 1860
- - - - -	Limite communale de la ville avant l'annexion du Quartier Léopold et Nord-Est (1853)

Le bois du Wilder

LAKEN
JETTE
BERCHEM
ZELLICK
GROOTEN
BEYGAERDEN

Berchem Ste Agathe
Bruxelles
à
de Gand

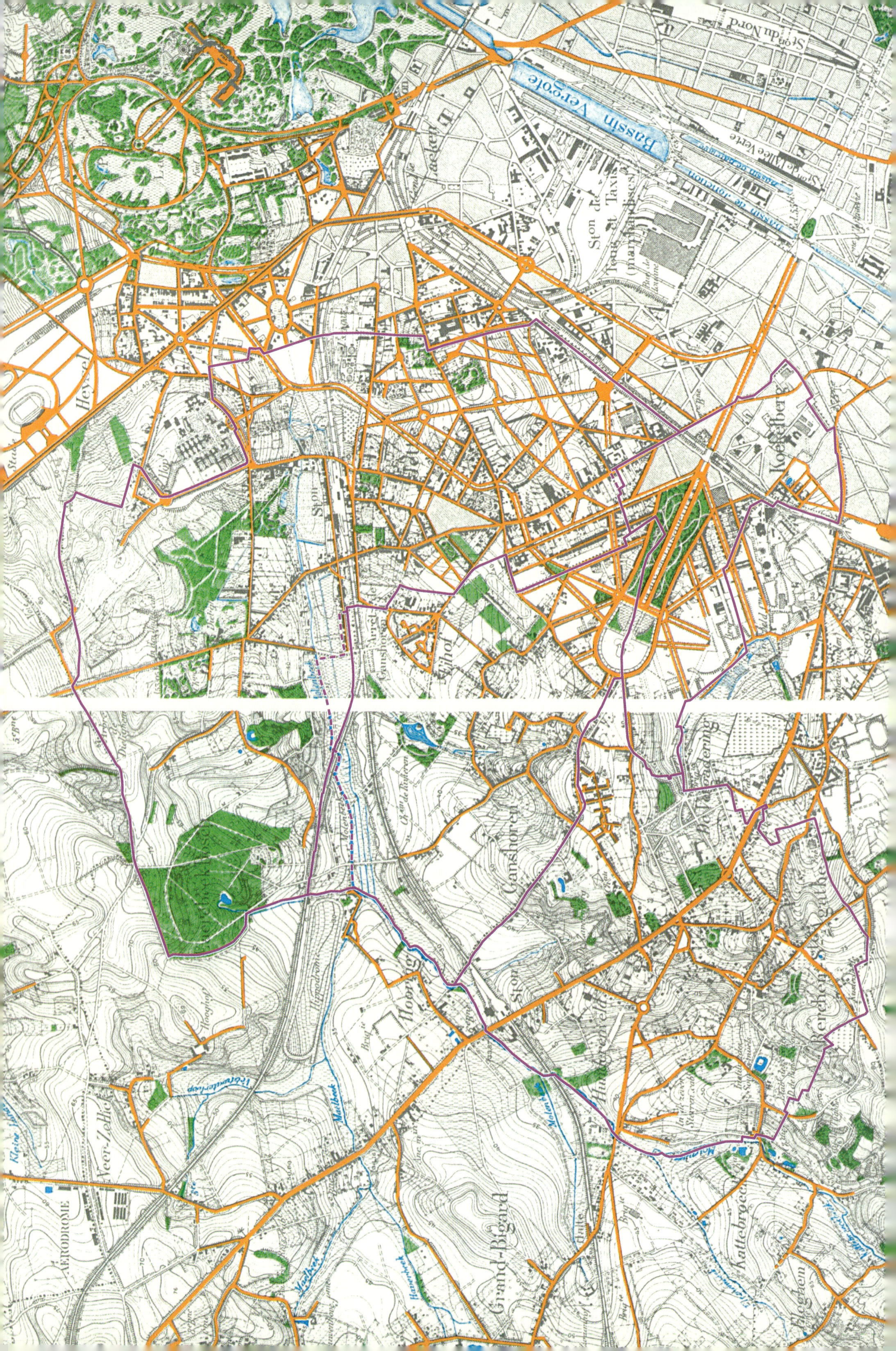
Bassin Vergote
Ston du Nord
Ganshoren
Grand-Bigard
AERODROME
Kattebroek

JETTE
Laken
GANSHOREN
KOEKELBERG
SINT-JANS-MOLENBEEK
MOLENBEEK-SAINT-JEAN
SINT-AGATHA-BERCHEM
BERCHEM-SAINTE-AGATHE

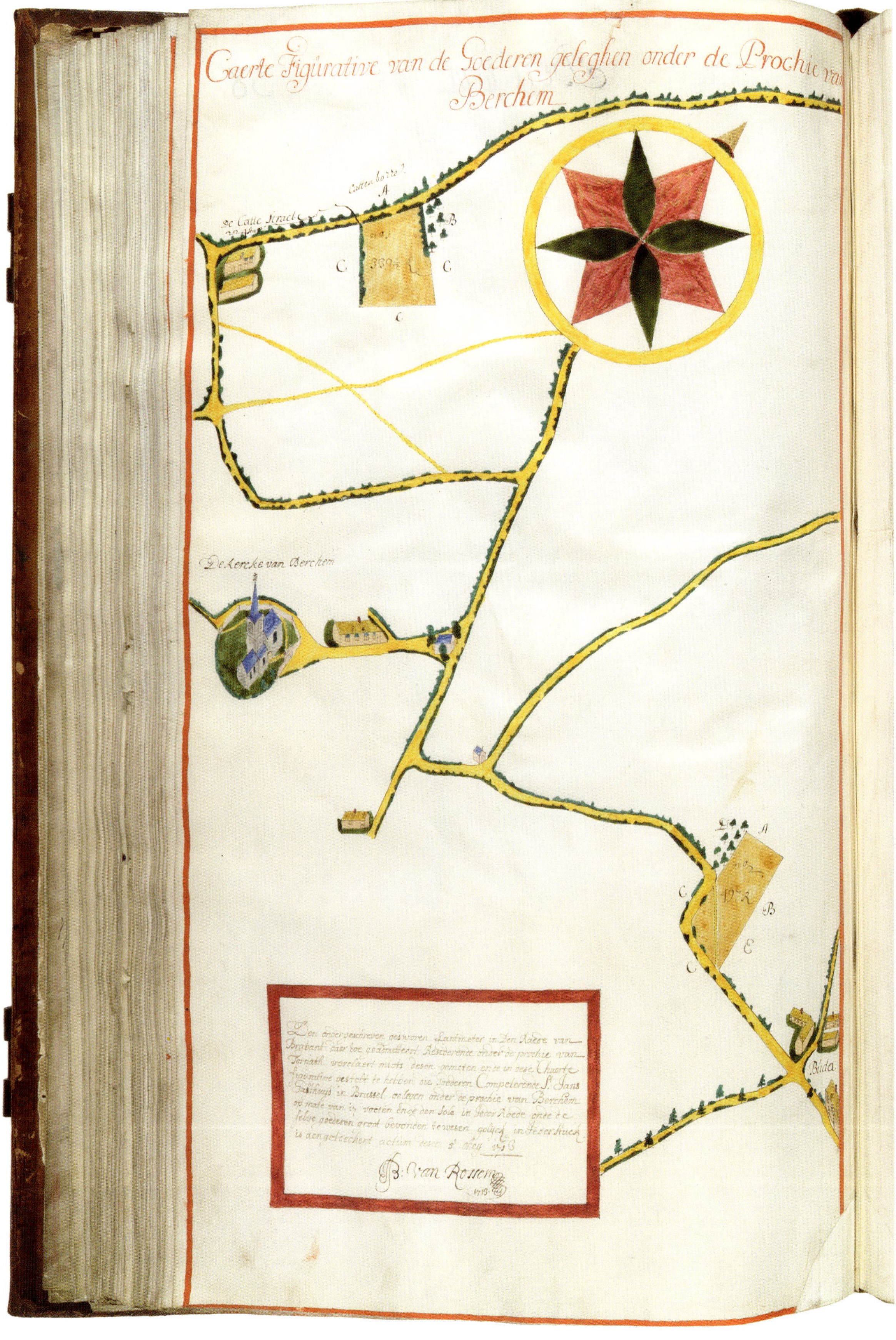
Caerte Figurative van de Goederen geleghen onder de Prochie van Berchem
De kercke van Berchem
B: Van Rossem

Des origines à la fin de l'Ancien Régime

Berchem ne devait être, à l'origine, qu'un modeste hameau né, sans doute, au XIe siècle. Le toponyme apparaît en effet dans une charte de l'évêque de Cambrai de 1132. C'est alors une dépendance de Wemmel dotée d'une simple chapelle, statut confirmé par plusieurs actes jusqu'en 1246. Cette situation est peut-être le vestige d'une organisation domaniale carolingienne. Une église paroissiale y est érigée dans les dernières années du XIIIe siècle (peut-être au moment où Koekelberg est détaché de la paroisse de Molenbeek pour être intégré à Berchem). Elle est citée en 1311 lorsqu'un nouveau curé y est nommé. Aux Temps modernes, la dîme de Berchem appartient pour un tiers à l'abbaye de Grimbergen, le reste étant la propriété de celle de Dielegem à Jette. La cession par Grimbergen à Dielegem pourrait s'être produite dans les années 1247-1256. Même si une chapelle Sainte-Agathe proche d'une source est mentionnée dans le village dès 1373, le nom de la sainte aux attributs endommagés n'est repris dans la dénomination du village qu'à partir du XVIIIe siècle. Au Moyen Âge, Berchem est une seigneurie qui appartient au duc de Brabant. Elle est donnée en engagère de 1559 à 1617. En cette année, elle est partagée : les cens domaniaux avec la propriété ter Wilst sont vendus et cet ensemble (parfois confondu à tort avec la seigneurie de Berchem) reste en mains privées jusqu'à la fin de l'Ancien Régime. Quant à la seigneurie justicière, elle est à nouveau engagée en 1626, puis vendue, avant d'être rachetée par le domaine ducal en 1664 et finalement revendue en 1759. Le dernier seigneur de Berchem est Marie-Françoise, comtesse de Tour et Taxis, marquise de Grand-Bigard.

Berchem relève au Moyen Âge de l'échevinage ducal d'Anderlecht, l'une des neuf mairies de l'ammanie de Bruxelles au XIIIe siècle. À partir de 1394, au moment de la réunion d'Anderlecht à la banlieue de Bruxelles, l'ancien échevinage d'Anderlecht fixe son nouveau siège à Berchem.

Le centre du village se développe autour de l'église : la route de Grand-Bigard, la plus ancienne liaison entre Bruxelles et Gand, le traverse. S'y trouvent les terres cultivées (*Hogenveld*, *Broeck*, *hof t'Overbeke*, *Hunderenveld*), ainsi qu'un vestige forestier (bois du Wilder). Elles se prolongent au XIIIe siècle autour de trois fermes : *hof ter Wilst*, *hof te Zavelenberg* et *hof t'Overjette* (aujourd'hui sous Zellik). Dans la vallée du Kattebroeck, l'exploitation de la pierre ,recherchée par les institutions religieuses bruxelloises (Sainte-Gudule prélève au XVe siècle sur ses terres les matériaux nécessaires à la reconstruction de son église), creuse des carrières au milieu des champs. Dès le Moyen Âge, Berchem est un centre céréalier. Au XVIe siècle, on y trouve aussi une briqueterie et une tuilerie. En 1646, le village compte trois fermes principales, deux chaumières, huit brasseries, vingt-quatre auberges et dix-huit maisons d'artisans. Un moulin à eau et un moulin à vent situé sur la hauteur de Koekelberg complètent le paysage économique. Les activités horticoles et maraîchères se développent et nécessitent la construction de nombreuses fermettes, dont certaines subsistent encore actuellement.

Au milieu du XVIIIe siècle, la ville de Bruxelles fait border d'arbres la chaussée de Gand jusqu'à ter Wilst, limite occidentale de la cuve de Bruxelles dont Berchem ne releva jamais. Cette voie facilitait la circulation à l'intérieur de la banlieue bruxelloise, le trafic interurbain se faisant toujours par la rue de Grand-Bigard.

Le village comptait, en y englobant Koekelberg, 174 personnes en 1646, 467 habitants en 1693 et 502 en 1709. La population doubla au cours du XVIIIe siècle pour atteindre 1 045 habitants en 1800.

Berchem souffrit régulièrement des faits de guerre dont Bruxelles était l'enjeu, notamment au XVIIe siècle.

William Degouve de Nuncques, paysage de neige à Berchem-Sainte-Agathe

Carte figurative des biens situés à la paroisse de Berchem, extraite de l'Atlas terrier de l'hôpital Saint-Jean, 1709-1713

Formation du territoire communal

Berchem s'étend sur une superficie de 2,9 km². Elle est entourée par les communes de Grand-Bigard (Dilbeek), Zellik (Asse), Ganshoren, Molenbeek-Saint-Jean et Koekelberg. Cette superficie est fort réduite par rapport à celle de la paroisse d'Ancien Régime. Lors de la formation de la commune en 1795-1796, des biens qui relevaient de la paroisse Sainte-Agathe sont rattachés à Dilbeek et à Molenbeek. En 1811, la limite septentrionale avec Jette-Ganshoren a entraîné quelques réductions mineures de territoire pour s'ajuster sur l'ancienne route de Bruxelles à Termonde (les actuelles rues de Termonde et Nestor Martin). Le territoire de Berchem est également amputé en 1841 de 1,2 km² à son extrémité orientale avec la création de la commune de Koekelberg. La première sollicitation des habitants de Berchem au sujet de la séparation des sections de Berchem et de Koekelberg est actée lors du conseil communal du 6 juin 1837. En sa séance du 1er juillet 1837, celui-ci refuse d'entériner la demande, l'estimant non motivée. Six mois plus tard, la requête est de nouveau à l'ordre du jour. Le gouvernement fait procéder alors à une information *commodo et incommodo* dont est chargé le commissaire royal d'arrondissement. D'après le recensement de la population, 645 habitants vivent à Berchem et 1967 à Koekelberg. Lors de la séance du 11 juillet 1838, le projet de construction d'une église à Koekelberg est discuté. La séparation est finalement approuvée quelques semaines plus tard par le conseil provincial. Les sections de Berchem et de Koekelberg sont définitivement séparées par la loi du 5 avril 1841. Enfin, le territoire communal subit encore ultérieurement des rectifications mineures de limite avec Ganshoren et Koekelberg en 1928, pour s'adapter au tracé des avenues de l'Hôpital français et Charles Quint.

Du XIXe au XXIe siècle

Les activités économiques

Au XIXe siècle, la commune est l'un des plus petits villages de la région bruxelloise. Son territoire est majoritairement composé de cultures, de productions maraîchères et de prairies.

Jusqu'au début du XXe siècle, la commune ne compte pas d'industries dans ses environs immé-

La place communale, vers 1910

diats. Le milieu rural est prédominant. Proche de la ville, mais considéré comme le village le plus sain de la région, Berchem attire des familles aisées qui construisent des maisons d'été ou de campagne. Avec les villas des Abeilles, Sans Souci ou Lefébure, le petit village flamand devient progressivement un quartier résidentiel de Bruxelles.

L'aménagement de la ligne de chemin de fer Bruxelles-Denderleeuw-Alost-Gand entre 1853 et 1856 et la construction de la gare, inaugurée en 1864, sont à l'origine d'un des premiers pôles industriels de la commune avec celui de la chaussée de Gand. On y retrouve notamment la fabrique de céramique d'art de Célestin Helman (1895-1945) et l'atelier de fabrication de faïences de Guillaume Janssens. L'activité brassicole se développe, quant à elle, aux abords de l'église romane vers 1870 avec la brasserie de la Couronne. Fondée par Jean-Baptiste Vandendriesch, celle-ci passe successivement entre les mains des familles Van Calck et Merten (1918). Cette dernière cesse ses activités de fabrication après la Seconde Guerre mondiale pour se limiter aux opérations d'embouteillage pour la brasserie Caulier avant de louer ses ateliers, vers 1955-1960, à une firme spécialisée dans les brûleurs à gaz et à mazout. On signale encore l'existence de briqueteries au plateau du Potaerde à la fin du XIXe siècle. En 1984, le complexe Basilix est inauguré. Il est construit le long de l'avenue Charles Quint, à proximité de l'E40 et de la ligne de chemin de fer susmentionnée. Enfin, inauguré en juin 2001, un important complexe d'industries et de bureaux construits par la Société Berchem Technology Center s'installe à proximité de l'îlot de la gare, sur l'ancien site des usines Iveco.

La population

D'environ 500 personnes en 1700, la population de la commune double au cours du XVIIIe siècle pour dépasser les 1 000 habitants en 1800. Sous les régimes français et hollandais, la population continue sa croissance, essentiellement dans le hameau de Koekelberg. Au moment de la scission de Berchem avec ce hameau, la commune compte environ 700 habitants. La croissance de la population s'accélère à partir de 1890. D'abord liée à l'implantation de quelques villas de plaisance, la poussée devient plus nette à partir de 1900 et surtout après la Première Guerre mondiale : la commune connaît à partir de ce moment une augmentation soutenue de sa population : de 3 851 habitants en 1920, elle culmine à 19 087 au recensement de 1970. Depuis le début des années 1970, la population stagne. Une certaine reprise s'est toutefois manifestée ces dernières années et, fin 2006, elle dépasse

ÉVOLUTION DÉMOGRAPHIQUE

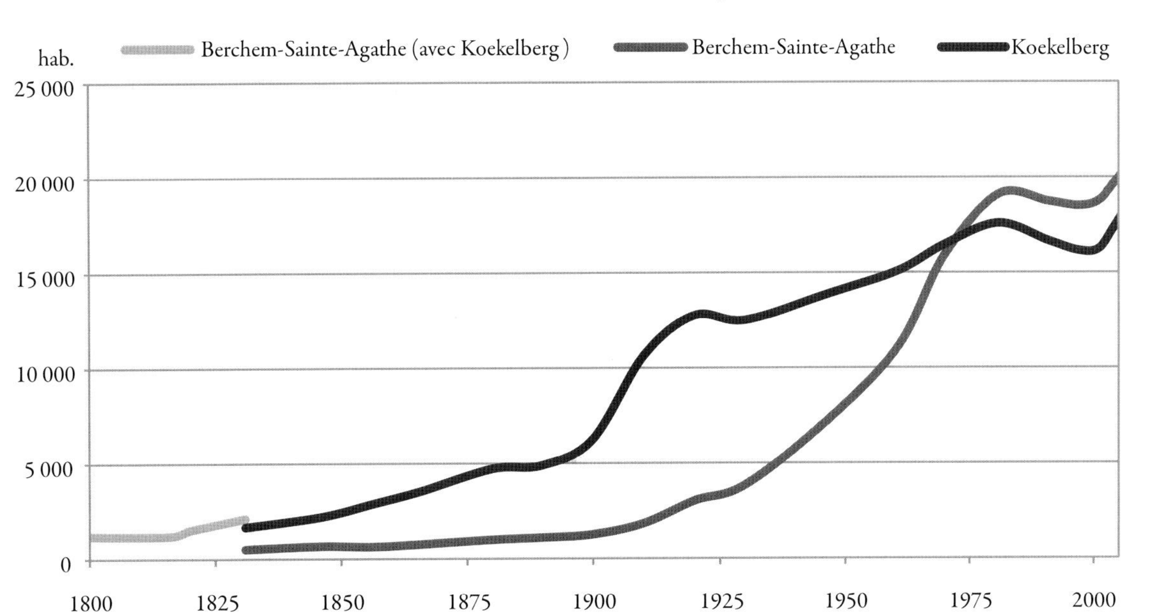

Victor Bourgeois, la Cité moderne, 1923-1925

les 20 000 habitants, le précédent maximum remontant à 1970.

La croissance de la population va peu à peu introduire une « bilinguisation » de la commune, intégrée à la région bilingue de Bruxelles par la loi du 2 juillet 1954, en même temps qu'Evere et Ganshoren. Le village continue de se franciser progressivement. En 2002, officieusement (en prenant en compte les actes d'état civil, déclarations fiscales et dossiers de pensions), plus de 75 % des habitants utilisaient habituellement la langue française.

La situation politique

Au cours du XIXe siècle, la famille Goffin joue un rôle prépondérant à Clabecq en fondant la SA des Forges, mais aussi à Berchem, où elle règne, avec trois bourgmestres successifs, de 1843 à 1902. Berchem est une commune dominée par le parti catholique jusqu'en 1932. À partir de la nomination d'Isidore Landrain comme bourgmestre, elle sera par contre dirigée par des libéraux qui s'allient aux socialistes (élections de 1932 et 1938). Durant la guerre, Landrain est remplacé par le catholique De Spiegeleer avant l'intégration de Berchem dans le Grand-Bruxelles. Dirigés par Arthur Percque, les socialistes reprendront ensuite les rênes de la commune avec les libéraux. Les scrutins de 1952 et 1958 voient le retour des catholiques au pouvoir avec les mêmes libéraux. Les trois législatures suivantes scellent une union entre catholiques et socialistes. À la suite des élections de 1982, une coalition entre la liste du Bourgmestre Guns, les socialistes et

Bourgmestres

1830 : François Deneck
1843 : Édouard Guillaume Goffin
1859 : Josse Philippe Auguste Goffin
1888 : Josse Édouard Goffin
1903 : Auguste Van Zande
1922 : Charles Leemans (démission en 1930)
1930 : Adolphe Ide (f.f.)
1931 : Lambert Brems
1933 : Isidore Landrain (Pierre Cnops f.f. 1940-1941)
1941 : Paul De Spiegeleer
1944 : Pierre Cnops (f.f.)
1947 : Arthur Percque
1953 : Charles Van Ruyteghem
1965 : Victor Guns
1993 : Julien Gooskens
2003 : Joël Riguelle

les libéraux est formée. En 1988, le bourgmestre s'accorde avec le FDF pour administrer la commune. De 1993 à 2006, elle est dirigée par une coalition catholique-libérale-écologiste. Après le scrutin de 2006, Joël Riguelle (cdH) obtient le poste de bourgmestre et dirige la commune avec un collège libéral-centriste, les Écolos rejoignant les socialistes dans l'opposition.

Les aménagements urbains

Conséquence de la pression démographique, les lotissements se multiplient dans la première moitié du XXe siècle. Sous l'impulsion d'une coopérative, la Cité moderne, construite selon les plans de Victor Bourgeois (style cubiste), voit le jour entre 1923 et 1925. En 1959, une extension est érigée sous le nom d'ensemble Jean-Christophe, toujours selon les plans de Bourgeois. Au total, 164 maisons unifamiliales et 524 appartements sont construits. Entre 1978 et 1984, les blocs de l'Hunderenveld sont érigés par la même coopérative.

En 1928-1929, l'ensemble pavillonnaire de l'hôpital français Reine Élisabeth, dessiné par l'architecte Gustave Maukels, est édifié. Construit grâce au mécénat d'industriels du textile, il est destiné à soigner les colons français atteints de maladies tropicales. Il est inauguré en 1930 et est rapidement mis à la disposition des habitants de l'ouest bruxellois. Mais des problèmes financiers importants pour l'unité médicale surgissent à la fin des années 1960. Un nouvel hôpital est construit à proximité entre 1978 et 1983. L'ancien complexe est désaffecté en 1982 et vendu au Fonds des bâtiments scolaires de l'État, puis

Démonstration de gymnastique devant la gare
de Berchem-Sainte-Agathe, 1905

à la Société de développement régional de Bruxelles (SDRB). Le bâtiment principal, placé en 1999 sur la liste de sauvegarde des monuments et sites de la Région bruxelloise, est conservé et restauré. Des maisons unifamiliales fleurissent désormais sur le site.

Avec le lotissement Gisseleire-Versé (1920-1930), la construction de la Cité moderne et de l'hôpital français constituent des étapes importantes de l'urbanisation durant l'entre-deux-guerres. En 1958, on note encore la construction, sous les auspices du père Dominique Pire, du cinquième village européen Fridtjof Nansen. Réalisés par Petrus Van Vaerenbergh sur les plans de l'architecte Gustave Piavaux, cinq pavillons accueillent alors des familles de réfugiés.

Les constructions côtoient bien entendu les démolitions. Ainsi, la première maison communale, construite en 1900, est détruite en 1951. Le domaine *Hof ter Wilst* disparaît complètement en 1963 et est remplacé par un complexe sportif et de détente de

Le bois du Wilder

la Banque nationale de Belgique. En 1966, ce sont les derniers vestiges de l'*Hof te Overbeke*, construite entre 1695 et 1705, qui disparaissent. Les anciennes campagnes Fagnart et Willockx sont, quant à elles, respectivement loties en 1963 et 1968. Le patrimoine historique local se réduit peu à peu. En 1985, des travaux de rénovation d'îlots dans le vieux village sont néanmoins entrepris. Aujourd'hui, on retrouve encore quelques traces du passé rural de la commune, avec notamment la petite ferme de la rue du Broek.

La question de la mobilité trouve bien entendu ici toute son importance. Disposant de sa gare depuis la seconde partie du XIXe siècle, la commune de Berchem a progressivement été desservie par d'autres modes de transports publics. C'est en 1905 que la Société générale des chemins de fer économiques inaugure la ligne de tramway reliant la Bourse à la place communale de Berchem. En 1912, le trajet est étendu jusqu'à la gare. Les voies allant de la basilique au centre de Berchem sont, quant à elles, inaugurées en 1932 et celles menant à Grand-Bigard en 1948. La commune est aujourd'hui desservie par les réseaux de la société De Lijn et de la STIB.

L'îlot de la gare, en relative déshérence depuis les années 1990, a fait l'objet d'un intérêt accru ces dernières années. Avec deux voies de circulation automobile et la voie de chemin de fer, l'espace constitue une importante porte d'entrée en Région de Bruxelles-Capitale. En 2004, l'approbation par l'exécutif de la Région bruxelloise d'un plan particulier d'affectation du sol vise à redynamiser le secteur par l'implantation de bureaux, de logements, de commerces et d'équipements collectifs. Les travaux de construction de ce nouveau quartier, baptisé la « Porte d'Ostende », devraient être terminés en 2009. La gare, de son côté, est amenée à devenir l'un des points d'arrêt du futur Réseau express régional.

Si l'urbanisation toujours croissante et la spéculation immobilière exercent une pression constante sur le territoire de la commune, celle-ci conserve un fort maillage vert avec les parcs De Mulder, Jean Monnet et Pirsoul, ainsi qu'avec des domaines arborés (institut Herlin) et d'importants espaces verts naturels ou semi-naturels. S'étendant sur quinze hectares, le Zavelenberg est un vestige d'un vaste ensemble présentant des traces d'anciennes activités d'extraction de sable. En grande partie défriché vers 1850, il est transformé en cultures et en prairies. Après la Première Guerre mondiale, le site est coupé en deux par l'avenue Charles Quint. En 1979,

L'avenue Charles Quint vers la basilique de Koekelberg, vers 1945

une partie est portée comme zone de réserve foncière au plan de secteur, avant que le Zavelenberg ne soit classé comme site naturel dix ans plus tard. Racheté en 1991 par la Région de Bruxelles-Capitale à la Société nationale du logement, il devient une réserve naturelle régionale en 1992. Aujourd'hui propriété de l'Institut bruxellois de gestion de l'environnement, le Zavelenberg est en grande partie affecté au pâturage, mais il fait encore l'objet, sur ses abords immédiats, de spéculations immobilières. Le Kattebroek, vallon humide de 4,5 ha bordé par le ruisseau Molenbeek, tire probablement son nom de l'exploitation de carrières de pierre depuis les XIIIe-XIVe siècles. Cible de très nombreuses pressions immobilières, il fait partiellement l'objet d'un arrêté de classement en 1994, puis d'une procédure de classement global ouverte par le gouvernement de la Région de Bruxelles-Capitale en 2004 et aboutie en 2006. Le bois du Wilder s'étend sur 7 ha. Propriété communale, il est géré par la Région de Bruxelles-Capitale conformément à un bail emphytéotique de 99 ans signé en 1991. En 1994-1995, ce site semi-naturel a été aménagé en parc régional. Enfin, le Hogenbos a, de son côté, depuis 1979, le statut de réserve foncière dans les plans d'urbanisme. En 1998, il obtient celui de zone verte dans le projet du plan régional d'affectation du sol. Cet ensemble d'environ 4 ha est la propriété actuelle du CPAS de Bruxelles.

Deux cimetières sont situés sur le territoire communal. Le premier est établi à côté de l'église romane du XIVe à la fin du XIXe siècle. Il est transféré en 1890 au sommet de la rue de l'Allée Verte, sur un terrain cédé par Clémence de Rongé-Goffin. Trop exigu, il est fermé aux inhumations en 1961 et désaffecté en 1981. Le nouveau cimetière, situé rue Kasterlinden, est aménagé par la commune en 1960.

Enfin, on rappellera également l'existence d'un champ d'aviation, lequel se trouvait en réalité sur le territoire de Grand-Bigard, mais avait son administration, son bureau de poste et sa gare de rotation ferroviaire sur Berchem. D'une superficie de 60 ha, il était situé sur une propriété de Josse Goffin et voyait l'établissement d'une École nationale d'aviation inaugurée en 1911. L'aérodrome connaîtra un déclin après la Première Guerre mondiale.

L'église paroissiale de Berchem-Sainte-Agathe, XIIIe-XIVe siècle

Les activités religieuses

La première église de Berchem a été édifiée entre les XIIIe et XIVe siècle. C'est alors que Berchem devient une paroisse autonome (elle recouvrait également une partie de Jette, de Ganshoren et de Koekelberg). L'édifice est restauré à plusieurs reprises. D'abord entre 1663 et 1670 par l'architecte De Doncker, ensuite au XVIIIe siècle subséquemment aux dommages subis lors du passage des troupes du duc de Lorraine et de Louis XIV et lors du bombardement de Bruxelles en 1695. Mais le bâtiment se dégrade progressivement et est déserté à la suite de la construction d'une nouvelle église au début du XXe siècle. Il est classé en 1950 par la Commission royale des monuments et sites, avant d'être restauré en 1972 par l'architecte Jean Rombaux. La commune l'acquiert et l'affecte depuis 1975 à un usage culturel, l'ancien presbytère du XVIIIe siècle étant détruit en 1970. La nouvelle église de style néoroman, construite par l'architecte Schepers, est inaugurée en 1938 rue Leemans, sur des terrains cédés gratuitement par la famille de l'ancien bourgmestre Charles Leemans et le notaire De Meersman. La chapelle dédiée à sainte Agathe, située place de l'Église, a été édifiée en 1600. En ruine, elle est détruite et reconstruite en 1720. Elle a été restaurée en 1987-1988 avec l'aide de la Fondation Roi Baudouin et de la Loterie nationale.

Les activités culturelles, artistiques, scientifiques et sportives

À partir des années 1970, des activités culturelles se développent particulièrement sous l'impulsion d'organismes comme l'Association culturelle et artistique de Berchem, Actions et Recherches culturelles ou Présence et Action culturelles.

En 1997, le Centre culturel francophone Le Fourquet (installé sur le site de l'ancienne brasserie Merten) est créé et la commune est dotée, depuis 1986, du Gemeenschapcentrum De Kroon logé dans un bâtiment de l'époque napoléonienne, de deux bibliothèques (francophone et néerlandophone) et d'une académie de musique de niveau secondaire.

En matière d'enseignement, Berchem compte sur son territoire, pour le réseau officiel, trois sites d'enseignement primaire et maternel francophones et deux néerlandophones, ainsi qu'une école secondaire technique et professionnelle néerlandophone (Koninklijk Technisch Atheneum). Le réseau libre est représenté par l'institut Saint-Albert et le complexe Sint-Albertus en St-Jozefsschool. L'institut Herlin – Kasterlinden Instituut se consacre, quant à lui, à l'enseignement spécialisé. Il est le résultat de la scission de l'institut provincial des sourds-muets et aveugles créé en 1883. L'institut Alexandre Herlin, réservé aux enfants de 2 à 21 ans handicapés de l'ouïe et de la vue, relève désormais de la Communauté française tandis que l'institut Kasterlinden est une école dépendant de la Vlaamse Gemeenschap.

Victor Bourgeois, maisons de la Cité moderne, place des Coopérateurs, 1923-1925

KOEKELBERG

Anne Bauwelinckx, Paulo Charruadas,
Christian Vandermotten

Topographie

La topographie de la petite commune de Koekelberg est très simple. Elle s'abaisse en pente douce, depuis son sommet autour de 60 m à l'emplacement de la basilique, vers la vallée de la Senne, dans l'axe du boulevard Léopold II. Elle n'atteint toutefois pas véritablement le fond alluvial. Vers le sud, la pente est un peu plus nette en direction du vallon du Karreveld, qui confluait avec le Maelbeek aux Étangs noirs, sur le territoire de Molenbeek. Les altitudes les plus basses sont un peu au-dessous de 40 m à l'ouest de la commune (dans la partie amont du vallon du Karreveld) et légèrement au-dessus de 20 m à son extrémité orientale (là où son territoire frôle la limite de la plaine alluviale de la Senne).

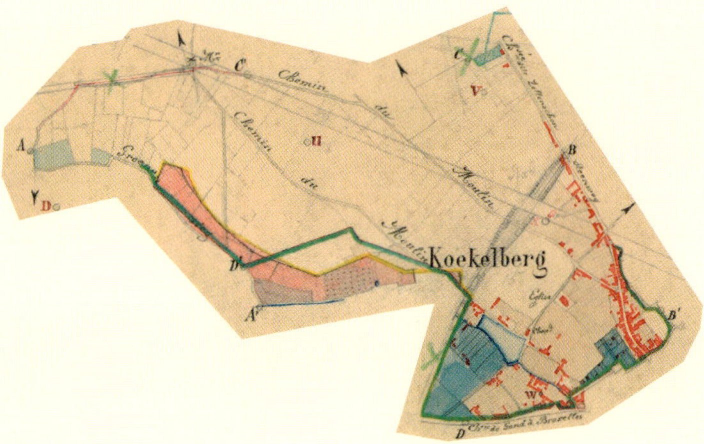

Réduction des plans cadastraux, Dépôt de la Guerre, 1847

La carte de Ferraris ainsi que les cartes indiquant la situation vers 1930 et en 1994 se trouvent aux pages 422, 424 et 425

Albert Van Huffel, la basilique du Sacré-Cœur

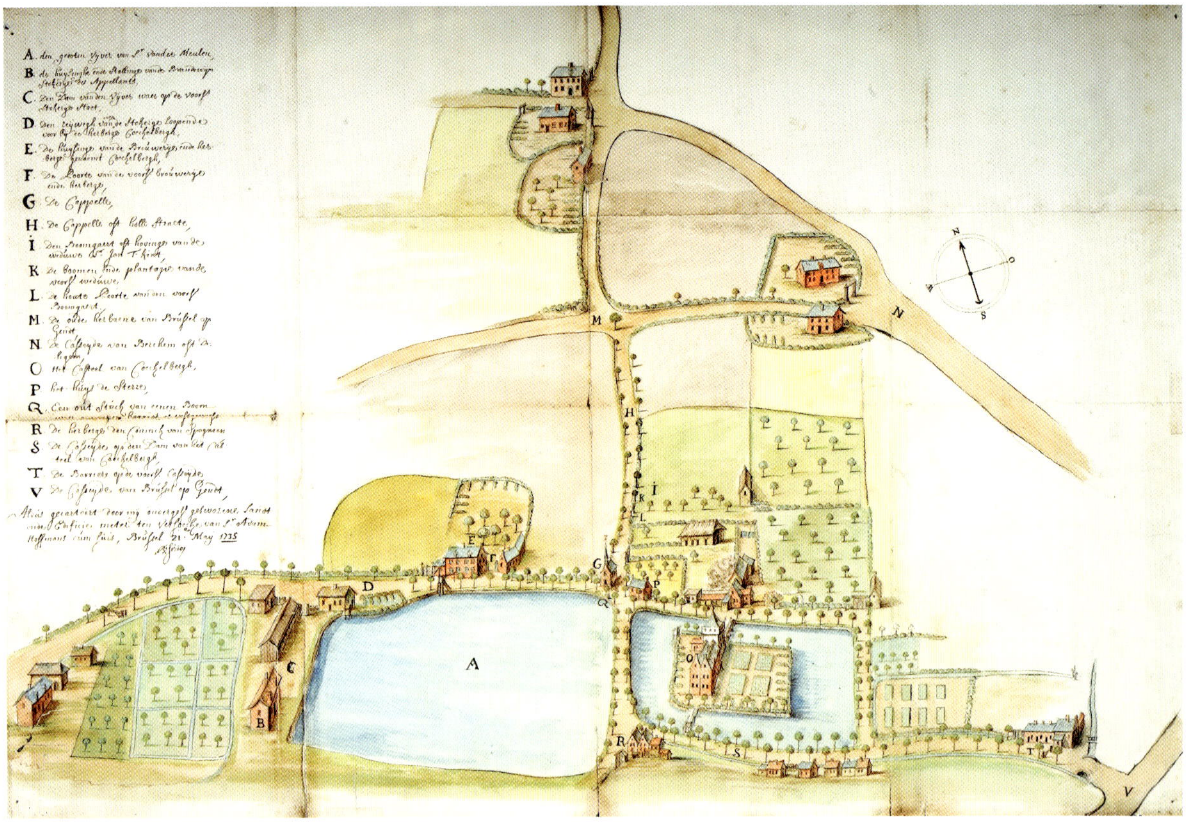

La seigneurie de Koekelberg en 1735

Des origines à la fin de l'Ancien Régime

Les origines de Koekelberg demeurent extrêmement difficiles à appréhender. À la carence documentaire se combine une absence complète de découvertes archéologiques pour la période avant 1200. Se pose également ici le problème de la différenciation entre le toponyme et le patronyme, puisque Koekelberg est également le nom d'une importante famille seigneuriale de la région de Bruxelles.

Les premières mentions concernent d'ailleurs les membres de cette famille. Un certain Bernier de Koekelberg est l'objet d'une relation, incertaine, lors de la guerre de Grimbergen (vers 1144). La première mention réellement avérée remonte à 1217, lorsqu'un autre Bernier de Koekelberg est cité comme gendre de Godin de Nivelles, ce dernier donnant à l'abbaye de Jette d'importants biens sis à Laeken. Il est important de souligner que l'existence de cette famille, au plus tôt vers le milieu du XIIe siècle, ne prouve en aucun cas que le village, même sous la forme d'un modeste hameau, existât déjà à cette époque. Cette affirmation mérite des explications. L'historiographie traditionnelle, se basant sur la situation paroissiale postmédiévale et le découpage communal de 1795, a fait de Koekelberg un démembrement de Berchem-Sainte-Agathe. Or, des recherches récentes permettent de nuancer cette assertion et incitent plutôt à considérer Koekelberg comme un démembrement de la paroisse primitive de Molenbeek-Saint-Jean. Koekelberg semble avoir été mis en valeur au XIIe siècle, dans le cadre du mouvement qui défricha les sols céréaliers de Molenbeek, dont son territoire dépendait primitivement. Le tournant décisif a sans doute eu lieu à partir de 1250. Cette année-là, Gérard de Koekelberg acheta à Guillaume de Campenhout 56 bonniers de terres (soit près de 45 ha) situées aux confins de Berchem-Sainte-Agathe, Molenbeek-Saint-Jean et Laeken. En 1252, il releva en fief du châtelain de Bruxelles six bonniers de bois au lieu-dit Ter Wilst, à la limite avec Berchem-Sainte-Agathe. Ces deux opérations, associées à l'installation ou à la reprise d'un manoir (cité en 1264), indiquent fort probablement l'enracinement de la famille dans le secteur. Et c'est sans doute à partir de ce moment-là que le patronyme va s'appliquer progressivement au terroir d'accueil, pour devenir un toponyme.

Citée pour la première fois en 1321, la chapelle du lieu, dédiée à sainte Anne, fut plus que probablement l'oratoire castral de la demeure des Koekelberg. Dépendance primitive de Saint-Jean-Baptiste de Molenbeek, le patronat (droit de nommer le curé) et les dîmes appartenaient aux abbayes de Dielegem et de Grimbergen. La passation de la chapelle Sainte-Anne dans le territoire paroissial de Berchem-Sainte-Agathe peut se justifier si l'on s'interroge sur les modalités de gestion propres aux deux institutions brabançonnes. Bien installées dans l'organisation ecclésiastique des paroisses de Berchem et de Jette, elles ont vraisemblablement transféré la chapelle dans le ressort d'une église qu'elles contrôlaient, au détriment de Saint-Jean-Baptiste, alors entre les mains du chapitre de Sainte-Gudule de Bruxelles.

À l'image de toute la région, Koekelberg combina sur son territoire l'exploitation céréalière, maraîchère et pastorale. À l'entrée occidentale de Bruxelles, lieu de convergence de tous les itinéraires routiers en liaison avec la Flandre, sa position entraîna une diversification importante de ses activités économiques. En 1686, le village comptait un nombre important de commerces : 8 brasseries, 14 auberges et 18 boutiques d'artisans. Enfin, une industrialisation significative apparaît dès le XVIIIe siècle, prenant pied à la campagne afin d'éviter les contraintes pesantes du milieu corporatif urbain. Le recensement industriel de 1764 relève deux manufactures à Koekelberg : une fonderie de fer appartenant à un certain Jean Besme et employant quatre ouvriers et une très importante manufacture d'étoffes de laine, appartenant à un entrepreneur nommé t'Kint. Cette manufacture textile employait 21 ouvriers. Sur le plan de la démographie, Koekelberg ne semble pas avoir dépassé la cinquantaine d'habitants à la fin du Moyen Âge. Ce chiffre dut toutefois augmenter aux Temps modernes, grimpant peut-être à une centaine, voire davantage au XVIIIe siècle.

Formation du territoire communal

Le territoire de Koekelberg ne couvre que 1,2 km². Il a été érigé en commune en 1841 aux dépens de

La chaussée de Jette, vers 1910

Berchem-Sainte-Agathe, dont il relevait en tant que paroisse sous l'Ancien Régime (et jusqu'à l'érection en église paroissiale de l'ancienne chapelle Sainte-Anne en 1834). La volonté des habitants du village de Berchem, devenus bien moins nombreux que ceux du hameau de Koekelberg, était de se séparer d'un hameau lointain dont la croissance de la population pauvre ouvrière imposait des charges supplémentaires. Le rattachement envisagé à Molenbeek fut refusé par cette dernière. Par la suite, le territoire communal a connu des rectifications mineures de ses limites, ajustées au tracé des voiries, avec Molenbeek-Saint-Jean en 1879 et 1890, avec Berchem-Sainte-Agathe et Ganshoren en 1928 et avec Jette en 1930, où la limite communale a été ajustée au tracé de la chaussée de Jette, immédiatement au nord du chemin de fer de ceinture, comme elle l'avait déjà été précédemment avec Molenbeek-Saint-Jean.

Façade des Établissements Victoria rue Deneck, aujourd'hui transformés en lofts

Du XIXe au XXIe siècle

Les activités économiques

La vie économique de l'entité de Koekelberg repose, pendant une bonne partie de la première moitié du XIXe siècle, sur les activités des cabarets et des promeneurs bruxellois. Les paysages bucoliques et la bière servie dans les cafés de la commune attirent les citadins dans ce qui est alors encore la campagne de Bruxelles. Cependant, dès les années 1840, les effets de l'industrialisation des faubourgs de la ville se font sentir sur le paysage communal. Si Molenbeek, la commune voisine, est l'un des premiers faubourgs industrialisés de la région, la commune de Koekelberg connaîtra par contre un développement industriel périphérique et plus tardif, localisé essentiellement dans le bas de la commune. Le haut de l'entité gardera plus longtemps son caractère rural et ne sera urbanisé que tardivement. Sa vocation restera essentiellement résidentielle.

Koekelberg accueillera donc un nombre croissant d'ouvriers venus se fixer à proximité des grands centres industriels, marquant le paysage de la commune par la création de nombreuses impasses et l'édification de maisons ouvrières. De ce fait, la commune est rapidement considérée comme un faubourg ouvrier même si, jusqu'en 1880, son activité économique est principalement artisanale et de petite envergure. Quelques briqueteries, fonderies, distilleries et brasseries s'y installent, notamment grâce à l'existence du ruisseau du Paruck. Entre les années 1880 et 1914, quelques grands ensembles industriels voient le jour. La traditionnelle activité brassicole de la commune se perpétue tout d'abord avec la construction, entre 1877 et 1879, des brasseries De Boeck au cœur d'un îlot formé par les rues Delcoigne, Van Hoegaerde et Schmitz. L'installation de cette brasserie est très révélatrice de l'industrialisation de Koekelberg. Il s'agit en effet d'une des premières entreprises à quitter le centre-ville pour les faubourgs, en raison, entre autres, du voûtement de la Senne, des travaux de modernisation du cœur de la capitale et de l'implantation du chemin de fer autour de Bruxelles. On notera que, malgré la haute valeur architecturale de ces bâtiments, leur homogénéité et les techniques progressistes utilisées, une partie a été démolie en 1998 pour des raisons de sécurité et de salubrité publique.

Le plateau de Koekelberg accueille pour sa part un autre complexe brassicole important : la grande brasserie de Koekelberg. Érigée en 1896, elle fut l'une des premières, en Belgique, à pratiquer la fermentation basse afin de lutter contre la concurrence étrangère. Ce complexe, qui cessera ses activités en 1970, est un autre témoin important du développement des ensembles industriels s'étalant en intérieur d'îlot. Les chocolateries Victoria relèvent du même procédé d'extension, ainsi que les caisseries Jean Van Campenhout. Celles-ci s'installent en 1925 dans les bâtiments d'une ancienne peausserie, au n° 4 de la rue de Ganshoren et, par expansion progressive, gagnent le chemin de fer. En 1970, ces usines seront en partie reconverties pour la fabrication d'emballages en polyester et un nouvel atelier parachèvera le processus d'agrandissement entamé plus d'un siècle auparavant. On ajoutera que la chocolaterie Godiva, les industries de fabrication métallique, chimique et textile se sont par contre maintenues et restent aujourd'hui encore les témoins de l'activité industrielle de la commune.

La population

La croissance de la population restera relativement modérée, mais régulière entre 1831 (1 668 habitants) et 1880 (4 893 habitants), en liaison avec une indus-

Affiche pour la bière Elberg, produite par la brasserie de Koekelberg, vers 1960

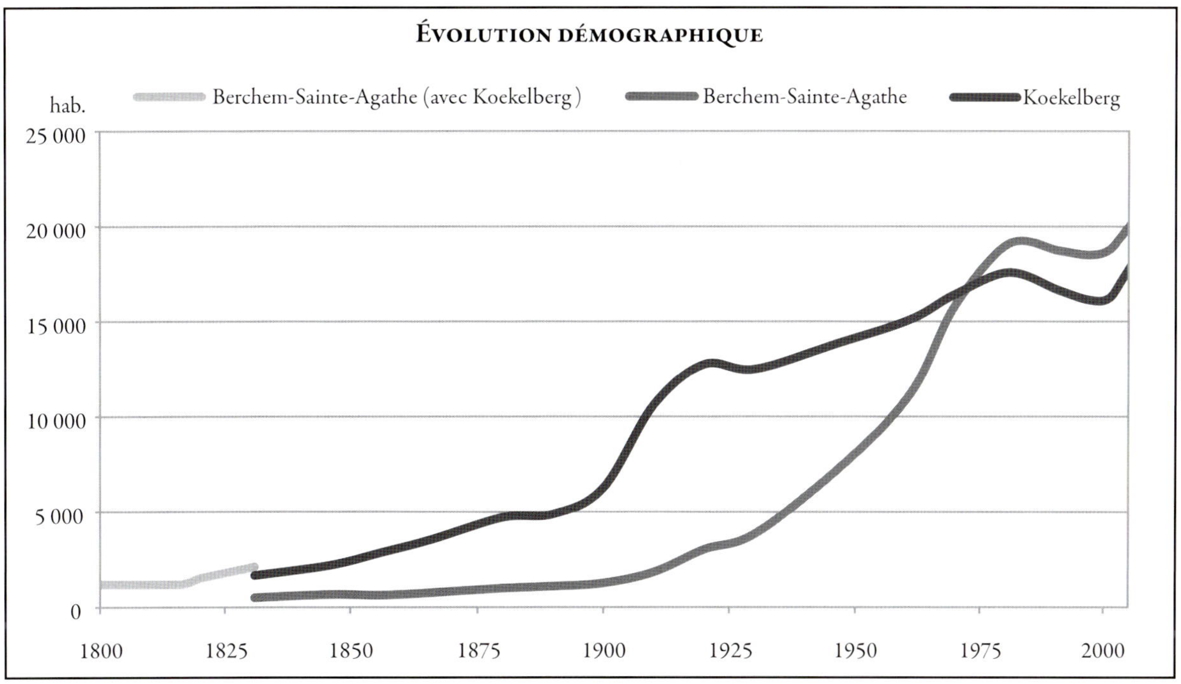

trialisation prolongeant celle de Molenbeek. Elle sera de ce fait plus rapide et plus importante que celle de Berchem-Sainte-Agathe. Cette croissance s'accélère brusquement entre 1880 et 1900, la population atteignant à cette dernière date 10 650 habitants, dont une partie importante est constituée d'ouvriers travaillant dans les différentes fabriques. Cette accélération fléchit à partir de 1900, puis augmente à nouveau pour atteindre un maximum de 17 570 habitants en 1970. Depuis 1970, la population a régressé jusqu'au milieu des années 1990, perdant près de 2 000 unités. Toutefois, la reprise est nette depuis lors et, avec 17 317 habitants dès 2004, la commune a aujourd'hui dépassé son chiffre de population de 1970.

Sur le plan linguistique, Koekelberg était au XIXe siècle un village flamand. C'est au début du siècle suivant que s'opéra une lente francisation, ayant pour conséquence de nombreux débats locaux au sujet, notamment, de l'administration et de l'enseignement. Cette francisation s'accentua et, en 1930, l'équilibre linguistique était atteint. Lors du recensement de 1947, on dénombrera 56 % de bilingues, 22 % de francophones et 14 % de néerlandophones. D'après les documents de l'état civil, le pourcentage de francophones dépasserait, depuis les années 2000, 85 % de la population.

François Deneck, premier bourgmestre de Koekelberg

La situation politique

Après l'indépendance, les débats du conseil communal se concentrent notamment sur la question de la division de l'entité. Si la portion nord du territoire de Koekelberg présente des caractéristiques similaires à

L'avenue de Jette et la place Simonis, vers 1910

celles du reste de la commune de Berchem (champs, cultures maraîchères, fermes et quelques maisons de plaisance), la partie basse, limitrophe de Molenbeek, accueille nombre de familles ouvrières pauvres établies à proximité des ateliers et fabriques. Cette situation explique que la volonté de scission des deux entités émane plutôt de Berchem que de Koekelberg. Après la séparation de 1841, le bourgmestre demeure néanmoins François Deneck, notable catholique, qui dirigeait la commune de Berchem depuis 1830. Les catholiques conserveront d'ailleurs leur majorité jusqu'en 1912, avec une parenthèse de quatre ans (1892-1896) durant laquelle les libéraux, conduits par Jules De Becker, dirigent l'entité. Architecte de métier, celui-ci joua un rôle essentiel dans les débats avec les sociétés immobilières lors de la construction du boulevard Léopold II et de l'aménagement du quartier du « Plateau ». Sa méconnaissance du néerlandais et les conséquences des luttes politiques nationales semblent être à l'origine de sa défaite. Le catholique Pierre-François Hellinckx lui succède et conserve le poste de bourgmestre jusqu'en 1912, bien que socialistes et libéraux gagnent du terrain à chaque scrutin. Parmi les principales questions qui ont animé les débats municipaux au XIXe siècle, on retiendra celles liées à l'hygiène publique (épidémies de choléra), au développement du réseau d'éducation, aux litiges entre les deux entités indépendantes et surtout aux conditions de vie du prolétariat toujours plus nombreux dans la commune. Les autorités publiques décident d'ailleurs de mettre en place une bourse du travail (1889) et des règles fixant un revenu minimum pour les ouvriers occupés par des entrepreneurs travaillant pour l'administration. Afin de résoudre les problèmes d'hygiène, une politique d'assainissement des impasses est également mise en œuvre : pavage, égouttage, éclairage, eau potable... Une Société pour la construction d'habitations ouvrières est aussi créée en 1910, date de la suppression de certaines impasses, très nombreuses dans la partie basse de la commune. Aujourd'hui, il n'en subsiste que quelques-unes, lointains témoins de ce passé industriel.

En 1912, le libéral Émile Bossaert, fondateur de la biscuiterie Victoria, accède au mayorat. Henri Vanhuffel lui succède et dirige la première majorité socialiste du conseil (1921-1926). Sous sa direction, les efforts de construction de logements sociaux se poursuivent.

Les libéraux, de retour à la tête de la commune, font alliance avec les catholiques (1926-1952), et choisissent comme bourgmestre Oscar Bossaert, fils d'Émile Bossaert qui, durant son mandat, s'attachera à assainir les finances communales. Les mêmes libéraux s'allient ensuite avec les socialistes de 1952 à 1964 avant d'obtenir la majorité absolue qui leur permet de diriger seuls la commune pendant la législature suivante.

La percée du FDF dans de nombreuses communes de l'agglomération bruxelloise fait également sentir ses effets à Koekelberg lors des élections de 1970 qui débouchent sur la mise en place d'une coalition regroupant les libéraux, les socialistes et le FDF. La progression du mouvement de défense des francophones s'accélérant, les libéraux et le seul FDF assurent la direction de la commune après les scrutins communaux de 1976 et 1982. Les libéraux reçoivent la faveur de plus de 50 % des votes lors du scrutin de 1988. Depuis 1980, le poste de bourgmestre est aux mains de la famille Pivin : Jacques Pivin (1980-2000), suivi de son fils, Philippe. Une liste du bourgmestre, composée de membres du MR, du cdH, de sp.a, du VLD et du CD&V a remporté les élections de 2006 et compte 16 élus sur 25. Dans l'opposition, le PS totalise six sièges, et Écolo deux.

La sécurité constitue une thématique importante de la politique de la famille Pivin : un service de stewards et plus de 40 caméras « sécurisent » le 1,2 km^2 du territoire communal. Les grands enjeux pour la commune se concentrent autour de la rénovation urbaine et de la mobilité (nécessité d'un plan communal de circulation). La rénovation urbaine doit cependant faire face à la question de la fracture sociale

Bourgmestres

1830 : François-Laurent Deneck
1853 : Joseph-Philippe Broustin
1873 : Louis-Joseph Seghers
1885 : Jean-Baptiste Jacquet
1892 : Jules De Becker
1896 : Pierre-François Hellinckx
1912 : Émile Bossaert
1920 : Isidore Declercq
1921 : Henri Vanhuffel
1926 : Oscar Bossaert
1956 : Armand Swartenbroeks
1971 : Paul Bossaert
1980 : Jacques Pivin
2001 : Philippe Pivin

historique entre le haut et le bas de la commune : des logements moyens ont été créés sur le haut et peu de nouveaux habitants s'aventurent dans le bas de la commune. Un contrat de quartier prévoit cependant la rénovation du centre historique de la commune, autour de l'église Sainte-Anne et de la place Vanhuffel.

Les aménagements urbains

Le bâti de ce hameau isolé de Berchem-Sainte-Agathe, mais contigu à Molenbeek, s'allonge à la fin du XVIIIe siècle en bordure de la chaussée de Gand, au-delà des Étangs noirs et de leurs abords (les actuelles rues Schmitz et Jean Jacquet) et le long de la portion méridionale de la route de Dielegem ou de Merchtem, l'actuelle chaussée de Jette, deux voiries pavées et aménagées au début du XVIIIe siècle. Le reste du territoire n'est alors occupé que par des terres agricoles. Cette situation a peu évolué au milieu du XIXe siècle, la croissance de la population restant relativement modérée.

L'urbanisation de la commune s'est effectuée en deux secteurs : celui du bas, où se trouve le noyau historique, et celui du « plateau de Koekelberg », au nord-ouest. Ces deux parties étaient d'ailleurs séparées physiquement par la ligne ferroviaire de ceinture mise en service en 1871. Cette dichotomie se caractérise par une urbanisation différenciée sur le plan de la chronologie et de la forme : une urbanisation couplée à une industrialisation dans le bas de la commune (deuxième moitié du XIXe siècle essentiellement) et une urbanisation résidentielle bourgeoise (fin du XIXe, première moitié du XXe siècle) dans le haut.

Le bas de Koekelberg subit un premier remaniement au début du XIXe siècle : la chapelle Sainte-Anne, située à l'angle de la rue de Ganshoren et de la rue de l'Église Sainte-Anne, est remplacée en 1839 par une église place Vanhuffel (le bâtiment actuel date de 1990). Élevé au rang de commune en 1841, Koekelberg ne se dotera d'une maison communale qu'en 1882. Le bas de la commune, en contact direct avec le quartier usinier de la chaussée de Gand (voir *Molenbeek*), s'industrialise dès le milieu du XIXe siècle.

L'urbanisation du plateau de Koekelberg démarra plus tard, dans la deuxième moitié du XIXe siècle, avec les projets de l'inspecteur voyer Victor Besme, traduisant les aspirations urbanistiques de Léopold II. Ce dernier projeta dès le début des années

Koekelberg vu du haut de la basilique

1860 de créer, sur le plateau, un quartier royal de 250 ha et de percer un boulevard afin de le relier à Bruxelles. La première étape fut la création du parc Élisabeth (17 ha) en 1868. En 1903, la construction d'une basilique nationale fut décidée, au nord-ouest du parc, à cheval sur les communes de Koekelberg, de Berchem et de Ganshoren. D'importantes difficultés sont à l'origine de la longue durée des travaux (1905-1971). Si le plan d'alignement des rues du quartier fut achevé en 1891 avec le percement du boulevard Léopold II, les maisons qui bordent les grandes artères vont s'édifier progressivement à partir de 1880, essentiellement dans l'entre-deux-guerres. Le parc Élisabeth connaîtra quelques aménagements en raison de la pénétration des voitures dans la ville par le nord-ouest : il est scindé en deux parties à la fin des années 1950 par le percement de l'avenue Bossaert, tandis qu'en 1990, son allée centrale était réaménagée et entièrement rendue aux promeneurs après le creusement du tunnel Léopold II.

La commune offre une grande diversité architecturale : des hôtels de maître sur le plateau et le long du boulevard Léopold II côtoient des ensembles industriels et des logements ouvriers dans le bas de la commune. Le boulevard Léopold II, emblématique de cette urbanisation élégante, présente un condensé de tous les styles en vogue à l'époque, du néoclassicisme à la néorenaissance flamande, en passant par l'éclectisme et l'Art nouveau. En 1956, la construction d'un viaduc permettant une pénétration plus rapide des voitures dans l'agglomération allait contribuer à la dégradation et au délabrement du quartier du boulevard. Depuis sa destruction, en 1984, la situation s'est grandement améliorée.

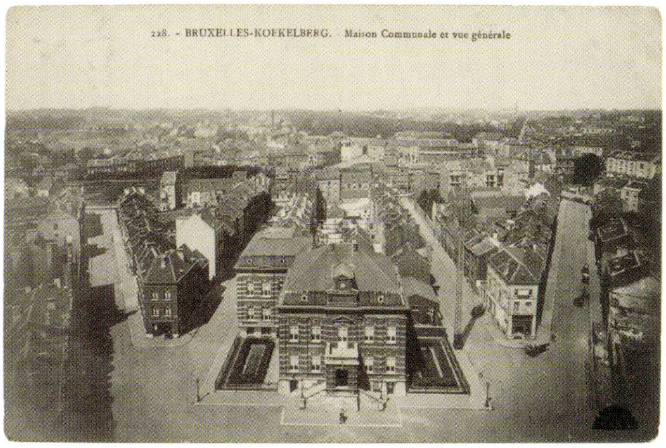

La place communale et l'hôtel de ville, vers 1910

Parmi les grands ensembles industriels de Koekelberg, on citera les anciennes brasseries De Boeck, érigées entre 1877 et 1897 rues Delcoigne et Van Hoegaerde. Si une partie du complexe (les entrepôts) a été détruite en 1997-1998 pour des raisons de sécurité peu évidentes, l'essentiel du site subsiste toujours : les imposants bâtiments de production (la brasserie et la malterie) ainsi que la maison néoclassique des

La station de métro Simonis

maîtres-brasseurs. Ces bâtiments devraient toutefois être rasés au profit d'un réaménagement mené par la SDRB : le projet prévoit d'implanter au sein d'un site paysager, ouvert au public, sept petits immeubles à appartements ordonnés autour d'une cour centrale carrée (en tout 84 appartements et deux commerces). On mentionnera aussi le complexe des chocolateries-biscuiteries Victoria (fin XIXe-début XXe siècle), dont l'emprise foncière s'étend aux îlots Archers-De Neck-Armistice. Les bâtiments connaissent encore aujourd'hui une activité industrielle. La grande brasserie de Koekelberg (1896) occupait jadis l'îlot Liberté-Van Sande-Parc Élisabeth-Braves. En activité jusqu'au début des années 1970, le bâtiment sera rénové et affecté un temps aux Universitaire Faculteiten Sint-Aloysius. Cette institution, aujourd'hui Hogeschool-Universiteit Brussel (HUB), procédera à la destruction des brasseries en 1978 au profit d'un complexe de bâtiments modernes. Parallèlement à l'industrialisation, un grand nombre d'impasses ont proliféré dans le bas de la commune dès le milieu du XIXe siècle. L'impasse des Combattants, débouchant sur l'actuelle rue Deschampheleer, constitue un bel exemple de conservation.

Parmi les réalisations d'habitations sociales dans la première moitié du XXe siècle, on mentionnera surtout l'ensemble remarquable dit *Bovenhuis*, rue du Cubisme, construit en 1922 par Victor Bourgeois dans le style moderniste « cubiste » et le Foyer Vitoria dans la rue Léon Autrique. De nouveaux logements sociaux ont été construits récemment rue de la Tannerie, à l'initiative de la SDRB. Ces logements de qualité répondent à l'un des objectifs énoncés par le plan communal de développement en termes de cadre de vie et d'architecture de qualité.

Les activités religieuses

La croissance démographique « dissociée » de l'entité de Berchem-Koekelberg conduit à l'érection de Koekelberg en paroisse autonome en 1834, quelques années avant l'indépendance de la commune elle-même. Une première église y fut construite en 1839, au centre de l'actuelle place Vanhuffel (voir plus haut). Elle sera reconstruite par trois fois sur le même emplacement. L'édifice actuel est une œuvre de l'architecte Jean Cosse. Il date de 1990 et propose une structure géométrique réalisée à l'aide de blocs de béton.

Le bâtiment cultuel le plus marquant de la commune est, bien entendu, la basilique de Koekelberg. À l'origine, les projets imaginés pour cet emplacement étaient de construire un panthéon destiné à commémorer les 50 ans de l'indépendance de la Belgique. Cependant, pour des raisons financières et techniques notamment, Léopold II dut abandonner cette entreprise et, au début du XXe siècle, fut arrêtée l'idée d'ériger une basilique nationale vouée au Sacré-Cœur. Un concours fut organisé en 1920 pour choisir les plans à suivre pour la construction de l'édifice. Le projet d'Albert Vanhuffel fut primé et la construction du bâtiment, entamée. Consacrée en 1951, la basilique ne sera terminée que vingt ans plus tard. De nombreuses modifications transformèrent les plans originaux. L'édifice actuel est caractérisé par un style se situant entre l'Art déco et le néobyzantin et par une importante utilisation des terracotta et du béton.

Les activités culturelles, artistiques, scientifiques et sportives

À la veille de la révolution belge, faute de moyens financiers, la commune de Berchem-Koekelberg ne possède aucune école communale. Cependant, il existe trois petites écoles privées payantes, ainsi que deux pensionnats. La première école communale de Koekelberg date de 1842 et est donc une conséquence de la loi Nothomb. La croissance du nombre d'élèves amènera la commune à consentir des efforts financiers afin de construire de nouveaux locaux et d'engager un plus grand nombre d'instituteurs. En effet, à la veille des années 1890, ce sont près de 700 élèves qui fréquentent les écoles de la commune, et ce nombre ne cessera d'augmenter. Une nouvelle école sera construite et ouverte en 1903, rue Delcoigne. Il faudra attendre 1932 pour que naisse l'idée d'établir à Koekelberg une école moyenne avec section d'athénée. Celle-ci allait accueillir les garçons au sein d'une section préparatoire et d'une section de latin-grec. Dix locaux furent aménagés à cet effet dans deux maisons louées rue de la Liberté. La croissance de la population scolaire transforma cette école en athénée, proposant toutes les classes et options aux élèves. De nouveaux bâtiments, plus grands et mieux adaptés à l'enseignement, furent construits. Le plan du nouvel ensemble, ouvert en 1936, est l'œuvre d'Henri Jacobs et se caractérise par une architecture de style

Art déco. Un tournant important de l'histoire de cet établissement se situe en 1954, date de la scission de l'athénée en deux sections distinctes : l'une francophone, l'autre néerlandophone, qui déménagera huit ans plus tard. Un deuxième moment important se situe en 1961 avec le début de la mixité au sein de l'école. Aujourd'hui, l'institution se compose d'une école fondamentale et d'un enseignement général secondaire, tant du côté francophone que du côté néerlandophone. Le territoire communal compte, de plus, deux écoles communales primaires de langue française (les écoles Oscar Bossaert et Armand Swartenbroeks) et une néerlandophone, De kadeekes, ainsi que deux écoles maternelles. L'institut des Ursulines, situé boulevard Léopold II 268, qui dépend de l'institut de Molenbeek, offre aux élèves un enseignement de type libre confessionnel.

Les Universitaire Faculteiten Sint-Aloysius, aujourd'hui Hoogeschool-Universiteit Brussel (HUB), furent créées en 1969 comme pendant néerlandophone des Facultés universitaires Saint-Louis de Bruxelles. Elles se situent à l'emplacement de la grande brasserie de Koekelberg et proposent un enseignement centré sur le droit, les sciences économiques, politiques et les lettres.

Un complexe sportif, situé rue de Ganshoren, accueille les amateurs en leur offrant la possibilité d'exercer un large panel d'activités sportives en tous genres. Par ailleurs, un centre culturel néerlandophone, De Platoo, le service de la culture française et des loisirs et le comité communal d'action culturelle proposent une série d'activités variées aux Koekelbergois. L'école Armand Swartenbroeks possède une salle des fêtes, aménagée en espace culturel, Cadol, en référence à l'impasse du même nom, donnant sur la rue Herkoliers.

Le sculpteur Eugène Simonis, né à Liège en 1810, s'installe dans la commune en 1842. Il y réalisera quelques-unes des œuvres les plus marquantes de sa carrière, inscrites aujourd'hui dans le paysage de la capitale, telles que le fronton du théâtre de la Monnaie, la statue équestre de Godefroid de Bouillon ou encore les lions du pied de la colonne du Congrès.

Heilig-Hartcollege
BUS
GB

GANSHOREN

Valérie Piette, Paulo Charruadas,
Christian Vandermotten

Topographie

Le relief de Ganshoren est assez peu marqué et très simple. La limite septentrionale de la commune court dans la large vallée du Molenbeek, affluent de rive gauche de la Senne, ici vers 30 m d'altitude, qui poursuit son cours par Jette et conflue avec la Senne à hauteur du domaine royal de Laeken. L'ancien noyau villageois se situe vers 50 m sur le versant méridional de cette rivière, qui s'élève en pente douce et culmine à hauteur de l'avenue Charles Quint, à proximité de la basilique de Koekelberg, à la limite du territoire communal, vers 65 m.

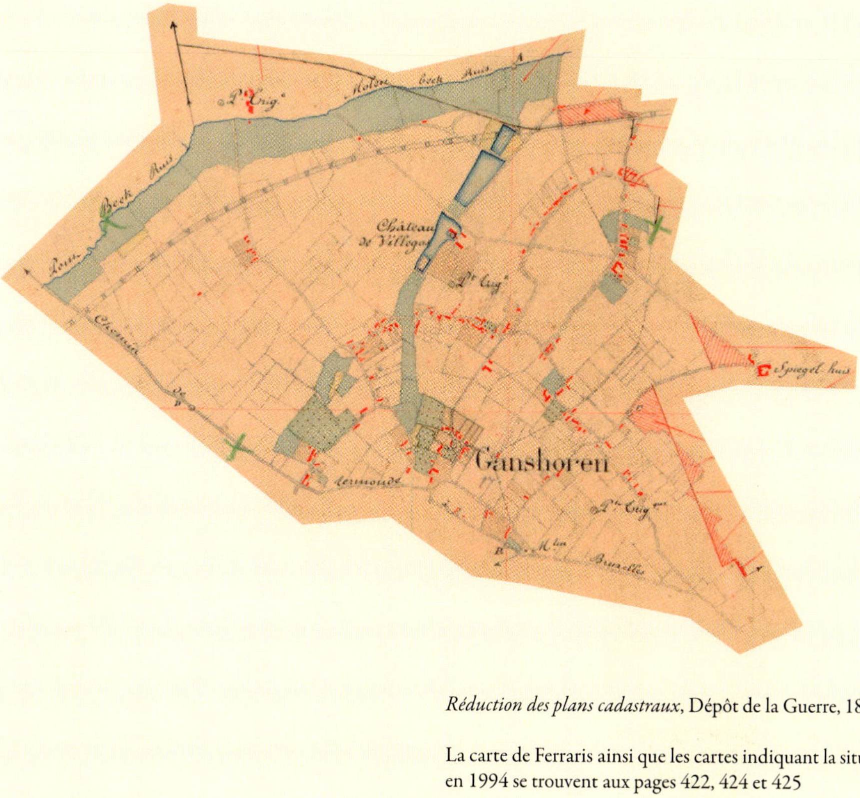

Réduction des plans cadastraux, Dépôt de la Guerre, 1847

La carte de Ferraris ainsi que les cartes indiquant la situation vers 1930 et en 1994 se trouvent aux pages 422, 424 et 425

L'avenue Charles Quint depuis la basilique de Koekelberg

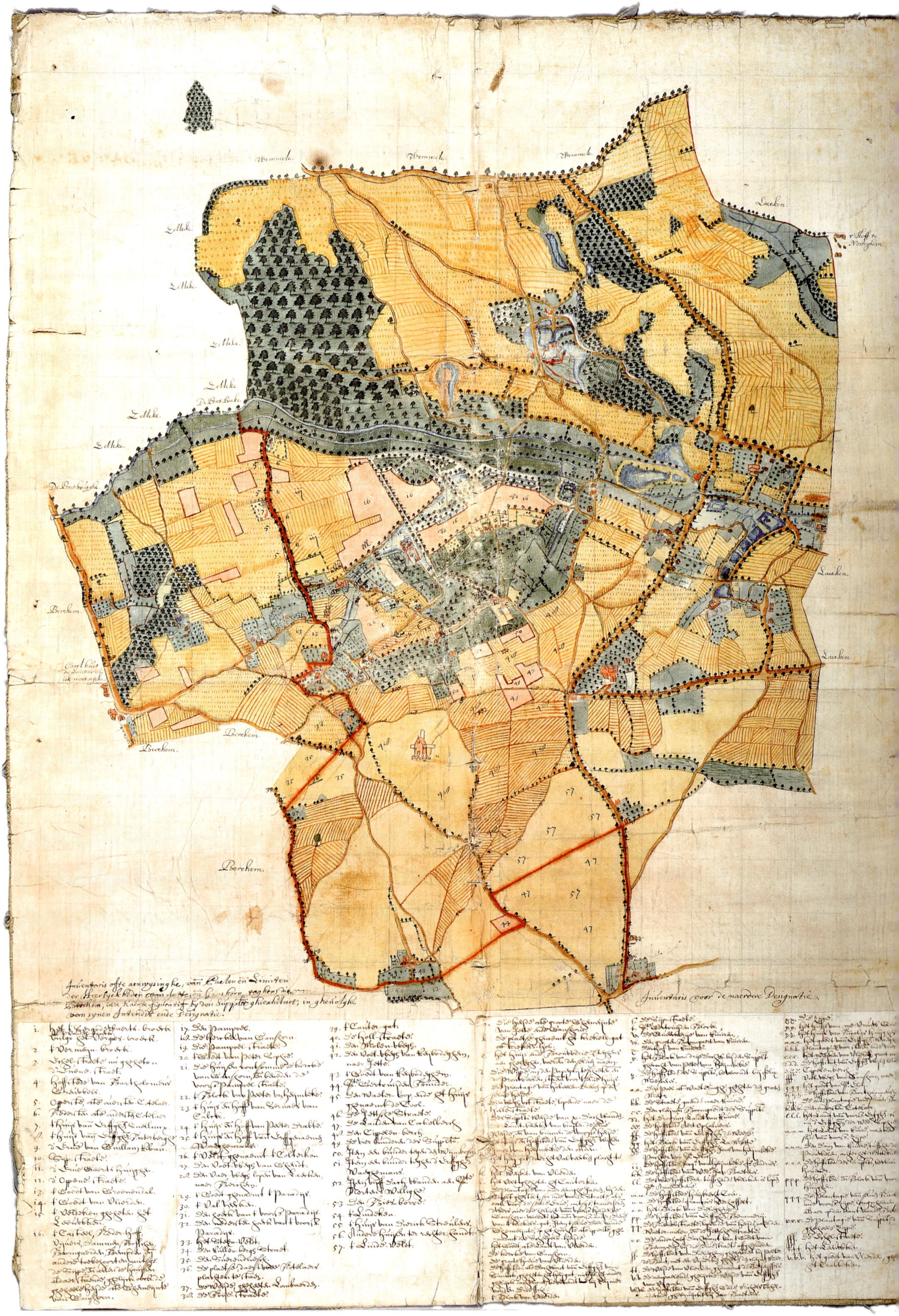
Bemmel
Bemmel
Bemmel
Zellick
Zellick
Zellick
Zellick
Zellick
Zellick
Laecken
Laecken
Laecken
Berchem
Berchem
Berchem
Berchem
Inventaris offe aenwysinghe, van Paelen en Limiten
Inventaris voor de naerdere Designatie
17. Den Pampoel.
20. t'Goet van Peter Sophie.
27. Den Voet-wegh van Scheidt.
29. t'Goet genaemt t'Paradys.
31. Den gracht van t'voors. Paradys.
34. Den Kullen-bergh Straet.
39. t'Cantor-gat.
41. Den Molen-wegh.
45. Den Wasser-loop, aen t'huys genaemt de Cool.
47. De Landen van Corkelbergh.
48. Den Cipolen-berch.
54. t'Lindeken.
55. t'huys van Dierick Steenhuis.
57. t'Linde-Velt.

Des origines à la fin de l'Ancien Régime

Ganshoren est à l'origine un hameau de Jette, formé vraisemblablement dans le courant du XIe siècle : dès 1112, il apparaît en effet déjà doté d'une église paroissiale, laquelle est mentionnée comme une église-fille de celle de Jette. La dénomination de Ganshoren, composée de Gans (oie) et Hore (marais) renvoie à la situation humide d'une partie des sols du territoire villageois.

La croissance de la population et l'extension des superficies de sols consacrées à l'agriculture et à l'élevage s'accentuent de manière continue pendant les XIIe et XIIIe siècles. La production céréalière basée sur la culture du seigle et du froment conduit à l'érection d'un moulin à eau, plus tard complété par un moulin à vent. L'exploitation des zones humides n'est pas non plus en reste, comme en atteste le toponyme *Ganshoren*, que nous avons évoqué, ainsi qu'un document de 1229, qui voit le duc de Brabant céder à la communauté des habitants, contre un cens annuel, les bruyères dites *Heide* et les marécages appelés *Zijpe*, entre Ganshoren et le ruisseau du Molenbeek, afin qu'ils en jouissent comme pré communal.

Aux XVIe et XVIIe siècles, le paysage de Ganshoren est occupé par d'assez nombreuses petites exploitations agricoles, quelques brasseries-auberges, des artisans travaillant à domicile, des fermes plus importantes et, surtout, par le château de Rivieren. Ce dernier, sans doute construit au XIVe siècle, devient le siège d'une importante seigneurie (à partir de 1555), à la suite d'une aliénation de droits seigneuriaux par le pouvoir central au profit de la famille de Rivieren d'Aerschot, puis élevée au rang de baronnie (en 1654) pour la famille de Kinschot (voir *Jette*). Au XVIIIe siècle, les activités agricoles s'orientent vers le céréalier, spécialement la culture du houblon, et vers l'apiculture. Ganshoren demeure un hameau qui ne compte que quelque 160 habitants en 1709. Mais dans la première moitié du XVIIIe siècle, la population triple pratiquement au point qu'il y a, vers 1750, plus d'habitants à Ganshoren qu'à Jette. Lorsque, sous le régime français, Jette devient une commune en 1795, le hameau de Ganshoren lui est officiellement rattaché, décision confirmée par décret impérial en 1801. Près de 700 habitants y sont recensés. Ganshoren compte une école, tout comme Jette. On y enseigne le flamand, l'écriture et l'arithmétique. De 30 à 40 élèves fréquentent les cours en hiver ; en été, l'école est complètement désertée.

Formation du territoire communal

Le territoire de Ganshoren ne couvre que 2,5 km². Il relevait sous l'Ancien Régime de la paroisse de Jette, commune dont le territoire de Ganshoren a été disjoint en 1841.

Dès le début de l'indépendance, un mouvement d'émancipation se dessine dans la commune qui conduit Ganshoren à devenir d'abord une paroisse indépendante (1835), puis une commune autonome (1841). Les pétitions réclamant la séparation administrative faisaient état notamment du peu de considération ressentie par les habitants de Ganshoren, du mauvais état de la voirie et de l'éloignement des services communaux. Ganshoren comptait à l'époque environ 1 100 habitants contre 900 à Jette. Après d'âpres discussions, la nouvelle commune est érigée le 31 mars 1841. Elle disposera de ses armoiries propres : un écu au saint Martin d'or sur champ de gueules. Par la suite, le territoire communal ne connaîtra plus que des changements mineurs : rectifications des limites avec Jette en 1924, avec Berchem-Sainte-Agathe et Koekelberg en 1928 (adaptation au tracé de l'avenue Goffin et de l'avenue de l'Hôpital français) et, en 1958, adaptation de la limite avec Jette au tracé du chemin de fer de Termonde et de l'ancienne ligne de Gand dans la vallée du Molenbeek. Ce n'est qu'en 1954 que Ganshoren intègre, avec Evere et Berchem-Sainte-Agathe, l'agglomération bruxelloise.

La plus longue partie de la limite méridionale de Ganshoren est mitoyenne avec Berchem-Sainte-Agathe (voir *Berchem-Sainte-Agathe*). Au sud-est, elle dessine un tracé non rectiligne à travers le parc Élisabeth, traversant de part en part la basilique du Sacré-Cœur, reproduisant le tracé de l'ancien chemin de Termonde d'abord, puis l'amorce de l'ancienne route, disparue, de Molenbeek et Koekelberg à Ganshoren. Le tracé de la limite orientale, avec Jette, a été rectifié pour suivre la voirie, alors qu'il dessinait initialement une ligne brisée à travers champs : avenue de la Constitution, avenue Poplimont, rue Prince Baudouin, avenue de Jette (le tracé primitif partait en pointe à travers la place Astrid jusqu'au carrefour des chaussées de Jette et de Wemmel et de la rue L. Theodor,

La paroisse de Jette-Ganshoren en 1640

Jan I Brueghel, les jardins du château de Ganshoren, début XVIIe siècle

face à l'ancien cabaret du *Spiegel Huys*). La petite portion de la limite le long de la rue Pierre Timmermans correspond à nouveau à une portion d'un ancien chemin rural, alors que la rue É. Toussaint a été créée postérieurement sur la limite, qui se prolongeait ensuite par une ligne brisée jusqu'au cours du Molenbeek, qu'elle atteignait légèrement en amont de sa traversée par un chemin dont le tracé a été repris par l'actuelle avenue de l'Exposition. Elle suivait ensuite le cours du Molenbeek vers l'amont, jusqu'à la limite de Zellik. C'est cette partie de la limite qui a été rectifiée pour suivre la ligne de l'ancien chemin de fer

Le château de Rivieren, vers 1910

de Gand et celle de Termonde. La limite avec Zellik suit le *talweg* du Kattebroek, branche méridionale du Molenbeek, jusqu'à la limite de Berchem à la hauteur de l'ancien chemin de Termonde (actuelle rue Nestor Martin), déjà abandonné au XVIIIe siècle au profit de la chaussée de Gand.

Du XIXe au XXIe siècle

Les activités économiques

Jusqu'en 1841, Ganshoren n'est qu'un hameau de Jette-Saint-Pierre avec une population agricole vivant de la culture maraîchère et de la brasserie. Dans la seconde moitié du XIXe siècle, lorsque la commune devient autonome, l'agriculture s'engage dans un déclin irréversible. La population de Ganshoren s'agrandit grâce à l'arrivée constante de nouveaux habitants. Cette migration la transforme en une localité résidentielle où les seules activités d'ordre économique relèvent essentiellement du secteur tertiaire, mise à part une importante usine de poêlerie, Nestor Martin, qui n'a cessé de se développer. En 1930, la société Nestor Martin a en effet regroupé toutes ses activités sur le territoire de Ganshoren où se situe donc l'usine la plus importante du pays pour la construction de cuisinières et d'appareils de chauffage. Elle s'étend sur 40 000 m² et emploie au plus fort de son activité jusqu'à 1 200 personnes. Nestor Martin, rachetée par la multinationale suédoise Electrolux à la fin des années 1970, ferme définitivement ses portes dans les années 1980. L'ancien site est en cours de réaménagement, tandis que l'actuel parc industriel « Martin », géré par la SDRB à l'avenue Rusatira, comporte une dizaine d'entreprises dont les plus importantes sont actives dans le secteur de la boulangerie industrielle. C'est ainsi que la boulangerie-pâtisserie industrielle Van de Kerkhove – l'une des plus modernes du pays, repreneur du Pain quotidien – s'y est installée. Son activité est énorme : près de 80 000 petits pains par jour et elle occupe près de 150 personnes.

La population

Lors de la séparation administrative de 1841, la commune compte un millier d'habitants et une superficie d'environ 240 ha. La proximité de la capitale se fait encore peu sentir : jusque dans les premières années du XXe siècle, Ganshoren restera une commune rurale dont la population n'augmentera que très lentement. En 1880, elle ne compte encore que 1584 habitants. La croissance s'accélère dès le tournant du siècle : plus de 4 000 habitants en 1914, 5 527 en 1930, 9 092 en 1947, pour culminer à 21 147 au recensement de 1970. Depuis ce moment, la population communale stagne, voire régresse légèrement. Une certaine reprise s'est toutefois manifestée ces dernières années, mais avec 20 970 habitants au 1er janvier 2006, elle n'atteint toujours pas le maximum de 1970. Les années 1950 et 1960 ont vu arriver des milliers de nouveaux habitants, mais cette génération vieillit et Ganshoren a comme particularité de posséder le plus haut taux de seniors de la Région : près de 30 % de ses habitants

Le *Panthéon* de Ganshoren, grande laiterie et restaurant, vers 1900

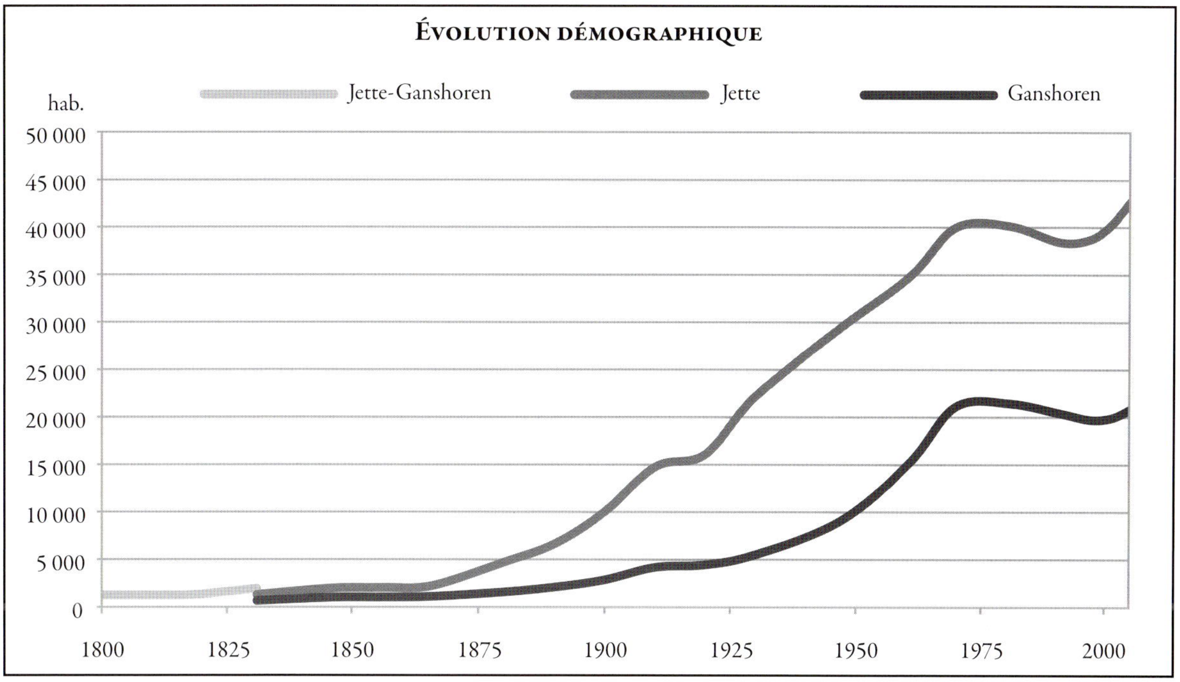

ont plus de 60 ans. Des services sont mis à leur disposition : activités de loisirs, équipe d'aides familiales, maison de retraite de qualité et résidence-service, une vingtaine de flats destinés à des personnes valides mais non entièrement autonomes. Parallèlement à cela, Ganshoren tente de rajeunir la population en attirant de jeunes ménages, notamment par l'implantation d'une nouvelle crèche communale francophone, Les Poussins, et par des mesures fiscales spécifiques lors de l'acquisition d'un logement.

D'un point de vue linguistique, Ganshoren reste longtemps un village flamand. À la fin du XIXe siècle, on dénombre seulement 10 % de francophones. En 1932, les francophones composent 35 % de la population. La francisation de la commune, parallèle à la croissance démographique, ne tarde pas à manifester ses effets. En 1947, on dénombre 46 % de bilingues, 26 % de francophones et 20 % de Flamands de sorte que, en 1954, Ganshoren bénéficie du régime bilingue de Bruxelles (dernière commune de l'actuelle Région à l'obtenir, avec Berchem-Sainte-Agathe et Evere). En 1970, on considérait officieusement que 75 % de la population était francophone de fait.

La situation politique

La composition sociologique de Ganshoren au XIXe siècle explique aisément que la commune soit dirigée par des bourgmestres catholiques jusqu'en 1921. Les bourgmestres sont souvent des notables propriétaires terriens. Ulric de Villegas, comte de Villegas de Saint-Pierre-Jette, devient ainsi bourgmestre de Ganshoren en 1873. Il le restera près de 30 ans. Époux de la baronne Gabrielle de Thysebaert, catholique fervent, il s'engagera également comme administrateur-trésorier au sein de la société Les Amis de la basilique nationale du Sacré-Cœur, cheville ouvrière de la construction de la basilique.

De 1921 à 1946, Ganshoren est administrée par des bourgmestres libéraux s'appuyant généralement sur une coalition catholique-libérale, à l'exception de la période 1926-1932 où une alliance libérale-socialiste voit le jour, une première dans la commune de Ganshoren. Alphonse Hellinckx, ancien fonctionnaire communal de Koekelberg, élu conseiller communal libéral de Ganshoren en 1924, devient bourgmestre en mars 1927. Il est, en outre, président d'honneur de la fanfare de Ganshoren, Kunst en Vrijheid. Décédé en 1937, son corps est incinéré au

Carte postale pour la promotion de la construction de la basilique de Koekelberg, 1922

crématoire d'Uccle, ce qui est encore, à l'époque, un acte militant anticlérical.

L'après Seconde Guerre mondiale voit la poursuite et l'accentuation de l'urbanisation de la commune. La vie politique est dirigée successivement par trois personnalités: Joseph Peereboom, Richard Beauthier et, plus récemment, Michèle Carthé. Joseph Peereboom est le premier bourgmestre socialiste de Ganshoren. Travaillant aux services administratifs de la Centrale des métallurgistes, ce militant socialiste est élu conseiller communal en 1927 et devient bourgmestre en 1939. Durant la Seconde Guerre mondiale, il participe à la presse clandestine et dirige un organisme de distribution de charbon. Après-guerre, les électeurs offrent une majorité absolue au PSC, mais, étonnamment, les conseillers catholiques décident d'offrir le mayorat au socialiste Peereboom tout auréolé par son comportement patriotique durant la guerre; une cohabitation qui se révéla parfois difficile ! En 1952, les socialistes obtiennent à leur tour une majorité absolue, un vrai plébiscite pour Peereboom qui reste bourgmestre jusqu'en 1959.

Richard Beauthier marque ensuite de son empreinte l'histoire de Ganshoren durant toute la seconde partie du XXe siècle. Il en sera en effet bourgmestre pendant près de 40 ans. Cet avocat de formation, diplômé du jury central, inscrit au barreau de Bruxelles dès 1939 et avocat à la cour d'appel, est un social-chrétien et un municipaliste convaincu. Il est élu conseiller communal de Ganshoren pour la première fois en 1952. Lors des élections communales de 1958, Richard Beauthier, réélu, accède au poste de premier échevin: sa liste sociale-chrétienne avait ravi la majorité avec les libéraux. À la suite du décès de son prédécesseur libéral, le poste de bourgmestre lui revient le 27 juillet 1960. Les élections suivantes le confirment pleinement comme bourgmestre, les sociaux-chrétiens obtenant la majorité absolue. Il sera en outre conseiller provincial (1954-65), sénateur (1965-68 et 1973-74), député (1974-78), conseiller de l'agglomération bruxelloise (1971-88) et conseiller régional (1989-95). Mais c'est bien sur Ganshoren qu'il concentre ses activités. Sa liste du bourgmestre, réunissant PSC et CVP et quelques indépendants, gagne systématiquement toutes les élections jusqu'à la fin de sa vie. Très présent dans la commune, il la gère, comme il aimait à le dire, « en bon père de famille ». Homme de conviction, il mène avant tout une politique pragmatique, notamment en tentant d'aplanir les tensions communautaires.

À la suite du décès de Richard Beauthier, en 1999, c'est le premier échevin Jan Beghin qui devint bourgmestre faisant fonction, et ce jusqu'à la nomination de Luc Barbay en mai 2000. Cet ancien échevin de l'urbanisme et de l'environnement reprend le mayorat jusqu'au scrutin communal d'octobre 2000. Ces élections bouleversent le paysage politique de Ganshoren. Les sociaux-chrétiens, affaiblis depuis le décès de Richard Beauthier, voient nettement diminuer leur score électoral. Les libéraux alliés au Front démocratique des francophones (FDF) progressent, suivis par les écologistes et les socialistes. C'est pourtant Michèle Carthé, socialiste, incarnant l'opposition depuis plus d'une dizaine d'années (elle est conseillère communale depuis 1989), qui enfile l'écharpe mayorale. Première femme bourgmestre de la commune, elle est également députée régionale depuis 1995. Socialistes, libéraux et écologistes s'imposent donc, rejetant les sociaux-chrétiens dans l'opposition, mettant ainsi fin à plusieurs décennies

Estaminet avenue des Gloires Nationales, vers 1900

de majorité absolue. Cette majorité inédite doit faire face à de nouveaux défis, dont un léger déficit démographique et une situation financière difficile déjà amorcés sous la législature précédente. Les tensions deviennent de plus en plus perceptibles entre les membres de la majorité. Aux élections communales de 2006, Michèle Carthé se représente, cette fois-ci, à la tête d'une liste de la bourgmestre (LB). Elle comprend des socialistes francophones et néerlandophones, des candidats d'ouverture, des libéraux et des sociaux-démocrates flamands, ainsi que des candidats FDF, ces derniers se mettant ainsi en rupture avec leur parti. Cette liste remporte les élections avec 13 sièges. Le MR en obtient huit, le cdH trois, Écolo deux et le VB un. La position de Michèle Carthé sort renforcée et cette dernière propose une alliance au cdH, rejetant ainsi les libéraux francophones et les candidats « officiels » du FDF dans l'opposition.

Bourgmestres

1842 : Josse Van Rosse
1846 : Égide Van Hemelrijck
1855 : Joseph Huygens
1857 : Antoine Haeck
1861 : Joseph Oscar Van Overbeke
1873 : Ulric de Villegas
1912 : Fernand De Greef
1923 : Laurent Heirebaut
1927 : Alphonse Hellinckx
1936 : Oscar Maeschalck
1939 : Joseph Peereboom
1959 : Maurice Hellinckx
1960 : Richard Beauthier
2000 : Luc Barbay
2001 : Michèle Carthé

Les aménagements urbains

Ganshoren est restée essentiellement rurale jusqu'à la fin du XIXe siècle. Le territoire de l'actuelle commune n'était parcouru par aucun chemin de quelque importance : l'ancienne route de Merchtem passait à l'est, sur le territoire actuel de Jette, et la chaussée de Gand, à l'ouest, sur le territoire de Berchem-Sainte-Agathe. L'ouverture de cette dernière chaussée a, en réalité, fait perdre rapidement toute importance à l'ancienne route de Termonde, dont le tracé était lui-même marginal par rapport au hameau. La voirie de Ganshoren est peu différente à la fin du XIXe siècle de la situation qui prévalait à la fin du XVIIIe. La seule modification notable est le tracé de la ligne de chemin de fer de Gand, qui s'allonge dans la portion septentrionale de la commune, avec son embranchement vers Termonde. Avec une simple halte éloignée du centre villageois, cela n'a pas induit d'urbanisation. L'absence d'un ancien noyau villageois structuré explique l'absence d'un véritable centre communal. Il n'y a pas d'agglomération au sens propre du terme, mais plutôt quelques regroupements produits par le croisement des rues, chemins et venelles. En 1925, un observateur note que Ganshoren a encore piteuse mine : « Il était assez saisissant, en effet, étant donné sa proximité immédiate de la capitale, de passer brusquement de la ville dans ce vieux village aux rues étroites, raboteuses et sales, aux masures grises et délabrées, toutes de guingois, flanquées de maigres potagers où poussaient misérablement quelques légumes étiques ».

Le tracé de l'avenue Charles Quint, amorcée avant la Première Guerre mondiale et ouverte en 1925, va devenir l'axe principal de la commune, même s'il est situé sur sa limite méridionale. Ce n'est que dans les années 1950 et 1960 que se mettront en place d'autres grands axes qui vont structurer la partie septentrionale de la commune : percée vers le nord de Jette de l'avenue de l'Exposition universelle, doublant l'ancien tracé de la route de Merchtem (les actuelles chaussées de Wemmel et de Dieleghem), d'abord, prolongation de l'avenue Van Overbeke jusqu'à la ligne du chemin de fer, avec développement d'une cité-jardin et construction d'un ensemble de grands immeubles, ensuite. Un autre quartier d'immeubles à appartements sera construit le long de l'avenue Marie de Hongrie, parallèle à l'avenue Charles Quint.

Déjà dès le début du XXe siècle, l'afflux de nouveaux habitants oblige l'administration communale à créer les services indispensables pour leur assurer des conditions de vie acceptables : voirie, pavage, approvisionnement d'eau, canalisations de gaz et d'électricité, le tout-à-l'égout, éclairage public, écoles, etc. On abat de vieilles bicoques et on trace de nouvelles rues. Divers facteurs favorisent ce passage à l'urbanisation : l'ouverture du boulevard Léopold II, l'aménagement du plateau de Koekelberg en parc public (parc Élisabeth) et l'ouverture d'avenues tout autour (les avenues des Gloires Nationales et Jacques Sermon), l'érection de la basilique nationale du Sacré-Cœur de Jésus (dont les trois quarts de la superficie sont situés sur le territoire de la commune de Ganshoren), la proximité du plateau du Heysel où se tiennent les expositions internationales et universelles de 1935 et surtout de 1958, et enfin l'ouverture au-delà de la basilique de l'avenue Charles Quint conduisant vers l'autoroute de Gand et les villes du littoral (une des voies de circulation les plus fréquentées du pays). L'urbanisation, causée par l'accroissement et l'extension de la capitale, atteint Ganshoren qui devient au cours du XXe siècle une commune essentiellement résidentielle.

L'avenue Charles Quint symbolise souvent – hélas diront certains – la commune de Ganshoren. Sa création, approuvée par le conseil communal en 1905, date dans les faits de 1935. L'avenue relie alors le quartier de la basilique à la chaussée de Gand. Son aménagement ne se fit pas sans mal, le profil des terrains traversés (succession de terres incultes où les enfants allaient jouer) nécessitant des travaux considérables. Elle est la plus importante des artères créées dans la périphérie du Grand-Bruxelles après la Première Guerre mondiale. Surnommée « la belle avenue », elle constitue le premier tronçon de la grande voie en direction des Flandres et du littoral que Léopold II impose déjà en 1906. Mais la belle avenue se transforme rapidement en une autoroute urbaine. Dès les années 1950, y circuler s'avère des plus difficiles. L'existence de deux pistes cyclables n'arrange pas les choses. Très vite, la commune supprime ces pistes et de nouveaux travaux sont entrepris au début des années 1970. En 1974, l'avenue Charles Quint est totalement remise à neuf et mène directement de l'autoroute à la basilique. Les trams disparaissent, cinq bandes de circulation séparées par une berme centrale, des trottoirs réduits... l'enfer quotidien pour les riverains. Depuis, les plaintes des commerçants de l'avenue Charles Quint émaillent régulièrement les débats du conseil communal.

Ce nouveau pôle de la vie de la commune de Ganshoren amène le transfert de la maison communale dans cette large artère. Dès la fin de la Seconde Guerre mondiale, l'administration forme les projets de construction d'une nouvelle maison communale. Mais ce projet n'aboutit pas, faute de moyens. Au même moment, deux immeubles à appartements contigus de l'avenue Charles Quint sont mis en vente publique. La commune en fait l'acquisition en février 1949. Dès l'achat effectué, les appartements sont aménagés en bureaux et les deux immeubles, sans grand

L'estaminet *Het Heideken*, vers 1910

cachet ni richesse architecturale, sont transformés en une maison communale pratique et spacieuse.

Dans toute la commune surgissent des rues nouvelles, les champs font place à des résidences unifamiliales et des résidences collectives. Parallèlement à l'avenue Charles Quint, s'ouvre un nouveau quartier autour de la résidentielle avenue Marie de Hongrie. L'avenue Van Overbeke relie bientôt le quartier de la basilique à la place communale, l'avenue de l'Exposition universelle au square du Cinquantenaire. Ganshoren se trouve à la croisée des chemins. Population mélangée, mais de plus en plus urbaine, structure complexe où voisinent une industrie locale et de nouveaux venus désertant le centre-ville de Bruxelles et s'installant dans sa périphérie. L'urbanisation est en marche tout en conservant des espaces verts importants qui, aujourd'hui encore, occupent près de 10 % de la superficie communale. Ganshoren reste l'une des communes les plus vertes de la Région de Bruxelles-Capitale et elle en a fait son label.

Les années 1950-1960 voient l'explosion du parc immobilier de Ganshoren. On construit et on le fait savoir. La presse relaie cette frénésie de bâtir. Les autorités communales ne cachent pas leur fierté de ce Ganshoren moderne, urbain et construit. Les atouts de Ganshoren sont énumérés ; tout est bon, dans les prospectus publicitaires, pour attirer de nouveaux habitants : la commune possède l'avantage de n'être qu'à quatre kilomètres du centre-ville (« un quart d'heure de tramway »), d'être située au début de la route vers la mer et « de posséder de jolis quartiers résidentiels et de nombreux hectares de terrain à bâtir à proximité de campagnes verdoyantes et de bois très salubres ».

Immeubles place Reine Paola, 2007

La modernité s'inscrit pleinement dans la vie communale, y compris en matière d'hygiène publique. En 1955, Ganshoren peut se vanter de posséder le service d'enlèvement des déchets ménagers le plus perfectionné de la capitale. Un nouveau camion muni d'un système automatique et de commandes hydrauliques est mis en circulation !

Les nombreux immeubles de 10 étages et plus attirent l'attention du public et des spécialistes. Ces constructions nouvelles, éclatées dans la commune, donnent sans doute un aspect disparate, voire hybride à la commune de Ganshoren.

La commune mène également une politique active de logements accessibles à tous : quelques centaines de logements sociaux sont ainsi construits, essentiellement situés autour de l'avenue Van Overbeke. La société coopérative Les villas de Ganshoren entreprend dès les années 1960 la construction d'immeubles. Un premier bloc de 15 étages sort de terre avenue Van Overbeke dans les années 1960, suivi bientôt, en 1970, de cinq immeubles en étoile, également situés le long de l'avenue Van Overbeke et dans l'amorce de l'avenue des Neuf Provinces. En 1980, dix tours se sont élevées avenue Van Overbeke et avenue Peereboom. On compte actuellement un total de 1 300 logements sociaux gérés par la société coopérative qui abritent 10 % de la population. Décidé sous le mayorat de Richard Beauthier, puis continué sous celui de Michèle Carthé, un tout nouveau quartier est récemment sorti de terre. Dès 1998, l'avenue des Neuf Provinces, à la hauteur du hall des sports (rebaptisé depuis Richard Beauthier) est prolongée jusqu'à l'avenue Marie de Hongrie. À son abord surgit un ensemble de maisons unifamiliales situées tout autour de la place de la Reine Paola. Des immeubles de cinq étages comportant des appartements de standing, des bureaux et des commerces donnent à ce nouveau quartier un ensemble cohérent. Le pouvoir communal espère ainsi réduire le déficit démographique enregistré depuis quelques années.

La petite commune de Ganshoren offre ainsi un visage contrasté. Il y a peu village, elle est rattrapée tardivement par la ville et par la circulation de transit. Buildings modernes de standing, logements sociaux, maisons à appartements résidentiels, anciennes fermettes qui témoignent de la vie du passé, maisons ouvrières, nombreux espaces verts disséminés dans la commune, etc., son paysage éclaté ne donne certes pas à première vue une image uniforme. Tout y est imbriqué et mélangé, y compris les catégories sociales.

Il faut enfin souligner que l'histoire de Ganshoren, et plus particulièrement celle de son développement urbain, est indissociablement liée au château de Rivieren et à ses propriétaires les mieux connus, la famille de Villegas. Le château de Rivieren, situé dans un parc de 8 ha, reste le seul château intact en Région de Bruxelles-Capitale. Fleuron du patrimoine communal, il subit diverses modifications au cours des siècles. Propriété successive de diverses familles, il aboutit dans le giron des de Villegas. Délaissé, quasi abandonné au tout début du XIXe siècle, il sera complètement réhabilité par le comte Ulric de Villegas qui entreprit de lui rendre son éclat d'antan. Le parc est redessiné en 1873 par le paysagiste allemand Brücke. La famille de Villegas de Saint-Pierre-Jette possédait encore de nombreuses terres sur les territoires de Ganshoren et de Jette que, depuis le XIXe siècle, l'administration communale et diverses sociétés immobilières leur ont patiemment rachetées pour y construire le Ganshoren d'aujourd'hui. Après le décès, en 1973, d'Élisabeth de Bontmiliau, veuve du comte Albert de Villegas, le château de Rivieren fut vendu. Les nouveaux propriétaires en ont fait un lieu de rencontre. Le château pouvait être loué pour des séminaires, des expositions, des fêtes privées ou des mariages. Le château et son parc ont toutefois été classés par la Commission des monuments et sites en 1983. En 2000, le château changea une nouvelle fois de propriétaire et, depuis, le domaine est inaccessible au public.

Les activités religieuses

Saint-Martin est le patron de Ganshoren. Il est dignement fêté tous les 11 novembre lors de grandes kermesses. Cette fête locale réunissait auparavant tous les fermiers des environs, venant à la chapelle pour assister à la messe. Le soir, des feux étaient allumés aux carrefours des chemins de campagne. Au fil du temps, cette tradition s'est perpétuée le dimanche suivant le 11 novembre par une grande cavalcade en costume d'époque et par un cortège à cheval dans toutes les rues de la commune.

Consacrée en 1853, la nouvelle église Saint-Martin, construite par l'architecte bruxellois Louis Spaak, grand-père de l'auteur de *Kaatje*, a été démolie en 1974 lors des travaux d'élargissement de la rue Beeckmans. Un nouvel édifice religieux fut consacré place Reine Fabiola, en 1971, par l'architecte Jean Gilson. Sa conception en surprit plus d'un. L'église ne possède pas de clocher, mais un « signal », sous la forme d'un haut trapèze, au sommet duquel se trouve un carillon protégé par une toiture arrondie surmontée d'une grande . La façade gigantesque du signal est décorée par un bas-relief monumental en céramique polychrome. Œuvre de l'artiste polonais Zygmunt Dobryzcky, inspiré par le thème de la charité, il représente l'essor du règne du Christ, manifesté par l'exemple de saint Martin, figure centrale de la composition. Saint-Martin n'est pas la seule paroisse de la commune. L'église Sainte-Cécile, un édifice moderne, fut inaugurée en 1965 et dédiée à la patronne de la musique et des musiciens.

Les activités culturelles, artistiques, scientifiques et sportives

Ganshoren vit également au rythme de ses grandes braderies, autres brocantes et kermesses. La société de la Saint-Martin continue à y faire vivre le folklore local. La place Guido Gezelle abrite pour sa part une belle bâtisse surnommée La Villa qui accueille le centre culturel francophone. Cette a.s.b.l. fédère les nombreuses associations culturelles et sportives : ateliers de peinture, cours de langues, le club de photos, le Groupe des peintres et sculpteurs de Ganshoren, les ateliers d'aquarelle, de céramique et de gravure, le Ganshoren Philatelic, clubs de whist ou de bridge, les chorales etc. côtoient les associations d'éducation

Participants à la fête de la Saint-Martin, vers 1930

permanente, les groupes d'associations religieuses et laïques, les mouvements politiques et les mouvements de jeunesse. La maison La Villa accueille diverses conférences, expositions ou troupes de théâtre. Chaque année, le centre culturel francophone organise également, en collaboration avec son pendant néerlandophone *De Zeyp*, le festival de la bande dessinée qui se tient au mois de mai depuis le début des années 1990. Ce festival connaît un succès grandissant. Depuis 2002, les séances de dédicace et l'exposition se déroulent sous chapiteau, sur l'esplanade de la basilique.

L'enseignement communal se limite au niveau maternel avec les écoles Nos Bambins, fondée en 1955, et Les Bruyères, mais la commune compte aussi sur son territoire deux autres écoles maternelles, trois écoles primaires, trois écoles secondaires et deux établissements d'enseignement spécial.

En 1972, Ganshoren est jumelé avec Rusatira (Rwanda). Un comité de jumelage voit le jour en 1983. Par son action, il maintient et encourage les liens entre les populations et soutient tous les projets qui ont comme objectif une meilleure connaissance de l'Afrique.

Dans les années 1960 et 1970, le bassin de natation Nereus (inaccessible depuis plusieurs années), le home Heydeken, réputé et géré par le CPAS, une plaine de sports et deux maisons de jeunes (francophone et néerlandophone) s'ajoutent à la liste des services offerts par l'administration communale.

J. DIONGRE
ARCHITEKT

JETTE

Anne Bauwelinckx, Paulo Charruadas,
Serge Jaumain, Christian Vandermotten

Topographie

La commune de Jette occupe les deux rives du Molenbeek, le long du cours moyen de cette rivière. Cette situation était plus claire encore avant la séparation entre Jette et Ganshoren. La partie méridionale de la commune couvre l'éperon d'interfluve, au relief peu marqué, culminant vers 45 m d'altitude, entre le Molenbeek (vers 25 m) et la Senne. Elle n'atteint toutefois pas la plaine alluviale de cette dernière, le bas du versant relevant de la commune de Molenbeek, à hauteur du Pannenhuis et à l'est du chemin de fer de ceinture. Le noyau villageois de Jette se situe vers 30 m d'altitude, sur la partie inférieure du versant méridional, de rive droite du Molenbeek.

Au nord de la plaine alluviale du Molenbeek, le territoire communal s'élève plus vigoureusement en direction de la ligne de crête qui forme la limite communale. En effet, il s'élève au-dessus de 80 m à l'Arbre Ballon, dans la partie supérieure du site de l'AZ-VUB, entre le bassin du Molenbeek et le haut bassin du Maelbeek. Ce dernier draine Wemmel en direction de Grimbergen. Le versant septentrional de la vallée du Molenbeek reste occupé par deux vastes espaces verts, le bois de Dielegem et, surtout, le parc régional Roi Baudouin, qui s'étend des prairies humides du cours du Molenbeek, dans sa partie inférieure, à la hêtraie du Laerbeekbos (marquée par les excavations provoquées par l'extraction du grès lédien) dans sa partie supérieure.

Joseph Diongre, la *Withuis*, avenue Charles Woeste, 1927

Réduction des plans cadastraux, Dépôt de la Guerre, 1847

La carte de Ferraris ainsi que les cartes indiquant la situation vers 1930 et en 1994 se trouvent aux pages 422, 424 et 425

Amédée Lynen, vue des environs de Jette, vers 1900

Des origines à la fin de l'Ancien Régime

C'est sur le territoire de Jette qu'a été faite l'une des découvertes archéologiques les plus significatives de la région bruxelloise : la villa gallo-romaine du Laerbeekbos. Repérée en 1859, elle sera fouillée de 1968 à 1971. La villa pratiqua, selon toute vraisemblance, une économie de type agropastoral implantée sur le versant sud-ouest de la vallée du Molenbeek, à la limite des sols céréaliers fertiles et des terres humides pour l'élevage. Les vestiges ont livré un abondant matériel archéologique, notamment de la céramique attestant des contacts commerciaux avec le reste de la Gaule. Elle semble avoir été principalement occupée pendant la période des IIe-IIIe siècles. Il faut enfin préciser que cette villa était située à environ 900 m d'une chaussée romaine secondaire (connue au Moyen Âge sous le nom de Schapenweg) qui la mettait en liaison avec les *vici* importants d'Asse et d'Elewijt, et, de là, par les grandes chaussées, avec les cités de la Gaule Belgique. Cette voie est importante dans la mesure où la carte des découvertes archéologiques indique une concentration de vestiges romains le long de son tracé.

Par manque de sources, tant textuelles que matérielles, il est impossible d'établir une quelconque continuité entre cette villa du Haut-Empire et le XIe siècle. La première mention connue de Jette remonte en effet à 1095. Elle nous fait prendre connaissance d'une situation déjà évoluée. Un acte donné par l'évêque de Cambrai Gaucher nous apprend que celui-ci vient de consacrer à Jette, au lieu-dit Dielegem, un prieuré de chanoines réguliers. Cette fondation venait d'être opérée par Onulphe de Wolvertem, l'un des seigneurs du lieu, dont la famille est liée à celle, importante, d'Anderlecht. L'évêque déclarait, en outre, avoir émancipé la jeune fondation de l'autorité de l'église paroissiale de Jette, en accord avec son desservant, et lui accordait le droit d'avoir un cimetière indépendant. La dotation primitive de l'institution fut assez maigre (un alleu à Jette, une dîme à Melsbroek et la moitié de celle de Wolvertem), ce qui explique peut-être que le prieuré connut des débuts difficiles. Avant 1112, le successeur de Gaucher, l'évêque Odon, agrandit la dotation. Parmi les biens concédés, il faut noter l'église de Jette et sa dépendance de Ganshoren. À partir de cette date, l'évolution du village et de l'abbaye, à l'image de la situation à Forest, seront indissociables.

Si l'on fait le point sur ces origines complexes, on peut considérer que le territoire de Jette-

Ganshoren s'est sans doute détaché du domaine de Wemmel antérieurement au XIe siècle (voir *Bruxelles et ses communes*). Peut-être cette partie de Wemmel a-t-elle subi un début de mise en valeur justifiant la création d'un oratoire domanial dédié à saint Pierre, suivi de son démembrement. À l'extrême fin du siècle, l'un des seigneurs locaux fonde un modeste prieuré, qu'il rend d'emblée autonome vis-à-vis de l'église. Comme à Anderlecht (chapitre de Saint-Pierre) ou à Bruxelles (chapitre de Sainte-Gudule), cette création répond avant tout au désir d'Onulphe d'affirmer son statut social et d'enraciner son lignage autour du jeune prieuré. L'oratoire de Ganshoren, dédié à saint Martin, est, quant à lui, mentionné en 1112. Des fouilles archéologiques menées à l'emplacement de l'ancienne chapelle révèlent que l'édifice ne peut en aucun cas être antérieur à 1100.

C'est à partir de la deuxième moitié du XIIe siècle que l'institution de Dielegem, devenue alors abbaye affiliée aux norbertins de Prémontré (avant 1159), va accroître considérablement son assise foncière et assurer sa stabilité. L'institution va acquérir des biens dans toute la région nord-ouest de Bruxelles, avec une prédilection pour le territoire jettois. Tout ceci si bien qu'à la fin de l'Ancien Régime, elle possède plus de la moitié du sol du village. Le seul vestige du monastère est la demeure abbatiale, érigée vers 1775 par l'architecte Laurent-Benoît Dewez et située rue Tiebackx 14.

Les structures économiques, à l'image d'autres localités de la région, se caractérisaient par une culture céréalière installée sur le sol des plateaux et des versants proches (seigle et avoine surtout), tenue essentiellement par les fermes abbatiales, et une exploitation des sols de vallée à destination de l'élevage et du maraîchage. Il faut rajouter à cela l'exploitation, par l'abbaye, de bois d'une certaine étendue : le Laerbeekbos, le Poelbos, le Craenbosch, le Heymbos, et l'Elsbos, actuel bois de Dieleghem. Enfin, l'abbaye ne manqua pas d'exploiter, dès le Moyen Âge, les carrières de pierres et de terre à briques. Celles-ci resteront en activité jusque dans la première moitié du XXe siècle.

L'ensemble Jette-Ganshoren fut modeste sur le plan démographique. À la fin du XIVe siècle, on ne compte guère que 24 personnes suffisamment aisées pour participer aux frais occasionnés par la bataille de Baesweiler. Un siècle plus tard, on dénombre 46 maisons, ce qui permet de supposer environ 200 habitants. Sans doute après certaines fluctuations dues aux troubles des XVIe et XVIIe siècles, retrouve-t-on le village, au début du XVIIIe siècle, doté d'une quarantaine de maisons, soit à nouveau un chiffre de 200 âmes. Vers 1750, la population atteindra près de 350 habitants, avant de doubler dans le courant de la deuxième moitié du siècle.

Si les droits de haute justice (crimes de sang) constituèrent une prérogative essentielle du pouvoir ducal au bas Moyen Âge, ceux-ci furent régulièrement aliénés par les souverains espagnols, puis autrichiens, au profit d'aristocrates et propriétaires fonciers locaux. Ce fut le cas à Jette dès 1559 : Corneille Vander Eycke, seigneur de Rivieren, recevait en engagère du roi d'Espagne Philippe II tous les droits de justice contre la somme de 660 florins. Cette seigneurie échut dans les mains de François de Kinschot (1633), chancelier de Brabant, qui y rajouta les droits justiciers des villages de Releghem, Ham et Bever (1644). Son fils, François II, lui succéda et obtint le titre de baron de Rivieren (1654), puis celui de comte de Jette-Saint-Pierre. Le comté de Jette était né, comprenant les territoires de Jette-Ganshoren, Releghem, Ham et Bever. Les descendants de François II de Kinschot conservèrent ce titre jusqu'à la fin de l'Ancien Régime.

L'abbaye de Dieleghem, vers 1910

Panorama de Jette, vers 1910

Formation du territoire communal

Jette s'étend aujourd'hui sur une superficie de 5,2 km², au lieu des 8,2 de la commune originelle de Jette-Ganshoren, qui couvrait l'ensemble des territoires relevant, sous l'Ancien Régime, de la paroisse Saint-Pierre. En effet, 2,4 km² en sont détachés en 1841 pour former la commune de Ganshoren. Précédemment, des rectifications mineures de limite avaient eu lieu en 1803 (suppression d'une enclave de Zellik, près du bois de Dieleghem) et en 1811 (échanges de terrains avec Laeken et Molenbeek Saint-Jean, ainsi qu'une adaptation de la limite avec Berchem-Sainte-Agathe le long de l'ancienne route de Termonde, mais qui concerne la partie du territoire ultérieurement cédée à Ganshoren, voir *Ganshoren*). Jette va encore perdre 0,5 km² en 1903 dans des échanges avec Molenbeek-Saint-Jean et Laeken, et à nouveau 0,1 km² en 1925 au profit de Laeken, entre-temps incorporé à la ville de Bruxelles, pour permettre à cette dernière de posséder la totalité du site du nouvel hôpital Brugmann. Jette a aussi perdu au profit de Laeken la pointe de territoire située entre l'avenue de l'Arbre Ballon et la Chaussée romaine.

Des corrections mineures de limite ont eu lieu en 1924 avec Ganshoren, à hauteur de l'actuelle place Reine Astrid, et, en 1930, avec Koekelberg pour l'ajuster sur le tracé de la chaussée de Jette immédiatement au nord du chemin de fer de ceinture. Enfin, des rectifications plus importantes ont ajusté en 1958 la limite avec Ganshoren, non plus sur le tracé du Molenbeek, mais sur celui de l'ancienne ligne de chemin de fer de Gand et sur celle vers Termonde.

La pointe que le territoire communal dessine au sud-est est limitée au sud par Koekelberg (ancienne limite à travers champs immédiatement au sud des actuelles avenues Broustin et Carton de Wiart ; tronçon historique le long de la chaussée de Jette, prolongé jusqu'au chemin de fer de ceinture), par Molenbeek et par la ville de Bruxelles (Laeken), où le tracé initial, qui dessinait une ligne brisée à travers champs puis longeait un chemin rural correspondant aux actuelles rues L. Procureur et R. Uyttenhove, a été ajusté sur le tracé du chemin de fer de ceinture en 1903 (voir *Koekelberg, Molenbeek, Bruxelles-Laeken*).

À l'est, la limite historique est retrouvée le long de la rue du Pannenhuis, ancien chemin rural également, et dans son prolongement, après un petit

Le chemin de croix à la Grotte de Notre-Dame de Lourdes, vers 1930 (voir *Activités religieuses*)

coude à hauteur de la rue Léopold, par un tracé qui continue vers le nord, jadis à travers champs, entre les biens relevant des paroisses de Jette et de Laeken (tracé très légèrement rectifié immédiatement au nord du chemin de fer de Gand et de Termonde pour supprimer une petite avancée de territoire laekenois). Cette limite se prolongeait jadis en ligne droite jusqu'au sud de l'ancienne ferme d'Ossegem (qui était située à hauteur de l'actuelle avenue Houba de Strooper, au sud du stade du Heysel). C'est ici que la limite a été rectifiée en 1925 pour inclure l'hôpital Brugmann dans le territoire de la ville : elle s'arrête maintenant à hauteur de la rue de Laubespin, puis suit la rue E. Hubert et les voiries qui entourent l'hôpital, jusqu'à l'avenue Stiénon, où elle retrouve l'ancienne limite entre les avenues Rommelaere et J.-B. Depaire. La limite historique reprenait ensuite un tracé sud-nord à travers champs jusqu'à la Chaussée romaine, aux environs de son actuel croisement avec l'avenue Houba de Strooper. Lors de l'annexion de 1925, la ville de Bruxelles, soucieuse d'urbaniser les parties nord-occidentales de Laeken, a annexé aux dépens de Jette la pointe de territoire s'étendant entre la Chaussée romaine et les avenues Palfijn et de l'Arbre Ballon, sur laquelle sera édifiée, après la Seconde Guerre mondiale, la Cité modèle (voir *Bruxelles-Laeken*).

La limite nord de la commune suit l'ancien chemin des Moutons (Schapenweg), prolongement de la Chaussée romaine, aux confins de Wemmel, puis, aux confins d'Asse (ancienne commune de Zellik), la lisière septentrionale et occidentale du Laarbeekbos, telle qu'elle était déjà représentée sur la carte de Ferraris, jusqu'au chemin de fer de Termonde (jusqu'au cours du Molenbeek avant les rectifications de limite avec Ganshoren en 1958).

Du XIXe au XXIe siècle

Les activités économiques

Jette gardera ses caractéristiques rurales pendant une bonne partie du XIXe siècle. Si, à la fin du siècle, se développent quelques sites industriels, leurs activités restent liées à la vocation agricole de l'entité. Graineteries, brasseries et tanneries, directement liées à l'exploitation des campagnes, constituent la majorité des entreprises du territoire. Ces industries s'organisent à proximité des bâtiments de la ferme, comme en témoigne la brasserie *de Wilg*, où les activités brassicoles s'ajoutent aux travaux traditionnels de la ferme et à une fonction d'accueil matérialisée par une auberge.

La forte croissance démographique et l'affectation du sol qui en découle expliquent aussi le faible développement industriel de Jette. La commune favorisera l'émergence de quartiers voués à la résidence au détriment des implantations industrielles. Aujourd'hui, les anciens sites industriels ont été détruits ou ont perdu leur fonction d'origine. C'est le cas de la brasserie *de Wilg* (considérée aujourd'hui comme le bâtiment le plus ancien de la commune) ou encore des ateliers Blanpain-Massouet, opérant dans l'industrie des briques de verre. Les bâtiments encore debout ont été, pour la plupart, réinvestis par des dépôts ou des ateliers d'artisanat. Soulignons le cas particulier de l'ancienne fabrique de cigarettes située rue Henri Werrie, dont les locaux ont accueilli les services de l'administration communale jusqu'en 1999, date du rachat par la commune de la villa Saint-Antoine, ayant abrité le collège Don Bosco et où une partie des services administratifs ont été transférés.

Ateliers, petites et moyennes entreprises fourmillent aujourd'hui sur le territoire de la commune. Mais l'activité industrielle et commerciale de gros a tendance à se concentrer autour de certains grands axes, tels que la chaussée de Jette ou l'avenue Lecharlier. Le marché dominical de Jette, composante importante du dynamisme commercial de la commune, attire chaque semaine plus de 350 échoppes et un public nombreux dont une partie vient de l'extérieur de la commune. Ce marché constitue, avec la place du Miroir et ses magasins variés, le quartier le plus commerçant de la commune. À l'échelle régionale, il peut être considéré comme un très bel exemple de revitalisation commerciale en périphérie.

Mais l'un des éléments les plus frappants de l'évolution économique contemporaine est, bien sûr, la forte croissance du secteur tertiaire. L'implantation de l'hôpital AZ-VUB a constitué un important pourvoyeur d'emplois pour la commune et une proportion de salariés jettois, plus importante que la moyenne régionale, est occupée dans les secteurs de la santé et de l'action sociale. Banques, assurances, entreprises pharmaceutiques complètent le tableau. Le respect du caractère résidentiel de l'entité implique un développement de petits bureaux au détriment de grands centres d'exploitation.

La population

Jette reste un village d'à peine plus de 2 000 habitants jusqu'au milieu des années 1860. À cette date, la crois-

Jules-Jacques Van Ysendyck, l'hôtel de ville, 1899

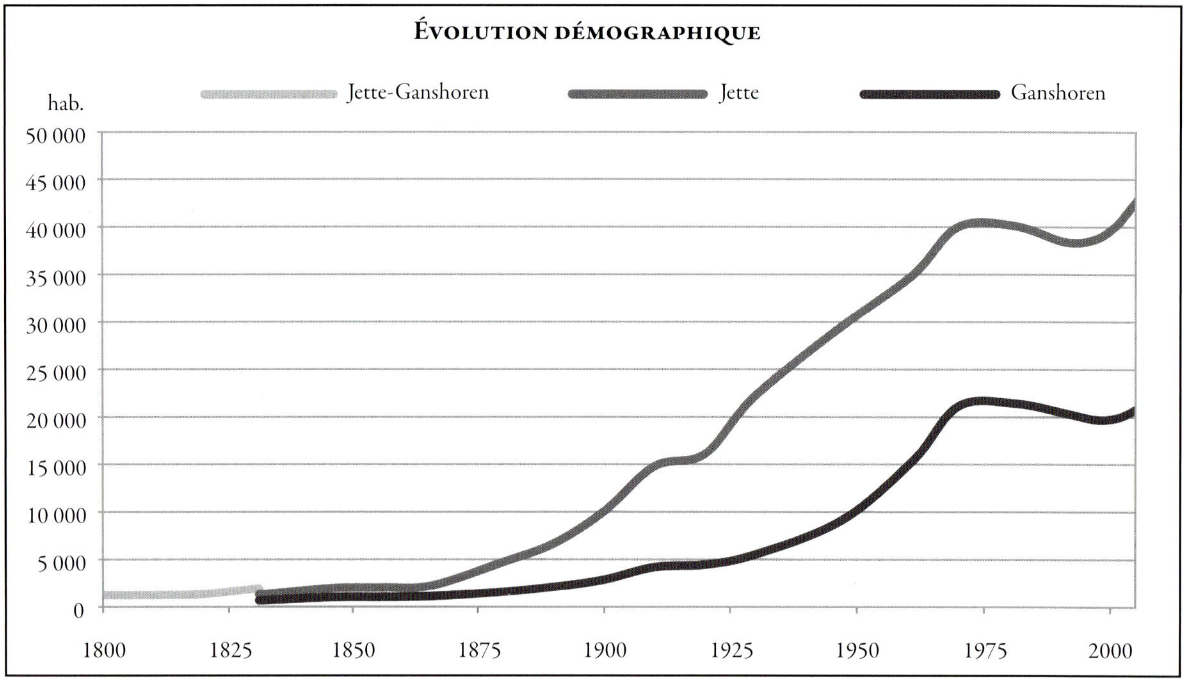

sance de sa population s'accélère pour dépasser 10 000 habitants en 1900, 20 000 à la fin des années 1920 et 40 000 vers 1970. Depuis le début des années 1970, la population de Jette stagne, voire régresse légèrement. Toutefois, une reprise se marque depuis le milieu des années 1990. Avec 41 938 habitants, la population de 2004 correspond à un maximum historique.

La pyramide des âges de la commune montre une population parmi les plus vieilles de la région. Le bilan démographique naturel est donc également l'un des plus négatifs même s'il est partiellement atténué par le bilan migratoire.

Le marché hebdomadaire, place du Miroir, vers 1955

Au point de vue linguistique, la population jettoise, comme celle de la plupart des autres villages de l'agglomération bruxelloise, était, à l'origine, de langue flamande. Sous les effets de l'immigration et, dès lors, de la croissance démographique, la francisation s'est opérée très progressivement. En 1930, il y avait sensiblement autant de francophones que de néerlandophones, mais le recensement de 1947 dénombra 52 % de bilingues, 24 % de francophones et 16 % de néerlandophones. D'après les documents officiels émis par l'administration et les registres d'état civil, il est probable qu'actuellement la commune compte environ 80 % de francophones.

La situation politique

Dès le lendemain de l'indépendance du pays, les débats relatifs à la scission de l'entité de Jette-Ganshoren animent la politique communale. Dans un premier temps, c'est au niveau paroissial que l'indépendance de Ganshoren sera réalisée (1835). En 1841, la séparation administrative officialisera l'existence de deux entités.

Depuis le début du XIXe siècle, le bourgmestre appartient presque toujours à l'une des anciennes grandes familles de notables jettois et la commune sera dirigée jusqu'en 1907 par les catholiques. Au cours de ces années marquées par les thématiques d'aménagement du territoire et par la problématique scolaire, on notera quelques grandes réalisations, telles que le pavage progressif des routes ou le refus (1846-1847) de voir s'établir des industries chimiques, par crainte des nuisances possibles sur une agriculture encore très importante dans ce bourg rural.

Dans les années 1860, les débats et préoccupations se cristallisent un temps sur l'agrandissement de l'église et du cimetière communal, mais de nouvelles préoccupations d'aménagement reprennent vite le dessus : construction d'une nouvelle gare en 1892, arrivée du tram électrique en 1904, inauguration d'une nouvelle maison communale en 1901 et démarrage du chantier du futur boulevard de Smet de Naeyer vers 1904 (voir plus loin, *Les aménagements urbains*).

Aux élections de 1890, si les catholiques gardent la majorité absolue de six sièges sur onze, les cinq autres étant dévolus aux libéraux, la domination catholique s'érode et, en 1899, une première coalition catholique-libérale prend place à la tête de la commune. Le mayorat reviendra ensuite, jusqu'en 1932, à un libéral, qui dirigera la commune en coalition avec les socialistes (entre 1907 et 1921) ou avec les catholiques (entre 1926 et 1932). Plus que les résultats réalisés, c'est leur position de parti pivot (entre catholiques et socialistes), presque incontournable, qui permet aux libéraux de se maintenir au pouvoir. En 1926, par contre, les trois partis obtiennent chacun quatre sièges, laissant aux libéraux le loisir de choisir leur partenaire tout en conservant le mayorat.

Cette période « libérale » sera marquée par diverses réalisations, avec souvent en point de mire des questions d'aménagement du territoire. La plus importante est sans doute la future avenue Charles Woeste, lancée à l'instigation de Philippe Werrie, qui dirigera la commune sans discontinuer de 1909 à 1926. Un autre fait politique marquant peut être souligné : la ratification unanime en 1912, par le conseil, d'une pétition en faveur du suffrage universel. La Première Guerre mondiale ralentit les chantiers d'urbanisation, mais le conseil continua à travailler, s'opposant par exemple à la déportation des chômeurs en Allemagne (1917).

Les élections de 1932 verront l'arrivée au pouvoir d'une nouvelle coalition libérale-socialiste qui restera à la tête de la commune jusqu'en 1946. À cette date, le PSC obtiendra la majorité absolue (9 sièges sur 17), n'en abandonnant que deux aux libéraux et quatre aux socialistes. Mais aux élections suivantes, en 1952, ce sont cette fois les socialistes qui décrochent le poste de bourgmestre et dirigent la commune en coalition avec les libéraux. Ils ont respectivement obtenu six et quatre sièges, les catholiques occupant les neuf autres. Parmi les grandes réalisations de cette période d'après-guerre, on pointera l'inauguration du parc Garcet, en 1949, le développement du Foyer jettois ou encore l'installation d'un complexe médicosocial et d'un nouveau centre administratif (1951).

Les élections de 1958 verront cette fois la victoire des libéraux qui choisiront de s'allier aux catholiques. Cette coalition sera reconduite à la suite du scrutin de 1964. Durant cette période, la fonction de bourgmestre passera de l'un à l'autre des partis de la coalition. À la suite des élections de 1970, la même coalition est formée, bien que le scrutin marque l'arrivée en force du FDF sur l'échiquier politique jettois : le FDF décroche sept sièges ; les libéraux devenus PLP, six sièges ; les catholiques de la liste UAB, sept sièges et le PSB, quatre sièges. Le nouveau parti de défense des francophones confirmera ce succès lors du scrutin de 1976. À partir de cette date, des élus FDF participeront à la coalition au pouvoir, avec les socialistes et les catholiques, ces derniers en obtenant la direction. En 1982, 1988 et 1994, les catholiques, qui se présentent sous l'appellation « liste du bourgmestre », composée de membres du PSC, du CVP et de candidats indépendants, obtiennent le plus de sièges (13,14, puis 12 sur 35), suivis du FDF (7, 5, puis 5 sur 35). Ces résultats se confirment lors des élections de 2000, avec la particularité que le FDF et les libéraux se regroupent, la liste du bourgmestre obtenant 11 sièges sur 33 et le PRL-FDF 9. La coalition au pouvoir, durant ces années, se compose des sociaux-chrétiens, des socialistes et des écologistes.

La fonction de bourgmestre sera occupée par Jean-Louis Thys de 1977 à son décès, en 1999. Cet homme politique, qui s'imposera dans le monde catholique bruxellois, avait fait son entrée au PSC à l'âge de 17 ans avant de devenir président des jeunes sociaux-chrétiens, député, secrétaire politique du PSC, secrétaire d'État à la Région bruxelloise du gouvernement fédéral, ministre des Transports du gouvernement régional et cela en plus de sa fonction de bourgmestre de Jette. Sa carrière sera marquée par de nombreuses actions en vue d'installer l'ensemble des institutions européennes à Bruxelles et de créer la Région bruxelloise. Mais c'est surtout son combat pour la défense et le développement des transports en commun qui restera dans la mémoire des Bruxellois. En matière de politique communale, il incarnera la gauche du PSC, proposant notamment la création d'un échevinat de la qualité de vie et de la solidarité. Après les élections de 1994, il se replia sur sa commune, à la suite des soupçons de financement occulte du parti par son cabinet ministériel. À son décès, c'est l'échevin de l'habitat, Hervé Doyen qui assurera la succession

La construction d'un nouvel hôtel communal dans l'ancienne maison bourgeoise de Don Bosco, inauguré en 2005, constitue l'une des réalisations importantes de ces dernières années. La politique menée par l'« olivier » (Liste du bourgmestre : cdH, PS, Écolo) sera également marquée par une nouvelle politique de mobilité et de développement du logement social. Après les élections de 2006, Hervé Doyen a conservé le mayorat à la tête de la même majorité.

Bourgmestres

1830 : Henricus Berré
1836 : Albert Van Swae
1842 : François Vandendriessche
1848 : Henri Werrie
1854 : Franciscus Haeck
1879 : Daniel Vanderborght
1882 : Hendrik Laneau
1885 : Guillielmus Vandenschrieck
1895 : Pierre Timmermans
1904 : Edmond Tricher
1909 : Philippe Werrie
1927 : Gustave Van Huynegem
1940 : Jean Neybergh
1953 : Etienne De Munter
1959 : Jacques Swaertenbrouck
1968 : Jean Neybergh
1974 : Gilbert Doyen
1977 : Jean-Louis Thys
1999 : Hervé Doyen

L'église néogothique Saint-Pierre, place Cardinal Mercier, vers 1920

Les aménagements urbains

La commune de Jette est demeurée une entité essentiellement rurale durant la majeure partie du XIXe siècle avec quelques points de concentration de l'habitat. Le noyau villageois autour de l'église Saint-Pierre est évidemment le plus ancien. Longé par le chemin de fer de Gand, il est doté d'une gare. Le petit hameau d'Esseghem en est séparé par un vallon et l'ancienne abbaye de Dielegem. Le reste du bâti se disperse pour l'essentiel le long de la route de Merchtem (les actuelles chaussées de Jette, de Wemmel, de Dieleghem et l'avenue de l'Exposition). On y trouvait, en particulier, outre le moulin à vent de Koekelberg, des cabarets et brasseries. Le château de Dielegem, de l'autre côté de l'avenue de l'Exposition, correspond à l'ancienne ferme abbatiale. Situé en marge de la chaussée de Merchtem, le village y est relié en provenance de Bruxelles par un diverticule au départ du *Spiegel Huys*, en fait l'ancien chemin de Wemmel et de Merchtem. Une autre voirie importante croise la chaussée de Jette au carrefour du *Spiegel Huys*, la rue Léopold (les actuelles avenue Secrétin, rue J. Lahaye et rue Steyls), en direction de Laeken et qui joint, de l'autre côté, l'ancien hameau de Ganshoren. L'essentiel de ces éléments sont déjà en place à la fin du XVIIIe siècle, si l'on exclut l'important couvent des dames du Sacré-Cœur, qui a succédé vers 1840 à l'ancienne campagne de Bonaventure, baron de l'Empire. Il se situe au nord du village et du Molenbeek, le long du chemin antérieur à l'ouverture de la chaussée de Merchtem (l'actuelle avenue du Sacré-Cœur) qui permettait de rejoindre Wemmel en passant à l'est du bois de l'ancienne abbaye de Dielegem. La partie méridionale de la commune est traversée, alors à travers champs, par le chemin de fer de ceinture ouest (1871).

C'est durant la deuxième moitié du XIXe siècle que l'on entreprit de réaménager l'ancienne place publique de Jette en détruisant l'église paroissiale du

XVIIIe siècle et le cimetière qui l'entourait afin d'y ériger un nouvel oratoire de style néogothique (consacré en 1880). La maison communale, érigée en 1899 dans le style néorenaissance flamande, fut l'œuvre de l'architecte Jules-Jacques Van Ysendyck. Au sud, les propriétés champêtres Guyot et Laveleye jouxtèrent encore la place jusqu'au milieu du XXe siècle. En 1949, ces domaines, acquis par la commune, furent aménagés et ouverts au public (actuel parc Paul Garcet).

La fin du XIXe siècle marque un déclin progressif de l'agriculture et les prémices de l'urbanisation (s'étendant dans un premier temps du sud jusqu'au vieux noyau villageois). Elle progresse le long de la chaussée de Jette et de la rue Léon Theodor, puis en suivant deux axes structurant de nouveaux quartiers : le boulevard de Smet de Naeyer (commencé en 1904) et l'avenue Charles Woeste (sous le mayorat de Philippe Werrie, 1909-1926). L'urbanisation des abords de celle-ci ne se terminera qu'après la Seconde Guerre mondiale. Le Miroir (rebaptisé place Reine Astrid en 1935) était à l'origine un carrefour où se trouvaient deux auberges (dénommées l'une À l'Ancien Miroir, l'autre Au Nouveau Miroir). La place actuelle fut structurée au tout début du XXe siècle, lorsque fut ouverte l'avenue de Jette (1906) dans le contexte de l'aménagement du quartier royal voulu par Léopold II autour du parc Élisabeth et de la nouvelle basilique, ainsi qu'avec la construction du couvent des rédemptoristes en 1903.

En 1918, le territoire de Jette était donc constitué de deux parties distinctes, séparées par la ligne de chemin de fer Bruxelles-Gand (1858) : au sud, un tissu partiellement urbanisé de type résidentiel, mêlant maisons bourgeoises et logements ouvriers (impasses et carrés), émaillé d'industries légères ; au nord, un paysage rural avec ses champs et ses zones boisées, dont l'hôpital Brugmann (1912-1923) allait bientôt troubler le calme.

Entre 1919 et 1925, la commune obtint par arrêté royal plusieurs plans d'alignement pour les quartiers Albert (centré sur la chaussée de Jette), du Centre et de l'hôpital Brugmann (avec projet d'y ériger une cité-jardin). Si l'on exclut l'hôpital et une densification des constructions le long de l'avenue du Sacré-Cœur, de la chaussée de Dielegem, de la rue Bonaventure et à proximité du carrefour de l'Ancienne Barrière, l'urbanisation n'a toujours pas progressé au nord du Molenbeek au milieu des années 1950. La chaussée de Merchtem, qui va devenir l'avenue de l'Exposition, est toujours alors un chemin pavé rectiligne à travers champs et sa prolongation au sud de l'Ancienne Barrière vers Ganshoren et la

Entrée de l'*Academisch Ziekenhuis* de la VUB

Nouveaux immeubles avenue Capart, vers 1925

La Cité modèle et le quartier de l'Arbre Ballon, 1969

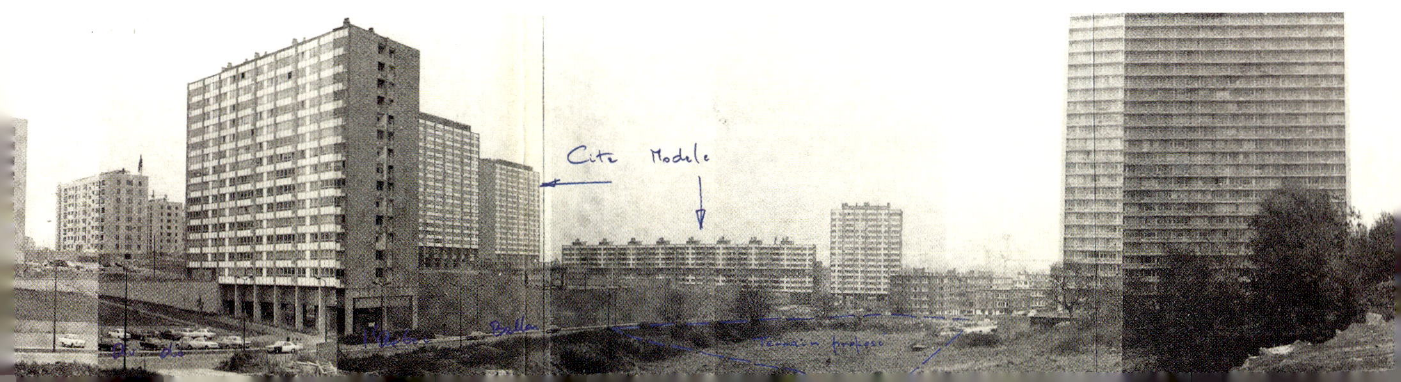

basilique ne sera ouverte que dans les années 1960. L'urbanisation va se développer dans la partie septentrionale de la commune, mais seulement à l'est de l'avenue de l'Exposition, maintenant transformée en voirie rapide.

Le paysage du nord de Jette va progressivement s'urbaniser à son tour. Le tissu urbain sera cependant moins dense que dans le sud et caractérisé par des immeubles plurifamiliaux de plusieurs étages (habitations de standing moyen). Le Foyer jettois, qui avait déjà construit une cité-jardin durant l'entre-deux-guerres, fait ainsi ériger à partir de 1956 le complexe Florair (quatre tours et un total de 356 appartements). Le Foyer fera également construire des logements dans la partie sud, pour remplacer notamment ceux du quartier Esseghem jugés insalubres (projet concrétisé en plusieurs phases s'échelonnant de 1971 à 1993).

L'urbanisation de la partie nord, particulièrement le nord-ouest, sera largement influencée par la création de l'avenue de l'Exposition, longue artère permettant de relier Bruxelles aux parkings automobiles de l'Expo 58, au Heysel. Cette voirie allait polariser des habitations (de type tour de logements) dans le courant des années 1960. Malgré cela, de nombreux terrains restaient encore disponibles. À la suite de la scission linguistique de l'ULB, la Vrije Universiteit Brussel nouvellement créée y fit construire à partir de 1978 son campus hospitalo-facultaire. C'est encore dans ce secteur, près du Laerbeekbos, que la SDRB installa l'un de ses parcs industriels. Enfin, en 1994, la commune créa, dans le secteur, un nouveau lotissement baptisé quartier des Jardins de Jette. Ce quartier, toujours en développement à l'heure actuelle, comptabilise déjà 379 logements (297 appartements, 82 maisons).

La commune de Jette apparaît comme une entité essentiellement résidentielle et dotée de nombreux espaces verts. En 1977, les autorités communales eurent l'idée, unique en région bruxelloise, de rattacher les différentes zones boisées de la commune afin de créer une vaste promenade le long de la vallée du Molenbeek. Le nouveau parc Roi Baudouin (110 ha) permet de traverser la commune d'un bout à l'autre sans jamais le quitter. Celui-ci a fait l'objet d'un aménagement et d'une ouverture au public échelonnés en trois temps : phase I (1981) relative à la plus grande partie de l'ancien domaine du Sacré-Cœur et du Dielegembos ; phase II (1983) relative à des espaces verts créés *ex nihilo* au nord de la rue Antoine Baeck ; phase III (1989) relative aux marais de Jette-Ganshoren et aux bois régionaux du Poelbos et du Laerbeekbos.

La commune est également dotée d'un riche patrimoine architectural, dont un certain nombre d'ensembles urbains remarquables. On notera surtout le bâtiment présumé le plus ancien de la commune : la ferme-brasserie du *Wilg*, chaussée de Wemmel 162-164, qui remonterait à la fin du Moyen Âge. On notera aussi le château Bonaventure, bel édifice néoclassique érigé par l'architecte Laurent-Benoît Dewez vers 1800 en bordure méridionale du Dielegembos. L'incontournable hôpital Brugmann, érigé à partir de 1912 par l'architecte Victor Horta, constitue l'un des plus beaux ensembles hospitaliers de toute la région bruxelloise. Ce complexe, conçu comme un vaste ensemble pavillonnaire implanté au sein d'un site arboré de 18 ha, est le résultat d'une conception résolument novatrice pour l'époque, qui valut d'ailleurs à Horta de nombreuses critiques. À la suite de l'annexion de 1921, l'assiette de l'hôpital Brugmann fut transférée sur le territoire de Bruxelles-Laeken en 1925. Deux ensembles néogothiques méritent aussi une attention particulière : le collège Saint-Pierre (1902) et le couvent des rédemptoristes et son église Sainte-Madeleine (1903).

L'avenue Charles Woeste, reliant la place Ph. Werrie et le boulevard de Smet de Naeyer, constitue une artère caractérisée par une forte présence de l'Art déco. On peut y admirer la Withuis, construite par l'architecte Joseph Diongre en 1927. Déjà dotée d'un bel étage, il s'agit assurément de l'un des plus beaux exemples de maison privée de style moderniste progressiste. Elle a été restaurée intégralement en 1991.

Les activités religieuses

La période contemporaine se caractérise, comme on l'a vu, par une expansion démographique provoquant une augmentation de la population paroissiale et la nécessité de construire de nouveaux édifices. Après plusieurs projets d'agrandissement de l'ancienne église Saint-Pierre de Dewez et de construction d'un nouvel édifice, c'est finalement cette deuxième option qui l'emporta. Une « nouvelle église Saint-Pierre », de style néogothique, vit ainsi le jour au début des années 1880, place Cardinal Mercier. La place Reine Astrid, ancienne place du Miroir, accueillit quant à elle, l'église Sainte-Madeleine et le couvent des rédemptoristes forcés de quitter le centre-ville à la fin du XIXe siècle à cause de travaux d'urbanisation. L'ensemble, de style néogothique, fut érigé selon les plans de l'architecte Dhaeyer. Dans les quartiers nord, urbanisés plus tardivement, de nouvelles paroisses seront construites au milieu du XXe siècle. L'hôpital Brugmann proposera momentanément la chapelle Horta pour l'exercice du culte, en attendant la construction de l'église Sainte-Claire, en 1965-1967. De style « église-hall », et située avenue De Heyn, elle est l'œuvre des architectes Desmet et Latier. À la même époque, l'église Saint-Joseph sera réalisée selon les plans de l'architecte Dessauvage. Située à proximité de l'ancienne abbaye, son édification est également la conséquence de la poussée démographique que connaît alors le quartier. Les quartiers du Topweg et d'Esseghem verront pour leur part une église provisoire dédiée à Notre-Dame de Lourdes érigée en 1913 et à laquelle sera accolée, trois ans plus tard, une grotte du même nom. Il s'agit d'une reconstitution de la grotte de Lourdes, œuvre de l'architecte Tondelier. L'église provisoire est encore utilisée actuellement, bien qu'un édifice beaucoup plus vaste ait été érigé, selon les plans de l'architecte Veraart. Enfin, le couvent du Sacré-Cœur, dont la vocation était centrée sur l'enseignement, et qui avait été fondé au lendemain de l'indépendance par une religieuse, Madeleine Sophie Barat, sera victime du manque de ressources financières et de vocations. Il n'en subsiste que les ruines de la petite chapelle construite en 1933 et qui contenait les reliques de sainte Madeleine, objets de pèlerinage. Elles quittèrent les lieux avec les dernières sœurs en 1999.

Les activités culturelles, artistiques, scientifiques et sportives

L'augmentation de la population aura aussi d'importantes conséquences sur l'enseignement, nécessitant l'organisation, puis l'agrandissement, des écoles primaires communales et libres dans différents quartiers de la commune, ainsi que des cours du soir pour adultes. Dès 1836 fut fondée l'école du Sacré-Cœur qui était constituée d'un internat et d'une école. Le premier accueillait les filles des classes sociales aisées qui y recevaient une éducation centrée sur les apprentissages domestiques et les préceptes de la religion catholique, la seconde accueillait les élèves des deux sexes en âge de suivre les cours du primaire. Vu le nombre croissant d'élèves, les bâtiments seront agrandis et l'offre complétée. Ainsi, en 1891, un externat payant fut ouvert pour les primaires et les trois premiers niveaux du secondaire. Il connut un développement rapide, sa population dépassant celle de l'internat. Au milieu du XXe siècle, les humanités anciennes y furent adjointes et la fusion avec le pensionnat réalisée. Aujourd'hui, l'institut du Sacré-Cœur (enseignement secondaire inférieur et supérieur) représente l'un des quatre établissements secondaires que compte la commune.

La guerre scolaire et les débats qui l'accompagnèrent conduisirent la commune à instituer de nouvelles écoles officielles pour concurrencer les écoles libres tandis que, sous l'impulsion du congrès de Malines (1891), des écoles moyennes catholiques verront le jour dans les grandes villes belges. C'est ainsi qu'en 1902 sera fondé à Jette, par Monseigneur Goossens, l'institut Saint-Pierre. En croissance continue, l'établissement connut une laïcisation du corps professoral et la création de deux sections linguistiques autonomes en 1972. Deux établissements complètent le panorama de l'offre d'enseignement secondaire de la commune de Jette : l'athénée royal de Jette, situé avenue de Levis Mirepoix, et la Joie de vivre (section secondaire d'enseignement spécial), situé avenue Crocq. Au total, la commune de Jette compte aujourd'hui 10 écoles maternelles, 12 écoles primaires et 4 établissements d'enseignement secondaire, tous réseaux confondus. Particularité importante, le territoire de Jette accueille également, depuis 1977, l'hôpital universitaire et donc la Faculté de médecine et de pharmacie de la VUB.

Sur le plan culturel, on notera que le musée communal occupe les locaux du seul vestige de l'ancienne abbaye : la demeure abbatiale, située rue Tiebackx et rachetée par la commune de Jette avant d'être classée comme monument historique. Des collections relatives à l'histoire de la commune y sont présentées et des expositions temporaires organisées. La commune propose aussi un petit musée René Magritte, dédié à l'un de ses plus illustres habitants (il a séjourné plus de vingt ans rue Esseghem 135). Les transformations auxquelles il a lui-même procédé dans cet immeuble, ainsi que certains des lieux que l'on retrouve sur ses tableaux, y sont visibles. La commune compte en outre plusieurs lieux destinés à accueillir les activités culturelles, comme en témoignent la bibliothèque communale, construite en 1975, ainsi que sa voisine, la Gemeentelijke Nederlandstalige Openbare Bibliotheek, et la salle des fêtes regroupées sur la place Cardinal Mercier. Un nouveau centre culturel a par ailleurs été inauguré en 1998. Conçu par les architectes Ferrière et Danhier, et décoré par le dessinateur François Schuiten, il abrite les activités des nombreuses associations membres de l'a.s.b.l. du foyer culturel jettois. Cinq complexes sportifs complètent l'offre de loisir proposée par la commune.

Ajoutons enfin qu'une importante kermesse anime encore la vie jettoise : celle de Saint-Blaise, qui se déroule le deuxième dimanche après Pâques. Remontant au début du XIVe siècle, elle faisait alors partie du culte qui entourait les reliques de saint Blaise, reçues par l'un des abbés de Dielegem et conservées dans un reliquaire en forme de bras dans l'église Saint-Pierre.

Georgette et René Magritte, dans le jardin de leur maison en 1936, transformée aujourd'hui en musée

ORIENTATION BIBLIOGRAPHIQUE

La Région et la ville de Bruxelles : bibliographie générale

Atlas du sous-sol archéologique de la Région de Bruxelles (collection). Bruxelles : Ministère de la Région de Bruxelles-Capitale et Musées royaux d'Art et d'Histoire, 18 vol.

BILLEN CL. et J.-M. DUVOSQUEL (sous la direction de), *Bruxelles*. Anvers : Fonds Mercator (coll. L'esprit des villes d'Europe), 2000.

BONENFANT P., « Quelques cadres territoriaux de l'histoire de Bruxelles (comté, ammanie, quartier, arrondissement) », in *Annales de la Société royale d'Archéologie de Bruxelles*, XXXVIII, 1934, pp. 5-45.

BRAEKEN J., P. CHARRUADAS, E. DE KUYPER, P. DUMONT et B. VANDER BRUGGHEN, *Bruxelles, 175 ans d'une capitale*. Bruxelles–Sprimont : Mardaga & Ministère de la Région de Bruxelles-Capitale, 2005.

« Bruxelles » et « La zone métropolitaine centrale belge : Bruxelles-Anvers », in Ch. VANDERMOTTEN, Fr. VERMOESEN, W. DE LANNOY et St. DE CORTE *(et al.)*, « Villes d'Europe. Cartographie comparative », in *Bulletin du Crédit Communal*, 53e année, 207-208, 1999/1-2. Bruxelles, 1999.

CHARRUADAS P. et Ch. DESSOURROUX, *Étude historique de la Région bruxelloise, des grandes formes urbanistiques et de la législation sur le bâti*, 2 vol., étude inédite commanditée par le Cabinet du Secrétaire d'État à la Région de Bruxelles-Capitale Willem Draps, 2004.

CHARRUADAS P., *Molenbeek-Saint-Jean. Un village bruxellois au Moyen Âge, numéro spécial de Notre Comté–Ons graafschap. Annales du cercle d'histoire, d'archéologie et de folklore du comté de Jette et de la région*. Bruxelles : Cercle d'histoire, d'archéologie et de folklore du comté de Jette et de la région – Centre interdisciplinaire de recherche sur l'histoire de Bruxelles (ULB), 2004.

COSYN A., *Laeken ancien et moderne*. Bruxelles : Imprimerie scientifique Charles Bulens, 1904.

CULLUS Ph., « Laeken, commune annexée, commune oubliée ? », in *Bulletin du Crédit Communal de Belgique*, 1985, 153, pp. 23-44.

CULOT M., E. HENNAUT, M. DEMANET et C. MIEROP, *Le bombardement de Bruxelles par Louis XIV et la reconstruction qui s'en suivit, 1695-1700*, Bruxelles, Archives d'Architecture Moderne, 1992.

DANCKAERT L., *Bruxelles, cinq siècles de cartographie*, Tielt-Knokke -Heist, Lannoo, 1989.

DANCKAERT L., *L'évolution territoriale de Bruxelles (La cartographie de ± 1550 à 1840)*, 2 vol. Bruxelles : Arcade, 1968 .

DE BEULE M., *Bruxelles. Une ville industrielle méconnue: impact urbanistique de l'industrialisation*. Bruxelles : La Fonderie, 1994.

DELCAMP A. (et al.), *Les institutions bruxelloises. De la commune à l'agglomération, de la Région-Capitale à l'État fédéré*. Bruxelles : Bruylant, 1993.

DELIGNE C., *Bruxelles et sa rivière. Genèse d'un territoire urbain (XIIe-XVIIIe siècle)*. Turnhout : Brepols (coll. Studies in European Urban History, 1), 2003.

DEMETER St., « Un siècle de recherche archéologique en Région de Bruxelles-Capitale », in *L'archéologie du Néolithique à la Révolution industrielle*. Région de Bruxelles-Capitale : Sprimont, 2002, pp. 27-43.

DEMEY Th., *Bruxelles en vert*. Bruxelles : Badeaux, 2003.

DEMEY Th., *Bruxelles. Chronique d'une capitale en chantier*, 2 vol. Bruxelles : Legrain, 1990-1992.

DEMEY Th., *Le domaine royal de Laeken*. Bruxelles : Ministère de la Région Bruxelles-Capitale, Direction des Monuments et des Sites (coll. Bruxelles, ville d'art et d'histoire), 2004.

DESPY, A. ET G., «Bruxelles », in H. HASQUIN, R. VAN UYTVEN et J.-M. DUVOSQUEL (dir.), *Communes de Belgique. Dictionnaire d'histoire et de géographie administrative, II, Wallonie-Bruxelles*. Bruxelles : Crédit Communal et Renaissance du Livre, 1983, pp. 1655-1725.

DESPY G., « Un dossier mystérieux : les origines de Bruxelles », in *Bulletin de l'Académie royale de Belgique (Classe des Lettres)*, 1997, 6e série, t. 8, pp. 241-303.

DESSOUROUX Ch., *Espaces partagés, espaces disputés. Bruxelles : une capitale et ses habitants*. Bruxelles : CIRHIBRU-ULB, 2008.

DICKSTEIN-BERNARD Cl., « L'administration de la 'Chaussée' à Bruxelles aux XIVe et XVe siècles », in *Annales du XLIIIe Congrès de la Fédération des Cercles d'archéologie et d'histoire de Belgique*, 1975, pp. 79-83.

D'OSTA J., *Dictionnaire historique des faubourgs de Bruxelles*. Bruxelles : Le Livre, 1996.

Élections communales 1890-1970. Banque de données constituée par CH. KESTELOOT, A. MARES ET CL. MARISSAL. Bruxelles : Crédit communal (coll. Histoire, 95), 1996.

GALAND M., J. HOUSSIAU et Th. SYMONS, *La faïencerie à Bruxelles du XVIIe au XIXe siècle. Une industrie dans la ville au service de la vie quotidienne*. Bruxelles : Musées de la ville de Bruxelles (coll. Historia Bruxellae, 5), 2003.

GILLET P., « Les transformations de Laeken », in *Annales des travaux publics de Belgique*, 1905, LXII, n° 10, pp. 421-472.

GODDING Ph., « Impérialisme urbain ou auto-défense : le cas de Bruxelles (XIIe-XVIIIe siècles) », in *La ville en Brabant. Quatrième colloque, Bruxelles 29-30 mars 1974. Bijdragen tot de Geschiedenis*, 58e année, 1975, 1-2, pp. 117-138.

HENNE A. et A. WAUTERS, *Histoire de la ville de Bruxelles*, nouvelle édition illustrée par M. Martens, 5 vol. Bruxelles : Culture et Civilisations, 1968-1972.

Inventaire visuel de l'architecture industrielle à Bruxelles. Recherche réalisée par les Archives d'architecture moderne pour le Ministère de la communauté française. Bruxelles : Archives d'architecture moderne, 22 vol., 1980-1982.

JACOBS R., *Une histoire de Bruxelles*. Bruxelles : Racine, 2004.

JACQUEMYNS G., « Le problème de la 'Cuve' de Bruxelles de 1795 à 1854 », in *Revue de l'Université de Bruxelles*, 3, 1932, pp. 347-375.

JACQUEMYNS G., *Histoire contemporaine du Grand-Bruxelles*. Bruxelles, 1936.

Jouret B., *L'agglomération bruxelloise : Approche géographique et sociologique, II : Définition spaciale du phénomène urbain bruxellois*. Bruxelles : ULB, Institut de Sociologie, 1972.

Jurion-de Waha F., *La mémoire des pierres. Découvrez les hôtels de ville et les maisons communales à Bruxelles*. Bruxelles : Fondation Roi Baudouin, 1988.

Lelarge A., *Bruxelles, l'émergence de la ville contemporaine. La démolition du rempart et des fortifications aux XVIIIe et XIXe siècles*. Bruxelles : Centre international pour la Ville, l'Architecture et le Paysage (CIVA), 2001.

Marien M.E., « La région bruxelloise avant 700 », in *Cahiers bruxellois*, II, 1957, pp. 1-71.

Martens M. (sous la direction de), *Histoire de Bruxelles*. Toulouse : Éditions universitaires Privat, 1976.

Martiny V.-G., *Bruxelles. L'architecture des origines à 1900*. Bruxelles : Nouvelles Éditions Vokaer, 1980.

Matthys A., *Bruxelles avant 400. Présence romaine à Bruxelles et environs*. Bruxelles : Cercle d'histoire, d'archéologie et de folklore du comté de Jette et de la région, 1978.

Mols R., *Bruxelles et les Bruxellois. Études sociales, morales et juridiques*. Louvain-Bruxelles, 1961.

Sägesser C., V. De Coorebyter et H. Feuillien, *Les pouvoirs à Bruxelles*, étude publiée par le Centre de recherche et d'information socio-politiques (CRISP) : *http://www.bruxelles.irisnet.be/crisp/*.

Smolar-Meynart A. et J. Stengers (sous la direction de), *La région de Bruxelles. Des villages d'autrefois à la ville d'aujourd'hui*. Bruxelles : Crédit Communal, 1989.

Stengers J. (sous la direction de), *Bruxelles, croissance d'une capitale*. Anvers : Fonds Mercator, 1979.

Van Hecke E., « La délimitation de l'agglomération morphologique bruxelloise à partir des secteurs statistiques », in *Courrier du CRISP*, n° 263 du 30 novembre 1973.

Van Humbeek Fr., *Brussels Airport. The History of Haren, Melsbroek and Zaventem*. Nieuwkerken-Waas : Het Streekboek, 2002.

Van Nieuwenhuyze B., *Brussel, de ontwikkeling van een middeleeuwse stedelijke ruimte*, thèse de doctorat en Histoire, U. Gent, 2008.

Verniers L., *Bruxelles et son agglomération de 1830 à nos jours*. Bruxelles, 1958.

Wauters A. et F. Mariën, *Histoire des environs de Bruxelles ou description historique des localités qui formaient autrefois l'ammanie de cette ville*. Bruxelles : Culture et civilisation, 1971-1973 [Réédition de: Wauters A., *Histoire des environs de Bruxelles...*, 3 vol. Bruxelles : Vanderauwera, 1855].

Witte E. (sous la direction de), *De Brusselse negentien gemeenten en het Brussels model. Les dix-neuf communes bruxelloises et le modèle bruxellois*, Colloque organisé par le Réseau de Recherche du Fonds de la Recherche Scientifique-Flandres 'Recherche sur Bruxelles et autres villes/capitales multilingues'. Bruxelles : De Boeck – Larcier, 2003.

Saint-Josse-ten-Noode

Batjoens C.-H., *Saint-Josse-ten-Noode*. Bruxelles : CFC-Éditions (coll. Guides des communes de la Région bruxelloise), 2005.

Bozzo I., *Le comité de quartier Botanique raconte... 13 ans de lutte*. Bruxelles, 1987.

Dassetto F., *Immigrés et communes. Équilibres difficiles. Le cas de Saint-Josse-ten-Noode*. Louvain-la-Neuve – Bruxelles, 1991.

Demeter S. et Y. Cabuy, *Atlas du sous-sol archéologique de la Région de Bruxelles, 6. Saint-Josse-ten-Noode*. Bruxelles : Ministère de la Région de Bruxelles-Capitale & Musées royaux d'Art et d'Histoire, 1994.

Demeter S. et Y. Cabuy, *Atlas du sous-sol archéologique de la Région de Bruxelles, 12. Bruxelles, Quartier Nord-Est*. Bruxelles : Ministère de la Région de Bruxelles-Capitale & Musées royaux d'Art et d'Histoire, 1997.

Guyaux J., « L'assainissement de la vallée du Maelbeek », in *Bulletin trimestriel du Crédit Communal de Belgique*, 22e année, 85, juillet 1968, pp. 154-163.

Inventaire visuel de l'Architecture industrielle à Bruxelles. Recherche réalisée par les Archives d'architecture moderne pour le Ministère de la communauté française. Vol. 14A : *Saint-Josse*. Bruxelles : Archives d'architecture moderne, 1980.

Kesteloot C., A. De Turck, C. Vandermotten, P. Marisal et G. Van Hamme, *Structures sociales et quartiers en difficulté dans les régions urbaines belges*. Bruxelles: Ministère de la Politique des grandes villes, 2002.

Laporte J., *Saint-Josse-ten-Noode en cartes postales anciennes*. Zaltbommel, 1972.

Leunen A.-M., *L'enseignement moyen, professionnel et d'adultes organisé par la commune de Saint-Josse-ten-Noode depuis ses origines jusqu'en 1914*, Mémoire inédit, Université Catholique de Louvain, 1965.

Martens A. *(et al.)*, *Le plan Manhattan ou que crèvent les expulsés*. Bruxelles : Albert Martens, 1974.

Saint-Josse-ten-Noode. Bruxelles : Ministère de la Région de Bruxelles-Capitale & IPS Éditeurs (coll. Inventaires du patrimoine monumental de la Belgique), 1997.

Schaerbeek

Bartholeyns E. et E. De Saegher, *Histoire populaire de Schaerbeek. Notice historique, descriptive et explicative sur la commune, rues, monuments, institutions, curiosités*. Schaerbeek : Mommens, 1987.

Bertrand L., *Schaerbeek depuis cinquante ans 1860-1910*. Bruxelles : Librairie de l'Agence Dechenne, 1912.

Bertrand L., *Schaerbeek pendant la guerre 1914-1918*. Bruxelles : Librairie de l'Agence Dechenne, 1919.

Bouvier J., *L'hôtel communal de Schaerbeek 1887-1987 : une maison, une mémoire*. Bruxelles : Crédit communal de Belgique, 1987.

Buydts R., G. Denhaene et J. Puissant, *Louis Bertrand et l'essor de Schaerbeek*, cat. d'exposition. Bruxelles : Atelier Ledoux, 2000.

Dekoster J., *Les rues de Schaerbeek*. Bruxelles : Les Amis de la Maison des Arts de Schaerbeek, 1981.

Denhaene G., *Introduction à la bibliographie de Schaerbeek*. Bruxelles : Administration communale de Schaerbeek, 1998.

Eggerickx L., *Schaerbeek*. Bruxelles : CFC-Éditions (coll. Guides des communes de la Région bruxelloise), 2000.

Francis J., *La chanson des rues de Schaerbeek*. Bruxelles : Louis Musin (coll. La chanson des rues), 1981.
Kesteloot Ch., A. Mares et Cl. Marissal, *Elections communales 1890-1970. Banque de données*. Bruxelles : Crédit communal (coll. Histoire, 95), 1996.
Koyanagi S., *L'impact de la Seconde Guerre mondiale sur les autorités communales à Schaerbeek (1939-1946)*, Mémoire de licence en histoire (inédit), ULB, Bruxelles, 1994-1995.
Puissant J., « La politique municipale socialiste dans trois communes bruxelloises (Bruxelles, Molenbeek, Schaerbeek), 1884-1895 » in *Contributions à l'histoire économique et sociale*, IV, 1966-1967, pp. 93-112.
Schayes J. et R. Van den Haute, *Schaerbeek. Esquisse historique & géographique*. Bruxelles : Éditions de l'École heureuse, 1949.
Verreydt L., *Si Schaerbeek m'était conté*... Bruxelles, 1999.

Evere

Cnops P., « De pastorieën van Evere », in *Eigen Schoon en de Brabander*, 1969, n°s 7-9, pp. 354-367 et 456-474.
Cnops P., *Evere vroeger, deel 1 – Evere jadis, tome 1*. Nieuwkerken-Waas: Het Streekboek, 1997.
Dessart M., « Esquisse d'une monographie de la commune d'Evere », in *Le Folklore brabançon*, 1958, n° 138, juin, pp. 673-698 ; 1959, n° 142, pp. 176-192 ; 1960, n° 145, pp. 111-134.
Geerinck D. et P. Verhaeghe, *Promenades dendrologiques à Evere*. Bruxelles : CEBE/MOB, 1999.
Guillaume A. et M. Meganck, *Atlas du sous-sol archéologique de la Région de Bruxelles-Capitale : Evere*. Bruxelles : Région de Bruxelles-Capitale & Musée royaux d'Art et d'histoire, 18, 2008.
Guyaux A., *Le bombardement d'Ixelles et d'Evere le 7 septembre 1943*. Bruxelles : Albert Guyaux, 2003.
Inventaire visuel de l'architecture industrielle à Bruxelles. Recherche réalisée par les Archives d'architecture moderne pour le Ministère de la communauté française. Vol. 16B : *Evere*. Bruxelles, Archives d'Architecture Moderne, 1980-1982.
Le cimetière de Bruxelles à Evere, brochure éditée par le service des Affaires culturelles d'Evere à l'occasion de la Journée du Patrimoine 1992, 1992.
Moeraske. Une réserve naturelle à Evere-Schaerbeek – Moeraske. Een natuurreservaat te Evere-Schaarbeek. Bruxelles : CEBE/MOB, s.d.
Rallye « dring-dring » à travers des rues d'Evere, brochure éditée par le Cercle d'histoire et de folklore d'Evere, 2006.
Stevens Chr., « Aérodrome public et douanier de Bruxelles », in *Folklore Brabançon*, 1985, n° 248, pp. 363-378.

Etterbeek

Cabuy Y., S. Demeter et F. Leuxe, *Atlas du sous-sol archéologique de la Région de Bruxelles*, 7. *Etterbeek*. Bruxelles, Ministère de la Région de Bruxelles-Capitale & Musées royaux d'Art et d'Histoire, 1994.
De Pauw L.-F., *La vallée du Maelbeek, avec monographie d'Etterbeek*. Bruxelles : Hayez, 1914.
Dusausoit X., « L'implantation du Collège Saint-Michel à Bruxelles et les raisons de son transfert à Etterbeek (1835-1902) », in *Cahiers bruxellois*, XXIX, fasc. 73, 1988, pp. 107-128.
Etterbeek. Bruxelles : Ministère de la Région de Bruxelles-Capitale & IPS Éditeurs (coll. Inventaires du patrimoine monumental de la Belgique, vol. 3), 1997.
Inventaire visuel de l'architecture industrielle à Bruxelles. Recherche réalisée par les Archives d'architecture moderne pour le Ministère de la communauté française. Vol. 18 : *Etterbeek*. Bruxelles : Archives d'architecture moderne, 1980.
Meire R., *Histoire d'Etterbeek*. Bruxelles : Louis Musin, 1981.
N.N., « La fonderie Mertens à Etterbeek », in *Les cahiers de la Fonderie*, n° 9, décembre 1990, pp. 36-41.
Nizery A., *Etterbeek*. Bruxelles : CFC-Éditions (coll. Guides des communes de la Région bruxelloise), 2000.

Ixelles

Bovy Ph., *Boondael (1 et 2)*. Ixelles (coll. À la découverte de l'histoire d'Ixelles, 10), 2003.
Bovy Ph., *Ixelles*. Bruxelles : CFC-Éditions (Coll. Guides des communes de la Région Bruxelloise), 2000.
d'Huart N. et B. Fornari, *Musée communal d'Ixelles, Bruxelles*. Bruxelles : Crédit Communal (coll. Musea Nostra, 30), 1994.
Demey Th., *Bruxelles, capitale de l'Europe. Le quartier européen de Bruxelles : son histoire, son patrimoine, sa transformation*. Bruxelles : Badeaux ASBL, 2007.
Gonthier A., *Boondael. Le milieu, les hommes, les institutions*. Bruxelles : Éditions de la Librairie Encyclopédique, 1955.
Gonthier, A., « Histoire d'Ixelles (1re, 2e et 3e parties) », in *Le Folklore brabançon*, n°s 142, 143, 144 ; pp. 144-175, 269-357, 417-499.
Guillaume A. et M. Meganck, *Atlas du sous-sol archéologique de la Région de Bruxelles*, 15. *Ixelles*. Bruxelles : Ministère de la Région de Bruxelles-Capitale & Musées royaux d'Art et d'Histoire, 2005.
Hainaut M. et Ph. Bovy, *Ixelles-Village et le quartier des Étangs*. Ixelles (coll. À la découverte de l'histoire d'Ixelles, 3), 1998.
Hainaut M. et Ph. Bovy, *Le quartier de la Petite Suisse*. Ixelles (coll. À la découverte de l'histoire d'Ixelles, 2), 1998.
Hainaut M. et Ph. Bovy, *Le quartier du Cygne (1)*. Ixelles (coll. Á la découverte de l'histoire d'Ixelles, 6), 2000.
Hainaut M. et Ph. Bovy, *Le quartier du Cygne (2)*. Ixelles (coll. Á la découverte de l'histoire d'Ixelles, 6), 2000.
Hainaut M. et Ph. Bovy, *Le quartier Tenbosch (1)*. Ixelles (coll. À la découverte de l'histoire d'Ixelles, 5), 1999.
Hainaut M. et Ph. Bovy, *Le quartier Tenbosch (2)*. Ixelles (coll. À la découverte de l'histoire d'Ixelles, 5), 1999.
Hainaut M. et Ph. Bovy, *Les étangs et l'Abbaye de la Cambre*. Ixelles (coll. À la découverte de l'histoire d'Ixelles, 4), 1998.
Hainaut M. et Ph. Bovy, *Porte de Namur*. Ixelles (coll. À la découverte de l'histoire d'Ixelles, 7), 2000.
Hainaut M. et Ph. Bovy, *Solbosch*. Ixelles (coll. À la découverte de l'histoire d'Ixelles, 8), 2000.

Inventaire visuel de l'architecture industrielle à Bruxelles. Recherche réalisée par les Archives d'architecture moderne pour le Ministère de la communauté française. Vol. 9 : *Ixelles.* Bruxelles, Archives d'Architecture Moderne, 1980-82.
Mémoire d'Ixelles. Bulletin du Cercle d'histoire locale d'Ixelles, 1981-1999.
MIGNON Jean, *1923-1973, la radio belge a 50 ans.* Bruxelles : RTB, 1973.
Statistiques sanitaires et sociales en Région de Bruxelles-Capitale. Fiche n° 9 : Commune d'Ixelles. Bruxelles : Observatoire de la Santé et du Social Bruxelles-Capitale, 2006/1 (*http://www.observatbru.be/documents/graphics/09_ixelles_fr.pdf*).
VAN KALKEN F., *De la Porte de Namur au Solbosch.* Bruxelles : Éditions de l'imprimerie communale d'Ixelles, 1953.

Saint-Gilles

BERNAERTS A., *Histoire de la paroisse de Saint-Gilles-lez-Bruxelles.* Bruxelles, 1954.
BERNIER F., *Saint-Gilles-lez-Bruxelles. Monographie. Histoire et description illustrées.* Bruxelles, 1904.
DEBOUVERIE A., *Visages économiques d'Obbrussel-Saint-Gilles d'hier et d'aujourd'hui.* Saint-Gilles, 1992.
DONS R., « Le château-ferme de Bethléem », in *Le Folklore brabançon,* 223, 1979, pp. 221-250.
DONS R., « Les limites d'Obbrussel-Saint-Gilles de 1216 à 1811 », in *Le Folklore brabançon,* 261, 1989, pp. 22-48.
DONS R., « Les voies de communication à Obbrussel-Saint-Gilles jusqu'au début de 1840 » (1re partie), in *Le Folklore brabançon,* 269, 1991, pp. 61-98.
DONS R., « Les voies de communication à Obbrussel-Saint-Gilles jusqu'au début de 1840 » (2e partie), in *Le Folklore brabançon,* 272, 1991, pp. 328-356.
DONS R., « Obbrussel-Saint-Gilles et son réseau de communications. Des origines à 1900 environ », in *Cahiers bruxellois,* XXVIII, 1987, pp. 5-40.
EYLENBOSCH A. et G. LEBRUN, *Dictionnaire raisonné des rues de Saint-Gilles.* Bruxelles, 1989.
EYLENBOSCH A. et A. HUTCHINSON, *Exposition « Saint-Gilles, 100 ans d'instruction publique ».* Saint-Gilles, 1993.
GUILLAUME A. et M. MEGANCK, *Atlas du sous-sol archéologique de la Région de Bruxelles,* 13. *Saint-Gilles.* Bruxelles : Ministère de la Région de Bruxelles-Capitale & Musées royaux d'Art et d'Histoire, 2004.
KEMPENEERS J., *Histoire d'Obbrussel. Saint-Gilles.* Bruxelles : Aegidium & *Saint-Gilles Dimanche,* 1962.
MOMMENS G., « Les transformations et embellissements de Saint-Gilles-lez-Bruxelles 1885-1905 », in *Annales des travaux publics de Belgique,* 62, 1905, pp. 709-742.
Notices sur la contribution de la commune de Saint-Gilles-lez-Bruxelles à l'Exposition Universelle et Internationale de Bruxelles 1910. Bruxelles, 1910.
VLEESCHOUWER-VAN MEERBEKE M. et C. TEN RAA., « Tienden, thiendheren en pastoors te Sint-Gillis-Obbrussel van de dertiende tot de achttiende eeuw », in *Studia historica Gandensia,* 234, 1979.

Molenbeek-Saint-Jean

« Bruxelles : un canal, des usines, des hommes », in *Les cahiers de la Fonderie,* n° 1, août 1986.
BOTERDAEL J., *Molenbeek Saint-Jean.* Bruxelles: CFC-Éditions (Guides des communes de la Région bruxelloise), 2004.
CHARRUADAS P., *Molenbeek-Saint-Jean. Un village bruxellois au Moyen Âge,* numéro spécial de *Notre Comté/Ons graafschap. Annales du Cercle d'Histoire, d'Archéologie et de Folklore du Comté de Jette et de la Région.* Bruxelles : Centre interdisciplinaire de recherche sur l'histoire de Bruxelles (ULB) & Cercle d'Histoire, d'Archéologie et de Folklore du Comté de Jette et de la Région, 2004.
FINCOEUR M. et M. SILVESTRE, « Au faubourg de Flandre à Molenbeek, l'Établissement géographique de Bruxelles (1830-1880), in *Archives et Bibliothèque de Belgique,* LXX, 1999, pp. 191-226.
FRANCIS J., *La chanson des rues de Molenbeek-Saint-Jean.* Bruxelles : Louis Musin (coll. La chanson des rues), 1975.
MAHIEU C., « Histoire de Molenbeek aux XVIIe et XVIIIe siècles », in *Notre Comté. Annales du Cercle d'Histoire, d'Archéologie et de Folklore du Comté de Jette et de la Région,* 1992-1994, n° 23, pp. 3-22 ; n° 23-24, pp. 17-34 ; n° 25, pp. 66-84 ; n° 26, pp. 32-46.
N.N., « Molenbeek Saint Jean, une commune bruxelloise », in *Les Cahiers de la Fonderie,* n° 33, décembre 2005.

Woluwe-Saint-Lambert

BAUTERS P. et M. VILLIERS, *Les moulins à eau et à vent de Woluwe-Saint-Lambert et de la Région bruxelloise. Histoire et technologie.* Bruxelles : Musée communal de Woluwe-Saint-Lambert (Cahier n° 2), 1996.
CABUY Y., S. DEMETER et F. LEUXE, *Atlas du sous-sol archéologique de la Région de Bruxelles,* 2. *Woluwe-Saint-Lambert.* Bruxelles : Ministère de la Région de Bruxelles-Capitale & Musées royaux d'Art et d'Histoire, 1992.
DELAUNOIS J.-M., *Woluwe-Saint-Lambert.* Bruxelles : CFC- Éditions (coll. Guides des communes de la Région bruxelloise), 2005.
Statistiques sanitaires et sociales en Région de Bruxelles Capitale, Commune de Woluwe-Saint-Lambert, fiche n°18, édition 2006/1. Observatoire de la Santé et du Social de Bruxelles-Capitale, Commission communautaire commune, 2006.
THIEL D. et D. KUPFERMUNTZ, *Woluwe-Village, une vallée, un folklore, des métiers,* Catalogue de l'exposition du 7 mars au 12 avril 1980, Médiatine, 1980.
VAN EECKHOUT M.-Th., *Woluwe-Saint-Lambert, esquisse historique.* Bruxelles : Éditions Moderna, 1953.
VILLEIRS M. *(et al.), Histoire de Woluwe Saint-Lambert,* Musée communal de Woluwe-Saint-Lambert. Bruxelles : Fondation Albert Marinus, 1991.

Woluwe-Saint-Pierre

BATJOENS C.-H., *Woluwe-Saint-Pierre.* Bruxelles : CFC-Éditions (coll. Guides des communes de la Région bruxelloise), 2005.

Falkenbach P., *Historique de Woluwe-Saint-Pierre.* Woluwe-Saint-Pierre, 1992.
Gelders-Michel M.-T., *La paroisse Saint-Paul à Woluwe-Saint-Pierre.* Bruxelles, 1994.
Gelders-Michel M.-T., *Les saisons du Manoir d'Anjou.* Bruxelles, 1989.
Guillaume A. et M. Meganck, *Atlas du sous-sol archéologique de la Région de Bruxelles,* 14. *Woluwe-Saint-Pierre* Bruxelles : Ministère de la Région de Bruxelles-Capitale & Musées royaux d'Art et d'Histoire, 2004.
Heine Ch., *Woluwe-Saint-Pierre : jadis, hier et aujourd'hui.* Bruxelles, 1991.
Knippenberg H., *Woluwe-Saint-Pierre, faubourg de Bruxelles,* Mémoire de l'Institut d'Urbanisme, Université Libre de Bruxelles, 1950 (non publié).
Maniet M.-A., *Essai d'une typologie systématique des quartiers urbains, Woluwe-Saint-Pierre,* 2 vol., Mémoire de l'Université catholique de Louvain, 1974 (non publié).
Verbesselt J., *Het parochiewezen in Brabant,* t. XII, pp. 283-326. Pittem, 1972.
Vivre à Woluwe-Saint-Pierre. Bruxelles : La Lanterne, 1990.

Auderghem

« Prieuré du Rouge-Cloître à Auderghem », in A. Dhaenens et U. Berlière (sous la direction de), *Monasticon belge,* T. IV : *Province de Brabant,* vol. 3, pp. 1089-1103. Liège : Centre national de Recherche d'histoire religieuse, 1969.
Auderghem – Oudergem, 1863 – 1988. Audergem : Administration communale, 1988.
Auderghem – Oudergem, plaquette publiée par la commune d'Auderghem à l'occasion du centenaire de son autonomie. S.l., 1963.
Ceuppens H., *Les anciens Auderghemois.* s.l., s.d.
Delaunois J.-M., *Auderghem.* Bruxelles : CFC- Éditions (coll. Guides des communes de la Région bruxelloise), 1998.
Delforge P., *Journal d'un bourgmestre 1959-1976.* S.l., 1994.
Evraert L. et J. Deceuninck, *L'église et la paroisse Sainte-Anne à Auderghem (1843-1993).* Bruxelles, 1993.
Inventaire visuel de l'architecture industrielle à Bruxelles. Recherche réalisée par les Archives d'architecture moderne pour le Ministère de la communauté française. Vol. 17 : *Auderghem et Watermael-Boitsfort.* Bruxelles : Archives d'architecture moderne, 1980.
Maes A., *Le vieil Auderghem. Images d'un hameau forestier. Collections de l'asbl 'Les Prieurés de Val-Duchesse et de Rouge-Cloître' et de ses administrateurs. Exposition: Auderghem, du 1er septembre au 18 novembre 1984.* Auderghem : Conseil des Trois-Fontaines, 1984.
Mentrop F., « Le jardin expérimental Jean Massart ouvre ses portes », in *Nouvelles du patrimoine,* n° 42, février 1992, p. 28.
Polus S. (sous la direction de), *Bruxelles. Auderghem-Watermael-Boitsfort.* Bruxelles : Rossel (*Le Soir* hors-série : La Collection des Villages de Bruxelles), 2005.
Schots H., *Les peintres d'Auderghem de Jean Degreef à nos jours.* Bruxelles, 1975.

Watermael-Boitsfort

Bauwin É., « Un exemple de décentralisation des bureaux dans la région bruxelloise : le cas de la commune de Watermael-Boitsfort », in *La Géographie,* n° 104, 1975, pp. 45-71.
Cabuy Y. et S. Demeter, *Atlas du sous-sol archéologique de la Région de Bruxelles,* 9. *Watermael-Boitsfort.* Bruxelles : Ministère de la Région de Bruxelles-Capitale & Musées royaux d'Art et d'Histoire, 1994.
Dams J., « Watermael-Boitsfort de ses origines à nos jours », in *Cahiers historiques,* 1986, pp. 87-96.
De Paepe J., R. De Salle, C. Paredes, J.-J. Van Mol, *Le quartier de la gare à Watermael,* Watermael-Boitsfort : Histoire et Sciences à Watermael-Boitsfort (Hisciwab), 2007.
Delaunois J.-M., *Watermael-Boitsfort.* Bruxelles : CFC-Éditions (coll. Guides des communes de la Région bruxelloise), 1998.
Dresse O., « Watermael-Boitsfort », in *Le Folklore Brabançon,* septembre 1959, n° 143, pp. 359-399.
Eggericx L. et Y. Hanosset, *Les cités-jardins Le Logis et Floréal.* Bruxelles : Ministère de la Région de Bruxelles-Capitale, direction des Monuments et Sites (coll. Bruxelles, ville d'art et d'histoire, 34), 2003.
Huts J.-P., *1906-2006, L'Académie de musique de Watermael-Boitsfort. Un centenaire.* Watermael-Boitsfort : Histoire et Sciences à Watermael-Boitsfort (Hisciwab), 2006.
Inventaire visuel de l'Architecture industrielle à Bruxelles. Recherche réalisée par les Archives d'architecture moderne pour le Ministère de la communauté française. Vol. 17. *Auderghem et Watermael-Boitsfort.* Bruxelles : Archives d'architecture moderne, 1980.
Jaumain S. et V. Piette, « Un trésor aux Archives de la Ville de Bruxelles : les caricatures de la Collection Keym » in S. Jaumain et V. Piette (sous la direction de), *L'humour s'en va-t-en guerre. Bruxelles et la caricature en 14-18.* Bruxelles : Archives de la Ville de Bruxelles & ULB (coll. Fontes Bruxellae, 2), 2005, pp. 5-10.
Noterman J. et A. Wiard, *Watermael-Boitsfort : Album souvenir.* Bruxelles, 2000.
Smolar-Meynart A., « La justice ducale du plat pays, des forêts et des chasses en Brabant (XIIe-XVIe siècle). Sénéchal, maître des bois, gruyer, grand veneur », in *Annales de la Société royale d'Archéologie de Bruxelles,* n° 60, Bruxelles, 1996.
Vande Putte G., « Watermael entre Boitsfort et Auderghem », in *Le Folklore brabançon,* n° 219, 1978, pp. 207-238.
Vandermotten C. (sous la direction de), *Itinéraire du présent et du passé d'une commune résidentielle bruxelloise. 16 km à travers Watermael-Boitsfort.* Bruxelles : Société Royale Belge de Géographie & Commission communautaire française de la Région Bruxelloise (coll. Hommes et Paysages), 1990.
Verhaegen J., « Pierre-Théodore Verhaegen à Boitsfort, bourgmestre et villégiateur » in *Pierre-Théodore Verhaegen. L'homme, sa vie, sa légende. Bicentenaire d'une naissance.* Bruxelles : ULB, 1996, pp. 127-147.

Uccle

Ameeuw P., *Uccle*. Bruxelles : CFC-Éditions (coll. Guides des communes de la Région bruxelloise), 2002.

Bartier-Drapier S., J. Gilissen, S. Gilissen-Valschaerts S. *(et al.), Une commune de l'agglomération bruxelloise, Uccle.* Bruxelles : ULB, Institut de Sociologie Solvay, 1958-1962, 2 vol.

Cabuy Y., S. Demeter, F. Leuxe, *Atlas du sous-sol archéologique de la Région de Bruxelles,* 3. *Uccle.* Bruxelles : Ministère de la Région de Bruxelles-Capitale & Musées royaux d'Art et d'Histoire, 1992.

Dubreucq J., *Uccle. Tiroir aux souvenirs.* Bruxelles : J. Dubreucq, 1977-1978.

Dubuisson E., *Uccle. Maisons et villas.* Bruxelles : Ministère de la Région de Bruxelles-Capitale, Direction des Monuments et Sites (coll. Bruxelles, ville d'Art et d'Histoire), 2000.

Francis J., *Uccle et ses bourgmestres.* Bruxelles : Louis Musin, 1973.

Gérard H., *Quartiers d'Uccle.* Braine-l'Alleud : J.-M. Collet, 2000.

Hustache A., *Le quartier de l'Observatoire d'Uccle.* Bruxelles : Ministère de la Région de Bruxelles-Capitale, Direction des Monuments et Sites (coll. Bruxelles, ville d'Art et d'Histoire), 1995.

Lechat J.-L. *(et al.), Uccle. Souvenirs du XXe siècle.* Bruxelles : Arobase, 2001.

Meurisse R., *Découvrez Uccle. Une mosaïque des rues et places.* Bruxelles : R. Meurisse, 1986.

Monuments, sites et curiosités d'Uccle. Bruxelles : Cercle d'histoire, d'archéologie et de folklore d'Uccle, Bruxelles, 2001.

Pierrard J., M.-F. Varendonck, P. Ameeuw *(et al.), Histoire d'Uccle. Une commune au fil du temps.* Bruxelles : Cercle d'histoire, d'archéologie et de folklore d'Uccle, Bruxelles, 1987.

Plan communal de développement d'Uccle. Dossier de base, 1998.

Ucclensia, bulletin bimestriel du Cercle d'histoire, d'archéologie et de folklore d'Uccle, depuis 1966.

Forest

Billen Cl., « La gestion domaniale d'une grande abbaye périurbaine : Forest à la fin du Moyen Âge », in J.-M. Duvosquel et E. Thoen (sous la direction de), *Peasants and townsmen in medieval Europe. Studia in honorem Adriaan Verhulst.* Gand, 1995, pp. 493-515 (Centre belge d'histoire rurale, n° 114).

Cabuy Y., S. Demeter et Fr. Leuxe, *Atlas du sous-sol archéologique de la région de Bruxelles*, 4. *Forest.* Bruxelles : Ministère de la Région de Bruxelles-Capitale & Musées royaux d'Art et d'Histoire, 1993.

Despy G., « Un prieuré dans la banlieue rurale de Bruxelles : les bénédictines de Forest du début du XIIe siècle au milieu du XIIIe siècle », in *Cahiers bruxellois*, XXXV (1995-1996), pp. 1-42.

Despy-Meyer A., « Abbaye de Forest », in A. D'Haenens et U. Berlière (sous la direction de), *Monasticon belge*, t. IV : *Province de Brabant*, vol. 1, pp. 189-217. Liège : Centre national d'histoire religieuse, 1964,.

Hustache A., *Forest.* Bruxelles : CFC-Éditions (coll. Guides des communes de la région bruxelloise), 2001.

Inventaire visuel de l'architecture industrielle à Bruxelles. Recherche réalisée par les Archives d'architecture moderne pour le Ministère de la communauté française. Vol. 11 : *Forest.* Bruxelles : Archives d'architecture moderne, 1980.

Onclincx Fr., « Le textile et l'eau à Anderlecht, Forest et Uccle entre 1830 et 1870 », in *Les Cahiers de la Fonderie*, n° 16, juin 1994, pp. 41-48.

Vaes J.-P., « Wielemans-Ceuppens. Grandeur et décadence d'une brasserie », in *Les Cahiers de la Fonderie*, n° 8, 1990, pp. 13-23.

Vanderhulst G., « Les usines Volkswagen et l'aménagement du territoire bruxellois », in *Les Cahiers de la Fonderie*, n° 13, 1992, pp. 61-63.

Verniers L., *Histoire de Forest lez Bruxelles.* Bruxelles : A. De Boeck, 1949.

Anderlecht

Abeels G., *Anderlecht en cartes postales anciennes – Anderlecht in oude Prentkaarten.* Zaltbommel, 1977.

Anderlecht commune verte. Urbanisme en action – Groen Anderlecht. Stedebouw in actie. Anderlecht : Administration communale, 1963.

Anderlechtensia, bulletin du Cercle d'archéologie, folklore et histoire d'Anderlecht, depuis 1976.

Beke Ph., « Aspecten van de industriele ontplooing in het Brusselse. Een overzicht van de katoenverwerkende nijverheid in de Anderlechtse deelgemeente Kuregem (1787-1830) », in *Revue Belge d'Histoire Contemporaine*, XII, 4, pp. 741-775.

Cabuy Y., S. Demeter et M. de Waha, *Atlas du sous-sol archéologique de la Région de Bruxelles,* 8. *Anderlecht.* Bruxelles : Ministère de la Région de Bruxelles-Capitale & Musées royaux d'Art et d'Histoire, 1994.

de Waha M., « La mise en exploitation du sol anderlechtois (XIe-XIIIe siècles) », in *Cahiers Bruxellois,* XXI, 1976 (1979), pp. 5-59.

de Waha M., « Quidam mercator de Bruxella, la signification économique de la Vita Guidonis », in *Annales de la Fédération archéologique et historique de Belgique, XLVe Congrès, Comines, 1980, (1er Congrès de l'Association des Cercles francophones d'Histoire et d'Archéologie de Belgique),* III, 1982, pp. 45-60.

de Waha M., B. Thomas et J.-P. Vanden Branden, *Anderlecht. La collégiale, le béguinage, la maison d'Erasme.* Bruxelles : Ministère de la Région de Bruxelles-Capitale, (coll. Bruxelles, Ville d'art et d'histoire, 8), 1994.

de Waha M., *Recherches sur la vie rurale à Anderlecht au Moyen Age.* Bruxelles : Crédit Communal de Belgique (coll. Histoire Pro Civitate, 57), 1979.

Du P.O.B. au PS... 120 ans de progrès social à Anderlecht. Anderlecht : Le Trait d'Union, 2005.

Dussart-Feron N., « Les changements de résidence et les quartiers à Anderlecht. Une contribution à l'étude géographique de l'agglomération bruxelloise », in *Revue belge de géographie*, LXXXVII, 1963, p. 139-170.

Inventaire visuel de l'architecture industrielle à Bruxelles. Recherche réalisée par les Archives d'architecture moderne pour le Ministère de la communauté française. Vol. 4 et 5: *Anderlecht 1 et 2*, 2 vol. Bruxelles : Archives d'Architecture Moderne, 1980.

Le Foyer de Moortebeek, Bulletin du Cercle d'Éducation Physique et Morale des Foyers collectifs, 1926-1956.

ONCLINCX F., « Le textile et l'eau à Anderlecht, Forest et Uccle entre 1830 et 1870 », in *Les Cahiers de la Fonderie*, 16, 1994, p. 41-48.

PASTORET P.-P., G. MEES et M. MAMMERICKX (sous la direction de), *De l'art à la science ou 150 ans de médecine vétérinaire à Cureghem. 1836-1986.* Bruxelles : Édition des Annales de Médecine vétérinaire, 1986.

SCHOONBROODT B., *Anderlecht.* Bruxelles : CFC-Éditions (coll. Guides des communes de la région bruxelloise), 1998.

VAN AUDENHOVE J., *Anderlecht. Inventaire du patrimoine immobilier.* Anderlecht : Administration communale, 1993.

VAN AUDENHOVE J., *Les rues d'Anderlecht.* Anderlecht : Cercle d'archéologie, folklore et histoire d'Anderlecht, 1995.

VAN DER HAEGEN, H., « Anderlecht. Evenwichtige multifunktionele voorstad van Brussel, zijn wijk en buurtindeling », in *Acta Geographica Lovaniensia,* 22, 1982, p. 251-263.

VANDEN BRANDEN J.-P., *La Maison d'Érasme, Anderlecht.* Bruxelles : Crédit Communal (coll. Musea Nostra, 28), 1992.

Vivre à Moortebeek, Historique de la cité-jardin de Moortebeek 1921-1981. Anderlecht : Les foyers collectifs, 1981.

Berchem-Sainte-Agathe

Berchem News. Berchem-Sainte-Agathe : Administration communale, 2004-2006.

CABUY Y., S. DEMETER et F. LEUXE, *Atlas du sous-sol archéologique de la Région de Bruxelles,* 1. *Berchem-Sainte-Agathe.* Bruxelles : Ministère de la Région de Bruxelles-Capitale & Musées royaux d'Art et d'Histoire, 1992.

DOSSOGNE C., *Berchem-Sainte-Agathe.* Bruxelles : CFC-Éditions (Guides des communes de la Région bruxelloise), 1999.

FOUGNIES A., *Berchem-Ste-Agathe, ses rues, ses avenues, ses parcs, ses places.* Berchem-Sainte-Agathe, 1991.

GOFFIN R., *Recherches généalogiques sur la famille Goffin de l'Entre-Sambre-et-Meuse (autrefois Jamin). Notes sur les Goffin aux Trois Roses.* Nivelles, 1943.

MULDERS M., *Étude du milieu berchemois. Première approche de l'état des lieux de l'environnement à Berchem-Sainte-Agathe,* 1992.

Plan communal de développement de Berchem-Sainte-Agathe. Projet de plan, Administration communale de Berchem-Sainte-Agathe, mai 2000.

SCHOONBROODT B., *Berchem-Sainte-Agathe. Les chemins du patrimoine.* Bruxelles : Commission de l'Environnement de Bruxelles-Ouest, 1999.

SCHOONJANS F., *Berchem vroeger en nu. Sint-Agatha en Sint-Anna.* Sociaal-culturele Raad van Sint-Agatha-Berchem, 1982.

Koekelberg

DEMETER S. et Y. CABUY, *Atlas du sous-sol archéologique de la Région de Bruxelles,* 11. *Koekelberg.* Bruxelles : Ministère de la Région de Bruxelles-Capitale & Musées royaux d'Art et d'Histoire, 1995.

GUYOT G., « Koekelberg hier - aujourd'hui », in *Notre Comté. Annales du cercle d'histoire, d'archéologie et de folklore du comté de Jette et de la région,* n° 26, 1996-1997, pp.50-69.

Inventaire visuel de l'architecture industrielle à Bruxelles. Recherche réalisée par les Archives d'architecture moderne pour le Ministère de la communauté française. Vol. 12 : *Koekelberg.* Bruxelles, Archives d'architecture moderne, 1980.

RION P., « Léopold II et les origines de la Basilique de Koekelberg », in *Revue Belge de philologie et d'histoire,* LXI, 4, 1983, pp. 840-850.

RION P., *La basilique de Koekelberg. Architecture et mentalités religieuses.* Louvain-la-Neuve : Publications d'histoire de l'art et d'archéologie de l'UCL, XLVIII, 1986.

ROCHETTE D., « L'athénée royal de Koekelberg 1932-1991 », in *Notre Comté. Annales du cercle d'histoire, d'archéologie et de folklore du comté de Jette et de la région,* 20e année, nos 1-4, décembre 1990, pp. 77-97.

STEPMAN Ch. et VERNIERS L., *Koekelberg dans le cadre de la région nord-ouest de Bruxelles.* Bruxelles : De Boeck, 1966.

TONDEUR F., *Koekelberg.* Bruxelles : CFC-Éditions (coll. Guides des communes de la région bruxelloise), 2000.

VAN DEN HAUTE R., *Le château de Koekelberg.* Jette: Cercle d'histoire, d'archéologie et de folklore du Comté de Jette et des environs, 1980.

Ganshoren

« Pains, gâteaux et ordinateurs. La boulangerie-pâtisserie Van de Kerkhove. Entretiens avec Joseph Vandekerkhove », in *Les Cahiers de la Fonderie*, n° 18, juin 1995, p. 68-72.

BROU W. Ch., « Le 11 novembre, la fête de Saint-Martin », in *Le Folklore brabançon*, septembre 1979, n° 223, p. 251-284.

COSYN A., *La banlieue nord-ouest de Bruxelles.* Laeken, 1919.

DUPLAT, G. (sous la direction de), *Les communes bruxelloises au passé et au présent*, t. II. Bruxelles : Rossel (Le Soir) 1996.

GENIN L., *L'ensemble Jette-Ganshoren au cours de la domination française 1792-1814.* Bruxelles, 1968.

GILLARD H., *Ganshoren. Un passé plein d'avenir.* Bruxelles, 2000.

PÉRICHON A., *Ganshoren.* CFC-Éditions (coll. Guides des communes de la région bruxelloise), 2002.

POLUS S. (sous la direction de), *Bruxelles. Berchem-Sainte-Agathe / Ganshoren / Koekelberg / Jette.* Bruxelles : Rossel (*Le Soir* hors-série : La Collection des Villages de Bruxelles), 2005.

VAN DEN HAUTE R. et F. VAN BELLINGEN, *Jette et Ganshoren à travers les âges.* Jette : Cercle d'histoire, d'archéologie et de folklore du Comté de Jette et des environs, 1975.

Jette

1902-2002, fête du centième anniversaire du collège Saint-Pierre. Bruxelles, 2002.

Blanquart P., Y. Cabuy et S. Demeter, *Atlas du sous-sol archéologique de la Région de Bruxelles, 5. Jette.* Bruxelles : Ministère de la Région de Bruxelles-Capitale & Musées royaux d'Art et d'Histoire, 1994.

De Meulemeester M., *Notes d'histoire jettoise.* Jette, 1914.

Denis J.-P., R. Van Den Haute et G. Paulus, *900 ans de présence chrétienne à Jette, 1095-1995.* Bruxelles, 1998.

Despy G., « Chapitres séculiers et réguliers en Brabant : les débuts de l'abbaye de Dilighem à Jette », in *Cahiers bruxellois*, VIII, 3-4, 1963, pp. 235-263.

Guyot G., « Du Jette ancien au Jette actuel », in *Le Folklore brabançon*, n° 202, 1974, pp. 277-330.

Inventaire visuel de l'architecture industrielle à Bruxelles. Recherche réalisée par les Archives d'architecture moderne pour le Ministère de la communauté française. Vol. 13 : *Jette, Berchem-Sainte-Agathe, Ganshoren.* Bruxelles : Archives d'architecture moderne, 1980.

Jette et ses anciens seigneurs. Catalogue d'exposition du Musée communal du Comté de Jette. Bruxelles : Cercle d'Histoire, d'Archéologie et de Folklore du Comté de Jette et de la Région, 1982.

Jette : plan communal de développement, version en ligne *http://www.jette.be/fr/01_commune/projets/pcd/pcdintro.htm.*

Koyen M., « Abbaye de Dielegem, à Jette-Saint-Pierre », in A. D'Haenens et U. Berlière (sous la direction de), *Monasticon belge*, t. IV : *Province de Brabant*, vol. 3, pp. 687-720. Liège : Centre national de recherche d'histoire religieuse, 1969.

Paulus G., *Jette.* Bruxelles : CFC-Éditions (coll. Guides des communes de la région bruxelloise), 2000.

Paulus G., *L'abbaye de Dieleghem.* Bruxelles : Ministère de la Région Bruxelles-Capitale, Direction des Monuments et des Sites (coll. Bruxelles, ville d'art et d'histoire), 2005.

Van Den Haute R. et F. Van Bellingen, *Jette et Ganshoren à travers les âges.* Bruxelles : Cercle d'histoire, d'archéologie et de folklore du Comté de Jette et des environs, 1975.

Van Den Haute R., « Le 'Wilg' », in *Comté de Jette. Bulletin du Cercle d'histoire, d'archéologie et de folklore du Comté de Jette et des environs*, 8e année, 1971, pp. 4-10.

TABLE DES AUTEURS

Wanda Balcers	Fonds de la Recherche scientifique FNRS – Université libre de Bruxelles
Anne Bauwelinckx	Université libre de Bruxelles
Paulo Charruadas	Université libre de Bruxelles
Chloé Deligne	Fonds de la Recherche scientifique FNRS – Université libre de Bruxelles
Thierry Delplancq	Archives de la ville de La Louvière
Stephane Demeter	Monuments et Sites de la Région de Bruxelles-Capitale
Rolande Depoortere	Archives générales du Royaume
Christian Dessouroux	Université libre de Bruxelles
Michel de Waha	Université libre de Bruxelles
Christine Dupont	ASBL La Fonderie
Jean-Marie Duvosquel	Université libre de Bruxelles
Jean-Jacques Heirwegh	Université libre de Bruxelles
Madeleine Jacquemin	Archives générales du Royaume
Serge Jaumain	Université libre de Bruxelles
Virginie Jourdain	Fonds de la Recherche scientifique FNRS – Université libre de Bruxelles
Marc Libert	Archives générales du Royaume
Benoît Majerus	Fonds de la Recherche scientifique FNRS – Université libre de Bruxelles
Marc Meganck	Musées royaux d'Art et d'Histoire
Valérie Piette	Université libre de Bruxelles
Véronique Pouillard	Université libre de Bruxelles
Jean Puissant	Université libre de Bruxelles
Christian Vandermotten	Université libre de Bruxelles

DEUXIÈME PARTIE

BRUXELLES ET SES COMMUNES. UNE RÉGION, UN PATRIMOINE...

Stefan Van Camp

Bruxelles

L'ART DANS LE MÉTRO ET LES FRESQUES MURALES

Le **réseau de métro bruxellois**, qui dessert toute l'agglomération, s'est peu à peu converti en musée souterrain dès sa phase initiale, dans les années 1960. Actuellement, en 2008, 56 stations hébergent des œuvres d'un ou de plusieurs artistes et offrent un panorama aisément accessible sur quatre décennies de courants artistiques.

À l'intérieur du Pentagone, on peut notamment admirer des œuvres de Hamsi Boubeker (station Lemonnier), Pierre Alechinsky et Christian Dotremont (Anneessens), Pol Bury et Paul Delvaux (Bourse), Jan Vanriet (De Brouckère), Pierre Cordier, Gino Tondat et Pjeroo Robjee (Rogier), Antoine Mortier (Yser), Pierre Caille, Jean-Pierre Ghysels et Martin Guyaux (Botanique), Gilbert Decock et Jean Rets (Arts-Loi), Octave Landuyt (Porte de Namur), Edmond Dubrunfaut et Marcel Maeyer (Louise), Raoul De Keyser (Porte de Hal), Roger Dudant et Marc Mendelson (Parc). Les stations situées en dehors du Pentagone sont mentionnées dans le texte de la commune en question.

La Belgique, et Bruxelles en particulier, a joué un rôle majeur dans l'apparition et le développement de la bande dessinée. Depuis 1991, des **murs aveugles** ont été décorés de **fresques représentant des héros de BD**[1] un peu partout dans le centre-ville. En 2007 a eu lieu l'inauguration de la 32e fresque de ce genre. Le projet s'étend depuis peu aussi à Laeken. Les murs choisis sont souvent situés en retrait de la rue, à des endroits où l'on a négligemment opéré la jonction entre un ancien chemin préindustriel et une nouvelle rue rectiligne.

1

LE PENTAGONE

Le centre du Pentagone: la Grand-Place – la Bourse

Les origines de la **Grand-Place**[2] remontent au XIe-XIIe siècle. Vers 1400, le *Nedermerct* (marché inférieur), comme on l'appelait à l'époque, constituait le principal centre commerçant de la ville. Outre une halle au pain, une halle aux draps et plusieurs édifices en pierre, la place était bordée aux XIIIe et XIVe siècles de simples maisons de bois, disposées de façon éparse et irrégulière. Progressivement agrandie et rajustée, la place fut embellie par la construction de l'imposant hôtel de ville au XVe siècle et par la Maison du Roi (ancienne halle au pain, en néerlandais *Broodhuis*) au XVIe siècle. Dans la même période, les corporations entreprirent la construction de nombreux édifices. Après le bombardement de 1695, la place, totalement ravagée, fut reconstruite dans un style baroque fastueux. Au fil des siècles, la Grand-Place servit de forum aux habitants de

2

Paul De Gobert, *Le grand pigeon*, à Saint-Job (Uccle)

3

Bruxelles. C'est ici qu'ils élisaient leurs magistrats, recevaient leurs souverains, promulguaient les lois et décrets, organisaient des tournois et des festivités. Mais c'est ici aussi que périt sur le bûcher le moine augustin Henri Voes de Bois-le-Duc en 1523, de même que Ysbrand Dirks Schol d'Amsterdam en 1543. En 1568, la place fut le théâtre de l'exécution des comtes d'Egmont et de Hornes et, en 1719, de François Anneessens. Les arcades du n° 8 abritent un monument en bronze à la mémoire de l'échevin Everard 't Serclaes, réalisé par Julien Dillens en 1902, ainsi qu'une plaque commémorative en l'honneur du bourgmestre Charles Buls, réalisée en 1899 par Victor Horta et Victor Rousseau. En 1946, August Vermeylen fonda le *Nieuw Vlaams Tijdschrift* dans l'édifice appelé Le Cygne, au n° 9. Herman Teirlinck devint directeur du magazine et les Néerlandais Garmt Stuiveling et Bert Schierbeek y collaborèrent également.

Le chantier de **l'hôtel de ville**[3], l'un des plus beaux édifices civils en gothique brabançon, commença en 1401, avec la construction de l'aile gauche et les soubassements de la tour. Cette première phase, dirigée par Jacques Van Thienen et Jean Bornoy, fut achevée vers 1420. L'aile droite, dont la première pierre fut posée par Charles le Téméraire, fut érigée entre 1444 et 1449. La tour élégante, commencée en 1449 par Jean van Ruysbroeck, fut achevée en 1455, date à laquelle on plaça, au sommet de la flèche (à une hauteur de 97 m), la statue de l'archange saint Michel, œuvre de Martin Van Rode. Des travaux de restauration et de transformation eurent lieu après 1695. La partie arrière, destinée aux États de Brabant, fut construite en style baroque classique par Corneille Van Nerven entre 1706 et 1717 pour remplacer la halle aux draps dévastée. À partir de 1840, et jusqu'au début du XXe siècle, l'ensemble fut restauré dans sa totalité, successivement sous la direction de Tilman-François Suys, de Pierre-Victor Jamaer et d'Adolphe Samyn. De cette phase de restauration datent aussi les nombreuses statues qui ornent le portique et les **niches de la façade**[4] . Elles furent réalisées par plus de 90 sculpteurs de générations différentes, dont De Groot, Dillens, Du Bois, Fraikin, Lambeaux, Meunier, Minne, Rombaux et Vinçotte. Les statues du portique symbolisent les saints patrons des corporations et différentes vertus. Les statues des niches représentent des souverains de Bruxelles et du Brabant, des nations et des familles nobles, des bourgmestres et des Bruxellois célèbres du Moyen Âge jusqu'au XVIe siècle. Les sculptures d'origine, qui datent du XVe siècle, furent remplacées par des copies; elles sont aujourd'hui conservées dans la Maison du Roi. Citons la série de prophètes du portique, les gargouilles et les chapiteaux de la galerie, qui illustrent la légende d'Herkenbald et le guet-apens tendu à **Everard 't Serclaes**[5], ainsi que les noms Scupstoel, 's Paepenkeldere et Moor des maisons qui se dressaient ici jadis. Les différences que l'on perçoit entre les deux ailes et la disposition asymétrique de la tour par rapport au portique placé en dehors de l'axe s'expliquent par les deux phases de construction, le beffroi ayant initialement fait fonction de tour d'angle. En 1714, l'architecte Jean-André Anneessens dessina les deux fontaines qui ornent la cour intérieure et qui représentent à gauche **la Meuse**[6], par Jean De Kinder, et à droite l'Escaut, par Pierre-Denis Plumier.

L'hôtel de ville possède une riche collection de meubles et d'objets d'art. Parmi les tapisseries, mentionnons tout particulièrement *David et Bethsabée* et *L'Enlèvement des Sabines*, du XVIe siècle, ainsi que deux suites réalisées d'après des cartons de Charles Lebrun au XVIIIe siècle, à savoir *Alexandre le Grand* par François Van der Borght et la *Vie de Clovis*. Outre les portraits de souverains rassemblés dans les deux galeries, la collection renferme essentiellement des tableaux de maîtres bruxellois du XVIe au XIXe siècle. La majorité des salles et des cabinets échevinaux furent restaurés et réaménagés au XIXe siècle. Des éléments importants du décor réalisé au début du XVIIIe siècle furent conservés, tels que la *Schone Kamer* dans la tour, les plafonds de Victor Janssens dans la salle du conseil communal et ceux de Jean Van Orley dans le cabinet du bourgmestre. Dans l'antichambre de ce cabinet, Jean-Baptiste Van Moer immortalisa le Bruxelles antérieur au voûtement de la Senne. La salle des mariages et la salle gothique furent redécorées en style néogothique, cette dernière par Jamaer en 1868, avec des tapisseries exécutées d'après des cartons de Guillaume Geefs. Les ornements allégoriques de l'escalier d'honneur furent peints par Jacques de Lalaing en 1893.

Entre 1515 et 1536, l'ancienne halle au pain fut remplacée par la **Maison du Roi**, un superbe édifice de style gothique tardif. Les travaux furent dirigés successivement par Antoine Keldermans le Jeune, Louis Van Bodeghem et Henri Van Pede. Entre 1875 et 1895, la Maison du Roi fut rasée pour cause de vétusté et entièrement reconstruite. L'architecte de la ville, Pierre-Victor Jamaer, s'employa à respecter aussi fidèlement que possible l'apparence d'origine. Des parties projetées antérieurement

4

5

6

7

8

ou manquantes, comme la double galerie et une tour, furent ajoutées en prenant pour modèles différents bâtiments du XVIe siècle, surtout l'hôtel de ville d'Audenarde.

Le **Musée de la Ville de Bruxelles,** installé dans cet édifice depuis 1927, présente une riche collection d'objets typiques de l'artisanat d'art bruxellois, notamment des tapisseries, des retables, de l'orfèvrerie et de la céramique, ainsi que des sculptures originaires de différents monuments de la ville. Aux étages, l'évolution architecturale et l'histoire sociale, politique et culturelle de Bruxelles sont retracées à l'aide de tableaux, de documents, d'objets et de maquettes. On peut y admirer la garde-robe de Manneken-Pis, à compter du XVIIIe siècle.

Les **maisons de corporation**[7], la plupart reconstruites entre 1695 et 1700, offrent une synthèse passionnante de l'architecture baroque civile à Bruxelles. Les pignons sont assez variés et peuvent être classés en trois groupes. Les plus simples sont typiques du style baroque tardif bruxellois, à bandeaux. La succession classique de colonnes ou de pilastres doriques, ioniques et corinthiens témoigne, pour le deuxième groupe, d'un style italianisant. Enfin, l'ordre colossal et les étages attiques appartiennent au baroque classique. Dans un seul cas, la **Maison des ducs de Brabant**[8], plusieurs édifices furent rassemblés derrière une façade commune. Des années 1880 jusqu'à 1920 environ, les façades subirent une restauration en profondeur, visant à restituer leur apparence d'origine. Les sculptures, qui déterminent le caractère plastique des façades, furent restaurées ou rajoutées à cette occasion.

En partant du n° 1, on trouve Le Roi d'Espagne, primitivement la maison des boulangers, attribuée à Jean Cosyn, 1696-1697. Édifice reconstruit en 1901-1902 par Adolphe Samyn. Bustes de saint Aubert et de Charles II, roi d'Espagne. La Brouette, ou la maison des graissiers, de 1644-1645, s'élève aux n°s 2 et 3. Elle a été restaurée par Jean Cosyn en 1697. Statue de saint Gilles. Le Sac, au n° 4, est la maison des ébénistes et tonneliers, de 1645-1646, restaurée par Antoine Pastorana en 1697. Au 5, on trouve La Louve, maison des archers, élevée par Pieter Herbosch en 1690-1691, restaurée en 1696. Statues symbolisant la vérité, le mensonge, la paix et la discorde; médaillons d'empereurs romains, relief d'Apollon tuant le Python; au sommet, le Phénix renaissant de ses cendres. Le Cornet, ou maison des bateliers, fut construit au n° 6 par Antoine Pastorana en 1697. Son sommet a la forme d'une poupe de navire. Médaillon de Charles II. Au 7, Le Renard est la maison des merciers, attribuée à Corneille Van Nerven, 1699. Sculptures symbolisant la justice et les quatre continents, statue de saint Nicolas, patron des merciers.

Juste après l'hôtel de ville, au n° 8, on trouve L'Étoile, ou maison de l'amman, démolie en 1853 et reconstruite par Adolphe Samyn en 1896-1897. Le passage primitif fut toutefois conservé. À côté se dresse Le Cygne, maison des bouchers, de 1698, transformée en 1720. Sculptures représentant le métier de boucher, l'abondance et l'agriculture. Au 10, c'est L'Arbre d'Or, maison des brasseurs, bâtie en 1698 par Guillaume De Bruyn. Statue équestre de Charles de Lorraine. Cet édifice abrite aujourd'hui le Musée de la Brasserie, ainsi qu'une taverne et une collection d'outils de brasseur. On trouve ensuite La Rose, de 1702, au n° 11 et Le Mont Thabor, de 1699, au n° 12. Cette dernière est aujourd'hui appelée Aux Trois Couleurs. La Maison des ducs de Brabant, érigée entre 1696 et 1698 par Guillaume De Bruyn, s'étend des n°s 13 à 19. Celui-ci conçut un ensemble de sept maisons distinctes partageant une même façade monumentale: La Renommée; L'Ermitage; La Fortune, achetée par la corporation des tanneurs; Le Moulin à Vent, acquis par la corporation des meuniers; Le Pot d'Étain, maison de la corporation des charpentiers et charrons; La Colline, maison des sculpteurs, maçons, tailleurs de pierre et ardoisiers; La Bourse. Bustes des ducs de Brabant et fronton à relief allégorique selon les plans de Laurent-Benoît Dewez (vers 1770).

Le Cerf Volant, de 1710, se dresse au n° 20 tandis que les maisons Joseph et Anne, de 1696, s'élèvent aux n°s 21-22. Au 23, on trouve L'Ange, de Guillaume De Bruyn (1697). Ce sont La Chaloupe d'Or et La Taupe, maison de la corporation des tailleurs, de Guillaume De Bruyn (1697), qui se partagent les n°s 24 et 25. Buste de sainte Barbe et statue de saint Boniface. Le Pigeon, maison des peintres (1697), est aux 26-27 et Le Marchand d'Or, maison autrefois appelée la « petite chambre de l'amman », de 1709, est au 28. Le Heaume a été reconstruite an n° 34 après le bombardement de 1695. Au 35, c'est Le Paon, de 1697. À côté, aux n°s 36-37, se dressent Le Petit Renard, anciennement Le Samaritain, et Le Chêne, de 1696. Le tour de la Grand-Place se termine par le n° 38, Sainte Barbe, de 1696, et le n° 39, L'Âne, construite après 1695.

9

Le **Musée du Costume et de la Dentelle**, rue de la Violette 12, aménagé dans un édifice du XVIIe siècle, éclaire le rôle joué par Bruxelles en tant que centre de production textile. Il possède une importante collection de dentelles, de broderies, de costumes et d'accessoires, allant du XVIIe au XXe siècle.

L'ancestrale fontaine du **Cracheur**, au coin de la rue des Pierres et de la rue du Marché-au-Charbon, fut reconstruite après le bombardement de 1695. La fontaine néoclassique actuelle fut dessinée par Claude Fisco en 1786.

La **Bourse**[9], sur la place du même nom, fut érigée entre 1868 et 1873 d'après les plans de Léon-Pierre Suys pour couronner les grands boulevards du centre-ville. L'architecture à la fois exubérante et majestueuse évoque aussi bien le style de Palladio que celui du Second Empire. La riche ornementation sculpturale, qui rend hommage à la Belgique en tant que protectrice du commerce, de l'industrie, des arts et des sciences, est l'œuvre notamment de Jean-Joseph Jaquet, Guillaume De Groot, Louis Samain, Auguste Rodin et Carrier-Belleuse. L'édifice est surmonté d'une coupole richement décorée. Rue de la Bourse, le site archéologique **Bruxella 1238** montre les vestiges du chœur de l'église des Récollets. Les fouilles commencèrent en 1988; en 1992, le site fut recouvert et rendu accessible au public. L'église conventuelle, qui remonterait à 1238, fut détruite sous la domination française. On mit au jour différents caveaux funéraires, parmi lesquels celui où repose le duc Jean Ier de Brabant depuis 1294.

10

Le café **Falstaff**, aux n°s 17-23 de la rue Henri Maus, a conservé son intérieur typique Art nouveau de 1903-1916. Le café **Cirio**, aux n°s 18-20 de la rue de la Bourse, présente un cadre éclectique datant de 1909.

L'actuelle **église gothique Saint-Nicolas** remplaça au XIVe siècle un édifice du XIIe siècle, dont on peut encore voir un fragment mis à nu dans le porche. Le chœur, achevé en 1381, est incliné vers le nord par rapport à l'axe de l'église. En 1486, Pierre Van Roedingen termina la chapelle attenante, dédiée à Notre-Dame. Le bombardement de 1695 provoqua d'importants dégâts. L'imposante partie occidentale du XIIe siècle – incluant une tour à carillon reconstruite en 1376 et après 1695 – reçut en 1714 un couronnement monumental par Guillaume De Bruyn. Peu de temps après, la tour s'effondra de nouveau. La façade occidentale actuelle fut réalisée par Jean Rombaux entre 1954 et 1956. L'église fut entièrement ceinte d'une construction de style baroque tardif vers 1700. Le bel intérieur gothique porte les traces d'un passé tourmenté. Le mobilier, dans les styles Louis XIV, XV et XVI, date essentiellement du

XVIIIe siècle, avec notamment le maître-autel de Corneille Van Nerven, *La Chananéenne aux pieds de Jésus* de Siger-Jacques Van Helmont, les autels de Notre-Dame et de saint Nicolas par Jean-Baptiste Vanderhaegen et Jacques Bergé, la grille du chœur en fer forgé doré, la chaire de vérité, les confessionnaux et les lambris des collatéraux. Signalons encore un saint Antoine et un saint François sculptés par Guillaume Kerrickx, ainsi que des tableaux intéressants de Victor Janssens et Jean Van Orley. La châsse des dix-neuf martyrs de Gorcum date de 1868.

Aux nos 34-36 de la rue du Marché aux Herbes se dresse une habitation de 1697 de style baroque classique. Au no 42, l'**Agneau Blanc** est une maison en profondeur de style baroque de 1696; elle présente des bas-reliefs de Pierre Van Dievoet qui illustrent le nom de l'édifice. Le **Char d'Or**, aux nos 89-91, est une autre maison en profondeur, de style baroque classique, datant de 1696. La pierre de façade illustre son nom. Le **Musée de Toone**[10] est aménagé dans l'impasse Schuddeveld, Petite rue des Bouchers 21, et abrite aussi le théâtre de marionnettes de Toone VII. Pendant les entractes, on peut admirer les anciennes marionnettes et revivre l'histoire de ce merveilleux théâtre, de 1830 à nos jours.

11

Les **galeries royales Saint-Hubert**[11], divisées en trois tronçons, furent construites en 1846-1847, d'après les plans conçus dix ans plus tôt par Jean-Pierre Cluysenaar. D'une ampleur inusitée pour l'époque, elles avaient pour vocation de relier les centres commerciaux entourant la Grand-Place. Cet ambitieux projet regroupait, sur une superficie restreinte, des magasins, des cafés, des habitations, un théâtre et un marché aux fleurs. Les façades classiques de style néo-Renaissance italienne contrastent avec les immenses et audacieuses arcades vitrées. La perspective de la galerie est prolongée visuellement par une dénivellation au croisement avec la **rue des Bouchers**[12]. Jean-Joseph Jaquet sculpta les allégories du commerce et de l'industrie.

L'habitation située au no 10 de la rue de la Montagne date de 1747; elle possède une façade en pierre de taille de style Régence tardif. La place de l'Agora est ornée de la **fontaine Charles Buls**, réalisée en 1987 par Henri Lenaerts à la mémoire de ce bourgmestre populaire, fervent défenseur de l'instruction publique et de la sauvegarde du patrimoine bruxellois. Rue de la Madeleine, la **chapelle de la Madeleine**, de style gothique brabançon tardif, fut édifiée au XVe siècle à l'emplacement de l'ancien couvent des frères saccites qui datait du XIIIe siècle. Après le bombardement de 1695, l'édifice fut reconstruit en 1696-1697. La restauration réalisée en 1957-1958 par Simon Brigode et Maxime Brunfaut visait à rétablir la chapelle

12

dans son état primitif. Par ailleurs, on lui adjoignit côté nord une nouvelle chapelle, dont la façade baroque provient de la chapelle Sainte-Anne (1655). L'intérieur fut également réaménagé à cette occasion.

Le nord du Pentagone: la Monnaie – la place des Martyrs

Le **Théâtre royal de la Monnaie**[13], place de la Monnaie, remplaça un bâtiment de 1700. Le théâtre fut construit entre 1817 et 1819 par Louis-Emmanuel-Aimé Damesme, en tant qu'élément central d'un ensemble néoclassique partiellement conservé. Le tympan qui surplombe la colonnade représente *L'harmonie des arts* et est une œuvre d'Eugène Simonis. C'est lors d'une représentation de *La Muette de Portici,* un opéra d'Auber, le 25 août 1830, qu'éclata la Révolution belge. Dévasté par un incendie, le théâtre fut reconstruit en 1855-1856 par Joseph Poelaert en style Second Empire. La Monnaie subit en 1985-1986 une importante rénovation, conduite par l'architecte Charles Vandenhove. Le hall fut entièrement réaménagé par Sol LeWitt et Sam Francis, tandis que Daniel Buren et Giulio Paolini refirent la décoration du salon royal.

Au 32 de la rue du Fossé aux Loups, le restaurant **Belga Queen** occupe un hôtel particulier de style Régence construit vers 1750.

Pour mettre fin aux inondations périodiques et à une pollution croissante provoquant de fréquentes épidémies de choléra, on procéda au voûtement de la Senne entre 1867 et 1871. Ensuite, Léon-Pierre Suys réalisa le tracé des boulevards qui traversent le centre-ville pour relier les gares du Nord et du Midi. Pour mener à bien cette opération, il s'inspira des principes définis par le préfet parisien Haussmann. L'axe routier en

13

forme de « Y », dont la **place De Brouckère** constitue le point d'intersection, fut bordé d'édifices publics monumentaux, comme la Bourse et les Halles centrales, aujourd'hui disparues. Pour garantir le caractère prestigieux de l'ensemble, l'administration de la ville organisa en 1872 un concours de façades. Les parcelles restantes furent achetées en 1874 par un entrepreneur français, qui y construisit des immeubles de rapport sur le modèle de Paris, comme les habitations des n°s 126 à 158 du boulevard Anspach. L'architecture des grands boulevards du centre-ville présente un éventail de maisons privées de style éclectique construites dans les années 1870 et 1880 par la crème des architectes bruxellois. L'ancien Hôtel Continental, au 41 de la place De Brouckère, érigé par Eugène Carpentier en 1874 et orné de sculptures de Louis Samain, s'inspire du Louvre du XIXe siècle. L'hôtel Métropole, au 31, fut inauguré en 1897 dans un décor luxueux signé Alban Chambon. En 1872, Gédéon Bordiau réalisa aux n°s 33-35 de la place De Brouckère un bâtiment néoclassique, couronné du Progrès de Jacques De Haen, ainsi que le bâtiment situé aux n°s 59-61 du boulevard Anspach, orné de cariatides exécutées par le sculpteur Julien Dillens. Émile Janlet est l'auteur des immeubles néobaroques situés aux n° 37-39A de la place De Brouckère (1872) et au n° 78 du boulevard Anspach (1874). Le premier prix du concours d'architecture récompensa la maison *Hier ist den Kater en de Kat*, aux n°s 1-3 du boulevard Adolphe Max (1872-1874). Ce projet d'Henri Beyaert (1872-1874) s'inspira de l'artiste de la Renaissance flamande Vredeman de Vries. Le bâtiment en coin, de style néo-Renaissance, situé aux n°s 11-17 du boulevard Adolphe Max (1872) est l'œuvre de Félix Laureys; il inclut un saint Michel sculpté par Albert Desenfans. Adolphe Vanderheggen dessina vers 1875 les plans de l'immeuble d'angle des n°s 28-34 du boulevard Adolphe Max, orné de cariatides réalisées par Antoine Bouré et Hyppolyte Le Roy.

Des galeries marchandes qui virent le jour pendant la période d'assainissement de la Senne, il ne reste plus aujourd'hui que le **Passage du Nord**, créé par Henri Rieck en 1881-1882 pour relier la place De Brouckère à la rue Neuve. Les façades de style Second Empire et la verrière courbe s'inspirent du modèle des galeries royales Saint-Hubert. Joseph Bertheux est l'auteur de la série de cariatides qui symbolisent le commerce, l'industrie, la science et les arts.

L'église Notre-Dame du Finistère est située rue Neuve. Lors de l'urbanisation du quartier, au début du XVIIe siècle, une petite chapelle campagnarde céda la place à une église paroissiale. L'édifice actuel, attribué à Guillaume De Bruyn et à Henri-François Verbruggen, fut érigé entre 1708 et 1730. Le clocher date de 1828, la chapelle attenante, dédiée à Notre-Dame, est de 1852. On entama une restauration complète de l'édifice en 1988. L'église illustre la dernière phase du baroque. Contrairement à l'ordonnance sévère de la façade, l'intérieur à trois nefs crée une impression de raffinement grâce à la profusion d'ornements en stuc. Des motifs gracieux de pampres, de feuillages, de guirlandes, de coquillages et de figures de saints recouvrent les murs et les arcs des voûtes. Les stalles ornées de médaillons représentant les douze apôtres sont attribuées à Jean-Baptiste Van der Haeghen. Les lambris et les confessionnaux sont de style Louis XIV. La chaire de vérité fut réalisée en 1758 par I. Duray;

14

les autels, le jubé et l'orgue datent d'environ 1850. Parmi les tableaux des XVIIe et XVIIIe siècles, citons *Saint Philippe Néri devant la Vierge*, par Gaspar de Craeyer. La statue du XVIe siècle *Notre-Dame du Bon Succès* fut apportée d'Aberdeen (Écosse) à l'église des Augustins en 1625. Aux n°s 1-3 de la rue du Finistère, à côté de l'église, le café L'Espérance, au superbe intérieur Art déco de 1930 réalisé par Léon Govaerts, passe quelque peu inaperçu.

La **place des Martyrs**, aménagée entre 1774 et 1776 sur le site d'une ancienne blanchisserie, fut la première d'une série d'interventions urbanistiques calquées sur le modèle français et qui allaient déterminer la nouvelle physionomie de la ville sous la domination autrichienne. Il s'agissait ici d'une opération immobilière lancée à l'initiative de l'administration de la ville et imposant la conception d'une façade uniforme pour 56 lots. Claude Fisco dessina les plans de cet ensemble homogène de style néoclassique, dans une palette réduite au gris cendre pour les murs et au blanc nacré pour les boiseries. Les bâtiments qui s'élèvent aux extrémités des côtés courts et les avant-corps édifiés au milieu des côtés longs présentent des colonnes, des frontons ou balustrades et une frise ornée de crânes de bovins qui leur donnent une allure monumentale. Depuis 1994, le siège du gouvernement flamand et plusieurs cabinets ministériels de la Communauté flamande sont établis à cet endroit.

Le monument aux Martyrs rend hommage aux révolutionnaires tombés au cours des combats de septembre 1830. La crypte, conçue comme une galerie couverte, et le monument central représentant le lion belge qui regagne sa liberté, dû à Guillaume Geefs, furent exécutés entre 1836 et 1838 d'après les plans de Louis Roelandt. Les autres sculptures sont postérieures.

Deux héros illustres flanquent le monument national. Le monument à la mémoire de Frédéric de Mérode, de style Art nouveau, est d'Henry Van de Velde et de Paul Du Bois et date de 1898. Celui consacré à Hyppolyte Dechez, dit Jenneval, poète de la Brabançonne, fut érigé en 1897 par Alfred Crick.

Le **Centre belge de la bande dessinée**[14], au 20 de la rue des Sables, occupe depuis 1989 les anciens magasins Waucquez (1905-1906). C'est la seule grande surface Art nouveau construite par Victor Horta encore existante. L'espace ajouré à ossature métallique est entièrement recouvert de deux coupoles vitrées. Au centre se dresse un escalier impressionnant. Les collections, qui renferment notamment un trésor de planches originales, offrent un tour d'horizon de l'histoire de la bande dessinée en Belgique, du processus de création et des techniques utilisées pour réaliser une bande dessinée ou un dessin animé.

L'ancienne imprimerie Le Peuple, transformée en **Casa de Asturias**, au n° 30 de la rue Saint-Laurent, est un édifice coloré s'inscrivant dans le courant de la Nouvelle Objectivité et qui fut réalisé par Fernand et Maxime Brunfaut (1931-1932). La porte est flanquée d'un bas-relief d'inspiration socialiste signé Dolf Ledel.

15

Au 52 de la rue d'Arenberg, qui correspondait autrefois au 80 de la rue de la Montagne, une plaque commémorative rappelle que c'est là, Au Prince belge, que le romancier néerlandais Multatuli écrivit son roman *Max Havelaar* en 1859. Devant la cathédrale, un buste du roi Baudouin orne le square. À droite de l'église se dresse depuis 1954 une statue du cardinal Mercier, primat de Belgique, réalisée par Égide Rombaux.

La **cathédrale des Saints-Michel-et-Gudule**[15] remonte à la fondation d'un chapitre de chanoines par le comte Lambert-Baldéric de Louvain et de Bruxelles en 1047. À cette même époque, les reliques de sainte Gudule furent transférées à cet endroit depuis l'église Saint-Géry. Sous l'édifice actuel, on a dégagé des fondations, des pans de maçonnerie et une crypte d'une basilique romane du XIe siècle, avec un puissant avant-corps occidental datant de 1200 environ. Ces vestiges sont en partie accessibles au public. Peu avant la fondation d'un deuxième chapitre par le duc de Brabant Henri Ier en 1226, on entama la première d'une longue série de phases de construction de l'église gothique. Le chœur de style gothique primaire entouré d'un déambulatoire, ainsi que les chapelles rayonnantes et des parties du transept sud, furent achevés encore avant la fin du XIIIe siècle. C'était la première fois que, dans les Pays-Bas, on s'inspirait du modèle des grandes cathédrales françaises, notamment de Champagne, certes d'une manière encore quelque peu maladroite. Au cours du XIVe siècle, on ajouta le transept et le vaisseau à trois nefs, de style gothique flamboyant, avec des chapelles latérales entre les contreforts. C'est également à cette époque que l'on entreprit l'érection de la façade à deux tours. Pendant 25 ans, le grand mystique Jan van Ruusbroek fut le vicaire de l'église Sainte-Gudule. Après la démolition des derniers vestiges de l'église romane, on acheva, dans la première moitié du XVe siècle, la nef centrale, la **façade occidentale**[16] et les deux tours. La tour nord fut terminée en 1451 et la tour sud en 1475 ou 1480. En ce qui concerne les architectes, on retrouve la mention de Jean van Ruysbroeck et Gilles de Briedere au XIVe siècle, Jacques Van Thienen vers 1400, Gilles Van den Bossche surnommé Joes, Henri de Mol dit Cooman, Gilles et Jean van Ruysbroeck, Jean Van Eycken, maître Conrard et Gérard Van Heerne au XVe siècle. On ne cessa d'agrandir et de transformer le sanctuaire, en conservant le style gothique jusqu'au XVIIe siècle. Le portail sud fut ajouté à la fin du XVe siècle. Au nord, la chapelle du Saint-Sacrement, érigée en gothique flamboyant entre 1534 et 1540 par Louis Van Bodeghem, Pierre Van Wyenhove, Henri Van Pede et Jean Keldermans, remplaça quatre chapelles rayonnantes détruites en 1533. Au sud, la construction de la chapelle mi-gothique, mi-baroque de Notre-Dame de la Délivrance (1649-1655) par Jérôme Duquesnoy le Jeune et Léon Van Heil entraîna également la disparition des chapelles

16

17

18

rayonnantes et de la salle capitulaire. Le même Van Heil réalisa les plans de la chapelle Maes, de style baroque, qui vit le jour entre 1672 et 1675 et se substitua à l'ancienne chapelle absidiale. À partir de 1839, l'église fit l'objet d'une première restauration en profondeur. Les différentes statues de la façade, l'escalier de François Coppens, le portail nord de Louis De Curte et la sacristie de Joseph Caluwaers, de style néogothique, datent de cette période. Une nouvelle campagne de restauration fut lancée en 1952, en commençant par les tours. Ensuite, à partir de 1983, on s'attaqua au **vaisseau**[17] et au transept. Cette phase se termina par la restauration du chœur en 2000. L'église n'obtint le titre de cathédrale que le 24 novembre 1961, dans le cadre de la réforme de l'ancien archevêché de Malines.

Comme Bruxelles fut successivement la résidence des ducs de Brabant et de Bourgogne, des Habsbourg espagnols et autrichiens, l'église Saint-Michel peut depuis toujours se prévaloir d'un patrimoine artistique impressionnant. Un deuxième facteur qui contribua à son développement fut la dévotion portée au Saint-Sacrement de Miracle. Ce culte remonte à la soi-disant profanation d'hosties de 1370, qui entraîna la persécution et l'expulsion des juifs de Bruxelles. Cette histoire constitue le thème des vitraux du XVIe siècle de la chapelle du Saint-Sacrement, d'une série de tableaux et de tapisseries bruxelloises du XVIIIe siècle, ces dernières ayant été exécutées par Jean-François et Jacques Van der Borght, et des vitraux du XIXe siècle des latéraux, réalisés par Jean-Baptiste Caprionnier d'après des cartons de Charles De Groux. L'église fut saccagée et pillée à deux reprises, en 1579 et en 1794. Parmi les principaux trésors artistiques épargnés, on peut admirer un ensemble exceptionnel de verrières peintes dans les styles Renaissance et baroque des XVIe et XVIIe siècles. Elles reproduisent les portraits de Marie de Bourgogne, Philippe le Bel, Charles Quint, Marguerite d'Autriche, Marie de Hongrie, Albert et Isabelle, respectivement accompagnés de leurs époux et de leurs proches. Les plus anciens vitraux sont ceux qui ornent le chœur, attribués à l'atelier de Nicolas Rombouts, et le *Jugement dernier*, situé au-dessus du porche d'entrée et datant de 1528. Bernard Van Orley dessina les cartons des vitraux du transept de 1537-1538 qui représentent, au nord, Charles Quint et son épouse Isabelle de Portugal et, au sud, Marie de Hongrie et son époux Louis II de Hongrie, accompagnés de leurs saints patrons. Pierre Coecke et Michel Coxie assistèrent Van Orley pour la réalisation des vitraux de la chapelle du Saint-Sacrement entre 1540 et 1547. Théodore Van Thulden conçut les vitraux de la chapelle de Notre-Dame entre 1654-1663. Un deuxième ensemble est constitué par les nombreux mausolées en marbre du XVIIe au XIXe siècle. On peut admirer notamment les monuments funéraires de l'archiduc Ernest d'Autriche (1601-1602) et du duc de Brabant Jean II (1610) réalisés par Robrecht Colijns de Nole, les mausolées d'Ernest d'Isembourg (par Jacques Voorspoel), de Pierre Roose (par François Langhemans), de Pierre-Ferdinand Roose (par Jean-Pierre Van Baurscheit, 1706), de Jacques et Philippe d'Ennetières (par Jean Van Delen, 1690), de Louis-Alexandre Scockaert (par Jean Michiels), de Frédéric de Mérode (par Guillaume Geefs, 1837) et de Félix de Mérode (par Charles-Auguste Fraikin, 1863). Les statues des apôtres, placées contre les piliers de la nef centrale, furent sculptées vers 1640-1650 par Tobie de Lelis, Corneille van Mildert, Luc Fayd'herbe et Jérôme Duquesnoy le Jeune. Les fleurons du mobilier sont l'autel baroque de Notre-Dame conçu par Jean Van Delen (1654-1657), surmonté d'une *Ascension de Marie* peinte par Jean-Baptiste de Champaigne, la **chaire de vérité**[18] sculptée par Henri-François Verbruggen (1696-1699), à laquelle Jean-Baptiste Van der Haeghen ajouta des marches en 1708, et la grille en fer forgé du chœur, datant du XVIIIe siècle. Le tableau du XVIe siècle intitulé *Sainte Vierge à l'Enfant* est attribué à Conrad Meyt et le retable en albâtre représentant la Passion du Christ, dans la chapelle Maes, serait l'œuvre de Jean Mone. Citons encore une *Mise au tombeau* du milieu du XVIIe siècle, une statue de la Vierge dite de l'*Ara Coeli* d'Arnold Quellin le Vieux et une autre représentant l'*Éducation de la Vierge par sainte Anne*, de Jérôme Duquesnoy le Jeune. Laurent Delvaux est l'auteur d'un *saint Martin de Tours* et d'un *saint Benoît* (1753). Parmi les tableaux, les trois triptyques réalisés par Michel Coxie à la fin du XVIe siècle sont dignes d'intérêt. En 2000 fut inauguré le **nouvel orgue**[19] en nid d'hirondelle de Gerhard Grenzing.

Du complexe de bâtiments de la **Banque Nationale** sis au 9 de la rue du Bois Sauvage, élevé entre 1860-1878 par Henri Beyaert avec la collaboration de Wynand Janssens, il ne reste plus aujourd'hui que l'hôtel du gouverneur. L'édifice, aux allures d'un palazzo de style néo-Renaissance, possède une somptueuse décoration intérieure Second Empire. Égide Mélot, Léopold Wiener et Édouard Fiers sculptèrent les statues qui ornent la façade. Marcel Van Goethem est l'auteur du complexe banquier (1948-1957) du boulevard de Berlaimont; il est flanqué de sculptures en bronze de Georges Grard et de Charles Leplae. L'ancienne aile réservée à la direction abrite depuis 1982 le **Musée de l'Argent**[20], lequel possède une riche collection de pièces de monnaie et de billets. Le musée fut entièrement rénové en 2002.

19

20

21

La Colonne du Congrès et de la Constitution domine la place du Congrès, conçue par Jean-Pierre Cluysenaar en 1847. Ce monument colossal, à l'époque la quatrième plus grande colonne commémorative au monde, fut érigé entre 1850 et 1859 pour célébrer le vingtième anniversaire du Congrès national et de la Constitution belge. Joseph Poelaert, lauréat d'un concours d'architecture, en dessina les plans. Les statues qui symbolisent les quatre libertés fondamentales garanties par la Constitution – liberté des cultes, d'association, de l'enseignement et de la presse – sont l'œuvre d'Eugène Simonis, de Charles-Auguste Fraikin et de Jean Geefs. Guillaume Geefs est l'auteur de la statue de Léopold Ier qui surmonte la colonne. Deux lions flanquent la tombe du Soldat inconnu qui fut inhumé à cet endroit en 1922. Poelaert dessina également les deux maisons de maître de style néo-Renaissance (1850-1852) situées de part et d'autre de la place. L'esplanade, qui offre un beau panorama sur la ville, fut entourée, à partir de 1958, par la Cité administrative de l'État. Les fonctionnaires ont quitté en 2005 ce complexe gigantesque de bureaux, construit d'après les plans de l'architecte Hugo Van Kuyck notamment, et regroupé autour d'un jardin conçu par René Pechère.

Dans l'axe de la Colonne du Congrès, on aménagea vers 1875 la rue du Congrès, artère principale du quartier de Notre-Dame-aux-Neiges qui fourmille de souvenirs de l'indépendance belge. Sur la place de la Liberté, au centre du quartier, se dresse la **statue de Charles Rogier**[21], membre du gouvernement provisoire et du Congrès national. Elle fut réalisée en 1897 par Guillaume De Groot. Les quatre rues qui partent de la place portent les noms des libertés constitutionnelles. En 1878-1879, Joseph-Jean Naert érigea l'hôtel **de Knuyt de Vosmaer** aux n°s 33-33A de la rue du Congrès; cet édifice de style néo-Renaissance flamande a conservé un intérieur somptueux.

La rue du Congrès débouche sur la place Surlet de Chokier, où le sculpteur Charles Samuel éleva en 1930 ***La Brabançonne***, une statue de bronze à la gloire de l'hymne national belge.

La **place des Barricades**, de forme circulaire, vit le jour vers 1825. Cet élément architectural participe du boulevard qui encercle la ville. Celui-ci fut réalisé à partir de 1819 d'après les plans de Jean-Baptiste Vifquain pour remplacer les remparts du XIVe siècle. Le tracé de cette ceinture est interrompu à intervalles réguliers en s'élargissant sur des places caractérisées par une architecture uniforme. La place des Barricades, qui est attribuée à l'architecte Nicolas Roget, en constitue l'exemple le plus frappant. Elle est bordée d'une vaste façade blanche néoclassique dont les portes et les fenêtres sont harmonieusement réparties. La statue de l'anatomiste André Vésale, sculptée par Joseph Geefs, y fut inaugurée en 1847.

Le **Musée du Jouet**, au 24 de la rue de l'Association, expose des milliers d'objets qui retracent l'évolution du jouet sous toutes ses formes, de 1850 à nos jours.

22

Au 13 de la rue Royale, le **magasin du fleuriste Daniel Ost**, anciennement Chemiserie Niguet (1896), possède la seule devanture Art nouveau de Paul Hankar encore existante.

Au début de la rue de Louvain se dresse la statue du général Brialmont, une œuvre de Frans Huygelen datant de 1928. La **Maison des parlementaires fédéraux** est située aux n°s 15-21 de cette même rue. Ce vaste complexe, ayant abrité autrefois le ministère des Chemins de fer, de la Poste, des Télégraphes et de la Marine, fut réalisé entre 1889 et 1892 d'après les plans d'Henri Beyaert. Les avant-corps et une tour d'angle rythment cette architecture colorée de style néo-Renaissance flamande. L'ensemble peut se prévaloir d'ailes de bureaux particulièrement fonctionnelles pour l'époque. La **Maison des parlementaires flamands**, au 99 de la rue de la Croix-de-Fer, est installée depuis 1991 dans un bâtiment moderniste érigé en 1937 par Victor Bourgeois. Le **Parlement flamand**, au 2 de la rue Ducale, est établi dans un immeuble de bureaux éclectique construit par Joseph Joachim Benoit en 1905 pour le ministère des Postes et de la Marine. Il fut rénové entre 1991 et 1996 par le bureau gantois Arrow et le bureau anversois Josef Fuyen, qui installèrent l'hémicycle dans l'ancienne cour intérieure. Cette dernière fut coiffée d'une spectaculaire verrière triangulaire qui tient de la prouesse technique.

Le **Palais de la Nation**[22], situé rue de la Loi, est un ensemble majestueux érigé entre 1778 et 1783 par Barnabé Guimard et Philippe-Jérôme Sandrié pour le Conseil souverain de Brabant, la Chancellerie et la Cour des comptes. L'avant-corps du milieu, orné de colonnes et d'un fronton, présente une allégorie de la justice, œuvre de Gilles-Lambert Godecharle. L'hémicycle vert de la Chambre des représentants, avec sa colonnade néoclassique et sa voûte à caissons, fut construit sous la domination hollandaise, entre 1816 et 1818, par Charles Vander Straeten pour les États-Généraux. La salle fut ravagée à deux reprises par un incendie et à chaque fois reconstruite: en 1821-1822, par le même architecte, et entre 1883 et 1886 par Henri Beyaert. La statue de Léopold Ier est l'œuvre de Charles-Auguste Fraikin. Entre 1847 et 1849, Tilman-François et Léon-Pierre Suys érigèrent un deuxième hémicycle, de couleur rouge, pour le Sénat. La décoration réalisée dans le style Louis-Philippe, avec des lambris en acajou et une voûte richement travaillée, rend hommage à l'histoire nationale. La galerie de portraits de souverains de l'Ancien Régime fut peinte par Louis Gallait. Les scènes monumentales de la paroi du fond avec, au milieu, une allégorie du passé et de l'avenir, sont l'œuvre de Jacques de Lalaing. Les salons, les salles et les couloirs sont ornés de nombreux portraits et bustes de rois, de premiers ministres et de présidents de la Chambre et du Sénat.

La **gare Centrale** est une œuvre de Victor Horta achevée après sa mort, en 1947, par son disciple Maxime Brunfaut. La lumière du jour qui pénètre directement dans la salle des guichets est caractéristique de l'art du grand architecte.

La **galerie Ravenstein**, qui relie la rue Ravenstein et le Cantersteen, fut construite par Alexis et Philippe Dumont entre 1954 et 1958. Le vaste atrium, surmonté d'une coupole en béton et en briques de verre, rachète une dénivellation de 10 m entre la ville basse et la ville haute. Les vastes compositions murales, notamment des constellations, qui ornent les plafonds des porches, sont l'œuvre de Georges Baltus. Au milieu de la rotonde, la fontaine ornée d'une statue en céramique, *L'enlèvement d'Europe*, est de Jean-Marie Strebelle.

Le **Palais des Beaux-Arts**, édifié entre 1922 et 1929 au 23 de la rue Ravenstein et au 10 de la rue Royale, fait partie des dernières grandes réalisations de Victor Horta. La façade discrète de style Art déco dissimule un ensemble complexe de salles de concert et d'exposition, aménagées sur trois niveaux autour de la grande salle Henry Le Bœuf. Le **Musée du Cinéma**, également installé dans ce bâtiment (au 9 de la rue Baron Horta), propose un tour d'horizon de l'histoire du 7e Art, ainsi que des projections quotidiennes de films anciens.

Sur le haut de la rue Baron Horta trône la **statue du général Augustin-Daniel Belliard**, sculptée par Guillaume Geefs et inaugurée en 1838. C'est la première statue que le jeune État belge érigea pour honorer ses héros. En qualité de diplomate français, Belliard joua un rôle actif en faveur de l'indépendance encore fragile de la Belgique. Tilman-François Suys dessina le socle.

L'ancien **hôtel Errera**, au 14 de la rue Royale, aujourd'hui résidence officielle du Ministre-Président flamand, est le seul édifice bordant le parc à posséder un intérieur de la fin du XVIIIe siècle encore intact. Il fut restauré de façon exemplaire entre 1994 et 1998.

Au 20 de la rue Royale, le roi Guillaume Ier fonda en 1822 *l'Algemeene Nederlandsche Maatschappij ter begunstiging van de Volksvlijt* (Société générale des Pays-Bas pour favoriser l'industrie nationale), une institution bancaire qui continua à exister après 1830 sous le nom de Société générale de Belgique (aujourd'hui Suez) et de Générale de Banque (jusqu'à son rachat par le groupe **Fortis** en 1998). L'édifice originel, datant de 1776, fut entièrement reconstruit en 1968.

Entre 1776 et 1785, les jardins et la « **warande** » (réserve à gibier) du palais ducal du Coudenberg, dévasté par un incendie en 1731, furent transformés en un parc public. Tout autour, quatre rues forment un encadrement majestueux de style néoclassique, rythmé par des accents monumentaux. L'ensemble fut conçu par Barnabé Guimard qui bénéficia, pour le parc, de l'assistance du paysagiste autrichien Joachim Zinner. Contrairement à la place Royale, ce quartier n'a pas été aménagé selon un concept architectural uniforme. Dans la rue Royale, le caractère homogène est créé par des pavillons d'angle symétriques et par le recours à des frontons triangulaires. La rue Ducale se caractérise par une alternance symétrique de pavillons et de maisons mitoyennes de plus faible hauteur. La rue de la Loi, aménagée autour du Palais de la Nation, est celle qui présente l'allure la plus monumentale. Les pavillons érigés de part et d'autre sont reliés entre eux par des portiques. La physionomie de la place des Palais changea à partir de 1904, date où furent entrepris les travaux de transformation de la façade du Palais royal.

23

Par son tracé géométrique, ses allées arborées symétriques et ses bosquets élégants, le **Parc de Bruxelles**[23] présente de nombreuses affinités avec le jardin français classique. Une « patte d'oie » en détermine le plan qui, à l'origine, c'est-à-dire avant la construction de la place des Palais, formait un trapèze. Les **allées du parc**[24] sont ornées de nombreuses statues mythologiques, ou de leurs copies, depuis les années 1780; elles ont notamment été réalisées par Gabriel Grupello, P.J.A. Ollivier de Marseille, François-Joseph Janssens, Jean-Baptiste Van der Haeghen, Pierre-François Lejeune et Michel Van der Voort.

Les bustes d'empereurs romains et les termes qui entourent les deux bassins sont l'œuvre de Laurent Delvaux. Thomas Vinçotte érigea en 1881 un monument à la mémoire de Gilles-Lambert Godecharle, auteur des *putti* originaux surmontant les pavillons de l'entrée. Le kiosque à musique en fer forgé fut réalisé en 1841 par Jean-Pierre Cluysenaar.

Rue de la Loi, le **Théâtre royal du Parc** jouxte le **Waux-Hall** et le **Cercle gaulois**. Ce lieu de divertissement renommé, où se rencontrait le tout-Bruxelles, fut construit en 1782 par Louis-Joseph Montoyer et agrandi par la suite. Bien que son décor actuel remonte au XIXe siècle, la salle de théâtre respire encore l'atmosphère rococo.

L'ancien hôtel de Trazegnies, au 1 de la rue Lambermont, est devenu la résidence de fonction du Premier ministre fédéral.

Le **Palais des Académies**, rue Ducale, est un édifice néoclassique érigé entre 1823 et 1828 par Charles Vander Straeten et Tilman-François Suys pour le prince Guillaume-Frédéric d'Orange-Nassau. Depuis 1876, il abrite les sièges des différentes académies royales de Belgique. Son architecture se caractérise par des lignes sobres et une symétrie rigoureuse, accentuées par le choix des matériaux. Grâce à une restauration minutieuse entreprise par Simon Brigode entre 1969 et 1976, l'intérieur du bâtiment a retrouvé son lustre d'antan, et tout particulièrement l'escalier d'apparat, la salle des marbres et la salle du trône. La bibliothèque est aménagée dans les écuries royales adjacentes, qui datent de 1866. Devant le palais trône la **statue d'Adolphe Quetelet**, fondateur de l'Observatoire royal; elle a été sculptée en 1880 par Charles-Auguste Fraikin. Place du Trône se dresse **la statue équestre de Léopold II**, réalisée par Thomas Vinçotte et inaugurée en 1926. François Malfait, architecte de la ville, en dessina le socle.

24

25

Le **Palais royal**[25], place des Palais, est le fruit de la fusion, en 1818, de deux édifices existants pour former la résidence de Guillaume Ier. Les transformations ultérieures du palais s'étalèrent sur plus d'un siècle. Citons, parmi les phases de construction majeures menées à l'initiative de Léopold II, l'agrandissement de l'intérieur par Alphonse Balat entre 1862 et 1872 et la nouvelle façade principale exécutée par Henri Maquet entre 1904 et 1909. Le corps central, surmonté d'une représentation allégorique de la Belgique réalisée par Thomas Vinçotte, forme le pendant du Palais de la Nation. À côté de certains éléments subsistants de l'aménagement d'origine (fin du XVIIIe siècle), le prestigieux intérieur du palais est essentiellement décoré dans la rigueur classique des styles Louis XVI et Empire. À partir de l'imposant escalier d'honneur, des pièces intimes et accueillantes, comme le Petit et le Grand Salon blanc, contrastent avec les salons d'apparat grandioses que sont la Salle Empire, la Salle du Trône, la Salle des Marbres, la Salle des Glaces et la Grande Galerie. Le riche mobilier comprend notamment un ensemble de sièges de Jacob-Desmalter provenant des résidences de Napoléon, un cadeau de Louis-Philippe à sa fille Louise-Marie. Le palais possède de nombreux portraits et bustes de la famille royale belge. Quelques salles furent décorées par des artistes belges contemporains, à l'initiative de la reine Paola. Ainsi, Jan Fabre couvrit le plafond de la Salle des Glaces de 1,4 million d'élytres de scarabées.

La **place Royale**[26] est située au cœur d'un quartier néoclassique qui émergea pendant la période autrichienne des décombres du palais du Coudenberg (ancien palais de Bruxelles). Cette antique demeure des ducs de Brabant, puis de Bourgogne, fut pendant des siècles le centre de la vie de la cour aux Pays-Bas; elle fut détruite par le feu en 1731. En 1775, Jean Benoît Vincent Barré et Barnabé Guimard conçurent la place

26

rectangulaire sur le modèle des places Royales de Paris et de Reims. Occupant le centre de cet ensemble architectural, l'église Saint-Jacques-sur-Coudenberg, avec sa rangée de colonnes corinthiennes et son fronton triangulaire, est entourée de huit pavillons aux façades uniformes, disposés en parfaite symétrie. Un soubassement à plate-bande, des embrasures monumentales et une balustrade de couronnement en constituent les principales composantes. Des portiques de faible hauteur furent édifiés plus tard aux quatre angles de la place.

Au milieu de la place, la **statue équestre de Godefroid de Bouillon**, réalisée par Eugène Simonis, date de 1848. Elle remplaça la statue initiale de Charles de Lorraine, détruite par les Français. Tilman-François Suys dessina le socle, auquel Guillaume De Groot ajouta deux bas-reliefs en 1897. L'inscription en néerlandais présente le cavalier sous le nom de *Godevaart van Bullioen*.

L'église Saint-Jacques-sur-Coudenberg, de style classique, se substitua à une église conventuelle gothique du XIIe siècle. La colonnade fut érigée en même temps que la place, entre 1776 et 1780. Le vaisseau initialement à une seule nef, avec un transept et un chœur profond, et un campanile virent le jour entre 1785 et 1787 d'après les plans de Louis-Joseph Montoyer. Tilman-François Suys ajouta entre 1843 et 1849 les nefs latérales et remplaça le premier clocher. Les statues imposantes de *David* et de *Moïse*, ainsi que les bas-reliefs du péristyle furent sculptés par François-Joseph Janssens et P.J.A. Ollivier de Marseille à la fin du XVIIIe siècle. La fresque silicatisée du fronton fut peinte en 1851 par Jean Portaels. Égide Mélot ajouta en 1861 les statues d'apôtres qui couronnent l'édifice.

L'intérieur harmonieusement structuré, avec un jeu subtil d'arcades et de colonnes corinthiennes, est voûté en berceau et en coupole

27

au-dessus de l'entablement. Les bas-reliefs et statues classiques du chœur sont l'œuvre de Gilles-Lambert Godecharle, de Laurent Delvaux et d'Adrien-Joseph Anrion. Outre deux tableaux du XVIIe siècle dus à Gaspar de Craeyer, on peut admirer deux toiles monumentales réalisées par Portaels en 1885-1886. Parmi le mobilier du XVIIIe siècle, le maître-autel et les autels latéraux, les stalles de style Régence, les confessionnaux et la chaire de vérité méritent une mention particulière.

Il ne subsiste aujourd'hui de l'ancienne abbaye que la conciergerie, rue de Namur (n°s 4-12), reconstruite vers 1776-1778 par Barnabé Guimard, et une aile arrière du couvent du XVIIe siècle.

Les immeubles n°s 1, 2 et 3 des **pavillons de la place Royale** appartiennent aux Musées royaux des Beaux-Arts de Belgique. Entre 1866 et 1868, le n° 4 fut transformé en résidence pour le prince Philippe, comte de Flandre, à l'occasion de son mariage avec Marie de Hohenzollern-Sigmaringen. Gustave Saintenoy et Clément Parent fournirent les plans de ce palais urbain dont le somptueux intérieur allie différents styles « néo ». C'est ici que naquit Albert Ier en 1875. L'édifice fut agrandi après 1926 par la Banque de Bruxelles et abrite la **Cour des comptes** depuis 1982.

Les n°s 5-6 et 7-8 furent érigés par l'abbaye de Coudenberg. Dans le dernier immeuble siège aujourd'hui la **Cour d'arbitrage**. Le n° 9, à l'origine un hôtel pour voyageurs, fut converti au début du XXe siècle en résidence pour la princesse Clémentine, et plus tard pour le futur roi Léopold III et la reine Astrid. Aujourd'hui, il accueille le **Musée BELvue**. Celui-ci retrace l'histoire du Royaume de façon actuelle et parfois même critique. Les collections de l'ancien Musée de la Dynastie ont notamment été reprises par cette nouvelle institution. C'est aussi le point de départ d'un voyage d'exploration souterrain qui permet de découvrir les vestiges de l'ancien palais de Bruxelles, détruit par le feu en 1731, ainsi qu'un tronçon de l'ancienne rue Isabelle. Le n° 10 fut érigé par l'abbaye de Grimbergen au-dessus de ces restes archéologiques. Il fut racheté par la Région de Bruxelles-Capitale en 1984.

L'immeuble des n°s 11-12, construit sur le site de l'ancien hôtel de Lalaing-Hoogstraeten, conserve dans son sous-sol d'importants vestiges de cette maison de maître des XVe-XVIe siècles. Il accueille le **Musée des Instruments de Musique**, où se trouvaient les anciens magasins de luxe **Old England**[27], à l'angle de la rue Montagne-de-la-Cour. Les collections, qui comptent parmi les plus importantes au monde, comprennent une vaste panoplie d'instruments historiques à vent, à touches et à cordes, d'origine européenne ou non. Old England est un exemple précoce de grand magasin, conçu en 1898 par Paul Saintenoy et entièrement érigé en fer et en verre. Au cours de sa récente restauration, on a reconstitué les couleurs d'origine, les ferronneries Art nouveau et la tour d'angle disparues au fil du temps.

Les **Musées royaux des Beaux-Arts de Belgique** furent créés en 1801 par Napoléon et comprennent entre autres le Musée d'Art ancien, au 3 de la rue de la Régence, et le Musée d'Art moderne, aux n°s 1-2 de la place Royale. La collection de départ comptait des œuvres d'art saisies lors de la Révolution française dans les églises, couvents et maisons de corporation, ainsi que des œuvres expédiées en France et restituées par la suite. Elle fut enrichie grâce à deux donations de Guillaume Ier, roi des Pays-Bas. Cette collection a continué à s'étendre jusqu'à nos jours grâce à d'innombrables acquisitions, donations et legs.

Le bâtiment principal du Musée d'Art ancien, de style éclectique classique, fut érigé par Alphonse Balat entre 1874 et 1880. La profusion de sculptures, notamment de Charles Van der Stappen, Paul De Vigne, Thomas Vinçotte et Guillaume De Groot, rend hommage aux arts et aux artistes. La collection comprend des chefs-d'œuvres de Memling, Van der Weyden et Bouts pour le XVe siècle, de Metsys, Van Orley, Gossart et Bruegel pour le XVIe siècle et de Rubens, Van Dyck et Jordaens pour le XVIIe siècle.

Le Musée d'Art moderne est installé dans un complexe souterrain, sous la place du Musée, construit entre 1978 et 1984 par Roger Bastin et Leo Beeck. Les collections illustrent le XIXe siècle par un vaste tour d'horizon des écoles belges et étrangères, avec notamment Navez, Leys, de Braekeleer, Stevens, Meunier, Ensor et Khnopff. Les principaux courants artistiques du XXe siècle sont représentés par les plus grands, notamment Wouters, Spilliaert, Permeke, Magritte, Delvaux, Broodthaers, Chagall, Dali et Henry Moore.

La partie sud-ouest de la **place du Musée** était occupée par le Palais de l'Industrie nationale, érigé en 1829-1830. L'architecte de la ville, Nicolas Roget, et Auguste Payen copièrent l'architecture de l'ancien palais en appliquant une symétrie rigoureuse. La rotonde d'angle, au sud-est, fut ajoutée en 1879. Les sculptures de ces ailes représentent les différentes disciplines artistiques, notamment dans les bas-reliefs du tympan réalisés par Guillaume De Groot et Armand Cattier. À l'heure actuelle, les bâtiments appartiennent aux Musées royaux des Beaux-Arts, au Cabinet des Estampes et à la Bibliothèque royale. Au milieu de la place se trouve le puits de lumière du Musée d'Art moderne. La **statue de Charles de Lorraine**, gouverneur général des Pays-Bas autrichiens sous l'impératrice Marie-Thérèse, sculptée par Louis Jéhotte, remplace depuis 1848 celle qui avait été érigée en 1775 sur la place Royale.

28

Le côté nord de la place est occupé par le **palais de Charles de Lorraine**[28]. Après l'incendie du palais du Coudenberg, les gouverneurs généraux s'installèrent dans la résidence princière de Guillaume d'Orange, l'hôtel de Nassau (XVIe siècle). Vers 1760, Charles de Lorraine fit construire l'aile actuelle selon les plans de Jean Faulte. Le classicisme faisait ainsi son entrée à Bruxelles. Laurent Delvaux réalisa les sculptures qui rendent hommage à l'impératrice Marie-Thérèse. À partir de l'entrée demi-circulaire, l'escalier monumental orné d'un Hercule en marbre mène aux appartements admirablement restaurés du premier étage. Ils accueillent le **Musée du XVIIIe siècle**, consacré essentiellement à la vie du prince et aux arts et sciences de l'époque des lumières. Le plancher de la grande salle, une rotonde richement décorée, présente en son centre une étoile composée de 28 espèces de marbres belges différents. À droite de l'entrée se trouve la Chapelle royale, devenue **église protestante** en 1804. Cette salle élégante à double colonnade, aux ornements raffinés en fer forgé et en stuc, présente toutes les caractéristiques d'une chapelle palatine.

Les seigneurs de Clève-Ravenstein font partie des nombreuses familles nobles qui vinrent s'établir à l'ombre du palais du Coudenberg. En 1486, ils firent construire, à l'actuel n° 3 de la rue Ravenstein, **l'hôtel Ravenstein**, en gothique brabançon tardif. Cette superbe maison patricienne fait partie des derniers vestiges de ce quartier aristocratique. Les ailes garnies de balcons en encorbellement, qui entourent une cour élégante, furent restaurées en plusieurs phases par Paul Saintenoy, en 1893, et François Malfait, en 1934. Cet ensemble de bâtiments abrite différentes associations scientifiques. La rue des Sols, située plus en retrait, montre le niveau originel du vallon du Koperbeek, surmonté par la rue Ravenstein. La **pharmacie Ch. Delacre**, aux n°s 64-66 du Coudenberg, est un édifice commercial de style néogothique flamboyant, construit par Paul Saintenoy entre 1898 et 1900. La fontaine située en face de la pharmacie sert d'appui à la sculpture en acier ***The whirling ear***. Alexander Calder, le maître du *mobile art*, réalisa cette œuvre pour le pavillon américain de l'Expo 58.

Le **Mont des Arts** est un projet qui fut élaboré de concert par Jules Ghobert et Maurice Hoyoux. Si les plans datent de 1937-1938, ils ne furent exécutés qu'entre 1954 et 1969. Les deux architectes trouvèrent la solution à l'un des problèmes les plus complexes de l'urbanisme bruxellois, à savoir assurer une liaison aisée entre le bas et le haut de la ville grâce à un réaménagement de la Montagne-de-la-Cour. L'ensemble comprend le **Palais des Congrès** et la **Bibliothèque royale Albert Ier** (Albertine). Les édifices jouxtent une esplanade comportant des escaliers monumentaux et un jardin créé par l'architecte paysagiste René Pechère. Au centre, la **statue équestre du roi Albert Ier**, réalisée par Alfred Courtens, fut inaugurée en 1951. Oscar Jespers, Tony Van Goolen, Marnix d'Haveloose, Antoine Vriens, Oscar Declercq, Dolf Ledel, Marcel Rau, etc. réalisèrent les autres sculptures. Le carillon du Palais de la Dynastie, qui se compose d'une grande horloge murale à jacquemart, entourée de douze figurines représentant des personnages historiques, est l'œuvre d'Henri Van Albada, Henri Lenaerts, Jacques Vierset et Rik Poot. Le hall souterrain du Palais des Congrès est orné de gigantesques peintures murales de Paul Delvaux et de René Magritte.

La Bibliothèque royale abrite un musée de l'imprimerie et un musée du livre. Les Cabinets de donations comprennent notamment, outre des bibliothèques privées, les cabinets de travail de Max Elskamp, Émile Verhaeren et Michel de Ghelderode. La chapelle Saint-Georges (début du XVIe siècle) de l'hôtel de Nassau fut intégrée au complexe en tant que salle d'exposition. La salle de style gothique tardif est couverte d'une voûte d'arête posée sur des colonnes élancées. Sur le mur de façade de la chapelle, un bas-relief du sculpteur Georges Dobbels évoque la silhouette de l'ancien hôtel de Nassau.

La **statue de la reine Élisabeth**, due à René Cliquet et trônant sur la place de l'Albertine, fut inaugurée en 1980. La **maison Venise**, au 61 de la rue de la Madeleine, de style baroque classique, date de 1700 environ. Les médaillons et les termes représentent les quatre continents connus à l'époque.

En 1847-1848, un an après le succès de son projet des galeries royales Saint-Hubert, Jean-Pierre Cluysenaar entreprit la **galerie Bortier**, beaucoup plus modeste. Il incorpora dans le projet une façade de style baroque tardif de la rue de la Madeleine. La galerie faisait partie du marché couvert de la Madeleine, tout en fer, et dont il ne reste aujourd'hui que la façade de style néo-Renaissance italienne, dans la rue Duquesnoy. Les parois sont ornées de colonnes torses, d'arabesques et de médaillons en fonte. La deuxième partie de la galerie, qui décrit une courbe, fut transformée en 1977.

Le sud-est du Pentagone: le Sablon – le Palais de Justice

29

Lord Thomas Bruce, comte d'Ailesbury et d'Elgin, fit ériger la **fontaine de Minerve**[29] sur la place du Grand Sablon, en témoignage de gratitude pour l'hospitalité qu'il reçut de la ville de Bruxelles après son expulsion d'Angleterre. Le monument est couronné d'une statue représentant Minerve assise, tenant un médaillon aux effigies de l'impératrice Marie-Thérèse et de son époux, François de Lorraine. Cette œuvre du sculpteur Jacques Bergé fut inaugurée en 1751.

À l'emplacement de **l'église Notre-Dame du Sablon**, entre la place du Grand Sablon et la rue de la Régence, se dressait jadis une modeste chapelle, érigée par la corporation des arbalétriers en 1340. Une statuette miraculeuse de la Vierge, transportée par bateau depuis Anvers en 1348 (ainsi que le rappelle un groupe sculptural à l'intérieur de l'édifice), fut à l'origine d'une affluence massive de pèlerins. La construction de l'église actuelle, de style gothique brabançon tardif, fut entreprise vers 1400. Le chœur lumineux et élégant fut achevé en 1435. On voûta le transept et l'on construisit les cinq travées est du vaisseau vers 1450. À la fin du XVe siècle et pendant la première moitié du XVIe siècle, on ajouta les collatéraux doubles et les deux travées est. Les portails est et sud restèrent inachevés. Quant au *sacrarium*, une chapelle en saillie située derrière le chœur et destinée à abriter les objets sacrés, il date de 1549. En 1651 et en 1690, la famille des Tour et Taxis fit construire deux chapelles baroques des deux côtés du chœur: la chapelle funéraire dédiée à sainte Ursule, d'après les plans de Luc Fayd'herbe, et la chapelle Saint-Marcou. Cette famille, originaire de Bergame, habitait un hôtel particulier donnant sur la façade ouest de l'église. Elle joua un rôle important dans le développement de la poste au sein du Saint-Empire romain germanique. En 1872, on entreprit la démolition des bâtiments accolés à l'église; cette opération n'allait s'achever qu'en 1948. De 1874 à 1937, l'église fut entièrement restaurée. Les différentes phases de travaux, dirigées successivement par Auguste Schoy, Jules-Jacques et Maurice Van Ysendyck, et François Malfait, respectèrent le principe d'unité de style qui prévalait à l'époque. Celui-ci prescrivait de terminer et de compléter les parties jusque-là restées inachevées, comme les façades des chapelles et les portails, les nombreuses statues, les ornements et une sacristie néogothique.

À l'intérieur, le chœur élancé se distingue par des colonnes en faisceau. La nef est quant à elle surmontée de chapiteaux à feuilles de chou et d'entrelacs flamboyants. Des sculptures figuratives décorent les entrelacs des murs inférieurs. Les portails richement sculptés des chapelles baroques, le jubé en marbre noir et rouge (1684) et les statues d'apôtres (1641-1646) confèrent à l'espace une apparence fastueuse. Dans le chœur, les figures de saints furent restaurées en 1867 par Jean Van der Plaetsen, après la découverte de traces de peintures murales datant de 1435.

Parmi le mobilier, on mentionnera particulièrement la chaire de vérité baroque, réalisée par Marc De Vos en 1697, et l'orgue Goynaut récemment restauré, de 1764. Le mausolée de Flaminio Garnier, surmonté d'un retable Renaissance en albâtre, le monument funéraire néogothique d'Auguste dal Pozzo, réalisé par Jean-Joseph Jaquet en 1850, et celui de style baroque couronné d'un jacquemart représentant Michele Angeliwenoni, médecin attitré d'Albert et Isabelle, sont également dignes d'intérêt. Outre des tableaux anonymes des XVIe et XVIIe siècles, l'église renferme des œuvres des peintres Michel Coxie, Ernest Quellin et Jacques Van Oost. Les vitraux, nombreux, furent réalisés, d'une part, par Samuel Coucke dans la seconde moitié du XIXe siècle et, d'autre part, par Louis-Charles Crespin, Florent-Prosper et Jacques Colpaert dans les années 30 et 40 du siècle dernier.

La chapelle funéraire de la famille des Tour et Taxis compte parmi les exemples les plus remarquables d'architecture baroque à Bruxelles. Elle est revêtue de marbre noir et blanc et contient des statues réalisées par Jérôme Duquesnoy le Jeune, Gabriel Grupello, Jean Van Delen et Matthias Van Bever. La coupole porte les armoiries de la famille et le monogramme du maître d'ouvrage, Lamoral II.

La maison du 12 de la rue Bodenbroeck fut érigée en 1729 dans le style Louis XIV. En 2002, Jo Crepain construisit à côté de celle-ci le studio Mercedes Maybach. L'escalier qui termine la pittoresque petite rue des Quatre Fils Aymon est surplombé par le **ministère des Affaires étrangères**, un bâtiment postmoderne construit par Michel Jaspers en 1997. De l'autre côté de la rue des Carmélites se dresse la caserne des Grenadiers (1896) à l'emplacement de l'ancien hôtel du comte Culembourg. Celui-ci fut rasé par le duc d'Albe, sur ordre de Philipe II, en représailles à la Requête des nobles rédigée là le 4 avril 1566.

30

Le **Palais d'Egmont**[30], au Petit Sablon, est l'unique résidence seigneuriale de Bruxelles à avoir été presque entièrement conservée. Des bâtiments primitifs que Lamoral d'Egmont et sa mère firent construire à partir de 1534, il ne reste plus que l'aile Renaissance, au milieu de la cour d'honneur. Vers 1750, les ducs d'Arenberg entamèrent les travaux de restauration, d'agrandissement et de reconstruction qui conduisirent au palais néoclassique actuel. Le portique de Jean-Nicolas Servandoni témoigne encore de cette époque. Tilman-François Suys ajouta vers 1830 l'aile gauche, les ailes donnant sur le jardin incluant un manège et les écuries. L'aile droite, détruite par un incendie, fut reconstruite en 1905-1906 par Octave Flanneau, qui la dota d'une copie du célèbre escalier des Ambassadeurs du château de Versailles. Le complexe est utilisé depuis 1971 par le ministère des Affaires étrangères en tant que centre de réception et de congrès. Le dernier duc d'Arenberg fit réaménager le parc par Edmond Galoppin, en 1901-1902, dans le style paysager anglais. Parallèlement, il fit construire 26 maisons de style éclectique dans la rue aux Laines par l'architecte Guillaume Low. Dans le parc, l'orangerie et les écuries de Tilman-François Suys sont restées intactes, ainsi que la glacière. On peut aussi y admirer une statuette de Peter Pan, une copie réalisée en 1924 de la célèbre sculpture de George Frampton qui se trouve aux Jardins de Kensington, à Londres. La gracieuse statue du prince de Ligne fut sculptée en 1935 par John Cluysenaar. Dans un coin du parc, on reconstruisit pierre par pierre un puits voûté du XVe siècle, de style gothique, appelé « La Grande Louche ». Depuis 1967, le parc est dominé par l'hôtel Hilton, d'une hauteur de 94 m, construit par l'architecte Henri Montois.

L'ancestrale **rue aux Laines** était bordée de plusieurs demeures patriciennes possédant de vastes plates-bandes fleuries et des potagers. L'**hôtel de Lannoy**, au 13, de style Louis XV, date de 1762. La demeure de la **famille de Beaufort-Spontin**, au 17, est de style Louis XVI. Celle des **princes de Mérode-Westerlo**, au 21, remonte au XVIe siècle, mais fut reconstruite en 1753.

Le square du **Petit Sablon**, imaginé par Henri Beyaert, vit le jour entre 1879 et 1890. L'ensemble, conçu comme un jardin Renaissance ludique, forme une anthologie du XVIe siècle aux accents très libéraux. La statue des comtes d'Egmont et de Hornes, sculptée en 1864 par Charles-Auguste Fraikin et initialement installée sur la Grand-Place, en est le point central. Elle est entourée par une allée d'honneur de contemporains illustres: Guillaume d'Orange, Henri de Bréderode et Philippe de Marnix de Sainte-Aldegonde, les architectes Louis de Bodeghem et Corneille de Vriendt dit Floris, le peintre Bernard Van Orlay, le botaniste Rombaud Dodonée et les cartographes Gérard Mercator et Abraham Ortelius. Une série de 48 statuettes représentant les corporations et les vieux métiers bruxellois surmontent les colonnes ouvragées de la grille en fer forgé. Les sculptures furent réalisées d'après les dessins du peintre Xavier Mellery par une trentaine d'artistes, dont Paul De Vigne, Charles Van der Stappen, Jean Cuypers, Julien Dillens, Jules Pécher, Antoine-Joseph Van Rasbourgh, Jef Lambeaux, Godefroid Van den Kerckhove, Louis Van Biesbroeck et Alphonse de Tombay. **Le Roi d'Espagne**, au n° 9 du square du Petit Sablon, est une ancienne auberge à double pignon à redents (1601).

Le **Conservatoire royal**, au 30 de la rue de la Régence, fut fondé en 1827 et connut très tôt une renommée internationale, notamment sous les directeurs François-Joseph Fétis et François-Auguste Gevaert. Le bâtiment actuel fut érigé entre 1872 et 1876 selon les plans de Jean-Pierre

Cluysenaar, qui s'inspira de l'aile ouest du palais du Louvre réalisée par Pierre Lescot au XVIe siècle. Les sculptures des avant-corps, qui représentent les différentes disciplines de l'enseignement musical, sont l'œuvre notamment d'Adolphe Fassin, Charles Van der Stappen, Jan Frans Deckers, Antoine Bouré et Barthélémy Frison. L'aile droite abrite la salle de concert de style Second Empire, dotée d'un orgue de Cavaillé-Coll.

Au 32 de la rue de la Régence se dresse la **Grande synagogue**, érigée entre 1875 et 1878, en même temps que le siège du Consistoire israélite adjacent, d'après les plans de Désiré de Keyser, en style romano-byzantin. La façade porte les noms des douze tribus d'Israël et est couronnée par les Tables de la Loi. Dans l'intérieur à trois nefs, surmonté d'un balcon réservé aux femmes, seule l'abside, qui encadre l'Arche de l'Alliance, bénéficie d'une riche polychromie. Henri Dobbelaere réalisa les vitraux décorés d'emblèmes juifs.

Le monument « **À la gloire de l'infanterie belge** », place Poelaert, fut inauguré en 1935. Édouard Vereycken réalisa les sculptures pour cet obélisque, d'après les dessins d'Antoine De Mol.

Sur la même place Poelaert, le **Palais de Justice**[31]. C'est un projet mégalomane qui marqua l'apogée de l'éclectisme. Il fut réalisé entre 1866 et 1883. Joseph Poelaert tomba gravement malade pendant les travaux et mourut avant leur achèvement. Symbole du pouvoir judiciaire, le palais domine la ville, perché sur sa plus haute colline, l'ancien Galgenberg (montagne des Potences), où les peines capitales étaient exécutées au Moyen Âge. Avec une superficie de 26 000 m^2, il était considéré à cette époque comme le plus grand édifice du continent européen. Thomas Vinçotte, Albert Desenfans, Alphonse de Tombay et Aimable Dutrieux sculptèrent les statues allégoriques entourant le dôme, Joseph Ducaju réalisa le buste de Minerve, tandis qu'Antoine Bouré et Armand Cattier représentèrent les orateurs et législateurs de la Grèce antique dans le péristyle. Le dôme majestueux surplombe de 97 m l'immense salle des pas perdus qui est décorée d'un groupe sculptural de Julien Dillens et de peintures monumentales de Jean Delville.

Le **monument de Smet de Naeyer**, érigé place Jean Jacobs par Charles Samuel d'après un dessin de Joseph Van Neck, commémore le naufrage du premier navire-école belge en 1906. Le monument fut inauguré en 1912.

L'église Saints-Jean-et-Étienne aux Minimes, rue des Minimes, fut construite entre 1700 et 1715 à l'emplacement de l'église conventuelle des Minimes qui s'étaient établis là en 1616, dans l'ancienne demeure d'André Vésale. Les deux énormes colonnes de la façade ouest illustrent la transition entre le baroque flamand et le néoclassicisme. Une des deux tours est inachevée. La chapelle dédiée à Notre-Dame de Lorette, une réplique de la *Santa Casa*, adossée depuis toujours à l'église, fut reconstruite en 1819. Les petits pavillons qui flanquent l'édifice et qui comprennent notamment le baptistère furent ajoutés en 1860. L'ancien bâtiment du monastère disparut au début du XXe siècle.

L'intérieur de l'église combine un aménagement longitudinal et central de l'espace. Le caractère austère est atténué dans la coupole de la croisée du transept et dans l'abside du chœur par des arabesques raffinées en stuc. Le maître-autel néoclassique de 1771 présente un médaillon réalisé par P.J.A. Ollivier de Marseille. La chaire de vérité suspendue et le buffet d'orgue baroque, de 1681 environ, sont dignes d'intérêt. Le mausolée de Charles-Ghislain de Mérode (XIXe siècle) est l'œuvre de Charles Geerts. Les tableaux néoclassiques qui dissimulent les anciennes fenêtres du chœur datent d'environ 1810. Le peintre Jean Cossiers est l'auteur d'un *Ange gardien* de 1661 et d'un *Mariage de la Vierge*.

Le **Musée Juif de Belgique**, au 21 de la rue des Minimes, expose des objets de culte du XVIIe siècle à nos jours, des documents et des objets relatifs à la vie des juifs en Belgique et à la Shoah, ainsi que des œuvres d'artistes juifs.

32

Le sud du Pentagone: la place Rouppe – Notre-Dame de la Chapelle – les Marolles

La statuette du ***Manneken-Pis***[32] est située à l'angle des rues du Chêne et de l'Étuve. La première sculpture en bronze de celui que l'on considère généralement comme le plus ancien bourgeois de la ville fut commandée en 1619 à Jérôme Duquesnoy l'Ancien. La statue fut dérobée et brisée en 1817. Les débris retrouvés servirent à faire un moule dans lequel on coula la copie actuelle. La niche de style rocaille date de 1770. L'habit de brocart brodé d'or offert par Louis XV au petit bonhomme en 1747 fut le début d'une garde-robe bien fournie. Certains costumes sont exposés au Musée de la Ville de Bruxelles.

L'hôtel de Roest d'Alkemade, de style baroque tardif, aux n°s 16-18 de la rue des Grands Carmes, date d'environ 1715.

La demeure patricienne au **10 de la rue du Chêne** est un hôtel particulier de style néoclassique tardif de la fin du XVIIIe siècle, possédant une décoration intérieure admirable.

Place de la Vieille Halle aux Blés, **Den Gulden Sleutel** (La Clef d'Or), **De Gulde Sterre** (L'Étoile d'Or) et **Den Hoorn** (Le Cornet), situés respectivement aux n°s 29, 30 et 31, sont trois maisons construites en profondeur, de style baroque et datant de 1696-1700.

On a conservé d'importants fragments de la première enceinte de la ville qui, selon des recherches récentes, daterait du XIIIe siècle. La **tour Anneessens** est située boulevard de l'Empereur, la **tour de Villers**, rue de Villers et la **tour Noire**, place Sainte-Catherine. Aucune des sept portes n'a été conservée. La tour Anneessens et la tour de Villers furent légèrement restaurées dans les années 1950 et 1960 par Jean Rombaux. La tour Noire fut affublée d'une toiture conique par Pierre-Victor Jamaer en 1888-1889. Le café **La Fleur en Papier doré**, au 55 de la rue des Alexiens, dont les origines remontent au XVIIe siècle, fut pendant longtemps le lieu de rendez-vous des artistes surréalistes, dadaïstes et du mouvement Cobra; ils recouvrirent ses murs de poèmes et de dessins.

L'église **Notre-Dame de la Chapelle**[33], entre la place de la Chapelle et la rue Haute, fut érigée à l'emplacement d'une chapelle fondée en 1134 par le duc Godefroid Ier, en dehors des remparts de la ville de l'époque. La construction d'une nef romane au début du XIIIe siècle marqua le début de l'édifice actuel. Le transept, les chapelles et la tour de la croisée du transept furent achevés vers 1250 en style romano-gothique; le chœur, de style gothique primaire, suivit un quart de siècle plus tard. Le vaisseau spacieux à trois nefs, en gothique brabançon tardif (1421-1483), remplaça le vaisseau roman ravagé par un incendie en 1405. La tour occidentale, inachevée, fut dotée par Antoine Pastorana de son couronnement baroque caractéristique peu après le bombardement de 1695. La chapelle baroque de Notre-Dame date de 1654. En 1866, une restauration de longue haleine fut entreprise sous la direction de l'architecte de la ville, Pierre-Victor Jamaer, dont le travail fut poursuivi dans les années 1930 par Maurice Van Ysendyck. Tous deux s'attachèrent à reconstituer dans leur état primitif les différentes phases architecturales de l'église. Une deuxième restauration eut lieu de 1989 à 1996.

33

À l'intérieur, on est frappé par le contraste entre le transept bas et sombre et le chœur ample et lumineux. Au XIXe siècle, Charle-Albert réalisa des peintures polychromes et des vitraux pour le chœur, qui se para ainsi d'un éclat néogothique. Les statues d'apôtres adossées aux piliers de la nef centrale furent sculptées vers 1650, notamment par Jérôme Duquesnoy le Jeune, Luc Fayd'herbe et Jean Cosyn. Parmi le mobilier, on admirera surtout les autels des chapelles latérales (XVIe-XIXe siècle), la chaire de vérité de style baroque tardif sculptée par Pierre-Denis Plumier en 1721, les confessionnaux du XVIIe siècle et le jubé de 1705. Des accents monumentaux sont apportés par les mausolées en marbre de Charles-Alexandre de Croÿ, de Charles d'Hovyne (par Jean Van Delen), de la famille de Spinola (par Plumier, vers 1716) et du peintre André-Corneille Lens (par Gilles-Lambert Godecharle, 1823), sans oublier la châsse de saint Boniface réalisée par Alphonse Balat en 1850. Un modeste monument funéraire commémore le souvenir de Pierre Bruegel l'Ancien qui fut inhumé dans cette église en 1569. Parmi les statues datant du XVe au XIXe siècle, une *Nuestra Señora de Soledad* éplorée attire les regards des visiteurs. Outre les triptyques de *La Crucifixion* et de *Chrysanthe et Darie* d'Henri de Clerck (XVIe siècle), l'édifice comprend des tableaux de Gaspar de Craeyer, Gérard Seghers et Théodore Van Thulden. Jean-Baptiste Van Eycken réalisa en 1851-1852 les peintures qui décorent la chapelle de la Sainte-Croix et qui représentent le *Mystère de la Sainte-Trinité*.

La **chapelle des Brigittines** est située à l'angle de la petite rue des brigittines et de la rue Notre-Seigneur. Cette ancienne église du couvent des Brigittines fut érigée entre 1663 et 1667 selon les plans de Léon Van Heil. Elle possède une façade baroque en briques et en grès. Après la sécularisation du monastère, en 1784, l'intérieur fut entièrement modifié. Qui plus est, la voûte fut supprimée en 1923. L'édifice fut restauré entre 1964 et 1975. Après un réaménagement complet de l'intérieur en 1987, l'édifice fait désormais office de théâtre et de galerie d'exposition.

Le **jardin d'enfants Robert Catteau-Horta** (1895-1900), au 40 de la rue Saint-Ghislain, faisait partie d'un réseau d'écoles maternelles implantées vers 1900 dans les quartiers populaires de Bruxelles suivant un plan type. Les quatre classes sont reliées par une cour de récréation recouverte d'un préau en fer et en verre. Pour sa première commande publique, Victor Horta conçut à cet endroit un projet Art nouveau ludique, adapté aux enfants. La demeure **Cortvriendt**, aux n°s 6-8 de la rue de Nancy, date de 1900 et est de style Art nouveau. Elle comprenait la maison et l'atelier du peintre Albert Cortvriendt. Elle fut érigée d'après les plans de Léon Sneyers.

Le **Palais du Vin**, aux n°s 58-62 de la rue des Tanneurs, présente une façade de style Art nouveau tardif de 1909 qui intègre de remarquables sgraffites de Géo Ponchon.

La **maison Bruegel** (XVIe siècle), au 132 de la rue Haute, fut sans doute le décor de la vie et de la mort de Pieter Bruegel l'Ancien, Jan Bruegel de Velours et David Teniers III. En 1982, on installa une série de **fontaines** ornées de statuettes sculptées par Jos De Decker et Jean Roi, s'inspirant des œuvres de Pieter Bruegel l'Ancien. On les trouve dans la rue au Beurre, sur la place De Brouckère, dans la rue du Grand Hospice, sur la place du Nouveau Marché aux Grains, sur la place du Vieux Marché aux Grains, sur la place de la Vieille Halle aux Blés, sur le square Pierre Breughel l'Ancien et dans la rue des Renards.

Les collections du **Musée du CPAS** (Centre public d'aide sociale), établi au 298 A de la rue Haute, procèdent du patrimoine culturel des institutions charitables bruxelloises de l'Ancien Régime. Elles furent sécularisées en 1794 et placées sous la tutelle de l'Administration des hospices. Les collections s'enrichirent grâce à divers legs et dons. Le musée possède des tableaux, des statues, des tapisseries, des orfèvreries et du mobilier, dont des œuvres importantes du XVIe au XVIIIe siècle, ainsi que des documents relatifs à l'histoire des trois hôpitaux médiévaux.

La **Porte de Hal**[34], dernier vestige de la deuxième enceinte médiévale (longue de 8 km), date de 1381-1383. Elle fut soigneusement restaurée et complétée entre 1868 et 1870 par Henri Beyaert, qui y ajouta une tour ronde à créneaux. Les salles voûtées accueillent depuis 2003 un musée du folklore rattaché aux Musées royaux d'Art et d'Histoire. Les collections ont notamment trait aux corporations des arbalétriers, à la dévotion populaire, aux jeux d'enfants et aux marionnettes.

La cité Hellemans est un ensemble imposant de 274 logements sociaux de style éclectique, répartis en sept bâtiments érigés entre 1910 et 1915 par l'architecte Émile Hellemans.

La **place du Jeu de Balle**, où se tient chaque matin un marché aux puces, constitue le cœur des Marolles. Ce quartier populaire doit son nom à un ancien couvent des sœurs maricolles. La partie est de la place est occupée par l'ancienne caserne des pompiers construite par Joseph Poelaert en 1863 et transformée aujourd'hui en immeuble à appartements.

Le **Palais du Midi**, de style éclectique, fut érigé entre 1875 et 1880 par Wynand Janssens, en vue de rompre la monotonie du long boulevard aménagé lors du voûtement de la Senne. Destiné initialement à accueillir des expositions, il abrite désormais des magasins, un centre sportif et une école.

L'hôtel Jamaer, au 62 de l'avenue de Stalingrad, était la demeure personnelle de Pierre-Victor Jamaer, architecte de la ville. Il fut érigé dans un pittoresque style néo-Renaissance flamande entre 1874 et 1879. La **fontaine Rouppe**, sur la place du même nom, est un monument qui rend hommage à Nicolas-Jean Rouppe (1769-1838), le premier bourgmestre de Bruxelles après l'indépendance belge. Elle fut dessinée par Joseph Poelaert et érigée en 1848. Charles-Auguste Fraikin est l'auteur de l'allégorie de la ville de Bruxelles qui couronne la fontaine.

La construction de l'église baroque **Notre-Dame du Bon Secours**, au 91 de la rue du Marché au Charbon, fut entreprise à partir de 1664 sous la direction de Jean Cortvrindt. Elle se substitua à la chapelle de l'hospice Saint-Jacques (XIIe siècle), qui devint un lieu de prière très fréquenté après la découverte d'une statue de la Vierge en 1625. La façade fut entreprise par Pierre-Paul Merckx en 1682 et achevée par Guillaume De Bruyn en 1694. À peine un an plus tard, pendant le bombardement de 1695, l'édifice fut détruit et on le reconstruisit entre 1696 et 1699. Le style baroque italien et le plan de construction traditionnel s'harmonisent à merveille dans cette église. Le vaisseau court à trois nefs s'ouvre sur une partie à plan centré, surmontée d'une coupole hexagonale, qui est entourée de tribunes et de trois absides demi-circulaires.

Des chapiteaux dorés, des têtes d'anges et des ornements raffinés en stuc décorent l'intérieur. Le maître-autel, dû à Jean-Pierre Van Baurscheit, date de 1705 et la chaire de vérité, de style Régence, du milieu du XVIIIe siècle. Les confessionnaux de style Louis XIV furent refaits d'après les dessins d'origine en 1858. Outre la statue de la Vierge du Bon Secours du XIVe siècle, on y trouve aussi un saint Joseph et un saint Jacques de Jean-Baptiste Van der Haeghen (1724).

L'ouest du Pentagone: Dansaert – le Marché aux Poissons – le Béguinage

L'église **Saint-Jean-Baptiste au Béguinage** faisait partie de l'ancien Grand Béguinage fondé vers 1250. Celui-ci céda la place dans les années 1820 et 1850 à un quartier bourgeois néoclassique. L'église actuelle, commencée en 1657, consacrée en 1676 et achevée vers 1700, remplaça un édifice gothique des XIIIe-XIVe siècles de même ampleur. Deux portails latéraux datent de 1770. Une première restauration complète eut lieu dans le troisième quart du XIXe siècle et fut suivie d'une deuxième un siècle plus tard. L'église est un bel exemple de baroque flamand, où les traditions locales vivantes vont de pair avec un langage formel fleuri emprunté au baroque italien. On en trouve une illustration éloquente dans la façade tripartite à volutes, aux sculptures foisonnantes, et dans la tour hexagonale située derrière le chœur. Dans l'intérieur à trois nefs, décoré d'anges ailés, l'accent est mis sur la croisée du transept. Une série de bustes de saints, posée dans les nefs latérales, est partiellement attribuée à Tobie de Lelis. Le maître-autel néoclassique de la fin du XVIIIe siècle appartenait jadis à l'abbaye de Kortenberg. La chaire de vérité, de style Régence, fut érigée en 1757 par Lambert-Joseph Parant. Sont également dignes d'intérêt: les autels latéraux baroques du XVIIe siècle et les confessionnaux du début du XVIIIe siècle. Une *Mise au tombeau* de 1600 environ se trouvait autrefois en dehors de l'église. Les statues d'*Aaron* et de *Melchisédech*, sculptées par Walter Pompe, datent de 1767 environ. Une série de tableaux réalisés vers 1620 par Théodore Van Loon, notamment la *Sainte Trinité*, l'*Adoration des Mages* et la *Délivrance de saint Pierre*, proviennent de l'ancienne église du béguinage, de même que le *Christ crucifié* de Gaspar de Craeyer.

L'hospice Pachéco, dans la rue du Grand Hospice, fut construit entre 1824 et 1827 par Henri-Louis-François Partoes. Il forme le noyau d'un ensemble urbanistique de style néoclassique aménagé dans l'ancien Grand Béguinage pour regrouper différentes institutions œuvrant en faveur des personnes âgées nécessiteuses. L'architecture fonctionnelle est dépouillée de tout ornement superflu. Le plan se déploie en un rectangle fermé contenant deux cours entourées de galeries. Le bâtiment fut transformé en institut gériatrique entre 1976 et 1982.

35

L'hôtel Dewez, aux nos 73-75 de la rue de Laeken, était l'habitation de l'architecte Laurent-Benoît Dewez: il l'édifia vers 1760 dans le style Louis XVI.

Lors de la construction, entre 1883 et 1887, du **Théâtre royal flamand**[35], au 146 de la même rue, Jean Baes accorda une importance toute particulière à la sécurité, notamment en cas d'incendie. Pour permettre l'évacuation rapide des personnes présentes dans l'édifice, il dota celui-ci de quatre balcons extérieurs à escaliers, reliés aux balcons de la salle de théâtre. L'emploi apparent de structures métalliques confère à cet édifice de style néo-Renaissance flamande son esthétique particulière. Le théâtre rouvrit ses portes en 2006, au terme d'une restauration complète. Le bureau d'architectes A.2R.C construisit, entre les vieilles façades, une salle de spectacle sphérique en acier peint en noir.

La façade néoclassique de l'ancien Entrepôt, édifié en 1780-1781 par Roger Nivoy, forme la partie arrière du théâtre.

Sur le Marché aux Poissons, entre le quai aux Briques et le quai au Bois à Brûler, se dresse la **fontaine Anspach**. L'obélisque en granit de Suède fut inauguré sur la place De Brouckère en 1897, à la mémoire du bourgmestre Jules-Victor Anspach, au croisement des boulevards centraux qui virent le jour pendant son mandat. Émile Janlet en dessina les plans. Paul De Vigne, Julien Dillens, Pierre Braecke, Godefroid Devreese et Georges Houtstont réalisèrent les sculptures. Ce n'est qu'en 1965 que la fontaine fut démontée de la place De Brouckère et reconstruite partiellement à cet endroit.

Le Cheval Marin, construit en 1680 à l'angle du quai aux Briques et du Marché-aux-Porcs, était une maison de commerce ou une auberge de style baroque flamand. L'édifice fut démoli et reconstruit à l'identique en 1893. Au 9 du quai au Bois de Construction se dresse la **Maison hanséatique**, un hôtel particulier de style Louis XIV érigé en 1711. Au milieu du XVIIIe siècle, elle était habitée par le banquier Jean-Antoine Ories, qui fit richement réaménager l'intérieur.

Le long du canal, en 1852, on érigea le **Petit Château**, à l'origine une caserne d'infanterie qui devait protéger Bruxelles d'éventuelles insurrections ouvrières dans le quartier turbulent de Molenbeek. Après le départ des derniers soldats, ce bâtiment de style néo-Tudor a été réaffecté. Depuis 1986, ce bâtiment peut accueillir un millier de candidats réfugiés politiques.

De **l'église Sainte-Catherine** démolie en 1893, il ne reste plus aujourd'hui que le clocher baroque. Celui-ci avait été ajouté à l'église gothique du XIVe-XVe siècle à partir de 1629, en même temps que le nouveau chœur, mais ne fut achevé qu'après 1664. L'église actuelle, de style éclectique, fut érigée selon les plans de Joseph Poelaert par Wynand Janssens entre 1854 et 1874, après le comblement du grand bassin Sainte-Catherine. Cette église à trois nefs, aux dimensions imposantes, se caractérise par une architecture hybride et expressive. La combinaison d'une structure gothique avec une ornementation Renaissance s'inspire de l'église parisienne Saint-Eustache (XVIe siècle). Les autels, les stalles, les confessionnaux et les trônes de style néo-Renaissance furent fabriqués par les frères Goyers. La chaire de vérité Louis XVI (fin XVIIIe siècle) et les deux monuments sculptés par Gilles-Lambert Godecharle, vers 1815, à la mémoire des peintres P.F. Jacobs et Ferdinand Delvaux, proviennent de l'ancienne église. Il en va de même pour les tableaux des XVIIe et XVIIIe siècles que l'on y trouve aussi, essentiellement de grands retables, dont une *Glorification de Sainte-Catherine* (par Gaspar de Craeyer), des œuvres de Corneille Schut et de Théodore Van Loon, un *Mariage de la Vierge* et une *Présentation au Temple* (par Maximilien De Haese, 1753). Dans la sacristie, où l'on célèbre aujourd'hui la messe en semaine, on peut admirer un triptyque représentant la Sainte-Trinité, attribué à Otto Van Veen, ainsi qu'une série de toiles attribuées à Jean Van Orley.

Un hôtel particulier de style Louis XV, datant de 1759, occupe le 11 de la place Sainte-Catherine. Aux nos 26, 28, 30, 34, 36-38 et 40-42 de la rue Sainte-Catherine, on trouve des maisons en profondeur aux traditionnels pignons à redents et à volutes, la plus ancienne datant de 1597 et la plus récente de 1716. Aux nos 46-48, une maison de commerce fut construite dans le style baroque classique vers 1700.

La **Bellone**, édifice baroque situé au 46 de la rue de Flandre, est l'arrière d'une maison de Jean Cosyn datant, selon un chronogramme, de 1697. Les nombreuses sculptures, dont un buste de Bellone, déesse de la guerre, des médaillons d'empereurs romains et un pélican, glorifient la victoire des armées autrichiennes sur les Turcs lors de la bataille de Zenta. Depuis 1980, elle abrite la Maison du Spectacle, un centre d'étude et de documentation sur les sciences scéniques.

La maison sise au 8 de la rue de Flandre, construite vers 1760, présente une façade entièrement en pierre de taille de style Louis XV.

La **statue de Jean-Baptiste Van Helmont**, physicien et médecin bruxellois, fut réalisée par Gérard Vander Linden et érigée sur la place du Nouveau Marché aux Grains en 1889. Louis de la Censerie en dessina

36

le socle. **L'hôtel Mosselman**, aux n°s 24-25 de la même place, fut construit en même temps que la place, en 1787-1788, dans le style néoclassique tardif, pour le négociant en grains Corneille-François Mosselman, un lointain ancêtre de la reine Paola. Ce bâtiment sert d'école depuis 1888.

L'entreprise **Gérard Koninckx frères**, un commerce de fruits en gros, chargea en 1927 l'architecte Eugène Dhuicque de construire l'immeuble commercial et à appartements Art déco situé à l'angle de la place du Vieux Marché aux Grains et de la rue Antoine Dansaert. Le céramiste Dhomme est l'auteur de la frise à motifs de bananes réalisée d'après des cartons d'Armand Paulis.

Les Archives et le Musée de la Vie flamande à Bruxelles, au 13 de la rue des Poissonniers, conserve des documents et des objets relatifs à la vie politique, sociale et culturelle flamande dans la capitale. Les **Halles Saint-Géry**[36], sur la place du même nom, furent édifiées en 1881 d'après les plans d'Adolphe Vanderheggen. La maçonnerie massive des façades de style néo-Renaissance flamande enveloppe une ossature métallique élancée incluant une galerie et une partie supérieure vitrée. La fontaine pyramidale de 1767, provenant de l'ancienne abbaye de Grimbergen, a été conservée. Avant l'assainissement de la Senne, la place Saint-Géry formait le centre de la Grande Île, parfois considérée comme le berceau de la ville. Au Xe siècle, un premier château fortifié aurait été construit ici, suivi en tout cas de la construction de l'église Saint-Géry, rasée par les Français en 1798.

L'église Notre-Dame aux Riches Claires est située dans la rue des Riches Claires. En 1588, ces religieuses s'installèrent dans le couvent de Nazareth, fondé vers 1450 et abandonné par les Frères de la vie commune. L'église conventuelle baroque, attribuée à Luc Fayd'herbe, fut ajoutée au monastère entre 1665 et 1671. Présentant à l'origine un seul vaisseau destiné aux sœurs, l'église fut agrandie au nord en 1824, prolongée et dotée d'un collatéral sud en 1833 par Charles Vander Straeten. Le chœur et le transept en forme de trêfle, avec des façades à volutes et des absides semi-circulaires, ont les allures d'un édifice à plan centré surmonté d'une coupole. Un bas-relief représentant l'*Adoration de la Sainte Eucharistie* orne la paroi du chœur du côté de la Grande Île. En 1989, un grave incendie ravagea la toiture, le clocher et le lanternon et occasionna d'importants dommages à l'intérieur du bâtiment et au mobilier. La restauration fut réalisée entre 1991 et 2001. Des marbrures contrastées sur les pilastres et l'entablement révèlent la structure intérieure de l'édifice, avec ses typiques arcs en plate-bande. L'église est agrémentée d'anges gracieux sculptés et de cartouches. Outre le maître-autel en marbre de 1706, les confessionnaux baroques et la chaire de vérité rococo sont dignes d'intérêt. Une partie du mobilier est originaire de l'église Saint-Géry démolie par les Français: l'autel, la statue datant de 1585 et une série de bas-reliefs du XVIIIe siècle de Notre-Dame-des-Sept-Douleurs, ainsi que l'autel de Saint-Géry.

En dépit des nombreuses transformations, le couvent adjacent a conservé assez bien son apparence des XVIe et XVIIe siècles. Il constitue, avec l'ancien couvent des bogards (dans la rue du Midi, aujourd'hui transformé en Académie des Beaux-Arts), le dernier des innombrables monastères bruxellois de l'Ancien Régime.

Sur la place du Jardin aux Fleurs, qui date essentiellement du XIXe siècle, deux édifices tout à fait antagoniques se font face: le modeste estaminet du XVIIIe siècle *In 't Spinnekopke* et l'édifice du XXIe siècle érigé par l'architecte Philippe Samyn pour l'Erasmushogeschool.

La **place de Ninove**, de style néoclassique, fut aménagée entre 1832 et 1836 par Auguste Payen. On y installa la fontaine Magritte de Luca Maria Patella en 1989.

La **Tour à plomb**, d'une hauteur de 46 m, au 54 de la rue des Fabriques, est un vestige unique d'un procédé industriel aujourd'hui oublié. Le plomb était liquéfié dans une chaudière située dans la partie supérieure et s'égouttait vers le bas, dans une cuve remplie de sulfite. Les gouttes solidifiées étaient ensuite façonnées en billes.

La **statue de François Anneessens**, réalisée par Thomas Vinçotte, fut érigée en 1889 sur la place Anneessens. Le doyen du corps de métier des Quatre Couronnés fut décapité en 1719 sous le régime autrichien.

L'église néogothique **Saint-Antoine de Padoue**, qui fait partie du couvent des frères mineurs conventuels, au 17 de la rue d'Artois, fut édifiée entre 1868 et 1873. L'architecte néerlandais Pierre J.H. Cuypers, connu pour sa réalisation du Musée royal d'Amsterdam, concilia dans cet édifice une construction en briques rationnelle et une profusion de symboles religieux. La nef basilicale est rattachée au chœur-halle par une croisée de transept octogonale, située sous la flèche du clocher. L'atelier d'art religieux de Cuypers, établi à Ruremonde, fournit le mobilier polychrome qui s'harmonise à merveille avec les peintures murales et les vitraux qui illuminent l'intérieur. Outre les saints patrons, les saints et les papes de l'ordre des Franciscains, l'iconographie traite le dogme de l'Immaculée Conception, soutenu par le théologien franciscain Jean Duns Scot.

Un des pavillons d'octroi de la porte d'Anderlecht, une belle maison de péage néoclassique construite par Auguste Payen en 1835-1836, abrite le **Musée des Égouts**. Celui-ci retrace l'histoire de la Senne avant et après son voûtement ainsi que le développement des égouts bruxellois. Si le niveau de l'eau le permet, on peut partir à la découverte de la Senne en se promenant dans l'égout principal situé sous la chaussée de Mons.

Les quartiers est: le Quartier Léopold et le Cinquantenaire

37

Le **Quartier Léopold**, première extension de la ville de Bruxelles en dehors de ses murs, fut conçu en 1837 par Tilman-François Suys. La zone, qui faisait partie à l'origine des communes d'Ixelles, d'Etterbeek et de Saint-Josse-ten-Noode, fut annexée par la ville de Bruxelles en 1858. Le plan en damier des rues se situe dans le prolongement du réseau d'axes entourant le parc de Bruxelles. Les principales maisons de maître édifiées ici par l'aristocratie et la bourgeoisie nantie dans les années 1850 et 1860 cédèrent la place, un siècle plus tard, à des complexes de bureaux: une évolution qui se poursuit de nos jours.

La construction de l'extraordinaire siège social de l'ING, avenue Marnix, fut confiée en 1959 au bureau d'architectes américain SOM (Skidmore, Owings & Merill) par le baron Lambert et exécutée par Gordon Bunshaft. Devant le bâtiment se dresse une sculpture d'Henry Moore, commandée en 1964 par le baron Lambert.

Le square Frère-Orban, au centre du quartier, est dominé par **l'église Saint-Joseph**, une autre réalisation de Suys (entre 1842 et 1847). La façade caractéristique à double tour et l'intérieur ample, aux colonnades corinthiennes, relèvent d'un style néoclassique teinté de Renaissance italienne. Julien Leclercq est l'auteur du relief sculpté que l'on trouve sur le portail du milieu. Antoine Wiertz réalisa le tableau monumental de la *Sainte Famille* qui orne le chœur. L'édifice renferme également des retables de Godefroid Guffens, François Navez et Ernest Wante. Les stalles sont de Charles Geerts et la chaire de vérité de Jean-François Vermeylen. L'église est flanquée symétriquement de deux hôtels Renaissance identiques, érigés par Jean-Pierre Cluysenaar en 1860. L'imposant palais de style néo-Renaissance italienne situé à l'est du square fut construit par Alphonse Balat pour le marquis d'Assche. Il est actuellement le siège du **Conseil d'État**. Le square même est orné de statues d'hommes politiques: Walthère Frère-Orban, par Charles Samuel en 1900, et Alexandre Gendebien, par Charles Van der Stappen en 1874. Un immeuble de bureaux postmoderne sis aux n°s 82-84 de la rue d'Arlon dissimule l'ancien **Concert Noble**. Bâti en 1873 par Henri Beyaert, dans le style éclectique classique, ce bâtiment se compose d'un ensemble somptueux de salles de fêtes réservées, à l'origine, aux membres de la noblesse.

La rue du Luxembourg est coupée en deux par le square De Meeûs. Les immeubles à appartements symétriques construits par Jean-Jules Eggericx et Raphaël Verwilghen entre 1934 et 1937 comptent parmi les premiers exemples du genre à Bruxelles. La place du Luxembourg, au bout de la rue, est située sur le territoire de la commune d'Ixelles. Les fronts de façades homogènes, de style néoclassique, qui entourent la place datent de 1854; ils furent érigés selon les plans d'Antoine Trappeniers. La statue de John Cockerill, industriel anglais et fondateur de la sidérurgie belge, fut sculptée par Armand Cattier en 1872.

La **gare de Bruxelles-Luxembourg** (longtemps connue sous le nom de gare du Quartier Léopold), bâtie dans le style néo-Renaissance d'après les plans de Gustave Saintenoy en 1855, est dominée par le **Parlement européen**[37]. Deux passages de chaque côté de la gare donnent accès à une rue piétonne centrale qui enjambe la voie de chemin de fer et passe entre les mastodontes en verre de cette cité de bureaux et de services administratifs construite entre 1989 et 1995. Deux autres passages mènent par un escalier à la rue Wiertz où s'élève l'hémicycle du parlement.

À l'ombre de ce palais de verre s'étend le pittoresque **parc Léopold**, à l'origine un jardin zoologique et botanique aménagé par Alphonse Balat et Louis Fuchs, et inauguré en 1851. De l'ancien domaine médiéval, il ne reste plus que la tour d'Eggevoort, qui date du XVe siècle. Vers 1900, la création de cinq **instituts universitaires,** sous l'impulsion d'Ernest Solvay et de Paul Héger, conféra au parc des allures de centre scientifique. Les anciens Instituts de physiologie et d'anatomie, tous deux bâtis par Jules-Jacques Van Ysendyck entre 1892 et 1898, se caractérisent par le mariage du fer et du verre. L'Institut de sociologie, qui possède une très belle bibliothèque, et l'École de commerce sont l'œuvre de Constant Bosmans et d'Henri Vandeveld (entre 1901 et 1904). Les pavillons d'entrée du parc, dessinés par Gédéon Bordiau, datent de 1877. L'Institut dentaire Georges Eastman, un bâtiment construit par Michel Polak entre 1933 et 1935, fut financé par le fondateur de Kodak.

Le **Muséum des Sciences naturelles de Belgique**[38], dont l'entrée est située au 29 de la rue Vautier, s'installa en 1891 dans l'ancien couvent des dames rédemptoristes situé sur la hauteur du parc. Il fut doté d'une aile sud entre 1896 et 1905 par Charles-Émile Janlet. C'était un édifice de musée étonnamment fonctionnel et didactique pour l'époque, avec une structure entièrement en fer. En 1933, Lucien De Vestel entreprit d'agrandir la partie arrière en érigeant une tour qui ne fut achevée que dans les années 1950. Les iguanodons de Bernissart et les squelettes néandertaliens de Spy constituent les pièces maîtresses de la section préhistorique. Les autres sections offrent un tour d'horizon captivant de l'évolution de l'homme et des animaux du monde entier, sans oublier les minéraux.

Les environs du parc Léopold sont entièrement occupés par des ensembles de bâtiments ayant un rapport avec l'Union européenne. **Au rond-point Robert Schuman**[39], le bâtiment **Berlaymont** héberge le siège de la Commission européenne. Le complexe cruciforme, réalisé par Lucien De Vestel et Jean Gilson entre 1963 et 1969, vient d'être rénové en profondeur. Le **Résidence Palace**, de l'autre côté de la **rue de la Loi**[40], bâti par Michel Polak entre 1923 et 1927, était à l'époque l'un des premiers et des plus importants complexes d'appartements de grande classe de Bruxelles. Une piscine prestigieuse et un théâtre Art déco témoignent encore de la splendeur d'antan.

Au bout de la rue de la Loi s'étend le **parc du Cinquantenaire**, aménagé à l'occasion de l'exposition universelle de 1880 sur l'ancien champ de manœuvre de la Garde civile. Pour célébrer le cinquantième anniversaire de l'indépendance de la Belgique, Gédéon Bordiau conçut les halles d'exposition métalliques initialement symétriques et la colonnade

38

39

40

41

42

qui ferment le parc. L'**arc de triomphe**, prévu dans le projet initial, ne vit le jour qu'en 1905, d'après les plans de Charles Girault. Ce monument colossal, dont les **arcades**[41] atteignent une hauteur de 22,5 m, est couronné par un **quadrige**[42] conduit par un personnage symbolisant le Brabant. C'est l'œuvre de Thomas Vinçotte et de Jules Lagae. Julien Dillens réalisa les armoiries de la Belgique. Les allégories des huit autres provinces qui ornent le pied du monument furent sculptées par Charles Van der Stappen, Guillaume De Groot, Jef Lambeaux et Albert Desenfans. Dans la colonnade, la frise en mosaïque reprenant le thème de la *Glorification de la Belgique* fut exécutée à partir de 1920, notamment par Jean Delville, Constant Montald et Albert Ciamberlani. Les grandes halles à l'arrière, aux imposantes charpentes en fer, furent élevées pour l'exposition universelle de 1897 et adaptées pour celle de 1910. L'ensemble fait aujourd'hui office de musée.

Les **Musées royaux d'Art et d'Histoire** ouvrirent leurs portes en 1905, dans l'aile sud des Halles Bordiau. Le complexe fut ensuite agrandi, selon un projet de Bordiau, jusqu'à l'avenue des Nerviens. L'ancienne halle fut reconstruite dans un style contemporain après un incendie en 1946. Les riches collections présentent des objets en provenance de tous les continents, de la préhistoire au XXe siècle. La section Antiquité est consacrée aux cultures du Proche-Orient, d'Égypte, de Grèce et de Rome. Celle des Arts décoratifs européens présentent des sculptures en bois et en pierre, des objets en ivoire, des retables, du mobilier, de l'orfèvrerie, de l'argenterie, des cuivres et bronzes, des tapisseries, de la broderie, des costumes et dentelles, des objets en céramique et en verre, des instruments de précision et des bijoux... du Moyen Âge à la Renaissance et du baroque à l'Art déco. Le musée renferme également des collections consacrées aux civilisations non européennes: Extrême-Orient, Amérique précolombienne, Polynésie et Micronésie, Inde et Asie du Sud-Est. Une dernière section porte sur l'archéologie nationale.

Le **Musée royal de l'Armée et d'Histoire militaire** est établi dans l'aile nord des Halles Bordiau et dans la grande halle arrière. Les collections présentent l'évolution de l'armement du Moyen Âge aux grands conflits du XXe siècle. Les différentes sections de ce musée offrent également un panorama complet de l'art de la guerre dans nos contrées, depuis la domination autrichienne jusqu'à la guerre de Corée, grâce à une multitude de documents, de tableaux, d'armes et d'uniformes. On peut également admirer un bel ensemble de chars d'assaut et de véhicules chenillés dans la Cour des blindés, ainsi qu'une très belle collection d'avions civils et militaires au Musée de l'air et de l'espace.

43

44

Autoworld s'installa en 1986 dans la grande halle sud. Les quelque 450 véhicules exposés, en grande partie issus de la collection Mahy, retracent toute l'histoire de l'automobile, de 1886 à nos jours. Presque toute la production automobile belge est représentée. On y trouve aussi des véhicules exceptionnels, et notamment des voitures ayant appartenu à des personnalités.

Dans le **parc**[43], on a conservé une tourelle pseudo-médiévale, érigée par Henri Beyaert à l'occasion de l'exposition universelle de 1880. Elle fut construite en pierre de Tournai, dans le but de promouvoir ce matériau de construction.

Le **Pavillon des passions humaines** date de 1889; cette œuvre précoce de Victor Horta préfigure déjà quelque peu l'avènement prochain de l'Art nouveau. Il abrite un monumental relief en marbre de Jef Lambeaux inauguré en 1899. Jugé immoral, il fut muré au bout de trois jours. Le relief représente les plaisirs et malheurs de l'humanité, dominés par la Mort.

L'ancien panorama du Caire, comprenant une toile panoramique peinte par Émile Wauters, fut l'attraction vedette de l'exposition universelle de 1897. En 1978, l'édifice devint la **grande mosquée** de Bruxelles.

Différentes statues sont disséminées dans le parc, dont des œuvres de Jean-Baptiste Van Heffen, Constantin Meunier et Charles Van der Stappen. Le monument du Congo, sculpté par Thomas Vinçotte en 1921, jette un regard aujourd'hui controversé sur le colonialisme.

L'École royale militaire[44], un complexe de style néo-Louis XVI, fut construite avenue de la Renaissance par Henri Maquet entre 1904 et 1907. Le tympan est de Jean Hérain, *Mars* et *Minerve* sont de Pierre Braecke.

45

Le **quartier du nord-est**, entre le Quartier Léopold et le parc du Cinquantenaire, au nord de la rue de la Loi, fut aménagé à partir de 1875 selon les plans de Gédéon Bordiau. Le centre est constitué par une succession grandiose de squares, dont la somptuosité est encore renforcée par l'inclinaison du terrain. Un étang naturel de la vallée du Maelbeek fut intégré au projet et agrémenté de grottes artificielles. Les jardins fourmillent de sculptures dont les styles vont du romantisme de Jef Lambeaux (avenue Palmerston) au symbolisme de Jacques de Lalaing (square Ambiorix), en passant par le réalisme social de Constantin Meunier. Les façades qui bordent les squares offrent un tour d'horizon extrêment riche de la maison bourgeoise cossue aux environs de 1900. L'éclectisme classique côtoie une variante pittoresque du néogothisme, le style néo-Renaissance flamande et l'Art nouveau.

Une des illustrations les plus marquantes de ce dernier style est l'**hôtel Van Eetvelde**[45], avec habitation adjacente, aux n°s 2-6 de l'**avenue Palmerston**[46]. La demeure fut érigée par Victor Horta entre 1895 et 1899. La façade attire l'attention par son ossature en fer apparente. L'intérieur est construit autour d'un hall octogonal surmonté d'une verrière. Plus loin, on trouve la **maison Saint-Cyr**, au 11 du square Ambiorix. Ce projet de Gustave Stauvenen fut réalisé en 1900. La façade très étroite, ornée de balcons, d'une loggia circulaire, de ferronneries et de boiseries de style Art nouveau, semble quasi immatérielle. Cet architecte construisit la même année la maison Van Dyck, aux nos 85-87 du boulevard Clovis. Les rues environnantes recèlent encore d'un grand nombre d'édifices Art nouveau: d'Armand Van Waesberghe (nos 5, 8 et 19 du square Gutenberg) en 1898; de Paul Saintenoy (nº 34 de la rue du Taciturne) en 1900; de Victor Taelemans (nº 80 de l'avenue Michel-Ange) en 1899, ainsi que son habitation personnelle, au 70 de la rue Philippe le Bon, en 1901. Au 35 de la rue Le Corrège, on peut admirer la maison de l'architecte Édouard Ramaekers, de 1899, qui mêle de façon originale néogothique et Art nouveau.

La station de métro Maelbeek fut décorée par Benoît Van Innis.

46

Le quartier du sud-est: l'avenue Louise et le bois de la Cambre

L'avenue Louise relie le Pentagone au bois de la Cambre. Elle fut aménagée entre 1860 et 1864 par les communes d'Ixelles et de Saint-Gilles, et annexée en même temps que les rues adjacentes à Bruxelles-Ville. Des élégants hôtels particuliers qui bordaient cet axe de promenade très en vogue, seuls quelques-uns ont survécu aux pressions des spéculateurs immobiliers. Encore récemment, au terme d'une longue controverse, on a incorporé une série de bâtiments, situés au début de l'avenue, au **complexe hôtelier Wiltcher's.** Il s'agit notamment de l'hôtel Godefroy, au 73, érigé en 1865 par Henri Beyaert, et de l'hôtel Baron Lunden, de style Art nouveau, construit au 81 par Paul Saintenoy en 1898. Trois édifices Art nouveau comptent parmi les réalisations les plus importantes de Victor Horta. La **maison Tassel**, au 6 de la rue Paul-Émile Janson, date de 1893 et est considérée au plan international comme le lieu de naissance du style. L'aménagement intérieur, structuré autour d'un hall vitré qui laisse pénétrer la lumière au centre de la maison, rompt avec les schémas traditionnels de la fin du XIXe siècle. Pour construire **l'hôtel Solvay**, au 224 de l'avenue Louise, Horta reçut carte blanche du jeune maître d'ouvrage en 1894. Le résultat est un joyau de l'Art nouveau, resté intact grâce aux soins inlassables de ses propriétaires actuels. L'intérieur se caractérise par un escalier monumental et par l'harmonie entre la structure métallique apparente et les bois et marbres précieux. **L'hôtel Max Hallet**, au 346 de la même avenue, date de 1904 et a une apparence plus classique, mis à part le jardin d'hiver en forme de coupole.

Les rues adjacentes situées au sud de l'avenue Louise, en partie sur les territoires d'Ixelles et de Saint-Gilles, sont incroyablement riches en immeubles Art nouveau. La rue Defacqz regroupe les réalisations les plus splendides de Paul Hankar. Sa propre habitation, au 71, date de 1893; elle vit le jour pratiquement en même temps que l'hôtel Tassel d'Horta. La maison de l'artiste Ciamberlani, au 48, est de 1897; elle attire les regards en raison des sgraffites qui ornent la façade. Le brasseur Léon Wielemans fit construire sa maison entre 1926 et 1928, au 14 de la même rue, par l'architecte Adrien Blomme. Cet édifice Art déco, qui comprend un patio andalou, sert aujourd'hui d'espace d'exposition. Albert Roosenboom, un disciple d'Horta, dessina en 1900 les plans du bâtiment situé au 83 de la rue Faider.

Octave Van Rysselberghe bâtit en 1984 l'hôtel Otlet au 48 de la rue de Livourne et Henry Van de Velde se chargea de la décoration intérieure. En 1912, Rysselberghe construisit sa propre maison dans la même rue, au 83. Le rond-point de l'avenue Louise donne sur le Jardin du Roi, qui fut aménagé à partir de 1873 à l'initiative de Léopold II. Le *Phénix 44*, une sculpture d'Olivier Strebelle, fut installé sur le rond-point pour célébrer le cinquantième anniversaire de la Libération. Le groupe de lutteurs *Mort d'Ompdraille*s est une œuvre que Charles Van der Stappen réalisa en 1892, placée sur un socle dessiné par Victor Horta. Dans le jardin qui descend vers les étangs d'Ixelles, on peut admirer une statue de Léopold II sculptée par René Cliquet.

47

48

49

À l'extrémité de l'avenue Louise, devant l'entrée du bois de la Cambre, se dresse l'ancienne **abbaye de la Cambre**[47] (entrée par la rue du Monastère), située en partie sur le territoire d'Ixelles. L'abbaye des Cisterciennes fut fondée vers 1200 à proximité de la source du Maelbeek, en bordure de la forêt de Soignes. Les bâtiments furent ravagés en 1578 et reconstruits par la suite. Après une période florissante au XVIIIe siècle, le monastère fut supprimé en 1796. De nos jours, cet ensemble abrite l'Institut géographique national et l'École nationale supérieure des arts visuels fondée par Henry Van de Velde en 1927. La conciergerie et la cour d'honneur, avec l'ancien quartier des abbesses de style néoclassique Louis XIV et Louis XV, virent le jour au cours du XVIIIe siècle, sous les abbesses Louise Deliano y Velasco et Séraphine de Snoy. L'église gothique, dédiée à Notre-Dame de la Cambre et à saint Philippe Néri, date du XIVe siècle. L'édifice à nef unique fut restauré en profondeur dans la première moitié du XXe siècle. La chapelle Saint-Boniface, dans le transept de gauche, renferme la châsse de ce saint bruxellois qui mourut ici en 1261. Des sculptures figuratives décorent la voûte de la chapelle du Saint-Sacrement, dans le transept de droite. Les vitraux, qui datent des années 1930 et 1940, furent exécutés par Florent-Prosper et Jean Colpaert, d'après les cartons de Rodolphe Strebelle, Louis-Charles Crespin, Léon Navez et Anto Carte, auteur d'un chemin de croix (1938). Parmi les statues et les tableaux des XVIe et XVIIe siècles, on retiendra tout particulièrement un *Ecce Homo* d'Albert Bouts. Le bâtiment du monastère, du début du XVIIe siècle, conserve encore un fragment de mur du XIIIe siècle. Le jardin, de style baroque tardif, s'étend sur cinq terrasses étagées jusqu'à l'avenue Émile Demot; il fut aménagé vers 1720 et restauré en 1930.

Le **bois de la Cambre** est un parc paysager de 123 ha aménagé à partir de 1862 à l'orée de la forêt de Soignes, d'après les plans d'Édouard Keilig. L'architecte de jardin maintint le caractère boisé, tout en y ajoutant quelques nouveautés, comme un pont en roche, une pelouse anglaise, un réseau routier en double ovale et un lac artificiel avec une île. À l'entrée, on a reconstruit les deux pavillons d'octroi néoclassiques érigés originellement porte de Namur par Auguste Payen en 1835.

La prestigieuse **avenue Franklin Roosevelt**[48], à la frontière est du bois de la Cambre, fut aménagée en 1922 dans le quartier du Solbosch, sur les terrains de l'exposition de 1910. Aux abords du bois, on peut admirer la statue d'Ernest Solvay, le mécène de l'**Université libre de Bruxelles**[49], sculptée par Égide Rombaux en 1932. Le bâtiment principal de cette université fut construit, entre 1924 et 1929, grâce à un apport financier américain. L'architecte Alexis Dumont s'inspira des styles Renaissance flamande et baroque pour en dessiner les plans. La silhouette est déterminée par le haut « clocher ». Une statue de Pierre-Théodore Verhaegen, le fondateur de l'université, fut installée devant le bâtiment. Elle est l'œuvre de Guillaume Geefs. Elle ornait auparavant l'esplanade des anciens édifices de l'université, au centre-ville, qui furent rasés pour réaliser la Jonction Nord-Sud. La **nouvelle bibliothèque**[50] universitaire, parée de marbre blanc, fut inaugurée en 1994; c'est une construction triangulaire surprenante conçue par le bureau d'architectes Art & Build. L'avenue Franklin Roosevelt est bordée, côté université, de maisons mitoyennes et d'immeubles à appartements et, côté bois, de **villas isolées**[51]. Elles représentent pratiquement tous les courants architecturaux des années 1920 et 1930: des cottages pittoresques à l'Art déco, en passant par les palais néo-Louis XIV, XV et XVI, et la Nouvelle Objectivité. Parmi les plus belles réalisations, on citera la villa sise au 17, réalisée par Paul Bonduelle (1932), la double habitation De Bodt aux n°s 27-29 (1931) et la maison Cohen au 60 (1927), ces deux dernières étant dues à Henry Van de Velde. Signalons encore, au 52, la maison personnelle d'Adrien Blomme (1929) et, au 67, la maison Empain, réalisée en marbre par Michel Polak (1931). La demeure éclectique élevée au 86 par Léon Delune (1907) est le seul édifice encore existant qui témoigne de l'exposition universelle de 1910.

50

Au 50 de l'avenue de la Forêt, le Théâtre du Peruchet abrite le Musée international de la Marionnette; il possède quelque cinq mille poupées provenant du monde entier, du XVIIIe siècle à nos jours.

51

Haren

L'église Sainte-Élisabeth, de style gothique tardif, fut érigée en grès de la région pour remplacer une chapelle du XIIe siècle. La tour occidentale, de style roman tardif, fut intégrée au bâtiment actuel; celui-ci vit le jour dans le courant des XIVe, XVe et XVIe siècles. À l'intérieur, les parties les plus remarquables sont les peintures murales, notamment un saint Gérard du XVe siècle, une voûte du XVIe siècle aux ornements végétaux et les peintures à l'entrée du chœur (1650-1700). Le mobilier date en grande partie du XVIIIe siècle. Les autels, les lambris, un confessionnal, le banc de communion de 1728, la chaire de vérité de 1723 et le buffet d'orgue de 1773 sont également dignes d'intérêt. On y trouve aussi une *Mise au tombeau* en pierre du XVe siècle, une statue de saint Antoine et un Christ en croix du XVIe siècle, ainsi que des tableaux des XVIe et XVIIe siècles. La *Vierge à l'Enfant* est une œuvre de Joos Van Cleve.

Au cœur de l'ancien village, quelques demeures campagnardes subsistent encore. Parmi celles-ci, la ferme du *Castrum* ou de *Cortenbach*, située aux n° 239-241 de la rue du Pré aux Oies. Elle est mentionnée dans un document de 1322. Son centre est constitué d'une tour d'habitation

52

en grès de cette période, autour de laquelle on érigea les bâtiments de la ferme au XVIe siècle.

Chaussée d'Haecht, près de la rue Plaine d'Aviation, se dresse une chapelle rurale datant du XVIIIe siècle.

Laeken: le Laeken royal

L'église néogothique **Notre-Dame**[52] fut érigée d'après les plans de Joseph Poelaert pour honorer la mémoire de la reine Louise-Marie. Léopold Ier posa en personne la première pierre en 1854. Après la consécration en 1872, les travaux furent interrompus, mais reprirent en 1908 à l'initiative de Léopold II. La construction du porche occidental et de la flèche fut confiée à l'architecte allemand von Schmidt. Les ornements sculptés restèrent inachevés, sauf sur la face nord. Ils furent exécutés sous la direction de Louis De Curte. La partie orientale de l'église est un dôme polygonal en forme de pyramide qui recouvre une **crypte** où reposent les anciens souverains de Belgique. À l'intérieur, à côté du luxueux mobilier néogothique, on peut admirer une *Sedes Sapientiae* du XIIIe siècle, une *Sainte-Anne trinitaire* du XVIe siècle, un saint Roch du XVIIe siècle et une *Vierge à l'Enfant* du XVIIIe siècle. Parmi les tableaux des XVIIe et XVIIIe siècles, on retiendra surtout *Notre-Dame de Laeken* avec vue sur l'église de 1675 et *Saint Guidon*, sacristain de Laeken, peint entre 1650 et 1700. Le trésor comprend des objets liturgiques en argent des XVIIe et XVIIIe siècles, des vêtements liturgiques du XVIIe au XIXe siècle, de la dentelle fine de Bruxelles du XVIIIe siècle et, pour Notre-Dame de Laeken, manteau, faille et couronne en or sertie de pierres précieuses. L'église renferme également le mausolée du **cardinal Cardijn**, fondateur de la JOC (Jeunesse ouvrière chrétienne).

Dans le **cimetière**[53], à côté de l'église actuelle, se trouve le chœur de l'ancienne église de Laeken, qui date de 1275 environ; il s'agit là d'une illustration du gothique primaire brabançon. La tour et le vaisseau furent démolis en 1904. Pour fermer le mur occidental, l'architecte Auguste Van Assche construisit un porche. Louis De Curte dessina les plans et Georges Houtstont réalisa les sculptures. Ces dernières étaient destinées à l'origine à la chapelle Sainte-Barbe, qui fut également démolie. Le chœur contient un bénitier de style roman. À gauche de la nouvelle église se dresse le monument du maréchal Foch, sculpté par Pierre De Soete en 1951, ainsi que le monument du Soldat inconnu français, œuvre de Mathieu Desmaré et François Malfait en 1927. Une flamme du souvenir y brûle en permanence depuis 1949. Plusieurs compatriotes éminents

53

reposent dans le cimetière, parfois surnommé le Père-Lachaise bruxellois. Le mausolée érigé à la mémoire de la cantatrice Maria Malibran comporte une statue de Guillaume Geefs représentant la célèbre diva. La tombe du critique d'art Jef Dillens est surmontée d'une copie du célèbre *Penseur* de Rodin. **L'atelier Salu** est situé juste à côté de l'entrée du cimetière. Trois générations de sculpteurs de monuments funéraires ont accompli là un travail remarquable. Aujourd'hui, cet atelier appartient à l'**Association d'archéologie funéraire Épitaphe**, qui y aménage un musée et un centre de documentation. La famille Salu a conservé tous les dessins, plans, moulages, formes et matériel des artistes.

C'est ici que l'ancienne porte d'entrée néoclassique (fin XVIIIe siècle) du domaine royal trouva une dernière affectation. Plus loin, avenue du Parc Royal, on retrouve la fontaine communale avec son haut pilier ouvragé. Elle fut érigée en 1688 par l'abbé Hennin, curé de Laeken. C'est ici aussi que se trouve l'entrée du vieux cimetière. À droite de l'avenue du Parc Royal, dans l'axe de la rue Desmaré, une petite chapelle s'appuie contre le mur d'enceinte du domaine royal, dans la rue Mellery. C'est la seule station encore existante du chemin de croix que l'infante Isabelle fit ériger vers 1625 le long du chemin conduisant de Bruxelles à l'église de Laeken.

Sur le square du 21 Juillet, réaménagé par René Pechère, se trouve le **Mémorial Reine Astrid**, une colonnade en forme de « U » dessinée par Paul Bonduelle. La coupole centrale surplombe une statue en marbre grandeur nature représentant cette reine morte de façon tragique. C'est une œuvre de Jan Boedts.

Les archiducs Albert et Isabelle affectionnaient particulièrement Laeken. À la demande de l'infante, l'architecte Franquart aménagea la **drève Sainte-Anne**, conçue comme un chemin de pèlerinage. Cette avenue, bordée de tilleuls, reliait l'entrée principale de l'église de Laeken à une source miraculeuse. Isabelle fit construire une fontaine en pierre de taille où l'eau s'écoulait par cinq trous symbolisant les cinq plaies du Christ. Près de cette source se dresse la **chapelle rurale Sainte-Anne**, de style baroque primaire, construite en 1616 par le marguillier de Laeken, Willem Witterswyck. Le toit d'ardoise est couronné d'une tourelle hexagonale. La chapelle est actuellement utilisée par l'Église orthodoxe russe de Bruxelles.

Le bâtiment principal du quartier Sainte-Anne était situé avenue des Robiniers. Ce complexe militaire fut construit en 1902, une dizaine d'années après le grand incendie du château de Laeken. Il hébergeait le détachement du régiment des Grenadiers, chargé de la garde du Château royal de Laeken et du Palais de Bruxelles. L'architecte Jules-Jacques Van Ysendyck réalisa les plans de la caserne dans le style néo-Renaissance flamande. Il accorda une attention toute particulière au bâtiment principal: deux édifices symétriques, très similaires aux palais italiens du XVIe siècle, entourent une conciergerie très caractéristique, ceinte par une belle grille en fer forgé. Ces bâtiments ont abrité successivement l'École des Cadets et l'Institut royal supérieur de défense. La caserne, vide depuis 2006, est appelée à héberger la quatrième école européenne de Bruxelles.

Le **domaine du Stuyvenberg** est situé avenue des Trembles. Le plus ancien propriétaire connu est l'architecte Louis Van Bodeghem, mentionné dans une source en 1503. Il dessina la splendide église abbatiale gothique de Brou, en France, et participa à la construction de la Maison du Roi à Bruxelles. En 1703, le seigneur héréditaire de Laeken, Sirejacob, fit l'acquisition du domaine et y érigea une ferme. C'est de cette époque que date la **tour** de 1713. Au XIXe siècle, la propriété passa aux mains du bourgmestre Deby de Laeken. Il fit construire au fond du domaine une maison de campagne où vécut Arcadie Claret, la maîtresse de Léopold Ier. Plus tard, Léopold II achètera la demeure et la fera agrandir en ferme château. En 1890, il fit présent du domaine du Stuyvenberg à l'État belge. Le prince Léopold et la princesse Astrid y résidèrent, et c'est là que naquirent leurs trois enfants. La reine Élisabeth y séjourna de 1951 à sa mort, en 1965. Par la suite, ce lieu fut utilisé lors de conclaves ministériels, pendant lesquels s'élaborèrent des accords importants pour l'avenir de la Belgique, et pour loger des chefs d'État étrangers en visite. Le domaine est actuellement occupé par la reine Fabiola.

Le **parc de Laeken**, qui s'étend sur 60 ha, longe l'avenue du Parc royal et est accessible au public. Pour le réaliser, le roi Léopold II fit procéder à un grand nombre d'expropriations, mais fit finalement don de ses acquisitions à l'État en 1880. Il voulait aménager une zone verte pour les habitants de Laeken. Il confia ainsi à l'ingénieur Van Schoubroeck et à l'architecte paysager Édouard Keilig la mission d'aménager un parc de style anglais autour du **monument Léopold Ier**, sur la colline proche du château. La statue du premier roi des Belges, sculptée par Guillaume Geefs, est surmontée d'une construction néogothique de Louis De Curte, qui s'inspira du Scott Memorial à Édimbourg. Les travaux commencèrent en 1878. Le parc et le monument furent inaugurés le 21 juillet 1880.

Le baldaquin ennéagonal, décoré de statues allégoriques, symbolise les provinces belges, au nombre de neuf à l'époque. Elles furent exécutées par Vinçotte, Desenfans, Fassin, Van Rasbourgh, Deckers, Van der Stappen, Van der Linden, Pickery et Brunin. Un génie de 5,5 m de haut couronnait le monument, mais la statue fut déstabilisée par une violente tempête quelques mois après l'inauguration. Cette sculpture dorée trône depuis 1897 au sommet du Musée d'Art ancien, rue de la Régence.

De l'autre côté du parc, le **Château royal** fut érigé sur l'ancienne seigneurie de Schoonenberg par le duc Albert de Saxe-Teschen et l'archiduchesse Marie-Christine de Habsbourg-Lorraine, gouverneurs généraux des Pays-Bas autrichiens. Charles de Wailly dessina les plans et Louis Montoyer se chargea de donner à l'édifice son caractère de résidence secondaire. Napoléon fit restaurer la demeure et la pourvut de meubles parisiens. Le roi Guillaume Ier en fit l'acquisition après la bataille de Waterloo et la propriété passa à l'État belge après le traité de 1839. Après l'incendie de 1890, Léopold II la fit restaurer par l'architecte Alphone Balat et, à partir de 1902, la fit agrandir sous la direction de l'architecte français Charles Girault. Le fronton de la façade principale présente un bas-relief de Gilles-Lambert Godecharle, avec une représentation allégorique du temps, des heures, des moments de la journée et des saisons.

À l'intérieur du château, on peut également admirer des œuvres de Godecharle et de Clodion.

Le **Belvédère** est un pavillon néoclassique. L'architecte Auguste Payen l'Ancien réalisa les plans de cette demeure pour le vicomte de Walckiers en 1778. Au XIXe siècle, la villa fut fâcheusement affublée d'une tour en forme de coupole. Elle fut restaurée en 1957, en prévision de l'Exposition universelle de 1958, pour devenir la résidence temporaire du baron Moens de Fernig, commissaire général de cette grande manifestation internationale. Le Belvédère devint ensuite la résidence du prince de Liège, qui décida d'y rester après son accession au trône, en 1993.

De l'autre côté de l'avenue, les **Serres royales** sont dissimulées par un haut mur de briques. Léopold II manifestait un grand intérêt pour la nature, notamment l'agriculture et l'horticulture. À côté de l'ancienne orangerie, il fit édifier une véritable ville de verre au milieu d'un paysage vallonné. L'architecte Alphonse Balat exploita à merveille les possibilités industrielles et techniques de la fonte, du fer, de l'acier et du verre pour mettre au point un concept architectural novateur et poser ainsi les fondations de l'Art nouveau en Belgique. Le complexe se divise en trois parties. La première zone comprend une série de serres, de galeries et d'escaliers qui forment un axe de plus de 150 m de long: l'Embarcadère, la Serre du Congo et le Jardin d'hiver. Une deuxième zone comprend la Serre aux palmiers qui débouche sur le Pavillon des palmiers en pierre. Celui-ci conduit à l'Église de fer, une construction octogonale coiffée d'une coupole. Enfin, la troisième zone réunit des galeries de surface et de sous-sol qui relient entre eux l'Église de fer et le Jardin d'hiver.

Le carrefour du Gros-Tilleul est orné d'une fontaine néobaroque représentant le dieu marin Neptune au milieu d'enfants, de sirènes et de dauphins. C'est une copie de la fontaine de style Renaissance réalisée pour la ville de Bologne, en 1563, par le sculpteur flamand Jean de Bologne, mieux connu sous le nom de Giambologna.

Avenue Jules Van Praet, l'architecte français Alexandre Marcel construisit le **Pavillon chinois**[54] à la demande du roi bâtisseur, Léopold II. L'histoire selon laquelle le souverain aurait acheté ce pavillon lors de l'Exposition universelle de Paris en 1900 est une légende. L'édifice a été depuis entièrement restauré, tant à l'extérieur qu'à l'intérieur. On peut y admirer la collection Verhaeghe-de Nayer réunissant de la porcelaine autrichienne et de la céramique européenne des XVIIe et XVIIIe siècles.

Le même Marcel érigea aussi la **Tour japonaise** de l'autre côté de l'avenue. Après l'exposition de Paris, Léopold II acheta

54

uniquement le pavillon d'entrée. La tour fut dessinée par Marcel et érigée à l'aide d'essences de bois précieux. Jacques Galland, un autre Français, dessina la décoration intérieure. La tour fut inaugurée en 1905. Le ministère des Affaires étrangères fit l'acquisition de l'édifice en 1909. La tour devint une annexe du Musée du Commerce pour la promotion des relations commerciales entre la Belgique et le Japon. Après leur restauration, la tour et le pavillon furent rouverts en 2005 en tant qu'espaces d'exposition. Ensemble, le Pavillon chinois, la Tour japonaise et le Musée d'Art japonais (ancienne dépendance du Pavillon chinois) constituent les Musées d'Extrême-Orient, qui font partie des Musées royaux d'Art et d'Histoire.

Laeken: le Heysel

Au croisement de l'avenue de Madrid et de l'avenue du Gros-Tilleul se dressent une construction circulaire et des dépendances de faible hauteur. Il s'agit de l'un des rares vestiges de l'Expo 58: le **Théâtre américain**, qui faisait partie du pavillon des États-Unis. C'est ici que la VRT réalise aujourd'hui ses enregistrements en public.

Entre la place Louis Steen et l'Atomium, sur la partie droite, s'étend sur 20 ha l'idyllique **parc d'Osseghem**. L'architecte paysager Jules Buyssens l'aménagea dans le style anglais à l'occasion de l'Exposition universelle de 1935. Un « théâtre de verdure » se substitua à une ancienne carrière.

55

L'Atomium[55] fut la principale attraction de l'Expo 58. Cette gigantesque charpente métallique, recouverte à l'origine d'aluminium, atteint une hauteur de 102 m. Il représente un cristal de fer agrandi 165 milliards de fois, à neuf atomes. La construction relie entre elles neuf sphères ayant chacune un diamètre de 30 m. Le concept fut imaginé par l'ingénieur André Waterkeyn. L'ascenseur, le plus rapide d'Europe à l'époque, conduit les visiteurs jusqu'à la boule du haut où l'on aménagea une plate-forme panoramique et un restaurant. Au terme d'une restauration en profondeur, au cours de laquelle on remplaça le revêtement d'aluminium par de l'acier inoxydable, le monument fut rouvert au public en 2006. De nos jours, l'Atomium est considéré comme le symbole par excellence des *Golden Sixties*.

Tout près de là, au bord d'un bassin couvert de nénuphars, se dresse la statue du bourgmestre Adolphe Max. Il avait fait ériger six « palais » sur le plateau du Heysel à l'occasion de l'exposition universelle de 1935.

Avenue de Bouchout, on inaugura en 1976 un **planétarium** constitué d'une salle cylindrique coiffée d'un dôme d'un diamètre de 24 m. Il se compose de 119 systèmes de projection, ainsi que de quatre moteurs électriques (ils étaient sept à l'origine) qui commandent les mécanismes reproduisant la rotation de la terre sur son axe et son mouvement autour du soleil. Le matériel fut livré par la firme Zeiss d'Iéna.

Le bâtiment comprend aussi des espaces d'exposition et un auditorium. En quatre minutes, le visiteur fait l'expérience du cycle des changements subis par notre ciel en 26 000 années. Par ailleurs, le planétarium retrace l'histoire de l'astronomie et évoque le parcours du grand astronome polonais Copernic. La **tête sculptée** de ce dernier, à l'entrée du planétarium, est l'œuvre de l'artiste polonaise Ludwika Nitschowa. Elle avait été chargée de la décoration du pavillon de son pays lors de l'Exposition universelle de 1935.

Entre l'Atomium et les palais du Heysel s'étend le **Trade Mart Brussels**, dessiné par l'architecte américain John Portman. Ce centre d'affaires réservés aux fabricants, détaillants et acheteurs professionnels dans les domaines de l'aménagement intérieur et de la mode, ouvrit ses portes en 1975. Il s'est sensiblement agrandi depuis. Dans ses vitres miroirs se reflètent les arbres et les plantes des environs. L'atrium, un espace immense, est recouvert d'une coupole en plastique qui laisse entrer une douce lumière rose. La statue *Zen* est de J.-P. Ghysels. Sur l'avenue de l'Atomium, on peut encore voir le pavillon des briqueteries de Courtrai, lui aussi rescapé de l'Expo 58.

Bruparck est un parc d'attractions aux nombreuses facettes: Mini-Europe rassemble au format 25/1000 les monuments les plus représentatifs des États membres de l'Union européenne. Océade est un paradis aquatique subtropical. The Village évoque la Belgique d'autrefois grâce à quelques bâtiments dont l'architecture rappelle vaguement celle du XVIIe siècle. On y trouve des restaurants, cafés, boutiques, etc. Kinepolis est un complexe de cinéma créé en 1988 et proposant 25 salles de projection. L'une celles-ci permet l'utilisation de la technologie IMAX grâce à un écran géant de 600 m².

56

Les **Palais du Centenaire**[56] constituaient à l'origine un ensemble de cinq palais d'exposition totalisant une superficie de 45 000 m². Le projet fut conçu par l'architecte Joseph Van Neck pour l'exposition universelle de 1935. Le Grand Palais, de 14 000 m², servit alors de hall de gare géant pour célébrer le centième anniversaire de la liaison ferroviaire Bruxelles-Malines. Chacun des deux palais annexes s'étend sur une superficie de 10 000 m². Sur le devant, le bâtiment de gauche était destiné à l'administration et à l'art ancien, tandis que celui de droite contenait une salle des fêtes. Les quatre palais, abstraction faite de l'édifice central, ont des charpentes métalliques isostatiques, dissimulées par le plafond. Dans le bâtiment central, on s'employa à éviter tout élément d'appui intermédiaire. L'architecte construisit douze arcs en béton armé sur toute la largeur, chacun ayant une portée de 86 m et une hauteur de 31 m. L'espace entre les arcs est de 12 m. Cette réalisation bénéficia de l'estime internationale. Égide Rombaux dessina les figures allégoriques qui couronnent les quatre piliers de la façade. Elles représentent les chemins de fer, la marine, les transports et l'aviation. Par la suite, on ne cessa d'ériger de nouveaux palais, au nombre

57

de 12 aujourd'hui. L'Atomium, Bruparck et les palais d'exposition sont regroupés en un parc d'expositions, de congrès et de foires.

Les quartiers généraux du Comité olympique belge et de la Ligue belge de football sont basés avenue de Bouchout. Entre les palais du Heysel et l'avenue Houba de Strooper s'étend la façade principale oblongue du stade du Heysel, aujourd'hui **stade Roi Baudouin**. Le bourgmestre Adolphe Max posa la première pierre de ce stade en octobre 1929. Son inauguration eut lieu en septembre 1930 lors d'un match disputé entre la Belgique et les Pays-Bas. Après le drame que connut ce stade en 1985, il fut entièrement rénové par Bob Van Reeth. Il ne conserva de l'ancien édifice que la partie centrale de la façade principale en pierre blanche, avec un péristyle sur des piliers courts et solides. Aux angles, les bas-reliefs de Léandre Grandmoulin illustrent le football et le lancer du disque, tandis que ceux de Paul Du Bois évoquent la course à pied et le saut en hauteur. L'archange saint Michel écrase le démon. Sur le square aménagé devant le stade, on peut admirer les allégories du *Serment olympique*, de Pierre De Soete, et des *Lutteurs*, de Jef Lambeaux.

Le Laeken résidentiel

En entrant dans Laeken depuis Bruxelles, on aperçoit, juste après le pont surplombant le canal, l'imposant **Monument au travail** de Constantin Meunier. Ce maître du réalisme social avait de sa propre initiative sculpté les cinq statues de bronze et les quatre demi-reliefs de pierre entre 1890 et 1902. Ces éléments ne furent regroupés pour constituer ce monument qu'en 1930.

La première pierre du prestigieux **hôtel communal**[57] de la place Émile Bockstael fut posée en 1907, au terme d'un concours remporté par le tandem d'architectes Paul Bonduelle et Charley Gislon. La construction fut achevée en 1912. Elle se compose d'un bâtiment principal et de deux ailes arrière. La tour qui surmonte le porche présente des similitudes avec les beffrois de la Flandre française. Le porche est flanqué de deux lions. Une belle loggia orne le premier étage. Les angles du dôme carré à terrasse faîtière sont couronnés de *putti*. Les travées de la façade à deux étages sont indiquées par des pilastres aux statues allégoriques placées sous un baldaquin. Les sculptures furent exécutées par des artistes locaux: le peintre Coman et le sculpteur Desmaré. Depuis le rattachement de Laeken à la ville de Bruxelles, l'édifice n'abrite plus qu'une école, une bibliothèque, un commissariat de police et un service communal.

De l'autre côté, sur le square des Combattants, se dresse un **monument aux héros de Laeken morts pour la patrie**. Montée sur un socle, une figure féminine allégorique est figée dans une attitude combative. Elle tient un bouclier protecteur devant sa poitrine et serre dans sa main droite une épée, prête à l'attaque. Dans ce bronze, le sculpteur Mathieu Desmaré traduisit de façon géniale la résistance et le combat. Les noms des personnes ayant sacrifié leur vie pendant les deux guerres mondiales sont inscrits en lettres d'or sur le socle.

Partout à Laeken, mais spécialement le long de l'axe s'étendant de la place Bockstael au plateau du Heysel, et dans les artères adjacentes (c'est-à-dire les avenues Richard Neybergh et Prudent Bols), on peut admirer un grand nombre de maisons construites dans les styles éclectique, Art nouveau ou Art déco. Le **complexe scolaire de Laeken**, rue Karel Bogaerd, comprend une école primaire, une école secondaire, un athénée royal et un institut supérieur de pédagogie. L'architecte Minner en réalisa les plans. Une première partie, invisible depuis la rue, fut construite entre 1925 et 1930; l'école normale, entre 1938 et 1960. La façade du bâtiment principal se compose d'une grande masse de verre encadrée de hauts pilastres verticaux. Les six bâtiments sont reliés entre eux et adaptés au relief du sol. La décoration a été particulièrement soignée: des motifs Art déco sur les toits et de nombreuses sculptures ornant les façades. Le bas-relief situé au-dessus de l'entrée principale fut réalisé par Élisabeth Barmarin en 1955.

À hauteur du **square Clémentine**[58], une élégante fontaine rend hommage au dernier bourgmestre de Laeken, Émile Bockstael. L'architecte Jean Rombaux dessina le monument, tandis qu'Ernest Salu II sculpta le buste d'Émile Bockstael. À l'origine, l'avenue Émile Bockstael tournait en épingle à hauteur du square Clémentine vers l'église Saint-Lambert. Après le développement du plateau du Heysel, en 1934, cet axe fut rebaptisé avenue Jean Sobieski.

À l'est de cette avenue se dissimulent deux écrins de verdure peu connus, le **parc Sobieski** et le **jardin colonial**. À l'initiative de Léopold II, on aménagea ici en 1900 une station agricole expérimentale en vue de développer l'industrie agricole du Congo belge. La superficie entière fut recouverte de serres. La villa coloniale destinée à la direction de cette institution royale fut construite dans le style des cottages normands et témoigne encore aujourd'hui d'un passé prestigieux.

Au bout de l'avenue Sobieski se dresse **l'église néogothique Saint-Lambert**, de la fin du XIXe siècle. Elle possède un intérieur modernisé en 1970-1971. Le tableau *La Dernière Cène* date de 1650 environ. Le tabernacle en laiton, posé sur un socle de pierre de taille, fut réalisé vers 1970.

En face du stade Roi Baudouin, le square Jean Palfijn est orné d'une **fontaine de Neptune** érigée initialement, en 1866, à la porte de Namur, en l'honneur de Charles de Brouckère, bourgmestre de Bruxelles. L'architecte Henri Beyaert en dessina les plans et le sculpteur Fierens créa cette œuvre exubérante, qui inclut un buste de Charles de Brouckère. Tout près, au milieu de la verdure, on peut admirer une œuvre de Mathieu Desmaré, *Le Semeur*.

Entre l'avenue des Citronniers et l'avenue de l'Arbre Ballon s'étend la **Cité modèle**. Ce quartier de logements sociaux fut construit entre 1956 et 1975 par un groupe d'architectes dirigé par Renaat Braem. Le concept était très moderniste et prévoyait des immeubles-tours isolés sur piliers, des parkings, des centres commerciaux, des zones vertes, des terrains de jeu et un centre culturel.

L'église néoromane du Divin Enfant Jésus, avenue Houba de Strooper, fut bâtie entre 1939 et 1942. Deux confessionnaux de style néo-Renaissance, fabriqués entre 1850 et 1900, proviennent de l'ancienne église Saint-Jean-Baptiste de Molenbeek.

58

59

Derrière l'église se trouve la **cité-jardin du Verregat**, aménagée pour une coopérative de locataires par l'architecte Henri Derée en 1923, et agrandie en 1952 par Jules Ghobert.

À la frontière avec la commune de Jette, on construisit **l'hôpital Brugmann** entre 1911 et 1923. Georges Brugmann, un banquier d'origine allemande, était censeur de la Banque Nationale de Belgique et se lia d'amitié avec Léopold II. Il légua par testament un capital considérable pour la construction de trois institutions médicales: à Alsemberg, à Uccle et à Laeken. Victor Horta dessina les plans de ce projet architectural très novateur pour l'époque, constitué de pavillons individuels. Devant la porte principale se trouve un buste du bienfaiteur, sculpté par Julien Dillens.

Dans les stations de métro de Laeken, on peut admirer des œuvres d'Yves Bosquet (Stuyvenberg), Raoul Servais et Pierre Vlerick (Houba-Brugmann), Jean-François Octave (Heysel), Élisabeth Barmarin et Philippe Decelle (Roi Baudouin). Sur les murs de la station **De Wand**[59], une station en plein air, 60 graffiteurs ont réalisé en 2008 la plus grande fresque cohérente de graffitis d'Europe (4 500 m^2).

Neder-Over-Heembeek

L'église Saint-Nicolas, de style baroque tardif, fut construite à Over-Heembeek entre 1686 et 1740. Elle remplaça une ancienne église, dont la tour romane du XIIe siècle fut conservée et incorporée au nouvel édifice. Elle fut restaurée en 1953 et fait office de centre culturel depuis 1960.

De **l'ancienne église Saints-Pierre-et-Paul,** à Neder-Heembeek, il ne reste plus aujourd'hui que la tour romane dont le dernier étage du clocher date de 1575. Elle fut restaurée par Jean Rombaux en 1960. L'église, qui avait été reconstruite en grande partie en 1860, fut endommagée en 1932 par un incendie provoqué par la foudre et dut être rasée. Derrière la tour, l'ancien hospice pour indigents *De Kluis* date de 1487; il fut également restauré par Rombaux en 1965.

L'actuelle **église Saints-Pierre-et-Paul**, un édifice monumental en briques érigé par Julien De Ridder vers 1935, conserve le patrimoine artistique des deux églises. En font partie des statues de saints du XVIe au XVIIIe siècle et des tableaux du XVIIe siècle, dont une *Sainte Famille* attribuée à Théodore Van Loon.

Chaussée de Vilvorde, deux pavillons d'entrée néoclassiques du XVIIIe siècle sont les seuls vestiges de l'ancien château Meudon.

Saint-Josse-ten-Noode

La **tour Madou**, haute de 104 m, fut construite Porte de Louvain entre 1963 et 1965. Elle a été entièrement rénovée de 2002 à 2005 et sert aujourd'hui d'immeuble à bureaux pour des fonctionnaires de l'Union Européenne. La **maison communale**, située avenue de l'Astronomie, est l'ancienne demeure néoclassique du violoniste Charles de Bériot qui fut rachetée par la commune en 1867. Léon Govaerts agrandit cet hôtel particulier en 1908 pour lui donner ses proportions actuelles, dans un style Beaux-Arts tout à fait atypique.

Le **Musée Charlier**, au 16 de l'avenue des Arts, occupe la maison de maître néoclassique d'Henri Van Cutsem, un collectionneur d'art fortuné. Victor Horta réaménagea cet immeuble en 1890. En 1904, cet hôtel, ainsi que l'essentiel des très riches collections, fut légué au sculpteur Guillaume Charlier: ce dernier devait assurer la poursuite des activités de mécénat. Il légua l'édifice à la commune en 1925. Dans les salons au mobilier soigné, des tapisseries, de la porcelaine et de l'argenterie sont exposées à côté d'œuvres de Charlier et de tableaux des principaux représentants de l'école belge de la fin du XIXe siècle. Au 41 de la rue de la Charité s'élève la **chapelle Sainte-Julienne** des Apostolines du Très Saint-Sacrement. Ce joyau néogothique, érigé par Joris Helleputte en 1886, séduit par son intérieur particulièrement coloré où l'on trouve des peintures murales, des statues polychromes et un autel en laiton. La chapelle est une illustration parfaite de l'âge d'or du néogothique placé sous l'influence de J.-B. Béthune et des écoles Saint-Luc. Au 37 de la même rue sont situés les **Ateliers Mommen[1]**. Félix Mommen construisit ici en 1874 une usine de matériel artistique à laquelle plusieurs ateliers étaient adjoints. Comme mécène, il les mettait gratuitement à la disposition de jeunes artistes. Le complexe fut classé monument historique en 1992 et rénové dans les années 1990-2000.

L'**église Saint-Josse**, aux abords de la place du même nom et de la chaussée de Louvain, remplace l'ancien édifice paroissial. Ce temple néobaroque, construit entre 1865 et 1869 par Jean-Frédéric Van der Rit, s'inspire de l'église du Béguinage, à Bruxelles. La façade monumentale, due à Jules-Jacques Van Ysendyck, ne fut achevée qu'en 1891. Le maître-autel baroque de Hans Van Milder (1618) et les autels latéraux proviennent de l'église de la Chapelle, à Bruxelles. L'*Assomption de la Vierge* est une copie d'après Rubens de 1711. Le reste du mobilier – confessionnaux, chaire de vérité, banc de communion et buffet d'orgue – date du XIXe siècle.

1

2

Parmi les sculptures, on trouve une statue de saint Josse, datant du milieu du XVIIIe siècle, et un chemin de croix sculpté par Jean-Baptiste De Boeck et Jean-Baptiste Van Wint. Parmi les tableaux dignes d'intérêt citons le *Saint Nicolas de Tolentino* réalisé au XVIIe siècle par Lambert Blendeff, le *Saint Josse* attribué à Pierre-Joseph Verhaghen (XVIIIe siècle) et deux toiles de Charles Saligo datant de 1850 et 1859.

Deux architectes adeptes de l'Art nouveau ont construit leur maison dans les environs: Léon Govaerts, en 1899, au 112 de la rue de Liedekerke, et Michel Mayeres, en 1904, au 150 de la rue Potagère. Ce dernier affubla sa maison d'une façade à l'exubérance inusuelle. Dans le square Armand Steurs, créé en 1932 par l'architecte Eugène Dhuicque, on peut admirer *La Source*, une statue en bronze doré de Julien Dillens.

L'**ancien Observatoire** de la place Quetelet a précédé les instituts d'astronomie et de météorologie qui se situent actuellement sur les hauteurs d'Uccle. Cet édifice néoclassique, construit par Auguste Payen entre 1826 et 1828, resta en service jusqu'en 1891. L'astronome Adolphe Quételet (1796-1874) en fut le premier directeur. La rue du Méridien toute proche fut aménagée à sa demande, en suivant le méridien de Bruxelles. C'est Guillaume Charlier qui réalisa en 1913 le Monument aux morts qui s'élève dans les environs immédiats.

Seul un petit tronçon de la prestigieuse **rue Royale**, aux nombreux édifices remarquables, passe par Saint-Josse. La tour P&V, d'Hugo Van Kuyck, fut le premier gratte-ciel bruxellois (1957) à être doté d'un mur-rideau composé d'aluminium et de verre. On l'appelait avec fierté la « basilique du progrès» par rapport à la « basilique du passé », celle de Koekelberg.

L'église du Gesu (au 171 de la rue Royale) fut construite en style néogothique par Louis Pavot, en 1860. Elle est dissimulée par un westbau massif, érigé entre 1935 et 1939 par Antoine Courtens (à qui l'on doit également les statues du porche). Plus loin, au 284, la façade Art déco des Rotterdamsche Verzekering Sociëteit (RVS, Compagnie d'assurances de Rotterdam), construite entre 1936 et 1938 par l'architecte hollandais Jos Duijnstee, a été superbement restaurée par SD-Worx. Ever Meulen dessina le vitrail qui assure la jonction avec l'arrière-bâtiment qui y fut élevé lors de ces travaux. L'ancien hôtel de Mesnil, au 294 de la même rue, a été construit en 1868 par Antoine Mennessier. Il comprend, dans son architecture, des fragments de la façade de l'ancienne villa Cazeaux élevée par Tilman-François Suys vers 1835. L'intérieur constitue un bel exemple d'aménagement éclectique de l'époque. Le compositeur Giacomo Puccini y fit un bref séjour juste avant sa mort (Bruxelles, 1924). Encore un peu plus loin, au 316, se dresse l'hôtel Cohn-Donnay, construit en 1841. Il est aujourd'hui occupé par le célèbre café-brasserie ***De Ultieme Hallucinatie*** **2**. Paul Hamesse, en 1904, se chargea de lui donner le style Art nouveau qu'on lui connaît aujourd'hui. L'aménagement intérieur et le mobilier ont été merveilleusement conservés. Le langage géométrique

3

qui leur a été appliqué trahit l'influence des Arts nouveaux écossais et viennois.

Le **Jardin botanique**[3], à l'angle de la rue Royale et du boulevard du Jardin Botanique, fut aménagé à partir de 1826 et ouvert en 1829. La serre, qui domine les jardins depuis le plus haut plateau, est l'œuvre de Tilman-François Suys et de Pierre-François Gineste. Cet édifice néoclassique, avec sa rotonde ponctuée de colonnes et ses avant-corps latéraux, fut agrandi sur l'arrière entre 1842 et 1854. À partir de 1938, l'institution scientifique en charge du Jardin fut progressivement transférée à Meise, au Jardin botanique national. Le Jardin fut d'abord coupé en deux par le tracé d'une rue et l'aménagement de la Jonction Nord-Sud, puis sensiblement réduit en superficie lors de la construction des tunnels routiers de la petite ceinture. Le parc actuel, qui comprend des parterres géométriques et un jardin paysager de René Pechère, date de 1958. La serre fut transformée entre 1979 et 1984 pour accueillir le centre culturel de la Communauté française: **Le Botanique**[4]. Un ensemble de statues en bronze, réalisées entre 1893 et 1897 par un groupe de sculpteurs placés sous la direction de Constantin Meunier et de Charles Van der Stappen, agrémentait le Jardin. Les œuvres de Pierre Braecke, Julien Dillens, Jules Lagae, Émile Namur, Charles Samuel, Léon Mignon et Albert

4

5

6

Desenfans y côtoyaient des fontaines, des réverbères et des statues aux motifs animaliers et allégoriques: les saisons, les vertus et les espèces végétales. Plusieurs de ces œuvres furent également transportées à Meise.

L'immense **place Rogier**[5], située à l'ouest de la commune, est dominée par la **Dexia Tower**[6] que réalisèrent les architectes Philippe Samyn et Michel Jaspers (2006). Ce bâtiment a pris la place du Centre international Rogier (1958), lui-même érigé sur l'ancien site de la gare du Nord (1841). Sur la droite de la Tour, on trouve l'hôtel Crowne Plaza que l'architecte Antoine Pompe éleva en 1908. Sur la gauche, l'hôtel Siru. C'est un bâtiment Art déco de 1932, dû à l'architecte Marcel Chabot. La décoration de chacune des chambres de cet hôtel fut confiée à un artiste belge différent.

Sur l'ancien quartier Nord, et notamment le long de l'avenue Albert II, un impressionnant centre d'affaires et de bureaux s'est développé en plusieurs phases. Plus récemment, non loin des tours de Belgacom, une nouvelle génération d'immeubles de bureaux s'est élevée, très souvent sous la direction de Michel Jaspers & Partners. Ces bâtiments abritent quelques départements du ministère de la Communauté flamande. Sur la berme centrale, réaménagée par Jacques Wirtz en 1992, trônent des sculptures de Pol Bury, Fletcher Benton, Guy Rombouts et Monika Droste, Liliane Vertessen et Tapta.

Schaerbeek

L'axe central nord-sud

1

Entre 1828 et 1887, la rue Royale fut prolongée en ligne droite, de Bruxelles vers Schaerbeek, en plusieurs phases de travaux. C'est le long de ce nouvel axe central que les principaux édifices publics schaerbeekois firent leur apparition.

Place de la Reine, l'**église Royale Sainte-Marie** fut construite entre 1845 et 1853 dans un style éclectique. L'édification fut entreprise par Louis Van Overstraeten (qui décéda en 1849) et achevée par Gustave Hansotte. Le bâtiment mêle les styles néoroman, néogothique et néobyzantin. Il se compose d'un octogone central entouré de chapelles et surmonté d'une **haute coupole**[1]. Le tympan du porche comprend une mosaïque néobyzantine représentant la Sainte Vierge. Sur les chapiteaux des piliers néoromans situés de part et autre, on peut admirer les quatre évangélistes et leurs attributs. La porte de bronze, qui date de 1908, est divisée en 32 panneaux gravés. Le chemin de croix, lui aussi de 1908, est l'œuvre d'Égide Van Esbroeck. Suivant le modèle oriental, la tour de l'église fut placée derrière le chœur. Un tableau en céramique de Max Van Der Linden relate les événements marquants de l'histoire de la paroisse, dont les obsèques de Giacomo Puccini en 1924. Une crypte est située sous le chœur.

Les **Halles de Schaerbeek**, au toit vitré et à la façade monumentale, ont été conçues par Hansotte en 1901. Cédées à la Communauté française, elles ont été restaurées en plusieurs étapes entre 1983 et 1997. Elles abritent désormais un centre culturel très actif. La **Maison des Arts**, située en retrait du 147 de la chaussée de Haecht, a été construite en 1826 dans un style néoclassique. Cette demeure patricienne était à l'origine la résidence secondaire de Charles-Louis Eenens, un drapier bruxellois. Elle fut rachetée par la commune en 1950. L'intérieur est éclectique. Les carreaux qui ornementent la cheminée de la salle à manger furent fabriqués à Gand, avant que les artisans protestants ne quittent la ville pour émigrer vers Delft. Ce centre culturel présente au public

2

une collection d'art populaire et des œuvres d'artistes locaux.

Au 266 de la chaussée de Haecht, l'ancienne **maison Autrique**[2], construite en 1893 par Victor Horta, inclut de nombreux éléments précurseurs de l'Art nouveau. La commune a acquis et restauré l'édifice avant de lui donner une nouvelle affectation en 2004, à l'occasion de l'ouverture de la **Maison imaginaire**. Benoît Peeters et François Schuiten, deux artistes BD de grande réputation, en ont réalisé la scénographie originale et poétique.

Construite entre 1871 et 1876 sur la chaussée de Haecht, l'**église néogothique Saint-Servais**[3] est l'œuvre de l'architecte Gustave Hansotte. Elle coexista pendant plus de 25 ans avec l'ancienne église Saint-Servais, de style gothique tardif, qui ne fut démolie qu'en 1905. Les œuvres d'art qui ornaient l'ancien édifice, essentiellement des tableaux et des pièces d'orfèvrerie, sont conservées dans l'église actuelle. L'intérieur est néogothique. Les fonds baptismaux, sculptés par Guillaume Geefs vers 1875, représentent le *Baptême de Jésus*. La chaire de vérité est sortie de l'atelier des frères Hendrik et Pieter Goyers en 1875.

Plusieurs tableaux datent du XVIe et du XVIIe siècle, notamment un *Ecce Homo* de la fin du XVIe, une *Vierge à l'Enfant vénérée par Saint Servais* (1661), une *Assomption* de Gaspar de Craeyer (1663), une *Annonciation* de Jan van Boeckhorst (1664), ainsi que de nombreuses œuvres flamandes du XVIIe siècle. Des peintures des XIXe et XXe siècles, de Georges et Léon Frédéric, Albert Geudens, Paul Poncelet, Édouard Van Esbroeck, etc., sont également présentes. Quant au tombeau en pierre de taille avec gisant du curé Nicolas Moset, il date de 1622.

3

Derrière l'église, au 4 de la place Lehon, on trouve la maison du peintre Godfroid Guffens dont l'atelier se reconnaît à la grande fenêtre. L'artiste a dessiné lui-même les plans de son habitation, construite entre 1871 et 1875. Schaerbeek compte d'ailleurs un nombre impressionnant d'ateliers d'artistes.

La **maison communale**, située place Colignon, fut construite entre 1884 et 1887 selon les plans de l'architecte Jules-Jacques Van Ysendyck. Elle fut incendiée en 1911 et immédiatement reconstruite en style néo-Renaissance flamande par Maurice Van Ysendyck. Les vitraux furent exécutés par Baes d'après des cartons de Jules Van Ysendyck. La maison communale possède une collection de tableaux d'artistes schaerbeekois du XIXe siècle, notamment Alfred Verwée, Jan Stobbaerts, Eugène Verboeckhoven, Alexandre Markelbach, Eugène Plasky, Jean-François Portaels, Herman Richir, Jules Merckaert et Godfroid Guffens.

4

On peut y admirer des sculptures de Guillaume Geefs et d'Égide Rombaux. La **place Colignon** forme un bel ensemble d'habitations de la fin du XIXe siècle, la plupart construites dans les styles néo-Renaissance flamande et éclectique. Certaines maisons portent d'anciens noms flamands comme *In den uil* ou *Den toren*. À l'angle de la rue Verwée trône une sculpture monumentale de Charles Vanderstappen, en l'honneur du peintre animalier Alfred Verwée.

Place Pogge, sur la chaussée de Haecht, se dresse une statue de l'écrivain flamand Emmanuel Hiel, décédé à Schaerbeek en 1899. Les numéros 7, 9 et 11 de l'avenue Foch sont des demeures de style Art nouveau construites par Henri Jacobs en 1902 et 1906. L'une d'entre elles, ornée de beaux sgraffites signés Privat Livemont, fut celle de l'architecte. C'est également à ce dernier que l'on doit d'autres maisons et écoles de même style disséminées dans la commune.

Cet axe central nord-sud débouche sur la **gare de Schaerbeek**[4], située en réalité sur le territoire de Haren. Il s'agit d'une belle gare de style néo-Renaissance flamande. L'aile gauche, surmontée d'un clocheton, date de 1887. Le bâtiment fut agrandi juste après la Première Guerre mondiale par l'adjonction, à droite, de la salle des pas perdus dont on peut admirer les structures métalliques. En face de la gare, sur le square de l'avenue Huart-Hamoir, un buste en marbre sculpté par Idel Ianchelevici et représentant Henri Jaspar, ancien Premier ministre belge, fut inauguré en 1964. L'avenue Huart-Hamoir est dominée par l'église de la Sainte-Famille. La partie la plus ancienne, à l'arrière, date de 1893 alors que la

5

plus récente date de 1937. Cet édifice marque le centre du quartier Helmet.

Le bas Schaerbeek

La gare de **Bruxelles-Nord**[5] et une partie du quartier Nord qui l'entoure sont situés sur le territoire de Schaerbeek. La gare actuelle fut construite entre 1949 et 1956 par Paul Saintenoy. En 1974, le groupe Structures érigea juste en face le Centre de Communication Nord (CCN); la partie supérieure du bâtiment ne fut ajoutée qu'en 1990. La gare abrite le Musée du chemin de fer belge. Dans la station de bus du CCN, on peut admirer un bas-relief de Johan Muyle.

La rue de Brabant s'est transformée, au cours de ces dix dernières années, en l'un des principaux axes commerçants marocains d'Europe occidentale. Au 78, l'**église Saints-Jean-et-Nicolas** porte le nom des saints patrons de Jean-Nicolas Nevraumont, propriétaire et promoteur du quartier. L'édifice, de style néo-Renaissance italienne, fut érigé en 1849 sur les plans de l'architecte J.P.J. Peeters. Le maître-autel en marbre, la chaire de vérité en chêne et le banc de communion furent exécutés par Guillaume Geefs vers 1850. Le tableau de *L'Adoration des Mages* date du XVIe siècle, tandis que celui de *Jésus au jardin des Oliviers* fut réalisé entre 1650 et 1700. Plusieurs autres tableaux anciens (XVIe-XIXe siècle) ornent l'église. Le monument en marbre blanc qui y est dressé à la mémoire de Nevraumont est l'œuvre de Charles Fraikin.

L'église néogothique des Franciscains, rue des Palais, fut construite en 1868 sur les plans de l'architecte C. Almain de Hase.

Le haut Schaerbeek

À partir de l'église Saint-Servais, l'**avenue Louis Bertrand** descend à l'est vers la vallée du Maelbeek pour s'élargir en entonnoir et enserrer le parc Josaphat situé sur le versant opposé. C'est l'une des plus belles idées d'urbanisme du XIXe siècle en Belgique.

Un grand nombre d'habitations de style éclectique s'élèvent le long de l'avenue Louis Bertrand. Mais on y trouve aussi des édifices Art nouveau, notamment dus aux architectes François Hemelsoet (au 38 et au 75) et Gustave Strauven, à qui l'on doit le n° 43 ainsi que les deux immeubles faisant angle avec la rue Josaphat. Sur le coin droit, un tableau composé de carreaux de faïence brosse un portrait idyllique du village de Schaerbeek, détruit pour céder la place à cette avenue. À l'endroit où se dressait jadis l'ancienne église Saint-Servais se trouve aujourd'hui un vase monumental en bronze sur lequel Godefroid Devreese sculpta des bacchanales. Au 229 de la rue Josaphat se situe un ensemble scolaire de style Art nouveau, probablement le plus intéressant de la région bruxelloise, qui fut construit en 1907 par Henri Jacobs.

La **vallée Josaphat** était jadis très pittoresque. Un pèlerin revenant de Palestine, en 1574, trouva que la vallée du Roodebeek, un affluent du Maelbeek, présentait tant de similitudes avec la vallée du Josaphat, située aux portes de Jérusalem, qu'il décida de lui donner ce nom. Le **parc Josaphat**[6], de style anglais, fut aménagé en 1904. C'est l'architecte paysagiste Edmond Galoppin qui le réalisa sur une superficie de 19 ha. La *Minneborre* (ou fontaine d'amour) est l'une des trois sources à l'origine du Roodebeek. On trouve dans ce parc un kiosque à musique et de nombreuses statues. Un **petit vignoble** produit chaque année quelques bouteilles de 'Clos Josaphat'.

6

L'**avenue Rogier**, située plus au sud, offre elle aussi de belles perspectives, surtout sur la place des Bienfaiteurs, de forme circulaire et d'architecture éclectique, et sur le monument des Bienfaiteurs, réalisé par Godefroid Devreese en 1907.

7

La **caserne Dailly**[7], située sur la place du même nom, fut érigée en style néo-Renaissance entre 1889 et 1894. Elle a été récemment transformée en un quartier résidentiel. À partir de 1964, l'ancien Tir national, situé le long du boulevard Auguste Reyers, fit progressivement place aux nouveaux bâtiments de la radio-télévision publique. Un **Enclos des fusillés**[8] commémore le sacrifice des résistants pendant la Seconde Guerre mondiale.

Au départ de l'autoroute vers Liège, avenue de Roodebeek, s'élève l'**église du Divin Sauveur**, dont la nef et la façade occidentale datent de 1934, tandis que le chœur et le transept sont de 1967. Les vitraux de Pierre Majerus illustrent les conceptions de Teilhard de Chardin.

Le quartier qui s'étend entre le parc Josaphat et la gare est, lui aussi, étonnamment riche en architecture de la Belle Époque, tant

8

éclectique qu'Art nouveau, notamment aux avenues Demolder, Sleeckx et Verhaeren.

L'**église Sainte-Suzanne**, plus à l'est, est un édifice Art déco construit en béton par l'architecte Jean Combaz entre 1925 et 1928 et orné de vitraux assortis. Au début de l'avenue Léopold III, une fontaine impressionnante due à Sophie Mersch et de Marianne Pouplier fut inaugurée en 2001.

C'est en 2007 que le groupe audiovisuel TVi a inauguré son tout nouveau siège, la « **RTL House**[9] », avenue Jacques Georgin, au coin de la chaussée de Louvain.

La station de métro Diamant abrite une œuvre d'art de Michel Martens.

9

EVERE

1

La **maison communale**[1], due à l'architecte Robert Rousseau, est une expression tardive du modernisme (1939). L'**église Saint-Vincent**, de style classique (1782), fut agrandie en 1845-1846. Elle intègre une tour du XIIIe siècle ayant appartenu à l'église antérieure. Elle fut restaurée après le bombardement aérien de 1943 qui détruisit une grande partie de l'ancien centre villageois. Le portail présente un encadrement de pierre. Les deux autels baroques latéraux, les lambris, un confessionnal et la chaire de vérité sont de 1674. Le jubé, construit à la même époque, abrite un buffet d'orgue de 1873. La statue de *Notre-Dame à l'Enfant* date du XVIe siècle et la sculpture *Saint Vincent de Soignies et ses fils* est du XVIIe siècle. *Le Christ ressuscité* est un tableau réalisé aux environs de 1600 par Henri de Clerck et le retable *Saint Vincent prend l'habit monastique* date de 1550-1600. Les vitraux dédiés à l'Apocalypse sont des créations du maître-verrier Pierre Majerus. L'église conserve plusieurs pierres tombales des XVIIe et XVIIIe siècles.

Le site naturel ***Het Moeraske***[2], qui longe la gare de Schaerbeek-formation, est un vestige unique du lit de la Senne, paradoxalement coincé entre une zone industrielle et une zone urbanisée. Rue de la Marne (*Oude*

2

Keulschebaan), on peut admirer La Fermette (*'t Hoeveke*) et sa petite chapelle murale (1638). Dans la rue du Tilleul se dresse la carcasse en briques d'un **moulin à vent** datant de 1841. *L'Oud Kapelleke* de la chaussée de Haecht, perdue entre de hauts immeubles, date de 1775. Sur l'avenue Notre-Dame, au sud de la chaussée de Haecht, s'élève l'église paroissiale **Notre-Dame Immaculée** (1932).

Au sud de la maison communale, sur l'avenue Léopold III, au croisement de l'avenue de l'Olympiade, on peut admirer ***Les Univers parallèles***[3], une sculpture réfléchissante en acier réalisée par Vincent Strebelle en 2001. Plus loin sur la même avenue, en grande partie sur le territoire de Bruxelles, on trouve le **quartier général de l'OTAN**. Celui-ci fut construit en un temps record en 1967 et fut, depuis, plusieurs fois agrandi. Les façades, parallèles à la route expresse qui mène à l'aéroport national, furent fabriquées en béton architectonique. Devant l'entrée principale se dresse une sculpture d'acier monumentale due à R. Huybrechts: elle figure le symbole de l'OTAN. La mosaïque de 10 m de long placée devant le bâtiment du Service d'information est l'œuvre de l'artiste turc B. Rahmi; elle est un don du gouvernement turc. De l'autre côté du boulevard, un nouveau quartier général prestigieux est en construction d'après les plans du bureau SOM (Skidmore, Owings & Merrill).

Le **cimetière de la ville de Bruxelles** fut aménagé en 1877 dans la partie ouest d'Evere. L'entrée, flanquée de deux pavillons, fut conçue par Pierre-Victor Jamaer, architecte de la ville. Le cimetière comprend différents monuments commémoratifs, dont le mémorial anglais de la bataille de Waterloo (1815) et les mémoriaux allemand et français de la guerre franco-allemande (1870-1871). Le monument funéraire d'Adolphe Max est situé au milieu de l'impressionnante rotonde des bourgmestres, où repose également Jacques-Louis David, le peintre officiel de Napoléon. Citons encore le monument funéraire de la famille de Bisschoffsheim, qui côtoie ceux de nombreux chefs de file libéraux et socialistes.

Le *Tornooiveld*, situé au sud-est du cimetière de Bruxelles, offre un panorama qui s'étend de la forêt de Soignes à Malines. De l'autre côté de l'avenue Jules Bordet, on trouve le nouveau cimetière d'Evere et, en partie sur le territoire de Woluwe-Saint-Etienne, le nouveau cimetière de Schaerbeek. L'**église néogothique Saint-Joseph**, qui s'élève sur la chaussée de Louvain, date de 1906.

1

2

ETTERBEEK

La **place Jourdan**[1] acquit sa physionomie actuelle entre 1874 et 1897. Elle est située au cœur de ce qui fut autrefois le noyau primitif du village. La **Baronnie**, résidence du baron de Castro, sise au n° 58 de la chaussée Saint-Pierre et dont la façade baroque date de 1680, est l'unique vestige de l'ancienne architecture villageoise. La **maison communale** actuelle, construite entre 1955 et 1958 sur l'avenue d'Auderghem et récemment agrandie, remplace la première maison communale de 1862. Les **quatre cloches** disposées sur un square de la place Van Meyel perpétuent le souvenir de l'église néogothique Sainte-Gertrude qui fut démolie en 1993 à cause d'un danger d'écroulement.

Le quartier de **La Chasse** est situé au croisement de l'avenue d'Auderghem et de la chaussée de Wavre. L'**église néogothique dédiée à saint Antoine de Padoue** fut érigée sur la place Saint-Antoine entre 1905 et 1935 selon les plans d'Edmond Serneels et de Georges Cochaux. Rue de Tervaete s'élève l'**église paroissiale Notre-Dame du Sacré-Cœur** (1928), due au même Serneels. À l'intérieur, on peut admirer une fresque d'Anto Carte et des vitraux Art déco dont les cartons furent réalisés par Jean Colpaert. La construction de la monumentale **place du Roi Vainqueur**, aux allures modernistes, débuta en 1936 selon les plans de Paul Posno, mais ne fut achevée qu'en 1958.

Un autre ensemble monumental, plus éclectique celui-là, est formé par les **casernes de l'Arsenal**[2] situées sur les boulevards Général Jacques et Louis Schmidt. L'Arsenal de 1901 fut transformé en 1989 pour accueillir de petites et moyennes entreprises. Les façades symétriques des casernes de cavalerie (**Major Géruzet**[3] et Lieutenant Général Baron de Witte de Haelen) furent élevées par Félix Pauwels, en style néo-Louis XIII, à partir

3

4

de 1875. Les sculptures des frontons sont de Charles-Auguste Fraikin. C'est sur l'ancienne «plaine des Manœuvres» (Ixelles) que la **VUB**[4] et l'ULB ont installé, à la fin des années 1970, leurs nouveaux campus.

Boulevard Saint-Michel, un collège de jésuites fut édifié par Jules Prémont entre 1902 et 1910. Cet ensemble monumental de style néoroman est dominé en son centre par l'église Saint-Jean-Berchmans. **Le collège Saint-Michel** abrite aussi la prestigieuse bibliothèque de la **Société des bollandistes**, fondée à Anvers en 1607 pour favoriser l'étude critique de la vie des saints.

La commune est entièrement urbanisée et se caractérise par une architecture privée typique du début du XXe siècle et de l'entre-deux-guerres: l'éclectisme, le néogothique et la néo-Renaissance flamande côtoient l'Art nouveau, l'Art déco et le modernisme. Les environs du **parc du Cinquantenaire** forment un ensemble architectural très réussi. À l'occasion de la construction des Arcades, en 1905, la commune organisa un concours de façades pour l'avenue des Gaulois. La maison-atelier du couple d'artistes Paul et Line Cauchie, sise au 5 de la rue des Francs, ne fut certes pas couronnée par ce concours, mais elle attire aujourd'hui encore tous les regards. La façade, qui trahit l'influence de l'artiste écossais Mackintosh, constitue une belle illustration de la technique du sgraffite que Cauchie maîtrisait à la perfection. C'est le plus grand sgraffite du pays (16 m^2): il couvre la quasi-totalité de la façade et représente les allégories de l'art. Le même procédé fut utilisé dans la salle à manger pour illustrer les cinq sens.

Dans les stations de **métro**, on peut admirer des œuvres d'art de Roger Raveel (station Mérode), de Jules Lismonde (Pétillon), de Vic Gentils et de Félix Roulin (Thieffry).

Ixelles

Le haut Ixelles

La **maison communale** est située place Fernand Cocq, dans l'axe de la chaussée d'Ixelles. Cette villa néoclassique fut construite en 1833 par Charles Vander Straeten pour servir de résidence secondaire au violoniste Charles de Bériot. Celui-ci y séjourna en 1836 avec sa femme, la célèbre cantatrice Marie Malibran, qui décéda l'année même de leur mariage. L'édifice fut acquis par la commune en 1849 et embelli entre 1905 et 1909. Le square aménagé devant la maison communale comprend un joli puits orné de *Lévriers* (1925), œuvre d'Arthur Craco.

Plus au nord, rue de la Paix, se trouve l'**église Saint-Boniface**, la nouvelle église paroissiale de ce faubourg en pleine croissance. Cette église-halle, qui comptait initialement trois nefs en stuc de style gothique, fut construite par Joseph-Jonas Dumont entre 1849 et 1849; elle est l'une des expressions les plus précoces du néogothique à Bruxelles. Le transept et le chœur furent ajoutés entre 1877 et 1879 par Louis De Curte, dans un style néogothique « évolué ». Le mobilier homogène, de style néogothique, date de la même période et compte notamment des confessionnaux et des stalles dessinés par François Malfait. Le maître-autel date d'environ 1910 et présente un retable sculpté par Remy Rooms et des volets peints par Ernest Wante. Les tableaux du transept sont du même artiste et la plupart des vitraux furent réalisés par Gustave Ladon. Les statues de saints du chœur sont d'Alois De Beul, Isidore Verheyden, François Vermeylen, Oscar Sinia et Arsène Matton. Devant l'église se dresse un monument à la mémoire de l'homme politique Charles Woeste (1837-1927), signé Frans Huygelen.

1

Au croisement de la rue Saint-Boniface et de la rue Ernest Solvay, on peut admirer un très bel **ensemble Art nouveau** d'Ernest Blérot (1900). Une alternance élégante d'oriels, de ferronneries, de boiseries et de sgraffites forme un tout coloré. La maison sise au 32 de la rue d'Ernest Solvay fut construite par Victor Taelemans en 1907. Le quartier formé par la chaussée de Wavre et les galeries commerciales avoisinantes est connu sous le nom de **Matonge**; il possède un grand nombre de magasins, de salons de coiffure et de cafés congolais hauts en couleur.

Plus loin, la chaussée de Wavre croise la rue Vautier, partagée entre Bruxelles et Ixelles. On y trouve le **Musée Wiertz**[1], entièrement consacré à Antoine-Joseph Wiertz, figure controversée du mouvement romantique belge.

C'est dans la rue Van Volsem que le **musée communal**[2] fut aménagé en 1892, dans l'ancien abattoir érigé en 1850. Quelques travaux de transformation ont été nécessaires pour pouvoir abriter dignement la riche collection; elle compte surtout des œuvres d'impressionnistes, de fauvistes et d'expressionnistes flamands, mais aussi une série presque complète d'affiches conçues par Henri de Toulouse-Lautrec.

2

Le Bas-Ixelles

La chaussée d'Ixelles débouche plus au sud sur la place **Eugène Flagey**[3], qui fut construite sur la partie comblée du grand étang. L'**église Sainte-Croix** est un édifice de style néogothique dû à l'architecte Van de Wiele (1860-1863); elle remplaça l'église du village qui remontait à 1459. En 1940-1942, la façade et la tour délabrées furent détruites et reconstruites dans leur forme actuelle par Paul Rome. L'intérieur néogothique conserve quelques statues et tableaux des XVIe et XVIIe siècles. Le sanctuaire est le cœur de la communauté portugaise, qui se réunit également près du buste de Fernando Pessoa, à l'ombre des arbres, de l'autre côté de la place. Cette sculpture de 1989, œuvre d'Irène Vila, porte l'inscription « Ma patrie est la langue portugaise ».

3

L'ancien bâtiment de l'**INR**[4], l'Institut national de radiodiffusion, fut construit entre 1935 et 1938 d'après les plans de Joseph Diongre. Cette « usine à sons » moderniste, avec sa tour d'antenne et ses douze studios d'enregistrement, comptait parmi les édifices de radiodiffusion les plus avant-gardistes de son époque. L'intérieur et le mobilier furent également dessinés par Diongre. Les premières émissions télévisées virent le jour ici en 1953. En 1978, tous les services déménagèrent vers le centre audiovisuel de l'avenue Auguste Reyers, à Schaerbeek. Après une longue période d'inoccupation, le bâtiment fut rénové et réaffecté en Centre artistique Flagey en 2003.

4

Les **étangs**[5] d'Ixelles, à l'origine au nombre de quatre, sont alimentés par le Maelbeek. Ils appartenaient dès le XIIIe siècle à l'abbaye de la Cambre. En 1872, le grand étang et les deux étangs centraux, dont on redessina les rives, furent incorporés à un nouveau quartier, relié à l'avenue Louise par le square du Roi. Au début de cet attrayant paysage urbain se dresse depuis 1894 le monument de **Charles De Coster**[6], réalisé par Charles Samuel en hommage à l'auteur de *La légende d'Ulenspiegel* (1827-1879). Citons encore la statue du géologue Alphonse Renard (1842-1903), sculptée par Alphonse de Tombay en 1906, et le monument aux morts (1926) de Samuel et Marcel Rau.

5

6

Les rues environnantes comptent de nombreuses **habitations Art nouveau** érigées d'après les plans d'Ernest Blérot vers 1900. On en trouve de belles illustrations aux n°s 38-39 de l'avenue du Général de Gaulle, aux 15-16 de l'avenue des Klauwaerts, aux 30-32 de la rue de Belle-Vue, aux 9-11 et 22 de la rue Vilain XIIII, et aux 31 et 40 de la rue de la Vallée. Léon Delune conçut le bâtiment sis au 6 de la rue du Lac (1904), qui possède des vitraux surprenants et un bel oriel. Ernest Delune dessina l'ensemble formé par les habitations des n°s 2 à 12, 18 et 20, 26, 28 et 32 de la rue de la Vallée (1903-1905). Quelques immeubles à **appartements Art déco**[7] remarquables bordent les étangs (résidence Belle-Vue ou « le Tonneau » au 51 de l'avenue du Général de Gaulle, de l'architecte Jean-Florian Collin) et le rond-point de l'Étoile (résidence Ernestine de Collin, palais de la Folle Chanson d'Antoine Courtens).

Boondael et Tenbosch

Le **cimetière d'Ixelles**[8], au **Zwanenberg**, au bout de l'avenue de la Couronne, date de 1877. On l'a surnommé le « Père-Lachaise de Bruxelles » en raison du grand nombre d'artistes (Victor Horta, Arthur Degreef, Paul Saintenoy, Marcel Broodthaers,

Charles De Coster...) et d'industriels (Empain, Solvay...) qui y reposent. Il offre de beaux panoramas sur la vallée du Watermaelbeek jusqu'à la forêt de Soignes.

Dans le **quartier de Boondael**, plus au sud, l'église monumentale Saint-Adrien (1940, Art déco) comprend deux retables brabançons richement peints: le *Retable de saint Adrien,* de 1490 environ, et le *Retable de Saint Christophe,* de 1520.

Dans le **quartier Tenbosch**, situé de l'autre côté de l'avenue Louise, pratiquement chaque rue possède plusieurs maisons à façade remarquable et de styles variés, allant de l'éclectisme au modernisme en passant par l'Art nouveau et l'Art déco. Au 57 de la rue de l'Abbaye, l'**atelier de Constantin Meunier** (1831-1905) fut transformé en 1939 en musée consacré à l'œuvre de ce grand sculpteur du réalisme social. Le parc Tenbosch tout proche, mais bien dissimulé, est en réalité l'ancien jardin de la maison de campagne de Semet-Solvay, sur la chaussée de Vleurgat, aujourd'hui ambassade d'Inde. Il forme une oasis de verdure au milieu de ce quartier très urbanisé. L'église de la Trinité, à l'extrémité de la rue du Bailli, est un édifice sans intérêt architectural, construit entre 1893 et 1908; il est heureusement dissimulé derrière l'ancienne **façade de l'église des Augustins,** de Bruxelles, un chef-d'œuvre baroque réalisé par Jacques Francart en 1620.

7

8

SAINT-GILLES

Sur le Parvis de Saint-Gilles, le vieux centre du village, se dresse l'**église néoromane Saint-Égide** à trois nefs, conçue par Victor Besme en 1866. On peut y admirer quelques tableaux des XVIIe et XVIIIe siècles. À gauche de l'église, le même architecte réalisa en 1864 l'ancienne maison communale, aujourd'hui transformée en commissariat de police, dans un autre style, adapté à la fonction du bâtiment: le néoclassicisme. Entre les façades éclectiques qui bordent la place, on trouve la Maison du Peuple (1905) où Lénine en personne prononça un discours en 1914. Tout près de là, dans la rue Vanderschrick, on peut admirer une belle rangée de dix-neuf maisons Art nouveau construites par l'architecte Ernest Blérot entre 1900 et 1901.

La chaussée de Waterloo monte vers la **Barrière de Saint-Gilles**, un carrefour routier important à l'accès chaotique. La fontaine centrale, érigée en 1898 par Alban Chambon, est surmontée de la mascotte de la commune: la *Porteuse d'eau*, du sculpteur Julien Dillens. Dans l'avenue Paul Dejaer s'élèvent des habitations Art nouveau de Paul Hankar (n° 10) et de Gustave Strauven (n° 9). Elle conduit à l'imposante place Maurice van Meenen dont les façades éclectiques sont dominées par la grandiose **maison communale**[1] (construite entre 1900 et 1904 par Albert Dumont

1

et Auguste Hebbelynck, son beau-frère). À côté de ce bâtiment de style néo-Renaissance française, élevé en pierre blanche d'Euville sur un socle de granit rose, se dresse le beffroi. Symbole de l'autonomie communale, il est construit en briques de Boom dans le style néo-Renaissance flamande et culmine à 41 mètres de hauteur. La statue romantique et sensuelle, placée devant l'escalier de la maison communale, et habilement camouflée par des buissons, est l'œuvre de Jef Lambeaux. Elle représente la rivière du Bocq qui approvisionne Bruxelles en eau potable. Les statues qui ornent la façade sont notamment dues à Isidore de Rudder, Julien Dillens et Charles Samuel. Les prétentions artistiques de la commune se reflètent dans le splendide intérieur, l'un des plus riches de toutes les maisons communales bruxelloises. Alfred Cluysenaar et Albert Ciamberlani décorèrent l'**escalier monumental**[2], où l'on peut aussi admirer des statues de Jef Lambeaux. Les fresques de la salle du conseil furent réalisées par Eugène Broerman, celles de la salle de l'Europe par Omer Dierickx et le plafond de la salle des mariages par Fernand Khnopff. L'édifice comprend encore des œuvres d'Alfred Stevens, Louis Dubois, Louis Artan, Antoine Wiertz, Émile Fabry, Pierre Paulus et Léopold Speeckaert, qui fit don de sa collection complète à l'administration communale.

2

Dans l'avenue Jef Lambeaux, à l'angle de la rue Antoine Bréart, on peut admirer la maison de l'architecte Paul Hamesse. Cette avenue mène tout droit à la **prison d'État**[3], un bâtiment aux allures de château. Il fut construit entre 1878 et 1884 en style néo-Tudor par Joseph-Jonas Dumont et François Derré.

3

À l'ouest de la Barrière de Saint-Gilles, dans l'avenue des Villas, se trouve **l'église Sainte-Alène**. Elle fut construite en 1912 et parachevée entre 1936 et 1943, sur les plans des architectes Léopold Pepermans, Roger Bastin et Jacques Dupuis. Elle se caractérise par une grande nef centrale et d'étroits collatéraux. Dans la chapelle du Saint-Sacrement, on peut admirer les chapiteaux exécutés par Henri Van Albada ainsi que la décoration polychrome, s'inspirant des visions de l'Apocalypse, réalisée par Gaston Bertrand en 1948. La statue de *saint Sébastien* date de la fin du XVe siècle. La *Vierge à l'Enfant* est un tableau réalisé entre 1450 et 1500. Deux peintures réalisées en 1945 *a tempera* sur panneau en acajou sont signées Irène Van der Linden. Le chemin de croix de marbre noir scellé dans le plafonnage mural fut exécuté par G. Boulmant et Z. Busine aux environs de 1950.

Dans les rues Gisbert Combaz et de Bosnie se dressent des complexes impressionnants de logements sociaux. De style Art déco, ils furent construits entre 1922 et 1926 par Joseph Diongre. L'architecte Antoine Trappeniers s'inspira du concept anglais du *crescent* (rue en arc de cercle) pour concevoir la **Cité Fontainas**, un grand ensemble de style néoclassique qui fut inauguré en 1867 par Jules Anspach, bourgmestre de Bruxelles. La Cité, qui porte le nom de l'ancien bourgmestre André Fontainas, avait pour but d'offrir un logement aux retraités de l'enseignement communal.

La **place Louis Morichar** s'étend à l'est de la Barrière de Saint-Gilles. Elle est dominée par l'Athénée de style néo-Renaissance flamande qui y fut construit en 1882. Ernest Blérot y éleva en 1900 une splendide

4

demeure Art nouveau (au n° 41). Au 69 de la rue de Parme, derrière la maison Pelgrims (1905), on découvre soudain le très pittoresque parc Pierre Paulus. On peut y admirer des statues de Charles Plisnier (par Akarova) et de Pierre Paulus, inventeur du fameux coq, emblème de la Wallonie.

Les rues proches de la chaussée de Charleroi et de l'avenue Brugmann conservent de nombreux **édifices de style Art nouveau**. À l'angle de l'avenue Brugmann et de l'avenue de la Jonction, Jules Brunfaut construisit en 1902 une maison pour Édouard Hannon, son ami d'enfance. Elle accueille aujourd'hui l'asbl Contretype. Les lignes perpendiculaires du vitrail conçu par Raphaël Evaldre pour la fenêtre cintrée du jardin d'hiver s'harmonisent à merveille avec les motifs en coups de fouet de l'architecture de Jules Brunfaut. Malheureusement, pratiquement rien ne subsiste aujourd'hui du mobilier conçu par Louis Majorelle et Émile Gallé, tous deux originaires de Nancy.

En 1893, Paul Hankar construisit sa propre maison dans la rue Defacqz en s'inspirant de motifs japonais et floraux.

De **Victor Horta**[4], on trouve la maison Winssinger (1894-1896) dans la rue de l'Hôtel des Monnaies et la maison-atelier que l'architecte construisit pour sa famille, en 1898-1899, dans la rue Américaine. En 1969, la commune y installa le **Musée Horta**. Le chef de file de l'Art nouveau dessina lui-même les moindres détails de l'architecture, de la décoration et de l'aménagement intérieur.

Dans le métro, on peut admirer des œuvres de Jacques Bage et de Jacques Moeschal (station Gare du Midi), de François Schuiten (le côté sud de la station Porte de Hal), de Françoise Schein (Parvis de Saint-Gilles) et de Victor Horta lui-même: dans la station qui porte son nom, des éléments en fer forgé provenant de la Maison du Peuple et de l'hôtel Aubecq, deux édifices aujourd'hui disparus, ont été mis en évidence.

Molenbeek-Saint-Jean

Le **boulevard Léopold II**, aménagé à partir de 1867, offre une perspective impressionnante aux personnes qui pénètrent dans la commune par cette voie. Un tunnel long de plus de 4 km remplace depuis 1986 le viaduc « provisoire » en métal qui surplombait le boulevard depuis 1956 (ce viaduc a depuis lors été remonté à Bangkok). À hauteur du canal, un ensemble de statues sculptées par August De Wever (1905) représente de manière allégorique les initiateurs de cette voie d'eau. Le ***Vaartkapoen,*** un gamin qui fait trébucher un agent de police, est une œuvre en bronze de Tom Frantzen (1991). C'est une allusion amusante au surnom porté par les Molenbeekois. Le grand immeuble de bureaux situé derrière cette statue abrite le ministère de la Communauté française et son imposante collection d'œuvres d'art de plasticiens wallons.

Dans le quartier du port, au nord du boulevard Léopold II, le siège social de la KBC se dresse, suivant les plans de l'architecte Jaspers, le long d'un quai réaménagé avec soin. L'ancienne fonderie Nestor Martin (1887), sise autrefois du 135 au 141 de la rue de Ribaucourt, a été magnifiquement convertie en logements. L'**église néogothique dédiée à saint Rémi** qui s'élève sur le boulevard du Jubilé depuis 1907, d'après des plans de Chrétien Veraart, comporte des éléments architecturaux s'inspirant du gothique tournaisien du XIIIe siècle. Les vitraux du transept datent de 1959. On y reconnaît notamment Fernandel, acteur comique français en vogue à l'époque. Une représentation du spoutnik est visible sur le vitrail qui se dresse du côté ouest.

Plusieurs maisons établies le long du **boulevard du Jubilé** témoignent des différents styles d'architecture en vogue à la fin du XIXe siècle: éclecticisme, néo-Renaissance flamande et Art nouveau. Le style Art déco est également présent au n° 157, avec un bâtiment de Jean-Baptiste Dewin datant de 1927. Le boulevard Léopold II est pratiquement de la même facture architecturale. L'avenue Dubrucq est surtout dominée par l'éclectisme, tandis que l'Art déco domine l'avenue Hollevoet.

L'ancien noyau urbain de Molenbeek se trouve au sud du boulevard Léopold II. C'est là que se dresse, depuis 1931-1932, l'**église Saint-Jean-Baptiste**[1], du plus pur style Art déco, avec sa tour de 68 m de haut. L'architecte Joseph Diongre conçut là un bâtiment original, en fait la plus ancienne église en béton armé de Bruxelles. L'édifice est percé de vitraux modernes composés de 604 claustras (cloisons ajourées) d'inspiration orientale. Le trône placé dans

1

2

le chœur date du XVIIe siècle. Les fonts baptismaux, qui remontent aux environs de 1935, sont fait de marbre et de pierre bleue. L'architecte Lacroix a conçu, en bois noble, l'autel circulaire que l'on voit sous un *ciborium* suspendu à 4 m de hauteur (1963). La croix grecque et les chandeliers ont été réalisés par le ferronnier d'art Philippe Denis, de Waterloo. La statue de *Saint Jean-Baptiste*, qui date de la fin du XVIIIe siècle, est attribuée à Pierre-Joseph Verhaghen. Le chemin de croix en pierre blanche est une œuvre de Paul Stoffyn (1932).

Rue de l'École, le centre culturel flamand *De Vaartkapoen* a jeté ses bases dans un bâtiment Art nouveau. Dans la rue Mommaerts, un immeuble éclectique des années 1879-1880, que l'on doit à l'architecte Joachim Benoît, élève de Poelaert, abrite l'académie de dessin.

La **maison communale**, construite en 1889 dans un style éclectique, d'après un concept de l'architecte Jean-Baptiste Janssens, s'élève dans la rue Comte de Flandre. Le bureau de police, construit en 1994 à l'arrière du bâtiment, fait partie d'un important projet de rénovation urbaine dénommé Rive Gauche. Ce projet tente de panser la profonde plaie causée par l'arrivée du métro, en 1977, grâce à l'intégration d'éléments d'architecture de qualité, conçus notamment par le bureau Art and Build.

La place des Étangs Noirs est dominée par un monument de 1968, réalisé par Robert Delnest, représentant le roi Albert Ier et **la famille royale**[2]; c'est à cet endroit qu'ils entamèrent, le 22 novembre 1918, leur rentrée dans la capitale libérée.

Rue des Étangs Noirs, l'**église Notre-Dame Médiatrice** est un édifice moderne conçu en 1925-1926 selon un plan basilical, en briques et en béton, par l'architecte Victor Degand; la façade est simple et alignée sur les maisons adjacentes. L'entrée principale est dominée par une statue de Notre-Dame à qui l'église est dédiée. La statue de Notre-Dame (1926) et les fonts baptismaux (1925), tous deux en pierre blanche, sont des sculptures de Jacques Tiberius.

Les anciens bâtiments de la fameuse Compagnie des Bronzes, rue Ransfort, accueillent aujourd'hui le **musée La Fonderie**. Il témoigne de l'évolution industrielle et sociale de Bruxelles. Partout dans le quartier, d'anciennes usines sont rénovées et transformées en habitations, en espaces socioculturels ou en espaces commerciaux.

La place de la Duchesse de Brabant a été aménagée en 1827 d'après un concept néoclassique, mais les bâtiments sont pour la plupart plus récents. Avec son fronton classique de 1856, l'école communale, qui était un hospice à l'origine, domine ladite place. À gauche, s'élève l'**église néogothique Sainte-Barbe**; elle a été conçue par l'architecte Pepermans en 1894. Le mobilier est également néo-gothique. La statue de la *Madone* que l'on peut y admirer date du XVIIe siècle; elle provient de l'hôpital Saint-Julien, à Bruxelles. L'église possède un très bel orgue de 1890, dû à Camille Loret.

La partie occidentale de la commune, située plus en altitude et de l'autre côté de la voie du chemin de fer aménagée en 1871, est restée très verdoyante car elle ne s'est urbanisée que dans le courant du XXe siècle.

3

Entre la chaussée de Gand et la basilique de Koekelberg, sur la droite, on trouve la **ferme château du Karreveld**. Érigée au XVIe-XVIIe siècle, elle fut reconstruite en 1952-1957. Ce complexe d'architecture brabançonne, élevé en briques et en grès, est doté d'un édifice d'entrée avec porche. La commune l'acquit en 1930 et en fit un centre culturel. Des cèdres du Liban s'élèvent dans le parc.

L'**église Saint-Charles-Borromée** n'avait, à l'origine, en 1917, qu'un seul vaisseau. Elle fut complétée en 1937 par un chœur et un transept dus à l'architecte H. Sneiders. La plupart des statues de cet édifice, notamment celles des quatre évangélistes, et les vitraux sont de la main de J. Jacobs.

Rue du Korenbeek, la chapelle du centre paroissial Le Bon Pasteur (1968) fait office d'église paroissiale pour le quartier du boulevard **Mettewie**[3].

Dans le parc des Muses, avenue Brigade Piron, s'élève un monument dédié à la mémoire du général Piron, chef de la brigade du même nom, qui participa activement à la libération de la Belgique à la fin de la Seconde Guerre mondiale. Entre le parc des Muses et le parc Marie-José, le long des rues Osseghem et du Gulden Bodem, une cité-jardin de style Art déco a été élevée en 1925-1928 sur les plans d'Armand De Saulnier. Tout près de là, l'entreprise Delhaize établit son siège social en 1880.

4

Le joli **parc Marie-José**[4] se trouve sur le boulevard Machtens. L'ancienne propriété Oostendael était une maison de plaisance. Elle fut achetée par la commune et aménagée en parc en 1922 par l'architecte paysagiste et urbaniste Louis Van der Swaelmen. Une partie du parc est vallonnée, l'autre est plate. Les **étangs**[5] sont approvisionnés en eau par le Molenbeek. Le parc fut inauguré en 1922 par la princesse Marie-José, dernière reine d'Italie. Le promeneur y découvrira une petite chapelle Saint-Roch et quelques statues intéressantes: *Aube,* un marbre de Charles De Brichy, et *Mahatma Gandhi assis et écrivant*, de René Cliquet, le premier monument européen élevé à la mémoire du dirigeant indien (1969). La porte d'accès en fer forgé, composée de cinq parties et réalisée par Van Laere et Buis de Ternat, semble inspirée d'une œuvre du XVIIIe siècle qui se trouve à Nancy, sur la place Stanislas.

5

Dans **le parc Albert**, juste à côté, on peut admirer depuis 1976 un monument dédié au roi Albert Ier, réalisé par le sculpteur Thomas Vinçotte sur un socle de pierre extraite du rocher de Marche-les-Dames.

À l'extrême ouest de la commune, à la limite avec Dilbeek, se trouve l'immense **Scheutbos**: il fait la liaison avec le Pajottenland. C'est ici que l'armée française, dirigée par le maréchal de Villeroy, lança son attaque sur Bruxelles, du 13 au 15 août 1695, avec 3 000 bombes et 1 200 boulets de canon. Le vaste projet de lotissement prévu en 1961 fut heureusement revu en 1990: on y aménagea un grand parc paysager de 56 ha, imaginé par Robert Vanderhulst. Une sculpture réalisée par Thierry Bontridder en 2001 apporte à l'ensemble une touche rouge vif.

Rue Paloke, au sud-ouest du Scheutbos, se trouve l'**église de la Résurrection**, construite en 1965-1966 sur des plans de R. Pirlot. Il s'agit d'une église de quartier, moderne, dont les murs intérieurs ont été élevés avec de la marne issue du pays mosan. La cuve des fonts baptismaux est un chaudron provenant d'une tribu de Bédouins originaire du Maroc. Le vitrail représentant le *Christ ressuscité* provient de l'église qui fut élevée sur le site de l'Exposition universelle de 1958. La statue du *Christ ressuscité*, le chemin de croix et les fonts baptismaux, qui datent de 1966 environ, sont des créations du prêtre R. Ruys. Le vitrail de ciment et de verre représentant une composition abstraite date approximativement de 1966: il s'agit d'une création de Marc Vanhove. L'autel est en béton laminé.

Dans les stations de métro, on peut admirer les œuvres de Fernand Flausch (Ribaucourt), de Paul Van Hoeydonck (Comte de Flandre), de Jan Burssens (Étangs Noirs), de Guy Vandenbranden (Gare de l'Ouest), de Reinhoud d'Haese et de Hilde Van Sumere (Osseghem).

Woluwe-Saint-Lambert

L'**hôtel communal**[1] a été réalisé en 1939 par Joseph Diongre sur la place du Tomberg: son beffroi est haut de 30 m. Cet ensemble de style moderniste remplace l'ancienne maison communale – toujours existante – située rue Madyol, dans l'ancien centre du village. Non loin de là, place du Sacré-Cœur, se trouve l'**église Saint-Lambert**[2]. De l'église romane d'origine, il ne subsiste aujourd'hui que la tour carrée, la **nef centrale**[3] et le collatéral droit, érigés en grès de la région. À partir de 1938, ces éléments furent intégrés à une nouvelle construction de style néoroman par l'architecte Chrétien Veraart. L'ancien cimetière entourant l'église présente un joli mur de clôture. Une bonne partie du mobilier de l'ancienne église a pu être conservée: les fonts baptismaux en marbre du début du XVIIIe siècle, dont le pied date du XIXe siècle, les confessionnaux de style classique, le buffet d'orgue et les stalles de la fin du XVIIIe siècle, le jubé du XIXe siècle et une chaire de vérité. La statue de sainte Barbe date de 1650-1700, celles de saint Lambert et de saint Charles Borromée sont du XVIIIe siècle. *Le Martyre de Saint Lambert* est un tableau peint par Théodore van Loon en 1617. *La Guérison du paralytique* date des environs de 1650 et *Le Martyre de Saint Sébastien* de 1700. Une *Vierge immaculée à l'Enfant* est du XVIIIe siècle.

Près de l'église, au milieu d'une enceinte crénelée, trône un château de style Renaissance: le ***Hof van Brussel***. Il date du XVIe siècle, mais on lui ajouta des ornements romantiques au XIXe siècle: des créneaux et une tour polygonale. Charles Quint aurait séjourné ici à plusieurs reprises, ce qui explique le nom de «chambre de l'empereur» donné à la grande chambre à coucher.

1

2

3

4

5

Au nord de la place du Tomberg, dans le beau parc de Roodebeek, jadis propriété des jésuites, on trouve le **Musée communal**, consacré à la vie locale sous tous ses aspects. Il occupe la **maison de l'antiquaire Émile Devos[4]** , restaurée en 1924-1925.

L'ouest de la commune, c'est-à-dire la zone la plus anciennement urbanisée, compte de nombreuses **demeures remarquables du XIXe siècle**, la plupart dans les styles éclectique, néo-Renaissance flamande et néobaroque flamand. Pour les admirer, on flânera tout spécialement sur l'avenue Jonnart et dans la rue Saint-Henri. On y trouvera aussi des édifices de styles plus récents, comme l'**Art nouveau** (rue de Linthout, avenue Marie-José, avenue Prekelinden, chaussée de Roodebeek) et l'**Art déco** (avenue d'Avril, boulevard Brand Whitlock, avenue de Broqueville, avenue Gribaumont, avenue de Juillet, avenue Lambeau, avenue du Castel, rue de la Cambre). On pourra également admirer quelques maisons de style néogothique sur l'avenue Prekelinden et dans la rue Saint-Henri.

Le **Sacré-Cœur de Linthout**, de style néogothique éclectique et à la belle loggia néogothique (1898), est situé avenue des Deux Tilleuls. Dans le quartier de Linthout, sur le **parvis Saint-Henri**, se dresse l'église néogothique du même nom (1908-1911). L'architecte Julien Walckiers réalisa là une réplique exacte de l'église de l'ancien couvent des dominicains de Gand (XIIIe siècle). Le calvaire est de la fin du XVe siècle. Le tableau de la *Sainte Famille,* de Pieter van

6

Avont, date de la première moitié du XVIIe siècle, tout comme celui de la *Résurrection*. Jean-Roch Collon réalisa les fresques murales vers 1925 et le chemin de croix en 1926-1927.

Avenue du Prince Hériter, l'architecte Victor Bourgeois conçut en 1928 la maison-atelier du sculpteur expressionniste Oscar Jespers. Le square Joséphine-Charlotte est orné d'un mémorial en l'honneur du comte Charles de Broqueville, Premier ministre de 1911 à 1918. Il s'agit d'un muret en pierre de taille portant un médaillon de bronze.

Dans le quartier de Roodebeek, l'**église de la Sainte-Famille** fut érigée en 1938-1939 sous la direction de l'architecte malinois Simon Van Craen. Les vitraux sont l'œuvre de l'atelier Colpaert, d'après des cartons d'Albert Servaes.

L'ancien cimetière de 1897 fut réaménagé en espace vert en 1987, le parc **Georges Henri**[5]. Le monument Ravensbrück de Thérèse Chotteau y fut inauguré en 2000.

La moitié est de la commune est occupée par la large **vallée de la Woluwe**, une longue succession contrastée de zones vertes et d'ensembles fortement urbanisés. En suivant le sens du courant, du sud au nord, on aborde tout d'abord le **parc des Sources**, acheté par la commune en 1963 aux héritiers d'Ernest Solvay. Le paysage marécageux originel a été réaménagé. Rue des Déportés se dresse un bâtiment de style Renaissance brabançonne, qui date du début du XVIIe siècle.

Le **château Malou**[6], situé dans le parc du même nom, fut construit en 1776 par un banquier originaire du village de Limbourg, dans la province de Liège. Il porte le nom du ministre Jules Malou, qui y vécut de 1853 à 1886. La commune hérita de la demeure en 1951 et la transforma en centre culturel. À l'entrée du parc, près de l'étang, on peut

7

admirer un lion de pierre provenant de l'Exposition universelle de 1958, œuvre du sculpteur Raymond de Meester de Betzenbroeck.

Avenue Jean-François Debecker, on trouve le **moulin de Lindekemale**, dont certaines parties remontent encore au XIVe siècle. C'est le seul des quatre moulins de la commune à subsister aujourd'hui. Il est cité pour la première fois en 1129 et la roue actuelle date de la fin du XVe siècle. Le musicien Henri Thiébaut y composa son œuvre maîtresse, *La Passion du Christ*, en 1894. En 1955, le moulin fut racheté et restauré par la commune. Plus tard, le site servit d'atelier de menuiserie et de dessin, pour finalement être transformé en restaurant. Le moulin est classé depuis 1989. La roue et les bâtiments furent de nouveau restaurés en 1994 et en 1997; le site fut réaménagé en 2000.

Le ***Slot***, un édifice Renaissance du XVIe siècle, est tout ce qu'il reste de l'ancien château seigneurial de Woluwe qui appartint à la famille d'Hinnisdael. La commune s'en porta acquéreur en 1975.

Le Woluwe Shopping Center, un grand centre commercial plusieurs fois agrandi et rénové, abrite depuis 1968 la **chapelle Notre-Dame de la Vallée**, due à l'architecte De Vos. Les deux vitraux abstraits sont des compositions de Maurice Haccuria.

Le rond-point de l'avenue de la Chapelle est orné depuis 1995 d'une statue de Nicole Lefebvre, le *Danseur de Mudra*, pour rappeler la fondation de l'école de ballet par Maurice Béjart.

Sur la même avenue, on trouve aussi la jolie **chapelle de Marie la Misérable**[7]. L'édifice de style gothique brabançon, datant de la première moitié du XIVe siècle, possède un seul vaisseau et une clôture de chœur pentagonale. Dans la niche gothique du XVe siècle, au-dessus de la porte, on aperçoit la statue de *Marie la Misérable*. Le campanile est de la fin du XVIe siècle. Dans le chœur, on peut admirer une fresque murale dont les parties les plus anciennes datent du XVe siècle: elle présente des scènes de la vie de Marie la Misérable et un cycle de la vie de la Sainte Vierge. La clôture du chœur, les stalles, la balustrade du jubé et la chaire de vérité de style baroque forment un ensemble homogène du XVIIe siècle.

Le retable en bois du maître-autel date de 1609. Le panneau central représente *Notre-Dame des Douleurs*, les sept médaillons illustrent les *Douleurs de Marie*; une *Allégorie de la mort* s'inspire d'une eau-forte de Jérôme Wierix. Les panneaux latéraux, qui relatent l'histoire de Marie la Misérable, sont attribués à David Teniers I. La statue restaurée de *Marie la Misérable* date du XVIIe siècle. Un tronc en forme de pieu porte la date de 1574. La tête du Christ couronnée d'épines, qui orne la porte du tabernacle, fut réalisée par le peintre Paul Wante en 1930. Deux peintures votives, *Le Couronnement d'épines* et *Saint François d'Assise avec l'Enfant Jésus*, sont des œuvres du XVIIe siècle, tout comme les chandeliers d'autel en laiton.

8

9

Les vitraux de 1939 représentent les principaux épisodes de la vie de Marie la Misérable. Sous le règne du duc Jean II de Brabant (1294-1312), cette jeune fille menait une existence d'ermite. Un riche chevalier, dont elle avait repoussé les avances, l'accusa de vol. Elle fut condamnée à être enterrée vive et l'on perça son corps d'un pieu. Michel de Ghelderode s'inspira de son histoire en 1952 pour écrire un mystère médiéval, illustré par Edgard Tytgat. Un couvent fut accolé à la chapelle au XVIIe siècle.

Quelques fermes témoignent encore du passé agraire de la région. ***L'Hof ter Musschen***, rue Klakkedelle, remonte au XVe siècle; elle fut reconstruite et dotée d'une grange spacieuse en 1741. Elle fut source d'inspiration pour de nombreux peintres, notamment Jan Stobbaerts, Georges Van Zevenbergen et Jacques Laudy. Le long du chemin de Vellemolen se dresse l'unique **moulin à vent**[8] de toute la région bruxelloise; c'est un moulin du type pivot jadis très répandu. Il fut construit en 1767 à Esplechin, dans la région de Tournai, où il resta jusqu'en 1935. On l'installa ensuite à Arc-Ainières, dans le Hainaut, où il fut classé monument historique en 1961. La propriétaire en fit don à la commune de Woluwe-Saint-Lambert, qui le fit remonter sur son territoire en 1963. Incendié en 1980, il fut reconstruit et inauguré en 1988.

De l'autre côté de la vallée, on trouve l'**Hof ten Berg**[9] et ses dépendances (rue Théodore De Cuyper). Le corps de logis est daté de 1750. L'ensemble contraste fortement avec l'École européenne qui s'élève juste en face.

La **cité-jardin du Kapelleveld**, dont la construction commença en 1922, est composée de maisons de style anglais et d'autres résolument modernistes. La cité fut conçue par l'urbaniste Louis Van der Swaelmen. Huib Hoste y construisit la plupart des maisons modernistes dans l'esprit du mouvement artistique De Stijl. Antoine Pompe opta, quant à lui, pour un style plus traditionnel. L'église paroissiale Notre-Dame de l'Assomption fut construite en 1954-1955 selon les plans des architectes Hendrik Taelmans et Rik Coppens. Lies Raes sculpta le chemin de croix en bois (1955).

10

Après la scission de l'Université catholique de Louvain, en 1968, la **faculté de médecine**[10] francophone quitta Louvain pour la vallée de la Woluwe où elle emménagea dans de nouveaux bâtiments. Le centre hospitalier est dû à l'architecte Henri Montois; cette construction froide et sans âme contraste fortement avec l'architecture de la cité universitaire, signée par Lucien Kroll. Il s'agit là d'un exemple internationalement reconnu d'architecture participative, en parfaite harmonie avec les idéaux de Mai 68. En 1979-1982, l'architecte et son épouse, Simone, conçurent la station de métro Alma, au cœur du quartier universitaire, comme une sorte de forêt vierge souterraine. Dans les stations de métro de Woluwe-Saint-Lambert, on peut encore admirer des œuvres de Piet Stockmans (Georges Henri), Serge Vandercam (Joséphine-Charlotte), Roger Nellens (Gribaumont), Guy Rombouts et Monika Droste (Tomberg), Luc Peire (Roodebeek) et **Paul De Gobert**[11] (Vandervelde).

11

Woluwe-Saint-Pierre

1

2

La **maison communale**[1], sise avenue Charles Thielemans, conçue par l'architecte Willy Vermeiren, fut construite entre 1965 et 1971. Elle est dotée d'un beffroi d'une hauteur de 65 m. Elle est décorée de plusieurs œuvres des peintres Émile Fabry et Robert Degenève, ainsi que des vitraux de Jacques Colpaert. Le bâtiment abrite également un **centre culturel** et de congrès.

L'**église Saint-Pierre** date de 1936-1937. Elle s'élève sur le parvis du même nom. Il s'agit d'une création de l'architecte Julien Deridder, qui plaça la bâtisse néoromane perpendiculairement aux tours classiques et au chœur de 1755-1758. Les autres parties de l'église, datant du XVIIe siècle, ont été démolies. Parmi les éléments de l'ancien mobilier, les boiseries qui recouvraient les murs et un banc de communion – l'ensemble datant de la fin du XVIIIe siècle – ont été intégrés dans la nouvelle église. Les fonts baptismaux Art déco en cuivre ciselé et la chaire de vérité sont de la main d'Oscar De Clerck. Le tableau représentant la *Sainte Famille avec saint François d'Assise* (première moitié du XVIIe siècle) est attribué à Cornélis Schut. Les tableaux *La Libération de saint Pierre par un Ange* et *Jésus tombe dans le ruisseau du Cédron* datent de la même époque. Le *Martyre de Saint Laurent,* d'après Rubens, date quant à lui du XVIIe siècle. On peut également admirer d'autres peintures réalisées entre le XVIIe et le XIXe siècle. Le trésor de l'église comprend un ostensoir-soleil bruxellois de 1650-1700 et un habit liturgique du XVIIIe siècle en soie verte brodée.

La ferme qui se situe au coin de la rue Félix Poels fut construite en 1748; la cure de style classique qui s'élève dans la rue Jean Deraeck date de 1724 et fut transformée en 1784.

3

L'avenue de Tervueren, aménagée en 1897, coupe la commune d'ouest en est. Elle offre, avec les rues adjacentes, un grand éventail de styles architecturaux, allant de l'éclectisme et des beaux-arts aux mouvements contemporains, en passant par les styles Art nouveau et Art déco. L'immense **square Montgomery**[2] est dominé depuis 1980 par une statue réalisée par Oscar Nemon, laquelle représente le libérateur de Bruxelles en 1944. La station de métro du même nom a été décorée par trois artistes: Jo Delahaut, Pol Mara et Jean-Michel Folon.

Le joyau de la commune est le **palais Stoclet**[3], bâti de 1905 à 1911 sur l'avenue de Tervueren. Cette maison de maître de style *Jugendstil* viennois a été conçue comme une œuvre d'art globale par les membres de la Wiener Werkstätte.

4

L'architecte était Joseph Hoffmann; les quatre figures ornementales qui dominent les tours sont des sculptures de Franz Metzner; Gustav Klimt a créé les mosaïques de la salle à manger. La maison a exercé une très forte influence internationale. La tour dénommée « périscope » devint très populaire dans le mouvement artistique qui suivit: l'Art déco. Huib Hoste, un grand admirateur du Corbusier, construisit en 1933 la maison Gombert, au 333 de l'avenue de Tervueren, et deux ans plus tard, la maison Fouarge (au 14 de l'avenue Saint-Jean).

Au 21 de la rue du Bémel, dans le **quartier du Chant d'Oiseau**, au sud de l'avenue de Tervueren, on trouve la **Bibliotheca Wittockiana**[4] entre deux habitations modernistes et Art déco, signées notamment par Adrien Blomme. Michel Wittock, baron du textile, fit construire ce bâtiment en 1983 par Emmanuel de Callataÿ afin d'y présenter sa collection exceptionnelle de reliures. Un centre d'étude et un atelier de reliure complètent l'ensemble. Le quartier est dominé par le **cloître Notre-Dame-des-Grâces**, inauguré en 1935. L'architecte Camille Damman construisit en 1947-1949 l'église néoromane; elle est ornée de chapitres sculptés par Gaston et Michel Annaert en 1962-1963.

La **vallée de la Woluwe** traverse la commune du sud au nord; elle se compose d'une succession de jolies zones vertes. Le **parc sinueux de la Woluwe**[5] couvre 70 ha, dont 10 ha se situent sur le territoire de la commune d'Auderghem. Le parc, de style jardin anglais, fut conçu en 1897, lors de l'aménagement de l'avenue de Tervueren, par l'architecte paysagiste Émile Lainé; il fut agrandi en 1906 par Louis Van der Swaelmen. Un élégant pont piétonnier en métal, réalisé par Pierre Blondel en 2001, relie ce parc au parc Parmentier, lequel porte le nom de l'entrepreneur à qui l'on doit l'avenue de Tervueren. Il fit construire, à proximité des étangs Mellaerts, sa propre propriété en bois, avec une petite chapelle néogothique ainsi qu'une annexe de style cottage anglais destinée à son personnel. L'État acquit le tout en 1919.

Tout près de là, sur l'avenue de Tervueren, le **Musée du Tram**[6] est établi dans les hangars du dépôt de trams construits en 1897. Le musée retrace l'évolution du transport urbain bruxellois: du tram tracté par des chevaux à la toute nouvelle rame de métro, en passant par le tram électrique de 1894.

5

Dans le petit parc attenant, on peut voir la statue équestre du général José de San Martin, libérateur du sud de l'Amérique latine. Cette statue fut offerte à Bruxelles par Buenos Aires en souvenir du séjour bruxellois dudit général, réfugié politique de 1824 à 1831.

Le long de la rue au Bois se trouve le manoir d'Anjou, érigé en 1858, et qui s'appelait à l'origine le château de Putdael. Alfred Madoux (directeur du quotidien libéral *L'Etoile belge*) fit complètement transformer le bâtiment en 1896-1897 dans un style néoclassique. Le château a appartenu de 1913 à 1948 aux princes d'Orléans, héritiers en exil de la couronne de France.

À l'est de la commune, les quartiers résidentiels les plus récents ont été élevés dans l'ancien noyau de Stockel. L'urbanisation et la croissance de la population ont également eu un impact sur la construction d'églises. Les architectes F. Vandenbroucke et W. Minnich ont conçu l'**église Saint-Paul** (1939-1941), avenue du Hockey. Camille Colruyt est l'auteur des statues de *Saint Pierre* et *Saint Paul* en cuivre ciselé (1960). Le *Christ sur la croix* est une œuvre en laiton de Holemans (1965). Dans le quartier de Joli-Bois, sur le parvis Sainte-Alix, on peut admirer depuis 1949 l'**église néoromane Sainte-Alix**; elle est de Léonard Homez, l'architecte à qui l'on doit également le chemin de croix en pierre de France. Jan Goris a conçu les jolis vitraux en 2000. L'**église Notre-Dame** (1962-1967) s'élève dans le quartier le plus ancien de Stockel; de style moderne, elle est l'œuvre des architectes René Aerts et Paul Ramon. Elle a remplacé l'église classique du XVIIIe siècle. La statue en bois représentant la *Vierge à l'Enfant* reflète l'élégance typique du XIVe siècle. *Saint Jean l'Évangéliste*, une œuvre bruxelloise de la fin du XVe siècle, provient du Rouge-Cloître; l'*Abbé Saint Antoine* date de 1500-1550, la statue en marbre *Notre-Dame des Douleurs* est du XVIIe siècle.

Le Studio Hergé a créé un décor original reprenant tous les personnages des aventures de Tintin pour la station de métro Stockel.

6

Auderghem

1

Au cœur de la commune, au croisement de la chaussée de Wavre et du boulevard du Souverain, les architectes Vermeulen et Van Antwerpen construisirent en 1970 le **centre administratif et culturel**[1]. La plupart des sculptures sont l'œuvre de Jacques Moeschal. L'**église néoclassique Sainte-Anne**, de 1843, est située à proximité. Deux autels latéraux de bois marbré datent de la fin du XVIIe siècle. Le maître-autel est de 1843. L'église abrite des statues et des tableaux réalisés entre le XVIe et le XIXe siècle. *Sint-Anna ten Drieën* est du XVIe siècle. Le tableau de *Saint Jérôme* date d'environ 1550, *Saint Mathieu* d'environ 1650. La chapelle Champagnat, de style néogothique, est située avenue de la Sablière, à côté du Sint-Lutgardiscollege. En 2000, l'ancien tracé de la voie ferrée Bruxelles-Tervueren fut converti en sentier de randonnées pédestre et cycliste, avec trois jolis ponts métalliques dessinés par Pierre Blondel.

Le long de la Woluwe, de nouveau en grande partie visible et transformée en un vaste parc à grande valeur biologique, se dresse le prieuré des religieuses dominicaines, dénommé **Val-Duchesse**[2]. Il fut fondé en 1261 par la duchesse Aleyde de Bourgogne, veuve du duc Henri III de Brabant, à la demande de Thomas d'Aquin. Lors d'un incendie, en 1562, le mausolée de marbre qui renfermait son cœur disparut.

2

3

En 1783, l'empereur Joseph II supprima l'abbaye, qui fut vendue après 1796. Le financier Charles-Henri Dietrich en fit l'acquisition en 1904, procéda à la restauration et à l'agrandissement des bâtiments et fit présent du domaine en 1930 au prince Léopold, ce qui lui valut le titre de baron. À travers la grille en fer forgé, on aperçoit l'aile néo-Renaissance, à loggia ouverte. Elle date de 1645, mais fut profondément restaurée par Albert Roosenboom en 1910. Le château et l'orangerie datent du XVIIIe siècle. Ils furent restaurés en 1956. Les murs du salon Renaissance sont garnis de carreaux de Delft. Le salon classique présente de belles moulures dorées, tandis qu'une cheminée monumentale en pierre de taille trône dans la salle néogothique, où l'on peut aussi admirer un escalier tournant en bois. Val-Duchesse est aujourd'hui propriété de l'État et sert régulièrement de cadre à des négociations politiques, à l'échelle belge ou internationale. C'est ici, par exemple, qu'aboutirent en 1963 les discussions relatives au tracé de la frontière linguistique.

À l'arrière, dans la rue du Vieux Moulin, se dresse le **château Sainte-Anne**[3], de style éclectique, avec une conciergerie de 1910. La **chapelle Sainte-Anne**, construite au XIe siècle en style roman, est située sur la ligne de crête du domaine, au bord de la drève du Prieuré. Elle abrite une croix du XVe siècle. La chapelle fut restaurée en 1916 sous la direction du chanoine Raymond Lemaire. La plus grosse cloche de la tour carrée fut fondue en 1772 par le Louvaniste Andries van den Gheyn.

Le **Rouge-Cloître**, ancien prieuré de chanoines augustins, fut bâti en 1373 à l'endroit où s'élevait un ermitage. Selon la légende, le qualificatif rouge serait une allusion à l'enduit rouge fait de tuiles brisées et pilées dont on couvrit les murs. Mais il est plus probable que cet adjectif fasse référence à un endroit déboisé et défriché. Charles Quint venait se reposer au monastère après ses parties de chasse, le duc d'Albe s'y rendait pour prier et les archiducs Albert et Isabelle l'honorèrent également de leur présence. Le peintre Hugo Van der Goes y vécut en qualité de frère lai de 1478 à sa mort en 1482. L'empereur Maximilien vint lui rendre visite. Il y est également enterré. Le prieuré fut supprimé en 1796 et est propriété de l'État depuis 1911. Ce qui reste du monastère et de ses dépendances est protégé depuis 1965: la ferme du XVIIIe siècle, la cuisine du XVIe siècle, le cloître, la maison du chapitre et le dortoir des XVe-XVIIe siècles, la conciergerie avec mur d'enceinte du XVe siècle. L'église fut entièrement détruite par un incendie en 1834. Le quartier du prieur abrite aujourd'hui un espace d'exposition et un café.

Le Flossendelle, à l'ouest du Rouge-Cloître, est une petite réserve naturelle. La **source de l'Empereur**, où Charles Quint serait venu se désaltérer, honore la mémoire de René Stevens qui, à l'instar de nombreux autres peintres, aimait ce paysage.

Le long de l'autoroute E411, à la lisière de la forêt, on trouve le **domaine sportif** de l'ADEPS conçu par l'architecte Pierre Corbisier entre 1964 et 1986. Le **pavillon Drij Borren** est un vestige entièrement restauré d'un tribunal forestier et pavillon de chasse. Cette propriété de l'État accueille régulièrement des expositions. L'**église paroissiale Notre-Dame de Blankedelle** est un édifice de style moderne. L'architecte Henri Lacoste conçut sa propre demeure, située avenue van Horenbeeck, dans le style Art déco.

Dans la partie nord, plus urbanisée, de la commune, l'architecte Simon Brigode dirigea la construction de l'**église Saint-Julien** entre 1963 et 1965. Raf Verjans réalisa le chandelier pascal et les deux tabernacles aux crucifix en laiton. Les vitraux aux compositions abstraites sont des créations de Mary Dambiermont. Au 54 de la rue des Invalides, l'architecte Marc Belderbos fit construire en 1990 une habitation très atypique.

Dans les stations de métro, on peut admirer des œuvres de Roger Somville (Hankar), Jan Van Den Abeel (Delta), Jan Cox, Roel d'Haese et Rik Poot (Herrmann-Debroux).

Watermael-Boitsfort

La place Eugène Keym, au cœur de **Watermael**, n'a été réaménagée qu'en 1963, année où l'on entreprit la construction d'immeubles à appartements et d'un centre commercial. Dans la rue du Loutrier, l'**église Saint-Clément**, avec sa tour carrée massive (1050), est l'un des édifices romans les plus anciens de Belgique. Des fouilles ont mis au jour différentes étapes de construction des XVe et XVIe siècles. D'importants travaux d'agrandissement et de reconstruction en style néoroman eurent lieu en 1871. L'intérieur de l'édifice a encore dernièrement subi d'importantes modifications. L'église possède un confessionnal du début du XVIIe siècle et un autre datant du XVIIIe, des fonts baptismaux en pierre bleue du XVIIIe siècle, un autel latéral de style rococo datant de 1750 environ, surmonté d'un tableau de la fin du XVIIIe siècle représentant *La controverse de Sainte Catherine avec les docteurs d'Alexandrie*, par P. Brunet.

1

2

La statue en noyer représentant la *Vierge assise avec l'Enfant* date du XIVe siècle et provient de l'abbaye de Val-Duchesse. Les représentations de *Sainte Catherine*, *Saint Paul* et *Saint Étienne* sont des sculptures du XVIe siècle. Le *Saint Roch* et le *Saint Joseph à l'Enfant Jésus* datent du début du XVIIIe siècle.

Le tableau de la *Sainte Trinité* fut réalisé vers 1600. *La remise des clés par Jésus à Saint Pierre* et *La flagellation de Notre Seigneur* sont des toiles anonymes du XVIIe siècle. *Jésus parmi les docteurs* et *Moïse faisant jaillir l'eau du rocher* sont deux autres œuvres anonymes de 1750 environ. Autour de l'église, on trouve 43 pierres tombales allant du XVIe au XVIIIe siècle, dont notamment celles de Michel de Cafmeyer, qui fit construire la Maison Haute, et de quelques chasseurs.

Le presbytère, de style néoclassique, est également situé rue du Loutrier. La petite **gare de Watermael**[1], construite en 1884, inspira différents tableaux de Paul Delvaux.

Le centre de **Boitsfort** s'étend agréablement autour de la place Léopold Wiener et a conservé une apparence presque villageoise. La maison communale se compose d'un manoir de 1845, auquel Ernest Blérot ajouta une aile en 1905. La **Maison Haute**[2], place Gilson, fut érigée en 1698 par ordre du veneur Michel de Cafmeyer. Ce bâtiment blanc, de style classique français, héberge les services culturels de la commune. Au bord de l'étang, au départ du boulevard du Souverain, on peut admirer une statue en bronze de Rik Wouters, *Soucis domestiques*, de 1913.

3

Comme l'église Saint-Clément de Watermael ne suffisait plus depuis longtemps à accueillir des fidèles toujours plus nombreux, on érigea une nouvelle paroisse à Boitsfort en 1803, autour de la chapelle Saint-Hubert; cet unique vestige de l'ancien domaine de chasse était alors en ruine. Pour répondre au souhait de Léopold II, on érigea l'**église Saint-Hubert**, d'après les plans de l'architecte Langerock et en style néogothique, près de l'axe routier construit en 1903 entre l'avenue de Tervueren et l'avenue Louise. Les fondations furent posées en 1914. Lors de sa consécration, en 1924, seule la nef était achevée. L'église fut terminée en 1939. La châsse de saint Hubert, en bois doré, date du début du XIXe siècle. Les tableaux furent réalisés entre le XVIIe et le XIXe siècle.

L'imposant immeuble à bureaux de la **Royale Belge**[3] (aujourd'hui Axa) fut construit sur le boulevard du Souverain par René Stapels en 1968. L'acier Corten et le verre fumé de couleur bronze s'harmonisent à merveille avec les étangs et le cadre verdoyant. Derrière cet édifice, avenue Charle-Albert, on trouve les ruines du petit château de La Héronnière, construit en 1870 par l'architecte Albert Charle, dans le style néo-Renaissance flamande.

4

Sur le plateau, entre les centres de Watermael et de Boitsfort, l'architecte Jean-Jules Eggericx et l'urbaniste Louis Van der Swaelmen aménagèrent entre 1922 et 1930 les **cités-jardins Le Logis** et **Floréal**[4]. L'aménagement est très soigné et accentue l'atmosphère de cottage anglais qui émane des bow-windows des maisons. L'ensemble est surplombé par la tour à appartements dite du Fer à cheval, qui était à la fois château d'eau et balise lumineuse. La cité-jardin Floréal comprend l'église Notre-Dame du Secours Perpétuel, conçue entre 1966 et 1969 par l'architecte Marc Dessauvage.

Sur la chaussée de La Hulpe, dans la partie ouest de la commune, plusieurs **immeubles à bureaux prestigieux** furent érigés après la Seconde Guerre mondiale. Constantin Brodzki construisit en 1969 le siège central des Cimenteries CBR en éléments préfabriqués en béton. Un groupe de quatre architectes, parmi lesquels André Jacqmain et surtout Renaat Braem, édifièrent en 1963 le siège circulaire de l'entreprise verrière Glaverbel. Sur l'avenue des Coccinelles, l'église Sainte-Croix, de style moderne, date de 1938. Le chœur et le transept ne furent achevés qu'en 1950. Les quatre reliefs en cuivre avec pénitents datent de 1950 environ.

Le **parc Tournay-Solvay**, qui s'étend sur 7 ha à côté de la gare de Boitsfort, était la propriété de l'industriel Alfred Solvay; il y construisit un château en 1878. Le parc, qui inclut une roseraie, fut réaménagé en 1911 par Jules Buyssens. Il fut racheté par la Région bruxelloise en 1980. Il ne reste que des ruines du château néo-Renaissance.

Sur la même chaussée de La Hulpe, plus au sud, le quartier du **Coin du Balai** s'enfonce profondément dans la forêt de Soignes. Un petit square situé au croisement avec l'avenue Alfred Solvay est orné d'une belle statue de Jean-Michel Folon. Sur l'actuelle place Rik Wouters s'élève la dernière demeure de l'artiste. L'**église Notre-Dame Reine des Cieux** fut érigée au Heiligenborre en 1956 par l'atelier De Coene. Elle possède des fonts baptismaux en cuivre et une croix de procession en fer forgé réalisés par J.-P. Ghysels vers 1956. L'International School of Brussels a pour cadre prestigieux le château de la dynastie de banquiers Bischoffsheim. Le Coin du Balai est délimité par l'imposante sculpture *Equilibrio sospeso*, réalisée en acier Corten par Mauro Staccioli.

UCCLE

Le nord urbain

Au centre de l'ancien village se dresse, sur une petite colline (sens du mot germanique 'hukl'), l'**église Saint-Pierre**[1], construite entre 1779 et 1782 en style classique par l'architecte Jean-François Wincqz. Le latéral nord fut ajouté en 1939. Le mobilier provient en partie de l'ancienne église romane et comprend: des fonds baptismaux en pierre de taille de 1614 et trois confessionnaux baroques du XVIIe siècle; un banc de marguillier, deux crédences, un tambour, un jubé et un buffet d'orgue de la fin du XVIIe siècle; un banc de communion néoclassique du XVIIIe siècle; un confessionnal néobaroque du XIXe siècle et une chaire de vérité du XVIIe siècle; un maitre-autel en marbre noir et blanc de la première moitié du XXe siècle avec un trône d'exposition du début du XVIIIe siècle; l'autel latéral sud en marbre blanc de 1868.

Parmi les statues, citons une *Vierge à l'Enfant* du milieu du XVIIe siècle provenant du couvent de Boetendael; un *Saint Jean Évangéliste* et une *Vierge* de la deuxième moitié du XVIIe siècle issus d'un ancien calvaire. Pour les tableaux, mentionnons une *Vierge à l'Enfant* réalisée à Anvers au début du XVIe siècle; une *Descente de Croix* de la moitié du XVIIe siècle d'après Antoon Van Dijck; *La Vierge, l'Enfant Jésus, Sainte*

1

Élisabeth et le petit Saint Jean, de la deuxième moitié du XVIIe siècle; une *Annonciation* et le retable *Repos pendant la Fuite en Égypte*, peint en 1864 par Alexander Thomas. Joseph Stallaert réalisa un cadre en stuc pour les stations de son chemin de croix de 1853. Les vitraux de 1856, représentant *L'Adoration des bergers* et *L'Adoration des mages*, sont dus à Jean-Baptiste Capronnier. L'église comprend deux monuments funéraires du XIXe siècle.

Sur le parvis Saint-Pierre, derrière l'église du même nom, on trouve le **presbytère** classique du XVIIIe siècle, surmonté d'un clocheton et incluant une remise.

La **maison communale**, de style éclectique (1872-1882), est située place Vander Elst, de l'autre côté de l'artère commerciale que constitue la chaussée d'Alsemberg. Les fresques murales de la salle du conseil relatent l'histoire d'Uccle. L'édifice abrite une collection d'œuvres d'art. Le 621 de la chaussée d'Alsemberg est occupé par un estaminet pittoresque, *Au Vieux Spijtigen Duivel*, qui aurait reçu la visite de Charles Quint et qui comptait, parmi ses habitués, les poètes Charles Baudelaire et Jan van Nijlen.

Dans le quartier ouest, ou de **Stalle**, se dresse la **chapelle de Notre-Dame du Bon Secours** (ou des Affligés), jadis un important lieu de pèlerinage. La chapelle remonte sans doute au XIIe siècle, mais l'édifice actuel date des XVe et XVIe siècles; il subit de nouvelles transformations en 1693 et fut restauré entre 1930 et 1932. Les décorations en stuc du chœur datent de 1693. Le banc de communion, de style rococo, date de la seconde moitié du XVIIIe siècle, tandis que l'autel avec *L'Enfant Jésus Sauveur du monde* est de la seconde moitié du XVIIe siècle. Les statues de *Saint Roch* et de la *Vierge à l'Enfant* furent sculptées au début du XVIIe siècle. La chapelle possède une pierre tombale du début du XVIIIe siècle. Les trois blasons funéraires datent de 1700, 1788 et 1834. Le mur droit de la nef est percé d'une fente qui permet de voir le maître-autel; on raconte que, jadis, les lépreux pouvaient suivre la messe à travers cet orifice.

Une *Vierge à l'Enfant* en pierre, du début de XVIIIe siècle, est située à l'extérieur de la chapelle. À côté de celle-ci, la **maison du sacristain** est de style brabançon; la pierre de clé de voûte au-dessus de la porte indique l'année 1712. L'écrivain flamand Ernest Claes vécut de 1929 à 1956 à *Huize ter Stalle*, au 90 de la rue de Stalle. Au 851 de la chaussée d'Alsemberg, on construisit au XIXe siècle une chapelle dédiée à Notre-Dame de la Consolation. On trouve dans les alentours plusieurs tavernes typiques.

Rue Rittweger, on peut admirer une villa de style éclectique de 1891. Rue du Merlo, encore à Stalle, l'architecte E. Goddin construisit en 1942 l'**église Saint-Paul**; sa tour est de 1949. Le *Christ en Croix* date du début du XVIIe siècle. Les tableaux de *L'Immaculée Conception* et de *Saint Joseph avec l'Enfant Jésus* sont du début du XVIIIe siècle.

Au 149 de la rue Gatti de Gamond, Victor Horta construisit en 1900-1901 une villa alliant Art nouveau et éclectisme.

Dans la zone nord d'Uccle, surtout aux environs de l'avenue Winston Churchill, on trouve de beaux exemples d'architecture de la fin du XIXe siècle, tant éclectique qu'Art nouveau. Le modernisme et

2

l'Art déco prédominent quant à eux dans l'avenue Coghen et sur le square du même nom.

Une statue de bronze représentant Winston Churchill, réalisée par Oscar Nemon, fut inaugurée en 1967 sur le rond-point Churchill par la princesse Margaret d'Angleterre.

Rue Vanderkindere, dans le quartier du Chat, qui confine à Ixelles et à Saint-Gilles, on trouve l'**église du Sacré-Cœur** (1954-1955). Elle fut construite par l'architecte De Brouwer à l'emplacement d'un carmel qui y avait été établi en 1881 et dont seule la tour fut conservée.

Dans le quartier du Langeveld, l'architecte et chanoine Raymond Lemaire réalisa en 1939 les plans de l'**église paroissiale Notre-Dame du Rosaire** qui fut élevée avenue Montjoie. La Maison de verre, au 69 de la rue Lejeune, fut érigée en 1936 par Paul-Amaury Michel, fervent admirateur du Corbusier.

En 1928, le banquier hollandais David **van Buuren**[2] et sa femme Alice Piette firent construire une belle **demeure Art déco** avenue Errera pour y abriter leur collection d'œuvres d'art. Après leur mort, la villa fut réaménagée en musée (1975). On peut notamment y admirer de nombreuses œuvres de Gustave Van de Woestyne, qui décora aussi la salle à manger. La roseraie Art déco de Jules Buyssens fut complétée en 1968 par un labyrinthe sorti de l'imagination de René Pechère.

L'ancienne maison Dotremont, avenue de l'Échevinage, date de 1931-1932; elle s'inscrit dans le courant de la Nouvelle Objectivité (*Neue Sachlichkeit*). L'architecte Louis-Herman De Koninck en dessina les plans.

L'avenue De Fré suit, d'ouest en est, la vallée de l'Ukkelbeek, petit cours d'eau voûté. L'entrée du **parc de Wolvendael**, propriété de la commune depuis 1921, se situe au début de cette avenue. Le château de style classique date de 1763, mais fut – malheureusement – agrandi en 1911. L'élégant pavillon rococo provient de la Nieuwe Herengracht, à Amsterdam, et fut reconstruit à cet endroit par le baron Janssens en 1909. Ce dernier fit agrandir et réaménager le parc en style paysager anglais. Le grand bas-relief représentant une allégorie du printemps a été créée en 1924 par Frans Huygelen pour un riche Anversois; elle a été rachetée et placée dans le parc en hommage au sculpteur disparu.

Le château historique du **Vieux Cornet** date de 1570. Il est situé à l'entrée du pittoresque chemin creux du Crabbegat, bordé de vieux hêtres, et fut restauré en 1924-1925. La tour carrée inclut une pierre comportant l'inscription « Aensiet den tijdt », une corne de chasse et les millésimes 1570 et 1700, lesquels correspondent sans doute à des travaux de transformation ou de restauration. Le corps de logis date de 1748. Sur la clé de voûte placée au-dessus de la première porte, on peut lire: *'t Hoff ten*

Horen. Les habitations de 1770 situées le long du chemin du Crabbegat appartiennent aussi au *Hof ten Horen*. C'était jadis une taverne rustique fréquentée par un grand nombre d'artistes, dont **Charles De Coster**[3], l'auteur de *La Légende d'Ulenspiegel*, l'une des œuvres majeures de la littérature francophone de Belgique.

Plus loin dans l'avenue De Fré, à côté du *Hof ten Hove*, des émigrés russes commencèrent en 1936 la construction d'une **église orthodoxe**[4] en hommage au tsar Nicolas II, assassiné en 1918.

La sobre et moderne **église Saint-Marc**, située sur la même avenue, fut édifiée par l'architecte André Milis entre 1968 et 1970. Elle possède un orgue baroque qui porte la signature de Patrick Collon.

Au croisement de la rue Edith Cavell et de la rue Langeveld s'élève l'ancienne ferme *De Hoef* (1627).

3

Le sud rural

Le très ancien **Dieweg** suit la ligne de partage entre l'Ukkelbeek et le Geleytsbeek.

L'église néoromane du **Précieux-Sang** au Wolvenberg, située rue du Coq, fut construite en 1949 par Chrétien Veraart. Elle possède un relief en pierre de taille représentant la *Dormition de la Sainte Vierge*, réalisé en 1950 par Marc Xhrouet, et un vitrail de Courhaye.

La première maison qu'Henry Van de Velde se construisit en 1895 en Art nouveau porte le nom de *Bloemenwerf*; elle est située avenue Vanderaey. Dans la même avenue, on trouve une autre construction de cet architecte, l'ancienne maison Sèthe, ornée d'une splendide grille

4

5

Art nouveau. À deux pas du Dieweg s'étend le vieux cimetière d'Uccle (dit du Dieweg), empreint de romantisme. Il renferme quelques sépultures de style Art nouveau, une importante section juive et la tombe d'Hergé. Dans les rues environnantes, on admirera quelques villas éclectiques, une élégante grille Art nouveau et une habitation d'Henry Van de Velde qui s'inspire des principes de la Nouvelle Objectivité.

L'**Institut royal météorologique** et l'**Observatoire royal**[5] sont installés au centre de l'avenue Circulaire depuis 1891. L'architecte Octave Van Rysselberghe dessina en 1883 les plans des pavillons, de style éclectique, dans un parc circulaire de 12 ha. Devant l'entrée principale se dresse, depuis 1996, une statue du **roi Baudouin**[6] due à Elisabeth Barmarin. Le souverain avait une grande passion pour l'astronomie. L'avenue Circulaire compte plusieurs habitations éclectiques érigées en 1882 selon les plans de Van Rysselberghe. On y trouve aussi *Les Épinglettes*, une maison de campagne Art nouveau que Victor Horta construisit en 1899. Dans l'avenue Houzeau, s'élèvent une école et une maison particulière de style Art déco.

6

Le très ancien hameau de Carloo, dans la vallée du Geleytsbeek, est dominé par l'imposante **église Saint-Job**. De style néoroman, elle a été édifiée par l'architecte Bilmeyer en 1911-1912. Elle conserve de nombreux objets provenant de l'église antérieure: une armoire murale du milieu du XVIIe siècle, des fonts baptismaux en pierre de taille de la fin du XVIIIe siècle et deux confessionnaux du début du XIXe siècle. La statue de saint Job date du XVIe siècle; le Christ en Croix et les statues de saint Hubert, sainte Barbe et saint Roch sont du XVIIe siècle. Le tableau de saint Job, qui date du XVIIe siècle, est issu de l'école de Théodore van Loon. Du mobilier neuf fut également acheté pour la nouvelle église: un maître-autel néoroman de pierre blanche ornée d'une mosaïque; un confessionnal et un banc de communion; une chaire de vérité néoromane de pierre blanche avec des représentations des Pères de l'Église et des scènes de la vie de Jésus; un lutrin en fonte. Le trésor renferme un ostensoir-cylindre de 1642 et un calice bruxellois de 1774. Les monuments funéraires des XVIIe et XVIIIe siècles sont ceux de la famille Van der Noot, seigneurs de Carloo. Le chemin de croix (1912), alliant pierre blanche et mosaïque, est l'œuvre de Van de Capelle, d'Anderlecht.

C'est entre les vallées du Geleytsbeek et du Verrewinkelbeek que l'on perçoit le mieux le caractère vert et agréable de la commune d'Uccle. Quelques vieilles fermes, de nombreuses maisons de campagne, la plupart de style fin XIXe siècle, et quelques châteaux sont éparpillés dans un paysage ouvert comme un grand parc. Dans la zone ouest, les cimetières de Saint-Gilles et d'Uccle possèdent d'importants monuments funéraires.

Aux environs de ce dernier, le Kauwberg est sans doute le dernier coin de nature vierge de la région. Non loin de là, à l'angle des rues Papenkasteel et Kinsendael, se dresse le **Papenkasteel**, ou château de Stalle; il date de 1688 et est entouré d'un parc. Le château classique situé sur la chaussée de Waterloo et celui de style néo-Renaissance flamande qui s'élève sur l'avenue Hamoir appartiennent aujourd'hui à des institutions scolaires. Le château de Groeselenberg, situé dans la rue du même nom, est lui aussi de style néo-Renaissance flamande. Mais n'oublions pas les autres demeures, tout autant dignes d'intérêt: les châteaux du Wittouck, drève de Lorraine, de Fond'Roy, avenue Prince d'Orange, et ceux de l'avenue Van Bever et de la rue Van Zuylen.

Du point de vue architectural, Uccle conserve plusieurs vestiges de son passé agraire, comme la **ferme Saint-Éloi** et ses abords, dans l'avenue des Hospices, près du Verrewinkelbeek, et les fermes de la rue de Percke, de la rue d'Angleterre, de la Montagne de Saint-Job, de la rue de Linkebeek et de la chaussée de Waterloo. Signalons aussi la présence de deux moulins à eau: l'ancien **moulin du Nekersgat** (1667), rue Keyenbempt, et le Moulin Crockaert, rue de Linkebeek.

L'**église Sainte-Anne**, située place de la Sainte-Alliance, dans le quartier du Verrewinkel, date de 1912. Les vitraux furent réalisés entre 1951 et 1954 par Slagmuylder selon des cartons de l'architecte M. Weemaes. La statue du *Christ en croix* fut sculptée vers 1965 par Bernaerts.

Il est très agréable de se rendre du Dieweg à Linkebeek en suivant la rue Papenkasteel, la rue de Verrewinkel, l'avenue de la Chênaie, l'avenue des Pâturins, l'avenue Dolez et l'avenue des Hospices.

Une partie de la **forêt de Soignes**[7] s'étend sur le territoire d'Uccle, à l'ouest de la chaussée de Waterloo.

7

Forest

La place Saint-Denis, de forme triangulaire, est le centre du **bas de Forest**, le plus vieux quartier de l'ancien village. La **maison communale**[1], de style Art déco et conçue par Jean-Baptiste Dewin, fut érigée à proximité de la place entre 1935 et 1938. À côté du portail principal, à l'avant du bâtiment dont la façade s'étire sur 56 m le long de la chaussée de Bruxelles, trônent deux statues de Victor Rousseau représentant sainte Alène et un magistrat communal du Moyen Âge. La tour du beffroi, d'une hauteur de 48 m, est gardée aux quatre coins par un communier en armes. Les chapiteaux de l'entrée principale représentent les moments-clés de l'existence tandis que ceux de l'entrée latérale illustrent les activités industrielles de Forest. La salle des pas perdus et l'escalier d'honneur sont éclairés par des vitraux conçus par Baltus et réalisés par l'atelier Colpaert. La salle des mariages et la salle du conseil ont conservé un aménagement Art déco qui fait la part belle aux bois tropicaux.

1

La construction de l'**église Saint-Denis**[2] débuta au XIIe siècle et s'acheva au XVIe. L'espace carré qui s'étend au sud du chœur est un vestige de l'église romane du XIIe siècle et forme, avec un avant-corps polygonal construit vers 1470, la chapelle Sainte-Alène. La superbe grille en fer forgé date de 1769. La chapelle renferme le monument funéraire trapézoïdal de la sainte; il fut bâti au XIe siècle en pierre noire de Tournai. Des paysages du XVIIe siècle sont incorporés aux lambris en chêne. Le tableau d'autel, représentant *L'Entrée d'Alène aux Cieux*, est de Van Geel, un disciple de Rubens. Le grand polyptyque (vers 1540), qui provient de l'abbaye de Forest, est attribué à Jan II Van Coninxloo. Fermé, il représente la *Sainte Famille*, mi-ouvert l'*Annonciation*, la *Naissance de Jésus* et l'*Adoration des Mages*, ouvert la *Vision d'Élie* et la *Famille de la Vierge*. Le panneau central a disparu.

Le chœur et la nef de l'église sont de style gothique et datent des environs de 1300. La partie inférieure de la tour ouest fut construite entre 1400 et 1450; la partie supérieure date du XVIIIe siècle. Au XVIe siècle, on y ajouta deux chapelles latérales ainsi que la *Geesthuys* qui, à l'origine, servait de logement au sacristain, au rez-de-chaussée, et de grenier aux

2

dîmes, aux étages supérieurs. La restauration de 1925-1926 fut coordonnée par l'architecte W. Vervaart.

L'autel de Notre-Dame est surmonté du tableau de *L'Assomption de la Sainte Vierge*, attribué à Gaspar de Craeyer. L'église possède encore une belle croix triomphale (vers 1200) et des statues des saints Denis, Benoît, Alène, Scholastique, ainsi qu'une *Vierge à l'Enfant* de la fin du XVIe siècle, un saint Roch des environs de 1650 et un *Christ en croix* de 1750-1800.

La châsse du XIVe siècle, qui contient le bras de sainte Alène, est ornée d'intailles antiques et d'émail. Le reliquaire du XVe siècle dans lequel est conservée la mâchoire de la sainte est en argent et en or. Le buste reliquaire de sainte Alène, sur lequel on peut contempler des scènes de sa vie, date de la fin du XVIIe siècle. On trouve aussi dans cette église bon nombre de pierres tombales et de monuments funéraires dont la date de pose ou d'édification s'étale du XIe au XVIIIe siècle, ainsi que la dalle funéraire avec gisant d'un prêtre.

L'**abbaye bénédictine** de Forest fut dissoute en 1796. En 1764, un violent incendie avait ravagé les bâtiments bordant la place Saint-Denis. Le monastère fut reconstruit entre 1764 et 1770, en style classique, par l'architecte Laurent-Benoît Dewez. Une stèle commémorative placée dans le pavillon d'entrée rappelle la pose de la première pierre par Charles de Lorraine, gouverneur des Pays-Bas autrichiens. L'église abbatiale, de style gothique tardif, et tous les autres édifices médiévaux furent vendus publiquement en 1797, et démolis par la suite. Seuls restants, les bâtiments du XVIIIe siècle furent rachetés par la commune en 1903 et transformés en centre culturel.

L'**église du Saint-Curé d'Ars**, avenue de Haveskercke, au sud de la commune, est un simple bâtiment rectangulaire construit en 1960 sur les plans de l'architecte André Milis.

Entre la voie ferrée et l'avenue Van Volxem, au nord, se dressent les bâtiments de l'ancienne **brasserie Wielemans-Ceuppens** (1931). Cet édifice, résolument moderne et aux fenêtres gigantesques, est dû à l'architecte Adrien Blomme. La grande salle, qui contient encore quelques cuves en cuivre, fut sauvée de justesse de la destruction. Elle accueille désormais le **Wiels**, un centre d'art contemporain qui, ni musée ni palais des beaux-arts et n'abritant aucune collection, développe une programmation dynamique d'événements contemporains. Ce centre héberge aussi des artistes en résidence, un service pédagogique et des activités de recherche ayant une portée sociale. Il s'agit de rendre l'art contemporain plus accessible au grand public et d'accroître la notoriété des artistes.

L'église paroissiale néogothique dédiée à **saint Antoine de Padoue** a été édifiée au début du XXe siècle sur le parvis Saint-Antoine. Pour la construction de l'**église Sainte-Marie Mère de Dieu** en 1948-1949, rue du Melon, l'architecte Jozef de Bouver s'inspira du style romano-gothique.

Dans le **haut de Forest**, une société de lotissement organisa, juste avant la Première Guerre mondiale, un nouveau quartier au plan pour le moins original. Huit rues rectilignes convergent vers une rotonde, la place de l'Altitude Cent, au centre de laquelle Léon Guianotte et André Watteyne construisirent l'**église Saint-Augustin**[3] entre 1927 à 1935. Les plans suscitèrent à l'époque de vifs débats au sein du conseil communal. Les formes géométriques et le recours au béton sont des caractéristiques de l'architecture des années 1920-1930. L'église possède une tour centrale de 52 m de haut et présente un plan en forme de croix byzantine. Elle fut entièrement restaurée entre 1996 et 1998. Le mobilier date des environs de 1935. Oscar De Clerck est l'auteur du chemin de croix en pierre blanche, du relief en cuivre *Le Baptême de Jésus* et du relief en pierre blanche *Mère et Fils*. Jan Boedst sculpta en 1938-1939 les statues situées de chaque côté de l'autel. Les grands vitraux contribuent au caractère Art déco très prononcé de l'intérieur.

Dans les rues environnantes, notamment rue Cervantès, on trouve différents édifices intéressants datant de l'entre-deux-guerres. Bon nombre d'habitations remarquables, et un peu plus anciennes, sont situées plus à l'est, notamment le long des avenues Albert, Brugmann et Molière. Au 80 de l'avenue Brugmann, en 1901, Victor Horta construisit la maison du sculpteur Fernand Dubois, avec une fenêtre d'atelier particulièrement imposante. Sur la même avenue se dresse l'église néogothique des barnabites, édifiée en 1905-1906 sur des plans de l'architecte Léopold Pepermans. La maison Philippot, au 153 de l'avenue Molière, est une création plus traditionnelle de Jules Brunfaut (1903), alors que la façade est ornée, de façon surprenante, d'une sculpture monumentale de Jef Lambeaux. La maison de l'architecte Jean-Baptiste Dewin, construite par celui-ci en 1907 au 151 de l'avenue Molière, trahit une forte influence

3

du palais Stoclet (voir plus haut, *Woluwe-Saint-Pierre*) et de l'Art nouveau viennois en général.

Le haut et le bas de Forest sont séparés par deux parcs pittoresques, aménagés sur la pente orientale escarpée de la vallée de la Senne.

Le premier, le **parc Duden** (l'ancien *Cruysbosch* de l'abbaye des bénédictines de Forest), qui s'étend sur 23 ha, était la propriété depuis 1869 de l'homme d'affaires allemand Guillaume Duden. Celui-ci le légua au roi Léopold II, qui en fit don trois ans plus tard à l'État belge. En 1875, Duden fit construire un château et des écuries en style néo-Renaissance flamande sur l'avenue Victor Rousseau. Dans la partie basse du parc se trouve le stade de football de l'Union Saint-Gilloise (1925), en style Art déco, construit selon des plans de l'architecte Albert Callewaert, accompagné de sculptures d'Oscar De Clerck. **Forest National** est devenu un lieu incontournable du monde du spectacle, de l'art et de la culture depuis sa construction, en 1969-1970. En 1967, les architectes Paul et Marcel Mignot édifièrent l'**église Saint-Pie X,** rue Roosendael, dans un style très contemporain.

Le second est le **parc de Forest**[4], souvent appelé à tort parc de Saint-Gilles. Il est relié au parc Duden par le square Lainé, aménagé par l'architecte Émile Lainé. Ce parc de 13 ha vit le jour en 1882, à l'initiative privée de Léopold II. Victor Besme, bras droit du roi, en conçut l'aménagement dans un style paysager typiquement anglais. Le square Lainé offre une perspective intéressante sur le Palais de Justice de Bruxelles.

Dans la station de métro Albert, on peut admirer des œuvres de Jephan de Villiers.

4

Anderlecht

Le Rinck ou l'ancien centre du village

1

Tout autour de la place de la Vaillance, rénovée en 1911 en grand-place néoflamande, se trouvent les trois perles historiques de la commune. L'**église Saint-Pierre et Saint-Guidon**[1] est sans conteste le plus ancien monument d'Anderlecht. Les seigneurs de Aa y établirent un chapitre à la fin du XIe siècle; saint Guidon (†1013) y fut vénéré comme saint protecteur du bétail et des chevaux. L'église actuelle, de style gothique, repose sur une crypte romane du XIe siècle avec une mystérieuse tombe trapézoïdale (de saint Guidon?). Vers 1400, l'édifice fit l'objet d'importantes transformations. L'ancien chœur fut détruit et Jean van Ruysbroeck, l'architecte des tours de l'hôtel de ville de Bruxelles, reçut pour mission d'en construire un nouveau. Par la suite, la nef de l'église fut complètement rénovée. Alors que les travaux n'étaient pas encore achevés, l'église fut inaugurée en 1482. La construction des tours, œuvre de l'architecte Mathieu Keldermans, ne commença qu'en 1506. La flèche, de l'architecte Jules-Jacques Van Ysendyck, date de 1895. Les peintures murales de style gothique tardif sont du début du XVIe siècle, le mobilier et les anciennes statues en pierre, des XVe-XVIe siècles. Le chœur abrite les tombes de Jean de Walcourt (†1362), d'Arnould de Hornes (†1505, attribuée à Jean Mone) et d'Albert Ditmar (†1439), médecin de Philippe le Bon. L'église possède de magnifiques vitraux, notamment dans le chœur (*Notre-Dame*, d'après Hugo Van der Goes, XVe siècle, le plus ancien de la région), et du côté ouest (1970, Michel Martens).

À l'arrière de l'église, on peut découvrir le **Vieux Béguinage**[2], érigé en 1252 pour huit béguines, le seul conservé dans la région. Les bâtiments actuels datent du XIIIe siècle (aile droite) et de 1756 (aile gauche). En 1932, la commune décida d'y aménager un musée d'art populaire et d'histoire locale. Le béguinage fut rouvert en 1986 après une profonde restauration.

À la fin de la rue du Chapitre, se trouve l'ancienne maison du chapitre de Swaene, mieux connue sous le nom de **Maison d'Érasme**[3], datant approximativement de 1460, avec une annexe plus vaste datant de 1515. L'humaniste Didier Erasme, auteur de l'*Éloge de la Folie*, y fut accueilli en 1521 par son ami chanoine Pieter Wychman. En 1932, on en fit un musée communal, qui est protégé depuis 1938. Le musée expose des éditions des œuvres d'Erasme et de nombreux tableaux des XVe et XVIe siècles, notamment un portrait réalisé par Hans Holbein, une esquisse de Dürer, un portrait attribué à Quinten Metsijs et surtout l'*Adoration des Mages*, un superbe triptyque attribué à Jérôme Bosch. En tant que centre humaniste, respectant l'esprit d'Érasme, le musée expose une collection unique d'imprimés censurés. Le jardin géométrique (1987,

René Pechère) fut complété en 2000 par un jardin philosophique, conçu par Benoît Fondu.

À l'ouest de la place de la Vaillance, à proximité du parc Astrid (1926), on peut visiter le Musée Maurice Carême. L'habitation de ce poète francophone a été transformée en musée de la poésie. La bibliothèque, les ouvrages, les manuscrits, la correspondance et les portraits du poète y sont conservés. Maurice Carême (1899-1978) a traduit de nombreux poèmes néerlandais.

À l'est de la place de la Vaillance, près du grand axe commerçant qu'est la rue Wayez, à l'arrière de la place de la Résistance, se trouve la justice de paix. Le bâtiment illustre l'architecture du XIXe siècle. La façade avant, d'inspiration néo-Renaissance, fut érigée par l'architecte S'Jonghers en 1893, suivant une structure symétrique. Un fronton couronne la partie centrale, tandis qu'une frise sous la corniche est ornée de métopes reprenant les noms des communes qui faisaient partie à l'origine du canton d'Anderlecht. Au-dessus des six piliers, brillent les armoiries de la commune. La salle d'audience est la plus belle de l'agglomération bruxelloise.

Dans les stations de métro, on peut admirer des œuvres d'art de Maurice Wyckaert (Jacques Brel), de Jean-Paul Laenen (Aumale), de Frans Minnaert (Saint-Guidon), de Tapta (Veeweyde) et de Tone Brulin (Bizet).

2

3

Cureghem

Le hameau de Cureghem, déjà mentionné en 1130, enchâssé entre le canal Bruxelles-Charleroi et la gare du Midi, connut une phase d'urbanisation au XIXe siècle. À la grande insatisfaction des «anciens» Anderlechtois, on y érigea en 1879, sur la place du Conseil, la nouvelle maison communale. L'architecte Jules-Jacques Van Ysendyck pourvut le bâtiment rectangulaire principal, de style néo-Renaissance flamand, d'un beffroi de 48 m de hauteur. Les motifs repris sur les tympans font référence aux occasions les plus courantes pour lesquelles le citoyen se rend à la maison communale: naissance, mariage, déclaration de décès et, autrefois, tirage au sort. À l'intérieur, le grand escalier d'honneur mène à la salle du conseil; la cage d'escalier est ornée d'un splendide vitrail de l'artiste brugeois Henri Dobbelaere.

Au 14 de la rue Van Lint, à 50 m de la maison communale, se trouve le Musée national de la Résistance. On y trouve divers souvenirs de cette époque héroïque: armes, matériel de sabotage, articles de la presse clandestine, photos, livres... ainsi que le violon avec lequel François Combien fut contraint, dans le camp d'extermination de Mauthausen, d'accompagner les condamnés vers l'échafaud.

Quiconque apprécie les bières régionales se doit de visiter le Musée bruxellois de la gueuze abrité dans l'ancienne brasserie Cantillon (rue Gheude), la dernière brasserie artisanale de Bruxelles encore active; la brasserie est totalement consacrée aux différentes variétés de bières bruxelloises.

Anderlecht est connu pour ses **abattoirs**[4] de la rue Ropsy-Chaudron. Ceux-ci ouvrirent leurs portes en 1890. La halle au bétail était un bel exemple de l'architecture métallique industrielle belge. Les caves, qui se trouvent sous la halle, abritent un espace de fêtes et d'exposition de 10 000 m².

La Grande Écluse désignait autrefois l'écluse par laquelle la Senne pénétrait dans Bruxelles. À l'occasion du voûtement de cette rivière, l'ancien bâtiment de l'Écluse fut détruit et remplacé en 1871 par l'actuelle Grande Ecluse, boulevard Poincaré. Ce bâtiment renferme le système d'écluses à pistons hydrauliques qui réglait l'approvisionnement en eau. Il n'est plus utilisé depuis 1955 et a été transformé en restaurant après sa rénovation (1992).

Les vétérinaires P.J. Graux et H.J. Froidmont fondèrent en 1832 une école vétérinaire qui, quatre ans plus tard, s'installa dans les bâtiments d'une ancienne usine de coton.Les bâtiments de la rue des Vétérinaires furent construits de 1900 à 1909. Ils englobent dix-neuf pavillons disséminés sur un terrain de 4 ha. Les façades côté rue, de style néo-Renaissance flamande, sont composées de pierre blanche d'Euville et de pierre bleue. Tous les toits ont été pourvus d'un paratonnerre, d'après un modèle de Louis Melsens, professeur de physique à l'école vétérinaire. En 1991, celle-ci déménagea à Liège, au Sart-Tilman; l'ensemble anderlechtois fut restauré pour accueillir des ateliers d'artistes.

Dans les stations de métro, on peut admirer des œuvres d'art de Thierry Bontridder (station Delacroix) et de Joseph Willaert (Clémenceau).

4

Les autres quartiers

Anderlecht a perdu en grande partie son caractère rural. Quelques fermettes pittoresques ont été conservées dans la partie occidentale de la commune: entre autres, dans les rues du Pommier, des Poulets, de Koeivijver, du Chaudron, Scherdemael, des Papillons et Vlasendael. Sur le campus du **CERIA**[5] se trouve l'ancienne ferme d'Elishout, du XIVe siècle, qui fut reconstruite en 1754.

Le nom du quartier Scheut, où Louis de Male vainquit l'armée brabançonne en 1356, est lié à la congrégation de la Mission du Sacré-Cœur, fondée en 1863. La maison de la Mission accueille aujourd'hui un petit musée de la Chine.

L'entre-deux-guerres fut marqué par l'apparition des cités-jardins. Celles de Moortebeek (à partir de 1921, le long de la chaussée de Ninove), de La Roue (à partir de 1921, le long de la chaussée de Mons) et du Bon Air (à partir de 1923, le long de la chaussée d'Itterbeek) sont relativement bien conservées.

Au sud-ouest de la commune, l'immense **hôpital Érasme**[6] fut inauguré en 1977. Tout autour, on érigea un zoning industriel, consacré à la haute technologie, et la faculté de médecine de l'Université libre de Bruxelles. Le Musée de la Médecine (1995), imaginé par Art and Build, et l'Auditorium J (1993) de Philippe Samyn, qui conçut également la station de métro high-tech toute proche, attirent particulièrement l'attention.

5

Dans les stations de métro, on peut admirer des œuvres d'art signées Denis De Rudder (La Roue), Kasimir Marin (CERIA), Camille De Taeye (station Eddy Merckx, qui offrit le vélo avec lequel il établit le record du monde de l'heure à Mexico en 1972) et Michel Mouffe (Érasme).

6

Berchem-Sainte-Agathe

La place Docteur **Albert Schweitzer**, le long de l'ancienne chaussée de Gand, constitue le centre de la commune. À proximité se trouvent la maison communale, installée depuis 1949 dans un immeuble art déco datant de 1926, et l'église néoromane Sainte-Agathe (1938). Celle-ci renferme de nombreuses statues et peintures, ainsi que des fonts baptismaux en pierre bleue provenant de l'ancienne église et datant du XVIIIe siècle.

L'église Sainte-Agathe de 1744, à un seul vaisseau et dotée d'une tour gothique intégrée, se trouve au sud de la commune, place de l'Église. Le joli bâtiment, aujourd'hui restauré, fait office de centre culturel: celui de l'**Ancienne Église**[1]. Derrière l'édifice religieux, on peut découvrir le magnifique **bois du Wilder**[2], un paysage semi-naturel de 7 ha composé de vergers et de potagers, d'un chemin sinueux, de prairies, d'étangs et d'arbres. Le bois est sillonné par un ruisseau et il y pousse des variétés de fleurs protégées. Bref, c'est la synthèse parfaite du vieux paysage brabançon. Les biologistes y distinguent quatre biotopes différents. À l'est, on peut admirer dans plusieurs rues des cottages et des villas caractéristiques de la Belle Époque.

Plus au nord, l'architecte Victor Bourgeois et l'architecte paysagiste Louis Van der Swaelmen ont créé la **Cité Moderne** en 1922-1925. Cette cité-jardin utopiste compte 300 habitations, grandes et moins grandes, et ses équipements publics sont d'un grand modernisme. La disposition des maisons en «dents de scie» leur permet de profiter d'une luminosité optimale. La place des Coopérateurs forme le centre du quartier. La cité-jardin est adjacente au **Zavelenberg**, un site protégé exceptionnel, composé de bois et de prairies, qui contraste très fort avec le centre commercial Basilix construit en 1984 de l'autre côté de l'avenue Charles Quint.

1

2

Koekelberg

L'**ancien cœur** de la commune se situe tout autour la place Van Huffel. La **maison communale**[1] date de 1882, mais fut complètement rénovée en 1939. De l'autre côté de la place se trouve l'**église Sainte-Anne**, une construction moderne de 1990 due à l'architecte Jean Cosse, qui renferme d'étonnants éléments en céramique de Max Van Der Linden. Dans la commune, le style des différentes constructions est assez varié, sans dominante véritable. Deux bâtiments scolaires sont de style Art nouveau: l'école primaire communale, rue Herkoliers 68, et l'école technique, située au 35 de la même rue, furent construites en 1907 d'après les plans de Victor Jacobs et décorées de sgraffites d'Adolphe Crespin. Dans le même quartier, on trouve également les bâtiments de la KUB (*Katholieke Universiteit Brussel*), bâtis en 1969.

1

Dans la station de métro Simonis, on peut admirer une œuvre de Walter Leblanc.

Au nord-ouest de la commune s'étend le **parc Élisabeth**, d'une superficie de 17 ha. Il fut aménagé en 1880, en partie sur le territoire de Ganshoren.

Le point culminant de Koekelberg (62 m) se situe au niveau de la **basilique du Sacré-Cœur**[2].

2

Le premier projet, élaboré en 1905 par l'architecte louvaniste Pierre Langerock, prévoyait un grand sanctuaire néogothique. Seuls les travaux de terrassement de ce premier projet furent terminés en 1914. Sur insistance du cardinal Mercier, l'architecte gantois Albert Van Huffel (1877-1935) imagina une église nettement moins coûteuse et de style Art déco. La maquette de cet édifice (au 1/40e) obtint un premier Prix lors de l'Exposition des arts décoratifs et industriels de Paris en 1925.

La mise en conformité des fondations de 1914 avec celles du nouveau projet débuta en 1926. À partir de 1930, on construisit

3

4

l'abside: elle fut inaugurée et ouverte au culte en 1935. La base de la coupole fut achevée au début de la Seconde Guerre mondiale.

Les travaux ne reprirent qu'en septembre 1944. La construction du grand transept prit fin en 1951. La même année, l'inauguration de l'édifice fut l'une des dernières grandes cérémonies à consacrer la place de l'Église dans la société belge. En 1952, le pape Pie XII lui conféra le titre de *basilica minor*. Les **deux tours** furent terminées en 1953, le transept au sud en 1958, et celui au nord en 1962. Avec la grande chapelle, l'architecte Paul Rome acheva l'église en 1970 dans l'esprit de son créateur. Le style, représentatif de l'entre-deux-guerres, est inspiré des Ateliers d'art de Maredsous dirigés par dom Sébastien Braun, avec lequel Van Huffel entretenait des liens étroits. La basilique a la forme d'une croix latine, avec un vaisseau central de 164 m et un transept de 108 m de long. Le chœur a une superficie de 600 m^2. La coupole, d'un diamètre de 31 m, a une hauteur de 90 m et atteint 93 m au sommet de la croix en acier inoxydable. La **coupole**[3] pèse 43 000 tonnes. La basilique est composée de matériaux simples: béton armé, pierre blanche de Bourgogne, briques, pierre bleue et, pour le revêtement intérieur, terre cuite émaillée. Les toits sont couverts de cuivre rouge originaire du Congo. Les deux traverses se terminent par des chapelles rayonnantes. Depuis le transept, deux escaliers monumentaux mènent aux galeries. Sous la coupole et un *ciborium* en béton, recouverts de terre cuite et de cuivre, s'élève l'impressionnant maître-autel. Au-dessus, on peut voir un calvaire de 4,50 m de haut, avec quatre anges en bronze agenouillés, dû au sculpteur Harry Elström. Le **maître-autel**[4] est taillé dans un bloc de marbre italien de 6 tonnes. La croix et les chandeliers, composés de bronze doré et d'ivoire, qui ornent l'autel sont des créations de Camille Colruyt. Le siège épiscopal est en marbre et est habillé de cuir blanc et de draperies en soie de couleur tilleul. Sur le sol et les escaliers qui entourent le maître-autel, on peut admirer un grand tapis orné de fleurs indigènes: il s'agit d'une création d'Élisabeth De Saedeleer. Le chœur porte les signes distinctifs de la *basilica minor*: le *tintinnabulum*, une petite cloche en argent gravée du monogramme du Christ et de deux anges, réalisé par Camille Colruyt, et le *conopeum*, un baldaquin reprenant le monogramme du Christ, les armoiries de Pie XII, le blason de la basilique et le lion belge. La galerie abrite un orgue à 49 jeux et 3300 tuyaux provenant de l'atelier de J. Loncke et fils. Il date de 1959.

La **vaste abside**[5] à l'arrière du maître-autel est utilisée comme église paroissiale. La statue en bronze du Sacré-Cœur, qui domine un autel d'onyx algérien de près de 5 tonnes, a été conçue en 1941 par George Minne, mais coulée seulement après sa mort.

Sous l'autel, les reliques de saint Albert de Louvain (†1193), martyr et prince-évêque de Liège, reposent dans une jolie châsse en verre, ornée de métal émaillé et protégée par des palmes dorées: il s'agit d'une œuvre de Joseph-Georges Devroye. Le crucifix et les chandeliers sont en cuivre doré et en cristal. Le thème des six vitraux qui ornent les murs latéraux de l'abside est l'eucharistie; il s'agit de créations de J. Slagmuylder et M. Weemaes. À voir également dans la galerie: la *Promesse du Rédempteur*, le *Message à Marie* et l'*Apparition de sainte Marguerite Marie Alacoque*. Dans les doubles vitraux du triforium, au deuxième étage, on peut voir plusieurs saints qui occupent une place particulière dans le culte du Sacré-Cœur, notamment Lutgarde de Tongres et Gertrude de Nivelles, de L.C. Crespin. Plus haut dans le chœur, six vitraux de J. Louis représentent les fondateurs de l'ordre. Dans le vaisseau central, les bienfaits du Christ sont illustrés en huit tableaux signés Anto Carte et F. Crickx. Dans la galerie, il faut admirer *Les Huit Béatitudes* de J. S. Huet tandis que plusieurs saints dus à Ri Coëme sont à voir dans les vitraux du triforium du deuxième étage; au-dessus du chœur s'étend l'*Exaltation de l'Agneau,* une œuvre de 89 m² due à Anto Carte, J. Maes et F. Crickx. Les chapelles absidales du transept septentrional comportent des vitraux plus récents.

5

La statue de *Notre-Dame de la Paix*, qui se trouve dans la chapelle latérale gauche, a été réalisée en pierre blanche par Simon Goossens; la statue de pierre consacrée à *Saint Joseph Fidèle Gardien*, qui figure dans la chapelle latérale droite, est d'Arthur Craco. Dans les deux chapelles, on peut admirer des vitraux de Gerardon et J. Osterrath. Dans la chapelle Saint-Pierre, au niveau du bas-côté septentrional, un autel en pierre bleue (1963) fait référence aux zouaves pontificaux. Lourde de 9 tonnes, la **cloche de la Paix** qui pend dans la tour méridionale est la plus grande du Benelux: elle mesure 3 m de haut pour un diamètre de 2,35 m. Elle provient de la fonderie Petit et Fritsen, à Aarle-Rixtel. C'est le sculpteur Wolfers, de Wavre, qui l'a décorée.

À l'extérieur, devant le chœur, se trouve le **monument aux morts** de la paroisse, dominé par un calvaire, avec une croix en bois et un *Christ* en bronze réalisé par George Minne.

Ganshoren

La place Guido Gezelle, également appelée *'t Plochke*, constitue le cœur de la commune. On y trouve des oies en bronze dues au sculpteur Jean-Marie Baup. Au nord, la drève de Rivieren et la drève du Château mènent au **château fortifié de Rivieren**. Celui-ci fut érigé au Moyen Âge. Les seuls vestiges de cette époque sont le donjon en grès du XIIIe siècle et la partie centrale de l'aile droite, qui date du XVe siècle. De Rivieren était une seigneurie subordonnée, avec une cour féodale. En 1654, la famille de Kinschot obtint de Philippe IV le droit d'ériger la baronnie de Rivieren: elle fit moderniser le château au XVIIe siècle et placer une coupole en forme de poire sur le donjon. L'aile gauche date du XIXe siècle. En 1903 et en 1909, le château fut la proie des flammes, mais fut à chaque fois restauré. **Le Warande**, avec son étang et son château, doit sa préservation au comte Ulric de Villegas, bourgmestre de Ganshoren. Ce domaine est malheureusement inaccessible au public. Le joli **portique Heydeken**, qui s'élève sur le square du Centenaire, date de 1647: il est le vestige d'une ancienne auberge.

1

Au sud se trouve l'**église Saint-Martin**[1], conçue en 1970-1971 par l'architecte Jean Gilson pour remplacer une église néogothique. La façade est ornée d'un demi-relief composé de céramique colorée et signé par l'artiste polonais Zygmunt Dobryzcki (1969). Divers éléments du mobilier et plusieurs œuvres d'art proviennent de l'ancienne église: notamment une chaire de vérité de 1634, provenant de l'abbaye de Dieleghem, et un tableau de la fin du XVIe siècle, la *Prédication de Saint Jean-Baptiste,* attribué aux frères Ambrosius et Frans I Francken.

Au nord-ouest de la commune, rue Vanderveken, se trouve l'**église Sainte-Cécile**, érigée par l'architecte Moens de Hase en 1964-1965. Les

2

fonts baptismaux, le tabernacle et la croix de procession sont signés Henri-Joseph Holemans (1965). Tout près de là, dans le poumon vert de Ganshoren, quelques fermes subsistent encore, parmi lesquelles *'t Oude Pachthof* (aujourd'hui La Charnière, rue Victor Lowet) qui remonte à 1792.

Le sud de la commune est occupé par le **parc Élisabeth**: il a été aménagé dès 1880, en partie sur le territoire de Koekelberg. En ce qui concerne la **basilique de Koekelberg**[2], chœur et transept septentrional se trouvent sur Ganshoren. Les avenues adjacentes sont longées de quelques jolies maisons de style éclectique.

Jette

La configuration actuelle de la place Cardinal Mercier, le centre officiel de la commune, date de la fin du XIXe siècle. L'**église néogothique Saint-Pierre** fut conçue par l'architecte Charles Demaeght en 1878-1880. Le mobilier provient de l'ancienne église. Les fonts baptismaux en pierre datent de 1597. Deux confessionnaux sont du début du XVIIIe siècle. Plusieurs statues et peintures datent des XVIIe et XVIIIe siècles. L'église abrite aussi un monument funéraire de la famille de Villegas. Quelques tombes du XVIIe siècle persistent dans le petit jardin à l'arrière de l'église, mais le cimetière entourant l'édifice a été remplacé en 1880 par le cimetière actuel. Ce dernier renferme quelques jolies tombes, notamment de style Art nouveau. La **maison communale**[1], de style néo-Renaissance flamande, fut conçue par l'architecte Jules-Jacques Van Ysendyck en 1899-1901. La **gare**, élevée en 1892, complète dignement cet ensemble éclectique.

1

Au nord de la ligne de chemin de fer se déploie le **parc Roi Baudouin**, d'une superficie de 103 ha. Il regroupe différentes zones vertes: le bois de Dieleghem et le bois du Laerbeek, qui sont des centres d'études ornithologiques, et le Poelbos, autrefois carrière de grès de calcaire (jusqu'en 1650 environ). Il se trouve à une profondeur de 15 m. Des vestiges d'un établissement gallo-romain ont été retrouvés dans les environs.

De l'ancienne **abbaye norbertine de Dieleghem**, érigée en 1140 et supprimée en 1796, il ne reste plus que la demeure abbatiale, de style classique, datant de 1775. Celle-ci fut conçue par l'architecte Laurent-Benoît Dewez. Elle abrite aujourd'hui deux musées. Le **Musée de la figurine historique**, installé dans les salons Louis XVI, propose une collection de soldats de plomb, de l'antiquité à nos jours. Le **Musée d'histoire locale** du comté de Jette met en avant le passé communal.

La **résidence** de style classique tardif (fin du XVIIIe siècle) située sur l'avenue du Sacré-Cœur était la seconde résidence de Nicolas

2

3

Bonaventure (1754-1831). C'est là que fut établi, plus tard, le pensionnat, devenu depuis lors centre scolaire du Sacré-Cœur. Les **hôpitaux universitaires de l'ULB et de la VUB**[2] se sont implantés dans les environs: les pavillons de l'hôpital Brugmann furent construits d'après les plans de Victor Horta (1906-1923), tandis que les bâtiments peu élégants de l'*Academisch Ziekenhuis* le furent en 1978. Le développement de nouveaux quartiers d'habitations après la Seconde Guerre mondiale a conduit à la construction de nouvelles églises: celle de **Saint-Joseph**, due à l'architecte Marc Dessauvage, en 1964-1968, et celle de **Sainte-Claire**, édifiée en 1966 suivant les plans des architectes Desmedt et Lateir.

Le centre commerçant proprement dit se trouve dans la partie méridionale de la commune, autour de la **place Reine Astrid**, réputée pour son fameux marché du dimanche matin. Elle est dominée par le cloître néogothique des Rédempteurs et l'église Sainte-Madeleine (1904). Dans ce même quartier s'élève également l'**église néoromane Notre-Dame de Lourdes** (1949), imaginée par l'architecte Chrétien Veraart. Dans la rue Léopold Ier, la grotte Notre-Dame de Lourdes (1916) côtoie la chapelle néogothique du même nom (1913), avec son calvaire et son chemin de croix que l'on doit à Octave Tondeleir. Au 135 de la rue Esseghem, dans la maison même que le peintre surréaliste habita de 1930 à 1954, s'est ouvert le **Musée René Magritte**[3] en 1999. Le ***Pannenhuis*** (1636), situé au 317 de la rue Léopold Ier, est sans doute la plus ancienne maison de la commune. Le quartier regorge d'ailleurs de très belles habitations des XIXe et XXe siècles, de styles avant tout fort variés pour la plupart, mais de styles Art nouveau et Art déco pour quelques-unes. De toutes, la plus frappante est certainement la **Maison blanche**[4], ou *Withuis*, au 183 de l'avenue Charles Woeste : elle a été construite en 1927 par Joseph Diongre pour le poète flamand Jef Mennekens.

Dans la station de métro Belgica, on peut admirer une œuvre de Camiel Van Breedam.

4

INDEX

CREDITS PHOTOGRAPHIQUES*

*H = haut; M = milieu; B = bas

Aéro-News : 303B, 304B
Airprint : 115, 134B, 196, 331
Archives d'architecture moderne, Bruxelles : 80H, 87B, 101H, 112 (photo Annie Haut), 118-119H (photo Annie Haut), 222, 265H, 286, 414, 430
Archives de la Ville de Bruxelles : 26, 38H, 42, 43H, 90, 97B, 104, 111, 117H, 138
Archives du Centre Public d'Aide Sociale de Bruxelles : 78, 86, 149, 174, 231, 252, 278, 328, 352, 398, 426
Archives du Groupe Delhaize : 79B, 89, 95H, 99H, 105B, 134H, 136, 210, 211, 258, 268, 300B, 316, 388H, 431, 455, 472
Archives du Groupe GIB, Archives et Bibliothèques de l'Université libre de Bruxelles : 357
Archives générales du Royaume : 27, 38B, 189, 206, 229, 329, 399B, 438, 450
Archives Woluwe Shopping Center : 283
Atelier Pierre Majerus : 200B
Bastin&Evrard, Ministère de la Région de Bruxelles-Capitale : 36, 40, 47, 51, 85H, 96H, 97H, 98, 105H, 107, 110H, 114, 116, 117B, 118B, 120, 122B, 143, 159, 165B, 166, 180H, 184, 194, 197B, 202, 212, 214, 217, 219, 220, 238, 243, 245, 266, 284, 288, 294, 304H, 305, 315H, 318, 326, 363H, 364, 365, 366, 368, 371, 384, 388B, 391H, 392, 418, 435, 436, 445B, 460
Belga : 269H
Bernard Boccara : 124
Bibliothèque Royale de Belgique, Cartes et Plans : 31B, 37
Bibliothèque Royale de Belgique, Estampes : 28
Bibliothèque Royale de Belgique, Manuscrits : 24
CEC – Coopération par l'Education et la Culture © Cheri Samba : 213
CEGES : 43, 106
Collection de la Maison d'Erasme : 400
Collection Dexia (Bibliothèque) : 33B, 45, 81, 82, 92, 93, 94, 110B, 140, 142H, 154H, 155H, 182, 191, 192H, 195, 230, 232, 233, 236, 237, 240, 255, 256, 259, 263, 264, 267, 269B, 280, 285, 289, 292, 298, 299H, 300H, 302, 315B, 319, 320H, 330, 332, 333, 335, 337H, 353, 354, 356, 358, 361, 363B, 370H, 381, 385, 386, 387, 403H, 428, 432, 439, 442, 445H, 453, 454, 455, 463, 464, 465, 466, 470, 471M
Collection Dexia (Patrimoine d'art) : 35, 80B, 153, 209, 224, 341, 355, 402B
Collection Jacqueline Nonkels © C.H. Sabam 2008 : 474
Collection L'Ecuyer, photo Annie Haut : 39
Collection Laure Hammes-Quittelier : 369
Collection Ma Maison de Papier, Bruxelles : 441
Collection Van Loock : 29, 53, 133
Collections artistiques de l'Université de Liège : 109H (photo IRPA)
Collections de la commune d'Anderlecht : 401, 402H, 403B, 405, 406, 408, 410, 411, 412, 413
Collections de la commune de Saint-Josse : 299
Collections de la commune de Schaerbeek : 152, 154B, 155B, 158 (photo Luc Schrobiltgen), 161H, 163, 167, 179B, 282
Collections privées : 74, 370
Digitalglobe : 12
Espace Delvaux, Watermael-Boitsfort : 336 (photo Speltdoorn)
Fabien Deflorenne : 497B
Halles de Schaerbeek : 169 (photo Benjamin Brolet)
Hangar Flying – Frans Van Humbeek : 87
Hôpital universitaire Erasme-ULB : 404
Institut royal du Patrimoine artistique : 85B, 88, 96B, 121, 179H, 196H, 337B, 382, 416, 427, 459
Johan De Meester : 490H, 492, 494, 502, 503, 504, 505, 507, 509, 510, 513, 516, 520, 526H, 528, 531, 534, 535, 541B, 542, 548, 553H, 555B, 558, 559, 560, 561B, 562, 566H, 573, 575, 578, 580, 581H, 584, 585, 588, 589, 590, 596, 600
Koninklijk Museum voor Schone Kunsten, Anvers : 151 (photo Lukas - Art in Flanders VZW)
La Fonderie, Molenbeek-Saint-Jean : 271
Maison Autrique, Schaerbeek : 161B
Marie-Françoise Plissart : 122H, 246, 261B, 262
Ministère de la Région Bruxelles-Capitale, Direction des Monuments et Sites : 17
Ministerie van de Vlaamse Gemeenschap, Bruxelles : 200H (photo IRPA)
Musée Charlier, Saint-Josse-ten-Noode : 144 (© Globalscan, photo Luc Ferrière)
Musée communal de Molenbeek-Saint-Jean : 254, 257, 261H
Musée communal de Woluwe-Saint-Lambert : 288B
Musée Constantin Meunier, Ixelles : 223
Musée d'Art moderne, Liège : 168
Musée d'Ixelles : 208, 225, 323, 379 (photos Mixed Media)
Musée de l'Art Wallon, Liège : 108
Musée de la Ville de Bruxelles – Maison du Roi : 33H (photo IRPA Simons), 41, 109B, 452

Musée royal de l'Armée : 113, 123, 164, 167H, 175H, 183, 190B, 239, 303H, 362, 380
Musée Wiertz : 223
Musées royaux d'Art et d'Histoire : 13, 14, 15, 16, 150, 205
Musées royaux des Beaux-Arts de Belgique : 31H, 70, 72, 73B, 75, 378, 399H (photos Speltdoorn), 216 (photo Guy Cussac)
Museum voor Schone Kunsten, Gand : 79H (photo Lukas - Art in Flanders VZW)
Olivier Polet : 83
Palais de la Nation, Sénat : 103 (photo IRPA)
Patrick Van Nieuwlandt : cover, 2, 3, 6, 10, 52, 76, 95B,115, 126, 137B, 139, 142B, 145, 146, 156, 162, 164H, 165, 170, 178, 192B, 197H, 199, 226, 265B, 272, 284, 287, 290, 291, 293, 306, 307, 308, 314, 320B, 324, 334, 339, 342, 364H, 372, 391B, 419, 420, 431B, 433, 436, 440, 444, 445B, 448, 458, 467, 471H, 484, 485, 486, 487, 488, 490B, 491, 495, 496, 497H, 498, 499, 501, 512, 514, 518, 521, 522, 523, 524, 526M et B, 527, 532, 533, 536, 537, 538, 539, 540, 541H, 543, 544, 545, 546, 547, 550, 551, 552, 553M et B, 554, 555H, 556, 557, 561H, 563, 564, 565, 566B, 567, 568H, 569, 570, 571, 572, 576, 581B, 582, 583, 586, 587, 591, 592, 593, 594, 595, 597, 598, 599, dos
Philippe De Gobert : 568B
Photo Archives Journal Le Soir : 242 (photo François Cornil)
Régie des Bâtiments : 99B, 111B, 113B, 141, 165H, 175B, 180B, 316, 320, 321B, 359, 389
Rijksmuseum Amsterdam, Prentenkabinet : 215
Stedelijke Musea Antwerpen, Museum Plantin-Moretus : 190H (photo IRPA)
Stedelijke Musea Antwerpen, Museum Vleeshuis : 417 (photo Hugo Maertens)
Stedelijke Musea Brugge, Groeningemuseum : 340 (photo Lukas - Art in Flanders VZW)
Tarantino ASBL, fresque De Wand : 536
The Metropolitan Museum of Art, Robert Lehman Collection, New York : 73H
Wiels : 390 (photo Philippe Van Zieleghem)